일제강점기 영화자료총서—02

신문기사로 본
조선영화

1918~1920

일제강점기 영화자료총서─02

신문기사로 본 조선영화

1918~1920

| 한국영화사연구소 엮음 |

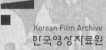

Korean Film Archive
한국영상자료원

일러두기

1. 이 책은 영상자료원이 발간하는 "일제강점기 자료총서" 두 번째 권으로 기획된 것입니다. 이 책의 발간을 위하여 연구기획 및 진행에 한국영상자료원 한국영화사연구소의 조준형, 공동 연구에 최은숙(한국예술종합학교 영상원 전문사), 김수현(세종대학교 강사)이 참여하였습니다

2. 이 책은 1918년에서 1920년까지 『매일신보』, 『조선일보』(1920년), 『동아일보』(1920년)의 영화 및 (부분적으로) 연예 관련기사를 망라하고 있습니다. 영화기사를 중심으로 하되, 초기 영화사를 이해하는 데 빼놓을 수 없는 극장, 극단, 환등회 등과 관련된 기사 및 광고를 포함하였고, 구극을 포함한 연극 및 극단의 구체적 활동, 기생 관련 등에 대한 기사는 선별적으로 수록하였습니다.

3. 이 책에 실린 기사는 맥락 이해를 위해 띄어쓰기와 쉼표, 마침표를 첨가하였을 뿐 대부분의 표기는 가능한 원문에 따랐습니다. 부분적으로 통일성이 부족하거나 당시와의 어법 차이로 인하여 독해에 불편함이 있더라도 이해해주시기 바랍니다. 다만 가독성을 높이기 위하여 원문 한자 중 한글로만 표기해도 될 것은 한글로 표기하였고, 나머지는 한글과 한자를 병기(한자를 괄호 안에 배치)하였습니다. 한자에 대한 오늘날의 음가와 당대의 음가가 다른 경우(중부와 즁부, 임성구와 림셩구 등), 당대 한글 표기가 통일되어 있지 않은 경우(사진, 샤진, ᄉᆞ진 등)에는 복수의 표기가 혼재되어 있습니다. 독자 여러분의 양해 바랍니다. 또한 광고면의 가독성을 높이기 위하여 영화제목과 극장명은 굵은 글씨체로 표기하였습니다.

4. 기사 제목과 부제는 " / " 표시로 구분하여 병기하였고 코너 제목이 없는 광고의 경우 〈광고〉 표시를 붙였습니다.

5. 이 책은 2차 저작물이므로 본문에 실린 기사를 참조하실 경우 기사 원문의 출처와 더불어 이 책에서 인용하였음을 표기하여 주시기 바랍니다.

발간사

한국영상자료원은 최근 몇 년간 일제강점기 조선영화들을 지속적으로 수집 · 발굴하는 한편으로 해당 시기 영화사를 복원하기 위한 노력을 집중적으로 기울여왔습니다. 여기에는 작년에 시작한 이 '일제강점기 영화자료총서' 시리즈 외에도 〈발굴된 과거〉 DVD 시리즈 출시사업, 올해 출간을 앞두고 있는 연구소총서 발간사업, 초기 한국영화사 조사 사업 등이 포함됩니다.

일제강점기는 굴곡과 변화를 거듭해온 한국영화사의 출발점일 뿐 아니라, 식민지 근대의 생생한 모습을 들여다 볼 수 있는 사료들이 생산된 시점이라는 점에서 대단히 중요하다 할 것입니다. 이에 따라 한국영상자료원은 향후에도 일제강점기의 영화사를 복원하는 노력을 꾸준히 진행할 예정입니다.

'일제강점기 영화자료총서'는 일제강점기 36년간 식민지 조선의 신문들에 실린 영화 관련 기사들을 연대순으로 채록 · 정리하는 기획입니다. 이제 총서의 두 번째 권으로 《신문기사로 본 조선영화 1918~1920》을 내놓습니다. 1918년에서 1920년 사이 『매일신보』와 『조선일보』 『동아일보』의 기사를 모은 이번 권에는 최초의 조선영화로 기억되는 연쇄극 〈의리적 구토〉에 관한 광고기사 등 영화사 연구에서 중요하고 가치 있는 자료들이 포함되어 있습니다. 이 책을 통해 한국영화사의 연구가 보다 풍요로워지기를 기대합니다.

이병훈
한국영상자료원장

차례

每日申報 【1918년】

◉朝鮮物産의 移出이

智謀의 犯罪가

蘇甫의 火災

國境의 炭走

今日부터 大大的 活動映寫

模範的 活動寫眞

1918

1918 년은 제1차 세계대전이 끝나는 해로 세계사에 기록되어 있으며 러시아 내전이 일어난 해이기도 하다. 『매일신보(每日申報)』의 2면 기사들은 대체로 국제 정치와 경제의 흐름을 보여주고 있는데, 1918년은 주로 제1차 세계대전과 러시아 혁명/내전에 대한 소식들로 가득하다. 제1차 세계대전 이후 미국의 대통령 윌슨이 주창한 '민족자결주의'로 고취된 민족주의의 기운은 유럽 내 민족국가(nation-state)의 형성을 가속화시켰으며, 지구 반대편 조선과 인도에까지 영향을 미치게 된다. 한편, 제국 일본의 1918년은 대정(大正: 다이쇼 1912~1926) 시기에 속한다. 이 시기 일본은 다이쇼 데모크라시를 통해 다양한 계급적 정치세력의 정당화(政黨化)와 국민들이 광범위하게 정치에 참여하는 국민화(國民化)의 과정을 거친다. 즉, 국민국가로서 일본의 국제적 위치 확립이 공고해진다. 그와 동시에 러·일 전쟁 (1904~1905) 이후 일본의 조선 통치가 더욱 확고해졌던 시기이기도 하다. 일본의 식민지였던 동쪽의 작은 나라 조선 역시, 전쟁의 종결 그리고 국민국가 형성 가속화라는 거대한 세계사의 소용돌이 속에 놓이게 된다. 1919년 3·1운동으로 대표되는 독립운동들의 전조는 이미 1918년부터 보이고 있었고, 경제 공황의 전조 역시 이때부터 서서히 드러나기 시작한다.

이러한 거대한 세계사의 흐름 속에서 『매일신보』가 보여주는 조선의 사회사는 그러한 거시적 흐름을 미시적으로 예증하는 낱낱의 사건들로 구성된다. 1918년 한 해 동안 조선에서 일어났던 큰 사건들로는 세계적으로 유행했던 독감이 조선에까지 큰 영향을 끼쳐 많은 이들의 목숨을 앗아갔던 일, 그리고 경제 불황의 전조인 쌀값 폭등 등을 들 수 있다. 『매일신보』는 이 유행성 독감과 쌀값이 천정부지로 높아지는 현상에 대해 거의 매일같이 기사를 내보내고 있다. 이러한 흐름들 속에서도, 새로운 볼거리들이 끊임없이 조선인들에게 유입되고 있었다는 사실을 신문기사를 통해 확인할 수 있다.

『매일신보』에 소개되는 구파·신파 연극공연, 활동사진, 강연회, 연주회, 환등회 등은 외부에서 유입된 문물들이 어느덧 조선사회 내 다양한 관람 문화를 형성하고 있었음을 보여준다. 이 중 구파 연극은 주로 광무대에서 상연되었는데, 광무대는 바로 1918년 9월에 10주년을 맞이하였다. 한편 1918년에 주로 활동하던 신파 연극 공연단으로는 혁신단 임성구(林聖九) 일행, 개량단 김도산(金陶山) 일행, 취성좌 김소량(金小良) 일행이 있었으며, 이들은 주로 단성사에서 공연하였다. 광고 지면에 의하면 이들의 공연은 활동사진 영사와 함께 상연되거나 단독으로 공연되는 등의 형태였다.

지방 소식을 전하는 란(欄)에는 함흥의 만세관(萬歲館)에서도 신파 연극이 상연되었다는 기사가 등장한다. 특히 〈독자긔별〉란에는 이들 공연에 대한 관객들의 다양한 반응이 소개되어 매우 흥미롭다. 또 다른 공연형태로 기생의 연주회를 들 수 있는데, 기생들의 연주회는 주로 경제적인 목적을 위해 이루어지는 경우가 많았다. 흥미로운 점은 이 시기 신문기사들은 기생에 대한 사회의 모순적 관점을 보여준다는 것이다. 신문은 기생의 공연활동에 대해 적극적으로 선전하고 있지만, 도덕적 기준을 잣대로 당국이 이를 막으려 한다는 소식도 전달하고 있다. 사진을 보여주는 계몽적인 성격의 환등회(농사 강화를 위한 환등회, 교풍회 등)도 환영을 받았고 이러한 흐름은 1920년까지 지속적으로 이어졌다. 또한 신문기사와 광고를 살펴보면 당시 강연회 역시 상당히 성행했다는 것을 알 수 있지만, 이 책에서는 강연회에 대한 기사를 별도로 싣지 않았다.

1918년 단성사를 통해 다양한 관람문화를 만들어가는 공간으로서 극장이 변화하는 모습을 알 수 있다. 단성사는 본래 신파 연극을 올리던 공간이었지만, 활동사진관으로 거듭난다. 바로 1918년 6월 연극장에서 활동사진관으로 개축하기로 결정을 내린 후, 1918년 12월 21일에 활동사진관 단성사가 드디어 개관하고 활동사진 영사를 시작한다. 이후 단성사는 활동사진관, 연극장, 강연회장 등 다양한 관람 공간으로 사용되면서 조선인 관람 문화의 중심에 자리 잡게 된다.

1918년의 『매일신보』에는 활동사진 광고가 하루도 빠짐없이 등장한다. 당시 활동사진을 상영하던 극장으로는 우미관(優美館), 유락관(有樂館), 황금관(黃金館, 일본인 대상), 대정관, 희락관(喜樂館) 등이 있으며, 연극장으로는 광무대(光武臺)와 1918년 12월 이전의 단성사를 들 수 있다. 이 극장들 중 특히 우미관과 유락관의 활동사진 광고는 거의 매일 『매일신보』에 등장했고, 일본인 관객을 주 대상으로 했던 황금관과 희락관 등도 이따금 광고를 게재한다. 단성사의 경우는 당연히 활동사진관으로 개축한 이후부터 영화에 대한 광고를 싣기 시작한다. 황금관의 경우, 정월에 광고를 한 번 내거나 음력설을 맞이하여 조선인을 위한 활동사진을 한다는 광고를 내는데, 〈미라의 비밀〉, 〈금시〉처럼 대작이 들어왔을 때 조선인을 대상으로 활동사진 광고를 게재하기도 하였다.

특히 일본의 천승(天勝) 일행이 조선인 제자 배구자(裵龜子)를 데리고 조선에 와서 특별 공연을 했던 1918년 5월에는 황금관의 광고가 대대적으로 실린다. 천승 일행의 공연은 5월에 있었던 가장 큰 문화행사로서, 사진과 함께 『매일신보』 3면을 가득 메우고 있다. 배구자라는 어린 조선인 배우는 천승의 공연을 본 후 천승의 제자가 되기를 간청하여, 어린 나이에 이미 일본에 건너가 무용과 공연기술을 배웠다고 기사는 전한다. 배구자가 공연을 위해 조선에 돌아와 선풍적인 인기를 끌었지만, 조선말을 다 잊어버려 어머니와 이야기할 때 통역이 필요했다는 웃지 못할 기사도 등장한다.

이처럼 이 책이 간추린 1918년 신문기사 사료를 통해서 당시 구·신파 연극과 수입된 활동사진뿐만 아니라, 공연의 종류, 관람객의 유형, 다양한 볼거리를 전달하는 극장 공간의 문화를 두루 파악할 수 있다. 또한 〈독자긔별〉란은 활동사진과 연극의 관객들이 '애활가(愛活家)' 혹은 '애극가(愛劇家)'라는 필명으로, 활동사진과 연극에 대한 감상과 더불어 당시 극장문화에 대한 다양한 의견을 전달하고 있다. 이는 관객수용 연구의 측면에서 중요한 사료라고 생각된다. 이러한 기사들을 통해 무성영화 시대의 관객들이 극장 내에서 자신들의 소리를

어떻게 만들어갔는지도 상상해볼 수 있을 것이다. 1918년 기사를 통해 우리는
근대 영화관객과 관람 문화가 형성되는 과정의 한 단면을 꿰뚫어볼 수 있다.

— 김수현

매일 18.01.01 (3) 〈광고〉

미국 전 대통령 쿠~스베에루도[1] 각하 지도

동국(同國) 해군 소장 부락구동 각하 촬영감독

동국(同國) 부이다구라후 회사 근제(謹製)

전극(戰劇) 국의 광(國의 光) 전칠권

탐정활극 제삼 쑤로데아 - 전사권

기타 희극 실사 수종

자(自) 일월 일일 지(至) 오일 오일간 주야 이회 흥행

본 흥행에 한ㅎ야

일등 육십전 이등 사십전 삼등 이십전 군인 학생 소아 반액

경성 관철동 전화 이삼이육번 **우미관**

매일 18.01.01 (3) 〈광고〉

각국 정부 특허 천연색 기네마기라-[2]

대사진 래(來)

일월 일일부터 오일간 한(限) 공개(주 정오 십이시부터 야 오후 오시 삼십분부터)

미국 곤소리데이뎃도 영화 대회사 작

인간개조 대융(大隆) 사건 연속사진

대탐정 대활극 **적목(赤目)** 전이십이권 내 칠편 이권

이국(伊國) 표리후일무 회사 대작

경도적(驚倒的) 대모험 대활극

천연색 기네마가라- 천하일품 **금시(金矢)** 전장(全長) 일만척 영사 이시간

모험대왕 에리, 골우엠 양의 골톤 부인에 분(紛)- 부(夫) 골톤은 밀폐되고 제(弟) 지요지롤 피살되얏슴으로 부인은 비상(非常)히 노ㅎ야 여(女)의 신(身)으로 대담히 부(夫) 골톤을 구(救)코져 혹시(或時)는 수십 장도 고(高)ㅎ흔 처(處)의 침금(針金)을 도(渡)ㅎ며, 천인(千仞)의 객저(客底)에 마제(馬諸)다 급전직하. 통쾌장쾌 기차, 자동차. 대추적.

---

1) 루즈벨트. '쿠'는 루의 오식인 듯 함.
2) 같은 광고에 언급되는 기네마가라-의 오식. 키네마 칼라의 일본식 표기인 듯하다.

룬돈(倫敦)[3] 후에스도엔토 좌(座)에셔 특별 흥행 삼개월에 긍(亘)훈 진실로 공전의 대사진.

금회에 한ᄒ야 일본(日本) 사진은 최종으로 일본(一本) 영사ᄒ오.

황금관

매일 18.01.01 (2) 〈광고〉

작년 중(中)은 각별히 애고(愛顧)ᄒ시와 감사ᄒ온 천회(賤懷)를 표ᄒᄂ니다.

상(尙) 본년도 변치 마시고 애고ᄒ옵시기를 복망(伏望)ᄒᄂ니다.

우미관 관주 경백(敬白)

각하시국(刻下時局)이 산출훈 최고능률의 활동사진

미국 주뇌(主腦) 정치가 차로써 일국의 여론을 지도코져훈 경도적(驚倒的) 영화로

역실(亦實)로 인력(人力)의 최선을 진(盡)훈 것이라

미국 전 대통령 루쓰벨트 각하 지도

동국(同國) 해군소장 부락튼 각하 촬영감독

동국(同國) 바이더구라푸 회사 근제(謹製)

전극(戰劇) **국의 광(國의 光)** 전칠권 (원명 국민의 광영)

제사 쑤로데아 – (プロテアー) 전사권

기타 희극 실사 수종

일월 일일 브터 특별흥행 주야 개관

본 흥행에 한ᄒ야

일등 육십전 이등 사십전 삼등 이십전 군인 학생 소아 각등 반액

암담훈 구주의 대전장, 경도(驚倒)홀 만훈 현시(現時)의 학과적(學科的) 전쟁을 견(見)코져ᄒᄂ 인(人)은 근(僅)히 삼시간을 우미관의 의자의 의(倚)ᄒ시오

경성 종로 관철동 상설관 **우미관** 전화 이삼이육번

---

3) 런던의 음차.

매일 18.01.03 (1) 〈광고〉

미국 전대통령 쿠[4] – 스베에루도 각하 지도

동국(同國) 해군소장 부락구동 각하 촬영감독

동국(同國) 부이다구라후 회사 근제(謹製)

전극(戰劇) **국의 광(國의 光)** 전칠권

탐정활극 **제삼 쑈로데아** – 전사권

기타 희극 실사 수종

{자(自) 일월 일일 지(至) 오일} {오일간 주야 이회 흥행}

본 흥행에 한ㅎ야

일등 오십전 이등 삼십전 삼등 십오전 군인 학생 소아 팔전

경성 관철동 전화 이삼이육번 **우미관**

매일 18.01.03 (3) 번창훈 활동사진 / 됴션 연극쟝은 이일부터

일월 일일의 시니에는 눈과 바람이 심ㅎ엿지마는 각 연극쟝에는 치위[5]를 불고ㅎ고 관람긱이 비상히 만엇는디 황금관 「黃金館」 활동ㅅ진은 이번에 특별히 됴션인 관람긱을 위ㅎ야 셔양 ㅅ진을 만히 쓰는 즁에 금시 「金矢」라는 일만쳑의 ㅅ진은 텬연식의 활극임으로 됴션인의 관람긱이 수뵉명에 달혼 바 오일ㅆ지 밤낫으로 흥힝혼다 ㅎ고 또 우미관 「優美館」은 본년부터 ㅅ진을 기량ㅎ야 대활극 국의 광 「國光」과 쑈로데아라는 것을 영ㅅ호야 쥬야간 성황이엿고 광무듸 「光武臺」는 날이 치워셔 휴연ㅎ엿스나 이일부터 기연혼다 ㅎ고, 단셩샤「團成社」는 혁신단 신파연극으로 일일부터 기연홀 터이나 역시 치위로 휴연ㅎ엿고, 기타 대졍관 「大正館」, 유락관 「有樂館」 등도 샹당히 닉디인 관람긱이 만엇다더라.

매일 18.01.03 (3) 기생의 등쟝(等狀) / 검사롤 폐지ㅎ여 쥬오

경성남도 김히 기성 일동은 김히 현병출쟝소에 일졔히 출두ㅎ야 쳥원ㅎ기롤, 유리 됴션인은 넷젹부터 젼리ㅎ는 습관으로 남에게 살을 니여 보이는 것은 비상훈 치욕이라고 ㅎ는디 근리 기성 일동이 검ㅅ롤 맞는 것은 심히 치욕이고 본죽, 원컨더 소댱의 관

---

4) '루'의 오식.

5) 추위.

＊호 쳐치로 검수를 폐지호야 달나 홈으로, 소당은 간절히 기성에게 알어듯도록 일너주고 검수의 필요는 엇더혼 것인 것을 셜유혼 즉 반신반의의 기성 일동은 그 청원을 각하호여 주면 집에 도라가셔 친형뎨와 의론호겟다 홈으로, 소당은 검수의 말을 형뎨와 의논혼다는 말에 괘심히 역여 대갈일셩에 기성 일동은 아모 말도 못호고 모다 갓다더라. 「김희」

매일 18.01.08 (2) 〈광고〉
우미관 1월 3일자와 동일

매일 18.01.08 (3) 기생의 시계를 / 춤츄는 동안에 졀취
경셩 셔대문뎡 일뎡목 거쥬의 다동 기셩죠합 소무원 류지호「京城西大門町 一丁目 柳在鎬」(二十五)란 쟈는 십이월 십구일 밤에 다동 기셩 김은희「金銀姬」 외 십륙 명을 다리고 명월관에서 노는 누구의 연회에 가셔 모든 기셩의 심바롭을 호고 잇던 즁, 젼긔 은희가 춤을 츄기 위호야 옷을 가라입을 졔 금시계 일빅 삼원 의치를 버셔 노은 옷에 미여 두고 춤을 다 맛친 후 본즉 금시계가 간곳이 업슴으로 당장 야단이 낫던 즁 이 긔별을 들은 형스는 젼긔 류지호의 소위로 알고 의션 몸을 수식호야 본 즉, 그 쟈의 품 속에서 금시계가 발견됨으로 즉시 죵로 경찰셔로 인치호야 취됴한 결과 칠일 검수국으로 보너엿다더라.

매일 18.01.09 (1) 〈광고〉
당(當) 일월 육일부터 전부 체환(替換) 영사
一 태서사극 **나파륜(拿巴崙)**[6] 전칠권
一 인정활극 **용소년(勇少年)** 전삼권
기타 실사 희극 수종
청우(淸雨)를 불구호고 매일 오후 육시 개관 칠시 개연
일요 급(及) 제일(祭日)은 주야(이회) 개연
경성 관철동 전화 이삼이육번 **우미관**

---

6) 나폴레옹.

매일 18.01.10 (2), 18.01.11 (4) 〈광고〉
우미관 1월 9일자와 동일

매일 18.01.12 (3) 〈광고〉
일월 십이일브터 영사
一 탐정 대대활극 **청외투(靑外套)** 전오권
一 탐정활극 **모루쌉의 도난** (원명 위소절수(僞小切手)) 전삼권
기타 실사 희극 등
경성 관철동 전화 이삼이육번 **우미관**

매일 18.01.13 (4), 18.01.15 (4), 18.01.16 (3), 18.01.17 (3) 〈광고〉
우미관 1월 12일자와 동일

매일 18.01.17 (3) 기생의 고혼 동정(同情) / 빈민구제비로 긔부
경성 광교조합 기싱 다옥뎡 빅팔십구번디 김명쥬 「金明珠」는 일전에 본샤에 차져와
요사이 치임에 죽어가는 빈궁훈 사람을 구제ᄒᆞ는디 보퇴여 달나고 돈 일원을 가지고
왓슴으로 본샤에셔는 즉시 수속을 ᄒᆞ얏는디 일기 기싱으로 이갓치 훔은 참 가샹훈 일
이라 ᄒᆞ겟더라.

매일 18.01.18 (3) 〈광고〉
일월 십팔일브터 영사
이국(伊國) 미라노 회사 작
인정활극 **여걸** 전사권(원명 중첩(重疊)ᄒᆞ는 비 [疵])
독일 부로메데－우스 회사 작
인정극 **감루(感淚)** 전삼권 (원명 감상적 재판 다만 일분지(一分遲)ᄒᆞ기 씨문에)
기타 실사 희극 등
경성 관철동 전화 이삼이육번 **우미관**

매일 18.01.19 (3), 18.01.20 (4) 〈광고〉
우미관 1월 18일자와 동일

매일 18.01.22 (1) 〈광고〉

본 조합 신파부 개량단 일행이 작년 봄브터 삼남(三南) 각지를 순업(巡業)ᄒ와 도처 환영을 전수(傳受)ᄒ옵던 바 본월 이십일일 입경(入京)ᄒ와 슌[7] 이십삼일브터 동구내 (洞口內) 단성사에서 취미진진(趣味津津)ᄒ 각본을 택ᄒ야 명성이 고(高)ᄒ 배우가 등 대(登臺) 흥행ᄒ오니 다수 왕림ᄒ심울 경요(敬要)

경성배우조합 고백(告白)

매일 18.01.22 (3) 하마를 어촬영 / 세ᄌ뎐하 챵경원 어람 / 옛날 타시던 됴션 말 압헤셔 거름을 멈츄셧다

왕세ᄌ 뎐하ᄭ셔는 십구일 오후 두시 부터 비원과 챵경원을 관람ᄒ셧더 라. 비원으로부터 창경원에 듭신 뎐 하ᄭ셔는 말송장원 과댱「末松掌苑 課長」, 하군산 동물원 쥬임「下群山 動物園 主任」의 안늬로 위선 삼호관 부터 관람ᄒ신 바, 맛참 셩셩이 놈이 우유병을 물고 라팔을 부러 지도롤 보시게 ᄒ 고로 뎐하ᄭ셔는

◇ ᄌ미잇게 녁이사 거름을 멈츄시 고「우슈운 놈」이라 말솜ᄒ셧스며 말

▲ 창경원에서 하마를 촬영하는 이왕세자

잘 ᄒ는 잉무시는 존젼에도 어려워 안코 말송과댱 윤덕영 ᄌ쟉 김어부무관[8] 기타 슈 힝ᄒ는 사롬들이「오도상」,「곤니지와」를 식이면 노랑 목으로 슝늬를 니여 뎐하를 웃 기여 드렷더라. 예 일호관에셔는 동경 동물원에도 업는 유명ᄒ 하마 구경을 ᄒ셧는듸 계원이 손을 듸미는 딕로 광쥬리 굿흔 큰 입 버리는 것을 ᄌ미잇게 녁이사 슈원을 들 너 미리 쥰비ᄒ엿던 사진긔계로

◇ 친히 거리를 맛츄어 촬영ᄒ시고, 쏘 작년 시월에 츌산ᄒ 석기 하마와 어미 하마가 물 속에서는 노니는 것을 보시고「그것 ᄌ미잇다」ᄒ시와 쏘 사진을 박이셧더라. 그

---

7) 同과 같은 뜻.
8) 겸무관의 오식.

로부터 나려오시와 뎐하꾀셔 어리셧슬 찌에 타시던 됴션 말 압헤셔 거름을 멈츄시미 귀족들이 「뎐하꾀셔는 훌륭ᄒ게 댱셩ᄒ셧는디 말은 여전히 죠그마타」고 실업슨 말을 ᄒ며 우스미, 뎐하꾀셔도

◇ 우슴을 꾀우셧다. 동물원의 관람을 맛치신 뒤에 박물관을 관람ᄒ시고 식물원에 듭시와 수야「水野」식물원 쥬임의 셜명을 드르시고 식물 본관에셔 휴식ᄒ실 찌에는 열딘 식물의 지비법을 질문ᄒ셧더라. 다과의 향응을 밧으시고 오후 네시 자동챠로 덕수궁에 환어ᄒ셧는디 이 날은 「유쾌ᄒ다」고 수원에게 말슴ᄒ셧다 ᄒ더라.

매일 18.01.22 (4), 18.01.23 (4), 18.01.24 (4) 〈광고〉
우미관 1월 18일자와 동일

매일 18.01.23 (3), 18.01.24 (3) 〈광고〉
경성배우조합 1월 22일자와 동일

매일 18.01.24 (3) 소생(蘇生)된 연애 / 로국 폐뎨는 왕후를 리혼ᄒ고 식로 결혼 / 녀빗우 구시신스카야

일전에 로도에셔 뎐보가 오기롤 폐위된 로국 황뎨는 과격파 정부의 허가를 엇어 황후와는 리혼을 ᄒ고 「구시신스카야」라는 녀비우와 결혼을 ᄒ게 되얏다 ᄒ다. 잠시 듯기에는 아죠 말긋지 안은 말이다. 황뎨의 몸으로 구양샤리롤 ᄒ며 나흔 오십이니 인졔셔 리혼이니 결혼이니 ᄒ고셔 들 찌가 안이나 정든 남녀 간의 일은 관계업는 사룸의 츄칙홀 것이 못된다.

◇「구시신스카야」는 지금부터 삼십년 젼 황뎨가 황티즈로 잇슬 찌부터 졍드러 나려온 터이며 젼뎨실부의 녀비우로 잇던 미인이라. 이 두 사룸이 쳐음 맛나기는 폐뎨가 이십 셰, 구미인은 십칠 셰 쌔인디 그 쌔의 황티즈가 파란 디방에 려힝을 ᄒ다가 년젼에 로독 전쟁이 큰게 버러졋던 「와루쏘―」연극쟝에셔 맛낫다 ᄒ며, 그 뒤로는 셔로

◇ 못 이즐 사이가 되야 황티즈는 그 미인을 로도로 불너다가 두엇더니 이 일이 그 부황폐하의 귀에 드러가 황티즈는 막말로 경을 담뿍 치고 그 부황의 분푸리 ᄒ기를 기다리노라고 동양만유를 나왓더니, 일본에 와셔는 신수 * 길ᄒ야 밋친놈의 칼을 맛고 그만 급급히 귀국ᄒ얏더라. 그 뒤에 홀 수 업시 지금 황후와 결혼은 ᄒ얏스나 구미인은 여젼히 사랑ᄒ야 그 후에도 황후 몰너 상관을 ᄒ여왓스며 아들까지 형뎨로

나엇는디, 큰 아들은 지금 이십오 셰며 불란셔 파리에 잇셔 빅작의 작위를 가젓다 ᄒ오. 이와 갓튼 관계인 고로 이번에 정식 결혼을 ᄒᄂᆞᆫ 것도 괴이치 안은 일이 안이요. 그러나 리혼은 황후가 강쳥ᄒ엿ᄂᆞᆫ지도 알 수 업고 그 결과로 구미인과 결혼ᄒ게 되ᄂᆞᆫ 듯도 ᄒ다 ᄒ오.

매일 18.01.24 (3) 기량단 일ᄒᆡᆼ의 기연

경성 구파 비우죠합의 신파 기량단「新派改良團」 일ᄒᆡᆼ은 그동안 삼남 디방에서 슌업 흥ᄒᆡᆼ 즁이던 바 이번에 도로 올나와셔 이십삼일부터 동구안 단셩사에셔 기연ᄒ게 되엿ᄂᆞᆫ디, 향자 쟝화홍련젼의 갈치밧넌 디신에 더욱 ᄌᆞ미잇는 각본을 만드러 흥ᄒᆡᆼᄒᆞᆯ 터이라더라.

매일 18.01.25 (4) 〈광고〉

일월 이십오일 차환(差換)

이국(伊國) 지비스 회사 특작

一 모험 대탐정극 **괴원(怪猿)** 전오권(원명 아 [啞] 의 마귀)

남(男)은 여객(旅客)이 되야 호텔에 체류ᄒ고 여(女)ᄂᆞᆫ 인가(隣家)의 저(邸)에 주거ᄒ야 미국 부호의 과부라고 칭ᄒ고 부(夫)될 인(人)을 선(選)ᄒᆞᆫ다고 ᄒ면셔 여관을 방문ᄒ고, 기맥(氣脉)을 통ᄒ야 괴원(怪猿)을 사용ᄒ야 금젼보셕류를 여객으로브터 도(盜)ᄒ다가 필경 명탐정의게 노현(露顯)됨에 지(至)ᄒᆞᆫ 근경(近頃)에 엄ᄂᆞᆫ 모험 대탐정극.

영국 후에닛스 회사 작

一 탐정활극 **사(死)의 진주** 전삼권

一, 실사 **이국(伊國) 말지야 하(河)**

一, 전쟁실사 **원군(援軍)**

一, 희극 **맛구스 질투**

경성 관철동 전화 이삼이육번 **우미관**

매일 18.01.26 (4), 18.01.27 (4), 18.01.29 (4) 〈광고〉

우미관 1월 25일자와 동일

매일 18.01.27 (3) 조합을 권번으로 / 한셩, 경화, 대졍

경셩 각 기셩 죠합에서는 이왕부터 죠합이라는 일홈을 써왓스나 지금은 그 씨와 달나 조합의 일홈도 반드시 곳칠 필요롤 싱각ᄒ고 광교조합은 한셩권반「漢城券番」으로, 신챵죠합은 경화권반「京和券番」으로, 다동죠합은 대졍권반「大正券番」으로 곳치고 본뎡 경찰셔에 쳥원ᄒ 결과 일젼 경긔도 경무부댱의 인가가 잇셧더라.

매일 18.01.30 (3) 〈광고〉

당 일월 이십구일브터 영사

미국 유니바ー사루 회사 특작

전화의 경고 십삼편 십사편 전사권

고대ᄒ시던 본 사진이 도착ᄒ얏스오니 불견(不見)ᄒ시면 후회막급

이국 지네스 회사 작

모험 대탐졍극 **괴원(怪猿)** 전오권

남은 여객이 되야 여관에 체류ᄒ고 여는 인가(隣家)의 저(邸)에 주거ᄒ야 미국 부호의 과부의 태도(態度)로 남편될 인(人)을 션(選)ᄒᄂᆞᆫ 것쳐럼 여관을 방문ᄒ야 기맥(氣脈)을 통ᄒ고, 괴원(怪猿)을 사용ᄒ야 금전보석류를 여객에게 도(盜)ᄒ고 잇더니, 마참ᄂᆡ 명탐정으로 인ᄒ야 노현(露顯)됨에 지(至)ᄒᄂᆞᆫ 근래에 무(無)ᄒ 모험 대탐졍극이라.

영국 후에닛스 회사 작

탐정활극 **사(死)의 진주** 전삼권

기타 실사 희극 등

경셩 관철동 전화 이삼이육번 **우미관**

매일 18.01.31 (3) 〈광고〉

우미관 1월 30일자와 동일

매일 18.02.01 (2) 〈광고〉

이월 일일브터 특별 대사진 제공

불국(佛國) 파데ー 미국 지사 특작

ー 연속기담 대탐정극 **철의 조(鐵의 爪)** 삼십이권 내 일·이편 사권

미국 뉴욱시(紐育市)[9]에 가공홀 악한의 일단이 유(有)ㅎ고, 단장은 의학박사의 견서(肩書) 마데알 남(男)이 엇지된 일인지 안일면(顔一面)을 소란(燒爛)ㅎ야 일목(一目)으로 견(見)ㅎ면 처참흔 상형(相形)이오, 가지(加之)에 우수수(尤手首)가 업셔 지(指)의 대신으로 개폐 자재(自在)의 철조(鐵爪)가 가우스의 외(外)에 출(出)ㅎ야 실로 기(其) 행동은 신출귀몰로 교(巧)히 당국의 안(眼)을 회(晦)ㅎ며, 다만 불사의(不思議)이라 홀 외(外)에 차(此) 철조로써 여하흔 사(事)를 ㅎ는가. 제일편브터 인속어관람(引續御觀覽)ㅎ기를 망(望)흠.

미국 유니바―사루 회사 특작

― 연속신비 대탐정극 **전화의 경고** 십삼편, 십사편 전사권

괴상흔 전화는 「포리」, 「샤레」 다차(次)의 부옥(部屋)에 래(來)ㅎ라 ㅎ는 괴상흔 완(腕)의 지(持). 흔편 첨(尖)은 하사(何事)를 어(語)ㅎ는가. 내주에 기(其) 정체를 고ㅎ겟고.

미국 비구데유아부레이호스사 작

― 대대활극 **적추영(跡追影)** 전오권

경성 관철동 전화 이삼이육번 **우미관**

매일 18.02.02 (4), 18.02.03 (4), 18.02.05 (4), 18.02.06 (4) 〈광고〉

우미관 2월 1일자와 동일

매일 18.02.07 (4) 〈광고〉

당 이월 육일브터 영사

미국 유니바―사루 회사

연속 신비대탐정극 **전화의 경고** 최종편

십칠년 이전에 재(在)흔 파리의 가공홀 일대 비밀은 아주 본편으로 발로(發露)되얏스니 청컨더 래(來)ㅎ시오, 견(見)ㅎ시오.

경성 관철동 전화 이삼이육번 **우미관**

매일 18.02.08 (4) 〈광고〉

이월 팔일 특별 대사진 제공

---

9) 뉴욕.

불국(佛國) 파데－ 미국 지사 특작
一 연속 모험 대탐정극 **철의 조(鐵의 爪)** 삼십이권의 내 삼, 사편
소(笑)의 면(面)은 「마－지야리－」를 부란데－의 대준(大樽)에 입(入)ᄒᆞ야 마군(馬軍)로 도주홈. 「레카」ᄂᆞᆫ 자동차로 추적ᄒᆞ야 래(來)ᄒᆞ얏슴을 견(見)ᄒᆞᆫ 「마지야리－」ᄂᆞᆫ 아레 철(鐵)의 조(爪) 「레카」가 추구면래(追驅面來)ᄒᆞ얏다고 규(叫)ᄒᆞᆫ 시(時)ᄂᆞᆫ 장장(長ヘ)[10] 조교(釣橋)의 상(上)이얏다. 소의 면은 급히 교수(橋守)의 소옥(小屋)에 비입(飛込)ᄒᆞ야 교(橋)를 ＊ᄒᆞ라 의뢰ᄒᆞ얏스나, 문(聞)치 못ᄒᆞ고 소의 면은 시정(矢庭)에 전기반(電氣盤)의 파수(把守)를 염(捻)ᄒᆞᆫ즉, 교(橋)ᄂᆞᆫ 중앙으로브터 이(二)로 절(切)ᄒᆞ야 조상(釣上)ᄒᆞᆫ 차처(此處)ᄭᆞ지 질주면래(疾走面來)ᄒᆞᆫ 악한(鐵의 爪)ᄂᆞᆫ 건분하중(乾分河中)에 전락(轉落)ᄒᆞ얏다. 그러면 소의 면이라 홈은 하자(何者)……
미국 유사 특작 대탐정 **전화의 경고** 최종편
십칠년 이전에 재(在)ᄒᆞᆫ 파리의 가공홀 일대 비밀은 아주 본편으로 발로(發露)되얏스니 청컨ᄃᆡ 래(來)ᄒᆞ시오 견(見)ᄒᆞ시오 (이월 십이일흘(迄)[11] 영사)
기타 활극 희극 실사 등
경성 관철동 전화 이삼이육번 **우미관**

매일 18.02.09 (4), 18.02.10 (4), 18.02.11 (4) 〈광고〉
우미관 2월 8일자와 동일

매일 18.02.11 (3) 정초의 각극장 / 씨름이 또 시작됨
오날은 음력 정월 하로날임으로 경셩 시닉 각 연극장과 활동ᄉᆞ진관에셔ᄂᆞᆫ 특별히 연극지료를 만히 쥰비ᄒᆞ고 흥힝ᄒᆞᆫ다ᄂᆞᆫ 말을 들은 즉
▲ 광무ᄃᆡ 박승필 일힝은 구파 연극으로 박츈지 픠의 희극과 기타 계월의 독창무 등등이 잇ᄂᆞᆫ 외에 신구파 기량극이 잇고 초삼일부터ᄂᆞᆫ 년레로 낫부터 씨름회를 굉쟝히 연다 ᄒᆞ고
▲ 황금관 활동사진은 닉디인 젼문이나 이번은 구졍월이 되야 됴션인 관긱을 쓸기 위ᄒᆞ야 됴션인 변ᄉᆞ를 두고 잇흔날 낫부터 오일ᄭᆞ지 낫 흥힝으로 장절쾌절 뎐하일품

10) 같은 글자를 반복한다는 뜻의 문자표.
11) 까지.

의 와 「渦」의 량편 기타 대사관비밀 「大使館秘密」과 또 대활극 흡혈귀 「吸血鬼」 등의 ㅈ미잇ᄂ 사진 외에 희극 등이 만히 잇고

▲ 단성사 신파 기량단 김도산 일ᄒ형이 기연ᄒ게 되야 ㅈ미잇ᄂ 각본으로 남녀 비우가 출연ᄒ다 ᄒ고

▲ 우미관 활동샤진은 던화의 경고와 털의 조 「鐵爪」, 기타 ㅈ미잇ᄂ 것이 만타ᄂ듸 여긔도 낫에 영사ᄒ다 ᄒ고

▲ 대정관 유락관 등의 활동샤진은 전과 맛찬가지로 영사ᄒ다더라.

매일 18.02.11 (3) 〈광고〉

구(舊)정월의 위락(慰樂)!!!

자(自) 정월 이일 지(至) 오일, 사일간 정오 십이시 개관. 활동사진 특별대흥행

장절쾌절 천하일품

대활극 **와(渦)** 최장편

정(正)활극 **흡혈귀** 최장편

대활극 **대사관의 비밀** 최장편

조선인 변사가 특히 설명홈.

기타 ㅈ미잇ᄂ 골계 수종이 유(有)홈

황금유원 황금관

매일 18.02.13 (3) 〈광고〉

이월 십이일브터 특별 대사진 제공

불국(佛國) 쌔데ー 미국 지사 특작

一 연속 제이(第二) **철의 조(鐵의 爪)** 삼십이권 내 삼·사편 사권

본편 경개(梗槪)

소(笑)의 면(面)은 「마ー지야리ー」를 쑤란듸ー의 대통중(大桶中)에 입(入)ᄒ고 악한의 소굴로브터 구출ᄒ야 마군(馬軍)로 도주ᄒ니, 철의 조(레카ー)ᄂ 소의 면에게 아주 속앗다고 자동차로 추적면래(追跡面來)ᄒ다. 「마지야리ー」ᄂ 철의 조가 자동차로 추구면래(追驅面來)ᄒ다 고(告)ᄒ 시(時)ᄂ 장(長)ᄒ고 장(長)ᄒ 조교상(釣橋上)이엿다. 소의 면은 급히 교수(橋守)의 가(家)로 돌입ᄒ야 교(橋)를 개(開)ᄒ야 달나고 청ᄒ얏스나 듯지를 아니ᄒ니 시정(矢庭)에 전기반(電氣盤) 파수(把守)를 염(捻)ᄒ 즉 교(橋)ᄂ

중앙으로브터 이(二)로 절(切)ㅎ야 달녀올나가 버리니 차처(此處)ᄭᅵ지 질주면래(疾走面來)혼 악한의 자동차ᄂᆞᆫ 역립(逆立)이 되야 여지업시 하중(河中)으로 전락ᄒᆞ니 소의 면은 「마지야지ー」와 공(共)히 무사히 자기의 주가(住家)로 귀래(歸來)ᄒᆞ다. 연(然)이나 소의 면이라 홈은 하자(何者)인고?

미국 유바시루 회사 특작

인정활극 **혼혈아** 전오권

미국 유니와ー사루 회사 특작

정극 **수뢰의 비밀** 전삼권

매일 육시 삼십분 개관, 칠시 삼십분 개연

일요 제일(祭日) 주야 이회 십오일흘(迄) 주야 이회 사후(仕候)

경성 관철동 전화 이삼이육번 **우미관**

매일 18.02.14 (4) 〈광고〉

우미관 2월 13일자와 동일

매일 18.02.15 (3) 무수(舞袖)에 낙(落)ㅎᄂᆞᆫ 십만금 / 네 조합 기ᄉᆡᆼ의 수입은 얼마식 되ᄂᆞᆫ가

ᄆᆡ년 음력 정초이면은 모든 ᄉᆡᆼ이가 겨의 다 한산ᄒᆞ지만은 기ᄉᆡᆼ ᄭᅴ[12])이ᄂᆞᆫ 이 ᄭᆡ가 일년 중에 뎨일 세월 죠흔 ᄶᆡ이라. 요사이로 달ᄒᆞ야도 여간 쪽ᄭᆞ혼 기ᄉᆡᆼ을 두엇 부르랴면 젼날부터 부탁을 ᄒᆞ야 두어도 어려웁다고.

▼료리뎜의 긔세가 등ᄶᆞ혼 모양도 놀나웁다. 그런데 요ᄉᆞ이ᄀᆞ치 기ᄉᆡᆼ이 셰가 니닛가 대톄 잘 버ᄂᆞᆫ 기ᄉᆡᆼ은 한 달의 얼마나 번단 말이냐고 료리뎜 구셕에서 간혹 기ᄉᆡᆼ의 슈입을 츄측ᄒᆞᄂᆞᆫ 평판이 싱기나, 실상은 누구던지 ᄌᆞ셰히 알지 못ᄒᆞ얏다. 원릭 기ᄉᆡᆼ들이라는 것은 ᄉᆡᆼ이에 ᄌᆞ연 경졍이 붓쳐셔 용이ᄒᆞ게 제 수입을 말ᄒᆞ지 안이ᄒᆞᄂᆞᆫ 고로, 용이ᄒᆞ게 알 수 업지만은 이졔 경성 안 각 죠합에서 일홈잇ᄂᆞᆫ

▼ 기ᄉᆡᆼ의 슈입을 대강 됴ᄉᆞᄒᆞ야본 즉 놀나올 만혼 일도 젹지 안타. 무론 여긔 말ᄒᆞᄂᆞᆫ 기ᄉᆡᆼ수입이라ᄂᆞᆫ 것은 료리뎜에서 드러닉여 놋코 바다오ᄂᆞᆫ 것이오 부업 수입은 친 것

---

12) 이전에 나온 글자를 반복하는 일본 문자기호.

이 안이라. 이 기싱의 료리뎜 수입이 만토록 열심히 권쟝ᄒᆞᄂᆞᆫ 죠합은 다동조합이 뎨일인듯 ᄒᆞᄃᆡ, 다동조합에셔ᄂᆞᆫ 미년 그 조합챵립긔념일에 긔렴 총회ᄅᆞᆯ 여러셔 죠합기싱을 다 모아놋코 젼히 일년 중에 료리뎜에셔

▼ 버러온 금익이 만흔 기싱의게ᄂᆞᆫ 수입익의 등급을 ᄯᅡ라셔 샹품을 쥬ᄂᆞᆫ 것이 젼례이라. 그러셔 지난 팔일에도 챵립긔념총회를 열고 수입 우등ᄒᆞᆫ 기싱의게 포샹을 쥬엇ᄂᆞᆫᄃᆡ 거긔셔 됴샤ᄒᆞ야본 즉 연쥬회에 청인복식을 ᄒᆞ고 셔양츔을 춘다ᄂᆞᆫ 쥬학션「鶴仙」이가 쟉년 일 년 동안에 료리뎜 슈입으로 이쳔이ᄇᆡᆨ팔십원을 버러셔 일등인ᄃᆡ, 아마 경셩안 기싱 삼ᄇᆡᆨ여 명에셔 뎨일 만히 버러드린 모양이라.

▼ 금시계의 샹급으로 당일의 영광을 빗ᄂᆡᆼ엇고, 이등에ᄂᆞᆫ 민츙셩공의 아ᄃᆞᆯ 민범식이가 수쳔금으로 락젹 식혀갓다ᄂᆞᆫ 리산호쥬「珊瑚珠」가 일쳔팔ᄇᆡᆨ원을 버럿고, 삼등에ᄂᆞᆫ 김계홍「桂紅」이가 일쳔이ᄇᆡᆨ팔십원을 버럿고, 칠등ᄭᆞ지 샹급탄 기싱은 모다 쳔여원을 버럿ᄂᆞᆫᄃᆡ 다동죠합 기싱총합 일ᄇᆡᆨ팔십 명 중에셔 료리집에 제법 불려단이ᄂᆞᆫ 기싱이 현지 마흔두 명이오. 이 마흔두 명과 한남죠합이 셔러져 나가기ᄭᆞ지에 다동죠합에 드럿던 남도기싱들이 각 료리뎜의 손을 것쳐셔 무러드린 돈이 쟉년 중에

▼ 사만륙쳔원이라 ᄒᆞᆫ다. 그러셔 다동죠합에셔ᄂᆞᆫ 죠합 비용으로 그 소득의 십분지 일을 ᄶᅥ여셔 수입ᄒᆞᆫ 것만 ᄉᆞ쳔륙ᄇᆡᆨ원이라ᄂᆞᆫ 말도 놀나옵지 안이ᄒᆞᆫ가. 쥬학션의 이쳔이ᄇᆡᆨ팔십원이라 ᄒᆞ면 ᄆᆡ삭 평균 일ᄇᆡᆨ구십원이나 되니 황숑ᄒᆞᆫ 비교이지만은 측임ᄃᆡ우의 즁츄원 고문님네들이 한 달에 일ᄇᆡᆨ삼십삼원 삼십삼젼이라ᄂᆞᆫ 수당보다ᄂᆞᆫ 만키가 륙십여원이라 기싱의 슈입이 지샹님네보다ᄂᆞᆫ 더 만흐닛가 이제ᄂᆞᆫ

▼ 「기싱지샹」안이라 지샹님네보다 실샹 수입이 만키ᄂᆞᆫ 실업가들이닛가 「기싱실업가」이라ᄂᆞᆫ 시 문ᄌᆞ도 미구에 싱길ᄂᆞᆫ지 모르겟다. 다동죠합은 그러ᄒᆞ거니와 광교죠합「廣橋組合」은 엇더훈가. 노름에 단이ᄂᆞᆫ 기싱이 아흔두 명으로 쟉년 조합에 역시 일활식 수입된 것이 사쳔원 본젼으로ᄂᆞᆫ ᄉᆞ만원이라. 그 중에 노름에 만히 단이며

▼ 죠합에 돈을 가장 만히 가져온 기싱은 화연「花姸」, 치션「彩仙」 등 쳔여원이오, 한남죠합「漢南組合」은 셜립된 지가 오리지 못ᄒᆞ지만은 쟉년 셜립 이후의 영업쟝 가진 기싱이 마흔두 명, 조합의 총수입 일쳔ᄉᆞᄇᆡᆨ이십ᄉᆞ원 오십젼으로 일만ᄉᆞ쳔이ᄇᆡᆨᄉᆞ십오원이오, 그즁에 만히 버러온 기싱은 황금란「黃金蘭」의 일쳔일ᄇᆡᆨ십팔원, 현계옥「玄桂玉」의 구ᄇᆡᆨ구십륙원, 뎡금쥭「丁琴竹」의 구ᄇᆡᆨ오십륙원이오. 신창죠합「新彰組合」은

▼ 영업쟝을 가진 기싱 이십오 명으로 쟉년도 죠합의 슈입이 ᄉᆞᄇᆡᆨ샴십원 본젼으로

수천삼빅원 그중에 치경「彩瓊」, 화연「花姸」 두 기성이 가장 만타 흔다. 그러면 네 조합의 총슈 합계가 일만 수빅오십사원 오십견이오, 본견으로는 놀나지 마시오. 십만사천오빅스십오원이라. 이 십만수천여원은 드러나게 버는 것이어니와 은근히 버는 돈은 합치고 보면

▼ 십만원의 멋 비나 될는지 그것은 깁히 치근홀 필요도 업거니와 또 한 가지 우리가 잇지 못 홀 것은 그 십만사천여원 중에는 경향을 물론ㅎ고 침침흔 방구석에셔 가슴을 쾅々 두다리며 통곡ㅎ는 늙은 부모의 눈물이 얼마나 셕기여 잇는가 싱각ㅎ여 볼 일이라.

매일 18.02.15 (3) 평양의 음악강습소 / 그 젼의 기싱학교

평양의 명물 긔성 학교에 관흔 일을 각금 본지에 쇼기흔 일이 잇슨 바어니와, 작년 가을에 본뎐「本田」, 무윤지등「齋藤」 경시 졔씨의 주션으로 교명을 평양음악강습소「平壤音樂講習所」라 기층ㅎ고 대동문부군 됴션은힝「朝鮮銀行」 뒤 녜젼 됴션 큰 집을 사셔 교사를 만드럿는디, 목하 교운은 츠츠 륭셩ㅎ야 학싱 수가 대략 일빅이십여 명이나 된다. 일젼

◇ 그 학교를 방문ㅎ나 맛참 토요이라 학싱들은 학과를 다 맛치고 막 집으로 도라가랴 ㅎ는 판이다. 박악사가 긔즈를 보고 모쳐럼 왓스니 한 곡됴 듯고 가라 붓들기에 교실 온돌 안으로 드러가 보니 오륙간이나 되는 온돌방 윗목에셔는 풍악을 타고 그 풍악을 짜라 숏々흔 긔싱이 넷 식 번갈너 가며 방 한 가운데 셔셔 활발흔 검무를 춘 후 창가곡됴를 짜라 신식 셔양츔을 준다. 본릭 긔싱학교의 션싱이라 ㅎ는 것은 긔싱 퇴물로 다년 방탕흔 싱활에 져々 몃히가 되더리도 그 버릇을 곳치지 못ㅎ고 긴 쟝쥭을 물고 턱과 눈찟으로써 츔을 가라치는 바이더니

◇ 음악강습소가 시작된 후로 여러 션싱이 셔로 힘을 써 츔츄는 긔싱 곁해 셔셔 일일이 몸가지는 법을 가라치고 또 친히 모범도 뵈여 간독히 가라치는 까닭으로 싱도의 슈는 다달이 증가되야 요사이는 일빅오십 명 이샹이나 되고 싱도의 츌싱디로 말ㅎ면 평양 긔타 각가운 디방은 물론이어니와, 황히도 등디에셔 온 사룸도 적지 안타. 또 그 뿐 안이라 요소이는 량가의 쳐녀도 입학ㅎ라 오는 사룸이 잇스니 학교 과목으로 말ㅎ면 노릭, 츔 외에 외국말, 습즈, 도화, 산슐, 한문, 지봉 등이오 교수시간과 교수 방침도 아조

◇ 신식 쳐림이라 어딕로 보던지 평양의 명물 중 기싱 학교도 한 손을 쏩겟도다. 그

러나 단지 악가운 일은 셩적이 좃코 얼골이 아리싸운 쟈는 곳 모다 경셩으로 올라간다고 박교ᄉᆞ가 말ᄒᆞᆫ다.

매일 18.02.15 (4) 〈광고〉

이월 십오일브터 특별 대사진 제공
불국(佛國) 싸데 – 미국 지사 특작
一 연속 제삼 **철의 조(鐵의 爪)** 오, 육편 사권
一 사태람(賜台覽) 대활극 **소년의용단** 전삼권
이태리 니다라 회사
一 대활 희극 **한거삼시간(閑居三時間)** 전이권
기타 수종
경성 관철동 전화 이삼이육번 **우미관**

매일 18.02.16 (4), 18.02.17 (4), 18.02.19 (4), 18.02.20 (3), 18.02.22 (4) 〈광고〉

우미관 2월 15일자와 동일

매일 18.02.20 (3) 독자 위안의 대연예회 / 지금부터 대평판

젼쥬를 둘러싼 칠봉의 산에는 지금 봄이 도라와 화챵ᄒᆞᆫ 바람에 초목이 사러나는 이 ᄯᅢ이라. 본샤 젼북 지국에셔 독쟈를 위로키 위ᄒᆞ야 대연예회를 기최ᄒᆞᆫ다고 발표ᄒᆞᆷᄋᆡ 젼쥬 시ᄂᆡ는 어ᄃᆡ를 가던지 연예회 이약이오. 그 ᄯᅢ에 츌연ᄒᆞᆯ 젼쥬 예기죠합에셔는 밤낫으로 련습ᄒᆞ기에 골몰ᄒᆞ는 즁이라. 연예회가 개최되는 대셩황이 될 것은 물론이어니와 지금부터 하로 밧비 기최되기를 지촉ᄒᆞ는 경황이 ᄆᆡ우 됴터라. 본 지국에셔 지금 챡々 쥰비에 착수ᄒᆞ야 오는 이십일에는 개회가 될 터이요.

매일 18.02.20 (4) 동경에서 / 이월 구일 야(夜) / 최순정(崔順貞)

(상략)

⊙ 경(更)히 천초(淺草)[13]로 보(步)를 전(轉)ᄒᆞ야 우선 동본원사 별원(東本願寺別院)과

---

13) 동경의 아사쿠사.

천초관세음(淺草觀世音)에 참제(參諸)ᄒ야 공원 육구(六區)의 활동사진 등을 관람ᄒ고 유명ᄒ 십이층에 상(上)ᄒ야 화옥수(花屋數)도 일람ᄒ고, 오처교(吾妻橋)를 도(渡)ᄒ야 향도(向島)에 대일본 맥주회사 공장을 시찰ᄒ고 소위 주마간산적(的) 관람에 피곤ᄒ 몸을 억제(抑制)로 유지ᄒ고 여관으로 귀래(歸來)ᄒ니 황혼시(時)라. 열비(熱沸)ᄒ 동경 시가는 발셔 불야성을 성(成)ᄒ얏더이다.

⊙ 야(夜)ᄂ 종일 관람에 피곤ᄒ 안(眼)을 휴식코자 ᄒ얏더니, 지우(知友) 패강생(浿江生)의 강권을 불감(不堪)ᄒ야 제국극장을 관람ᄒ얏더이다. 제국극장은 제국의 대표적 극장이라 외관 내관의 설비가 완미(完美)ᄒ야 전사한(田舍漢)으로 ᄒ야곰 오즉 당혹케 홀 뿐이더이다. 현금 동경에ᄂ 대극장이 이십팔, 소극장은 부지기수이고 활동사진관이 칠십여, 의석(倚席)이 백팔십여가 되며 동경의 일명물(一名物)이던 상복국기관(相撲國技館)은 축융자(祝融子)의 재화(災禍)를 수(受)ᄒ고 소진ᄒ야 목도치 못ᄒ얏거니와 개시연(皆是演) 진만장리(塵萬丈裡)에 재(在)ᄒ야 분투ᄒᄂ 삼백만 시민의 위안 기관이더이다. 아(我) 평양도 발전홀사록 이런 위안 기관의 설비가 잇셔야 홀 것을 감각ᄒ얏나이다. 총총불일(匆匆不一)

매일 18.02.21 (3) 〈광고〉
우미관 2월 15일자와 동일

독자 위안 대연예회
전북 예기조합 예기 총출
▣ 기일(期日) 이월 이십일부터 칠일간, 매일 오후 칠시 개연
▣ 회장 전주 공회당
본지 월정(月定) 독자에ᄂ 무료입장권을 증정
본보 독자 무료입장
매일신보 전북지국 주최

매일 18.02.22 (3) 〈광고〉
독자위안 대연예회 2월 21일자와 동일

매일 18.02.23 (4) 수원 기생 연주회 개최

수원군 기생조합에서는 래(來) 이십이일브터 일주일간 예정으로 동군 성내 풍창관(豊昌舘) 내에서 연주회를 개최홀터인디, 삼십여 명의 기생은 월여(月餘)롤 연습후며 전무후던 기술을 흥행홀 터인 고로 무론(無論) 관람자의게 환영을 밧으리라더라.

매일 18.02.23 (4) 〈광고〉

이월 이십이일브터 이대 사진 제공

불국(佛國) 쌔데 — 미국 지사 특작

一 연속 제사 **철의 조(鐵의 爪)** 삼십이권 내 칠 · 팔편

본편은 익익(益々)가경에 입(入)후야 「소의 면(笑의 面)」의 신출귀몰, 태(殆)히 단예(端睨)에 부득(不得)홀 행동은 간자(看者)로 후야곰 비상호 쾌변(快釆)을 규(叫)홈.

이국(伊國) 이만도부에이 회사 작

一 인정대활극 **사(死)의 곡마** 전육권

곡마단의 미인 곡예자 「에부와엔」과 태공의 저군(儲君)과 상애(相愛)의 신(伸)이 되야 미인은 부친으로브터 방축(放逐)되고, 기후(其後) 저군은 비(妃)롤 영(迎)후야 분만(分娩)호 소아를 원(猿)에 피탈(被奪)후며, 원(猿)은 축(逐)후야 고연돌(高煙突)에 상(上)후는 「에부리엔」은 위험을 위(胃)후고 연돌(煙突)에 등(登)후야 소아를 구후고, 기후(其後) 수도에서 곡마단 흥행의 제(際) 태공과 재회 구교(舊交)롤 온(溫)히 후야 태공위를 거(去)후고 영(永)히 생애를 공(共)히 혼다는 비활극(悲活劇)이라.

기타 희극 실사 등

경성 관철동 전화 이삼이육번 **우미관**

매일 18.02.24 (3), 18.02.26 (4), 18.02.27 (4), 18.02.28 (4) 〈광고〉

우미관 2월 23일자와 동일

매일 18.02.26 (1) 〈광고〉

본 조합은 개량단(改良團)의 제도롤 혁파후고 신파계에 굴지(屈指)되는 배우 십수명을 가입후야 취성좌라 후고 좌장 김소랑 이하 수십명 남녀 배우는 열심 공구(攻究)후야 신개봉(新開封)의 예제(藝題)로 계속 흥행홈.

경성배우조합 백

매일 18.02.26 (3) 김세준 일힝 호평

구파 비우 김세준 일힝은 음력 정월 초삼일부터 인천 축항사 「仁川 築港社」에셔 흥힝 ᄒ야 * 이러 디찬셩을 밧는 즁이러라.

매일 18.02.28 (1) 〈사고(社告)〉 사진부원의 지방순회 촬영 개시

◇ 금회 오사(吾社)는 지방 애독자 각위(各位) 평상(平常)의 애고(愛顧)에 수(酬)ᄒ며 차(且) 편의를 도(圖)홀 목적으로 기술 숙달ᄒ 본사 사진부원을 각지에 특파ᄒ야 순회촬영을 개시홈.

◇ 순회일정 급(及) 사진부원 씨명, 초상 등은 추후 사고(社告)홀 터인 바 부원이 출장홀 시는 육속(陸續) 이용ᄒ시기를 희망홈.

◇ 촬영요금은 매일신보와 경성일보의 신(新)구독자에 한ᄒ야 실비로써 촬영에 응ᄒ기로 ᄒ오니 촬영 희망자로 병(倂)ᄒ야 본지 독자가 되실 각위(各位)는 차제에 속히 매일신보이나 경성일보의 각지 분매소(分賣所)에 신청ᄒ시압.

◇ 순회일정 이외에 지급(至急) 촬영 희망자에 대ᄒ야는 특히 일정을 변경ᄒ야 출장 촬영홀 터인즉 희망자는 직시(直時) 본사에 직접 통지ᄒ시압.

◇ 순회 사진부원은 애독자 이외의 인(人)이라도 상당ᄒ 요금을 청수(請受)ᄒ고 촬영의 의뢰에 응ᄒ겟스며 우(又) 사진동판, 아연철판, 코로타이푸 등의 어주문(御注文)에도 응ᄒ겟스니 (수*)隨* 이용ᄒ시압.

◇ 촬영요금은 좌(左)와 여(如)함
사진촬영요금＝중판(삼매 일조에 금 일원 오십전, 동(仝) 증제(增製) 일매에 금 삼십전)
상차(尙且) 동판, 아연판 급(及) 화엽서(畫葉書), 코로타이푸도 실비로써 의뢰에 응홈
매일신보사

매일 18.03.01 (1) 〈사고(社告)〉

매일신보사 2월 28일자와 동일

매일 18.03.01 (4) 〈광고〉

삼월 일일브터 특별대사진 제공
불국(佛國) 쌔대– 미국 지사 특작

一 연속 제오 **철의 조(鐵의 爪)** 삼십이권의 내 구, 십편

부친의 구입훈 차륜공장 참관에 부(赴)훈 「마－좌리－」는 우우(又々) 철의 조로 인호야 동(소) 공장 내 분수옥(分水屋)에서 악한에 여하훈 수단으로 「마－좌리－」를 고심케 호는 것은 관객으로 호야 퇴(隉)히 아연케 호는 구면(舊面)이 속출홈.

영국 바－가－ 회사 작

一 사회극 **흑상(黑箱)** 전사권

「아서덴」은 식자 「하롤또」의 행장(行狀)을 노호야 징(懲)훈 씨문에, 가련훈 기신(其身)은 홀(忽)히 궁박(窮迫)이 되야 부친에 애걸코져 귀향호고, 야(夜) 중 비밀히 저(邸)에 입(入)호야 부(父)에 사죄 중(中) 부(父)는 돌연 졸도 횡사홈으로 혐의를 수(受)호고 입옥(入獄)훈 바, 하시(何時)인지 반역수도(反逆囚徒)의 소동으로 탈옥호야 종형(從兄) 「구릿후올쏘」 차(此)를 고소호얏스나 자기의 악사(惡事)를 엽번인(獵番人)된 「푸린」으로브터 소출(訴出)호야 악계(惡計)가 실(悉)히 폭로호고 「하롤또」는 무죄가 됨.

기타 희극 실사 등

경성 관철동 전화 이삼이육번 **우미관**

매일 18.03.02 (3) 〈광고〉

경성배우조합 2월 26일자와 동일

매일 18.03.02 (4), 18.03.05 (4), 18.03.06 (4), 18.03.07 (4) 〈광고〉

우미관 3월 1일자와 동일

매일 18.03.03 (3) 단성사의 신파연극

경성 비우조합에셔는 이리신과 기량단 김도산 일힝을 조직호야 경향 각디에 단이며 슌업흥힝을 호야 다대훈 찬성을 밧어 왓는디, 이번 그 조합에셔는 기량단의 제도를 업시고 신파에 련숙훈 비우 수십인을 모와 취셩좌 「聚星座」라 호고 좌당을 김소랑 「金小浪」으로 호야 지는 이십칠일부터 단성사에서 기연훈다는디 이왕 예셩좌에 잇던 비우도 만히 가입호야 지미잇는 각본을 밤마다 데공훈다더라.

매일 18.03.03 (3) 〈광고〉

우미관 3월 1일자, 경성배우조합 2월 26일자와 동일

매일 18.03.08 (4) 〈광고〉

삼월 팔일브터 특별 대사진 제공

불국(佛國) 쌔데- 미국 지사 특작

一 연속 제육 **철의 조(鐵의 爪)** 십일, 십이편

오러도록 의문이던 소(笑)의 면(面)도 아조 본편에서 가면을 탈(脫)ㅎ야 안(顔)을 시(示)홈. 내견(來見)ㅎ시오 하자(何者)이든지.

사천람(賜天覽)

一, 대영국 사외사전(史外史傳) **지엔시오아** 전오권

에드워도 사세 통치의 하(下)에 아- 절세의 가인이라 호(呼)홀지라도 일조(一朝)에 정변과 가공가신(可恐可愼)홀 질투로 인ㅎ야 드듸여 무의무고(無依無告)혼 신(身)의 생애를 화(畵)ㅎ야 금상동서(今尙東西)를 통ㅎ야 은(隱)치 못홀 대영국의 사외사전(史外史傳). 즉 전국시대에 재(在)혼 가인 지엔시오아의 우(憂)홀 이약기러라.

기타 희극 실사 등

경성 관철동 전화 이삼이육번 **우미관**

매일 18.03.09 (3) 〈광고〉

우미관 3월 8일자와 동일

금일보터 단성사에서 신소설 추월색 대흥행홈 배우조합 내(內)

취성좌 일행 고백

대정 칠년[14] 삼월 팔일

매일 18.03.10 (3) 〈광고〉

단성사 3월 9일자와 동일

매일 18.03.10 (4), 18.03.12 (3), 18.03.13 (4), 18.03.14 (4) 〈광고〉

우미관 3월 8일자와 동일

---

14) 다이쇼(大正). 천황의 임기에서 나온 일본식 연호. 대정 1년은 1912년.

매일 18.03.14 (3) 위약금을 청구

경성 훈정동 호빅번디[15] 비우죠합댱으로 잇는 강경수「京城薰井洞 姜敬秀」는 길무 변소를 소송 디리인으로 경성 운이동 칠십삼번디 김흥렬「雲泥洞 七十三番地 金興烈」, 동 김옥희「金玉姬」두 명을 피고로 경성 디방법원 민소부에 위약금 청구쇼송을 뎨기ᄒ엿다는디 그 닉용인 즉, 대정 오년 십월 중 원피고 간에 계약을 ᄒ고 동년 십월 칠일부터 동 십월 말ᄭ지 김옥희가 강경수의 집에 가셔 가무를 비호되 보수는 업시 ᄒ고 긔한 안에는 원고의 지휘를 밧기로 되엿는디, 만약 위약ᄒ는 ᄶ는 피고 두 명이 위약금으로 돈 빅원을 지불ᄒ기로 약뎡ᄒᆫ 바 본년 이월 이십칠일에 피고 두 명이 위약ᄒ고 원고의 지휘를 듯지 안음으로 원고 강경수는 김옥희를 보닉라 ᄒ엿스나 불응ᄒ는 ᄭ닭에 처음 약속ᄒᆫ 것과 갓치 위약금 빅원을 청구ᄒᆫ 일이라더라.

매일 18.03.15 (4) 〈광고〉

삼월 십오일브터 특별 대사진 제공

불국(佛國) 쌔데 – 미국 지사 특작

一 연속 제칠 **철의 조(鐵의 爪)** 십삼, 십사편

십삼편 흑의의 괴인

흑의의 괴부인은 철의 조의게 방축(放逐)된 일인(一人)을 설(說)ᄒ야 철의 조의 범죄를 기(記)ᄒ고, 소(笑)의 면(面)의 원(冤)을 설(雪)ᄒ기 위ᄒ야 금과 보를 여(與)ᄒ려고 창고에 반왕(伴往)ᄒ야 금품을 견(見)ᄒ는 괴(怪)ᄒᆫ 흑의 부인은 과연 하자(何者).

십사편 타우이의 정체

탐정은 소의 면은 골덴가에 유연(由緣) 잇는 인물이라고 이약기ᄒ는 탐정은 드듸여 소의 면을 포박혼 *차(*次)의 실(室)에서 우복(又復) 소의 면을 출현에 경(驚)ᄒ야 그것이라고 적(跡)을 추(追)ᄒ나 자(姿)를 만(瞞)홈.

이국(伊國) 미노라 회사 작

一 대대활극 **천주(天誅)**(원명 금강석 여왕) 전편(前篇) 사권

대좌「게덴이」는 임종의 제(際) 낭(娘)을 호(呼)ᄒ야 철함을 도(渡)ᄒ고 사(死)함. 그런 디 차(此) 철함의 중에는 여하ᄒᆫ 비밀과 여하ᄒᆫ 보(寶)가 유(有)ᄒᆫ가 우선 전편(前篇)

---

15) 오빅번디의 오식.

브터 인속(引續)ㅎ이 관람ㅎ시기를 걸(乞)홈.

기타 희극 실사 등

경성 관철동 전화 이삼이육번 **우미관**

매일 18.03.16 (4), 18.03.17 (4), 18.03.19 (4), 18.03.20 (4), 18.03.22 (4) 〈광고〉

우미관 3월 15일자와 동일

매일 18.03.17 (3) 기생연주 / 연죠는 일톄 폐지ㅎ고 일년에 며 * * * 한

경성에 * * 톄 기싱 * * * * 셔 츈츄의 죠흔 철 * 셔로 경성으로 네 죠합에서 연쥬에 * 열고 기싱의 명의로 쇼위 연죠라 * 을 거러셔 금익의 만흔 것으로써 * 즈랑을 ㅎ랴 ㅎ며 또 기싱 연쥬회에 * 각 쳐의 부랑즈가 쏘여드러셔 풍기 * 밋치는 영향도 적지 안이ㅎ더니 * * 에 본뎡 경찰셔에서는 그 관늬에 잇 * 동광교 신챵셰죠합의 쥬간쟈를 불러셔 기싱연쥬회는 폐히가 만흔즉

▲ 즈금 일쳬로 폐지ㅎ라고 명령을 흔 바, 세 죠합 사룸들은 연쥬회의 약간 소득으로 항샹 부죡흔 죠합 경비를 간신히 보용ㅎ야 오는 터인디 만일 이 뒤에 이 길이 막히면 죠합을 부지ㅎ야 갈 수가 업노라고 빅방 탄원흔 결과, 본뎡셔에셔는 즈금 위시ㅎ야 한 죠합에서 일 년에 다만 한 번식 연쥬회를 설힝ㅎ되 기싱의 연죠는 한댱도 걸지 못홀 줄로 엄즁히 분부ㅎ야 돌녀보니엿다흔 즉, 이로부터 기싱연주회에 딕흔 폐히는 만히 감ㅎ겟스며 또 죵로 경찰셔 관늬에 잇는 한남죠합에도 미구에 소관 경찰셔로부터 샹당흔 분부가 잇슬 듯 ㅎ다더라.

매일 18.03.23 (4) 〈광고〉

삼월 이십이일브터 사진 차환(差換)

불국(佛國) 쌔데− 미국 지사 특작

一 연속 제팔 **철의 조**(鐵의 爪) 삼십이권 내(內) 십오, 십육, 최종편

십오편 「골던」가의 원유회. 대수(大樹)를 도(倒)ㅎ야 원(怨)의 경(敬)을 개살(皆殺), 소(笑)의 면(面)이 기이흔 거동. 탐정 소의 면 체포.

십육편 철의 조의 포박. 소의 면의 본존(本尊). 철의 조의 자백서. 「마−자리」와 소의 면의 결혼.

· 탐정활극 **괴적**(怪賊) 전삼권

정직여시(正直如矢)흔 「아담스」는 무실(無實)흔 죄로 육개월의 금고에 처흔 비 되야 홀연 희대의 괴적(怪賊)으로 변ᄒ야 성명ᄭ지 「스페구도로」라 개(改)ᄒ고 사회를 경동(驚動)케 ᄒ니, 「스페구도로」의 적수라 칭홀 만흔 유일인은 탐정 「지온」으로셔 「아담스」를 무실(無實)흔 죄에 낙(落)케흔 인(人)이라. 「스페구도로」는 출옥 후 「지온」을 교살코자 ᄒ얏스나 실패ᄒ고 대흉적단 중(中)에 입(入)ᄒ야 「지온」에게 복수홀 수단을 강(講)ᄒ니 「지온」은 「스페구도로」가 하인(何人)임을 지(知)ᄒ고 차(此)를 체포코자 ᄒ얏스나 부수(不遂)ᄒ다. 자(玆)에 익익(益々) 「스페구도로」는 「지온」에게 대ᄒ야 혐오(嫌惡)을 증(增)ᄒ게 되니 「스페구도로」는 서장에게 「지온」은 자기의 동류라고 정소(呈訴)ᄒ야 「지온」을 포박 입옥(入獄)케 ᄒ다. 연(然)이나 「지온」과 정혼흔 「아리스」는 기(其) 원죄(冤罪)를 지(知)ᄒ고 탐정 「만다-스」와 협력ᄒ야 괴적(怪賊) 「스페구도로」를 ＊사(＊死)케 ᄒ니 「지온」은 의운(疑雲)이 청(晴)홀이 출옥ᄒ야 재용(才勇)이 겸＊(兼＊)흔 「아리스」와 결혼ᄒ다.

기타 희극 실사 등

경성 관철동 전화 이삼이육번 **우미관**

매일 18.03.24 (4), 18.03.26 (4), 18.03.27 (4), 18.03.28 (4) 〈광고〉

우미관 3월 23일자와 동일

매일 18.03.27 (1) 〈광고〉

고로다이푸 인쇄

회엽서(繪葉書)제조, 제(諸)기념사진첩

용산 한강통입(入)(전화 오삼육번)

문전(門田)사진제판소

매일 18.03.29 (4) 〈광고〉

삼월 이십구일 체환(替換)

ㅡ 실사 **세계최대 쇄빙선** 전일권

ㅡ 희극 **정에 투(程에 妬)** 전이권

이국(伊國) 미노라 회사 작

ㅡ 인정극 **순경역경(順境逆境)** 전사권

一 실사 **동(冬)의 오락** 전일권

미국 산후사 — 회사 작

一 대활극 **쾌한 로바 — 도** 전일권

一 희극 **소년** 전일권

경성 관철동 전화 이삼이육번 **우미관**

매일 18.03.30 (3) 〈광고〉

우미관 3월 29일자와 동일

매일 18.03.31 (3) 유락관의 화재 소동 / 손히는 업셧다

이십팔일 오후 아홉시 경에 경성 본뎡 활동샤진관 유락관 「有樂館」에셔 샤진을 영소ᄒ던 중 긔계실의 화로 속에셔 버린 후이룸[16]의 ᄯᅳᆫ허진 부스럭이애셔 불이 너셔 불낫다는 쇼동이 싱기며 일시 관긱은 상하칭을 물론ᄒ고 혼잡이 므쌍ᄒ 바 불은 곳 ᄯᅥ바린 ᄯᅥ문에 다힝히 손히가 엄셧고 ᄯᅩ 이십구일 오후 령시 삼십오분경에 경성 공평동 백륙십칠번디 남흥규 「平洞 百六十七番地 南興奎」의 집에셔 발화혔스나 즉시 ᄯᅥ바렷다더라.

매일 18.03.31 (4), 18.04.02 (3) 〈광고〉

우미관 3월 29일자와 동일

매일 18.04.03 (1) 〈광고〉

근고(謹告)

사월 삼일, 사일 양일은 삼등석 콘구리 — 도 공사로 인ᄒ야 휴관ᄒ나이다.

사월 오일브터 특별 대사진 제공

연속 탐정긔담 **적환(赤環)** 전(숖)이십팔권

매주 이편 사권식 연속ᄒ겟스오니 초편브터 관람ᄒ시기를 망(望)ᄒ나이다.

경성 관철동 전화 이삼이육번 **우미관**

---

16) 필름.

매일 18.04.05 (3)「수전노의 회개」/ 유락관의 대활동샤진

오일 륙일의 잇흘 동안 오후 여섯시 반부터 유락관에셔 영샤ㅎ는 활동샤진「수젼로의 회기」는 경셩 긔독교 쳥년회의 쥬최로 긔회되는 것인디, 사진의 쥬지는 무졍호 슈젼로가 그 셔긔를 학디ㅎ고 죠션수업가를 죠롱ㅎ며 친쳑의게 실인심을 ㅎ고 에수강탄졔의 젼날 밤에 고쳑호 조긔 집의 한 쳐소에셔 자는디 세 텬수가 낫하나셔 본인의 과거, 현지, 미러의 광경을 보이며 조가 일상의 리익만 도모ㅎ는 자는 그 죽을 씨에도 불샹히 녁이는 사룸이 업슴을 씨닷게 혼 바, 슈젼로는 크게 감동호 바이 잇셔 셩탄졔의 아춤에 잠이 씨이며 일대 죠션수업가々 되얏다는 리약인디 미우 교훈되는 뎜이 만타더라.

매일 18.04.05 (4) 〈광고〉

사월 오일브터 특별 대사진 제공

이국(伊國) 파데 – 회사 특작

연속 탐정기담 **적환(赤環)** 전이십팔권 내(內) 사권

적환(赤環)의 여 일세의 시청을 수집(蒐集)흔 일대 의문의 여라. 적환의 노(盧)를 유(有)ㅎ는 미녀의 수(手)가 흡사히 요마와 여(如)히 의외의 변(邊)에 현(現)ㅎ야 기처(其處)에 대(大)흔 회의(懷疑)의 종(種)을 시(蒔)ㅎ고 세(世)에도 불가사의인 탐정 대활극.

미국 부이이다쿠라후 회사 작

대활극 **413호** 전삼권

미국 미유 – 지유알자부린 회사 작

희극 **쟈푸린**[17]**의 백작** 전이권

경성 관철동 전화 이삼이육번 **우미관**

매일 18.04.06 (4), 18.04.07 (4), 18.04.09 (4), 18.04.10 (4), 18.04.11 (4) 〈광고〉

우미관 4월 5일자와 동일

---

17) 찰리 채플린.

〈 41 〉

매일 18.04.11 (1) 미국의 사회교육(삼) / 어(於) 청년회관 본사 주최 통속 강연회에 셔 단우청차랑(丹羽淸次郎) 씨 강연

차(次)는 지식을 연(研)ᄒᆞᄂᆞᆫ 사(事)이라. 차(此)는 미국 사회 각방면에 현(現)ᄒᆞᄂᆞᆫ 현상 인디 학교 이외에 여하ᄒᆞᆫ 방법으로 지식을 광(廣)케 ᄒᆞᄂᆞᆫ가 ᄒᆞ면, 제일은 신문이라. 미국인은 비상히 신문을 애독ᄒᆞᄂᆞ니 여(余)는 미국에 삼회나 생복ᄒᆞ얏ᄂᆞᆫ디 기시(其時)마다 감(感)ᄒᆞᆫ 점(點)은 상항(桑港)[18]으로브터 오클난도에 왕(往)ᄒᆞᄂᆞᆫ 도선(渡船)이라. 기선(其船)은 차(此) 교당(敎堂)만ᄒᆞᆫ 폭으로 삼계(三階)가 되얏고 수백수천의 인(人)이 조만(朝晚) 차처(此處)를 통과ᄒᆞ야 노동자도 유(有)ᄒᆞ고 회사원도 유(有)ᄒᆞ고 학교 교사도 유(有)ᄒᆞ나, 태(殆)히 모다 신문을 지(待)ᄒᆞ얏고 신문이 안이면 잡지를 독(讀)ᄒᆞᄂᆞ니 근(僅)히 십분이나 십오분간이라도 피등(彼等)은 차(此)를 허송치 안이 ᄒᆞ며, 그리고 시등(是等) 제인(諸人)은 신문잡지로 여하히 신지식을 득(得)ᄒᆞᄂᆞᆫ 지ᄂᆞᆫ 자(玆)에 *언(*言)홀 필요가 무(無)ᄒᆞ오.
제이(第二)는 미국 도처에 여사(如斯)ᄒᆞᆫ 통속적 강화회가 개최되ᄂᆞᆫ 사(事)이니, 소학교, 중학교, 청년회, 교회, 도서관 등에ᄂᆞᆫ 항상 각종 강연이 개최되야 금야(今夜) 천엽의관(千葉醫官)의 강화(講話)갓흔 유익ᄒᆞᆫ 강연이 상행(常行)ᄒᆞ며 혹은 학문상의 난(難)ᄒᆞᆫ 사(事)를 환등으로 설명ᄒᆞᄂᆞᆫ 등 시민에게 신지식을 여(與)ᄒᆞ기에 주의ᄒᆞ며 혹은 활동사진과 여(如)ᄒᆞᆫ …… 此에ᄂᆞᆫ 기(其) 해(害)도 반(伴)ᄒᆞ나 일면 유익한 효과도 유(有)ᄒᆞ오. (이후 기사 생략)

매일 18.04.12 (1) 〈광고〉

사월 십이일브터 특별 대사진 영사
⊙ 실사 **노국(露國)**[19] **최근의 상황** 전삼권
⊙ 실사 **고-몬 화보(畵報)** 전일권
△ 미국 도라이안 클기-스톤 회사 작품
골계활극 **안부로-즈의 분투** 전이권
△ 불국(佛國) 후에룸 회사 작품
탐정활극 **구의 망(救의 網)** 전이권

---

18) 샌프란시스코.
19) 러시아.

△ 불국 파데ー 회사 특작품

연속 제이 **적환(赤環)** 전사권

제삼편! 이십년 이전의 석(昔)＝지윤은 보모로부터 이십년 전의 어(語)로 집의 랑(娘)인 사(事)를 지(知)ᄒ얏다. 탐정은 피녀(彼女)를 심(尋)ᄒᆫ 시(時) 쿠란로의 대금증의 소잔(燒殘)을 발견ᄒ고 피녀(彼女)를 안내ᄒ야 작일(昨日)의 장소에 래(來)ᄒ야 돌연히 기처(其處)에 흑장속(黑裝束)의 녀(女)가 현(現)ᄒ니 참 불가사의.

제사편! 변장으로＝흑장속(黑裝束)은 탐정에 피추(被追)ᄒ야 자동(自働) 소옥(小屋)에 둔(遁)ᄒ야 상의를 잔(殘)ᄒ고 탐정은 상의를 증거로 지거(持去)ᄒ다. 기야(其夜) 지윤은 남장으로 시(是)를 반부(返附)ᄒ고 이계(二階)의 창으로브터 둔입(遁入)홈을 견(見)ᄒᆫ 야마는 적(賊)으로 사(思)ᄒ야 보모와 피녀(彼女)의 모(母)에 고(告)ᄒ야 대소동을 기(起)ᄒᆫ 것이라.

경성 관철동 전화 이삼이육번 **우미관**

매일 18.04.13 (3), 18.04.14 (4), 18.04.16 (1), 18.04.17 (4), 18.04.18 (4) 〈광고〉
우미관 4월 12일자와 동일

매일 18.04.19 (4) 〈광고〉
사월 십구일 특별 대사진 제공

⊙ 실사 **숙차해(宿借蟹)**

△ 미국 기ー스돈 회사 작

⊙ 희극 **잠푸린 체옥(替玉)** 전이권

△ 영국 바가ー 회사 작

⊙ 군활(軍活) **의용병** 전삼권

△ 이국(伊國) 안푸로지우 회사 작

⊙ 골계 **셰비라의 이발사** 전이권

△ 불국 파데ー 회사 작

⊙ 연속탐활(探活) **적환(赤環)** 오륙편 전사권

제오편 전시의 무기

보모 야야마의 래(來)ᄒᆫ 시(時)ᄂ 남장을 탈(脫)ᄒᆫ 것이다. 도라이스ー가(家)ᄂ 해안에 행(行)ᄒ야 지윤은 남장을 사(捨)코져 ᄒᄂ 동시 전시의 무기의 도면을 외국인에 매각코져 홈을 견(見)ᄒ고 도면을 도(盜)ᄒ야써 남장과 공(共)히 해저에 침(沈)된 이인 (二人)의 자ᄂᆞᆫ 적환(赤環)을 견(見)ᄒ리.

제육편, 안(贋)의 색(色)

지윤야 이에—마 탐정은 무도회에 래(來)ᄒᆞᆫ 회장(會場) 귀부인의 보옥이 빈＊분(頻＊ 扮)ᄒᄂᆞᆫ 지윤의 수식(首飾)도 도실(盜失)ᄒᆞᆫ 수(手)에 적환(赤環)이 유(有)ᄒ얏고, 그러 나 여자인 보모가 일실(一室)에서 휴식ᄒ얏고 기실(其室)의 우(隅)에서 부인이 수(手) 에 갑(甲)을 식(拭)ᄒᄂᆞᆫ 차 여자라ᄂᆞᆫ 하자(何者).

경성 관철동 전화 이삼이육번 **우미관**

매일 18.04.20 (4), 18.04.21 (4), 18.04.23 (4), 18.04.24 (4), 18.04.25 (4) 〈광고〉

우미관 4월 19일자와 동일

매일 18.04.26 (2) 〈광고〉

사월 이십육일 특별 대사진 차환

⦿ 실사 **에구레놀 화보(畫報)** 전일권

△ 이태리 이다라 회사 작

⦿ 희극 **무효의 화속(花束)** 전이권

△ 일활(日活)[20] 회사 작

⦿ **원해합전(猿蟹合戰)**[21] 전일권

△ 미국 바이오쿠라후 회사 작

⦿ 활비극 **명광(明光)** 전사권

「고—도란토」가(家)의 하녀 지유타스ᄂᆞᆫ 도(盜)를 ᄒ야 해고되얏슴을 원(怨)ᄒ야 복수 ᄒ기로 ᄒ야, 자기의 여아와 주인의 여아와 납체(摺替)ᄒ야 치(置) 수년의 후에 지(至) ᄒ야 사건 중대, 양녀(兩女) 여하(如何).

△ 불국(佛國) 파데— 회사 작

⦿ 연속 탐정 제사 **적환(赤環)** 사권 칠,팔

---

20) 니카쓰.

21) 〈원숭이와 게의 전쟁〉(1917, 기타야마 세이타로[北山淸太郞]). 개인이 아닌 니카쓰라는 기업의 도움으로 만들어진 최초의 애니메이션으로 알려져 있다.

제칠편……제삼종의 범죄……위적환(僞赤環)은 알미라 운(云)홈. 「이-간」에 수선(手先)으로 유(有)호 고화(古靴)의 종(踵)에 장품(藏品)은 은화(隱花)호얏다. 미기(未幾)에 해안에 원회(猿廻)가 원(猿)을 견실(見失)호얏다. 기(其) 수상(手上)은 적환(赤環) 잇다고 운(云)호눈 사(事)라 탐정은 익익(益々) 미궁에

제팔편……좌우간 평화……지윤은 신혼의 부부가 모자(帽子) 가라노 爭이데[22] 사중(砂中)에 모자를 매(埋)호야 이해(利解)홈

이간은 해안에 도래호야 발견되야 종(終)에 수십 장의 암두(岩頭)로 탐정과 대격투를 홈 사(死)? 생(生)? 하자(何者)의 승리?

경성 관철동 전화 이삼이육번 **우미관**

매일 18.04.27 (4), 18.04.28 (4), 18.04.30 (4), 18.05.01 (4), 18.05.02 (4) 〈광고〉
우미관 4월 26일자와 동일

매일 18.05.03 (1) 〈광고〉
근고(謹告)

아사(我社)가 구주(九州)[23] 시찰단을 주최호야 무사히 귀착(歸着)호얏슴은 독자 제언의 숙지호시눈 바어니와, 구주눈 아(我)조선과 고래로 밀접호 관계가 유(有)호 지(地)이며 금회의 시찰단도 피차 흉리(胸裏)에 무량(無量)호 감흥을 각(覺)호얏기로 차(此)를 일반에게 전(傳)코져 호와 부단장이얏던 정운복(鄭雲復) 씨에게 청호얏더니 행(幸)히 동씨의 결락(決諾)를 득호야 금번에 그 통속 강연을 개최호오니 모조록 다수 내청(來聽)호시기를 망(望)호옵.

매신(每申)통속강연회

연제 구주 시찰감상

연사 경무총감부 촉탁 정운복 씨

시일 래(來) 육일 오후 칠시부터

장소 단성사에서

주최 매일신보사

---

22) 일본어 번역 – "모자로부터의 싸움이 있어서".

23) 규슈의 한자명.

매일 18.05.03 (4) 〈광고〉

오월 삼일브터 영사

⊙ 실사 **롯기 – 산의 경(景)** 전일권

△ 미국 기 – 스돈 사

⊙ 희극 **구락(駈落)** 전이권

△ 미국 기 – 스돈

⊙ 골계 **마구레 당(當)** 전일권

△ 미국 낫시 회사

⊙ 모험활극 **삼(森)의 기인** 전삼권

농가의 고인(雇人) 이인(二人)은 주(主)의 랑(娘)에 악(惡)ᄒ야 경적(競敵)이 되야 랑(娘)의게 거절된 남은 주(主)에 참(讒)ᄒ고, 주인은 노ᄒ야 랑(娘)에 상수(相手)와 격투의 결과 자분(自分)의 권총으로 사(死)홈. 랑(娘)은 정황을 지(知)ᄒ고 남(男)에 도망을 진(進)ᄒ니 남(男)은 아불리가(亞弗利加)[24] 행의 기선에 피고(被雇)되야 항해 중 난파 도야[25] 삼림에 입(入)ᄒ야 맹수의게 순(馴)ᄒ야 삼(森)의 왕이 되다. 랑(娘)은 신문으로 남(男)의 사(死)홈을 지(知)ᄒ고 선교사가 되다, 아불리가에 행ᄒ니 토인의 왕에 체포되야 절조(節操)를 고수ᄒ고 맹수의 혈(穴)에 투입홈이 맹수의 이식(餌食)되고져 홈을 남(男)으로 인ᄒ야 구제되다.

△ 불국(佛國) 파데 – 회사 작

⊙ 연속탐정 제오 **적환(赤環)** 사권 구, 십

제구편…법망을 도(逃)ᄒ고… 격투 중 탐정은 「이 – 간」을 위ᄒ아 돌락(突落)되야 「고 – 톤」에 구원되야 도(都)로브터 이인(二人)의 탐험. 고 – 톤를 포박ᄒ려 래(來)ᄒ 지윤은 피(彼)를 도(逃)ᄒ고 탐정 이인(二人)에 린부를 투(投)ᄒ야 소옥(小屋)은 화재가 기(起)ᄒ고 이 – 간은 지윤의 적환(赤環)을 견(見)ᄒ고 협박홈.

제십편…과량(過量)의 대포… 이 – 간은 보모를 협(脅)ᄒ고 가근리에 은닉됨. 지윤은 탐정을 방문ᄒ얏스나 유수(留守)임으로 귀래(歸來)를 대(待)ᄒ 즉 고 – 루돈 탐정을 심래(尋來)홈에 회견(會見)ᄒ다.

경성 관철동 전화 이삼이육번 **우미관**

---

24) 아프리카.

25) '되야'의 오식.

매일 18.05.04 (3) 〈광고〉

매일신보주최

통속강연회

육일 월요 오후 칠시

동구내(洞口內) 단성사에셔

구주시찰의 감상

경무총감부 위탁 정운복 씨

아사(我社)가 구주시찰단을 주최ㅎ야 무사히 귀착(歸着)ㅎ얏슴은 독자 제언(諸彦)의 숙지ㅎ시는 바어니와, 구주는 아(我) 조선과 고래로 밀접흔 관계가 유(有)흔 지(地)이며 금회의 시찰단도 피차 흉리(胸裏)에 무량흔 감흥을 각(覺)ㅎ얏기로 차(此)를 일반에게 전(傳)코져 ㅎ와 부단장이얏던 정운복 씨에게 청ㅎ얏더니 행(幸)히 동씨의 결낙(決諾)을 득ㅎ야 금번에 그 통속 강연을 개최ㅎ오니 모조록 다수 내청(來聽)ㅎ시기를 망(望)ㅎ옵.

매일 18.05.04 (4), 18.05.05 (4), 18.05.07 (4), 18.05.08 (4), 18.05.09 (4) 〈광고〉

우미관 5월 3일자와 동일

매일 18.05.05 (3) 황금관 신 후이눔[26]

경성 황금유원 안에 잇는 황금관에셔는 미국 활동회사의 명작되는 「미라의 비밀」이라는 전십오편 삼십일권 련속의 대탐정 사진 즁 첫번 다셧권을 소일부터 영사ㅎ고 동경으로 유명흔 변소가 와셔 셜명을 흔다는디, 이 샤진은 소실이 비상히 긔괴ㅎ고 미우 조미잇셔 명금 이상의 소진으로 활동사진을 조와ㅎ는 사룸은 흔번 볼 만ㅎ다더라.

매일 18.05.05 (3) 〈광고〉

매일신보사(단성사) 5월 4일자와 동일

매일 18.05.10 (4) 〈광고〉

오월 십일 사진 차환(差換)

---

26) 필름.

- ⊙ 실사 고－히－[27]의 재배 전일권
- ⊙ 골계 문복다익(文福茶益) 전일권
- ⊙ 희극 오양의 미방(奧樣의 味方)[28] 전일권
- ⊙ 실사 미(美)혼 셰레시오 전일권
- ⊙ 희극 체육학교 전일권
- ⊙ 인정활극 주의 셩(呪의 聲) 전이권
- ○ 연속탐정 제육 적환(赤環) 사권 십일, 십이

제십일편 의혹의 종자? 지윤은 고－톤이 지금꺼지 고담(古談)을 문(聞)ᄒ고 피녀(彼女)는 피＊(彼＊) 구ᄒ려고 기(其) 상(場)을 원(援)ᄒ얏다. 고－톤 사건으로 탐정과 갓치 입(入)ᄒ얏다. 지웁은 증서와 금(金)과의 수단으로써 도(盜)혼 탐정은 우(又) 피녀(彼女)에 대ᄒ야 의심을 기(起)ᄒ고 피녀(彼女)의 저(邸)에 방(訪)ᄒ얏는듸 부재ᄒ얏다. 제십이편 대(袋)의 서(鼠)? 지윤은 직공 등에 금(金)을 투여ᄒ고 입법(立法)ᄒ다. 가근리(家根裏)의 이－간은 하(下)에 지윤과 탐정의 유(有)ᄒ음을 지(知)ᄒ고 탐정에 주의ᄒ얏는듸 지윤에 의ᄒ야 포박되얏다. 탐정은 지윤에 의심이 기(起)ᄒ야 피녀(彼女)를 심문ᄒ리라 어(語)ᄒ다.

경성 관철동 전화 이삼이육번 **우미관**

매일 18.05.11 (3), 18.05.12 (4) 〈광고〉

우미관 5월 10일자와 동일

매일 18.05.14 (3) 윤전기의 인쇄력과 사진반의 민속혼 듸는 안 놀나 니 업셧다 / 본사를 방문혼 혼춘 시찰단

십일 오후 셰시 반 동양척식히사 「東洋拓植會社」롤 시찰혼 혼츈 「琿春」 시찰단 일힝은 그 길로 바로 본사롤 러방ᄒ얏더라. 먼져 본사로 원의 영졉으로 특별 통용문으로 드러와 러쳥각 「來靑閣」에서 한참 동안 휴게홀 시 아부 「阿部」 본사댱은 본 미일신보와 경성일보의 경영과 방침에 듸ᄒ야 일장을 셜명ᄒ고 겸ᄒ야

---

27) 커피.

28) 奧樣(옥사마おくさま, 남의 부인을 높여 부르는 일본어), 味方(미가타 みかた, ~의 편을 뜻하는 일본어), 해석하자면 '부인의 편' 정도가 될 듯하다.

◇ 원로힝역을 위하ᄒ니 단원 중에셔 또ᄒ 졍즁ᄒ 답사가 잇섯더라. 이 뒤에 일힝이 본사 도착될 ᄶ에 박은 사진이 단 십오분 동안도 되지 못ᄒ야 훌륭히 박어온 것을 보고 셔로 돌니며 이것은

◇ 요슐이 안이고ᄂ 이러ᄒᆯ 수가 업겟다 ᄒ며 혹은 예젼의 요슐은 컴ᄶᄒ 속에셔 ᄒ다더니 이제ᄂ 쳥쳔 븩일의 아러에셔 힝ᄒ다 ᄒ며 긔ᄯ 대쇼ᄒ더라. 챠례로 각ᄯ 안니 사원을 ᄯ라 편집실과 졍판공쟝과 사진부ᄅ 쟈셔히 구경ᄒ고 륜젼긔 공쟝으로 나려가 맛침 시작되 륜젼긔의 회젼을 보고ᄂ 일동이 모다 눈이 둥거러지며 자미잇게 슈십분 동안이나 계원의 셜명을 드러가며 관람ᄒ다가 오후 다셧시에 도라갓더라.

매일 18.05.14 (3) 천승(天勝)의 제자된 배구자(裵龜子) / 경셩 와셔 첫 무대를 치르기로 ᄒ엿더라

긔슐로 유명ᄒ 텬승「天勝」의 일힝은 요사이 부산에셔 그곳 황금관「黃金館」에셔 개연즁인대 이번에ᄂ 평화의 녀신「平和의 女神」이라ᄂ 것을 긔연ᄒ기 위ᄒ야 의엽분 여자 좌원들을 이왕 보다 갑졀이나 만히 다리고 왓더라. 그 즁에ᄂ 이왕 경셩 왓슬 ᄶ에 다리고간

◆ 비구쟈「裵龜子」도 ᄀᆺ치 왓ᄂ디 비구자라 홈은 괴미인으로 유명ᄒ 비뎡ᄌ「裵貞子」의 친뎡 족하ᄯᆯ이며, 그 부친은 경셩 ᄂᆡᄌ동「內資洞」 사ᄂ 비셕티「裵錫泰」 씨인디, 이 ᄋᆞ히ᄂ 그 고모 뎡ᄌ를 달며셔 외양도 입부고 셩질도 민쳡ᄒ더라. 지작년에 텬승의 일힝이 경셩 왓슬 ᄶ에 당년 열한 살 된 계집이가 텬승의 머물너 잇ᄂ 산본려관을 가셔 뎨ᄌ되기를 간쳥ᄒᄂ 고로 텬승도

◆ 그 용긔를 긔특히 넉여 구ᄌ 부친과 의론ᄒ 결과 그 일좌에 들게 ᄒᆞᆺ더라. 그 뒤로 삼년 동안 공부ᄅ 식여셔 지금은 지됴도 한두 가지 비운 고로 됴션에 나와 첫 무대를 치르게 ᄒᆯ 터이라ᄂ디 비구쟈ᄂ 이왕 경셩에셔 보통학교를 단여 일본말을 ᄒ던데다가 일본 가셔 닥긴 결과로 지금은 아조 동경셔 셩댱ᄒ 일본 아희나 다를 것 업다 ᄒ며 이번에ᄂ 텬승이 아조 수양녀로 삼을 터이라더라.

매일 18.05.14 (4), 18.05.15 (4), 18.05.16 (4) 〈광고〉

우미관 5월 10일자와 동일

매일 18.05.17 (2) 〈광고〉

차(此) 입장권 절취(切取)ᄒᆞ야 광림(光臨)ᄒᆞ시ᄂᆞᆫ 분에게 상등 삼십전 ᄒᆞ던 것을 이십 전에, 하등 이십전 ᄒᆞ던 것을 십전에 할인ᄒᆞ옵니다.

* 사월 팔일(주간) 하오 일시브터 흥행시 일일의 입장을 한홈.

◁할인입장권▷

상등 이십전 하등 십전

평양 평안극장에셔 흥행

김세준(金世俊)

매일 18.05.17 (3) 〈광고〉

오일 십오일 특별 이대 사진 제공

○ 실사 **약국(若國)을** *ᄒᆞ야 전일권

△ 미국 도라이안 굴기－스돈 회사

○ 희극 **안푸로－즈의 혈안** 전이권

△ 불국(佛國) 파데－ 회사

○ 연속탐정 **적환(赤環)** 사권, 최종편

상장(上場) 이래 대호평을 박(博)ᄒᆞᆫ 본 사진도 아죠 최종편이 되야 「지윤」의 수(手)의 갑(甲)의 적환(赤環)이 여하ᄒᆞᆫ 환(環)으로 변ᄒᆞᄂᆞᆫ지 차(此) 종편을 견루(見漏)치 마시오.

△ 미국 훌돈휘죄아 회사

○ 군사대대활극 **전시의 녀(女)** 전육권

광폭ᄒᆞᆫ 독일은 기(其) 추오(醜汚)ᄒᆞᆫ 족적을 백이의(白耳義)[29]에 인(印)ᄒᆞ야 금(今)에 진(進)ᄒᆞ야 불란서를 침(侵)ᄒᆞᄂᆞᆫ 중이라 문(聞)ᄒᆞ고 전쟁에 대ᄒᆞᆫ 여성의 비명, 전쟁의 참해(慘害)ᄂᆞᆫ 거수(擧數)ᄒᆞ기 불황(不遑)ᄒᆞ나 부녀자의 피(被)ᄒᆞᆫ 로로의 의생(義牲)[30]처럼 심각ᄒᆞ야 잔인홈은 무(無)ᄒᆞ리리. 검극(劍戟)의 향처차처(響處此處)에 도의업고, 종교업고 가민(可憫)ᄒᆞᆯ 양(羊)은 수(遂)히 기(飢)ᄒᆞᆯ 야맹(野猛)의 유린에 임ᄒᆞᆯ가.

공포에 전(戰)ᄒᆞ야 백흉(白胸)을 부(扶)ᄒᆞ고 혈(血)을 철(啜)ᄒᆞ야 차(此) 폭려(暴戾)을

---

29) 벨기에.

30) 희생(犧牲)의 오기.

내하(奈何)인가.
경성 관철동 전화 이삼이육번 **우미관**

매일 18.05.18 (3) 〈광고〉
사극 **표등태수향(俵藤太秀鄕)**
:미라의 비밀:
할인입장료 일등 삼십전 이등 이십전 아등(亞等) 십전
보통입장료 일등 사십전 이등 삼십전 아등(亞等) 십오전
활동사진 **황금관**
매신(每申)독자 우대할인권 (일매 이인 공통)
일시 자(自) 오월 십칠일 지(至) 이십이일 오후 육시 반 개장
매일신보사

매일 18.05.18 (4), 18.05.21 (4), 18.05.23 (3) 〈광고〉
우미관 5월 17일자와 동일

매일 18.05.19 (3) 〈광고〉
황금관 5월 18일자, 우미관 5월 17일자와 동일

매일 18.05.21 (3) 〈광고〉
황금관 5월 18일자와 동일

매일 18.05.22 (2) 〈광고〉
우미관 5월 17일자와 동일

최신 대마술 대흥행
본 일행이 개연ᄒᆞ온 이후 매일 만원되ᄂᆞᆫ 광영을 보답키 위ᄒᆞ야 본일브터 특별 대흥
행ᄒᆞ오니 첨군자(僉君子)ᄂᆞᆫ 다수 왕림(枉臨)ᄒᆞ심을 복망(伏望)
대마술 천마단 일행
신출귀몰 모리못도 술(術)

마술 과목(課目)

▲ 공중 미인

▲ 둔갑장신(遁甲藏身)

▲ 궤중(几中)에셔 미인 나오는 술(術)

▲ 공상(空箱)에셔 경품(景品) 주는 술(術)

▲ 인복(人腹)을 철봉으로 쑤엿다가 환(還) 본형(本形)ᄒᆞ는 술(術)

▲ 기타 수백종

동구내(洞口內) 전화 구오구 **단성사**

매일 오후 팔시 개연

매일 18.05.22 (3) 북청(北靑) 본보(本報) 독자 우대 / 구파 관람료 활인

경성 비우죠합 북션 출댱 비즁션 일힝은 함남 북쳥읍 남문닉 틱챵려관에서 판소리 명창 박경슐, 줄 잘타는 오필션과 잡가 명창 열어, 광딕며 여러 기싱으로 신구파 연극을 흥힝ᄒᆞ는딕, 북쳥지국관닉 믹일신보 이독자에게는 우딕권을 발힝ᄒᆞ야 관람료의 대활인을 ᄒᆞ게 ᄒᆞ얏더라.

매일 18.05.22 (3) 단셩사에셔 대마술 / 단셩사에셔 마술을 ᄒᆞ다

대마슐단 텬마단 일힝「大魔術團 天馬團一行」은 일젼부터 단셩사에셔 흥힝즁인딕 그 일힝의 ᄒᆞ는 마슐과 갓치 공즁에서 미인이 나오기도 ᄒᆞ고 우산 혼 개가 열 개도 되고 스무 기 되며 기타 샤롬의 허리롤 쇠몽둥이로 쐬여들고 닉두르다가 쎄어 노흐면 여젼히 곳쳐지는 등 긔이혼 일을 만히 ᄒᆞ여셔 한번 볼 만ᄒᆞ다더라.

매일 18.05.23 (3) 천승(天勝) 일행 입경(入京) / 이십삼일 밤부터 기연

긔슐마술의 우두머리가 되는 송육지텬승「松旭齋天勝」은 여러 부인단을 다리고 이십일일 오후 일곱시 수십분 남대문 역 챡 렬챠로 대뎐으로부터 경성에 드러와 뎡거장 압셔 잠시 수인후 수십딕의 인력거를 련ᄒᆞ야 드러왓는딕 일힝은 이십삼일 밤부터 황금관에서 출연홀 터이라더라.

매일 18.05.24 (4) 〈광고〉

오월 이십사일브터 특별 대사진 제공

○ 실사 **비에토라의 풍경**

○ 골계 **결착(結着)**

○ 희극 **산빌**

△ 미국 부아이다구라 회사

○ 활극 **적(赤)자동차 모험 엄성(广城)** 전이권

△ 불국(佛國) 파데 – 회사

○ 군사활극 **후란스 혼(魂)** 전삼권

△ 미국 호왈돈 회사

○ 연속 기괴 **미라의 비밀** 삼십일권 내 칠 · 팔편

초편브터 상장(上場)홀 터이나, 회사와의 관계상 영사가 불능ㅎ며 차우(且又) 초편브
터 전편(前篇)지지는 흥미가 소(少)ㅎ야 아조 본편브터 기(其) 흥미가 용출이래(湧出
以來)홈은 본주브터 사권식 상장ㅎ겟스오니 관람을 망(望)홈.

제칠편 박사 미라를 악모(惡慕), 피녀(彼女)는 단원의 지환(指環)를, 아-사-는 결혼
청구, 피축(被蹴)ㅎ얏다. 아사는 단장과 공(共)히 영체(靈體)로 되얏다. 미라를 살해코
져 홀. 박사 발명의 자섬광(紫閃光)

제팔편 자섬광으로 실패. 단원의 사죄(死罪). 독약을 음(飮)케혼 자, 소독제(消毒劑)
를 여(與)홈, 음(飮)혼 독으로 인ㅎ야 사(死)홈. 미라의 가(家)에 원정(園丁)이 되야 피
녀(彼女)를 저격ㅎ얏다.

경성 관철동 전화 이삼이육번 **우미관**

매일 18.05.25 (3) 평화의 신과 텬샤

중앙에 청을 들고 잇눈「평화의 신」은 텬승이요 향ㅎ야 그 오인 편공 중에셔 셔잇눈
날기돗친 텬사는 비구자이요. 〈사진〉

매일 18.05.25 (3) 기술(奇術)의 * 배구자(裴龜子) / 꼿갓흔 얼골 단풍갓흔 손 / 빈 손에셔 나오눈 여러 가지 긔쌀

한 녀ᄌ의 몸으로 일본 젼토에 그 아름다운 일홈을 들놀니고 만텬하 인사의 환영을
한 몸에 밧고 잇눈 송욱지텬승「松旭齋天勝」의 일힝은 됴션에서 흥힝ㅎ기도 이번이
다섯 번지이나 그 쩌마다 만졍인사의 큰 환영을 밧고 금번에도 긔보와 갓치 이십삼
일 밤부터 황금관「黃金館」에셔 흥힝의 첫 막을 열엇더라.

◇ 텬승 일힝의 신츌던귀물흔 긔슐 마슐이지 무도의 명셩은 임의 세상이 다 아는 바이라 시로히 소기홀 것도 업거니와, 쳐음 막이 열니여 몃가지 긔슐과 무도가 잇슨 후 뎨삼막이 열니며 흔 명의 나뷔인가 꼿인가 션녀인가 아직 십이삼 세쯤 된 녀아가 션명흔 복장으로 무뒤에 들어나며 삼월 동풍에 쇠쏘리가 우는 듯흔 목소리로 두 팔을 나부죽이 벌기며 인샤를 흐라

◇ 단풍갓톤 두 손을 짝々 부뷔다가 뷔인 손에셔 홀연「每日申報」의 긔발이 나오고 「京城日報」긔발도 나온다. 쏘 한번 홱쑤리며 만국긔호가 되고 다시 몽첫다가 퍼면 욱일긔(旭日旗)가 된다. 슈쳔명의 관즁의 손벽소리는 우레갓고 오식 뎐긔불이 번쳑홀 찌에 여러분 쏘 만납시다 흐고 들어가는 그 계집의는 디여 엇더흔 사룸인가, 이 녀즈는 즉 별사룸이 이아라.

◆ 녀즈로셔 비우가 데야 쳐음으로 무뒤에 나와 첫 비반[31]을 치르는 비구즈「裵龜子」, 금년 열셰 살의 꼿갓흔 식씨라. 그러면 이 녀즈는 엇더흔 가뎡에셔 잘아낫스며 엇더흔 관계로 그갓치 되게 되얏는가. 우리 됴션사람의 습관으로 말흐면 비우라는 것은 곳 녀즈는 녀광디, 남즈는 남광디로 사회에 가장 쳔흔 디위에 잇스며

◇ 짜러셔 녀광디라는 것은 일종의 쳔업으로 싱활흐는 것이지만은, 신식으로 샹당흔 교육을 밧으며 기슐을 비오고 음악과 무도를 공부흐야 고상 우미흔 기예로 우리 사룸의 졍신을 유쾌케흐며 흥감케 흐는 비우가 되야가는 이 비구즈를 소기흐랴면 먼져 그 구별을 업시흐여 주어야 홀 것이라.

매일 18.05.25 (4), 18.05.26 (3), 18.05.28 (4) 〈광고〉

우미관 5월 24일자와 동일

매일 18.05.26 (3) 기술(奇術)의 * 배구자(裵龜子) / 꼿갓흔 얼굴 단풍갓흔 손 / 빈 손에셔 나오는 여러 가지 긔쌀

이 비구즈는 원러 경셩 티싱으로 그 고모는 유명흔 비명즈「裵貞子」라. 져의 부모도 다 살어 잇고 가셰도 그다지 빈궁치는 아니흐나 항상 져의 고모의 집애 만히 와잇셧스며 녀즈 보통학교에 통학흐야 일어도 약간을 비왓더니

---

31) 흥겹게 노는 진치라는 의미.

◇ 년전 공진회 씨에 텬승 일힝이 경성에 와셔 흥힝홀 씨에 져의 친족과 한 가지 구경을 갓다가 어린 마음에도 그 신츌귀물흔 긔슐과 여러 가지 홀눈한 장식에 부러운 마음이 이러나고

◇ 부러운 쯧혜는 져도 흔 번 그갓치 ᄒ여 보고 십흔 마음이 간절ᄒ얏다. 그러셔 집에 도라와셔는 항상 져의 부모에게던지 고모에게던지 텬승을 짜러가셔 져도 그갓치 흔 번 되어보겟다고 간청ᄒ얏다. 그러나 됴션 안목으로 부모된 이는 용이히 허락지 아니ᄒ다가 필경은 져의 고집을 못 이기여 허락은 흔 모양이나, 소기를 어들 길이 업서 일시 즁지가 되얏더니

◇ 뜻이 잇는 자는 일이 필경 되는 것이라. 그 다음 번 텬승 일힝이 경성에 왓슬 씨에 소원을 일우게 되얏스니 그 소기인은 지금것 종로 경찰서 힝정계에 잇는 교본「橋本」 씨라. 교본 씨는 직무상 관계로 비뎡즈 집을 자죠 단이던 터이더니 구즈의 그 소원을 듯고 자긔가 소기ᄒ여 쥬마 ᄒ야 당즈를 다리고 초면임을 불고ᄒ고 텬승을 차져가 그 사유를 전ᄒ고 뎨즈되기를 간청흔 즉, 텬승도 어린 아히의 구든 뜻에 감동ᄒ야 즉석에 허락ᄒ니 이것이 져의 텬승의 뎨즈가 된 리력이라.「계속」

매일 18.05.28 (3) 〈광고〉

매일신보 애독자의 특권

황금관 흥행 중인 송욱제천승(松旭齋天勝) 양의 일행의 선차(先次) 오일간 흥행은 연야(連夜) 만원의 성황으로 사계의 기록을 파(破)ᄒ는 호성적을 거(擧)ᄒ얏슴은 전(全)혀 경성 전시민 각위(各位)의 동정(同情)임을 감사ᄒ야, 아(我) 매일신보 경성일보 양사를 통ᄒ야 성공 사례의 의미로 좌기(左記)와 여(如)히 애독자의게 관람료의 할인을 ᄒ기로 결정ᄒ얏삽니다.

매일(每日) 경일(京日) 애독자 우대 할인

규정입장료 △ 특등 일원 이십전 △ 일등 팔십전 △ 이등 육십전 △ 삼등 사십전

할인입장료 △ 특등 일원 △ 일등 육십전 △ 이등 오십전 △ 삼등 삼십전

우(右) 할인권은 이십팔, 이십구, 삼십의 삼일간 본지 삼면에 쇄출(刷出)홀 터이니 절취(切取) 지참ᄒ시압

천승일좌 대성황의 표사(表謝)

천승일좌

매신(每申) 경일(京日) 독자 우대할인권

할인요금 ▲ 특등 일원 ▲ 일등 육십전 ▲ 이등 오십전 ▲ 삼등 삼십전

보통요금 ▲ 특등 일원 이십전 ▲ 일등 팔십전 ▲ 이등 육십전 ▲ 삼등 사십전

차(此) 할인권은 본 이십팔, 이십구, 삼십일의 삼일간에 쇄출(刷出)ㅎ는 고로 절취(切取) 지권(持卷)ㅎ야 어(御)사용ㅎ시오.

매일 18.05.28 (3) ◇ 긔술(奇術)의 * 배구자(裴龜子) / 쏫갓흔 얼골 단풍갓흔 손 / 빈 손에셔 나오는 여러 가지 긔쌀

이에 비구즈는 져의 소원을 셩취ㅎ게 되얏슴으로 환텬희디ㅎ야 부모 슬하를 써나는 것도 셥々ㅎ여 홀 여가도 업시 텬승을 짜러 동경으로 건너간 지가 이졔 만 이 년 동이라. 그 동안에 져는 텬승을 져의 모친으로 알고 텬승은 짤갓치 녁이여 처음에는 긔기 동쟉이며 례모 범졀을 일본식으로 가랏치고 말도 가르쳐 이졔는 됴션말을 전혀 이져바리고 일본말은 일본인과 죠곰도 다를 것 업시 되얏스며

◇ 열심히 가라치는디로 공부룰 ㅎ야 져의 여러 동무 중에도 셩젹이 가쟝 됴왓스며 텬승 일힝 중에는 모다 져를 쟝리 큰 일홈을 엇을 줄로 인졍ㅎ게 되얏더라. 텬승의 뎨즈 가라치는 법은 자긔가 만 삼 년 동안을 교육ㅎ 후가 아니면 긔슐을 가랏치지 아니ㅎ얏스나

◇ 비구즈는 원리 지죠가 탁월홈으로 그의 뎨즈가 된 지 불과 이기년에 발셔 처음으로 무뎌에 나셔게 된 것이라. 엇지 쏘흔 신긔흔 녀즈가 안니리오. 첫 비반으로 슈만 관중의 대환영을 바듬도 쏘흔 당연흔 일이라 ㅎ겟더라.

◇ 그리고 일젼 경셩에 도라오던 날 져녁의 모친은 뎡거쟝으로 나아가 수년 동안 그리우던 이랑을 안고 반가운 눈물을 흘니며 그 동안 보고 십던 말을 ㅎ나, 져는 전혀 타국 샤롭갓치 됴션말은 조곰도 알어듯지 못흔다. 그리ㅎ야 홀 일 업시 모녀 간에 통역을 넛코 말을 홈도 쏘흔 긔관이라 ㅎ겟더라. (쯧)

매일 18.05.29 (2) 〈광고〉

천승일좌 대성황의 표사(表謝) 5월 28일자와 동일

매일 18.05.29 (3) 〈광고〉

천승일좌 할인권 5월 28일자와 동일

매일 18.05.30 (3) 〈광고〉

천승일좌 할인권 5월 28일자, 우미관 5월 24일자와 동일

매일 18.05.30 (3) 연예계 공전의 성황 / 활인ᄒᆞ던 첫날 밤의 텬승일좌 / 찬란ᄒᆞ던 등 아릭에 …… 우박갓흔 박슈의 소릭

마슐계의 녀왕이라는 송육지텬승의 일힝은 이십삼일 황금관에서 기연ᄒᆞᆫ 이릭로 련일 련야 만원의 성황을 이루고 기연ᄒᆞᆫ 지 오일이 지나도록 사름이 조곰도 감ᄒᆞ지 안이 ᄒᆞᄂᆞᆫ 성공을 엇엇슴으로, 이십팔일부터 경성 기연의 성황을 사례ᄒᆞᄂᆞᆫ 뜻으로 본보를 쇼기ᄒᆞ야

▼ 입쟝료의 활인을 힝ᄒᆞ야 일층 경황을 도앗슴으로 활인권을 발힝ᄒᆞ던 첫날 이십팔일 져녁에ᄂᆞᆫ 여전히 기쟝ᄒᆞ기 한 시각 전부터 관람긱이 뒤롤 이어 답지ᄒᆞ야 슌식간에 각 등의 관람셕은 넘치게 되얏더라. 일힝의 의긔ᄂᆞᆫ 더욱이 왕성ᄒᆞ고 관긱도 ᄯᅡ라서 흥미가 졈々 깁허 박슈갈치가 과뎡마다 쟝닉를 울리는 듯ᄒᆞᆫ데, 넘치는 관람셕에ᄂᆞᆫ 됴션의 명ᄉᆞ가 다슈히

▲ 배구자의 공연 모습

안져 구경ᄒᆞᄂᆞᆫ 것도 보통 연극쟝에서ᄂᆞᆫ 흔히 보지 못ᄒᆞ던 성황이더라. 이 쾌활ᄒᆞᆫ 속에서 본샤가 일힝의 성공을 축하ᄒᆞ야 션ᄉᆞ혼

▼ 화려ᄒᆞᆫ 화환은 무ᄃᆡ 샹에서 오치의 뎐등이 갈마드려 광휘를 도우며 무ᄃᆡ의 량편과 젼면에 세운 뎐등과 쟝식의 현판과 셔로 빗치여 찰란ᄒᆞᆫ 뎡광은 긔묘ᄒᆞᆫ 미인의 마슐과 셔로 디ᄒᆞ야 샹쾌ᄒᆞᆫ 감동을 더욱이 도웁더라. 이와 ᄀᆞ치 비샹ᄒᆞᆫ 성황인 고로 삼십일로써 맛츌 경성의 흥힝도 삼십일々지 하로를 특별히 연긔ᄒᆞ기로 ᄒᆞ얏ᄂᆞᆫ디 본보에 박힌 활인권도 ᄌᆞ연 그날々지 효험 잇게 통용ᄒᆞ기로 되얏더라.

매일 18.05.31 (3) 대졔학 저(邸)의 마녀왕(魔女王) / 운양ᄌᆞ쟉의 집에셔 텬승의 긔슐

마슐의 녀걸 텬승은 이번 경성 흥힝 중에 그 긔묘ᄒᆞᆫ 지죠롤 칭찬ᄒᆞ야 김윤식「金允

植」ᄌ쟉으로부터 익ᄌ를 써서 이십구일에 보닉인 일이 잇슴으로 텬승은 경성왓던 데일 죠흔 긔념으로 비상히 감격히 싱각ᄒ야 삼십일 오후 세시에

◇ 비귀ᄌ를 다리고 봉익동 김ᄌ쟉 뎌에 샤례 인ᄉ챠로 차져갓더라. 김ᄌ작은 사랑에셔 텬승을 접견ᄒ고 만죡히 칭찬혼 후 됴션말을 이져바린 비귀ᄌ의게 일본말의 인ᄉ를 밧으며 은빗 갓흔 슈염 ᄉ이로 미쇼가 낫하나더라. 텬승은 김ᄌ작이 고령이오 겸ᄒ야 중병지여인고로 친히 관람ᄒ야 주는 영광을 입지 못혼다고 섭섭히 녁여 ᄌ작의 압헤셔 ᄌ미잇는 긔슐 두어 가지를 힝ᄒ얏ᄂᆞᆫ딕 ᄌ작의 령남과 밋 여러 부인 ᄋᆞ히들도 사랑에 나와 ᄌ작을 뮈시고 안져 접시 넷을 가지고 됴희를 이리 져리 옴기는 긔슐과 손수건으로 ᄒᄂᆞᆫ 긔슐을 보고

◇ 그 신긔혼 지됴에 가족을 드러셔 비상히 만죡ᄒ얏스며 김ᄌ작도 중혼 병환이 쾌복혼 뒤에 미우 유쾌히 위로가 되야 됴션 문학의 원로 경학원 대뎨학의 집에셔 마슐의 녀왕은 광치를 더ᄒ야 가지고 셰시 반 경에 도라갓더라.

매일 18.05.31 (3) 일가 셩황 / 텬송일힝의 셩황…비귀ᄌ의 긔슐과…다수혼 됴션 인ᄉ … 이일ᄭᅡ지 연긔…시간에 쥬의홀 일

긔슐계의 녀황 텬승 일힝은 날이 지날수록 더욱이 셩황이 느러 본보의 활인권을 ᄡᅵ우던 뎨이일, 이십구일의 져녁에ᄂᆞᆫ 이십팔일보다도 더옥 사롬이 만하 이번 흥힝에ᄂᆞᆫ 뎨일 다수혼 관킥이 뎡혼 시각 이젼부터 넘치게 되야 일곱시가 지나셔ᄂᆞᆫ 이층에 올나가는 사롬의 신을 맛기는 픠가 다 업셔지고도 오히려 입쟝ᄒᄂᆞᆫ 이ᄂᆞᆫ 물결치듯 드리미ᄂᆞᆫ딕 이 날은 다른 날보다 더욱이

▲ 됴션 인ᄉ의 입쟝이 특별히 만하 관람쟈의 반수 이상을 챠지ᄒ야 비귀쟈의 긔 ᄡᅦ이는 긔슐과 최면슐은 특별혼 흥미로써 대갈치 대환영을 밧앗더라. 텬승 일힝은 삼십일ᄭᅡ지 흥힝을 맛츄랴 ᄒ얏스나 특별히 셩황인 고로 하로룰 연긔ᄒ얏다 흠은 임의 보혼 바이어니와 관람킥은 눌로 느러셔 연예 흥힝계의 젼례를 ᄶᅵ치는 셩황인 고로 특별히 잇흘을 연긔ᄒ야 륙월 이일 져녁ᄭᅡ지 흥힝을 ᄒ기로 ᄒ얏ᄂᆞᆫ딕, 본보에 ᄭᅵ인 활인권은 무론 그날ᄭᅡ지 통용홀 터이라 ᄒ며 ᄯᅩ 삼십일부터는 쇼녀의 긔슐도

▲ 만히 시것으로 밧구고 ᄯᅩ 시로히 「사랑의 힘」이라는 긔슐 응용의 ᄌ미스러운 연극을 ᄒ기로 ᄒ얏슴으로 한 번 보앗던 사롬도 시 ᄌ미가 잇슬 것이라. 그런데 텬승일좌ᄂᆞᆫ 믹일 오후 여섯시부터 긔연을 ᄒ고 원례 사롬이 만히 밀니는 고로 한시라도 일즉어니 가지 안이ᄒ면 샹당혼 좌셕을 엇기가 어려운 즉, 아모됴록 여섯시 전에 입쟝ᄒ

도록 ㅎㄴ 것이 됴켓더라.

매일 18.05.31 (3) 애(愛)의 역(力)인가 황금의 역(力)인가 / 사도라 대신에 텬승의 ㅎㄴ 연극 삼십일일부터 황금관에셔

⊙ 황금의 힘이 이 셰샹에셔 뎨일 셰력이 잇게 되나 사랑의 힘은 이 셰샹의 모든 힘 보다도 뎨일 셰인 것이라는 것이 이 연극의 본지라.

⊙ 영국 론돈의 큰 부쟈로 등양을 ㅎㄴ 「우올다」는 황금의 힘에 졍신이 췸ㅎ야 증왕 에는 화가 「후랑구」라는 사롬과 징졍을 ㅎ고 다려온 의엽분 그 안히 「메리」도 도러다 볼 여가가 업시되엿다.

⊙ 이 날 져녁에도 「메리」는 오러간만에 남편 「우올다」와 갓치 오베라 구경을 가랴 고 즐거운 마임으로 남편의 방에 드러간 즉 「우올다」는 아죠 쌀쌀ㅎ 티도로 나의 령 혼과 나의 사랑은 젼부 황금에 부첫노라 ㅎ며 갓치 가기를 거졀ㅎ 고로 「메리」는 슯 흔 가슴을 진뎡ㅎ고 홀노 오베라 구경을 갓더라. (뎨 일장)

⊙ 홀노 집에 쳐져 잇는 「우올다」는 오늘밤 「오베라」에 이왕 자긔와 사랑을 닷토던 쳥년 기 「후랑구」가 갓치 갓다는 일이 마음에 쎠림측ㅎ게 싱각ㅎ엿더라. 그러자 「우 올다」는 의자에 기대여 어림풋이 잠이 드럿는듸 「메리」와 「후랑구」의 불ㅈㅎ 사랑에 동심이 된 「메리」는 쌀々흔 남편을 바리고 둘이셔 다러나자고 의론ㅎㄴ 것을 보앗 다. 「우올다」는 질투심이 이러나 후랑구를 쥭여버리는 무선 쑴을 꾸고 이롤 쓴다. (뎨 이장)

⊙ 그 씩 맛참 드러온 「메리」에게 무셔운 쑴이 씌여 「우올다」도 시삼스러히 수룹의 힘이 큰 것을 씨다럿다는 것이 그 대강이더라. (뎨 삼장)

매일 18.05.31 (3) 유락관 활인권 / 이 활인권이 잇스면 각 등 반익으로 입장

경셩 유락관 「有樂館」에셔는 금 삼십일일부터 칠일, 륙일까지 뎨일회 청조대회 「靑 鳥大會」로 파련황의 셔양의 것 문예 삼대 수진을 삿샛로 비루 후원ㅎ에 공기ㅎ기로 되엿는듸, 공기 즁 그 믹주 이음가를 위ㅎ야 본지에 박인 우딕권을 가지고 가는 니는 각 등 반익으로 입장흔다더라.

매일 18.05.31 (4) 〈광고〉

오월 삼십일일브터 사진 차환(差換)

○ 실사 **리브에라의 경(景)**

○ 희극 **비행선의 공포**

○ 골계 **빈볼과 맥고모자**

△ 미국 호왈돈 회사 작

○ 연속 기괴 **미라의 비밀** 구, 십편 사권

제구편 견(見)홀 파괴자, 흑조단원(黑組團員)의 총출(總出). 주의(呪誼)를 시(始)ᄒ다. 미라는 불명병(不明病)에 괘(掛)홈. 박사는 기(其) 병인(病因)을 지(知)코져, 심적(心的) 측정기로. 미라는 회복, 단장은 병상(病床).

제십편 경부(輕浮) 박사는 미라의 실(室)에 영체(靈體) 경보기. 령(鈴)의 사괘(仕掛). 영체는 미라의 실(室)에. 급거(急遽)호 령(鈴)의 음(音). 미라는 단원에 준(浚)코져. 위험위험.

○ 미국 브라이다우라후 회사 작

모험활극 **적(赤)자동차 모험 여운전수** 전사권

거만(巨萬)의 유산 상속자 하−파−도 녀(女)는 자동차의 조종에 교자(巧者)됨으로 교외를 사구(駛驅) 중, 그릇 단애(斷崖)에셔 추락 부상. 인사불성 중 그리스도 후아노의 협기(俠氣)로 혈액 보급을 수(受)ᄒ야 전유(全癒)홈. 기후(其後) 구라스도 후아는 오백리 자동차 경주에 참가ᄒ야 하−파−도는 피(彼)의 승(勝)을 심(心)에 염(念)호 결과 마참ᄂ 동인(同人)의 승(勝)ᄒ야 대금(大金)의 상을 수(受)ᄒ야 이인(二人)이 화락(和樂) 생활. 차(此)는 개(皆) 선사(善事).

경성 관철동 전화 이삼이육번 **우미관**

매일 18.06.01 (3) 천승 일행 연일(延日), 이일ᄭ지 ᄒ다

황금관에 기연ᄒ야 첫날부터 만원으로 * 나려오던 텬승 일ᄒᆼ은 삼십일일부터 「사랑의 힘」이라는 것을 가러ᄒᆞᄂᄃ 이것은 이왕 동경 가무기좌에서 츌연ᄒ야 호평을 엇은 것이며 기타 긔슐도 몃 가지를 가러셔 러 이일ᄭ지 기연ᄒ기로 ᄒ엿더라.

매일 18.06.01 (3) 〈광고〉

구주대전에 관호 적십자회 대활동사진

경계자(敬啓者)는 금번 주차(駐箚) 동경 미국 대사 모리쓰 씨의 혜송(惠送)호 바 구주대전에 관호 적십자회 대활동사진을 특별 영사ᄒ겟습기 자(茲)에 앙고(仰告)ᄒ오니

계광림(屆光臨)호심을 경요(敬要)

一, 장소 경성 종로 중앙기독교 청년회관 내

一, 일시 육월 일일, 토요 하오 팔시

一, 입장료 일등 오십전, 이등 삼십전, 삼등 이십전

학생은 단체에 한호야 반액

매일 18.06.01 (4) 〈광고〉

우미관 5월 31일자와 동일

매일 18.06.02 (3) 오백 명의 긔생이 무엇을 먹고 입고 사는지 아느냐 / 긔싱이 한 달에 이빅원 버리는 우수웁다 / 평양 대구의 긔싱은 경셩에 와셔야 본다 / 부랑자를 여하히 홀가 「오」

못된 물은 수복간쳔으로만 몰리고 못된 바람은 오간수 구멍으로만 드러온다던가. 됴션 팔도의 부랑쟈가 경셩으로만 모혀드러셔 엇던 놈이 속호게 피가망신을 호는가 우승긔 타랴고 조힝거 경쥬호듯 셔로 다름질을 호야 화류장으로 드리달리는 바람에 남의 망호는 덕을 투텰히 보는 것은 긔싱 료리뎜.

▼ 최신식 피가망신호는 제구 조동챠 영업쟈이다. 륙칠년까지 경셩에 긔싱이라는 것은 빅명 뇌외에 지나지 못호던 것이 지금은 활삭 쭈여셔 영업을 맛흔 긔싱이 삼빅이십칠 명이오, 그 외에 공부혼다는 어린 긔싱이 모다 그러모으면 이빅 명이나 되야 지금 화류계에 몸을 잠그고 부랑자의 집 망호는 돈을 먹는 긔싱이 무려 오빅 명이라. 이 오빅 명의 긔싱에게 짜린 것을 스빅의 가족으로만 치고

▼ 긔싱의 몸치쟝호는 것까지 아울러셔 한 가족에 미일 빅오십원식 쇼용혼다 호면 스빅 가족의 긔싱집 싱활비용은 미삭에 무려 륙만원이다. 아— 이 륙만원의 금젼이 미삭 엇더호 곳에셔 나와가지고 엇더호 구렁으로 드러가셔 업셔지는가. 그 젼에는 긔싱의 수효가 지금의 몃분지 일에 지나지 못호얏지만은 그 중에도 셰월 잇다는 몃 명을 쎄여놋코 대기 싱활이 곤난호야 한 달에 료리집 구경을 한 번만 호면 이것을

▼ 큰 영광으로 싱각호고, 셜넝탕이 안이면 쥬린 비도 펴지 못호야 비단 치마 아리로 비살을 트러 쥬엇던 긔싱도 만핫던 것이, 요사이 와셔는 엇더호 형상인가. 얼골도 륙십뎜 이하오, 노리 부르랴면 비오지 못호얏다는 딕답이나 홀 줄 아는 긔싱도 한시간에 일원 오십전 짜기는 우수웁게 알고 한 달에 비밀호 영업은 고만두고 료리뎜에셔

륙칠십원 챠져 오는 것은 우수웁게 싱각ᄒ고, 그 즁에

▼ 잘 팔린다는 기싱은 미삭 료리집에서 이빅원 이샹 버러오는 것이 신긔홀 것이 업다. 실로 경성의 셰월은 기싱의 셰월이라. 평양, 진쥬, 대구 등디 싀향에서는 가량업던 것들이 서울에만 올나와서 몃달만 부시더이면 한 달에 빅원버리는 그야말로 드러누어서도 ᄒ는 고로 싀향의 기싱들은 올나오나니 경성이다. 평양이나 대구 사름의 말을 드르면 그 곳의 기싱은 거의 다 경성으로 치다라서

▼ 본 고댱에서보다 경성에를 와야만 져의 고향 기싱을 만히 본다 ᄒ는 말만 드러도 경성에서 기싱의 셰월이 얼마나 됴흔지 탄식홀 일이 안인가. 요사이도 히질머리부텨 여덜시경까지 죵로, 광교, 산젼 등디로 건이러 보아라. 인력거를 타고 료리집으로 달리는 기싱들이 얼마나 만흔지를 알 것이오, 그 마즌편에는 이굿치 만흔 기싱을 물러서 막즁흔 황금을 걸네짠을 버리듯 ᄒ며

▼ 가진 츄악흔 질알을 다 버릇는 쟈가 얼마나 만흔지를 가히 짐작홀 것이다. 쏘 그 뒤에는 몃빅리 밧게 안져서 경성의 ᄒ늘을 바라다보며 즈뎨의 방탕에 눈물을 흘리는 부형이 잇슴을 싱각홀 쌔에는 실로 남의 일 굿지 안이홀 것이다.

매일 18.06.02 (3) 청년회관 활동사진 / 일일 밤에 영사

죵로 즁앙청년회관에셔는 일일 밤 여덜시부터 구쥬대젼에 관흔 젹십쟈회 대활동사진을 영사흔다는디 이 샤진은 동경잇는 미국 딕사 「모리쓰」로부터 보닉인 바이라 ᄒ며 입쟝료는 일등 오십젼, 이등 삼십젼, 삼등 이십젼인 바 단톄로 오는 학싱에게 딕ᄒ야 반익을 밧는다더라.

매일 18.06.02 (3) 〈광고〉

천승일좌 매신(每申) 경일(京日) 독자 우대 할인권
할인요금 ▲ 특등 일원 ▲ 일등 육십전 ▲ 이등 오십전 ▲ 삼등 삼십전
보통요금 ▲ 특등 일원 이십전 ▲ 일등 팔십전 ▲ 이등 육십전 ▲ 삼등 사십전
천승일좌는 계속 성황으로 이일ᄭ지간(間) 연기홈 본권도 여전히 절취(切取) 사용ᄒ시읍.

매일 18.06.02 (4), 18.06.04 (4), 18.06.05 (4), 18.06.06 (4), 18.06.07 (4) ⟨광고⟩
우미관 5월 31일자와 동일

매일 18.06.07 (1) ⟨광고⟩
BLUE BIRD
PHOTO PLAYS
제이회 쓰리우바 도
ブリウバード[32] 대회 **유락관**
당 유월 육일부터 오일간 한 「설명자 남향공리(南鄉公利), 죽본국부(竹本國夫), 춘정계정(村井溪汀), 도변춘월(渡邊春月), 천대전설령(千代田雪嶺), 등야수호(藤野睡虎)」
사회극 「**문신미인(文身美人)**」 오권 (오후 육시로부터[33] 영사) 교훈극 「**구리스마스 가로루**」 전오권(오후 팔시로 영사), 전장미담(戰場美譚) 「**용감혼 라입졸(喇叭卒)**」 오권
(오후 십시로 영사)
전화 (계상) 오구칠번 (계하) 이공오번

매일 18.06.08 (4) ⟨광고⟩
五月[34] 칠일부터 차환(差換)
○ 실사 **이태리 삼호수** 전일권
○ 희극 **귀바푸도** 전일권
○ 골계희극 **당위(當違)** 전이권
△ 영국 바이온─아 회사 작
○ 탐정활극 **철의 상(鐵의 箱)** 전삼권
△ 미국 호왈돈 회사 작
○ 연속 제육 **미라의 비밀** 전사권
경성 관철동 전화 이삼이육번 **우미관**

---

32) 부리우바도 – '블루 버드'를 뜻함.
33) 부터.
34) 6월의 오식인 듯함.

⟨ 63 ⟩

매일 18.06.09 (4), 18.06.11 (4), 18.06.12 (4), 18.06.13 (4), 18.06.14 (4) 〈광고〉
우미관 6월 8일자와 동일

매일 18.06.12 (3) 〈광고〉
◇ 제 육회 공개 ◇
◇ 신파비극 혈염(血染)의 모양(模樣) ◇
:미라의 비밀:
할인입장료 일등 삼십전 이등 이십전 아등(亞等) 십전
보통입장료 일등 사십전 이등 삼십전 아등(亞等) 십오전
활동사진 **황금관**
매신(每申)독자 우대할인권(일매 이인 공통)
일시 육월 십일브터 십삼일ᄭᅡ지 오후 육시 개장
매일신보사

매일 18.06.13 (3) 〈광고〉
황금관 6월 12일자 할인권과 동일

매일 18.06.13 (4) 광주 / 농사 강화(講話) 환등회
금회 총독부에서 편성한 농사 개량에 관한 환등 영화를 농사 강습회와 겸하야 선내
(鮮內) 각도에 영화 강연이 잇는 바 본 도내 각 군에서 강연할 군명, 일정 여좌(如左).
▲ 나주 육월 팔일브터 동 십사일ᄭᅡ지 ▲ 무안 동 십오일브터 이십일일ᄭᅡ지 ▲ 영암
이십이일브터 이십팔일ᄭᅡ지 ▲ 해남 이십구일브터 칠월 육일ᄭᅡ지 ▲ 강진 칠월 칠일
브터 동 십삼일ᄭᅡ지 ▲ 장흥 십사일브터 이십일일ᄭᅡ지 ▲ 보성 이십일일브터 이십팔일
ᄭᅡ지 ▲ 화순 이십구일브터 月日四日[35]ᄭᅡ지

매일 18.06.14 (3) 〈광고〉
◇ 연속활극 ◇ :미라의 비밀:

---

35) 본문상 月日四日로 되어 있지만, 다음 달 4일까지라는 의미로 보아야 함.

미국 그二ーウーサル³⁶⁾ 作

◇ **권투(拳鬪)** ◇

할인입장료 일등 이십전 이등 십오전 아등(亞等) 팔전

보통입장료 일등 사십전 이등 삼십전 아등(亞等) 십오전

황금관

매신(每申)독자 우대할인권(일매 이인 공통)

육월 십사일브터 이십일⁻지 오후 육시 개장

매일신보사

매일 18.06.14 (3) 「미라의 비밀」과 이독자의 할인권 / 십수일부터 영사

황금관에셔 영사 중인 「미라의 비밀」은 전에 업시 긴 사진으로 회수가 지날수록 소실은 더욱 긔괴흔 디경에 드러가 화학과 요슐과 최면슐은 박亽와 미라와 단댱의 사이에 여러 가지 불가亽의의 일이 싱겨 보는 사롬으로 ᄒ야곰 상쾌를 부르지지게 ᄒ고, 긔々흔 예날 리약이를 활동사진으로 박힌 듯 ᄒ야 대갈치를 엇는 바 이번에는 뎨십삼, 십亽, 십오 여섯권의 종편을 영사ᄒ고 그 외에도 여러 가지 사진이 잇는디 이번에 한ᄒ야 본 보 이독자에게 한댱에 두 사롬식 통용ᄒ는 반익 활인권을 발힝ᄒ게 되얏더라.

매일 18.06.15 (4) 〈광고〉

육월 십사일부터 차환(差換)

○ 실사 **별갑공업(鼈甲³⁷⁾工業)** 전일권

○ 희극 **가희(歌姬)** 전일권

○ 희극 **권전(拳戰)** 전삼권

△ 미국 호와루돈 회사 작

○ 기괴 최종편 **미라의 비밀** 전육권

경성 관철동 전화 이삼이육번 **우미관**

---

36) 유니버설을 일본어 가타가나로 표현한 '유니우사루.'

37) 거북이 혹은 자라의 등껍질.

매일 18.06.16 (3) 곡마단 내경(來京)

시너 명치뎡 넓은 마당에셔 본일부터 쥬야 이회식 곡마단 일힝이 흥힝을 홀 터인디 동 슌업부는 닉디 미인 쇼녀의 「부아남식」 곡마슐 십슈번을 위시ᄒ야 최신 경묘혼 지죠 이십여번 양기의 지죠, 사나운 김싱[38]의 지죠 등 슈십번을 관람케 홀 터이라더라.

매일 18.06.16 (3) 웰시 박사 강연

십칠일 월요 하오 팔시 종로 청년회에서 요젼 미국으로셔 도러온 메소띄스트 박사의 강연이 잇는디, 연예는 「전시와 밋 시의 미국」이 평며[39] 다수혼 환등은 비춰여 설명에 편케 홀지요, 강연을 열기 젼에 됴션 데일의 일홈이 잇는 피아오[40] 명슈 구로부씨위 쥬악이 잇는디 입쟝 ＊료이며 다쇼 영어를 아는 닉션인을 환영혼다더라.

매일 18.06.16 (4), 18.06.18 (4), 18.06.19 (3), 18.06.20 (3) 〈광고〉

우미관 6월 15일자와 동일

매일 18.06.21 (3) 단성사의 개축(改築) / 활동샤진을 혼다

됴션의 연극장 중 한아되는 동구 안 단성샤는 작년 봄에 황금관 쥬인 뎐촌이란 사람이 팔천오빅원에 스가지고 활동사진을 영소ᄒ기 위ᄒ야 광무디 박승필 씨에게 경영쟈의 권리를 위임ᄒ야 그 일홈으로 당국에 청원ᄒ고 허가되기를 긔다리던 바, 다소 년월을 지니여 지나간 십삼일 부로 경긔도 경무부로부터 소관 경찰셔에셔는 십ᄉ일 활동ᄉ진의 흥힝주되는 박승필 씨를 불너다가 신긔 셔당으로부터 쟝리 쥬의 건에 디ᄒ야 ᄌ세히 일너준 후 그 지령을 주엇다는디, 지금의 단성사 집으로는 영사홀 쳐소가 못됨으로 확당ᄒ기 위ᄒ야 일만원의 예산으로 그 안을 모다 헐고 다시 지은 후 오는 구월부터 시작되리라는디, 목하 설계가 맛치는 디로 곳 역소에 착수ᄒ는디, 이 뒤부터는 신구파 긔연홀 극장은 아죠 업셔진 모양이라더라.

---

38) 짐싱(짐승)의 오식인 듯하다.
39) 「전시와 밋 평시의 미국」이며의 오식.
40) 피아노의 오식.

매일 18.06.21 (4) 〈광고〉

육월 이십일일부터 차환(差換)

○ 만화 **철방(凸坊)의 동물원** 전일권

△ 미국 유사(社) 에루고– 영화

○ 골계활극 **스바이구의 곡승(曲乘)** 전이권

△ 미국 유사 부루–바–도 영화

○ 인정극 **악마의 감정일(勘定日)** 전오권

△ 미국 유사 특작품

○ 연속 탐정극 **다이야의–** 전삼십사권 내 일, 이편 사권

경성 관철동 전화 이삼이육번 **우미관**

매일 18.06.22 (4), 18.06.23 (4), 18.06.25 (4), 18.06.26 (3), 18.06.27 (4) 〈광고〉

우미관 6월 21일자와 동일

매일 18.06.25 (1) 〈광고〉

(첫째 줄 기사 판독 불가)

미국 유이바아–사루 회사 특약

조천(早川) 연예부 직영 활동사진 상설관 **유락관**

육월 이십일일브터 제공 세계적 대사진

미국 유니부아–살 회사 삼대 연속 후이룸의 내(內)

◎ 탐정활극 「**다이야의 一**」[41] 전삼십사권의 내

무언의 괴물, 포(捕)의 난(難)훈 와(化)

제일편 전차(全次)의 대전란을 배경으로 흔 시국극(時局劇). 처(處)는 가내타(加奈陀)[42]에 근(近)훈 북미의 한촌. 로스도호–부 광산은 세계에 유명훈 백금의 산지 급(及) 유황광(硫黃鑛)의 풍부훈 처(處). 모국(某國) 간첩 빌즈만 박사는 백금 사백 온스을 도(盜)ᄒ야 모국(某國) 차송(差送)코져훈 시(時), 미국 구축정에 발견되야 정선을 피명(被命)ᄒ얏슴도 지(知)치 못훈 슴늬로 행(行)코져 홈으로 수뢰(水雷) 일발 흑취호

---

41) 이 영화에 대해, 우미관은 〈다이야의– 〉로, 유락관은 〈다이야의 →〉로 표기되어 있다.

42) 캐나다.

(黑鷲號)는 격침되야 자(玆)에 사(事)는 익익(益々) 대(大)를 가(加)ᄒᆞ야 명탐정의 활약. 가련낭(可憐娘)가 전속력의 기차에 비승(飛乘), 무언(無言)의 괴물 「배배(排々)?」와 인간과의 대격투 은은(殷々)ᄒᆞ 광산의 폭발!

제이편 활극은 차편(次篇)로 활극을 생(生)ᄒᆞ야 파ー지니야 양이 약녀(弱女)의 신(身)으로써 마상(馬上) 심산(深山)의 탐험, 전속력에 양(孃)이 공천고기자(空天高其姿)의 소실 등. 유한ᄒᆞᆫ 지필(紙筆)로ᄂᆞᆫ 술(述)키 난ᄒᆞ니 일견(一見)을 망(望)홈.

미국 유사(社) 청조(靑鳥) 영화
◎ 인정극 「가(家)를 구(求)ᄒᆞ야」 전오권
「독류(毒流)」로 일약 기명(其名)이 세계에 보급ᄒᆞᆫ 머리ー마구라렌 양이 여주인공 「미나」녀(女)에 분흠. 가련ᄒᆞᆫ 미나녀(女)가 욕심흔 백부의 가(家)에셔 근소(僅小)ᄒᆞᆫ 사(事)로 추출(追出)되야 의(依)홀 인(人)도 업슨 소녀(少女)의 미나는 각가(各家)에 고(雇)되야 여러 가지 박해을 수(受)ᄒᆞ면서 드듸여 광명(光明)인ᄂᆞᆫ 가정에 우(友)를 득(得)ᄒᆞ려 ᄒᆞ야. 여류 작자 겸 무대감독 루이즈에ー벨 부인이 메리 마구라렌 양을 위ᄒᆞ야 특히 각색흔 것인 즉 절＊여하(節＊如何)ᄂᆞᆫ 말홀 것도 업소.
◉ 변사 실연 구이십가(舊二〇加) 「대진회(大津繪)」이장
선인(鮮人)변사 서상호(徐相浩)[43] 출연

매일 18.06.25 (3) 곡마단 각등 반액

명치뎡 곡마단 일힝은 본지 광고란 즁에 활인권을 버여가지고 가ᄂᆞᆫ 사름에게ᄂᆞᆫ 각등 반익으로 구경식일 터이라더라.

매일 18.06.27 (3) 매신(每申)독자 우대 / 평양 가무기좌에

요사이 평양 가무기좌에 개연 즁인 송지됴 일파 「松之助一派」ᄂᆞᆫ 특히 본보 독자를 위ᄒᆞ야 각등이 활인의 대입쟝을 ᄒᆞ게 홀 터이라ᄂᆞᆫᄃᆡ 본 독자 졔군은 이십구일ᄭᅡ지 본보 란외에 게지된 활인권을 졀취 사용ᄒᆞ시오. 이번 사진은 특히 됴흔 것이 만타 ᄒᆞ오.

---

43) 서상호(徐相昊)의 오식.

매일 18.06.28 (3) 〈광고〉

육월 이십팔일 특별 이대 사진 제공

△ 미국 유사(社) 네스다 – 영화

희극 **비밀흔 봉공인(奉公人)** 전일권

△ 미국 유사 청조인(靑鳥印) 영화

인정활극 **수한 랑(授흔 娘)**

△ 미국 유사 인푸 영화

연속탐정극 **모험탐정** 전십육권 내, 일편, 이권

△ 미국 유사 특작품

연속탐정극 **다이야의 –** 전삼십사권 내 삼 · 사편 사권

경성 관철동 전화 이삼이육번 **우미관**

조천(무川) 연예부 직영 활동사진 상설관 **유락관**

육월 이십팔일브터 공개

▽ 실사 **스구린**[44] 마가진 제이십사호

미국 유사(社) 바이슨 영화

인정극 「**라스눈 하처(何處)에**」 전이권

▽ 선화(線畵) **철방우공의 권(凸妨牛公의 卷)**

미국 유사 특작 연속 영화

⊙ 군사탐정모험활극 제이 「**쟈이야의 一**」 사권 상장 전십칠편 삼십사권의 내

제삼 둔주(遁走), 제사 지하의 하(河)

가증(可憎)흘 모국(某國)의 군사탐정 헬스만 박사…부지(不知)의 용(用)…저(底)를 지(知)치 못홀 호(湖)…추격추락…단애(斷崖) 격랑…견(見)ᄒ시오. 북미 가내타(加奈陀)의 천지(天地)에 임(任)흔 바 – 지니와 양(孃)의 활약은 아조 가경(佳境)에 입(入)ᄒ야 「렛토에 – 스」의 랑(浪)[45]은 광(狂)ᄒ야 유우장진(由雨將臻)코져 흠.

미국 유사 호접영화(蝴蝶映畵) 제일회 특작품

⊙ 인비극(人悲劇) 「**장미의 소(啺)ᄒ기ᄭ지**」 전오권

---

44) 스크린.

45) 娘의 오식인 듯.

슬へ⁴⁶⁾ 취(吹)호는 춘풍(春風)은 한정(閑精)호 불란서에 벽촌(僻村) 후릿다니ー의 야변(野邊)에도 방(訪)호니, 계명(鷄鳴)이 요(遙)호 인촌(人村)이라. 사월 중순경 청년 화가 보ー루는 래(來)홀 문전(文展)에 명예의 월계관을 영득(嬴得)호겟고, 요(遙)히 파리에셔 거듭 간파스⁴⁷⁾를 차촌(此村)에 불하(不下)라. 아ー 려(麗)호 사방(四方)의 경색(景色)……화(華)호 광(曠)호 야원(野原)…… 그것도 여하히 피(彼)호야끔 대자연의 신운(神韻)에 촉(觸)케 호얏스리라. 그러나 피(彼)의 안(眼)으로 이상(以上) 황홀케 호며 현혹케 홈은 미쿠손이라 호(呼)호는 란매(卵賣)의 화치(花耻)이 을녀(乙女)이엿다. 화(花)의 월(月)에 야변(野邊)에 小＊⁴⁸⁾에 호(互)히 수(手)를 휴(携)호며 어(語)홈에 몽(夢)과 여(如)호야 일거월열(日去月閱) 호얏다. 미기(未幾) 미구논을 모텔⁴⁹⁾로 호는 대작(大作)을 완성치 못하고 을녀(乙女)의 가(家)의 창하(窓下)에 백장미의 소(笑)를 시(始)호 경(頃)…「우회(又會)홀 춘(春)은 하시(何時)일가」 가련호 피녀(彼女)은 연인에 추읍(縋泣)호다. 「애(愛)홀 미구논에 몽(夢)이면 망(忘)치 마라 또 소(笑)호는 장미의 향경(香頃)」……비(悲)호 석애(夕靄)에 포위된 이인(二人)은 심(心)히 읍(泣)호고 별(別)호다.

보ー류는 문전(文展)에 승리자가 되라 피(彼)의 자부심은 수(遂)히 피(彼)를 타락케 호며 과연 가련호 미구논도 망(忘)케 호얏다.

창하(窓下)의 장미(薔薇)은 산냉(散冷)호 추풍(秋風) 취(吹)호기로 호 경(頃) 미구논은 연인을 망득(忘得)홈. 반고향(半故鄉)을 후(後)로 호고 일본(一本)의 장(杖) 일족(一足)의 화(靴)…… 피로와 기아의 인(咽)호면서 파리에 착(着)호얏다. 보ー루는 석(昔)의 보ー루가 안이다…… 을녀(乙女)는 경(驚)호다. 그리고 읍도(泣倒)호다… 아ー 련(戀)의 복수… 혈(血)가 명(命)인가…루(淚)인가…사(死)인가.

번외 대여흥

경성신문사 기자 좌전초인(佐田草人) 각색

◉ 변사희극「인의 정(人의 情)」 전이장(全二場)

매일 18.06.29 (4) 〈광고〉

우미관 6월 28일자와 동일

---

46) 글자가 반복될 때 사용하는 문자기호.

47) 캔버스.

48) (田 혹은 用).

49) 모델.

매일 18.06.30 (4) 〈광고〉
우미관 6월 28일자와 동일

조천(早川) 연예부 직영 활동사진 상설관 **유락관**
육월 이십팔일브터 공개
▽ 실사 **스구린 마가진 제이십사호**
미국 유사 바이슨 영화
인정극 「**라스논 하처(何處)에**」 전이권
▽ 선화(線畫) **철방우공(凸妨牛公)의 권(卷)**
미국 유사 특작 연속 영화
⊙ 군사탐정모험활극 제이 「**짜이야의 一**」 사권 상장, 전십칠편 삼십사권의 내
제삼 둔주(遁走), 제사 지하의 하(河)
가증(可憎)홀 모국(某國)의 군사탐정 헬스만 박사…부지(不知)의 용(用)…저(底)를 지
(知)치 못홀 호(湖)…추격추락…단애(斷崖) 격랑…견(見)ᄒ시오 북미 가내타(加奈陀)
의 천지(天地)에 임(任)혼 바ㅡ지니와 양의 활약은 아조 가경(佳境)에 입(入)ᄒ야 「렛
토에ㅡ스」의 랑(浪)[50]은 광(狂)ᄒ야 유우장진(由雨將臻)코져 홈.
미국 유사 호접영화(胡蝶映畫) 제일회 특작품
⊙ 인비극(人悲劇) 「**장미의 소(唉)ᄒ기ᄭ지**」 전오권
번외 대여흥 경성신문사 기자 좌천초인(佐田草人) 각색
⊙ 변사희극 「**인의 정(人의 情)**」 전이장(全二場)

매일 18.07.02 (4), 18.07.03 (4), 18.07.04 (4) 〈광고〉
우미관 6월 28일자, 유락관 6월 30일자와 동일

매일 18.07.05 (1) 〈광고〉
일본 천연색 활동사진 주식회사 기술부 신안(新案) 미국식 스데ㅡ지 기네오라마[51]
응용

---

50) 娘의 오식인 듯.

51) 키네오라마(Kineorama): 연속적으로 나타나는 전경에 여러 가지 색의 광선을 비추어 경치를 변화시켜 보이는 장치.

사실극 선장의 처

황금관은 신축 이주년 기념 특별 대대(大々) 흥행으로 우(右) 천활(天活)회사 기술부원 십수명을 초(招)ᄒ야 칠월 오일부터 공개ᄒᆞᆸ니다.

구주(歐洲) 전란 이래 적 잠항정으로 인ᄒ야 상선의 조난이 불선(不尠)ᄒᆞᆫ 바 작년 아(我) 일본 최초의 무장선 ○○회사 ○○환(丸)도 기(其) 참화에 리(罹)ᄒ얏더라. 금회 황금관은 기(其) 거대ᄒᆞᆫ 무대 일면에 전기(前記) 천활 회사 독득(獨得)의 「스데―지 기네오라마」를 응용ᄒ고 전기 사괘(仕掛)로써 당시의 실황을 간객(看客) 제군에 시(示)코져 ᄒᆞᆷ. 금(今) 기(其) 광경(光景)을 약술홀지면 영국 포대ᄂᆞᆫ 불포(不飽)히 탐조등을 조(照)ᄒ야 독(獨)히 잠항정 병(並) 비행기의 습래(襲來)를 감시ᄒᆞᆷ. 월(月)은 교교ᄒ야 해(海)를 조(照)ᄒ고 금파(金波), 은파(銀波)ᄂᆞᆫ 정동중(靜動中)에 아○○환(我○○丸)은 경계ᄒᆞᄂᆞᆫ 중 항행ᄒᆞᆷ. 천후(天候) 아연(俄然)히 변ᄒ야 수천의 성(星)은 급(急)히 기(其) 광(光)을 몰(沒)ᄒ야 일천(一天)은 홀연 암흑 적정(敵艇) 급(及) 비행기ᄂᆞᆫ 기(其) 기(機)를 승(乘)ᄒ야 「쏘쌔」해협에 ＊래(＊來)ᄒ야 아○○丸(我○○丸)을 발견ᄒ고 어＊(魚＊) 수뢰를 발사ᄒ고 ＊ 폭탄을 투하ᄒᆞᆷ.

○○환(○○丸) 구＊경(具＊景)의 활약인 실로 참극 기물(其物)을 목격ᄒᆞᆷ에 불이(不異)ᄒ고 수하(誰何)든지 과학의 진보, 광학 응용의 교묘ᄒᆞᆷ에 경(驚)치 안이치 못홀이라. 「스데―지 기네오라마」에 취(就)ᄒ야ᄂᆞᆫ 내＊(內＊) ＊기(＊旣)히 정평(定評)이 유(有)ᄒ고 금자(今玆)에 윤언(贅言)을 불요ᄒ고 황금관은 선인(鮮人) 각위(各位)의 관람에 공(供)ᄒ기 위ᄒ야 특히 차(此) 일단(一團)을 초빙ᄒ얏더라.

미국 단호자 회사 작
연속 이십삼편 사십육권
연속대활극 **백만 불의 비밀** 제일 제이편 상장
임시관람료 특등 칠십전 일등 오십전 이등 삼십전 군인 학생 각등 반액

황금관

매일 18.07.05 (4) 〈광고〉

칠월 오일브터 특별 대사진 제공

△ 미국 유사(社) 적우극(赤羽劇)

○ 인정활극 **쎼리―고―도노만스** 전오권

△ 미국 유사 특작

○ 연속 제삼 **다이야의** − 전삼십사권 내, 오ㆍ육편 사권

△ 미국 단하사− 회사

○ 연속탐정 **五萬弗**[52]**의 비밀** 전사십육권 내 일ㆍ이편 사권

입장료 일등 사십전 이등 삼십전 삼등 십오전

(삼등) 군인 학생 소아 팔전 (일, 이등) 군인 학생 소아 반액

경성 관철동 전화 이삼이육번 **우미관**

당 칠월 오일브터 공개(특히 보통요금으로 어람[御覽]에 공[供]ᄒ닙다)

◎ 풍자희극 **자동차 졸부** 전오권

미국 유사(社) 특작 연회(連繪) 영화

◎ 군사탐정 모험활극 제삼 **다이야의** 一

제오편 「공중에서」 제육편 「전혈(戰血)」

대호평의 변사 희극 **왕(王) 스다루**

▼ 기타 실사 골계물 수종

경성본정 일정목 장(長)전화 오구칠번 **유락관**

매일 18.07.06 (3) 황금관 신축긔념

경성 황금유원 안에 잇ᄂ 활동사진관 황금관 「黃金舘」은 신츅 이주년 긔념으로 영불 히협에서 독일 수뢰뎡에게 격침된 비극 션댱의 쳐 「船長妻」라ᄂ 스진을 뎐긔 응용으로 당시의 실황을 구경식인다ᄂ듸, 이 스진은 됴션에서 쳐음 영소되ᄂ 스실극이고 쏘 련속 스진의 대탐졍극 빅만 불의 비밀 기타 희극이 만타ᄂ듸, 입장권 소ᄂ 니에게ᄂ 뎐챠삭ᄭ지 활인ᄒ기로 작뎡ᄒ고 오일브터 영소ᄒ엿ᄂ듸 션댱의 쳐와 빅만 불의 비밀 두 스진이 뎨일 ᄌ미잇고 볼 만ᄒ다더라.

매일 18.07.06 (4), 18.07.07 (4), 18.07.09 (4), 18.07.10 (4), 18.07.11 (4) 〈광고〉

우미관 7월 5일자, 유락관 7월 5일자와 동일

---

52) 〈백만 불의 비밀〉의 오식인 듯. 7월 13일 광고 이후부터는 모두 〈百萬弗의 秘密〉로 표기됨. 또한 황금관에서 상영하는 영화 역시 백만 불의 비밀로 표기되어 있음.

매일 18.07.09 (1) 〈광고〉

만원어례

조선 최초의 시험(試驗) 대성공 [매야(每夜) 선인객(鮮人客) 만원 대갈채]

미국식 스데-밋 기네오라마

일본상선 ○○환(○○丸) 격침되다

선장의 처

십일일 한. 일연불사후(日延不仕候)

황금관

매일 18.07.12 (4) 〈광고〉

유락관 7월 5일자와 동일

칠월 십이일브터 특별대흥행

△ 미국 유사(社) 적우극

○ 사회극 **대발조(大發條)** 전오권

△ 미국 유사 특작

○ 연속 제사 **다이야의-** 칠ㆍ팔편 사권

△ 미국 단하사- 회사

○ 연속 탐정 **오만 불의 비밀**[53] 삼, 사편 사권

입장료 일등 사십전 이등 삼십전 삼등 십오전

(이등) 군인 학생 소아 반액 (삼등) 군인 학생 소아 팔전

경성 관철동 전화 이삼이육번 **우미관**

매일 18.07.13 (3) 〈광고〉

조선신파 원조 혁신단 임성구 일행 대흥행

본 혁신단 일힝은 그간 각 디방을 슌업ᄒᆞ야 만천ᄒ 이극가의게 각 위의 디환영을 박

독ᄒᆞ옵드니, 슈삼일 전 상경ᄒᆞ야 최신 긔발ᄒ 각번으로 칠월 십삼일부터 단성사의셔

---

53) 百萬弗의 秘密의 오식.

기연히 겟싸오니 비션러림후시와 만장의 영광을 쥬시옵.

매일 18.07.13 (4) 〈광고〉

칠월 십이일브터 특별대흥행

⊙ 군사대활극 홍(鬨)의 성(聲)

△ 미국 유사 특작

◎ 연속 제사 다이야의 칠 · 팔편 사권

△ 미국 단하사ㅡ 회사

◎ 연속탐정 백만 불의 비밀 삼 · 사편 사권

입장료 일등 사십전 이등 삼십전 삼등 십오전

(이등) 군인 학생 소아 반액 (삼등) 군인 학생 소아 팔전

경성 관철동 전화 이삼이육번 **우미관**

당 칠월 십이일브터 공개

▽ 실사 **스구린 마가진 삼십팔호**

▽ 희활극 **안기 – 랑** 전이권

미국 유이바샤ㅡ루 회사 특제

군사탐정 모험활극 연속 십칠편 삼십사권

◎ 제사회 **다이야의** – 제칠편 「사자의 爪[54]」 사권, 제팔편 「수(獸)의 소(巢)」

미국 유이바샤ㅡ루 회사 호접(蝴蝶) 영화 제이회 특작품

◎ 인정극 「**부의 위면이(父의 爲免이)**」 전오권

화형여우(花形女優) 미구논, 안다ㅡ린 양 미리ㅡ, 메ㅡ론 양 활약

대호평 용용(湧勇)호 인기

⊙ 변사희극 「적기(赤旗)를 출(出)ᄒ야 기차도 정지」 전이장

경성본정 일정목 장(長)전화 오구칠번 **유락관**

매일 18.07.14 (3) 단성사의 혁신단

신파 혁신단 림셩구 「革新團 林聖九」 일힝은 그동안 여러 달을 두고 각 디방으로 슌

---

54) 爪의 오식.

업 흥힝을 ㅎ더니 요즈음 단성사가 불원에 기츅ㅎ고 활동ㅅ진을 영ㅅ하게 되얏다는 말을 듯고 마지막으로 단성사에 와셔 흥힝홀 작뎡으로 비우 일동이 일젼 샹경ㅎ야 준비를 다ㅎ고 십삼일부터 단성사에서 츌연ㅎ다는디, 이번이 마지막 경셩에셔는 흥 힝는 것임으로 ㅈ미잇는 각본으로 츌연ㅎ다더라.

매일 18.07.14 (4), 18.07.16 (4), 18.07.17 (4), 18.07.18 (4) 〈광고〉
우미관 7월 13일자, 유락관 7월 13일자와 동일

매일 18.07.17 (1) 〈광고〉
혁신단 7월 13일자와 동일

매일 18.07.19 (4) 〈광고〉
칠월 십구일 특별대흥행
△ 미국 유사 청조극(靑鳥劇)
◎ 인정활극 **어전파랑(御轉婆娘)** 전오권
△ 미국 유사 특작
◎ 연속 탐정 제오 **다이야의 –** 전삼십사권 구 · 십편 사권
△ 미국 당호셔 회사 특작
◎ 연속탐정 제삼 **백만 불의 비밀** 전사십육권 오 · 육편 사권
사진이 장척이기로 오후 팔시브터 영사
경성 관철동 전화 이삼이육번 **우미관**

유락관 7월 13일자와 동일

매일 18.07.20 (4) 〈광고〉
우미관 7월 19일자와 동일

당 칠월 십구일브터 공개
납량(納凉)특별대흥행
(서중(暑中) 위문으로 특히 보통 요금으로 어람(御覽)에 공(供)홈)

미국 유니쌔사루 회사 호접극(蝴蝶劇) 제삼 특작품

◎ 인정활극 「산가의 연(山家의 緣)」 전오권

명여우 루이스, 랏부리 양 출연

미국 유니쌔사루 회사 특작 영화

◎ 세계적 대위인 「사무손 일대기」 육천척

명우 와렌, 케리칸 씨 활약

미국 유니쌔사루 회사 특제

군사탐정 모험활극 연속 십칠편 삼십사권 제오회 「다이야의 −」

제구편 「사인(死人)의 성(聲)」 제십편 「망철(網鐵)의 심(心)」 사권 상장

경성본정 일정목 장(長)전화 오구칠번 **유락관**

매일 18.07.21 (1) 〈광고〉

우미관 7월 19일자와 동일

매일 18.07.21 (3) 〈광고〉

유락관 7월 20일자와 동일

매일 18.07.23 (1) 〈광고〉

납량특별흥행

자(自) 칠월 이십이일 지(至) 칠월 이십칠일 육일간 한(限) 임시 공개

사천람(賜天覽) 외(畏) 복경궁어전(伏見宮御殿)

이국(伊國) 대(大) 이다라 회사 불후의 대작

생명보험금 육백만원○상해보험금 사백만원

이오전사(伊墺[55]戰史) **마지스데** 전장 일만이천척

알프스 산중 천고의 설적(雪積)을 배경으로 흑고 쾌한 마지스데가 괴력 쾌완(快腕)을 휘(揮)홈. 진(眞)히 통쾌 미증유의 대사진.

제사(第四) **백만 불의 비밀** 연속 사십육권 내 사권 상장

희극 **바푸린의 총리대신** 전이권

---

55) 伊墺는 이탈리아와 오스트리아를 말함.

금회에 한ㅎ야 오후 팔시브터 최종ㅼ지 일본 사진 영사치 안이홈너다.

황금관

매일 18.07.23 (4), 18.07.24 (4), 18.07.25 (4) 〈광고〉
우미관 7월 19일자, 유락관 7월 20일자와 동일

매일 18.07.24 (2) 통신검열 개시
(동경전(電)) 육군성은 이십일브터 통신검열을 개시ㅎ얏더라

매일 18.07.25 (3) 〈광고〉
대호평

마디스데
칠월 이십사일브터 이십육일ㅼ지

어(於) 황금관
매신독자우대권
할인 삼등 이십전 이등 삼십전 일등 사십전
보통 삼등 삼십전 이등 사십전 일등 육십전
매일신보사

매일 18.07.25 (3) 「마디스데」 샤진
황금관에셔는 이십이일부터 시 사진을 밧구어 영사ㅎ얏ᄂᆞᆫ디 이번의 사진은 「이오젼황」이라는 젼징 사진과 「마디스데의 알푸스병」이라는 것이라. 마디스데라는 것은 작년 봄 「가비리야」 사진 ᄲᅵ에 나오던 그 「마디스데」이라. 이번에 그 사람이 「알푸스」 산중의 이오젼션에 츌진ㅎ야 그 유명혼 팔긔운으로 뎍병을 놀닉게 ㅎᄂᆞᆫ 통쾌혼 사진이요.

매일 18.07.26 (3) 호평의 마지스데 / 황금관의 유명혼 샤진
요사이 황금관에셔 영사 중인 「마디스데」 사진은 이타리 「이다라」 회사에셔 만든 것인디 그 스실의 대긔ᄂᆞᆫ 여좌ㅎ더라.
이다라 활동사진회샤의 비우가 이티리의 국경인 오국의 엇던 적은 도회에서 샤진을

박이는 중 오군에게 잡히여 갓첫더라. 그런디 그 일형에 참가되얏던 「마디스데」는 그 유명훈 괴운을 부리여 파수보는 병뎡들을 써려 뉘고 일형을 구원후여 가지고 츄병이 오기 전에 알푸쓰 산중을 향후고 도망후얏다. 그런디 그 근쳐에 잇던 왕셩 안에는 이 터리의 빅작이 잇셧는 고로 「마디스데」는 그 빅작과 갓치 알푸쓰의 병졍이 되어 뎍군을 방어후게 되얏더라. 그러나 오군은 그 곳을 졈령후고 빅작들은 잡힌 바이 되어 왕셩 가운디에 갓첫더라. 「마디스데」 그를 구후기 위후야 모든 방법을 쓴 결과 맛참니 뎍병을 씨트리고 빅작과 령양들을 구후야 긔션가를 부르고 도러온다는 것이오.

이 사진은 요소이 미우 됴흔 평판을 밧어 미일 만원의 셩황이라더라.

매일 18.07.26 (3), 18.07.27 (3) 〈광고〉
황금관 7월 25일자 할인권과 동일

매일 18.07.26 (4) 〈광고〉
유락관 7월 20일자와 동일

칠월 이십육일부터 영사

△ 미국 뉴−바사루 회사

◎ 종교극 **공포** 전오권

△ 미국 당호싸 회사 작

◎ 연속탐정 제사 **백만 불의 비밀** 사십육권 내 · 칠팔편

△ 미국 유사 특작

◎ 연속탐정 제육 **다이야의−** 삼십사권 내 십일 · 십이편

경성 관철동 전화 이삼이육번 **우미관**

매일 18.07.27 (4) 전주 / 극장의 상량식
과일래(過日來) 신축 중이던 당지(當地) 고사정(高砂町) 정차장통의 극장은 거(去) 이십삼일에 상량을 종훈 고로, 동일 오후 오시경에 관계자 일동이 참집(參集)후야 성대훈 상량식을 거행후고, 동 식이 종(終)훈 후 살병(撒餠)[56] 등의 축의(祝儀)가 유(有)

---

56) 떡을 나눠주는 행사.

호얏논티 동 극장 전(前)에눈 수백명의 관중이 운집하야 파(頗)히 번잡을 극(極)호얏
더라.

매일 18.07.27 (4) 〈광고〉
우미관 7월 26일자와 동일

당 칠월 이십육일브터
미국 유니버살 회사 부루버드 영화
◎ 금광정화(金鑛情話) **기숙생(寄宿生)** 전오권
미국 유사 부류버드 특작품 공개
문제의 대사진
◎ 자연극(自然劇) **남방의 판사(南方의 判事)** 전오권
미국 유니버살 회사 특작품
군사탐정모험활극 연속 십칠편 삼십사권 제육회 **다이야의 –**
제십일편 「연(燃)흐눈 협간(峽間)」, 제십이편 「선외(船外)의」
경성 본정 일정목 장(長)전화 오구칠번 **유락관**
○ 어덕용회수권(御德用回數券) 발매 사후(仕候)

매일 18.07.28 (3), 18.07.30 (4), 18.08.01 (3) 〈광고〉
우미관 7월 26일자, 유락관 7월 27일자와 동일

매일 18.08.02 (4) 〈광고〉
푸로쿠람
당 팔월 이일브터 공개
오후 칠시브터 영사
⊙ 실사 스구린 마가진 삼십사호
⊙ 군사활극 **지략의 승리** 전이권
미국 유니부아 – 살 회사 렛도후 – 특작품
◎ 운간의 월(雲間의 月) 전오권
◎ 태서(泰西) 연쇄희극 **생(生)흐눈 시(屍)** 실연(實演) 전이장

미국 유社 근래의 쾌사진 모험 여우(女優)

마리-우오두 간부 일파의 쾌사적 촬영[57]

◎ 제칠회 **다이야의-**

제십삼편「신적(新敵)」, 제십사편「도주자(逃走者)」전사권 상장

경성 본정 일정목 장(長)전화 오구칠번 **유락관**

○ 어덕용회수권(御德用回數券) 발매 사후(仕候)

팔월 이일브터 특별흥행

△ 미국 유사 적우극(赤羽劇)

◎ 인정극 **진홍의 水昌**[58] 전오권

△ 미국 유니우아-살 회사 특작

⊙ 연속 탐정 **다이야의-** 전삼십사권에 내 십삼, 십사편 사권

△ 미국 단파우샤- 회사 특작

⊙ 연속 탐정 **백만 불의 비밀** 전사십육권의 내 구·십편 사권

경성 관철동 전화 이삼이육번 **우미관**

매일 18.08.03 (4), 18.08.04 (4), 18.08.06 (4), 18.08.07 (4), 18.08.08 (4) 〈광고〉

우미관 8월 2일자, 유락관 8월 2일자와 동일

매일 18.08.04 (3) 혁신단 긔념 흥힝

단성샤에서 흥힝ㅎ던 혁신단 림셩구 일힝은 일힝 창설 구쥬년 긔념으로 소일 져녁부터 다시 단성사에서 대흥힝을 시작ㅎ더라.

매일 18.08.04 (3) 〈광고〉

신파원조 혁신단 일행 창립 구쥬년 기념 대흥행

기막 이후도 미야의 만원의 성향을 주심은 무한이 감사ㅎ옴을 슈ㅎ노라. *에 예증ㅎ엿든 창립 구쥬년 긔렴 흥힝에 지ㅎ이 이극가의 후의롤 보답키 위ㅎ야 특별이 흥힝을

---

57) 뒤의 다이아- 영화의 설명.

58) 水晶(수정)의 오식인 듯하다.

중지호옵고, 연극자료의 션퇴과 비우의 기예 연습을 필호옵고 막대훈 금익을 가입호
야 쳔측령 오빅촉녁의 전등으로 내외를 불야성을 환출(幻出)케 호옵고 무대 전면과
객석의 일면에 화려훈 가화를 신비호야 팔월 사일브터 기념흥행을 시연(始演)호겟ㅅ
오니 공전절후훈 납량극을 완상(玩賞)호시옵.
혁신단장 림셩구 빅

매일 18.08.06 (3), 18.08.07 (4) 〈광고〉
혁신단 8월 4일자와 동일

매일 18.08.09 (4) 〈광고〉
팔월 구일브터 공개
푸로쿠람
⊙ 실사 **마가진 삼십팔호**
⊙ 골계 증거의 **화하(靴下)**
미국 유사 청조(靑鳥) 영화
◎ 인정극 **애아의 도(愛兒의 導)** 전구권
⊙ 천하일품 진진기(珍々奇) 희극 **여역자(旅役者)** 전이권
미국 유니쌔사루 회사 특별품
군사탐정모험 대활극 ◎ 최종편 **다이야의 -**
번외 대여흥 실연 애국극 ○○령(○○令) 전이장
경셩 본정 일정목 장(長)전화 오구칠번 **유락관**
○ 어덕용회수권(御德用回數券) 발매 사후(仕候)

팔월 구일브터 영사
△ 미국 유사(社) 쌔이슨 영화
⊙ 광산활극 **금광** 전이권
△ 미국 유사 쌔이슨 영화
⊙ 활극 **혈염의 금(血染의 金)** 전이권
△ 미국 단쌔사- 회사 작
⊙ 연속활극 제육 **백만 불의 비밀** 전사권

제십일편 급행열차 제십이편 보물상(箱)

△ 미국 유사 특작품

◉ 연속탐정 최종편 **다이야의 - 전사권**

전십오편 지옥지마승(地獄之馬乘), 제십육편 쌔ー지니야의 승리

경성 관철동 전화 이삼이육번 **우미관**

매일 18.08.10 (4), 18.08.11 (4), 18.08.13 (4), 18.08.14 (4), 18.08.15 (3) 〈광고〉

우미관 8월 9일자, 유락관 8월 9일자와 동일

매일 18.08.16 (4) 〈광고〉

유락관 8월 9일자와 동일

팔월 십육일브터 영사

△ 미국 파데 단호자ー 회사 작

◉ 연속탐정 제칠 **백만 불의 비밀** 전사십육권 지내(之內) 사권

제십삼편 노국(露國) 특파의 밀탐(密探), 제십사편 탐정의 추적

△ 미국 유사 청조(靑鳥) 영화

◉ 현대극 **족가(足枷)** 전오권

어(於) 지나(支那)[59] 해상에 최근의 출래사(出來事)

△ 미국 유사 파이손 영화

◉ 활극 **우의 루(雨의 淚)** 전이권

경성 관철동 전화 이삼이육번 **우미관**

매일 18.08.17 (1) 〈광고〉

우미관 8월 16일자와 동일

당 팔월 십육일브터 공개

교육자료로

---

59) 중국.

▽ 실사 **악수(鰐狩)** 전일권

미국 유니파–자루 회사 파이손 극(劇)

◎ 인정극 **마적의 최후** 전이권

미국 유니파자루 회사 제삼회 호접(蝴蝶)영화

◎ 사회극 **배금광(拜金狂)** 전오권

◎ 변사희극 물가등귀

미국 유니파–자루 회사 청조(靑鳥)영화

◎ 사회극 **인함정(人陷穽)** 전오권

경성 본정 일정목 장(長)전화 오구칠번 **유락관**

○ 어덕용회수권(御德用回數券) 발매 사후(仕候)

매일 18.08.18 (4), 18.08.20 (4), 18.08.21 (4), 18.08.22 (4) 〈광고〉

우미관 8월 16일자, 유락관 8월 17일자와 동일

매일 18.08.23 (4) 〈광고〉

유락관 8월 17일자와 동일

팔월 이십삼일브터 영사

△ 미국 단호자– 회사 작

◉ 연속탐정 제팔 **백만 불의 비밀** 전사십육권 지내(之內) 십오, 십육편 사권

십오편 차용(借用)흔 수상 비행기, 십육편 류사자(流砂子) 인기(引寄)되다

△ 미국 유사 청조(靑鳥) 영화

어(於) 동경 지나(支那) 북경 사실적 현대극

◉ 인정비극 복수 전오권

△ 미국 유사 지요가 영화

◉ 희극 **개옥의 야회(芥屋의 夜會)** 전일권

△ 미국 유사 지요가 영화

◉ 골계 **인(因)ᄒ얏다** 전일권

경성 관철동 전화 이삼이육번 **우미관**

매일 18.08.24 (4) 〈광고〉

우미관 8월 23일자와 동일

당 팔월 이십삼일브터 공개

▽ 실사 **유니바－살 주보 六ノ三號**[60]

미국 유사 넷도, 후에자－ 특작품

◎ 희극 **권투가 토－란** 전오권

미국 유사 고－루도, 시－루 영화

◎ 계곡정화(情話) **삼(森)의 여신** 전삼권

대호평의 실연

◎ 변사 희극 불소의 가(不燒의 嫁) 제삼장

미국 유사 푸루－바－도 특작 영화

◎ 몽환극 **력(力)** 전오권

경성 본정 일정목 장(長)전화 오구칠번 **유락관**

○ 어덕용회수권(御德用回數券) 발매 사후(仕候)

매일 18.08.25 (4), 18.08.27 (4), 18.08.28 (4), 18.08.29 (4) 〈광고〉

우미관 8월 23일자, 유락관 8월 24일자와 동일

매일 18.08.30 (4) 〈광고〉

팔월 삼십일 차환

△ 미국 유사

◉ **스구링 마카진** 전일권

△ 미국 유사 지요가 영화

◉ 희극 **간호사의 체(體)** 전일권

△ 미국 유사 엘고 영화

◉ 골계 **육옥의 번두(肉屋의 番頭)** 전이권

△ 미국 유사 고루도실

---

60) 일본어 'の(발음: 노)'의 가타가나 표기. 6의 3호라는 뜻이 됨.

⊙ 인정극 성선의 우(性善의 友) 전삼권

△ 미국 파테 단호자-사 특작

⊙ 연속탐정 제팔 **백만 불의 비밀** 전사십육권의 내 십칠, 십팔편 사권

제십칠편 지혜차(知慧此)베, 제십팔편 염(焰)에 포위되다

경성 관철동 전화 이삼이육번 **우미관**

당 팔월 삼십일브터 공개

● 남녀 아동의 환락(歡樂)으로

▽ 고담(古談) **소견(小犬)의 행위** 일권

미국 유사 러-풀 영화

◎ 활극 **제사 증인** 전이권

니-세로 양 출연 불바-도 영화

◎ 삼림정화(情話) **야명전(夜明前)** 전오권

미국 유사 바다-후라이 영화

천재배우 루-러- 양 주연

◎ 인정극 **훈정(訓庭)** 전오권

다다익익(多々益々) 호평

◎ 변사극 무사정(武士情) 제이장

경성 본정 일정목 장(長)전화 오구칠번 **유락관**

매일 18.08.31 (4), 18.09.02 (4), 18.09.03 (4), 18.09.05 (4) 〈광고〉

우미관 8월 30일자, 유락관 8월 30일자와 동일

매일 18.08.31 (4) 〈광고〉

사진동판 아연철판 고로다이푸 인쇄 진유(眞鍮) 마-구 일체 석판 하동(下銅) 철판

목판하(木版下) 전기판

문전(門田)

사진제판소

경성장곡(京城長谷) 전정(前町)

동아연초(東亞煙草) 횡정(横町)

매일 18.09.02 (3) 〈광고〉

이엽(二葉)상회 활동사진 특별흥업 용산 용광관(龍光館)

입장료 일등 삼십전 이등 이십전 본권지참자에 한ᄒ야 이십전, 십오전

매신(每申)독자할인권 (일매 이인 공통)

◆본 흥업 중 통용◆

매일신보사

매일 18.09.03 (3) 평양셔는 기생 삼미션(三味線) / 셩젹이 믹우 됴타고

근릭 됴션 기성들은 믹디의 연회에도 부니는 일이 잇는 바 기성들 중에셔 일어를 모르고 닉디의 노릭를 모르는 ᄭ닭으로 일것 불너온 딕도 실제에 딕ᄒ고 보면 그만 슴ᄉᄒ게 되고 마는 것이 금일의 형편이라. 이리ᄒ여셔는 넘어 자미업는 일이라 ᄒ야 기성 *싱 산다라 홀 평양 경찰셔의 쥬동으로 지나간 칠월 칠일부터 내디인 교사 일명을 두어 평양 기성 젼부에게 국어, 사미셍「三味線」기타 닉디의 가곡을 가라치게 되엿더라. 그런닉 그 기성들의 공부ᄒ는 모양은 엇더ᄒ가. 일전에 그 션성되는 사람은 말ᄒ야 가라되「우리 뎨자들은 공부에 대단 열심들이지요 지금 불과 한 달이 못되엿스나 연석에 나아가면 제법 일본 기성 노릇을 ᄒ는 터이요, 이제 일년만 지나면 모다 훌륭ᄒ게 됨니다」ᄒ고 이약이 ᄒ더라.

매일 18.09.05 (3) 광무대의 십쥬년 기념 / 긔렴일은 명륙일 / 단셩사의 대증축 / 래 십일월 중 사진영사

경셩 황금유원 안에셔 됴션 구연극으로써 다년 흥힝ᄒ야 오는 광무딕 박승필「光武臺 朴承弼」씨는 허다한 곤난과 심력을 다 드려 오날ᄭᄭ지 됴션연극의 구파라는 것을 지팅ᄒ야온 결과로 명륙일이 즉 일반히 ᄋ는 바와 갓치

▲ 십 년되는 긔렴일을 당ᄒ엿더라. 그런딕 박 씨의 십 년 동안 신산흔 곤난으로 경영ᄒ야온 것은 누구를 물논ᄒ고 모다 경탄ᄒ며 그의 젼도에 딕ᄒ야 빌기를 마지 안음은 임의 명평이 잇는 바이라. 오날ᄉ 박승필 씨가 셩력은 적고 오즉 조본이 만헛든들 지금의 십쥬년 긔렴의 장쾌흔 일을 보지 못ᄒ엿겟지마는 실상 도라보아 슯히 건딕 일단 놀나올 만흔 졍셩과 힘…… 쏘 왼갓 수단으로써 활용이 교묘ᄒ야

▲ 만현하 모든 샤람의 동졍과 원됴를 감소히 밧어가며 유지ᄒ야온 력스뎍 장흔 일이라. 그런 즉 이를 깁히 혜아릴진딕 이 영광스러온 동졍은 박 씨를 위ᄒ야 너무 과중

호다 호여도 실로 과언이 안이더라. 그러나 시디의 풍됴롤 짜라 연극의 종류가 졈초로 변호고 늘어가는 즁에 더욱 활동소진에 디호 관념이 긴호야짐을 씨다른 싸닭으로 오날々 박 씨는 그 본위 종가되는

▲ 광무디에 구파는 더욱 확장호야 발뎐을 도모호는 동시에 한편으로 임의 셰샹 사롬이 아는 바와 굿치 년젼 소드린 단성사롤 시로히 기츅을 호고 구미 문명졔국에 유명호 활동비우의 경련동디호는 기슐 예슐뎍 활동소진을 슈입호야다가 일반에 보히고져 계획호기롤 댱근 일년이 넘어왓다가 맛참니 유지면 소경셩「有志事竟成」[61]으로 모든 준비가 완셩되야

▲ 일젼부터 단성사를 위션 니외부롤 훼쳘호고 일신히 기츅 또는 증츅을 호야써 미야에 관긱 이쳔 명을 넉々히 수용호는 여디를 엇게 되고, 또는 이번의 건츅비만 호더라도 이만오쳔원의 거대호 돈으로써 증츅혼다 호며 활동샤진은 근본 목뎍호 바와 갓치

▲ 태셔에 유명호 봉졀샤진「封切寫眞」으로써 데공혼다 혼 즉 긔필코 대셩황 대만원은 뎡호 일인 듯 호거니와 이를 짜라 광무디 구파 연극도 더욱 확댱홀 방침이라 혼 즉, 오날々 박 씨의 한몸으로 겸무의 어려움은 더 말홀 수 업는 일이더라.

매일 18.09.06 (4) 〈광고〉

당 구월 육일브터 공개

▽ 실사 **스쿠린 마가진**

◎ 희극 **목과(木瓜)가 증거** 젼이권

미국 유사 쌔짜-후라이 특작품

◎ 인정활극 **복면의 인(人)**

미국 유사 후리쌔-트 특션 영화

◎ 인정극 **심의 창(心의 錆)** 젼오권

트로시-, 후릿푸 양 출연

호평을 득호는

◎ 변사희극 비행가 젼삼장

경성 본정 일정목 장(長)젼화 오구칠번 **유락관**

구월 육일브터 차환

△ 미국 유사 에루우− 영사

⊙ 대희극 **연의 병(戀의 病)** 전이권

△ 미국 유사 보류파트 영사

⊙ 인정극 **이인처(二人妻)** 전오권

△ 미국 단후센 회사 작

⊙ 연속탐정 제십 **백만 불의 비밀** 십구, 이십편 사권

제십구편 지저(地底)을 류(流)ᄒᆞᄂᆞ 하(河), 제이십편 비밀의 경고

대호평을 득ᄒᆞᄂᆞ 백만 불의 비밀은 점점(漸々) 종편(終篇)에 임박ᄒᆞ심에 관람ᄒᆞ심에
물실시기(勿失時期)ᄒᆞ시옵.

경성 관철동 전화 이삼이육번 **우미관**

매일 18.09.07 (1) 〈광고〉

■ 추래(秋來)ᄒᆞ고 사진기절래(寫眞期節來)ᄒᆞ다.

천고(天高)ᄒᆞ고 마비ᄒᆞᄂᆞ 호기절(好期節)에 인(人)은 개(皆) 원기왕성 심신에 미관의
표현(表顯)ᄒᆞᆯ 시에 사진촬영은 더욱 호시기이라. 차제에 가격을 저렴ᄒᆞ고 기술 우미
(優美)ᄒᆞᆫ 폐관(弊舘)으로 내임(來臨)ᄒᆞ심을 희망ᄒᆞᆷ니다.

경성 대광교(大廣橋) 남용변(南用邊)

전화 이구구구번 종로사진관

매일 18.09.07 (3) 광무대 십년긔념

경성 황금유원 안에서 됴선 구파연극으로 흥힝ᄒᆞᄂᆞ 광무디ᄂᆞᆫ 올 봄브터 확댱을 ᄒᆞ고
밤마다 신구파를 아울너 흥힝을 ᄒᆞ야 미우 주미를 보는 중에 특히 닛디에서 다년 습
득ᄒᆞᆫ 됴선인 긔슐ᄉᆞ 일힝이 와셔 밤마다 갈치를 밧는다ᄂᆞᆫ디, 작 륙일이 즉 광무디의
십년 긔렴일에 샹당ᄒᆞᆷ으로 년례를 짜라 즈츅의 의미로 당일표 산 사ᄅᆞᆷ은 그 잇흔늘
다시 그 표로써 무료관람케 혼다 ᄒᆞ며 리 팔일밤에 셩대ᄒᆞᆫ 즈츅연을 연다더라.

매일 18.09.07 (4), 18.09.08 (4), 18.09.10 (4), 18.09.11 (4), 18.09.12 (4) 〈광고〉

우미관 9월 6일자, 유락관 9월 6일자와 동일

매일 18.09.13 (4) 〈광고〉

구월 십삼일브터 차환

▲ 실사 스쿠린 마가진

○ 미국 유사 쌧짜후라이 특작품

◎ 인정활극 **복면의 인(人)** 전오권

△ 금 일요일부터 여흥 서양기술(奇術)

미국 단후젠 회사 작

◎ 연속탐정 제이십일 **백만 불의 비밀** 최종편 전육권

경성 관철동 전화 이삼이육번 **우미관**

당 구월 십삼일브터 대제공

▽ 실사 **와신톤 동물원**

미국 우사 고루토시루 영화

◎ 활극 **바리의 예(譽)** 전삼권

미국 우사올리−쌔트 특작 영화

◎ 인정극 **여의 여(旅의 女)** 전오권

미국 우이올아−사루 회사 특작

◎ 인정활극 **진심** 전삼권

미국 우니올아−사루 회사 특작품

◎ 군사여담(餘談) **가업은 아(家업은 兒)** 전이권

번외 여흥

◎ 변사 이륜가(二輪加) 친과 친(親과 親) 전이장

경성 본정 일정목 장(長)전화 오구칠번 **유락관**

매일 18.09.14 (4), 18.09.15 (4), 18.09.17 (4), 18.09.18 (4), 18.09.19 (3) 〈광고〉

우미관 9월 13일자, 유락관 9월 13일자와 동일

매일 18.09.18 (3) 부산셔노 예기(藝妓)가 동맹휴업 / 예기의 동밍휴업은 좀 진긔훈 일이다

부산경찰셔에노 관닉 일본인 예기 사십여 명에 대ᄒ야 건강신단을 힝ᄒ게로 되어

셔 쥬쟉「朱雀」경찰 의사의 집에 모와다 노코 챵기와 일반으로 병급 검사를 ᄒ랴고
홀 까닭으로 별안간 기싱들이 소동ᄒ기 시작ᄒ여셔 결국 나이 만은 예기와 나이 어
린 예기ᄂ 그만 두기로 ᄒ엿스나 년긔방쟝ᄒ 예기들은 불가불ᄒ게만 되엿ᄂ디, 그즁
의 예기들이 극력 반대를 ᄒ다가 쥬임경부에게 구류 칠일의 즉결쳐분을 밧은지라.
소동은 더욱 심ᄒ게 되어 이 뒤로부터ᄂ 일절 연회셕에 나가지 안ᄂ다고 동밍파업을
ᄒ엿다니 예기의 동밍파업은 동밍파업이 아모리 류힝ᄒᄂ 시절이라도 좀 희귀ᄒ 일
이다. 『부산』

매일 18.09.19 (1) 〈광고〉

태서활극 **철권(鐵拳)** 조기 - 전삼권

대골계대소극 **폭탄 피아노** 전삼권

탐정활극 **활살(活殺)** 전삼권

금회 한ᄒ야 일본 신파 영사치 안이홈

구월 십구일브터 **황금관**

음력 팔월 십오일, 십육일 특히 대면강(大勉强)

매일 18.09.20 (4) 〈광고〉

구월 이십일브터

미국 유니바-사루 회사 작 활극 **제사(第四)의 증인** 전이권

미국 기스등 회사 작 태서대활희극 **폭탄의 비아노**[62] 전삼권

미국 유니바사루 회사 태서대활비극 **진심** 전삼권

미국 유니바-사루 회사 특제품

◎ 군여담(軍餘談) 대비극 **숙무야(宿無兒)** 이권

영국 부두바-도 회사 작 탐정활극 **강력자(强力者)** 전삼권

경성 관철동 전화 이삼이육번 **우미관**

유락관 9월 13일자와 동일

---

62) 피아노의 오식.

매일 18.09.21 (4) 〈광고〉

우미관 9월 20일자와 동일

당 구월 이십일브터 공개

미국 유니쌔ー사루 회사

▽ 실사 **쓰구린 아가시**[63] 육십오

미국 유사 소가 후이루무

◎ 희극 **수의 아(誰의 兒)** 장척

미국 유사 바이린 영화

◎ 활극 **금광** 전이권

미국 유사 바이린 영화

◎ 인정극 **우와 루(雨와 淚)** 전삼권

◎ 희극 **대고(袋叩)** 전일권

미국 유사 례두후에ー사ー 사 영사

◎ 활극 **공포** 전오권

◎ 변사희극 등대수(燈臺守) 이장(二場)

경성 본정 일정목 장(長)전화 오구칠번 **유락관**

매일 18.09.22 (3) 〈광고〉

당 구월 이십일브터 공개

미국 유니쌔ー사루 회사

▽ 실사 **쓰구린 아가시 육십오**

미국 유사 소가 후이루무

미국 유사 바이린 영화

◎ 인정극 **우와 루(雨와 淚)** 전삼권

미국 유사 렛두후에ー사ー 영사

미국 유니바ー사루 회사 특작품

---

63) 마가진이 오시인 듯 하다.

명우 바리-가-다 씨 에다, 포로 씨 출연

전 십육편 삼십이 권 제일편, 제이편 사권 상장

◎ 탐정 대활극 色[64]의 유령

뉴육(紐育)에 재(在)ᄒ야 전율홀 구러-고쓰도단이 은행가 쓰테스도만에 대ᄒ 악극(惡棘)된 폭거…경(警)홀 이백만 불의 수식(首飾)을 탈취ᄒ 구러-고-스도단은 대담부적(不敵)된 행동… 조(早)히 차(此)에 거동을 탐지 명탐정 마루고 쾌한 로로에 분장(扮裝)의 활약 등 전화의 성(聲) 이상의 탐정 대활극

경성 본정 일정목 장(長)전화 오구칠번 **유락관**

매일 18.09.22 (4) 〈광고〉

우미관 9월 20일자와 동일

매일 18.09.22 (4) [독쟈긔별]

▲ 활동샤진 변수는 부랑쟈 노릇ᄒ는 것이 본식인가오. 경성 안 엇던 활동샤진관에 잇는 변수는 방탕이 너무 심ᄒ 모양이니 이후부터 죠곰 쥬의ᄒ야 쥬엇스면 제 신샹에도 조흘 듯ᄒ외다.『일우인(一友人)』

매일 18.09.24 (3) 영업장(營業狀) 업는 기생 / 잡히어 쳐벌되엿다

근러 경성 각 기싱죠합의 기싱들은 셰금의 관계로 그러홈인지 영업장 업는 기싱이 주못 만흐며, 또ᄒ 각 료리뎜에서 손이 부르는 찌는 영업장도 업시 한만히 불녀가셔 기싱 영업을 ᄒ는 쟈가 만흠으로 경성 본뎡 경찰셔에셔는 이런 폐히를 업시 ᄒ기 위ᄒ야 일젼 관니 각 료리뎜에 림검ᄒ야 손을 다리고 노는 기싱들을 일제히 됴사ᄒ 결과 그 중 두 명이 영업쟝 업시 기싱 노릇을 혼 일이 발각되야 쳐벌ᄭ지 ᄒ얏다는디 기싱들이 료리뎜에 갈 찌에는 반드시 영업장을 가지고 가는 것이 죠켓더라.

매일 18.09.24 (4) 〈광고〉

유락관 9월 22일자와 동일

---

64) 다른 곳에는 모두 '灰色에 幽靈'으로 표기됨. 회색의 유령의 '회'가 빠진 듯하다.

구월 이십삼일브터 가입

추기(秋期) 특별대흥행 연속대사진

미국 유이－바사루 회사 특작품

촬영비 삼천오만 불, 촬영일수 삼년 팔개월

쾌한 로로－이상의 대사진

◎ 대탐정 대모험 대활극 **회색에 유령** 제일편 제이편 전사권 상장

전십육편 삼십이권

미국 유니바－사루 회사 작

◎ 활극 **제사(第四)의 증인** 전이권

미국 기스등 회사 작

◎ 태서대활희극 **폭탄의 비아노** 전삼권

미국 유니바사루 회사

◎ 태서대활비극 **진심** 전삼권

미국 유니바－사루 회사 특제품

◎ 군여담(軍餘談) 대비극 **숙무아(宿無兒)** 이권

영국 부루바－도 회사 작

◎ 탐정활극 **강력자(强力者)** 전삼권

경성 관철동 전화 이삼이육번 **우미관**

매일 18.09.26 (4), 18.09.27 (4) 〈광고〉

유락관 9월 22일자, 우미관 9월 25일자와 동일

매일 18.09.27 (4) 함흥 / 선인(鮮人) 신파 내함(來咸)

신파계에 유명훈 연예회 일행 십육 명은 구월 이십일일 내함(來咸)인 바, 동월 이십
사오일 경브터 신축 만세관에서 흥행훈다더라.

매일 18.09.28 (4) 대구 / 교풍회(矯風會) 환등

시내 서성정(西城町) 달성(達成) 기독교회에셔는 작(昨) 이십사일 오후 칠시 반브터
대구 교풍회원을 중심점으로 ᄒ고 동소(同所)에셔 교풍, 위생, 권업에 관훈 환등회를
개(開)ᄒ얏는디 일반 유지 제씨가 다수 회집 관람ᄒ얏더라.

매일 18.09.28 (4) 〈광고〉

유락관 9월 22일자와 동일

구월 이십칠일브터

추기(秋期) 특별대흥행 연속대사진

◎ 실사 **시계제조 실황** 이권

미국 유이바-사루 회사 특작품

◎ 희극 **서정(婿定)**

동(同)회사

◎ 대탐정 대모험 대활극 **회색에 유령** 삼십이권 내 제삼·제사 사권

동(同)회사

◎ 활극 **보석도(寶石島)** 전오권

경성 관철동 전화 이삼이육번 **우미관**

매일 18.09.29 (4) 〈광고〉

우미관 9월 28일자와 동일

당 구월 이십팔일브터 공개

미국 유니쌔-사루 회사

▽ 실사 **스구린 마가진 제칠십육호**

미국 유사 고-루도시-루 영화

◎ 활극 **쾌거** 전삼권

미국 유니바우사루 회사

부리우-도 특작품 공개

두이스레오나-도 여사 원작

◎ 정서극(情緖劇) **춘의 몽(春의 夢)** 전육권(원명 노영희 [盧榮姬])

미국 유니바-사루 회사

특작 연속대영화

◎ 탐정대활극 **회색의 유령**

전십육편 삼십이권 제삼편 제사편 사권 상장

경성 본정 일정목 장(長)전화 오구칠번 **유락관**

매일 18.10.01 (4), 18.10.02 (4), 18.10.03 (4) 〈광고〉

우미관 9월 28일자, 유락관 9월 29일자와 동일

매일 18.10.02 (4) 경북공진회 부협찬회(附協贊會) 회보 / 협찬회의 시설(일)

연무장(演舞場) 회장 여흥(餘興)연무장은 공진회장의 최후 부(部) 친람자(親覽者) 출구에 근(近)흔 처(處)에 설치ㅎ야 구조간구(構造間口) 삼십척으로서 차(此)에 응홀 일조(一條) 화도(花道)를 설(設)ㅎ얏ᄂ딕, 기(其) 정면(庭面)이 광활ㅎ야 수천명의 관객을 용납(容納)홀지라. 무대에는 내선기(內鮮妓)를 집(集)ㅎ야 일일(日々) 수십번식 연무를 ㅎ야 관객의 목(目)을 환(歡)케 ㅎ겟고.

音樂堂 기(旣)하 연무장의 관객 안목을 환(歡)케 흔 여(餘)에 음악으로 기이(其耳)를 청(淸)케홀 예정인ᄂᆡ, 음악당은 연무장의 전정(前庭)을 비(備)ㅎ야 즉매관(卽賣館) 부근에 설치ㅎ난딕 구조ᄂ 셰셋손식 사각주(四脚柱)의 미려흔 소건물로셔 일일(日々) 유량(劉喨)된 양악 합주ᄂ 물론 시시(時々) 비파, 금쟁(琴箏), 척팔(尺八) 등 고상 우미흔 일본 음악도 홀 계획이요.

▲ 미인 탐검(探檢) 가공홀 만흔 장(場) 여흥 중 수일(隨一)의 호물(呼物)되ᄂ 즉 근세 진보흔 과학의 역(力)을 이용흠으로셔 기유(奇惟)흔 차(此) 관람물은 다 미인을 중심으로ㅎ야 조화(造花) 등 기묘흔 것은 일필난진(一筆難盡)ㅎ겟더라.

매일 18.10.04 (4) 〈광고〉

우미관 9월 28일자와 동일

당 십월 사일브터 특별대흥행
세계적 권세가 유(有)흔 문예 사진 공개
미국 유니우이사루 회사 청조(靑鳥) 신(新)영사
◎ 인정극 **고향의 모(母)** 전오권
미국 유니우아사루 회사 특작 대응편
세계적 무도가 노국(露國) 제실(帝室) 기예원
안나 바흐로와 부인 출연

◎ 대활극 **아랑**(啞娘) 전팔권

미국 유니우아사루 회사 특별 연속대영화

◎ 제삼회 **회색의 유령** 전삼십이권의 내 제오 · 육편 사권 상장

본 흥행에 한ᄒ야 요금은

일등 육십전 이등 사십전 삼등 이십전 학생 삼등 십오전

사진이 장척임으로 육시 이십분브터 영사홈

경성 본정 일정목 장(長)전화 오구칠번 **유락관**

매일 18.10.05 (4) 〈광고〉

유락관 10월 4일자와 동일

당 십월 사일브터 전부 차환

△ 실사 **스구링마짜진 제육오호**[65]

미국 유니바－사루 회사 제(製)

◎ 대활극 **쾌거** 전삼권

미국 유니바사루 회사 특작품

쾌한 로々－이상 대사진

동(同)회사

◎ 대모험 대탐정 대활극 **회색에 유령**

미국 유니바－사루 회사 부루－바－도

◎ 인정활극 **고향에 공**(空) 전오권

경성 관철동 전화 이삼이육번 **우미관**

매일 18.10.06 (4), 18.10.08 (4), 18.10.09 (4), 18.10.10 (4) 〈광고〉

유락관 10월 4일자, 우미관 10월 5일자와 동일

매일 18.10.09 (3) 기생을 남복(男服) **식여서 / 자동차에다 싯고 단이는 쟈가 잇다**

근릭 경성에 ᄌ동챠가 싱긴 이후로 돈 잘 쓰는 부랑쟈들이 한번 호긔 바람에 경성 시

---

65) 제육오호로만 표기되어 있으므로 65호인지 제6의 5호인지 불확실함.

니를 돌기 위호야 기성과 기타 밀미음녀들을 틔워가지고 방탕란잡훈 힝동으로 돈을
물갓치 써서 자못 풍긔상 취톄홀 필요가 잇슴을 씨닷고 당국에셔도 그런 폐습을 막
어 온 씨문에 져윽이 그갓흔 힝동을 볼 수 업더니, 요소히 소문을 돌은 즉 소위 부랑
쟈들이 기성이나 밀미음녀들을 남복을 입혀가지고 즈동챠로 큰 길을 달녀단이여 경
관의 이목을 가리운다는 말이 잇슴으로 방금 취톄 중이라더라.

매일 18.10.11 (4) 〈광고〉
우미관 10월 5일자와 동일

당 십월 십일일브터 특선 삼대영화
미국 유사(社) 에루고- 영화
◎ 대골계 **해수욕의 미인** 전이권
미국 유사(社) 청조(靑鳥) 신영화
◎ 회사활극 **불사의의 가(不思議의 家)** 전오권
미국 유사 바쓰다후라이 특작영화
◎ 고도기담(孤島奇談) 대활극 **보석도(寶石島)** 전오권
미국 유 회사 특별 연속대사진
◎ 대탐정 대활극 제사회 **회색의 유령** 전십육편
경성 본정 일정목 장(長)전화 오구칠번 **유락관**

매일 18.10.12 (1) [셰게신화(新話)] / 여우(女優)의 진보수(珍報酬)
노국 막사과(莫斯科)[66] 『구란도, 오베라』에셔는 유명한 가기(歌妓) 「차아리아핀」이
무대에 현(現)홀 시(時) 마구, 기(其) 보수로는 금전의 대(代)에 맥분(麥粉) 십이척식을
주기로 약속ㅎ얏다고 막사과의 식료 결핍 정도도 그만ㅎ면 알겟도다.

매일 18.10.12 (4) 〈광고〉
유락관 10월 11일자와 동일

---

66) 러시아의 모스크바.

당 십월 십일일브터 추기(秋期) 특별대흥행 이대사진

미국 유니바─사루 회사 제(製)

◎ 고대사극 **기리샤 국(國)**[67] **민요** 전팔권

미국 유니바사루 회사

◎ 대모험 대탐정 대활극 **회색에 유령** 전사권 제사회

경성 관철동 전화 이삼이육번 **우미관**

매일 18.10.13 (4), 18.10.15 (4), 18.10.16 (1) 〈광고〉

유락관 10월 11일자, 우미관 10월 12일자와 동일

매일 18.10.17 (4) 경북공진회 부협찬회(附協贊會) 회보(彙報) / 공진회의 설비(삼)

(이상의 기사 생략)

▲ 연무장 대구 내 선인(鮮人) 예기(藝妓) 병(幷) 기타 흥행을 회장 내에 설치ㅎ야 공진회의 성황을 조성케 ㅎ고 관람자의 이목을 환락케 ㅎ기 위ㅎ야 연무장을 「세세손」식으로 무대를 용출(聳出)ㅎ게 건축ㅎ얏더라.

매일 18.10.17 (4) 〈광고〉

당 십월 십팔일브터 특선 삼대 영화 제공

▽ 실사 **유니쌔─사루 주보 구십이호**

◎ 희극 **난폭ㅎ 녀** 전일권

미국 유사(社) 골─쪼실 영화

◎ 탐정활극 **불사의의 철륜(不思議의 鐵輪)** 전삼권

미국 유사 청조(靑鳥) 신작품

리쨔트, 하─데인쑤데쎄스 씨 작

◎ 정활극 **흑우** 전오권

미국 유사 특별 연속대사진

◎ 대탐정 대활극 제오회 **회색의 유령** 제칠 · 팔편, 사권 상장

경성 본정 일정목 장(長)전화 오구칠번 **유락관**

---

67) 그리스.

십월 십칠일 주야 이회 임시대흥행

공전 절후의 대사진

중추(中秋)의 무대에 휘(輝)ᄒᆞᄂᆞ 천고불청지(千古不聽之) 대전사(大戰史)

미국 라스키 회사 불후의 대작

백년전쟁의 여군신(女軍神) **애국부인 잔짜크** 전십이권

입장료 일등 육십전, 이등 사십전 삼등 이십오전(일 · 이등 군인 학생 반액, 삼등 십오전)

십칠일 주야 이회, 십팔일브터 일회

경성 관철동 전화 이삼이육번 **우미관**

매일 18.10.19 (4) 〈광고〉

유락관 10월 17일자와 동일

십월 십구일브터 영사

▲ 미국 유뉴−아살 회사 특작

◎ 대탐정 대모험 대활극 제오 **회색의 유령** 전삼십이권 내 제구 · 십편 사권

▲ 미국 유사(社) 부두−바−도

◎ 인정극 **아의 모(我의 母)** 전오권

▲ 미국 유사 고−루도−루

◎ 활극 **인협(仁俠)** 전삼권

경성 관철동 전화 이삼이육번 **우미관**

매일 18.10.20 (4) 〈광고〉

십월 이십일브터 사일간쑌 특별 공개

◎ 미국 유뉴아−살 회사 부루−바−도 특작 영사

나위[68] 문 * 헬릿쿠 이부센[69] 원작이, 엠 인룰톤 대인(大人) 각색, 죠셰후 도구라쓰 씨 촬영

---

68) 挪威: 노르웨이의 중국식 한자.
69) 헨리크 입센.

◆ 사회극 「**인형의 가(家)**」(일명 『노라』) 전일만척

◇ 노라……도모시 −, 흐이릿쑛스 양

◇ 도루우루도, 헤루마……우이리암 스도 − 우얼 씨

◇ 닐스 구롯쿠스닷도……론 쟈니 − 씨

◇ 린넨 부인……미리안 시에루비 − 양

◇ 의(醫) 란쿠……시도니 − 데인 씨

◇ 안나……헤렌, 라이도 孃

◎ 이국(伊國) 사보이아 회식(會式)[70] 대작

◆ 인정활극 **환의 선(幻의 船)** 전사권

◎ 관람료 일등 육십전 이등 사십전 삼등 이십전, 학생 각등 반액

◎ 일본 신파구극은 영사치 안이훔

전(電) 이이육육, 이육이칠 **황금관**

우미관 10월 19일자, 유락관 10월 17일자와 동일

매일 18.10.22 (4), 18.10.23 (4), 18.10.24 (4) 〈광고〉

우미관 10월 19일자, 유락관 10월 17일자와 동일

매일 18.10.25 (3) 〈광고〉

당 이십오일브터 특선 영화 공개

미국정부 위탁 사진

미국 그[71]사(社) 주보 특별호

◎ 실사 **미군 불국상륙** 전일권

미국 유사 스다 − 영화

◎ 인정활극 **암의 수(暗의 手)** 전이권

미국 유뉴아살 회사 고 − 루도시 − 루 특작품

---

70) 會社의 오식인 듯하다.

71) 일본어 가타가나로 '유' 발음 표기자.

◎ 군사대활극 **소년 애국가** 전삼권

미국 유사 특작품

◎ 계곡물어(物語) **신의 감과(神의 坩堝)** 전오권

미국 유사 특별 연속대영화

◎ 대탐정대활극 제육회 **회색의 유령** 전십육편 제십일, 십이편

대호평의 번외 여흥

◎ 변사 희극 전이권

경성 본정 일정목 장(長)전화 오구칠번 **유락관**

십월 이십오일브터 영사

▲ 미국 유사(社) 특작품

◎ 연속탐정 제육 **회색의 유령** 전삼십이권 내 제일 · 이편 사권

육본편(六本篇)브터 익익(益々) 미궁에 입(入)ᄒ야 직(直)히 유령과 여(如)혼 쿠레쏘ー
스르의 악계(惡計) 여하(如何)

▲ 미국 유사

◎ 활극 **야중의 괴사(夜中의 怪事)** 전오권

▲ 미국 유사

◎ 탐활(探活) **에츄아이타 단(團)** 전삼권

경성 관철동 전화 이삼이육번 **우미관**

매일 18.10.26 (3) 기생의 연주도 / 출정군 위문비 / 일빅여원을 긔부

의주예기죠합「義州 藝妓組合」에셔는 본월 십칠일부터 동 십구일의 삼일간 연주회
를 기최ᄒ고 그 수입금 중 비용을 젓치고 남져지[72] 돈 일빅구원 오십삼전을 평안북도
이국부인회에 위탁ᄒ야 출정군인에게 위문비로 긔증ᄒ엿다더라.

매일 18.10.26 (4), 18.10.27 (4), 18.10.29 (4), 18.10.30 (4) 〈광고〉

우미관 10월 25일자, 유락관 10월 25일자와 동일

---

72) 나머지.

매일 18.10.29 (4) 함흥 / 활동 상설개관

금춘(今春) 이래 신축 중이던 만세관은 유유(愈々) 기(其) 내부의 설치 등이 완성되야 십월 이십오일 야(夜)브터 개관흔 바 비상흔 호평을 박(博)흐더라.

매일 18.10.31 (4) 〈광고〉

십월 삼십일일브터 영사

▲ 미국 메도르 회사 대걸작

◎ 연속 모험활극 **대비밀** 전십팔편 내(內) 일·이편 *卷[73]

결사의 대장한(大壯漢), 일대의 쾌남아, 화(花)를 기(欺)흐는 일(一) 미인과 공(共)히 질풍 신뢰(迅雷) 귀신을 좌(挫)흐다.

대모험 대활극

▲ 미국 유사 특작품

◎ 연속탐정 제칠 **회색의 유령** 전삼십이권 내 제삼, 제사편 사권

▲ 미국 유뉴아-살 회사 작

◎ 탐정극 **노나의 동작(働作)** 전삼권

경성 관철동 전화 이삼이육번 **우미관**

십일월 일일브터 전부 차환

△ 실사 **유니와사루 주보 육십육호**

△ 희극 **괴물옥수(屋數)**

△ 대골계 **오복옥(吳服屋)**[74]의 유사(濡事)

■ 인정극 **삼인 고아** 전오권

■ 제칠회 **회색의 유령** 십삼, 십사편 상장

△ 여흥 변사극 『낭문장(廊文章)』 이장

경성 본정 일정목 장(長)전화 오구칠번 **유락관**

---

73) 흐리게 인쇄되어 나오지 않았으나 4권으로 추측됨.
74) 일본어로 백화점이라는 의미.

매일 18.11.02 (3) 개막된 경북공진회 / 텬댱졀 축일의 됴흔 날에 / 외연ᄒ게 소사 오른 뵉야관의 졍문, 질셔가 졍연ᄒ게 진렬된 각죵의 물산

(상략)

◇ 대구협찬회에셔 셜비한 령남관은 밀양뎡 남루를 모뎨한 이충누인뎌 주리화각이 찬란히 반공에 소사 고뎌 건츅의 장관을 보히며, 그 엽흐로 연예장을 마주 바라보눈 곳에눈 본사에셔 셜비한 관긱 휴게소와 엑쓰광션 실험실, 주악당, 각죵 미뎜, 신문 죵람소, 활동사진, 대구 우편국 츌장소 등을 구늬에 비치ᄒ얏고 됴션인측 회사의 경영인 특별관으로눈 오직 경셩 직뉴회샤

◇ 한 곳이 잇셔 실지로 신식 동력 직죵긔계를 부려 문명 리긔의 편리한 것을 스스로 씨닷게 ᄒ며 회댱 엽흐로 여흥냥은 곡마사쟈 노리 등을 위시ᄒ야 칠팔쳐의 여흥관이 잇셔 관긱을 잇끄을더라.

매일 18.11.02 (4) 〈광고〉

유락관 10월 31일자와 동일

매일 18.11.03 (3) 평양 기생 일동이 동맹ᄒ고 / 료리집에를 안이 간다

지나간 이십오일부터 평양의 기성 일동이 의론ᄒ고 됴션 료리집에셔 언졔던지 불으려 오더러도 가지 안키로 결심을 흔 씨문에 밤마다 손이 료리뎜에 가셔 놀 씨에 의례히 기성을 불너셔 노눈 것은 경향이 쏙갓흔 터인뎌, 이번 기성들의 결심으로 인ᄒ야 손들도 미우 심々ᄒ게 역이눈 즁이고

◆ 료리뎜에셔도 엇더케 홀 쥴을 몰나 의론이 부산흔 모양이다. 그런뎌 이 일이 졈々 커져셔 경찰에싸지 드러가셔 즁지케 되얏다눈뎌 그 씨닭을 들은 즉 죵리 료리집에셔눈 기성의 시간 노름 즁에셔 얼마식은 쎄여 노코 기성을 주던 터인뎌, 이 외에 기성이 손에게 힝하라고 밧눈 돈에셔 쏘 얼마 식을 밧을 욕심이 나셔 기성과 의론을 ᄒ엿눈뎌 맛참늬 기성들은 분이 나셔 그 씨닭으로 료리뎜에눈 일졀

△ 가지 말조고 동밍을 흔 고로, 료리뎜에셔도 뜻밧게 이 일을 당ᄒ고션 후척을 의론 흔 결과 경찰셔에싸지 호소되야 지금 기성편과 료리뎜 스이에 분*이 조々ᄒ다눈뎌 이 죵말이 엇더케 되눈 것은 장ᄎ되야가눈뎌로 알려니와 엇더튼지 주미잇눈 승부 문뎨이더라.

매일 18.11.05 (4) 연기(燕岐) / 농사 강화 급(及) 환등

연기군청에셔는 거월중(去月中)에 농사, 미곡, 승입(繩叺) 등 개량 급(及) 출정군인에 관훈 건으로 축면(逐面) 개연ㅎ얏고 우(又) 상기(上記)에 대훈 환등을 역시 축면(逐面) 설행ㅎ얏는딕 청시중(聽視衆)의 대갈채를 득(得)ㅎ얏더라.

매일 18.11.08 (3) 〈광고〉

십일월 칠일브터 사진 차환

▲ 미국 메도로 회사 연속대사진 모험활극

◎ 제이회 **대비밀 삼·사편** 사권

▲ 미국 유니와사루 회사 특작

◎ 모험채활(採活) 최종편 **회색의 유령** 사권

▲ 미국 유사

◎ 인정활극 **홍록(紅鹿)** 전삼권

▲ 미국 유사 특작

◎ 활극 **암의 수(暗의 手)** 전이권

경성 관철동 전화 이삼이육번 **우미관**

매일 18.11.08 (4) 경북공진회 부협찬회(附協贊會) 회보

(상략)

▲ **연무장(演舞場) 식장**연무장은 양방(兩方)을 겸ㅎ야 극히 경제적이라 건물을 셰셋 송식 백악도(白堊塗)로 대구 내 선인(鮮人) 미기(美妓)의 비술을 진(盡)ㅎ야 주야 연무를 흥행ㅎ야 관람자를 희열케 하더라.

▲ **활동사진 급(及) 기타 여흥** 장내 여흥에는 만철(滿鐵)회사에 경영에 계(係)훈 활동사진 박다(博多)[75] 명물 삼미선(三味線)[76]과 연화*(煙火*)을 주야 적당히 구별ㅎ야 인기 여용(如湧)ㅎ다.

▲ **협찬회장(協贊會場)** 외(外) 여흥장 문외(門外)에 출(出)ㅎ면 장외 일반 여흥장이니 곡마(曲馬) 경업(輕業) 기타 흥업 매점이 충만ㅎ야 인기의 왕성홈이 형언키 난(難)ㅎ

---

75) 하카타.
76) 일본 악기 사미센.

도다.

매일 18.11.09 (3), 18.11.10 (2), 18.11.11 (4), 18.11.12 (3), 18.11.13 (3) 〈광고〉
우미관 11월 8일자와 동일

매일 18.11.14 (1) 〈광고〉
십일월 십사일 전부 차환
미국 메도로 회사 연속 사진
모험대활극 제삼회 **대비밀** 오·육편 사권
스도롱의 생명을 탈(奪)코쟈 십칠호의 악한의게 십칠호의 명령을 하(下)ᄒ얏스니 십
칠호의 명령은 하(何)뇨
미국 유사(社) 홀―바―도 영화
현대극 **고아의 생애** 전오권
미국 유사 엘고― 영화
희극 **의뢰(依賴)ᄒ다 삼조(三助)** 전이권
경성 관철동 전화 이삼이육번 **우미관**

매일 18.11.14 (3) 예창기(藝娼妓) 중에ᄂᆞᆫ 폐병이 업ᄂᆞᆫ가 / 이면에 진단을 ᄒ기로 결뎡되엿다
무시로 졉긱을 데일 만히 ᄒᆞᄂᆞᆫ 예기 챵기 중에 젼염셩의 병을 가지고 잇ᄂᆞᆫ 일은 미우
위험ᄒ 일인 고로, 이를 예방키 위ᄒ야 지금ᄭ지도 그쟈들의 건강진단을 힝ᄒ야 발
견ᄒᆞᄂᆞᆫᄃᆡ로 작구 규명의 치료를 실힝ᄒᆞᄂᆞᆫ 바인ᄃᆡ
▲ 폐병 환쟈의 쵸긔에 일으ᄅᆞᄂᆞᆫ 의소편에셔도 좀 즈셰히 알어닉일 수 업시 그디로
지닉여 오ᄂᆞᆫ 중에 그 병은 졈々 덧치여셔 맛참닉 큰 일에 일으러 쥭기도 ᄒ고 젼염도
식히ᄂᆞᆫ 일이 예기 챵기 중에ᄂᆞᆫ 업ᄂᆞᆫ지도 몰나셔, 경긔도 경무부에셔ᄂᆞᆫ 관닉 일션인
예챵기 일쳔슈빅명에 디ᄒ야 이로부터 엄중히 건강 진단을 실힝홀 계획을 ᄒ고 십이
일 관닉 각
▲ 셔댱회의에셔 결뎡되얏다ᄂᆞᆫᄃᆡ, 그 실힝 방법에 디ᄒ야ᄂᆞᆫ 무론 회의가 맛친 뒤가
안이면 알 수 업거니와 근등경시『近藤警視』의 말을 드르면 가쟝 무셔운 폐병환쟈가
졉긱ᄒᆞᄂᆞᆫ 예챵기 중에 만약 잇스면 아죠 큰일이다. 죵리의 건강진단은 이 폐병 유무

를 검사홈에 링담홀 줄로 싱각홈으로 이로부터 엄중히 검진ᄒ기ᄭ지에 일으럿다. 이에 ᄃᆞᄒᆞ야 검진ᄒ는 의소도 본부로부터 션틱홀 싱각인디 그러서 환쟈가 잇는 경우는

▲ 즉시 휴업을 명홀 것은 물론이라. 이 폐병은 거위 좃치 못*는 병쯤 되얏슴으로 포쥬와 본인이 합의혼 후 폐업ᄒ던지 혹은 관청에서 폐업을 식히던지 엇더케 ᄒ더라도 폐업을 혼 후 치료를 ᄒ는 것이 득칙이라 ᄒ겟도다. 본병은 ᄂᆞ디인 보다도 공긔의 건죠으로부터 찰하리 됴선인의 편이 만흔 줄로 싱각ᄒ는 바이라. 검진 실힝이 되는 경우는 ᄌᆞ진ᄒᆞ야 검진을 맛는 것이 본인을 위ᄒᆞ야 ᄯᅩ는 사회를 위ᄒᆞ는 일이라.

매일 18.11.15 (3), 18.11.16 (4), 18.11.17 (4), 18.11.18 (4), 18.11.19 (4), 18.11.20 (4) 〈광고〉
우미관 11월 14일자와 동일

매일 18.11.18 (4) 평양 / 동아연초와 활동사진
평양 동아연초회사는 신제품 월세계, 화왕(花王), 시라기, * 대전(代田) 발매의 피로(披露)로 가무기좌 활동사진과 특약ᄒᆞ야 십육, 십칠일 양일간 일인(一人) 입장료 십전으로 일반에게 관람케 ᄒᆞ고 입장자에게는 각 연초 신제품 일포식을 진정(進呈)ᄒᆞ얏스며 여흥으로 평양 권번의 미인 십수명의 수용(手踊) 급(及) 추첨(抽籤) 등이 유(有)ᄒᆞ야 파(頗)히 성황을 정(呈)ᄒᆞ얏더라.

매일 18.11.19 (3) 예기의 건강진단 개시 / 이번은 위통만 본다
무시로 접긱을 ᄒᆞ는 예기창기에 ᄃᆞᄒᆞ야 폐병 부죡증의 유무를 검소ᄒᆞ야써 만일 발견되는 ᄯᅢ는 휴업이라도 식히고 치료케 ᄒᆞ기로 되엿다는 일은 임의 보도혼 바이어니와, 경성 본뎡 경찰셔에서는 십팔일부터 관ᄂᆡ에 잇는 ᄂᆞ디 기성들을 먼져

▲ 건강진단을 ᄒᆞ기 위ᄒᆞ야 오젼 중부터 가가견「加加見」촉의탁가 동셔 뒤 격검실에셔 검소를 기시ᄒᆞ엿는디, 이 기성을 검소혼 뒤는 됴션 기성 젼부를 모와 몃칠에 난호아 가지고 검소를 홀 터이오, 기타 려관업 ᄒᆞ는 사룸과 료리옥, 리발업쟈ᄭ지 ᄎᆞᄎᆞ로 불너 시힝홀 예뎡인 바, 그 관ᄂᆡ에 검소밧을 수효만 치드라도 실로 삼쳔 명에 달ᄒᆞ다는디 기성 중에도 폐병이 발견되는 ᄯᅢ에는 곳치기 어려운 병일 뿐외라 곳치도라도 용이히 낫지 안음으로 부득이

▲ 폐업케 ᄒᆞ고 치료케 ᄒᆞ리라는디 이에 ᄃᆞᄒᆞ야 일반 기성들은 오히ᄒᆞ고 이번의 검소

눈 종리 창기들의 검수법과 갓흔줄로 알고 공연히 심려를 ᄒ눈 중이라눈 말이 잇스나 챵기의 건강진단과눈 아죠 달은 터인즉 공연히 심려홀 필요눈 업슬 일이라고 경찰 당국쟈눈 말ᄒ더라.

매일 18.11.20 (3) 종로서에셔도 기생의 진단 / 먼져 한남권반부터

경성본명 경찰서에셔눈 십팔일부터 관너 기성들을 불너 모흐고 폐병 유무에 디흔 건 강진단을 시힝흔다딘, 일은 작보에 게지ᄒ엿거니와 종로경찰셔에셔눈 금 이십일부 터 건강진단을 시힝ᄒ기 위ᄒ야 십구일 그 관너 각 기성조합의 취톄 또눈 췩임쟈를 불너다가 미리 알녀쥬고 시힝흔다딘 먼져 건강 진단을 밧눈 조합은 한남권반 기성 에게 시힝흔다더라.

매일 18.11.21 (1) 〈광고〉

십일월 이십일일 전부 차환

미국 메도로 회사 연속대사진

대모험 대활극 제사 **대비밀** 칠 · 팔편 사권

피(彼) 흑의의 괴인 이스도롱구를 정(正)히 자(刺)ᄒ려 홀 시에 신단장(新團長)으로부 터 급사(急使)가 래(來)ᄒ야 기(其) 암살을?…

미국 유사(社) 영화

인정극 **훈의 정(訓의 庭)** 전오권

미국 유사 영화

군사극 **대습격** 전이권

경성 관철동 전화 이삼이육번 **우미관**

매일 18.11.22 (3) 경성의 동기(童妓) 삼빅여 명이다

근리 경성의 네 죠합 기성 중 츄기『雛妓』의 수를 됴사ᄒ여 보면 실로 삼빅여 명이라 눈 다수이다. 그런디 영업장도 업눈 동기들이 밤마다 료리뎜에 불녀가셔 놀고 오눈 일이 근리에 더욱 만흔 바이난 기성영업의 취톄샹 위반되눈 일임으로 경성 본명경찰 셔에셔 일젼 각 죠합의 췩임쟈를 불너다가 셜유ᄒ고 모든 츄기들의 명부를 만드러 드리라고 명ᄒ엿다더라.

매일 18.11.22 (3), 18.11.23 (4), 18.11.25 (3), 18.11.26 (3), 18.11.27 (4) 〈광고〉

우미관 11월 21일자와 동일

매일 18.11.28 (3) 〈광고〉

십일월 이십팔일브터 영사

미국 메도로 회사 연속대사진

◎ 대모험 대활극 제오 **대비밀** 구 · 십편 사권

악가돈 탐정은 살해되다. 당시 뉴육(紐育)에서 귀(鬼)탐정이라고 칭호ᄒᆞ던 도－도민,

시아스가 종차(終此)로 활약ᄒᆞ다. 사건은 익익(益々) 가경(佳境)에 입(入)ᄒᆞᆷ.

△ 미국 유니바살 회사 작

◎ 삼림정화(森林情話) **참혹사(慘酷寺)** 전이권

△ 미국 유사 부루바－드 영화

◎ 인정극 **여우의 정열(女優의 貞烈)**

경성 관철동 전화 이삼이육번 **우미관**

매일 18.11.29 (4), 18.11.30 (2), 18.12.01 (4) 18.12.02 (3) 18.12.03 (4) 18.12.04 (4) 〈광고〉

우미관 11월 28일자와 동일

매일 18.11.30 (4) 함흥 / 만세관 입장 신규

당지 상설 활동사진 만세관에셔는 종래로 일선인(日鮮人)이 공람(供覽)ᄒᆞ던 바, 일본 신구파와 여(如)ᄒᆞᆫ 영사 시간에는 일본 변사의 담임이기로 언어를 미통(未通)ᄒᆞ는 조선인 관객의게는 불편ᄒᆞᆷ으로, 이십구일브터는 일선인 각 삼일 격(隔) 관람제도를 채용ᄒᆞᆷ으로 十八日브터 三日까지[77] 삼일간은 조선인만 입장식히며 종(從)ᄒᆞ야 설명도 일선(日鮮) 변사 삼일 격(隔)으로 분담ᄒᆞ얏슨 즉 이후로는 관객의 편리가 유(有)ᄒᆞ깃 깃더라.

---

77) 본문상 十八日브터 三日까지로 나와 있지만, 二十八일브터 三十일까지로 해야 날짜가 맞음.

매일 18.12.05 (3) 활동사진관의 화재 / 관람킥이 쌀슨 뒤집히고 기사는 눈이 머럿다

일일 오후 일곱시 동경 지구 금삼 삼뎡목『東京 芝區 金杉 三丁目』의 금삼관이라는 일본 활동사진 특약 황동사진관[78]의 후이룸 둔 방에셔 실화되엿는ᄃᆡ 이 날은 일요일인 ᄭᆞ닭으로 맛침 낫 사진과 밤 사진이 교ᄃᆡ되는 시간이엿는 고로, 장ᄂᆡ에 관람킥이 가득히 잇다가 불이야 소리가 남이 별안간에

▲ 쌀슨 뒤집히여 발는 쟈, 밟히여 우는 쟈, 그 광경이 쳐참ᄒᆞ엿스며 다수ᄒᆞᆫ 부샹쟈와 사샹자ᄶᅡ지 싱긴 모양인ᄃᆡ, 각 셔로부터 소방부가 달녀가사 소화ᄒᆞ기에 진력ᄒᆞ엿스나 목죠 양옥 륙십 평은 다 살너바리엿고 졉촉 가옥의 반소된 것이 여셧 치나 되엿스며 동 ᄉᆞ십분의 진화되엿더라. 원인은

▲ 사진촬영 즁『후리룸』에 불이 붓흔 ᄶᅡ닭인ᄃᆡ, 그 ᄯᅢ 기사한 사람은『후이룸』젼부가 일시에 타올은 ᄭᆞ닭으로 두 눈이 머러바리엿고, ᄯᅩ한 발광되엿스며 기타 사샹쟈가 잇술 듯 홈으로 목하 수식 즁이라더라.『동경』

매일 18.12.05 (3) [붓방아]

▲ 경셩에 일본 기싱들은 물가가 고등ᄒᆞ야 지ᄂᆡ이기가 어려웁다고 구십젼의 시간삭을 일원 이십젼으로 올리겟다고 청원을 ᄒᆞ얏다나.

▲ 인졔 물가々 ᄯᅥ러지고 파리를 날릴 ᄯᅢ에 감ᄒᆞ야 달라고 ᄯᅩ 청원을 ᄒᆞ게 되면 죠금 모양이 흉ᄒᆞ지나 안을는지.

매일 18.12.05 (4) 〈광고〉

십이월 오일브터 전부 차환

◎ 실사 **유니부-살 주보** 전일권

△ 미국 유사(社)

◎ 활극 **사의 조(死의 鳥)** 전이권

△ 미국 유사 부루-바도 영화

◎ 인정극 **다々-스** 전오권

78) 활동사진관의 오식.

△ 미국 메도로 회사

◎ 연속 모험탐정 제육 **대비밀** 십일, 십이편. 사권

제십일편＝암중의 저격 제십이편＝묘(猫)의 진사(眞似)

경성 관철동 전화 이삼이육번 **우미관**

매일 18.12.06 (4), 18.12.07 (3), 18.12.08 (4), 18.12.09 (4), 18.12.10 (4), 18.12.11 (4) 〈광고〉

우미관 12월 5일자와 동일

매일 18.12.12 (3) 기생의 시간대(時間代) / 셋지 시간부터 수십젼 식을 올려달나 청원 즁

경성 소조합 기성이 엇던 료리뎜에를 가던지 손을 다리고 놀 찌에 그 시간 갑슨 쪽갓히셔 첫 시간에 일원 오십젼, 둘지 시간에 일원, 셋지 시간부터는 오십젼식 되야 손이 다리고 노는 시간의 댱단을 차 시간갑을 치는 것은 보통 젼례인디, 근리는 물가々 젼보다 폭등ㅎ야져셔 즁가를 드려만드＊ 입은 비단 옷을 한 번 료리뎜에만 단여오면 다시는 입을 슈도 업시 되며 쏘는 화장품에 디ㅎ야도 모든 것이 뭇척 빗스져서 이로 지팅ㅎ야 갈 수 업다는 리유로서 본뎡 경찰셔 관닉에 잇는 한성, 대정, 경화의 네 권반에서 협의ㅎ고 첫 시간, 두 시간까지는 시간챠를 변경치 안코 세 시간부터 오십젼식이던 것을 구십젼으로 결국 수십 젼치샹 올녀 밧게 ㅎ야달나고 본뎡셔에 청원ㅎ얏고, 한남권반에셔도 이갓치 결뎡ㅎ고 종로경찰셔에 청원ㅎ고 인가ㅎ야달나고 ㅎ얏다더라.

매일 18.12.12 (3) 〈광고〉

십이월 십이일브터 전부 차환

▲ 미국 메도로 회사 연속대사진

◎ 대탐정대활극 제칠회 **대비밀** 십삼, 십사편 사권

제십삼편 괴상혼 쏜이, 제십사편 죄의 영(影)

▲ 미국 유사(社) 쌔다－부라이 영화

◎ 인정극 **호반의 사출(思出)** 전오권

▲ 미국 유사 쌔이손 영화

◎ 대활극 급행열차 전삼권
경성 관철동 전화 이삼이육번 우미관

매일 18.12.13 (4), 18.12.14 (4), 18.12.15 (4), 18.12.16 (2), 18.12.17 (3), 18.12.18 (4), 18.12.19 (4) 〈광고〉
우미관 12월 12일자와 동일

매일 18.12.20 (3) 관람자는 됴타 / 흥힝단의 대경징

인천 축항사『仁川 築港社』에셔는 월젼부터 신구파 합동극이라는 것이 드러와 흥힝ᄒ던 즁, 한 십여일 젼부터 쏘 구극 심졍슌 일힝이 드러온 후 셔로 손님을 쎼앗기 위ᄒ야 경징을 ᄒ노라고 다슈ᄒ 돈도 들고 쏘 시죠가 잇는디로 열심히 흥힝ᄒ야 노던 즁, 지난 십오일에는 그만 축항사 편에서 지게된 후로 이를 분히 역히여 경셩에 잇는 혁신단쟝 림셩구 일힝을 쳥병ᄒ야 다시 경징 즁이니 이러ᄒ 경징은 근자에 업든 우수운 것이고 이 통에 구경꾼은 아죠 구경은 잘 ᄒ는 즁이더라.

매일 18.12.20 (3) 단셩사 쥰공 개연 / 이십일일부터

동구안 단셩사를 신축ᄒ고 활동사진을 영소코져 ᄒ야 수삭 젼부터 역소를 ᄒ는 즁이더니 일젼에 쥰공되얏슴으로 모든 셜비를 다ᄒ고 명 이십일일 밤부터 활동사진을 기연ᄒ다더라.

매일 18.12.20 (3)「챠푸링」의 결혼 / 신부는『뉴니바살』회샤의 유명ᄒ 비우

미국의 유명ᄒ 활동사진 비우로 세계의 명셩이 놉흔「챠푸링」군은 오리 거름의 흉내를 니여셔 여러 가지 우슈거리 연극으로 셰계의 사롬의 마음을 유쾌ᄒ게 ᄒ는 디신에 월급도 한 달에 수빅만원식 밧는다. 군의 익살스러운 사진은 됴션에도 벌셔 여러 번 *와셔 셔울 아히들은「챠푸링」이라는 소리만 드러도 다리를
◇ 오리 다리 모양으로 쎼긋쎼긋 ᄒ다. 항상 그러ᄒ 허풍션이 짓을 ᄒ며 호화ᄒ 비우의 살림을 ᄒ면셔도 죠곰도 마음이 방탕ᄒ지 안이ᄒ며 사물에도 미우 챠근々々ᄒ다. 군의 혼인ᄒ얏다는 소문은 여러번 잇셧스나 모다 헛소문 뿐이더니 이번에는 졍말로 혼인을 지닉엿다고 소식이 왓다. 그 안히가 된 여자는 역시 활동사진 녀비우「밀도례트 하리쓰」라 ᄒ는 녀비우 즁에는

◇ 다시 업는 미인인딕 「하리쓰」는 「챠푸링」과 혼인을 홀 찌에 쳐녀 총각이 귀머리를 맛푸는 혼인이지만은 무삼 까닭인지 셰샹에 소문을 닉이지 말어 달나고 희망ᄒᆞ야 셰샹에셔는 전연히 모르다가 셰월이 가고 정이 깁허갈수록 자연히 두 사름의 힝동이 이샹ᄒᆞ야 가믜 여러 사람들에 쥬목을 당ᄒᆞ고 치근을 ᄒᆞ게 되야 드디여 십월 이십삼일 이러에 활동사진계의 그 즁 잘ᄒᆞ는 익살비우는 활동사진계의 그 즁[79]

◇ 미인 녀비우와 혼인ᄒᆞ얏다고 발표ᄒᆞ야바렷다. 이 닉외야말로 록수의 원앙이라 ᄒᆞ겟다. 이 뒤의 그들의 싱이가 엇더ᄒᆞ게 되어갈는지는 알 수 업스나 남편되는 「챠푸링」은 지금 그 전과 갓치 「퍼스트, 니슌알, 에키지파터ㅡ, 써키유트」 회사에셔 뷕만 불의 보수를 밧고 희극을 박히고 잇다ᄒᆞ며 「하리스」 부인은 「뉴니바셀」 회사에셔 만드는 인정극의 녀주인공이 되야 활동ᄒᆞ는 즁이라더라.

매일 18.12.20 (4) [독자긔별]

▲ 십륙일부터 인쳔 츅항사에셔 흥힝ᄒᆞ는 림성구 일힝은 엇지 건방진지 손님이 조곰만 무엇이라 ᄒᆞ면 이놈 돈 몟 견식 쥬고 구경을 오닛가 비우는 아조 사롬으로 알지 안느냐 ᄒᆞ고 일졔히 달녀드러셔 막 구타ᄒᆞᆫ다는딕, 지나간 십칠일 밤에도 신녕 사는 증모에게 됴치 못홀 말을 ᄒᆞ다가 고만 경을 쳣다고 아조 평판이 자자ᄒᆞ더군. 「목격ᄒᆞᆫ 사람」

매일 18.12.20 (4) 〈광고〉

십이월 십구일브터 영사

▲ 미국 유사(社)

◎ 인정극 **호반의 사출(思出)** 전오권

▲ 미국 유사

◎ 절해기담(絕海奇談) **독정(獨艇)의 근거지** 전오권

태평양 상에 출래사(出來事). 절해소＊(絕海小＊)의 출래사. 개(皆) 독을(獨乙)[80] 잠함 정의 위(爲)이라. 미국 함대 내습(來襲).

---

79) 볼드체 부분이 중복해서 식자된 것으로 보인다.
80) 독일.

▲ 米圓[81] 메도로 회사
◎ 연속 제칠 대비밀 전사권
경성 관철동 전화 이삼이육번 우미관

매일 18.12.21 (3) 〈광고〉 경성 창덕궁 입구 단성사 전화 구오구번 / 본관 신축 낙성 후 대갈망 중의 모범적 활동사진은 금일부터 대대적 영사

동구안 당성사를 여러 천원의 거익으로 사드린 후 본디 목덕흔 바와 갓치 세상에 모범덕 활동사진을 영소흐야서 일반 관람에 계공흐기로 작뎡흐얏던 결과, 그 뒤 모든 범빅과 계획이 쥰비되야 슈만의 거익과 슈삭의 공졍으로 오날놀 단상사를 신축흐얏도다. 이는 젼혀 영리를 위흐야금

▲ 신축 후 활동사진 상설관으로 개장한 단성사 광고

거히 쥰비흔 것이 안이오, 다만 활동사진의 영소흔다는 쇼문이 퍼지즈 이를 짜라 경향의 이활가 졔씨의 갈망이 졀졍에 다을 뿐외라. 겸흐야 녯 것을 수양흐고 시것을 요구흐는 것이 현디소됴(現代思潮)임으로 본관쥬가 미리 이를 씨닷고 급셩 공소로 이에 쥰공을 맛치엿습니다. 본관은 본디 쥬지가 타관에 비흐야 현져히 다른 뎜이 잇는 바는, 즉 만흔 돈으로써 참신 긔발흔 됴흔 사진을 가져다가 아모죠록 일반의 호평 즁에셔 영업도 발뎐코져 흐는 쥬지임으로 니디 유명흔 활동사진 쥬식회사 몃 곳과 임의 특약을 흐고 수만원의 보증금을 붓치엿스니 이를 보더라도 가히 본관의 로심초소흠을 아실 일이라. 또 그 뿐 아니이라 활동사진에 디흐야 본관쥬는 항샹 유감히 싱각흐는 바는 갑만코 니용 됴흔 소진을 영소홀 째에 변소의 설명이 불충분흐야 일반 관람흐시는 니의 불만족과 불평의 셩이 남을 짜라 역시 소진의 가치도 업셔지는 일이 잇셔々 본관쥬의 지삼 슉고『熟考』로 활동계의 호평 잇고 갈치밧는…… 안이 구변으로는 데일류되는 셔상호『徐相昊』 군을 특이 초빙흐야 변소 쥬임으로 뎡흐고 텬연흔 표졍과 그럴듯흔 익살 잘 후리는 변소와 희로이락을 긔묘흐게 즈아니는 변소 합 오륙인이 잇셔 미일 밤 무디 우에셔 일거일동에 디흔 셜명은 참으로 본관쥬의 즈랑 뿐 안이오

---

81) 米國(미국)의 오식.

장차 보아가시는 디로 평판이 잇소오리다. 겨을 밤은 졈々 길고 눈이나 와셔 쌍에 가득이 싸인 찌, 실상 젹막ᄒ기 짝이 업슬 찌, 별々 겨울에 디ᄒ혼 감상이 만단으로 일어날 찌, 본관에 오시고 보면 란로는 몸을 싸듯ᄒ게 ᄒ야주고 빅셜갓흔 하얀 포장에는 참 처음 보는 긔々괴々혼 스진이 다 빗치일 적마다 여긔가 졍말 락텬디인가 보다 ᄒ는 감상이 유연히 발ᄒ실 터이요, 야반에 소견거리는 이우에 더업슬 줄로 싱각홈니다. 경구

본관 영사 중(映寫中)은 연중 청우(晴雨)를 불계(不計)ᄒ고 개연ᄒ기로 작정이온 바 특히 일요일 급(及) 제일(祭日)에는 주야 영사홈니다.

매일 18.12.21 (4), 18.12.22 (4), 18.12.23 (4) 〈광고〉
우미관 12월 20일자와 동일

매일 18.12.22 (3) 육만 부의 서적을 비치홀 만혼 경셩도셔관 / 히빙ᄒ면 챡슈ᄒ야 팔년 중에 쥰공 / 총독부 영션과 긔사 암졍 씨의 말

▲ 보통열람실 오십오 평에 일빅인을 수용ᄒ게 만드럿스며, 또 특별열람실과 부인열람실이 잇는디 특별실은 구 평이요 부인실은 팔 평인디 모다 십々인식 수용ᄒ게 되얏스며, 이칭에 잇는 보통 열람실에는 통속 강연과 긔타 여러 가지로 유익혼 집회에 리용홀 수 잇도록 홀 터인니 그러혼 찌에는 삼빅 명의 인원을 넉々히 수용케 ᄒ며 또

▲ 활동사진을 빗치는 찌에 긔계를 비치홀 방을 설계ᄒ얏다. 척을 두는 셔고는 가쟝 즁요혼 곳인고로 특히 쥬의ᄒ야 건츅케 홀 터인디, 슈칭 집으로 불에 잘 타지 안이ᄒ는 지목으로 만들게 ᄒ며 총면젹은 칠십 평이요, 륙만 부의 셔젹을 두게 설계ᄒ야 목하 젼부 공소를 청부업자에게 예산케 ᄒ는 즁인디 겨을 동안에 쥰비ᄒ얏다가 명츈에 히빙만 ᄒ면 건츅공사에 챡슈ᄒ야

▲ 리년 안으로 완셩홀 예뎡이라. 됴션 긔발 삼십년 리에 문화의 진보가 지々ᄒ든 경셩에도 즁춘시의 가륵혼 쯧의 아름다운 열미로 셔젹 륙만 부를 비치혼 디도셔관이 실현되겟슴은 됴션 학계의 큰 복음이라. 니디에는 현금 관광사립도셔관이 구빅이요, 비치혼 셔젹이 모다 슈빅오만구쳔여 부인디, 그 즁에 오만 부 이샹의 셔젹을 비치혼 도셔관으로 말ᄒ면 겨우 열여섯 군디이다. 동경 샹야공원 니에 잇는 데국도셔관에 동셔 셔젹이 삼십이만오쳔여 부인디 비치혼 칙 수효로 차례를 뎡ᄒ면 륙만 부의 셔젹을 가질 경셩도셔관은 열셋지가 될 터이라더라.

매일 18.12.22 (4) [독자긔별]

▲ 우리 평퇵은 과히 번화ᄒ지도 못ᄒᆫ 곳에 소위 기성이랴 ᄒᄂ 것은 엇지 그리 만흔지 모르겟셔요. 그러ᄒᆫ되 그 즁에 영흥관에 잇는 기성들은 손님이 소리를 ᄒ라 ᄒ면 션ᄉᆡᆼ님을 모시지 못히셔 못ᄒ다 ᄒ고, 익구진 담비나 틔우고 료리상이나 드러오면 오륙 명식 달녀들어 염치를 불고ᄒ고 맛잇ᄂ 것만 *쓰러먹고 그것도 낫버셔 그만 수달닌다던가요.(일건달)

▲ 되구 공진회셔 크게 환영을 밧어 일홈이 미우 높흔 화즁션이라 ᄒᄂ 녀비우는 금번 셔울 구경을 왓다가 자긔의 지조를 광고키 위ᄒ야 광무되에서 출연ᄒᄂ 즁인되 광되의 소리도 쇄만히 드러보앗지만은 그와 갓치 잘 ᄒᄂ 소리는 참으로 처음 들엇셔요.『애가생(愛歌生)』

매일 18.12.24 (4) 〈광고〉

십이월 十九日[82]브터 차환

◎ 실사 **마가진 사십팔호** 전일권

▲ 미국정부 위탁 영화

◎ 실사 **직공의 유희** 전일권

▲ 미국 유사 밧다후라이

◎ 고도물어(孤島物語) **폭로(暴露)** 전오권

▲ 미국 유사 밧다후라이

◎ 인정극 **호반의 사출(湖畔의 思出)** 전오권

▲ 미국 유사

◎ 활극 **대폭발** 전이권

경성 관철동 전화 이삼이육번 **우미관**

매일 18.12.25 (3) 소년소녀들의 자미잇는 연극이 잇다 / 승동 례비당

승동 례비당에셔는 승동 유년주일학교의 주최로 이십스일 하오 칠시부터 성탄츅하식을 거힝ᄒᄂ되 시간이 되면 일동은 챤송가로써 긔식ᄒᆫ 후 박영리 씨의 긔도와 김일

---

82) 오식인 듯, 20일자 광고가 이미 19일 차환으로 게재되었음. 23일 혹은 24일 차환인 듯하다.

선 씨의 셩경랑독이 잇슨 후 교댱 홍병덕 씨의 식사가 잇고 녀학싱이 「챵공에서」라 ᄒᆞᄂᆞ 시극을 맛치면 『복음의 인력』이라ᄂᆞᆫ

◇ 남녀 학싱의 디화가 잇고 기외에 아々 셰상은 일댱츈몽이라ᄒᆞᄂᆞ 봉환극이며, 등 졍의 눈믈이라ᄂᆞ 삼막의 가극과 리왕직 동믈원이라ᄂᆞ 가샹극 『假想劇』도 잇고 기외 에 가극졍극의 여러 가지가 잇다. 남녀 어린 학싱들로 ᄒᆞ야곰 질겁게 셩탄일을 맛치 게 ᄒᆞ기 위ᄒᆞ야 특히 이와 갓치 여흥으로 연극을 만히 느엇ᄂᆞᆫ디 아홉시 가량에 졍셩 스러운 긔도를 맛친 후 폐식ᄒᆞᆫ다더라.

매일 18.12.25 (4) 〈광고〉
우미관 12월 24일자와 동일

매일 18.12.26 (3) 〈광고〉
십이월 이십육일 특별대졔공
미국졍부 위탁 영화
실사 **라짐** 젼이권
미국 유사(社) 조ー가 영화
희극 **로스 농장** 젼일권
활극 **판자(判者)의 희생** 젼일권
미국 유사
인졍극 **황금의 야(夜)** 젼오권
미국 유사 연속대사진
고도긔담(孤島奇談) **유령선** 일 · 이편 사권 삼십육권
차(此) 경(驚)홀 만ᄒᆞᆫ 괴긔와 비밀에 츙(充)ᄒᆞᆫ 연속 사진 유령선은 유유(愈々) 이십육 일부터 우미관에 상장ᄒᆞ게 되얏습
경셩 관쳘동 젼화 이삼이육번 **우미관**

매일 18.12.27 (4), 18.12.28 (4), 18.12.29 (4) 〈광고〉
우미관 12월 26일자와 동일

매일 18.12.28 (1) [세계신화(新話)] 굉장훈 국립극장

묵서가(墨西哥)[83] 정부에셔는 묵서가 시에 광대훈 민간극장을 건조후얏는디, 기(其) 윤환(輪奐)의 * * 세계굴지의 장관이라 훈다. 기(其) 건축*공의 미(美)는 도저 문자로는 형용홀 수 업고 경비도 약 천이백만원 이상이 * * 부는 전혀 이태리 급(及) 묵서가 산의 대리석을 용(用)호고 철골로써 견고케 훈 * *디 동국 정부는 기(其) 연극 비용 전부 *조(*助)호야 무료로 일반 인민의게 연극 관람케 홀 계획이며 차국(此國)에는 연기(年畿)의 정기 지진이 유(有)홈으로 극장의 * *는 극히 견고케 호얏는디 건축중 * 지진에 제회(際會)호얏스나 고장이 무(無)호엿스며 남미의 이삼(二三) 공화국도 묵국*를 종(從)호야 장대훈 국민극장을 설립*더라.

매일 18.12.29 (4) [독자긔별]

▲ 요소이 물가는 고등훈디 빗사고도 흔훈 것은 기싱이야. 가무도 변々치 못훈 것이 지져분호기는 예젼 사당픠보다도 더 심훈 것이 젹지 안이호니 그 힝동들은 좀 곳쳐 보지 모홀가. 『요리졈객』

---

83) 메시코.

每日申報
【1919년】

自先達身勢談

降雪

山火의取締

水虎捕獲

煽動者逮捕됨

洞道自衛會完全히成立

槐山警擦公判

金山의天然痘

前署長의疑獄

旅行證明書發行件數

弓矢製造廣告

法人登記

永登浦出張

商業登記公告

水原支廳

團成社의特別

1919 년은 우리나라 근대 역사상 그리고 영화 역사상 중요한 사건이 일어난 해이다. 1919년 1월 21일 밤 고종이 승하한다. 공식 애도기간 동안 기생 및 극단의 가무·음곡 활동이 자발적으로 중지되거나 금지된다. 3월 1일 대한독립만세운동을 기점으로 이후 상당한 기간 동안 자발적인 여러 계층의 만세운동이 일어났으며 이를 이어 1920년에는 본격적인 항일운동이 여러 가지 형태로 조직된다.

1919년에는 단성사에서 최초로 '기네오라마(일명 유니바스 전기 응용 기계)'를 이용한 신파극이 상연되었고 후반에는 조선 최초의 연쇄극(연쇄활동사진)이 단성사 주 박승필의 후원으로 제작, 상연되어 관객들의 대대적인 환영을 받았다. 북촌에 있는 활동사진 상설관 단성사와 우미관이 『매일신보』에 지속적으로 광고를 실어 영화 상영이 성행했음을 알 수 있으며 이와 병행하여 일본 근대 극단 및 서양 서커스단이 조선에 들어와 현대적 공연을 관객들에게 선보였다. 조선의 여러 신파 극단이 활발하게 활동하였으며 연극에 대한 전문적인 비평 및 감상문이 신문에 게재되었다. 위생 및 저금 장려 등을 위한 계몽 목적으로 조선총독부 경무부나 체신성이 활동사진이나 연극을 제작하려 계획하였으며 여름에는 위생 환등회 등이 각지에서 개최되었다.

1919년 『매일신보』에는 비정기적으로 〈활동사진〉이나 〈(조선)연예계〉란을 통하여 각 활동사진관 및 극장에서 상영되는 영화나 공연을 소개하는 글이 실렸다. 아울러 〈독자기별(독쟈긔별)〉이나 〈독자구락부〉를 통해 영화나 연극 및 사회 여러 방면에 대한 신문 독자들의 의견들이 신문에 소개되었다. 11월 이후에는 〈사면팔방〉이나 〈관극소감〉이라는 란을 통해 비교적 전문적인 연극 비평이나 감상문이 게재되기 시작했는데 '팔극생(八克生)'이라는 필명의 글이 대표적이다.

1919년 3월에는 중국 배우 매란방이 조선을 거쳐 일본에 건너가 연극을 할 계획이라는 소식이 전해졌으며, 이어 매란방의 일생과 인터뷰 내용을 정리한 기사가 개제되었고 이후 조선을 경유하는 매란방의 일정이 일일이 보도되었다.

3월 29일에 연극장에서 태극기를 들고 만세를 부르다 경관이 출동했다는 소식이 전해진 것을 시작으로, 4월 3일에는 안성에서 기생들이 만세를 불렀고 4월 5일에는 황해도 기생들이 만세 운동을 일으켰으며 7월 1일에는 해주 기생들이 만세 사건으로 공판에서 징역 6개월 및 4개월에 처해졌다는 기사가 실렸다.

4월 21일에는 세계적 오페라단이 내한하여 단성사에서 공연한다는 광고성 기사가 실렸으며 5월 30일에는 일본 (숭욱제) 천화 일행이 경성의 황금관에서 공연을 한다는 소식이 크게 다루어졌다. 이 때 그들의 프로그램 중 가장 주목받았던 것이 〈승정의 촛대〉라는 제목의 연극이었는데 이는 〈레미제라블〉을 각색한 것으로 『매일신보』에는 이미 〈애사(哀史)〉라는 제목으로 연재된 바 있어 더욱 관심을 끌었다. 6월 초 천화 일행은 공연 기간을 연장하면서 일본인 전용극장인 황금관에서 공연한 후 북촌의 조선인 전용극장 단성사로 옮겨 공연했으며 대단한 관심을 모았다.

5월 9일에는 단성사에서 조선 최초로 유니버스 전기 응용 기계, 기네오라마를 이용한 변사 신파극을 출연한다는 광고가 주목을 끌었는데 이 때 주임변사는 서상호였다. 이후 이것을 이용한 신파극은 단성사에서 〈탐라의 허몽〉, 혁신단 임성구 일행의 〈장한몽〉 등으로 여러 차례 상연되어 19년 10월 활동연쇄극이 등장하기 전까지 가장 신기한 최신의 장치로 대중들의 인기를 모았다.

10월 2일에는 단성사주 박승필 씨가 제작비를 내어, 천활회사의 촬영기사가 활동연쇄극을 박일 예정이라는 기사가 게재되었는데 이때에는 첫 연쇄극으로 〈형사의 고심〉이 제작될 것이라고 전했다. 그러나 10월 8일 기사에는 천활회사 영사기사가 첫 조선 활동사진으로 〈의리적 구토(義理的 仇討)〉를 실제로 촬영하였다는 내용이 전해졌다. 10월 27일부터 단성사에서 조선 최초의 연쇄극 〈의리적 구토〉가 실사(實寫)인 〈경성 전기의 경〉과 함께 개연되어 대성황을 이루었다. 10월 26일 기사는, 조선 최초 조선인 배우 활동사진이 제작되었는데 네 가지가 촬영되었으며 경성의 시가지를 찍은 실사 〈경성 전시의 경〉도 이 때 함께 촬영된 것임을 밝히고 있다. 〈의리적 구토〉는 원래 경상 신극좌 김도산 일행이 신파인정극으로 19년 7월 초 우미관에서 상연한 연극인데 후에 이것을 활동연쇄극으로 개작한 것이다. 〈의리적 구토〉를 시작으로 연이어 11월 2일부터 단성사에서 대연쇄대활극 〈시우정(是友情)〉이, 11월 7일부터 17일까지는 〈형사의 고심(刑事의 苦心)〉이 상연됨으로써 거의 한 달 내내 연쇄극이 대중의 관심 속에 대성황을 이루었다. 11월 20일부터는 김도산 일행이 연쇄 활동사진(연쇄극) 지방 순회상연을 시작하였으며 대구에서 10일간 공연한 뒤 마산으로 가서 공연했다. 12월 30일 새로운 연쇄극이 상장되어 열흘 안에 단성사에서 개연한다는 기사가 실린 것으로 보아, 지방 순회공연 이후 다시 활동연쇄극 제작에 착수했음을 알 수 있다.

6월 23일에는 만철회사 주관으로 금강산을 활동사진으로 촬영한다는 기사가 실렸으며 완성 이후 조선호텔에서 공개할 예정임을 밝혔다. 촬영 일정과 촬영 장소가 자세히 소개되어 촬영 시작부터 대중들의 관심을 끌려고 했다. 이후 기사에는 촬영 과정이 기행문 형식으로 생생하게 묘사되었으며 7월 11일에는 경관국에서 금강산 활동사진 시사회가, 12일에는 조선에서 또 한 차례 시사회가 있음을 알리는 기사가 연이어 실렸다. 7월 24일에는 조선호텔 로즈 가든(장미정원)에서 24일 밤부터 이 영화를 4일간 상영한다는 소식이 전해졌다. 11월 28일에는 금강산 활동사진이 단성사에서 상영되어 대대적 환영을 받았다.

7월에는 신파극단이 신문연재 소설을 연극으로 각색한 공연을 한다는 기사가 눈에 띄는데 17일 임성구 일행이 단성사에서 〈계섭의 한〉을, 7월 20일에는 〈장한몽〉을 공연했다.

8월 23일에는 러시아 곡마단이 경성에 입성하여 25일부터 단성사에서 실제 공연을 했는데, 4월 이탈리아 오페라단의 공연 및 6월 천화 일행의 공연과 더불어, 단성사는 19년 내내 적극적으로 대형 근대 극단을 섭외하여 새로운 공연 형태를 다양하게 관객들에게 선보이는 프로그램을 시도했다.

9월 17일에는 경성부 위생 활동사진이 일반에게 영사되었으며 9월 28일에는 유전양행좌원 일동이 중심이 된 대마술단이 일본인 전용 활동사진관인 명치정에서 개연하여 성황을 이루었다. 11월 27일에는 방역상 활동사진기가 필요하다는 주장이 게재되었는데 12월 13일에는 부청에서 이에 대한 시험 영사가 있었으며 이후 일반에게 공개되었다.

— 최은숙

매일 19.01.01 (3) 〈광고〉

대정 팔년[1] 일월 일일 전부차환

미국 유사(社)

희극 **여모자(女帽子)** 전일권

미국 유사

인정활극 **삼의 조(森의 朝)** 전오권

미국 유사

대대활극 **쾌한 로로 −** 십삼, 십사편 사권

미국 유사

모험기담 **유령선** 삼 · 사편 사권

페지ᄂ 유유(愈々) 증도(憎島)에 상륙. ＊혈(＊穴)의 비밀에 현재(懸在)ᄒ야 불사의(不思義)의 성(聲)을 문(聞)ᄒ 페지의 생사여하(生死如何)?

경성부 관철동 전화 이삼이육번 **우미관**

매일 19.01.01 (2) 〈광고〉

하정(賀正)

모범적 활동사진 영사

경성 창덕궁 입구

단성사 전화 구오구번

매일 19.01.03 (3) 〈광고〉

신년 정월 일일브터 오일ᄭ지 주야 이회 개연

당(當)ᄒ 십이월 삼십일일브터 사진 전부 교환

이대 사진 제공

이국(伊國) 이다라 회사 대걸작 부라운 탐정 칠회(七回)의 대활동

●태서탐정대활극 **속편 명마(名馬)** 전사권 사천척

주임 변사 서상호(徐相昊) 득의(得意) 설명

---

1) 대정(다이쇼)는 일본 천황의 호칭을 딴 연호임. 대정 1년은 1912년부터.

영국 구라렌트 회사 불후의 대걸(大傑)

●태서정비극 사뢰(死蕾) 전사권 삼천오백척

변사 최종태(崔鍾泰) 최병룡(崔炳龍) 교대설명

단성사 전화 구오구번

우미관 1월 1일자와 동일

매일 19.01.05 (2) 〈광고〉

단성사 1월 3일자, 우미관 1월 1일자와 동일

매일 19.01.05 (3) 기생의 시간대(時間代) / 일월부터 칠십젼씩을 밧게 되엿다

경성의 네 죠합 기싱의 시간 노름츠는 첫 시간, 둘지 시간 초는 그디로 두고, 셋지 시간의 오십젼식 ᄒ던 것을 구십젼식 올녀 달나고 쟉년 셧달 중에 네 죠합에셔 각기 소관 경찰셔에 청원ᄒ 일은 모다 아는 바어니와, 경긔도 경무부로부터 지나간 십이월 금음씌, 비로셔 허가가 된 바 셰시간부터는 칠십젼식 밧게 되야 일월 일일부터 각 료리뎜에셔 실힝을 혼다더라.

매일 19.01.07 (3) 활동사진과 범죄 / 경시텽 보안과에셔 * 구 증 / 직접간접으로 원인되는 일이 만타

활동ᄉ진이 직접간접으로 범죄의 원인이 되는 경우가 만흔 일은 루츠 보도혼 바어니와, 목하 경시텽 보안과에셔 이에 디ᄒ야 됴사 중이라는디, 위션 활동사진이 직접으로 범죄의 원인된 것을 들어 긔록ᄒ건디 대졍 칠년 일월부터 십일월ᄭ지에 활동사진관 안에셔 이러난

▲ 형ᄉ 소송이 삼십구 건으로, 이 중에 쓰리가 삼십칠 건 졀도가 한아요, 유실물 * 횡이 한아로 힝졍 처분을 혼 것 합 오빅삼십수 건이요, ᄯ 외셜의 힝위가 빅십 건, 밀미음 유인힝위가 두 건, 악희가 빅구십팔 건, 쪄든 것이 오십팔 건, 슐 취한 것이 팔 건, 잡담ᄒ게 혼 힝위가 십팔 건이요, 변ᄉ의 풍긔상의 범죄 기타는 지작년ᄭ지 다소가 잇셧는디 활동ᄉ진 취톄령이 발포된 뒤로 작년에는 근졀이 되엿다. ᄯ 형ᄉ 소송으로부터

▲ 쳐벌된 것은 젼긔 삼십구 건 중 삼십오 건을 늬엿다. ᄯ 활동ᄉ진의 영ᄉ를 보고

악감화를 밧어서 범죄힝위를 흔 자로 판명된 것이 대정 칠년 삼십일일까지 빅삼십구 건으로 그 중 살인이 두 건, 졀도가 빅삼십칠 건에 디흐야 지작년과 비교흐면 칠십삼 건이 징가되엿다. 이것을 표면으로부터 보는 씨는

▲ 활동亽진으로 인흐야 일어난 범죄가 다수흔 것을 보겟는디, 일변 형亽 경찰의 발 달로부터 톄포수가 징가흐엿다고 흐겟다. 활동亽진으로부터 일어난 범죄 중 중요된 쟈를 들건디 대정 오년 칠월에 동경 하곡구 상근안 령목구치랑(下谷區 上根岸町 鈴木 久治郞)의 댱녀 긔구亽(幾久子)에게 돈 오십원을 샹야공원으로 가져오라는 협박쟝을 보닌 소년이 잇섯는디 탐졍극 독亽단(毒蛇團)을 본 씨문에 대정 오년 팔월에

▲ 일곱 명의 쇼년이 복의단(蝮義團)이라는 단톄를 죠직흐야 각 방면을 쇼동식이며 협박흐다가 검거흔 것은 그 독亽단이라는 亽진을 보고 감화된 터이요, 쏘 작년 칠월 이십 *일 긔성이 집에 강도가 드러가셔 돈 이십팔원을 강탈흔 소년은 봉수(奉首)라 는 亽진을 보고 범죄되엿고, 쏘 열다섯 살 된 으히는 누구에게 협박쟝을 보니고 돈을 강쳥흐다가 검거된 것도 향자 경셩에셔도 영亽흐엿던 털의조(鐵의 爪)라는

▲ 활동亽진을 보고 악심을 일으키엿고 쏘 대정 칠년 륙월에 검거된 살인범 누구는 활동亽진에서 긔챠가 진힝흐는 중에 다리 위에서 사롬을 션로에 쩌려 트리는 亽진을 보고 악의가 싱기엇슨 즉, 요컨디 직접간졉으로 亽진의 영亽와 밋 활동사진관이 범 죄를 일으키는 경우가 젹지 안음으로 쟝리 취톄에 디흐야 더욱 류의 홀 일이더라. 『동경』

매일 19.01.07 (3) 〈광고〉
당(當)흔 정월 칠일브터 사진 전부 교환
● 이대 사진 제공
이국(伊國) 안쑤로지오 회사 대걸작
● 태셔탐정대활극 **협권(俠拳)** 전사권 사천척
주임변사 서상호(徐相昊) 득의(得意) 설명
영국 구라렌트 회사 불후의 대걸(大傑)
● 태셔정비극 **유죄흔 모(有罪흔 母)** 전사권 삼천오백척
변사 최종태(崔鍾泰), 최병룡(崔炳龍) 교대설명
기타 사진 희극
단성사 전화 구오구번

대정 팔년 일월 육일 전부 차환

미국 유사(社) 조-가 영화

희극 **표류왕(漂流王)** 전일권

미국 유사(社) 부루ー바ー도 영화

인정활극 **산의 상출(山의 想出)** 전오권

미국 유사(社) 연속 사진

대대활극 **쾌한 로로-** 십오, 십육편 사권

미국 유사 연속대사진

모험기담 **유령선** 오·육편 사권

차대분화(又大噴火), 페지 분화구에 투(投)ᄒ게 된 시(時) 괴인 유령의 출현에 의ᄒ야 구조되웁.

경성부 관철동 전화 이삼이육번 우미관

매일 19.01.08 (3) 활동사진 집이 / 요ᄉ이 아죠 쓸쓸ᄒ다

요ᄉ히 일긔로 말ᄒ면 양력으로ᄂ 양츈 정월이라 ᄒ겟스나 음력으로ᄂ 아직도 엄한 시긔에 드러셔 긔온은 날로 뎌하되고 치위가 몹시 밍렬ᄒ야 지나간 일々부터 칩기 시쟉ᄒ야 련 소오일을 두고 치운 ᄭ문에 다른 ᄯ보다 한목 보기로 벼르던 경셩 시ᄂ의 각 활동ᄉ진관이나 긔타 연희쟝 갓흔 곳은 아죠 쓸쓸ᄒ야 슈입이 령셩홈으로 흥ᄒ쥬들은 긔가 믹힌 디경이요, ᄯ 구경군이 령셩ᄒ닛가 변ᄉ들의 셜명도 어름어름 넘겨보ᄂ여서 치위의 영향은 실로 막대ᄒ다ᄂᄃ 치위가 원톄 혹독ᄒ닛가 요ᄉ히 길거리에ᄂ ᄒ인이 별로 업ᄂ 모양이더라.

매일 19.01.08 (3), 19.01.09 (2), 19.01.10 (4), 19.01.11 (4) 〈광고〉

단성사 1월 7일자, 우미관 1월 7일자와 동일

매일 19.01.12 (4) 〈광고〉

단성사 1월 7일자와 동일

일월 십이일 전부 차환

미국 유사(社) 연속대사진

대대활극 **쾌한 로로**— 십오, 십육, 십칠, 십팔편 팔권

미국 유사

사극 **로빈손 굴손** 전삼권

미국 빅유— 영화

대활극 **소대위(小大尉)의 모험** 전이권

경성부 관철동 전화 이삼이육번 **우미관**

매일 19.01.13 (3) 〈광고〉

우미관 1월 12일자, 단성사 1월 7일자와 동일

매일 19.01.14 (1) 〈광고〉

우미관 1월 12일자와 동일

매일 19.01.14 (2) 〈광고〉

단성사 1월 7일자와 동일

매일 19.01.15 (2) 〈광고〉

우미관 1월 12일자와 동일

● 당 일월 십삼일브터 사진 전부 교환

● 이대 사진 제공

미국 시린구 회사 대표적 대걸작

세계적 연속대사진

대모험 대활극 **가스린의 대모험** 전십삼편 이십육권 지내(之內)

제일편 혐오의 주권(主權), 제이편 양개(兩個)의 시죄(試罪) 전사권 상장

이태리 도— 리노쌔스구 회사 대걸작

천활회사(天活會社) 특별 수입

제왕? 곡마사? **공중왕** 전오권

단성사 전화 구오구번

매일 19.01.16 (1) 〈광고〉

단성사 1월 15일자, 우미관 1월 12일자와 동일

매일 19.01.16 (3) 우미관 변사 일동이 구세군에 십원 긔부

우미관 활동사진관의 변사 정상룡광(井上龍光)(원명 이한경) 이하 변사 일동은 구세군에서 양육 중인 불상훈 아히들에게 동정을 표호야 그의 양육비로 금십원을 긔부호고자 본사에 가져왓슴으로 본사에셔는 곳 구세군으로 젼호얏더라.

매일 19.01.17 (3) 〈광고〉

일월 십칠일 전부 차환

미국 유니바-살 회사

실사 **주보 칠십삼호** 전일권

미국 유사(社) 에고-을 영화

희극 **맹렬훈 데부** 전이권

미국 유사 푸트파도 영화

인정극 **무언(無言)의 부인** 전오권

미국 유사 특작 연속대사진

모험 제사(第四) **유령선** 제칠, 팔편 사권

본편브터 익익(益々) 가경(佳境)에 입(入)홈

경성부 관철동 전화 이삼이육번 **우미관**

단성사 1월 15일자와 동일

매일 19.01.17 (4) [독쟈긔별]

▲ 나는 본디 활동사진을 됴화호는 찌문에 사진이 갈니는디로 미주일에 한 번식은 반드시 가는디, 근자에는 련속사진을 만히 영사호야 사진 한 가지가 이삼삭식 걸니는 것이 잇셔 종편ᄭᅵ지 보는 동안에 쳐음에 본 것은 이져바리어 갈피를 찾지 못호게 되는 일이 잇스니 그럭케 기인 사진은 일일이 일주일에 소오 편식이나 오륙 편식 영사호야 속히 끗을 니이게 쥬엇스면 미우 됴겟습데다. 『활동사진통(通)』

▲ 황금뎡에 잇는 광무디에는 언제 가셔 보던지 일이삼등에 챠쟝 윤젼슈가 십여 명

식 안이 몰녀잇는 씨가 업습데다. 그네들은 연극을 구경ᄒ고 츌츌ᄒ면 술잔이나 마시고 어름々々 ᄒ다가 오젼 두시나 셰시ᄭ지 이르러 잠이 낫버셔 한도루를[2] 잡고 꾸벅꾸벅 졸고 잇는 운젼수와 작취가 미셩ᄒ야 붉은 눈으로 어름어름ᄒ는 차장을 흔히 보아요. 회사에셔 좀 단속을 ᄒ야 쥬엇스면 뎐차가 덜 위험ᄒ겟셔요. 『일노인(一老人)』

매일 19.01.18 (3) 변사에게 불덩이 / 셜명을 잘못ᄒ다고

경셩 셔린동 삼십구번디 거쥬 문ᄒ광(京城 瑞麟洞 卅九番地 文海光), 당연 십팔 셰된 아히는 일젼 우미관 활동ᄉ진을 구경ᄒ러 가셔 삼등셕에 안져 잇던 즁 별안간 숫불덩이를 조희에 싸셔 무디로 던진 ᄭ닭에 ᄉ진 빗치는 휘쟝 아러가 동젼 들네만 ᄒ게 타는 것을 즉시 꺼바린 소동이 싱기여, 그 찌 취톄갓던 슌사가 젼긔 문ᄒ광을 종로 경찰셔로 인치 취됴ᄒ 결과 그 ᄌ빅ᄒ 말을 들은 즉, ᄉ진이 빗치일 젹에 변사되는 쟈가 셜명을 잘못ᄒ야 ᄉ진의 ᄂ용을 알 슈업슬 뿐외라 셜명ᄒ는 것이 괴악홈으로 참다 못ᄒ야 분 씸에 불덩이를 싸셔 변소에게 작란으로 던진 것이 잘못되야 그 갓치 휘쟝이 탓다ᄒ엿는디, 이 소위는 경찰범 쳐벌 규칙에 의ᄒ야 구류 칠일에 쳐ᄒ엿다가 엄유 방송ᄒ엿다더라.

매일 19.01.18 (3), 19.01.19 (3), 19.01.20 (3) 〈광고〉

단셩사 1월 15일자, 우미관 1월 17일자와 동일

매일 19.01.18 (4) [독쟈긔별]

▲ 쟉일 본란에 활동ᄉ진통이라 ᄒ는 이가 말삼ᄒ신 것은 나도 동일ᄒ 감졍을 가지고 잇습니다. 그러ᄒ나 그보다 먼져 좀 기량ᄒ야 줄 것은 변소의 셜명이외다. 그 변소들의 셜명ᄒ는 어됴는 엇더ᄒ 나라의 사투리인지 갓흔 됴션 사람으로 알아듯지 못ᄒ고 통역을 셰울 지경이외다. 더구나 심ᄒ 변소는 『하기가 되어 잇슬 젹에』만 찻고 사진에 디ᄒ 셜명은 자셰히 안이ᄒ야주니 좀 주의ᄒ야 셜명 방법을 곳쳐 보앗스면 엇더홀지. 『일학생(一學生)』

---

2) 핸들을.

매일 19.01.21 (4) 〈광고〉

당 일월 이십일브터 사진 전부 교환

미국 시린구 회사 대표적 대걸작

세계적 연속대사진

맹수대활극 제이 **가스린의 대모험** 전십삼편 이십육권 지내

제삼편 사자(獅子)의 신전, 제사편 군주의 노예

이태리 이다라 회사 걸작

태서탐정활극 속편 **여(女) 브라운** 최대웅편

미국 가렘 회사작 태서활극 **궤도의 비밀** 전일권

단성사 전화 구오구번

우미관 1월 17일자와 동일

매일 19.01.22 (3) 기싱의 동졍금

대졍권반 기싱 윤옥엽(尹玉葉)은 지금 구세군에 슈양ᄒᆞᄂᆞᆫ 거지 아히들을 동졍ᄒᆞ야 금 오원을 본사로 보니고 뎐ᄒᆞ야 달나고 ᄒᆞ엿더라.

매일 19.01.22 (3), 19.01.23 (4) 〈광고〉

우미관 1월 17일자, 단성사 1월 21일자와 동일

매일 19.01.23 (3) 기생들까지도 가무를 졍지 / 환후 침즁ᄒᆞ시던 이십일일날 밤에

덕수궁 리퇴왕 뎐하ᄭᅴ셔 뇌일혈로 어즁환에 깁시다[3]는 본보 호외가 시니 시외에 한 번 비포되미, 모든 경셩 시민들은 갑자기 놀나셔 엇졀 줄을 몰으며 일부러 덕수궁 압ᄭᅡ지 가셔 환후의 평복되시기를 열셩으로 긔도ᄒᆞᄂᆞᆫ 사람도 비상히 만엇셧다. 그 런딘 이 즁환에 더ᄒᆞ야 어셔 하로 밧비 평복ᄒᆞ시기를 졍셩것 츅원을 ᄒᆞ야, 모다 근심 ᄒᆞᆫ 틱도를 가지고 지니는 즁에 밤이 되닛ᄭᅡ 경셩의 네 권반 기싱들도 뎐하의 즁환이 심을 알고 우리가 비록 쳔기일망뎡 오날 이ᄭᅢ를 당ᄒᆞ야 여젼히 불경ᄒᆞᆫ 틱도로 료리

---

3) '계시다'의 오식인 듯하다.

뎜에 가셔 장고 치고 노릐를 ᄒ눈 등 란잡ᄒ 힝동은 일졀 못ᄒ겟다 ᄒ고 극히 근신ᄒ 던 중에 료릐뎜에 불녀가셔도 노릐와 쟝고를 아죠 업시고 조용히 놀다가 허여져 갓 다더라.

▲ **광무뎌도 휴연** 이십이일에 리티왕 뎐하ᄭᅴ셔 승하ᄒ셧다눈 발표가 나셔 경성의 삼 십만 시민이 모다 슯흔 눈물이 흘음을 ᄭᅵ닷지 못ᄒ눈 바, 지금 황금유원에서 흥힝ᄒ 눈 광무뎌 박승필 일힝도 안연히 연극을 흥힝홀 수 업다ᄒ고 휴연을 ᄒ 후 모든 비우 일동이 근신을 ᄒ다더라.

매일 19.01.24 (1) 〈광고〉
일월 이십사일 전부 차환
미국정부 위탁 영화
실사 **독와사(毒瓦斯)**[4] 전일권
미국 유사(社) 불도우에 영화
인정활극 **의용병** 전삼권
미국 유사 바이손 영화
활극 **귀(歸)치 안는 족(族)** 전이권
미국 유사 엘마 영화
골계 **광고미인** 전이권
미국 유사 연속 사진
모험활극 **유령선** 제구 · 십편 사권
제구편 흑복면(黑覆面), 제십편 구원(救援)
경성부 관철동 전화 이삼이육번 **우미관**

단성사 1월 21일자와 동일

매일 19.01.25 (4) 〈광고〉
단성사 1월 21일자, 우미관 1월 24일자와 동일

---

4) 독가스.

매일 19.01.26 (4) 〈광고〉

당(當)흔 일월 이십사일브터 사진 전부 차환

미국 시린구 회사 대표적 대걸작 세계적 연속대사진

맹수대활극 제삼 **가스린의 대모험** 전십삼편 이십육권 지내(之內)

제오편 옥내(獄內)의 대좌, 제육편 삼개(三個)의 은대(銀袋) 전사권 상장

빗구유 영화

태서활극 **누구의 죄** 전이권 삼천척

미국 가렘 회사작

태서활극 **궤도의 비밀** 최대장척

미국 유니버-샬 회사 십칠분지일(十七分之一) 딕스므 후일름

태서희극 **여모자(女帽子)**

단성사 전화 구오구번

우미관 1월 24일자와 동일

매일 19.01.27 (1), 19.01.28 (1), 19.01.29 (3) 〈광고〉

우미관 1월 24일자, 단성사 1월 26일자와 동일

매일 19.01.27 (3) 각 권면 기생 소복 각채(角釵)로 / 뒤한문 압헤 모인다

리티왕 뎐하쯰셔 흥거되신 후에 경셩니 각 권반의 기싱들이 대한문 압헤 모여서 망곡을 ㅎ엿다흠은 임의 보도ㅎ 바어니와, 그 뒤 한셩, 대졍, 한남, 경화의 각 권반 기싱들은 각기 *양목의 깃옷과 흑각 비녀 혹은 나무 비녀를 준비ㅎ야 금 이십칠일의 셩복날에 대한문 압흐로 모여가지고 망곡을 홀 터이라ㅎ더라.

매일 19.01.29 (3) 가무 음곡 정지 / 이십칠일부터 삼일 동안은 노릭와 춤과 음악을 못ㅎ다

리티왕 뎐하쯰셔 흥거ㅎ신데 딕ㅎ야 삼가 됴상ㅎㄴ 뜻을 표ㅎ기 위ㅎ야 이십칠일의 총독부령으로써 이십칠일부터 이십구일까지 사흘 동안 왼 됴션의 가무 음곡을 뎡지게 ㅎ얏ㄴ딕 리티왕 뎐하쯰셔 흥거ㅎ신 뒤로 오늘까지 됴션인 칙으로 말ㅎ면 이러흔 명령이 업슬지라도 소실상으로 노릭ㅎ고 춤츌 경황이 업셧스며 풍뉴를 가추고 질탕

히 놀 사람이 업셧슬 것이나, 젼긔의 삼일 동안으로 말ᄒ면 아죠 총독부의 명령으로 일반에게 뎡지식이ᄂ 날인즉 더욱이 졍슉ᄒ게 근신ᄒᄂ 뜻을 표ᄒ여야 홀 것이라.

매일 19.01.29 (3) 수원 기생의 성복(成服) 참례 / 깃옷에 집신으로
리티왕 뎐하ᄭ셔 의외에 훙거ᄒ옵신 일이 발포된 후 수원군 인사들은 물론이요 화류 계에서도 일졀 가무를 졍지ᄒ고 엄슉히 근신 중이던 바, 동군 이십여 명의 기싱들은 십칠일 성복에 참례키 위ᄒ야 깃당목의 소복과 나무 비녀를 쏫고 동일 오젼 팔시 슈원발 긔초로 즉힝ᄒ여 대한문젼에셔 망곡을 ᄒ얏더라. 『슈원』

매일 19.01.30 (1) 〈광고〉
단성사 1월 26일자와 동일

⊙ 공전의 대흥행
래 이월 일일브터 동 삼일ᄭ지 삼일간 주야 이회 개연
△ 해저육만리 전팔권
외(畏)컨디 대정 육년 일월 일일 체신성 누상(樓上)에서 태람(台覽)를 사(賜)ᄒ신 광영이 지극ᄒ 대사진으로 미국 유니바살 후이름 제조회사에서 촬영비 이백만원 작업종사원 이만인 촬영일수 이개년을 요(要)ᄒ 대걸작인바 사계(社界) 각 계급 각인에 대ᄒ야 각종각양의 흥미무진(無盡)ᄒ 실연인즉 차(此) 호기롤 일치 마시고 관람ᄒ시오.
△ 성탄제의 전야 전오권
△ 외(外)에 희극 해저이만소(海底二萬笑)
우미관 전화 이삼이육번

매일 19.01.31 (4) 〈광고〉
단성사 1월 26일자, 우미관 1월 30일자와 동일

매일 19.02.01 (1) 〈광고〉
우미관 1월 30일자와 동일

매일 19.02.01 (3) 〈광고〉

이월 일일브터 주야 삼일간 특별대흥행

미국 에사(社) 일대걸작 태사람(賜台覽)

◎해저극 **해저육만리** 전팔권

미국 유사(社) 부―루바―도 영사

◎인정극 **성탄제 전야** 전오권

◎희극 **해저이만소(海底二萬笑)** 전일권

입장료 일등 삼십전 군인 학생 소아 이십전

이등 오십전 군인 학생 소아 삼십전

삼등 칠십전 군인 학생 소아 사십전[5]

경성부 관철동 전화 이삼이육번 **우미관**

당(當)호 일월 삼십일일브터 사진 전부 차환

구주전쟁 전문(全聞)

미국 메로도 회사 대걸작

태서인정대활극 **사령관** 전오권

이태리 안뿌로지오 회사작

대활극 **신(新)사단** 전오권 오천척

기타 희극 활극

구(舊) 정월 일일브터 오일꺼지 주야 이회 개연

단성사 전화 구오구번

매일 19.02.02 (3) [연극, 활동사진]

▲ **단성사** 박승필 씨의 쥬관ᄒᆞ는 단성사는 구력 신년을 당ᄒᆞ야 ᄉᆞ진 젼부를 삼십일일부터 교환ᄒᆞᆫ 바 그 즁 ᄌᆞ미잇기는 구쥬전징을 박인 군소활극『ᄉᆞ령관』, 탐정대활극의『신사단』이라는 것이고 우슴거리는 짜푸링의 슐쥬정 등인디 정월일일부터 오일꺼지는 주야 두 번 기연 ᄒᆞᆫ다더라.

---

5) 좌석 등급과 금액이 바뀐 듯하다.

▲ 우미관『히져 륙만 마일』이라는 소진을 영소ㅎ다는더 바다 밋헤셔 활동ㅎ는 것과 잠항뎡의 습격 등 모다 볼 만ㅎ다더라.

매일 19.02.02 (3), 19.02.03 (4), 19.02.04 (4), 19.02.05 (4)〈광고〉
단성사 2월 1일자, 우미관 2월 1일자와 동일

매일 19.02.06 (4)〈광고〉
단성사 2월 1일자와 동일

이월 사일부터 사진 전부 차환
미국 유사 **실사주보 육십삼호** 전일권
◎미국 유사(社)
희극 **처의 미안술(凄의 美顔術)** 전오권
◎미국 유사
사회극 **허영의 녀(女)** 전오권
◎미국 유사
연속 **유령선** 십삼, 십사편 사권
악한 유령선 피격
경성부 관철동 전화 이삼이육번 **우미관**

매일 19.02.07 (4)〈광고〉
금일부터 사진 전부 교환
금야부터 세계적 명화 영사
미국 미유즛알 회사 대걸작 천활(天活)회사 동양일수권리부 세계적 연속대사진
모험극의 대왕 **해륙을 긍ㅎ야(海陸을 亘ㅎ야)**
천고(千古) 미증유의 대활극
대모험 대활극 **철도왕의 랑(娘)** (일명 헤렌의 모험)
전십오편 제일편 전사권, 삼십권 지내(之內) 제이편 상장
모험극계의 대왕 명여우(名女優) 헤레부-무 양 실연
단성사 전화 구오구번

우미관 2월 6일자와 동일

매일 19.02.08 (4) 〈광고〉
우미관 2월 6일자, 단성사 2월 7일자와 동일

매일 19.02.09 (3) 〈광고〉
단성사 2월 7일자와 동일

이월 구일부터 전부 차환

유사(社) 조-가 영화

◎ 희극 **근(根)구라베** 전일권

유사 네스다- 영화

◎ 희극 **순간의 용사** 전이권

유사

◎ 활극 **애(愛)의 지배** 전삼권

유사 부두바도 영화

◎ 인정활극 **수의 수(誰의 手)** 전오권

유사 연속대사진

◎ 모험활극 **유령선** 십삼, 십사편 사권

제십삼편 지하실, 십사편 흑장기사(黑裝騎士)

경성부 관철동 전화 이삼이육번 **우미관**

매일 19.02.10 (1) 〈광고〉
단성사 2월 7일자, 우미관 2월 9일자와 동일

매일 19.02.11 (4) 〈광고〉
당(當)호 이월 십일일브터 (화요일) 전부 신사진 제공

미국 시구날 회사 대걸작

세계적 연속대사진 헤렌의 모험

대모험 대활극 제이회 **철도왕의 랑(娘)** 전십오편 삼십권 내

제삼편 구사일생, 제사편 이신토위(以身兎危)

이태리 도리노-구로리아 회사 대작

태서활극 **창흔(創痕)** 전삼권 사십척

희극 **이인(二人) 독신자** 최대장척

태서활극 **일생현명(一生懸命)** 대웅편

단성사 전화 구오구번

우미관 2월 9일자와 동일

매일 19.02.13 (4), 19.02.14 (4) 〈광고〉

우미관 2월 9일자, 단성사 2월 11일자와 동일

매일 19.02.15 (3) 〈광고〉

이월 십오일부터 전부 차환

미국 유사(社)

◎ 실사 **주보 칠십사호** 전일권

미국 유사

◎ 희극 **용한(勇悍)한 하녀** 전일권

미국 유사 인푸

◎ 인정극 **공포한 일시간(恐怖한 一時間)** 전일권

미국 유사 밧다후라이

◎ 인정활극 **인? 야수?** 전오권

미국 유사 연속대사진

◎ 모험활극 **유령선** 십오, 십육편 사권

제십오편 위모의 가(詭謀의 家), 제십육편 혼의 결강청(婚의 結强請)

경성부 관철동 전화 이삼이육번 **우미관**

단성사 2월 11일자와 동일

매일 19.02.16 (4), 19.02.17 (3) 〈광고〉

단성사 2월 11일자, 우미관 2월 15일자와 동일

매일 19.02.18 (1) 〈광고〉

● 이월 십팔일(화요일)

전부 신사진 특별대흥행

미국 시구날 회사 대걸작

▲ 연속대모험 대활극 제삼회 **헤렌의 모험** 제오 · 제육편 전사권 상장

주임변사 서상호 득의 설명

시구놀 정차장의 대격투. 헤렌과 악한의 활동. 토직(兎職)을 당흔 쏘─지스롬 기후

(其後) 결과 하(何)?

이태리 셰리드쏜리스 회사 대작

▲ 태서대활극 **태고복귀(太古復歸)** 전오권 육천척

최종대, 최병룡 교대 설명

우(右)는 동경에서 연일연야의 대만원의 성황을 정(呈)흐던 공중왕 이상의 대활극

▲ 희극 **출운랑(出雲娘)** 일권

▲ 실사 **요방피서지권(凹妨避暑之卷)** 일권

(사진 장척에 대흐야 정오 후 칠시브터 영사홈)

경성부 수은동 전화 구오구번 **단성사**

우미관 2월 15일자와 동일

매일 19.02.18 (3) [활동사진]

금 십팔일부터 단성사 활동소진관에서논 림시 특별대흥힝으로 동경에서 열흘 동안 만원의 성황을 일우엇던 「틱고이 복귀」라는 소진과 쏘논 련속 헤렌의 점점 주미잇논 대활극과 기타 희극 실소를 영사흔다논디 관람료논 보통이라더라.

매일 19.02.18 (3) 〈광고〉

본일의 신사진 특별대흥행

◈ 연속결사 대모험 제삼 **철도왕의 랑(娘)** 제오 · 육편 사권

헤렌 호-무스 양의 대모험 대활동

◈ 태서대활극 **태고복귀(太古復歸)** 전오권

공중왕 이상의 대활극으로, 동경에서 연일연야의 대만원의 성황을 극(極)훈 대사진으로 금회 천활(天活)회사가 신규 촬영훈 것이옵.

특히 요금 보통 **단성사**

매일 19.02.19 (3), 19.02.20 (3) 〈광고〉

단성사 2월 18일자와 동일

매일 19.02.19 (4) 〈광고〉

우미관 2월 15일자, 단성사 2월 18일와 동일

매일 12.02.20 (1) 〈광고〉

● 이월 십팔일(화요일)

전부 신사진 특별대흥행

미국 시구날 회사 대걸작

▲ 연속대모험 대활극 제삼회 **헤렌의 모험** 제오 · 제육편 전사권 상장

스롬 기후(其後) 결과 하(何)?

이태리 셰리드쏘리스 회사 대작

▲ 태서대활극 **태고복귀(太古復歸)** 전오권 육천척

▲ 희극 **출운랑(出雲娘)** 일권

▲ 실사 **철방피서지권(凸妨避暑之卷)** 일권

경성부 수은동 전화 구오구번 **단성사**

우미관 2월 15일자와 동일

매일 19.02.21 (3) 〈광고〉

우미관 2월 15일자, 단성사 2월 20일자와 동일

매일 19.02.22 (1) 〈광고〉
단성사 2월 20일자와 동일

이월 이십이일부터 전부 차환
대활극 **흑륜조(黑輪組)** 전삼권
인정활극 **마상의 화(馬上의 花)** 전오권
희극 **기상제한기(氣象制限機)** 전일권
모험활극 최종편 **유령선** 전사권
제십칠편 대지뢰화(大地雷火), 제십팔편 비행기의 전투
상장 이래 이개월간 대호평을 박(博)흔 유령선은 본주(本週)로써 최종편이 되고 일
(一) 유령선의 선장이 유유(愈々) 기(其) 기괴흔 장속(裝束)을 탈(脫)홈.
경성부 관철동 전화 이삼이육번 **우미관**

매일 19.02.23 (4), 19.02.24 (4) 〈광고〉
단성사 2월 20일자, 우미관 2월 22일자와 동일

매일 19.02.25 (3) 〈광고〉
단성사 2월 20일자와 동일

매일 19.02.25 (4) 〈광고〉
우미관 2월 22일자와 동일

매일 19.02.26 (3) [활동사진]
단성사 활동사진은 이십오일부터 사진 전부를 교환흔 바, 지금 황금관에셔 밤마다
만원되는 사실덕 비극 눈물의 집이라는 것을 영사ᄒᆞᄂᆞᆫ 외에 악한의 운명이라는 탐뎡
대활극 오권을 영ᄉᆞ흔다ᄂᆞᆫ딕 눈물의 집은 ＊적이 되야 일직이 시작ᄒᆞ며 ᄉᆞ흘 동안만
ᄒᆞ고 갈어바린다더라.

매일 19.02.26 (3) 〈광고〉
이십오일부터 이일간 임시 특별대흥행

● 황금관주(主) 황목대조(荒木大助) 각색

군국(軍國) 사실비극 **루의 가(淚의 家)**전오권

주임변사 서상호(徐相浩)[6] 등의 설명

차(此) 가련흔 사실극에 의ㅎ야 루(淚)는 전시(全市)에 만(滿)ㅎ야 모다 우름 천지가 됨.

탐정대활극 **악한의 운명** 전오권

기외(其外) 희활극 수종

◈ 목하 황금관에셔 매야 대만원인 중에 인기 비등흔 사실극을 보시오

▲ 래 금요일부터 교환될 사진은 하(何)???

특히 요금 보통 **단성사**

매일 19.02.26 (4) 〈광고〉

● 이월 이십오일브터(화요일) 사진 전부 교환

대골계 **기괴한 충돌** 최장척

군국사실비극신파 **루의 가(淚의 家)**

미국에 위손 회사 대작

태서탐정대활극 **악한의 운명** 전오권 육천척

금반(今般)은 이월 이십칠일ㅆ지 삼일간만 차(此) 사진을 흥행ㅎ압고 이십팔일 금요일 사진 전부 교환을 흠니다.

경성부 수은동 전화 구오구번 **단성사**

우미관 2월 22일자와 동일

매일 19.02.27 (1) 〈광고〉

초일(初日)

만원어례(滿員御禮)

대호평의 「**루의 가(淚의 家)**」는 금(今) 이십칠일ㅆ지 영사

단성사

---

6) '徐相昊'의 한자 오식임.

단성사 2월 26일자, 우미관 2월 22일자와 동일

매일 19.02.28 (3) 〈광고〉

본일부터 연속대공개

대호평의 헤렌 모험

제사(第四) **철도왕 랑(娘)**

(익익[益々] 가경[佳境]에 입[入]흠)

불국(佛國) 에구렌 회사 특작품

▲ 천하일품 대영화 원명 **흑대장(黑大將)** (정당혼 징벌)

차(此) 흑대장은 천활(天活)회사 권리부로 호한 장쾌홈과 용약분투의 희대적 활동은 권권(卷々)히 박수 상찬홀 천하일품의 후이룸[7]이오니, 일차 어람(御覽)ㅎ시고 평판(評判)ㅎ시기를 걸(乞)홈니다

단성사

매일 19.02.28 (4) 〈광고〉

●이월 이십팔일(금요일)

사진 전부 교환 특별 공개

⊙ 대골계 **돈의 고미(豚의 尻尾)** 전일권

⊙ 실사 **스잇주란드** 전일권

헤렌의 결사적 대모험

▲ 제사(弟四) **철도왕의 랑(娘)** 제칠, 팔편 상장

◈ 천하일품 대대활동 **흑대장** (정당혼 징벌) 전오권 육천척

흑대장은 불국 에구렌 회사 특작품으로 천활회사 권리부 대사진인바, 활동계 초유의 대영화이오니 애활가(愛活家) 제씨는 일차 어람(御覽)ㅎ신 후 평판(評判)ㅎ심을 걸(乞)홈니다.

천활(千活)[8]회사 특약 전화 구오구번 **단성사**

---

7) 'film'의 독음 표기.

8) 天活의 오식임.

이월 이십팔일부터 전부 차환

미국 유사(社) 바이승 영사

◎ 활극 **만용(蠻勇)** 전이권

미국 유사(社) 밧다-후라이 영사

◎ 정극 **여역자(女易者)** 전오권

미국 유사(社) 우-사루 회사

◎ 군사탐정 **장군의 자(子)** 전오권

삼월 일일, 이일 주야 삼회 치후(致侯)

제일회 오전 십시부터 일시흘(一時迄)[9]

제이회 오후 이시부터 오시흘(五時迄)

제삼회 오후 칠시부터 십일시반흘(十一時半迄)

경성부 관철동 전화 이삼이육번 **우미관**

매일 19.03.01 (1), 19.03.02 (2) 〈광고〉
우미관 2월 28일자, 단성사 2월 28일자와 동일

매일 19.03.02 (3) 〈광고〉
단성사 2월 28일자와 동일

매일 19.03.03 (3) 활동사진 촬영은 절대로 불허 / 오히후지 마라
국장의 비관에 관흔 경성부의 쥬의사항 중, 뎨 팔항에 활동사진을 위흐야 사진을 박이는 자는 특히 허가를 맛흔 자에 한흔다고 흐여서 혹 활동사진을 허가흐는 일도 잇는 것 갓치 되얏스나 이번 국장에 대흐야는 일톄 활동사진을 허가치 안이흐얏스며 당쵸부터 절더로 허가치 안이홀 방침이라더라.

매일 19.03.03 (4) 〈광고〉
봉도(奉悼)[10]

---

9) '迄'은 '까지'라는 뜻임.

10) 존경하는 이의 죽음을 애도하는 것을 가리키는 말로, 여기서는 고종의 죽음을 애도.

경성 다옥정(茶屋町) 일칠칠 번지
대정권번기생일동
전화 이구구이번

봉도(奉悼)
경성 삼각정 사번지
경화권번기생일동
전화 이구육팔번

매일 19.03.07 (2) 〈광고〉

● 삼월 칠일(금요일) 사진 전부 교환
이대 명화 제공!!!
이태리 바스구알 회사 신규 대촬영
⊙ 태서일대사극 **사란보** 최장 칠권
차(此) 라마(羅馬)[11] 중고시대의 일대 사극을 견호시오. 여하(如何)흔 사실이 제군 목
전에 전개홀느지 사란보은 하인(何人)인지. 칠권 사진이 설명할 듯.
⊙ 희극 **탐정 소아**
⊙ 희극 **문번(門番) 쏫간**
미국 시구날 회사 대작 세계적 연속대사진
⊙ 제오회 **헤렌의 모험**
전십오편 삼십권지내(之內) 제구편, 제십편 화염중에 헤렌의 돌진. 사권 상장
천활회사 특약 전화 구오구번 **단성사**

삼월 칠일부터 전부 차환
미국 유사(社) 특작
인정극 인생의 춘(春) 전오권
미국 유사 특작

---

11) 로마의 한자 표기.

활비극 **죄의 보(報)** 전오권

미국 유사 바이슨

활극 **보은** 전삼권

미국 유사 율고

희극 **연적(戀敵)** 전이권

실사 **유사 주화보** 전일권

사진 장척인 고로 시간의 경우에 의호야 증감도 흠.

경성부 관철동 전화 이삼이육번 **우미관**

매일 19.03.08 (3), 19.03.09 (1), 19.03.10 (3), 19.03.11 (1), 19.03.12 (4) 〈광고〉
우미관 3월 7일자, 단성사 3월 7일자와 동일

매일 19.03.11 (3) 지나 뎨일의 유명흔 녀비우[12]

지나에셔 뎨일가는 유명흔 비우 미란방(梅蘭芳)은 일본에 간다는 소문이 작년부터 여러 번 잇셧더니 이번에 대창(大倉) 남작과 만텰회사 『 * *』 부자의 주션으로 금월 말에 출발호야 수월에 동경 뎨국 국쟝[13]에셔 기연을 흐기로 결뎡되얏는디, 미란방은 어려셔부터 출텬흔 지죠가 잇셔셔 여섯살 쎄에 소년 미란방은 텬하에 일흠이 놉핫스며, 지금 이십팔세 혈긔가 왕셩흔 쳥년으로 그 아름다운 용모 풍치는 텬하의 절식으로 흐여금 붓그럽게 흐며 랑々흔 목소리와 몝시잇는 지죠는 지나 스빅여주의 연예샤회에 독판이라. 이번에 그 안히와 부하 삼십인을 다리고 일본으로 갈 터인디 동경에셔 흥힝홀 보수는 오만원이라 하며 미국에셔는 륙십만원을 * 닉이고 다려갈 계획이 잇다는 말이라. 우에 잇는 사진은 미란방의 화쟝치 안이혼 평소의 사진이고 아리는 동경에 가셔 최쵸에 흥힝홀 션녀가 쏫흘 헛치는 연극의 사진이라.

▲ 매란방의 사진

---

12) 매란방은 여배우가 아닌데, 여배우로 표기됨. 오기.

13) 극장의 오식.

매일 19.03.13 (3) 〈광고〉

보시요!! 보시요!!

광무딕에서 구연극을 확댱ᄒ고 일등 명창 김챵환 일힝을 불너다가 오날밤부터 츌연
ᄒ오며 ᄯ 단성사에도 김챵환을 격일ᄒ야 보니여 츌연케 ᄒ오니, 이극이활가 졔씨는
차々 광무딕 구연극의 확댱을 보시게 되엿고 ᄯ 단성사의 활동亽진도 타관에 비ᄒ야
우수ᄒ 것은 확실히 증명ᄒ곗습니다.

삼월 십이일

광무대 단성사 주(主) 박승필 근고(謹告)

매일 19.03.13 (4) 〈광고〉

단성사 3월 7일자와 동일

삼월 십삼일부터 전부 차환

미국 유사(社) 연속대사진

괴의적(怪異的) 대활극 **수혼(獸魂)** 전팔권

미국 유사 바이슨

활희극 **기고ᄒ 적(氣高ᄒ 賊)** 전이권

미국 유사 비구다

희극 **간신히 생존홈** 전일권

미국 유사

쏜지 **철방 산양의 권(凸坊 山羊의 卷)** 전일권

미국 유사

실사 **보은** 제육권, 십팔호 전일권

수혼(獸魂) 상방(上坊) 중, 보국사진 공(共) 오일간 영사

경성부 관철동 전화 이삼이육번 **우미관**

매일 19.03.14 (4) 〈광고〉

단성사 3월 7일자, 우미관 3월 13일자와 동일

매일 19.03.15 (3) 〈광고〉

광무대 3월 13일자, 우미관 3월 13일자와 동일

당 삼월 십사일(금요일)부터
●특별대사진 제공
희극 **음악광**
운반의 식(運搬의 食)
대모험 결사적 대촬영
연속 **철도왕의 랑(娘)** 제육회 십일편 팔권 상장
화란 아무스될담[14] 회사작
사회극 **선상(船上)의 비밀** 전사권 오천척(원명 북해의 난파선)
무비(無比)의 대비애극이라
천활회사 특약 전화 구오구번 **단성사**

매일 19.03.16 (3), 19.03.17 (1) 〈광고〉

우미관 3월 13일자, 단성사 3월 15일자와 동일

매일 19.03.18 (1) 〈광고〉

단성사 3월 15일자와 동일

삼월 십팔일부터 전부 차환
실사 유니바살 **주보 칠십칠호** 전일권
미국 유니바살 회사작
연속 괴기적 대활극 **수혼(獸魂)** 전삼십권 내 오편으로 팔편ᄭ지
본편 중 주요 활약 배우
각색자 구레ㅡ스 기유ㅡ나ㅡ도 양, 촬영감독 후란시스 · 후오도 씨
미국 유사 바이슨 영사

---

14) '암스텔담'을 의미.

대활극 산언(山彦) 전삼권

경성부 관철동 전화 이삼이육번 **우미관**

매일 19.03.19 (4), 19.03.20 (1), 19.03.21 (1)〈광고〉

단성사 3월 15일자, 우미관 3월 18일자와 동일

매일 19.03.22 (1) 〈광고〉

당(當) 삼월 이십일일부터(금요일) 사진 전부 교환

불국(佛國) 삭＊스 회사작

태서탐정대활극 **수상비행기** 전삼권 삼천척

미국 시구날 회사 걸작 세계적 연속대사진

연속 최종편 **철도왕의 랑(娘)**

전십오편 삼십권지내(之內) 제십삼편, 제십사편, 제십오편 육권 상장

미국 가렘 회사작

태서활극 **소년 기관사** 전일권

인형극 **마법린촌(魔法隣寸)** 전일권

태서희극 **구락(驅落)의 실패** 전일권

천활회사 특약 전화 구오구번 **단성사**

매일 19.03.22 (4) 〈광고〉

우미관 3월 18일자와 동일

매일 19.03.24 (1) 〈광고〉

단성사 3월 22일자와 동일

삼월 이십삼일부터 사진 전부 차환

미국정부 위탁 영화

실사 **금준광작업(金浚鑛作業)** 전일권

독일 곤지비달 회사작

탐정극 **흑삼각** 전사권

미국 유니버살 회사작

연속 **수혼(獸魂)** 구 · 십 · 십일 · 십이편

본편 중 주요활약 배우

각색자 구레-스 기유-나-도 양, 촬영감독 후란시스 · 후오도 씨

경성부 관철동 전화 이삼이육번 **우미관**

매일 19.03.25 (1), 19.03.26 (1), 19.03.27 (4), 19.03.28 (3) 〈광고〉

우미관 3월 24일자와 동일

매일 19.03.25 (3) 〈근고(謹告)〉

단성사 활동과 광무대 구극＊ 아즉 개연 일자의 예정이 업시 금일부터 무기 휴연ᄒ
읍기 근고(謹告)홈닛다

대정 팔년 삼월 이십사일

19.03.27 (3) 단성사 부근에 방화 / 불은 붓기 젼에 껏다 / 범인은 엿쟝수이다

이십오일 오후 여섯시 반에 동구안 단성사 근쳐 엇던 집에 솔입을 만히 싸아노코 불
을 노은 쟈가 잇셧는디, 경게키 위ᄒ야 부근을 슌찰 즁이던 경관은 얼는 현장에 가셔
소화에 로력ᄒᄂ 동시에 범인을 현쟝에셔 테포ᄒ엿더라. 그 범인은 엿쟝수인디 그
품속에는 이십원의 큰 돈을 가졋슴으로 그 돈의 출쳐 기타에 디ᄒ야 목하 엄즁 취됴
즁이더라.

19.03.29 (3) 연극장에셔 만세 / 평양에셔도 이런 일

거 이십＊일 평양 연극장에셔도 엇던 사람이 돌연이 틱극긔를 니여 들고 만세를 크게
불음으로 일반 관람쟈＊ 이에 응ᄒ야 갓치 만셰를 부르며 또 연극장 밧그로 나와셔
시가를 진＊＊하며 만셰를 부르는 즁에 즉시 경챨의 체지로 무사이 희산되엿더라.

매일 19.03.29 (4) 〈광고〉

삼월 이십구일부터 사진 전부 차환

미국 유니버살 회사작

연속 모험대활극 종편 **수혼(獸魂)** 육권

미국 유니버살 회사작

대활극 **마의 수(魔의 手)** 육권

미국 유니버살 회사작

실사 **마가진 삼십칠** 일권

당분간 야간을 폐ᄒ고 주간 개연홈.

일본 변사 설명

입장료 일등 삼십전 이등 이십전 삼등 십전, 군인 학생 소아 각등 반액

경성부 관철동 전화 이삼이육번 **우미관**

매일 19.03.30 (4), 19.03.31 (4), 19.04.01 (1) 〈광고〉
우미관 3월 29일자와 동일

매일 19.04.02 (3) 활동사진으로 저금장려 / 톄신국의 시계칙 / 그림온 특제이다
톄신성에셔는 져금 쟝려를 ᄒ기 위ᄒ야 활동사진과 져금 표어 모집(貯金標語募集)등 여러 가지의 방법을 강구ᄒ는 중인디, 됴션은 닉디에 비ᄒ야

◇ 일반 인민의 부력이 오히려 부족홈으로 닉디와 갓튼 쟝려법을 강구ᄒ야도 별 효력이 업다 ᄒ고 일부의 아직 일으다고ᄒ는 쟈도 잇스나, 근리 지계의 호황에 쌀아서 일반의 수입이 쟈연히 증가되야 얼마쯤 여유가 잇게 되얏슴으로 톄신국에셔는 일반 됴션인에 디ᄒ야

◇ 져금 사상을 보급케 홀 차로 러년도브터는 활동사진을 순회흥힝ᄒ기로 되야 목하 협의 중인디, 닉디인과는 풍속과 습관 등이 셔로 달은 것도 잇고 닉디에셔 사용ᄒ는 필름으로는 도뎌히 져금 사상을 환기ᄒ게 될는지 안이 될는지 의문이오, 이져음 특히 됴션인에게 소용될 필름을 * 영ᄒ면 엇더홀는지 ᄒ는 의향도 잇는지라. 만일

◇ 이러케 된다 ᄒ면 다소간 귀치 안은 일도 잇슬는지 알수 업스나 그러타고 큰 문뎨가 될 것은 업슴으로 톄신국에셔는 필연코 이것을 실힝홀 심산이라고 당국은 말ᄒ더라.

매일 19.04.02 (4) 〈광고〉
사월 삼일부터 사진 전부 차환

실사 **마가진 삼십칠호** 전일권

미국 유사(社) 적우극(赤羽劇)

인정극 **철의 완(鐵의 腕)** 전오권

미국 유니버살 회사작

대활극 **마의 수(魔의 手)** 육권

당분간 야간을 폐ᄒ고 주간 개연흠

일본 변사 설명

입장료 일등 삼십전 이등 이십전 삼등 십전 군인 학생 소아 각등 반액

경성부 관철동 전화 이삼이육번 **우미관**

매일 19.04.03 (2), 19.04.05 (4) 〈광고〉

우미관 4월 2일자와 동일

매일 19.04.03 (3) 소요사건의 후보(後報) / 安城(안셩) 기싱들도 만세

삼십일일 오후 네시쯤되야 안셩죠합 기싱 일동이 만세를 부르며 시위운동을 시작ᄒ 미, 안셩부늬 각쳐에셔 일시에 쇼동되야 군즁 쳔여 명과 갓치 연합ᄒ여 긔를 일졔히 들고 군청과 경찰셔와 면사무쇼에 드러가셔 만세를 부르고 그로부터 동이동산에 올 나 일졔히 구한국 틱극긔를 들고 산이 진동ᄒ도록 쇼동흔 후에 안셩부늬 일동을 방 방곡곡히 도라단이면셔 고셩으로 만세를 부르다가 오후 여셧시경 진뎡된 모양인 듯 ᄒ더니, 그날 밤 일곱시 반쯤되여 다시 소동이 시쟉되여 군즁 약 삼쳔 명이 각각 등 에 불을 켜들고 쇼동을 ᄒ미, 읍늬 면장 민영선 씨가 보통학교로 집합케ᄒ고 곡진흔 셜명을 ᄒ여 즉시 히산케 ᄒ얏더라. 『안셩분국통신』

매일 19.04.05 (1) 〈광고〉

사월 오일부터 대영화 공개

◈ 태서탐정 대대활극 **뿌로데아** 전육권

◈ 대비극 **해의 을녀(海의 乙女)** 전오권

가라이루 쑤라쿠엘 씨, 도리스 건온 양 주연

고도(孤島)의 유령은 희대의 미인

실로 근대미문(近代未聞)의 대비극

▲ 대골계 **숙녀의 안(眼)** 기타

차회(次回)의 연속대사진을 대(待)ᄒ시오.
천활(天活)회사 특약 전화 구오구번 **단성사**

매일 19.04.05 (3) 소요사건의 후보(後報) / 황ᄒ도 / 기ᄉᆼ이 소동

ᄉ월 일일 오후 이 시경에 ᄒ주 기ᄉᆼ 일동이 종로에 ᄒ집ᄒ야 독립만세를 부르며 남문으로 나가서 훈련마당에서 약 오 분간 만세를 불으며 이천여 명의 군중이 모여 만세를 부르고 기ᄉᆼ은 다시 동문으로 드려가 종로에서 일장 연셜을 ᄒ고 다시 서문으로 향ᄒ다가 슌사가 츌동ᄒ야 기ᄉᆼ ᄒ즁월, 벽 * , 월희, 향희, 월션, 화용, 금희, 치수, 기타 남자의 김명원 외 오인을 검거ᄒ고 ᄒ산ᄒ엿다더라.

매일 19.04.05 (3) 〈광고〉

금(今) 오일부터 단성사에서 개연홈

매일 19.04.06 (1), 19.04.07 (2), 19.04.08 (3)〈광고〉

우미관 4월 2일자, 단성사 4월 5일자와 동일

매일 19.04.09 (1) 〈광고〉

단성사 4월 5일자와 동일

사월 구일부터 사진 전부 차환
대대활극 **존, 아민** 전오권
후란시스 후오도 씨 출연
미국 유니버살 회사작
연속 괴이적(怪異的) 대활극 **수혼(獸魂)** 종편(終編) 육권
각색자 구레—스 기유—나—도 씨
미국 유사(社) 작
희극 **초수브터 악(初手브터 惡)** 전이권
당분간 야간을 폐ᄒ고 주간 개연홈
일본 변사 설명
입장료 일등 삼십전 이등 이십전 삼등 십전, 군인 학생 소아 각등 반액

경성부 관철동 전화 이삼이육번 **우미관**

매일 19.04.10 (1), 19.04.12 (4) 〈광고〉
단성사 4월 5일자, 우미관 4월 9일자와 동일

매일 19.04.11 (1), 19.04.13 (3) 〈광고〉
우미관 4월 9일자와 동일

매일 19.04.11 (2), 19.04.13 (2) 〈광고〉
단성사 4월 5일자와 동일

매일 19.04.14 (1) 〈광고〉
당 사월 십이일브터(토요일)
특별대흥행
불국 파데 본사 특작품 **생호(生乎)아! 식호(食乎)아!**
인생이 살기 위ᄒ야 먹는지 먹기 위ᄒ야 사는지 차세(此世) 인간이 여사(如斯)이 심령
처절(沈嶺凄絕)호 죄악을 범ᄒ여야 ᄒ는지. 천하일품
현대사회 이면사
◆ **죄의 면영(面影)** 전오권 육천척
미국 단워-자 회사 특작품
대비극 **연외지연(緣外之緣)** 전오권 육천척
기타 실사 희극
천활(天活)회사 특약 전화 구오구번 **단성사**

우미관 4월 9일자와 동일

매일 19.04.14 (3) 〈광고〉
● 춘계특별대흥행
태서인정대비극 탐정대대＊활극(서상호의 열변과 ＊＊＊을 ＊ᄒ야)
◆ 천하일품 **죄의 면영(罪의 面影)** 최장 오권

본사진은 조선에서 처음 영사ᄒᆞᄂᆞᆫ ＊＊＊영화이라는 호평＊＊＊＊＊이음.

인생의 최대비극

◆ 유루(流涙)의 결정인 **연외의 연(緣外의 緣)** 전오권

차(此) 사진은 일대 귀감될 호(好) 영화이라 자초지종 취미진진(津々)ᄒᆞᆫ 비희극!

▲ 금회에 한ᄒᆞ야 특히 보통요금으로 어람(御覽)에 공(供)ᄒᆞᆷ

래 금요에 상장ᄒᆞᄂᆞᆫ 대여흥은 하(何)?

사월 십삼일 **단성사**

매일 19.04.15 (3) 〈광고〉

◁대호평▷

초일 이래 연야(連夜) 대만원

대비극 **죄면영(罪面影)**

＊자(＊者)에 상장ᄒᆞ야 여러분이 우시던 『루의 가(涙의 家)』 이상의 비극으로 실로 웅대ᄒᆞᆫ 영화올시다

특별흥행 **단성사**

매일 19.04.15 (4) 〈광고〉

단성사 4월 14일자 1면과 동일

사월 십오일부터 사진 전부 차환

미국 유사(社) 고급 청조(靑鳥) 영화

인정극 **부의 죄(父의 罪)** 전오권

미국 유사 바이슨

활극 **허영의 계(戒)** 전이권

미국 유사 바이슨

활극 **호한(好漢)** 전이권

기타 실사 희극 등

경성부 관철동 전화 이삼이육번 **우미관**

매일 19.04.16 (3), 19.04.17 (1)〈광고〉

단성사 4월 14일자, 우미관 4월 15일자와 동일

매일 19.04.18 (3) 연극과 활동사진

▲ **단성사** 특별흥힝으로 십이일부터 대비극 「죄의 면영」, 「연외의 연」 기타를 영사ㅎ야 오ㄴ디 십팔일부터는 전부 교환홀 터.

▲ **광무디** 십칠일부터 남녀 비우단을 불너다가 의힝ㅎㄴ디 그 즁 아홉 살된 아히의 긔묘ㅎ 지됴가 만흐며 김창환도 와셔 독창ㅎ다더라.

▲ **우미관** 십오일부터 교환ㅎㄴ바 「부의 죄」, 「허영의 계」 기타로 영사 즁이요.

매일 19.04.18 (3) 〈광고〉

단성사 4월 14일자와 동일

매일 19.04.18 (4) 〈광고〉

우미관 4월 15일자와 동일

매일 19.04.19 (2) 〈광고〉

◀サクラヒール[15] 후원▶

금(今) 십구일부터 개연

アルゴーニ[16]　일행

이국(伊國) オペラ[17]단(團) 래(來)

활동사진 フロクラム[18]

◆ 세계 최고급 영화 장관!! 장관!!

대사회극 **홍청의 삼(虹晴의 森)** 전오권

◆ 태서대탐정극 특별영화 **천벌?** 전사권

---

15) 사구라 맥주.

16) 아루고니.

17) 오페라.

18) 프로그램.

◆ 천활(天活) 비장의 명화(名畵) 골계희극 **여관 소동**
◆ 구리스지-회사 걸작 니루반스 출연 골계활극 **정주(亭主)의 실패** 이천척

대여흥
チエザリー¹⁹⁾ 급(及) ケーテー²⁰⁾양
(一) 구주(歐洲) 생수(生粹)의 ダンス²¹⁾
エドワード²²⁾ 씨
(二) 기기일발(奇機一髮)의 곡예
アルゴーニ씨 외 수명
(三) 일행 독특(獨特)의 희극
ルドロフ²³⁾ 급(及) エドワード 양 씨
(四) 특의의 경재(特意의 輕才)
アルゴーニ 씨 인솔
(五) 견(犬) 음식허알어늬는 수종(數種)
(六) 견(犬)의 특의(特意)의 ダンス
(七) 단원 총출의 オペラ극
입장료 일등 칠십전 이등 오십전 삼등 삼십전
단성사

매일 19.04.19 (3) 단성사 특별 흥행 / 텬연식 사진과 『오폐라』
단성사 활동사진관에셔는 금 십구일부터 스진 전부를 교환하고 세계 최고급 영화되
는 사진 몃 가지를 특히 영사하는 동시에 스구라 쎄루²⁴⁾ 후원하에 이번 시로 나온 이
틱리 남녀 오폐라단 일힝을 불러다가 대여흥을 기시하기로 작뎡된 바, 스구라 쎄루
회사에셔는 듸문밧게 문＊쑴여 셰우고 그 무딕도 일신히 쑴엿다는딕, 뎨일 여흥 중에

---

19) 치에자리.
20) 케티.
21) 단스(댄스).
22) 에드워드.
23) 루돌프.
24) 맥주.

볼만혼 것은 기 두머리가 남녀복식을 ᄒ고 셔양 츔츄는 것이요, 오식의 면기를 빗최여 셔양 츔츄는 것과 기타 수종인 바, 입장료는 일등 칠십젼, 이등 오십젼, 삼등 삼십젼으로 올니엿는딕 일직이 가지 안으면 만원이 되야 공환되리라더라.

매일 19.04.19 (4), 19.04.20 (4) 〈광고〉
단성사 4월 14일, 우미관 4월 15일자와 동일

매일 19.04.20 (3) 〈광고〉
단성사 4월 19일자와 동일

매일 19.04.21 (1) 〈광고〉
우미관 4월 15일자와 동일

매일 19.04.21 (3) 단성사의 호평
대여흥 이티리 『오페라』단 일힝이 단성샤에셔 츌연혼다는 말이 나미 한번 구경키 원ᄒᄂ 샤람들이 쳐음 시작ᄒ던 날, 즉 십구일 밤 *시부터 구경군이 드러밀리기 시작ᄒ야 여덜시가 넘어셔부터 ᄋ러위 층이 모다 만원이 되야 입장표ᄭ지 팔지 못ᄒᄂ 셩황을 일우엇* 부인셕에는 기싱이

▲ 사쿠라맥주 후원 이탈리아 오페라단 공연 광고사진

총츌ᄒ야 구경ᄒᄂ 것은 더욱 번화ᄒ엿더라. 그런딕 그 일힝의 여흥은 참으로 볼만혼 것이 만어셔 박수갈치가 이루 말할 수 업셧다더라.

매일 19.04.21(4) 〈광고〉
사월 이십일 연속 특별 공개
세계 최고급 영화
미국 뉴육(紐育)[25]에서 특별 흥행 오십일간 혼 대사진
●대사희극 홍쳥의 삼(虹晴의 森) 전오권

구리스지 – 회사 걸작

◆골계활극 **여관주의 실패** 전이천척

이태리 오쎄라단 일행 장관 쾌절 무비(無比)의 묘기

천활회사 특약 전화 구오구번 **단성사**

매일 19.04.22 (4) 〈광고〉

사월 이십이일부터 사진 전부 차환

실사 **주화보 九九호** 전일권

희극 **병원에 인월(引越)** 전이권

미국 유사(社) 밧다후라이 영화

하리게리 출연

인정활극 **거의 명수(譽의 名手)** 전오권

이주자와 가축사의 참담훈 전쟁. 차(此) 전쟁으로 서부 역사를 심홍(深紅)으로 채(彩)

훈 일장(一章)

미국 유사 쏠도실 영화 활극 **탄환형의 금혼(彈丸形의 金魂)** 전오권

육혈포의 탄환형으로 된 금혼의 행위불명에서 생(生)훈 대활극

경성부 관철동 전화 이삼이육번 **우미관**

단성사 4월 21일자와 동일

매일 19.04.23 (3) **오쎄라단 석별 여흥**

단성샤에서 미일 밤 출연ᄒ는 이털이 오쎄라단 일힝은 금 이십삼일로써 마지막 여흥을 ᄒ고 가겟슴으로 그 단에 쥬인되는 『알코니』 씨ᄂ는 단 일동을 독려ᄒ야 오늘밤은 이왕에 하지 안튼 긔묘훈 여흥을 출연ᄒ야써 석별의 뜻을 표홀 터이라ᄂᆞ디 구경코져 ᄒ느나ᄂᆞ는 오늘밤이 정작 마지막으로 볼 만훈 놀이더라.

---

25) 뉴욕.

매일 19.04.23 (4), 19.04.25 (1) 〈광고〉

단성사 4월 21일자, 우미관 4월 22일자와 동일

매일 19.04.24 (1) 〈광고〉

우미관 4월 22일자와 동일

매일 19.04.24 (3) 매란방(梅蘭芳) 일행 / 이십삼일 밤 도착

지나의 유명흔 비우 미란방 일힝 삼십 명은 이십삼일 오전 칠시 십분 안동역발 렬챠
로 남하호얏더라. (안동면보)

매일 19.04.24 (4) 〈광고〉

단성사 4월 21일자와 동일

매일 19.04.25 (3) 쳐녀 곳흔 매란방 / 쏫갓치 아름답고 쳐녀갓치 얌잔흔 미란방과 이약이홈

한번 우스면 만고의 봄, 한번 울면 만고의 근심. 예로부터 이러흔 가인이 잇셧더냐
업셧더냐 호는 것이 지나 사람들의 미란방을 칭찬호는 말이라. 그 미무흔 얼골과 령
롱흔 지죠를 자랑호는 절듸 가인의 일힝 이십구 명이 니디를 향호고 드러가는 길에
이십삼일 밤

◇ 경성을 통과호얏다. 긔쟈는 경의션 한포역에서 그 일힝을 마져 챠 안에 그를 방문
호니 그는 일등실 한편에 그의 부인과 마죠거러 안졋더라. 그는 옥 갓흔 얼골에 쳐녀
와 갓치 붓그러온 틔도를 머금고 말호여 왈『제가 일본을 드러가는데 디호야 여러분
쯰셔 호의를 베푸심은 디단히 감사홉늬다. 그러나 져의 지죠가

◇ 여러분쯰셔 바라시는 바에 만족히 호야 드릴는지 념려가 됩니다. 제가 이번에 려
힝호는 것은 첫지는 일본의 연극을 연구호랴 홈이오, 둘지는 일본을 구경호랴홈이오,
셋지는 우리의 예슐을 처음 보시는 것이니짜, 되나 안이되나 구경을 식혀드리고쟈
함인즉, 우리의 예슐이 여러분의 바라시는 바에 디호야 만족치 못홀지라도 동정을
호야 쥬시기를 바람니다』호고

◇ 그 일힝 중의 심항(沈恒) 씨를 통역식히여셔 디답을 호며 텬녀산화(天女散花)라는
가본을 지은 제종강(齊宗康) 씨는 호를 여산(如山)이라 일컷는디, 말호야 가로디『미

란방의 일힝이 이번 도일을 ᄒᆞᄂᆞᆫ 것은 지작년에 딕창(大倉) 남작이 북경에 왓슬 ᄯᅢ부터 루챠 권ᄒᆞ얏스며 미란방도 일본의 연극과 풍경을 구경코자 ᄒᆞ얏섯습니다. 나도 셔양 각국의 연극은 친히 연구ᄒᆞ얏스나

◇ 일본의 연극은 지금ᄭᅡ지 구경도 못ᄒᆞ얏슴으로 이번에ᄂᆞᆫ 할 수 잇ᄂᆞᆫ딕로 일본의 연극을 연구ᄒᆞ야 북경에 도라가서 즉시 연구ᄒᆞᆫ 결과로 각본을 지어서 연극을 ᄒᆞ랴고 성각ᄒᆞᆷ니다. 두말홀 것 업시 이번에 도일은 일본의 연극을 연구홀 목뎍이외다』하며, 일힝의 안닉쟈인 촌뎐자량(村田孜郎) 씨ᄂᆞᆫ 말ᄒᆞ되『미란방이가 북경에셔 ᄯᅥ날 ᄯᅢ에 약

◇ 일쥬일 동안이나 공소 방면의 젼별연이 잇섯스며 북경 연극계ᄂᆞᆫ 일시 빗을 일흔 모양이외다』미란방 군은 피곤ᄒᆞᆫ 얼골에 항상 미소를 ᄯᅴ고 우리의 말을 듯고 잇스며 그의 아름다온 머리ᄂᆞᆫ 한가운디를 갈낫스며 여자의 모양 갓흔 화사흔 몸에ᄂᆞᆫ 검은 빗탕에 가는 흰줄이 잇ᄂᆞᆫ 겨울 양복을 입고 넥타이에ᄂᆞᆫ

◇ 콩만흔 진쥬로 만든 빈을 ᄭᅩ잣고 오인[26] 손 무명지에ᄂᆞᆫ 찬란흔 금강셕 반지를 ᄭᅵ엿스며 부인은 록식 웃옷에 흑람식 치마를 입고 죠그만 발을 힘업시 ᄲᅢᆺ고 챠멀미에 못 건디여서 정신업시 안졋더라. 미란방군은 이십 * 세요 부인 왕 씨ᄂᆞᆫ 이십칠인디 부인은 엇더흔 복이 잇셔서 절셰의 미남자와 무쌍흔 예술가이며 더욱이 안히를 잘 사랑ᄒᆞᄂᆞᆫ 미란방 군을 소텬으로 셤기ᄂᆞ냐고 부러워서 탄식ᄒᆞᄂᆞᆫ 소릭가 챠실 안에셔 누구의 입에셔진 나오더라.

매일 19.04.26 (1) 〈광고〉

사월 이십오일 특품 공개

불국(佛國) 다ー도 회사 특작

◆탐정대활극 **철가면** 전오권

(차 사진은 천하일품의 호(好)영화)

◆희극 **군인자원(軍人自願)** 전일권

포복절도! 기기괴괴!

◆대골계희극 **신혼의 야(夜)** 최장 이권

---

26) '왼'의 오식일 듯하다.

●대여흥

이태리 오쎄라단 일행

래 삼십일꺼지 오일간 특히 보통요금으로 관람에 공(供)흠

천활(天活)회사 특약 전화 구오구번 **단성사**

우미관 4월 22일자와 동일

매일 19.04.26 (3) [활동사진]

▲ **단셩사** 이십오일부터 소셜로 유명ᄒ고 주미잇는 대탐정극『텰가면』을 영수ᄒᄂ는 외 희극 삼권이 잇고 여흥은 이티리 오쎄라단 일힝인더 료금은 보통이더라.

▲ **우미관** 이십ᄉ일부터 사진을 교환혼 바 인정극『예의 명수』요 이십팔일부터 박춘 지의 여흥이 잇더라.

매일 19.04.26 (3) 〈광고〉

▶대공개◀

이십오일부터

천하일품 대탐정극 **철가면** 전오권

탐정계에 귀신갓흔 미국 명우(名優)『도러쑤엔－ᄆ숏－도』『헤스돈겟펜스』 씨 출연

적과 탐정의 대활약을 견(見)ᄒ시오.

골계대활극 **신혼의 야(夜)** 전이권

대골계 **군인자원(軍人自願)** 전일권

대여흥 이국(伊國) 오페라단 일행

보통요금 **단성사**

매일 19.04.27 (1), 19.04.28 (1) 〈광고〉

우미관 4월 22일자, 단성사 4월 26일자와 동일

매일 19.04.27 (3) 매란방 동경착(着) / 천여 명의 구경군

지나의 명비우 미란방梅蘭芳의 일힝은 지나간 오일 오후 팔시 반에 동경역에 도착ᄒ 얏ᄂ디 동경역에 구경군이 쳔여 명이나 나왓스며 미란방의 부부는 데국호텔에 투숙

ㅎ얏고 오는 오월일일부터 뎨국극장에서 기연ㅎ다더라. 『동경뎐』

매일 19.04.29 (2) 〈광고〉
단성사 4월 26일자와 동일

사월 이십구일부터 사진 전부 차환
미국 유사(社) 스페시알후이졔아 영화
인졍극 솔기의 발톱 전오권
미국 뉴육(紐育)시에셔 일천(一千)의 소녀는 신매매자(身賣買者)인 독수(毒手)에 조(遭)ㅎ얏다. 차(此) 대도＊(大都＊)도 여사(如斯) 문제에 조우흔 졔씨는 차등 가련흔 상태을 여하히 구제ㅎ랴는지.
미국 유사(社) 청조극(靑鳥劇)
활희극 하(何)이든지 일차는 오권
대여흥
박춘재(朴春載) 일행의 대골계
경성부 관철동 전화 이삼이육번 **우미관**

매일 19.04.30 (2) 〈광고〉
단성사 4월 26일자, 우미관 4월 29일자와 동일

매일 19.04.30 (3) [활동사진]
▲ **단셩사** 이십구일부터 사진 전부를 교환ㅎ엿는디 그 중 놀랍고 ᄌ미잇는 것은 『고도의 유령』 탐뎡극이요, 그 다음 귀신의 손톱 등이며, 이타리 여흥은 금일부터 일헤 동안 더 연긔ㅎ고 이왕에 ㅎ지 안튼 기예 두 가지씩을 더 흔다더라.
▲ **우미관** 역시 이십구일부터 교환된 바 인졍극의 『미의 발톱』 기타 「언의 씨 한번」 이라는 사진이요, 박츈지 일힝의 여흥이 잇다더라.

매일 19.04.30 (3) 〈광고〉
삼십일부터 특작영화 공개
특별대흥행

●교육자료! 모범활극!

태서탐정 고급영화 **고도(孤島)의 유령** 전육권

◎ 독을(獨乙)[27] 아이쓰 회사 특작

태서활극 **혼의 조(鬼의 爪)** 최장 삼권

◎ 미국 셰릿쿠 회사작

대활극 **성성(猩々)** 삼천척

▶연기(延期)◀

이국(伊國) 오쎄라단 일행의 대여흥은 제위(諸位)의 청구에 의ㅎ야 특히 본일부터 향후 칠일간 더 연기ㅎ고 쳐음 보시는 혁신 기발흔 것으로 출연흠니다.

◈ 전긔 수진 권수가 만허셔 여흥 시간에 관계가 잇슴으로 형편을 짜라 가감이 잇슴니다.

⊙ 이국 오쎄라단 여흥 초일 이래 만원 어례(御禮)

입장요금 특히 보통

천활(天活)회사 특약 전화 구오구번 **단성사**

매일 19.05.01 (1) 〈광고〉

우미관 4월 29일자와 동일

삼십일부터 특작영화 공개

◎ 기기괴괴 탐정활극 **고도(孤島)의 유령** 전육권

구주(歐洲) 천지를 경악전율케흔 통쾌화(痛快畵)

독을(獨乙) 아이쓰 회사 특작품

◆ 태서활극 **혼의 조(鬼의 爪)** 최장 삼권

후에데메—

메리—홀—트 양 출연

미국 셰릿쿠 회사 걸작

---

27) 독일.

대활극 성성(猩々) 전일권
대여흥 오쌔라단 일행의 대여흥은
▲특히 오월 육일꺼지 연기ㅎ고 매야(每夜) 시것 두 가지씩을 출연홈.
천활(天活)회사 특약 전화 구오구번 **단성사**

매일 19.05.01 (3) 연극과 활동사진으로 위생사상을 고취ㅎ고자 당국에서 계획 중
경부총감부와 경긔도 경무부와 경성부청의 위싱 당국과 본뎡 종로 량 경찰서댱이 중
심이 되야 경성에 위싱회를 설치ㅎ랴고 계획ㅎ는 중인디, 방하『芳賀』총독부 의원댱
도 디단히 찬성ㅎ야 열심으로 분주ㅎ는 중이며, 이 위싱회는 극히 쉬운 방법으로 위
싱 사상을 보급ㅎ며 실제로 위싱을 식히라 ㅎ는 목덕으로 설시ㅎ는 것인디, 실현이 되
는 눌이면 위싱에 관흔 잡지를 발간ㅎ며 위싱에 관흔 셔칙을 설비ㅎ야 노으며, 위싱을
강습ㅎ고, 위싱에 관흔 강화를 ㅎ며, 간호부와 산파를 양성ㅎ며, 위싱 뎐람회를 ㅎ며
실비만 밧고 치료를 ㅎ야주며, 빈민에게 무료로 치료를 ㅎ야주며, 혈청『血淸』을 공
급ㅎ며, 환등과 활동사진과 연극을 리용ㅎ야 위싱 사상의 보급에 힘쓰며, 또 약품과
기타 위싱지료를 사는디 쥬션을 ㅎ야 쥬리라더라.

매일 19.05.01 (3) 예창기(藝娼妓)에게 과세 / 겸이포면에셔
지뎡면제를 시힝케 된 겸이포면은 본년도부터 겸이포 사는 예창기에게 세금을 징수
ㅎ기로 되야 목하 그 원수와 밋 부과율을 면 당사자에서 됴사 중인디, 지금 가령 겸
이포의 예창기 니션인 합ㅎ야 빅명으로 ㅎ고 한사람에 미삭 이원 평균의 과세를 ㅎ게
되면 일 년에 소천팔빅원의 면수입을 징가ㅎ겟더라.

매일 19.05.02 (4), 19.05.03 (4), 19.05.04 (4) 〈광고〉
단성사 5월 1일자, 우미관 4월 29일자와 동일

매일 19.05.05 (4) 〈광고〉
우미관 4월 29일자와 동일

오월 이일 특선영화 공개
◎ 기기괴괴 탐정활극 **무사해결** 변유막측(變幼莫測)의 탐정 전사권

구주(歐洲) 천지를 경악전율케혼 통쾌화(痛快畵)
독을(獨乙) 아이ᄉᆞ 회사 특작품
◆ 태서활극 **혼의 조(鬼의 爪)** 최장 삼권
후에데메－
메리－홀－트 양 출연
미국 셰릿쿠 회사 걸작
◆ 대활극 **성성(猩々)** 전일권
대여흥 오뻬라단 일행의 대여흥은
▲특히 오월 육일ᄭᆞ지 연기ᄒᆞ고 매야 시것 두 가지씩을 출연홈
천활(天活)회사 특약 전화 구오구번 **단성사**

매일 19.05.06 (2) 〈광고〉
오월 육일부터 사진전부 차환
△ 미국 유사(社) 고급영화 청조극(靑鳥劇)
● 인정극 **부의 죄(父의 罪)** 전오권
사(死)를 암시ᄒᆞᄂᆞᆫ 적앵율(赤罌粟)
△ 미국 유사 인푸 영화
● 정극 **일음자(日蔭者)** 전이권
△ 미국 유사(社) 엘고 영화
● 활희극 **오복옥의 유사(吳服屋[28] 의 濡事)** 전이권
● 실사 **유사 週**[29]
대여흥
◎ 박춘재(朴春載) 일행의 골계 급(及) 가(歌)
경성부 관철동 전화 이삼이육번 **우미관**

단성사 5월 5일자와 동일

28) 백화점.
29) 주화보(週畵報)의 오식인 듯 하다.

매일 19.05.07 (1), 19.05.08 (2) 〈광고〉

단성사 5월 5일자, 우미관 5월 6일자와 동일

매일 19.05.09 (1) 〈광고〉

우미관 5월 6일자와 동일

매일 19.05.09 (3) 단성사의 신여흥 / 사진도 밧구운다

단성사 활동수진관에서는 수진에 기량을 더ㅎ야 이번에 찰신[30]그발흔 수진을 특히 텬연식 활동회사에 교섭ㅎ야 가져다가 금 구일부터 상쟝ㅎ게 되엿는디, 이 위에 또 련속 대여흥으로 『유니바-스』라는 긔계를 수다가 뎐긔 응용으로 변수 악디의 신파 극을 출연ㅎ다는디 그 긔계로 인ㅎ야 비올 찌는 비가 오고 번긔 칠 찌는 텬연으로 번 긔 치는 등 기타 변환막칙되는 것이 만혀셔 됴션에서는 이것이 처음되는 훌늉흔 것이 라는디, 입장료는 보통이라ㅎ며 일즉 가지 안으면 안 될 일이라더라.

매일 19.05.09 (3) 〈광고〉

금일부터 여흥으로 변사의 신파극

오월 구일부터 특별대흥행

△ 미국 가렘 회사 특작

태서활극 **인질** 전일권

● 이국(伊國) 이다라 회사 걸작

탐정활극 **삼마(三碼)** 전삼권

◎ 천활(天活)회사 명화

골계희극 **자푸링의 결혼** 전이권

◎ 연속대여흥

금회 당관에서 육백원의 거액으로 미국의 유명흔 기이괴이의 (유니바-스) 기계를 구입ㅎ야 변환막측의 전기 응용으로 특히 변사 악대의 신파극 여흥이 잇스오니 원컨 디 일람(一覽) 상찬(賞贊)ㅎ심을 바라나니다

---

30) '참신'의 오식.

관원 일동

▽본관의 전기장식을 보시오
대여흥
◆관원일동의 대차륜(大車輪)
◆예제(藝題) 신파대대비극 **생호아 사호아(生乎아 死乎아)** 전오권
◆기발적(奇拔的) 전기 응용극
단성사
활동계 신기록을 파(破)호 것

매일 19.05.09 (4) 〈광고〉
오월 구일부터 특별대흥행
△ 미국 가렘 회사 특자
태서활극 **인질** 전일권
● 이국(伊國) 이다라 회사 걸작
탐정활극 **삼마(三碼)** 전삼권
기타 희극 실사 등
⊙ 대여흥
기이호『유니바ー스』전기를 응용ㅎ야 변사 악대의 신파극
▲ 초일의 예제(藝題)
신파비극 **생호아 사호아(生乎아 死乎아)** 전오권
천활(天活)회사 특약 전화 구오구번 **단성사**

매일 19.05.10 (3) 〈광고〉
★★★본관의 대활약
진무류(珍無類)의 호(好)영화
관주 박승필(朴承弼) 주임변사 서상호(徐相昊)
단성사의 특별사진
요금 각등 치상(値上)
● 이태리 안쑤로지오 회사 대걸작

동양 일수(一手) 권리부 세계적 명화
군사탐정 대곡예대활극 **사의 와권**
(死의 渦卷) 전오권 육천척
《장쾌》구주전란을 실경으로 ᄒ야
구주천지를 진감(震撼)케 ᄒ 독일 최
대웅위의 잠항정 근거지 파괴의 대
임무
기타 희활극

대여흥
조선 기네마계에 처음 수용ᄒᄂ 기이ᄒ 『유니바스─』 전기 응용으로 관원일동의 신
파극
◀입장료▶
일등 오십전 이등 사십전 삼등 삼십전 군인 학생 소아 각등 반액
전기의 대장식
금 십일브터 대흥행

매일 19.05.10 (4), 19.05.11 (2)〈광고〉
우미관 5월 6일자와 동일

매일 19.05.11 (3) 〈광고〉
오월 십일부터 특별대흥행
◇ 미국 가렘 회사 특작
태서활극 **인질** 전일권
◇ 이국(伊國) 이다라 회사 걸작
탐정활극 **삼마(三碼)** 전삼권
⊙ 대여흥
기이ᄒ 『유니바─스』 전기를 응용ᄒ야 변사 악대의 신파극
● 이태리 안쑤로지오 회사 대걸작
동양흥행일수권리부 세계적 명화

군사탐정

대곡예대활극 **사의 와권(死의 渦卷)** 전오권 육천척

장쾌ᄒ도다 독일 최대웅위의 잠항정 근거지 파괴의 대임무

해륙공중 세계적 대모험을 견(見)ᄒ시오

천활회사 특약 전화 구오구번 **단성사**

매일 19.05.12 (2) 〈광고〉

우미관 5월 6일자, 단성사 5월 11일자와 동일

매일 19.05.13 (1) 〈광고〉

오월 십삼일부터 사진전부 차환

● 실사 **마가진 사십육호** 전일권

△ 미국 유사(社) 조－가－ 영화

● 희극 **치개자(厄介者)** 전일권

△ 미국 유사 볼－바－르 영화

● 인정극 **곡의 소가(谷의 小家)** 전오권

△ 미국 유사 루이스러부리 영화

● 활비극 **미의 건(謎의 鍵)** 전오권

일개의 상(箱)에 여하ᄒ 범죄가 잇ᄂ가

경성부 관철동 전화 이삼이육번 **우미관**

단성사 5월 11일자와 동일

매일 19.05.14 (2) 〈광고〉

단성사 5월 11일자와 동일

매일 19.05.14 (3) 단성사 입장 할인 / 할인권은 란외에 잇소

단성사 활동사진관에셔ᄂ 지나간 십일일부터 특별사진과 『유니바－스』 뎐긔 응용의
신파 여흥이 잇셔셔 밤마다 만원이 되얏슴으로 이를 고맙게 싱각ᄒ고 본보 란외에
박인 할인권을 쎄여 가지고 가ᄂ 이에게ᄂ 각등 십젼식 할인ᄒ다ᄂ딕 금 십수일부터

통용이라더라.

매일 19.05.14 (4) 〈광고〉
우미관 5월 13일자와 동일

매일 19.05.15 (3) 〈광고〉
단성사 5월 11일자, 우미관 5월 13일자와 동일

매일 19.05.16 (3) [활동사진]
▲ **단성사** 금 십륙일부터 ᄉ진 전부를 교환ᄒᄂᄃ 그 중 죠흔 것은 탐정활극의 「검은 손의 악한」, 대비활극 「밍염」 기타 실ᄉ 네권, 도합 열권을 영ᄉ흔다ᄂᄃ 여흥 신파ᄂ 기량ᄒ야 희극 몃막식 한다 ᄒ며, 입장료ᄂ 보통이며 텬활회ᄉ의 감초아 두엇던 대ᄉ 진이라더라.
▲ **우미관** 지나간 십삼일에 교환ᄒ엿ᄂᄃ 인정극 「곡의 소가」, 활희극 「미의 열쇠」, 기타 실ᄉ 희극을 영ᄉᄒ더라.
▲ **인쳔츅항사** 오리동안 휴연ᄒ엿던 췌셩단 김소랑 일힝은 금 십륙일부터 츅항사에 셔 신파연극을 흔다ᄂᄃ 시로 만든 각본으로 흥힝흔다더라.

매일 19.05.16 (3) 〈특별광고〉
◇ 금 십육일부터 대사진 제공
◈ 미국 에쓰릿푸스사 대촬영
탐정대활극 **흑수당(黑手黨)** 전삼권
흑수당 구인조의 출몰자재(出沒自在)와 악랄흔 수단
● 미국 명우(名優) 후로라 에─손 양의 활동 ● 탐정사(探偵師)의 대활약 ● 대격투 의 장관
◈ 독일 아이쏘사 특작품 (천활회사 비장(秘藏))
대비활극 **맹염(猛炎)** 전사권
독일 이대 명우(名優)의 출연을 견(見)ᄒ시오. 자연(自然)흔 인생의 수명
● 맹염과 ＊＊흔 치정 ● 최후의 결과ᄂ 여하? ● 일국(一掬)의 동정루(同情淚)
◈ 미국 가렘회사 특작

태서활극 **십사호 열차** 최장 일권

어순염(御馴染)의 미국 명우(名優) 헤렌의 대활동. 열차, 차륜 하(下)의 구사일생. 열차의 전복

◈ 실사 **해저의 기관(奇觀)** 전일권

◈ 골계 **해요리(蟹料理)** 전이권

◉ 대여흥＝관원 일동의 전기 응용극(유니바－스 사용)

〈구연(口演)〉 스진의 영사눈 단시간으로 적고 여흥의 신파극이 만허셔 구경ㅎ시눈 량반에게 항상 만죡지 못ㅎ 유감이 젹지 안어서 이번에 특히 스진을 만히 영스ㅎ고 신파눈 포복절도 활희극 몃막식 ㅎ겟습니다. 이번 스진은 타관에 비치 못홀 대스진이올시다.

▲금회눈 특히 요금 보통▼

천연색 활동사진 주식회사 특약

단성사 전화 구오구번

매일 19.05.16 (4) 〈광고〉

우미관 5월 13일자와 동일

오월 십육일부터 대사진 제공

◈ 미국 에쑤릿푸스사 대촬영

탐정대활극 **흑수당(黑手黨)** 전삼권 칠천척

미국 명우(名優) 후로라 에－손 양 출연

◈ 독일 아이쪼사 특작

대비활극 **맹염(猛炎)** 전사권 (천활회사 비장품)

◈ 미국 가렘회사 작

태서활극 **십사호 열차** 최장 일권

◎ 실사 **해저의 기관(奇觀)** 일권

◎ 골계 **해요리(蟹料理)** 일권

◉ 대여흥 －－ 관원 일동의 전기 응용극

금회눈 요금 보통

천활회사 특약 전화 구오구번 **단성사**

매일 19.05.17 (3) 〈광고〉

우미관 5월 13일자, 단성사 5월 16일자와 동일

오월 십육일부터 공전(空前) 영화 제공

실사 **바스구이 견물(見勿)**

선화(線畵) **철방(凸坊) 투우의 권**

미국 바이다구리부 회사 특작품

군사활극 **소녀 히릿파** 전팔권

미국 여여우(女優界)의 제일인자로 구가되는 아니다−스 씌워드 양이 포연탄우간(砲煙彈雨間)에서 결사의 각오로써 촬영한 기념적 영화! 견(見)ㅎ시오!! 남자의 담을 한(寒)케ㅎ는 희유(稀有)의 군사활극

일활(日活)회사 본년도 신촬영

구극 괴담 **파주명옥부(播州皿屋敷)** 전육권

미상송지조(尾上松之助)[31] 중촌선태랑(中村扇太郎) 대합동

만활(萬活)직영 본정(本町)

희락관

계상(階上) 일등 四一等[32] 계하 이등 이십전

매일 19.05.18 (1), 19.05.20 (2) 〈광고〉

희락관 5월 17일자와 동일

매일 19.05.18 (3) 〈광고〉

우미관 5월 13일자, 단성사 5월 16일자 4면과 동일

매일 19.05.19 (1) 〈광고〉

우미관 5월 13일자, 단성사 5월 16일자, 희락관 5월 17일자와 동일

---

31) 오노우에 마쓰노스케, 초기 일본 시대극의 스타.

32) 四十錢의 오식.

매일 19.05.20 (3) 〈광고〉

오월 이십일부터 오일체(替)

미국 유니버-살 회사 특작품

전 이십이권의 내 대모험 대탐정 **회색의 유령** 일편브터 제오편서지

본 사진은 관객 제씨의 어희망(御希望)에 의ᄒ야 재차 당관에셔 영정(映呈)ᄒ오니 어

래관(御來觀)ᄒ심을 절망(切望)홈

미국 유사 고루도시두 영화

●인정극 **원의 지(怨의 痣)** 전삼권

●대여흥 기생 이명 남자 이명의 가(歌)

경성부 관철동 전화 이삼이육번 **우미관**

단성사 5월 16일자와 동일

매일 19.05.21 (1) 〈광고〉

단성사 5월 16일자, 희락관 5월 17일자, 우미관 5월 20일자와 동일

매일 19.05.22 (2) 〈광고〉

희락관 5월 17일자, 단성사 5월 16일자와 동일

매일 19.05.22 (4) 〈광고〉

우미관 5월 20일자와 동일

매일 19.05.23 (3) 〈광고〉

당 오월 이십삼일부터 개명(改名) 피로(披露) 특별 삼대 영화 제공

○ 골계 **기계인형**

◎ 선화(線畵) **몽(夢)의 자동차**

일활(日活)회사 특작품

미상송지조(尾上松之助) 중촌선태랑(中村扇太郎) 합동극

◎ 구극 **사곡기담(四谷奇談)** 전오권

◎ 군사활극 **육탄** 전오권(원명 잠항정의 용사)

자활(自活) 간도제작소 촬영

좌등홍록(佐藤紅綠) 선생 원작

◎ 신파비극 **조(潮)** 전육권

산본희일(山本喜一), 동맹부(同猛夫), 의립정지조(衣笠貞之助) 대합동

○ 금회논 사진이 장척임으로 육시 삼십분브터 영사

○ 관람료는 개명(改名) 피로(披露) 특 보통요금

○ 금후 매월 일일, 십오일, 토요, 일요, 제일(祭日)은 주간 흥행 사후(仕候)

○ 계상(階上) 전부 일등 사십전

○ 계하 전부 이등 이십전

만활(萬活) 직영 본정 **희락관**

매일 19.05.23 (4) 〈광고〉

단성사 5월 16일자, 우미관 5월 20일자와 동일

매일 19.05.24 (4) 〈광고〉

희락관 5월 23일자, 우미관 5월 20일자와 동일

당 이십사일브터 삼대 영화 제공

◆ 미국 시링구 회사 특작품

탐정활극 **사십칠번지의 비밀** 전오권

● 영국 리센트 회사 대걸작

군사활극 **돌격** 전삼권

◆ 미국 유니버살 회사 십칠분지일(十七分之一) 쌔이송 영화

골계활극 **호의 적(虎의 跡)** 전이권

● 미국 가렘 회사 작

희극 **생명의 세탁** 전일권

골계 **구두를 빌리지 마라** 전일권

⊙ 대여흥 --- 질투주식회사 전이막

수진 댱척과 신파 여흥으로 인호야 정(正) 오후 칠시 반브터 개연홈

천활회사 특약 전화 구오구번 **단성사**

매일 19.05.25 (3) [활동사진]

▲ **단성사** 이십사일부터 스진을 교환한 바 탐정활극 「스십칠번디의 비밀」, 「호랑이의 조취」, 기타 희극 실스 열두권을 연스하며 신파여흥이 잇더라.

▲ **황금관** 오는 삼십일일부터 소련승련화 일힝이 니디에서 와서 남녀 비우의 마슐 기예를 혼다는디 사람의 말을 잘 아러듯고 조쥬 부리는 말이 더욱 쟝관인 바, 이왕 련승피와도 못지 안은 대기슐연예가 잇셔서 당디에는 쳐음 출연ᄒᆞ는 것이라는디 혼 번 볼만ᄒᆞ다더라.

▲ **우미관** 이십일부터 회셕의 유령 기타 인정극이 잇고 여흥으로 기싱의 가무가 잇다더라.

▲ **희락관** 군사활극 「육탄」 오권과 희극 기타 신구극이 잇다더라.

매일 19.05.25 (3) 〈광고〉

우미관 5월 20일자, 희락관 5월 23일자, 단성사 5월 24일자와 동일

매일 19.05.26 (1) 〈광고〉

오월 이십오일부터 차환(오일간 한)

미국 유니버—살 회사 특작품

전이십이권의 내(內)

대모험 대탐정 **회색의 유령** 제육편브터 제십편ᄭᅡ지

본사진은 관객 제씨의 희망ᄒᆞ심에 대ᄒᆞ야 재차 당관에서 상장ᄒᆞ기로 되얏ᄉᆞ오니 관람ᄒᆞ심을 복망(伏望)홈

● 인정극 **비밀호의 음(秘密戶의 蔭)**

모국(某國) 군사 여탐정이 적국 내에 입(入)ᄒᆞ야 적국 상관 급(及) 백작을 연애ᄒᆞ야 뇌옥에서 살(殺)혼 기부(其夫)를 고심의 결과 구조홈.

◎ 경성부 관철동 전화 이삼이육번 우미관

매일 19.05.26 (3) 함흥에 기생권번 / 디방에셔는 쳐음

쟉년러로 함흥의 경황은 일반으로 비샹혼 활긔를 씌워셔 이를 짜라 화류계의 번셩은 더 말홀 수 업는 셩황

매일 19.05.26 (3), 19.05.27 (1) 〈광고〉

희락관 5월 23일자, 단성사 5월 24일자와 동일

매일 19.05.27 (4) 〈광고〉

우미관 5월 26일자와 동일

매일 19.05.28 (4) 〈광고〉

희락관 5월 23일자, 단성사 5월 24일자, 우미관 5월 26일자와 동일

매일 190529(1) 〈광고〉

단성사 5월 24일자와 동일

매일 19.05.29 (3) 본지 기사가 재료 / 단성사의 신파극

제쥬도 신좌면 화북리 한씨집 다릴스위로 드러간 한신호『韓信鎬』(二一) 눈 장인 쟝모가 세샹을 하직혼 후 가독을 샹속ᄒ야 지니오던바셔, 쳐남되눈 한종흠『韓宗欽』(二十九)이가 그 지산을 쎄앗고져 악의를 닉여 층암절벽 아리 사나온 물결 속에 어린 미부를 쪄밀어 쥭이고 지산을 먹고져 ᄒ얏스나, 드듸여 탄로되야 본월 칠일 경찰셔에 잡혀 취됴혼다는 말이 지나간 이십일일 본보에 난 이후로 그 소설 갓흔 비극에 딕ᄒ야 동정이 적지 안튼 바, 이번에 단성사 활동스진관에서 그 긔스를 오막에 난호아 만들고 오눈 삼십일부터 스진 교환과 함끠 여흥으로 흥힝혼다더라.

매일 19.05.29 (3) 〈광고〉

우미관 5월 26일자, 희락관 5월 23일자와 동일

오월 삼십일부터 특별대흥행
최근 사실비극 탐라의 허몽(許夢)?
임의 아시눈 바와 갓치 이십일일 미일신보 삼면에 게지되얏던 제쥬도 살옥스건의 긔스를 참착ᄒ야 각본을 만드러셔 관원 일동이 이쥬일 동안을 실디 련습혼 결과, 그 두려온 범죄 스실을 실디 연극으로 여러분 어람에 데공키 위ᄒ야 삼십일 스진교환과 동시에 대々뎍으로 무딕에 샹장ᄒ야써 자미잇게 보시도록 하겟사오며, 그간 허다혼

신파극이 잇셔왓지만은 지금이 쳐음으로 본관의 즈랑거리 삼을 최근의 스실극은 쳐음 보시는 바 올시다. 한번 본관 일동의 대々뎍 실연을 보시오. 그 광경의 쳐참홈과 이면의 범＊와 밋 지산 횡령의 악의 발단으로부터 절벽하의 놀난 혼이 된 ＊의 불샹 훈 쥭엄은 실로 동정의 눈물이 시암솟듯 호실 것은 명호 것인 듯홉니다. 일즉이 오셔야 사진과 여흥을 보심니다.

천활(天活) 독특(獨特) 비장 활동대사진

보통요금 … 역할(役割)은 명조지상(明朝紙上)에

단성사

매일 19.05.30 (1) 〈광고〉

천화양 독특 낭자군(天華孃獨特娘子軍) 에스바노라 쨘스

사구라 쎄루의 성가(聲價)는 천하에 굉(轟)호고 시내 오십개소의 사구라 쎄루 특약 급(及) 판매점에서 쎄루부(附) 입장권을 발매흠.

●육월 일일 주야 개연

천화(天華) 양의 인기는 비등(沸騰)호야 유유(愈々)

일본브터 개연

오후 오시브터

어(於) **황금관**

매일 19.05.30 (2) 〈광고〉

유유(愈々) 오월 삼십일브터 매일 오후 오시 개연

동경 송죽(松竹) 합명회사 전＊(專＊)

세계적 바라이데 송욱제천화(松旭齊天華) 대일좌(大一座)

태사람(賜台覽) 신귀조(新歸朝)

◎ 소천승개(小天膀改) 송욱제천화(松旭齊天華)

◀가극과 마기술▶

● 현대풍자 소패(小唄)＝천화낭자군(天華娘子軍) ●마법의자(魔法醫者) ●에스바노라 쨘스＝낭자군 ● 우마사용비극(牛馬使用悲劇) 벨스(삼장) ●최신곡 예양기(藝陽氣)인 선수(膳手) ●몽환적 대무(大舞) ●해(海)의 마녀 ●천화 독창 대마기술(天華獨唱大魔奇術) ●신희가극(新喜歌劇) 악의 실효(樂의 實效) 이장

▲ 입장료 특등 일원 오십전 일등 일원 이십전 이등 팔십전 삼등 오십전 군인 학생 반액
▲ 시내 사구라 쎄루 특약 급(及) 판매점
▲ 일주간 한(限)＝육월 일일 주야개연
전화 이육삼칠, 이이육육 **황금관**

오월 삼십일브터 오일간 한(限) 영사
미국 유니버―살 회사 특작품
전이십이권의 내 대모험 대탐정 최종 **회색의 유령** 제십일편브터 제십육편ᄭ지
관객제씨의 희망ᄒ심에 의ᄒ야 재차 당관(當舘)에셔 상장. 금회는 제십일편브터 제
십육편ᄭ지 전십이권 제공
쌔이지 말고 견(見)ᄒ시오
◎경성부 관철동 전화 이삼이육번 **우미관**

희락관 5월 23일자와 동일

매일 19.05.30 (3) [활동사진]

▲ **단성사** 금 삼십일부터 특별사진을 영사ᄒ는디 바다 밋헤 렬챠와 공중의 비힝이며 스나운 불길, 기타 희극 실수이며, 殳헤는 본보에 게지ᄒ얏던 제주도 살옥사건을 신파로 쑴여 흥힝.
▲ **황금관** 삼십일부터 호평잇는 소련승련화 일힝이 마슐 기슐 기타 연예로 기연ᄒ야 일반에 관람케ᄒᆫ다더라.
▲ **우미관** 삼십일부터 사진을 교환ᄒᆫ 바 회식의 유령 열두 권을 영사ᄒᆫ다더라.

매일 19.05.30 (3) 〈광고〉

오월 삼십일부터 특별흥행
본일 대공개 삼대 영화와 최근 사실극
세계적 대모험 대탐정 대활극 **해저의 열차** 전사권
묘령의 미소녀, 공중에 대활약 **공중의 비행** 전사권
결사적 대촬영 태서대대활극 **맹염의 와권**(猛炎의 渦卷) 전오천척

기타 희극 실사 등

오월 이십일일 매일신보 삼면에 게재호 최근 제주도 살옥 사건의 사실을 각색호 대비극

대여흥 탐라의 허몽(許夢) 전오막

(유니바-스) 전기 응용으로 황막처참(荒漠悽慘)호 황야를 배경으로 호야 불가사의의 유령(독갑이)이 낫하나는 전율극(텬연호 독갑이 나오는 * 경)

◀시간의 변경과 입장료▶

종리 시간을 오후 여덜시로 뎡호고 기연호엿스나 이번은 특별 수진의 댱척과 수실 신파극이 잇기 씨문에 본일부터는 오후 일곱시 반부터 기연하오니 일즉이 오셔셔 수진과 여흥을 보시읍. 또 입장료도 이번은 특히 보통료금으로 관람호시게 호엿스오니 실로 일거양득의 호긔올시다.

삼일간 공개 기생의 총견(總見)

본일(本日) 단성사

매일 19.05.31 (3) 〈광고〉

희락관 5월 23일자, 황금관 5월 30일자, 우미관 5월 30일자와 동일

오월 삼십일부터 특별대흥행

▨ 모험활극 **해저의 열차** 전사권

▨ 대활비극 **오해?** 전삼권

▨ 탐정활극 **맹염의 와권(猛炎의 渦卷)** 전이권

기타 희극 실사 등

매일신보 삼면에 게재호 제주도 살옥 사건의 사실을 각색, 흥행호는 최근의 비참극

최근실사대비참극 탐라의 허몽(許夢) 전오막 (전기 응용으로 유령 현 * (現 *))

●금회에 한호야 종래 오후 팔시 개연을 곳져셔 칠시반브터 개연홈

(각 권번 기생의 총견(總見))

천활회사 특약 전화 구오구번 **단성사**

매일 19.06.01 (1) 〈광고〉

희락관 5월 23일자, 우미관 5월 30일자, 황금관 5월 30일자와 동일

매일 19.06.01 (3) 천화(天華) 초일(初日) 성황 / 신긔호 마슐 긔슐

만도 인스의 딕환영을 밧고 입성훈 송옥지텬화『松旭齊天華』 일힝은 지나간 삼십일 밤부터 황금관에서 기연을 ㅎ얏ᄂᆞᆫᄃᆡ, 뎡각 전부터 극장 안은 관긱으로 부인틈이 업셧고 신긔ㅎ고 알수 업ᄂᆞᆫ 딕마슐 두막에 만쟝의 관긱을 놀닉엿고, 『벨쓰』라 ㅎᄂᆞᆫ 비극 일막과 『약의 효험』이라 ㅎᄂᆞᆫ 희비극에 관긱의 마음을 송연케도 ㅎ며 포복절도ㅎ게도 ㅎ얏스며, 『바다의 마녀』라 ㅎᄂᆞᆫ 츔에ᄂᆞᆫ 텬화 일힝 랑ᄌᆞ군의 아름다운 것을 모다 낫하닉엿더라. 막을 열 ᄯᆡ로부터 다칠 ᄯᆡᄭᅡ지 만쟝 관긱의 칭찬ㅎᄂᆞᆫ 박수 소리ᄂᆞᆫ 소낙비가 퍼붓ᄂᆞᆫ 것 갓더라.

매일 19.06.01 (3) 〈광고〉

황금관
송욱제천화(松旭齊天華)
본일 주야 개연

매일 19.06.01 (3) 비극 「제주살옥」 / 단셩사에셔 호평

단셩사 활동ᄉᆞ진관에셔 ᄉᆞ진을 영ᄉᆞ훈 뒤에, 여흥으로 본보에 게지되엿던 제주도 살옥ᄉᆞ건을 관원 일동이 각쇡ㅎ야 신파비극으로 삼십일부터 시작혼다 ㅎ며, 그날밤 일곱시부터 관람긱이 몰니기 시작ㅎ야 여덜시에ᄂᆞᆫ 아러 위칭이 모다 만원의 성황이엿고, 열시부터 신파가 시작되야 뎨 삼막에ᄂᆞᆫ 부인셕에셔 그 중 기싱들이 눈물을 흘니엿고 나종은 뎐긔 ᄉᆞ용으로 귀신이 낫하나ᄂᆞᆫ데 모다 신긔히 역이엿스며, 뎨 ᄉᆞ막에 가셔 제쥬 한라산을 쑴며 노은 것과 등디와 윤전의 리왕ㅎᄂᆞᆫ 광경은 진경과 흡ᄉᆞ하다고 환영을 밧앗ᄂᆞᆫ디, 이 신파ᄉᆞ실극은 륙월 삼일ᄭᅡ지만 흥힝혼다더라.

매일 19.06.01 (3) 천화(天華)의 「벨스」극(劇) / ᄉᆞ실은 이러혼 것

송욱지텬화『松旭齊天華』 일힝의 자랑인 한 막의 비극『벨쓰』ᄂᆞᆫ 원러 티셔문호의 걸작으로 이번에 번역혼 것이라. 이제 그 각본의 디강을 쓰건더 이러하다.
ᄯᆡᄂᆞᆫ 셔역 일텬삼빅십삼년 즉 지금브터 오빅구십칠 년 젼 셧달 스무나흔날 밤 일이라. 북녁 구라파 모진 바람에 눈보라가 쳐셔 스람으로 ㅎ야곰 송연케 ㅎᄂᆞᆫ디, 불란셔 령디『알자쓰 로-렌』의『쎄겸』이라 ㅎᄂᆞᆫ 다리 근쳐에『셰슈루 마데야쓰』라 ㅎᄂᆞᆫ 스람이 가난ㅎ야 살 수가 업셔셔 저의 집에서 자고 가ᄂᆞᆫ 유더 사람『고브스키-』를 독

긔로 쳐셔 죽이고 막디혼 지물을 쎄아슨 후에

◇ 시테는 화독에 너어 살나 업시고, 죄의 자취를 감쪽가치 숨긴 후에 그 동리의 이댱이 되야 호강을 ᄒ고 사던[33] 즁의, 죄악이 마음에 거리키여셔 항샹 근심을 ᄒ며 『고브스키ー』을 죽일 씨에 썰미를 쓰는 말에 다른 방울 쇼리에 놀닉인 것이 가심에 못이 되야 방울 소리만 드르면 져의 죄악을 두려ᄒ는 마음이 시암 솟듯ᄒ야 미친 사람과 가치 날치며 『고브스키ー』가

◇ 당댱에 원수를 갑흐러 오는 듯이 두려워ᄒ얏더라. 운수가 틔엿던지 열일곱히 동안이나 지닉인 셧달 스무나흔 날 밤에도 그달 그날 밤과 가치 눈보라가 치며 악마의 수파람 갓흔 바람소리에 『마데야쓰』의 마음이 죠마죠마ᄒ얏스며, 그날 밤은 예수 탄신 젼날 밤이므로 동리 사롬들이 모혀셔 슐을 난호며 환소ᄒ는 소리는 눈보라치는 챵 밧그로 흘너나가더라. 그날 밤에 『마데야쓰』는 져의 쌀 아람다운 『아녯데』『크리쓰찬』이라 ᄒ는 헌병대댱과 결혼을 식히고 권력을 ᄌ뢰ᄒ야 저의 죄를 숨기랴 ᄒ얏스나, 하날이 지은 죄는 용셔홈을 엇을지 스ᄉ로 엇은 죄야 엇지 형벌을 버셔나리요. 그날 밤 쑴에 져의 죄가 발각되야 지판뎡에서 수형선고를 당ᄒ고 쑴을 씨인 후에 량심의 고통으로 이 세샹을 쎠나고 열일곱히 동안 귀신도 모르던 『고브스키ー』의 살옥 스건은 『알스쓰』 놉흔 언덕에 눈 녹듯이 히결이 되야 한 막을 마쳐나라. (사진은 벨스 연극의 무더면)

매일 19.06.02 (4) 〈광고〉

희락관 5월 23일자, 황금관 5월 30일자, 우미관 5월 30일자와 동일

매일 19.06.03 (3) 애사(哀史)의 일절 / 승정의 촉디라는 / 가쟝 흥미잇는듸 / 쳔화 일힝 실연

송욱지텬화 『松旭齊天華』의 일힝은 금 삽일(卅日)[34] 져녁부터 연극과 가극과 마술＊일체도 변경을 ᄒ야 시롭고 신긔혼 것으로 츌연홀 터인듸 연극의 승정의 촉디 『僧正의 燭坮』는 본보 사면에 련지하던 소셜 이사 『哀史』 즁에 한 부분을 쏩아셔 만든 연극

---

33) 살던.
34) 서른삼. 삼십일임.

인딕, 불상훈 댱팔찬[35]의 쓸쓸ᄒ고 쓰린 일싱 중에 가쟝 맛잇고 가쟝 슬푸고 가쟝 우리의게 교훈을 ᄭㅣ치ᄂᆞ 구절이라. 그 희곡의 디강은 이러ᄒ다.

도덕이 놉고 자비ᄒ기로 그 디방에서 하나님과 가치 앙모ᄒᄂᆞ『미리엘』승졍은 부리ᄂᆞ 하인의 어머니가 알ᄂᆞ 것을 위문ᄒ려 나간 사이에 승졍의 누이『쎄르소메』와 계집ᄒ인『마리−』ᄂᆞ 분쥬히 저녁상을 챠리면서 은그릇을 아모리 차져도 간 곳이 업다.

◇ 쟈셰히 아라본즉 그 동닉 샤ᄂᆞ 늙은 마누라가 집세를 못닉여서 거리로 나안게 된 것을 승졍이 칙은히 싱각ᄒ야 구졔를 ᄒ랴 ᄒ나, 맛침 돈이 업슴으로 은그릇으로 불상훈 마누라의 집세를 무러쥬엇더라. ＊＊＊＊라 오미『쎄르소메』ᄂᆞ 구세를 ᄒ여쥬어도 쥬쳑이 업슴을 쳑망ᄒ고 인졔ᄂᆞ 쌍도 팔고 돈도 업고 은그릇도 업고

◇ 단지 은촉딕만 남엇쓰니 정신을 차리라고 잔소리를 훈 즉, 승졍은 이 말을 듯고 은촉딕ᄂᆞ 어머니가 도라가실 ᄯㅣ에 특별히 ᄭㅣ치운 물건인고로 결단코 남을 쥬지 안겟다고 쟝담을 ᄒ얏더라. 그 후에 감옥에서 노여나오ᄂᆞ 댱팔찬이가 드러와셔 먹을 것을 달나고 간쳥을 한즉 승졍은 세상의 비쳑을 밧아 돈이 잇셔도 려관에 가셔 밥도 못 사먹ᄂᆞ 댱팔찬의

◇ 수흘 동안 쥬린 비를 든〃히 치워쥬고 세상 사람이 다 실여ᄒᄂᆞ 사람을 승졍은 홀로 음식을 먹이고 하여 밤을 편안히 쉬이고 가라ᄒ얏더라. 이불을 가질너간 사이에 댱팔찬의 눈에 은촛딕가 ᄯㅢ엿더라. 승졍이 자ᄂᆞ 사이를 타셔 은촉딕를 도적ᄒ야 가지고 다러나다가 헌병에게 붓들인 것을 승졍은 쵹딕를 댱팔찬에게 주엇다고 변명ᄒ야 주고 그우에 그 쵹딕를 주어 보닛더라. 댱팔찬이ᄂᆞ 거칠고 쓸〃ᄒ고 괴로온 세상에셔 감로『甘露』와 갓흔 참맛을 보고 시로온 광명『光明』 향ᄒ야 나가니라. 『막(幕)』

매일 19.06.03 (4) 〈광고〉

희락관 5월 23일자, 황금관 5월 30일자, 우미관 5월 30일자, 단성사 5월 31일자와 동일

매일 19.06.04 (1) 〈광고〉

희락관 5월 23일자, 황금관 5월 30일자, 단성사 5월 31일자와 동일

---

35) 레미제라블의 주인공 장발장.

육월 사일 전부 차환

미국 유니버-살 회사 특작

대모험 대활극 **회색의 유령** 종편 사권

미국 유사(社) 밧다후라이 영화

서부정화(情話) **명행촌(明行村)** 전오권

부란드 판사는 석멸망(昔滅亡)흔 서부의 촌락을 부활코자흐야 서구(西九) 곡마단을
매수흐고 목적지에 이주케 흐야 차(此)에셔 사건이 시(始)홈

미국 유사 바이손 영화

탐정극 **십호 열차** 전이권

미국 지요-가 영화

희극 **여왕 성손(成損)** 전일권

경성부 관철동 전화 이삼이육번 우미관

매일 19.06.04 (3) 천화(天華) 일행의 관람료 할인 / 본보 독쟈를 위흐야 본지에 우듸권 인쇄

송욱지텬화『松旭齊天華』일힝은 금수일밤부터 이일간 본보 이독쟈를 위흐야 특별할
인 홀터인딕 연뎨는 본보에 련지흐던 이사『哀史』의 연극과 기타 쟈미잇는 기술과 츔
과 마슐이 만흐며, 구경가랴는 이는 본 샴면에 잇는 우듸권을 오려가면 우듸권에 긔
록흔 바와 갓치 입쟝료의 할인을 힝흐게 되얏더라.

매일 19.06.04 (3) 〈송옥제천화 애독자 우대할인권〉

육월 사일브터 이일간

구덩 가루게- 지우오-구

사회극 승정의 촉대(僧正의 燭臺) 일장

격사(激死)의 호접(胡蝶) 기타 대소 마기술(魔奇術)

할인권 입장 특등 일원 이십전 일등 일원 이등 육십전

* * 입장권 특등 일원 오십전 일등 일원 이십전 이등 팔십전

매일신보사

매일 19.06.05 (3) 〈송욱제천화 애독자 우대 할인권〉

6월 4일자와 동일

매일 19.06.05 (4) 〈광고〉

희락관 5월 23일자, 황금관 5월 30일자, 단성사 5월 31일자, 우미관 6월 4일자와
동일

매일 19.06.06 (1) 〈광고〉

희락관 5월 23일자, 우미관 6월 4일자와 동일

육월 육일부터 매일 오후 팔시 개장(삼일간 한)

동경 송죽(松竹) 합명회사 전*(專*)

세계적 바라이데 송욱제천화(松旭齊天華) 대일좌(大一座)

태사람(賜台覽) 신귀조(新歸朝)

소천승개(小天勝改) 송욱제천화랑(松旭齊天華孃)

▲ 일본의 번조(番組) (순번 [順番])

일 우밋쭈짠스, 이 곡예 완쪼루, 삼 소기술(小奇術) 수번(數番), 사 에스바노라 짠스,
오 마법의 의자, 육 셰라짠스 싯쌔호이, 골계 자바음악과 수병(水兵)의 도화(道化)(남
자 대세 [大勢]), 칠 곡예창기(暢氣)인 선수(膳手), 팔 대소마기술(大小魔奇術) 수번(數
番) 골계 기술(奇術)(천화)

▲ 입장료 특등 일원 오십전 일등 일원 이십전 이등 팔십전 삼등 사십전, 군인 학생
반액

▲ 특등과 일등에는 사구라 맥주

▲ 육월 팔일 주야 개연

◀사구라 쎄루 후원▶

경성부 수은동 전화 구오구번 **단성사**

매일 19.06.06 (2) 〈광고〉

사구라 쎄-루[36] 후원 연극

송욱제천화랑(松旭齊天華孃)

자(自) 육일 지(至) 팔일(삼일간)

번조(番組)

一. 우밋쑤짠스 내산총십랑(內山惣十郎) 외(外) 여자 다수

二, 곡예(曲藝) 완쪼루 관편강(菅片岡)

三, 소기술(小奇術) 수번(數番) 학자(鶴子)

四, 짠스 에스바노라 황정가나자(荒井加奈子) 외 여자 다수

五, 마법의 의자(醫者) 독도루[37] 삼포민남(三浦敏男) 외 간호부 환자 수명

(휴게 십분)

六, 셰라짠스 싯쌔호이 골계 자바 음악과 수병의 도화(道化)

舞踏劇[38] 빈사의 호접(胡蝶) 족립(足立), 학자(鶴子) 외 남녀 다수

七, 곡예창기(暢氣)인 선수(膳手) 욱승(旭勝), 욱충(旭忠)

(휴게 십분)

八, 대소마기술(大小魔奇術) 수번(數番)

골계기술설명 (천화(天華) 호리기이지)

매일 교환 흥연(興演)홈

◆ 팔일(일요일)은 주야 이회

— —

조선진신(朝鮮縉紳) 제위(諸位)쎄

셔의[39] 일힝이 됴션에 나와셔 경성에서 흥힝ᄒ온지 벌셔 열흘을 갓가히 바라보옵되 슌젼히 됴션 량반 여러분을 뫼시고 무뎌에 오르지 못ᄒ얏슴이 한편에ᄂ 됴션에 나왓던 본이가 업ᄂ 것 갓기도 ᄒ옵고 쏘 한편으로ᄂ 셥々ᄒ 감상이 업지 안이ᄒ온 터에 뜻박게 여러분의 후완으로 이 단셩사에셔 사흘 동안을 흥힝ᄒ옵게 되얏ᄉ온 즉, 져

---

36) 맥주.
37) 닥터(doctor).
38) 무도(舞蹈)의 오식인 듯하다.
39) 져의의 오식인 듯하다.

의들의 깁푸은 마음은 무론 이어니와 관후ᄒ신 여러분의 박수갈치 ᄒ심을 엇고자 열
심히 흥연ᄒ겟소오니 아모쪼록 셔로 권ᄒ시와 구경오심을 바라나이다.

텬화근빅

▲ 특등과 일등 관객에게ᄂ 특히 사구라 쎄루 일본식 진정(進呈)홈
◆ 입장료
특등 일원오십전 일등 일원 이십전 이등 팔십전 삼등 사십전
▲ 종래 발행의 초대권은 사절홈
매야 하오 육시 개연 **단성사**

매일 19.06.06 (3) 천화(天華)가 단셩사에 / 륙일부터 출연

일해동안 황금관에셔 만도의 환영을 밧은 텬화 일힝은 대호평 대갈치 중에 오일꾀지
맛치고 륙일부터ᄂ 단셩샤 무딕 위에 그 자틱를 낫하닉이게 되얏ᄂ딕, 텬화의 말을
들은 즉 이번 됴션에 와셔 흥힝하기ᄂ 쳐음인딕, 뜻밧게 황금관에셔 대찬셩을 밧고
뒤를 이여 단셩샤에셔 흥힝ᄒ게 된 바 됴션인 관긱에게 미슉ᄒ 기예나마 구경을 식
혀 드릴터인딕, 아모죠록 환영을 밧은 열심으로 황금관에셔 ᄒ지도 안튼 것을 젼부
ᄒ겟고, 특히 미일신보에 게지되엿던 쇼셜 이사『哀史』의 흥미잇는 ᄒ 부분을 실디 힝
연홀 새에 그 의미를 주셰히 몰으실듯ᄒ야 변소로 ᄒ야금 종々 셜명ᄒ야 들일터이요,
됴션 관긱이 뎨일 됴화ᄒ시ᄂ 대소 마긔슐을 만히 ᄒ겟다고 말ᄒ더라ᄂ딕, 이 텬화의
츌연은 오ᄂ 팔일꾀지 삼일간이며 이것이 맛친 뒤ᄂ 직시 일본으로 건너간다ᄂ딕,
이에 디하야『사구라 쎄루』가 후원을 ᄒ야 특등, 일등 관긱에게ᄂ 믹쥬 ᄒ 병식 진뎡
ᄒ다ᄒ며, 특등 일원 오십젼, 일등 일원 이십젼, 이등 칠십젼, 삼등 스십젼이요, 시간
은 오후 일곱시부터 기연ᄒ다 ᄒ니 될 수 잇ᄂ딕로 일즉 가야 구경홀 수가 잇슬이라
더라.

매일 19.06.07 (3) 승정의 촉딕

송욱지텬화『松旭齊天華』 일힝의 츌연ᄒ 연극 중에 가쟝 자랑홀 만ᄒ 승정의 촉딕『僧
正의 燭臺』ᄂ 금 칠일 밤에 단셩사에셔 기연홀 터인딕, 사진은 쟝팔찬이가 『미리엘』
승정의 집에셔 은촉딕 ᄒ 쌍을 훔치여가지고 나가다가 헌병에게 잡히여셔 승정의 집
으로 왓ᄂ딕, 짜우에션인 갓흔 승정은 죠금도 사식이 업시 그 은촉딕ᄂ 닉가 쟝팔찬

에게 준 것이라고 변명을 ᄒᆞ야 주는 무대판이라.

매일 19.06.07 (3) 〈광고〉
희락관 5월 23일자, 우미관 6월 4일자, 단성사 6월 6일자와 동일

매일 19.06.07 (4) 광주 / 환등 성적(成績)
오월 십육일브터 일일ᄭᅡ지 광주군청 주최하에 흥행ᄒᆞᆫ 농사개량 환등 순회 영사는 호적(好績)으로 삼개면 육개소 관람자 약 이천 인에 달ᄒᆞ야 호(好)인상을 여(與)ᄒᆞ엿더라.

매일 19.06.08 (2) 〈광고〉
단성사 6월 6일자 1면과 동일

매일 19.06.08 (3) 텬화 일ᄒᆡᆼ 호평
송욱지텬화 일ᄒᆡᆼ이 류일브터 단성사에셔 출연ᄒᆞᆫ다ᄒᆞᄆᆡ 한번 구경코져 원ᄒᆞᄂᆞᆫ 스ᄅᆞᆷ들이 다셧시 반브터 몰니기 시작ᄒᆞ야 여섯시 반되여셔는 각 등 만원이 되야 표도 수지 못ᄒᆞ고 그디로 도러간 스ᄅᆞᆷ이 만엿ᄂᆞᆫ디, 져녁도 먹기 젼에 간 사람이 반수 이상이 되야 아리 위칭에셔 파는 변쏘가 동이나다십히 ᄒᆞ얏고 텬화의 대소마기술에 모다 신긔히 역이엿ᄂᆞᆫ디, 칠일 밤은 더욱 힘을 써 서양에 유명ᄒᆞᆫ 가극『歌劇』약의 효험이라는 것을 ᄒᆞᆫ다ᄒᆞ며, 칠일 밤은 한셩권반과 한남권반의 기ᄉᆡᆼ 젼부가 가셔 구경ᄒᆞ기로 결뎡되얏슨즉 더욱이 번화ᄒᆞᆷ을 도우리라ᄂᆞᆫ디 이번 명월관 지뎜에셔는 텬화를 위ᄒᆞ야 특히 화환『花環』한아름 만드러 주엇다더라.

매일 19.06.08 (3) 〈광고〉
육월 팔일브터 특별대사진 제공
실사 **주보 제이호** 전일권
미국 유사(社) 엘고 – 영화
희극 **혈주거(穴住居)** 전이권
미국 유사 밧다 – 후라이 영화
전선비담(戰線悲談) **광영의 야(光榮의 野)** 전오권

미국 유늬버−살 회사 특작

쾌한 로로− 씨 출연

마상(馬上) 대모험 대활극 연속 **적의 흑성(的의 黑星)** 전십팔권 삼십육편 내 사권

로로−가 여하혼 모험으로써 ᄒ눈지 위선(僞先) 제일편브터 어(御)관람ᄒ시오

경성부 관철동 전화 이삼이육번 **우미관**

희락관 5월 23일자와 동일

매일 19.06.09 (3) **텬화 일힝**

텬화 일힝은 팔일ᄭ지 단성사에서 고별 흥힝을 ᄒ고 구일 인천 가무기좌로 가서 잇 흘동안 츌연혼다더라

매일 19.06.09 (3) 〈광고〉

육월 구일 대영화 제공

◈ 미국 오오−루도 대영화

연애도······생명도 소용 업논

▲ 형매애화(兄妹哀話) **루흔(淚痕)** (원명 絶綠[40]) 전오권

◈ 탐정활극 **저주** 전삼권

····차(此) 탐정극을 보시오 엇더혼가····

◈ 대탐정활극 **최후의 유언** 전이권

▲ 골계 **위험천만**

● 실사 소택대판간(所澤[41] 大阪[42] 間) **육군대비행**[43]

(요금 보통)

● 여흥 기생 가무

경성부 수은동 전화 구오구번 **단성사**

---

40) 절연(絶緣)의 오식인 듯하다.

41) 도코로자−일본 혼슈 사이타마현 남단에 있는 도시.

42) 오사카.

43) '육군대비행'이 공식 제목(크고 굵은 글씨), 소택대판간(보통 크기의 글씨)은 첨언인 것 같다.

매일 19.06.10 (4) 〈광고〉

본정 일정목 전(電) 오구칠번 유락관 개(改)

희락관

당(當) 유월 육일부터 특선 삼대 영화 제공

▲ 실사 스페시야 만의 풍경

골계 흑방(黑坊) 포쓰푸스

미국 투라이잉글 회사 특작 영화

라－리－에 부안스 씨 원작

◈ 비극참극 호우의 일야(豪雨의 一夜) 전오권

일활(日活) 경도파(京都⁴⁴派) 노력극(努力劇)

◈ 구극 협객 국정충치(國定忠治) 전오권

일활 간도 촬영소 특작 영화 망망자(茫々子) 작

◈ 신파 활연극 백추(白萩) 전오권

▲ 일일, 십오일, 토요일, 제일(祭日) 주야 이회 개관

● 육월 구일 대영화 제공

◈ 미국 오오－루도 대영화

연애도……생명도 소용 업는

▲ 형매애화(兄妹哀話) 루흔(淚痕) (원명 絕綠) 전오권

◈ 철도활극 기차경쟁 전이권

‥‥차(此) 탐정극을 보시오 엇더혼가‥‥

◈ 탐정활극 흑호접녀(黑胡蝶女) 전삼권

▲ 골계 위험천만

● 실사 소택대판간(所澤大阪間) 육군대비행

(요금 보통)

● 차회(此回) 연속사진 래(來)

경성부 수은동 전화 구오구번 단성사

---

44) 교토.

우미관 6월 8일자와 동일

매일 19.06.11 (2) 〈광고〉
우미관 6월 8일자, 단성사 6월 10일자와 동일

매일 19.06.11 (3) [활동사진]
▲ **단성사** 단성사에서는 십삼일부터 미국에 여순다섯의 큰 신문사에서 갈치환영을 ᄒ고 막뎌한 현상금을 닉인 련속대사진 복면의 쥬『覆面呪』삼십권을 계속 영ᄉ호다 는디 ᄉ진이 션명ᄒ고 ᄌ미가 진々ᄒ다더라.

매일 19.06.11 (3) 〈광고〉
애활가(愛活家)의 기대ᄒ시던 연속대사진
◆ 래(來) 십삼일(금요일)부터
북미 육십오 대신문이 갈채, 열광, 지극(之極). 일제히 막대호 현상을 투(投)호
미국 쌔데 회사 특작 영화 세계적 연속대사진
복면의 주(覆面의 呪) 전십오편 삼십권
제일권브터 어(御)관람ᄒ심을 망(望)홈
단성사

희락관 6월 10일자와 동일

매일 19.06.12 (1) 〈광고〉
희락관 6월 10일자와 동일

매일 19.06.12 (3) 극장에 화재 / 죽은 자 팔십 명
불란셔『레, 고ー르론』리뎐을 의지ᄒ건디, 동시에 애국부인 「쨘, 쨔ー크」 제일에 활동사진을 흥힝ᄒ던 중 연극장에서 화지가 일어나셔 구경군 사쳔 인이 일제히 경동ᄒ야 피ᄒ야 나오랴 ᄒ다가 어린 아히와 부인이 짓발펴어셔 죽은 쟈가 팔십 명이요 부샹훈 자가 일빅 명이며 기타는 모다 일시 질식을 ᄒ얏더라.『론돈뎐보』

매일 19.06.12 (3) 〈광고〉

우미관 6월 8일자, 단성사 6월 10일자와 동일

매일 19.06.13 (2) 〈특별광고〉

육월 십삼일브터 특별흥행

북미 육십오 대신문이 갈채 환영ᄒ고 막대훈 현상금을 닉여 표창(表彰)훈

● 미국 쌔데 회사 특작품 천연색 금계화(金鷄畵) 세계적 연속대사진

천활(天活) 동양흥행 일수(一手) 권리부

복면의 주(呪) 전십오편 삼십권 내 제일, 제이편 사권 상장

● 미국 루빈 회사 대걸작

금광의 비밀 전오권

토이고(土耳古)[45]와 노국(露國)[46]와의 대전쟁 군사대활극

련과 전(戀과 戰) 오천척

기타 희극 실사

대여흥

이번에 숑욱지텬화(天華)가 당관에 와셔 대々덕 츌연ᄒ던 불국(佛國) 문호의 걸작훈 셔양의 연극(鈴의 콥) 벨쓰 삼막 ᄒ던 것을 실지 연습ᄒ야 순 서양식으로 백여원을 드려 도구 일체을 서양식으로 쑴이고 특히 『유니바―스!』 긔계를 내지에셔 네기를 더 주문ᄒ야다가 일대 굉장히 셜비를 ᄒ고 한번 상장코져 ᄒ오니 일차 어(御)관람ᄒ시고 평판(評判)ᄒ야 쥬심을 바랍니다.

천연색 활동사진 주식회사 특약

활동사진 상설 **단성사**

매일 19.06.13 (4) 〈광고〉

경성부 수은동 전화 구오구번

천활특약 **단성사**

---

45) 투르크. 터키를 말함.

46) 러시아.

당(當) 육월 십삼일브터 대영화 특별흥행

북미 육십오 대신문이 갈채, 열광 지극(之極), 일제히 막대흔 현상(懸賞)을 투(投)흔

미국 쌔데 회사 특작 대영화 연속대대사진

복면의 주(呪) 전십오편 삼십권 내 제일, 이편 사권 상장

● 미국 루빈 회사 대걸작 **금광의 비밀** 전오권

토이고(土耳古)와 노국(露國)와의 대전쟁

● 군사대활극 **련과 전(戀과 戰)** 오천척

◎ 대여흥

순 서양식. 불국(佛國) 문호의 저작흔 비극『령의 음(鈴의 音)』(쌜쓰) 삼막을 흥행

● 일신(一新)흔 서양 도구와 오개의『유니바－스』로 대흥행

기타 희극 실사의 사진

우미관 6월 8일자, 희락관 6월 10일자와 동일

매일 19.06.14 (3) 〈광고〉
단성사 6월 13일자와 동일

본정 일정목 전(電) 오구칠번 유락관 개(改)

희락관

당(當) 육월 십삼일브터 특별대작품 제공

▲ 실사 **남미 맹수수(南米 猛獸狩)**

벙글々々활극

▲ 대골계 **데부군(君)의 결혼** 이권

미국 메도로 회사 걸작영화의 최고 권위

문호 쟈－레스로－구 씨 원작

■ 사회극 **숙원(宿怨)** 전육권

명여우 에셜바리모아－ 양 출연

일활(日活)회사 본년도 신규 촬영

미상송지조(尾上松之助) 십팔번극의 내 구극의사(舊劇義士) 실전(實傳)

● 중산안병위(中山安兵衛) 일대기 전칠권 三百○八場

◎ 본주브터 관내에 선풍기의 설비를 ᄒ얏슴
▲ 일일, 십오일, 토요일, 제일(祭日) 주야 이회 개관

육월 십사일브터 특별대사진 제공
미국정부 위탁 영화
실사 **유늬버-살 주보 이십호** 전일권
미국 유사(社) 네스다- 영화
희극 **벳트의 하(下)** 전일권
미국 유사 불-바-트 영화
인정활극 **노방의 을녀(路傍의 乙女)** 전오권
미국 유사 특작 연속
쾌한 로로- 씨 출연
마상 대모험 대활극 제이회 **적의 흑성(的의 黑星)**
전십팔편 삼십육권 내 삼·사편 사권
제삼편 ···· 절망의 민(悶)
제사편 ···· 로로-는 아즉 적의 장중(掌中)에 재(在)홈
경성부 관철동 전화 이삼이육번 **우미관**

매일 19.06.15 (1) 〈광고〉
단성사 6월 13일자, 우미관 6월 14일자, 희락관 6월 14일자와 동일

매일 19.06.16 (1) 〈광고〉
단성사 6월 13일자와 동일

매일 19.06.16 (2) 〈광고〉
대호평
연일 만원어례(御禮)
세계적 연속대사진
복면의 주(呪) 전십오편 삼십권 내의 영화
쌔데- 대화형(大花形) 루-스, 로란쏘 양

명우 로란쏘 봇쓰무레 – 씨 출연

단성사

매일 19.06.16 (3) 목포예기조합

종리로 예기가 업더니 수월 젼부터 목포 관료 미덤 주인 량긔환의 발긔로 기싱 열 *
명으로 죠합을 죠직호고 목포 경찰서에 쳥원호엿더니, 수일 젼에 허가가 되엿슴으로
요소히 각종 긔구와 복식을 스드리는 중이라더라.

매일 19.06.16 (3) 〈광고〉

희락관 6월 14일자, 우미관 6월 14일자와 동일

매일 19.06.17 (4), 19.06.18 (1) 〈광고〉

단성사 6월 13일자, 우미관 6월 14일자, 희락관 6월 14일자와 동일

매일 19.06.19 (1) 〈광고〉

우미관 6월 14일자와 동일

매일 19.06.19 (3) 〈광고〉

단성사 6월 13일자, 희락관 6월 14일자와 동일

매일 19.06.20 (3) 〈광고〉

경성부 수은동 전화 구오구번

천활특약 **단성사**

당(當) 육월 이십일브터 특선대사진 제공

미국 쌔데 회사 지사 특작 연속

▲ 연속사진 이회 **복면의 주(呪)** 전십오편 삼십권 내 제삼 · 사편 상장

■ 미국 가렘 회사 작

● 탐정활극 **혈의 조(穴의 爪)** 오천척

경찰통보원(通報員) 구란쏘 모험담

■ 미국 가렘회사 걸작

● 태서정극 **흡혈귀** 전삼권

어순염(御馴染)의 헤렌 양의 출연

● 실사 **해녀의 사업(仕業)**

● 골계활극 **진결혼(眞結婚)** 전이권

⊙ 대여흥 관원 일동의 실연 이막

희락관 6월 14일자, 우미관 6월 14일자와 동일

매일 19.06.21 (3) [활동사진]

▲ **단성샤** 이십일부터 스진 젼부를 갈엇는디 점점 주미잇셔 드러가는 『복면의 쥬』 련속스진 이회와 탐졍극 『흡혈귀』, 호랑이 손톱, 기타 희극 실사 열세권인디, 여흥은 본보에 련지 소설 『이사』 두 막을 셔양식으로 흥힝혼다더라.

매일 19.06.21 (3) 〈광고〉

육월 이십일브터 대사진 제공

제이회 연속 상장 (익익(益々) 가경(佳境)에 입(入)홈)

▲ **복면의 괴자(怪者)는 하(何)?**

▲ **악한의 기괴천만(奇怪千萬)**

대비밀의 출연배우가 차(此) 연속사진에 출연홈

■ 마가렛쓰의 운명

복면의 주(呪) 전십오편 삼십권 내 삼, 사권 상장

탐정활극 **흡혈귀** 삼권

대활극 **혈의 조(穴의 爪)** 이권

모험활극 **사자와 구계(仇計)**

희극 **바보의 산미**

동(同) **연초중독**

실사 **화괴도중(花魁道中)**

● 대여흥

매일신보 (애사 [哀史]) 연속 소설을 서양식으로 전이막을 출연＝장관＝장관

사진 장척이 되야 오후 칠시 반브터 영사

단성사

매일 19.06.22 (1) 〈광고〉
우미관 6월 14일자, 단성사 6월 20일자와 동일

본정 일정목 전(電) 오구칠번 유락관 개(改)
희락관
당(當) 육월 이십일브터 특별 영화 제공
▲ 실사 **하의 부사산(夏의 富士山)**[47]
미국 파라만도 회사 걸작 희극
▲ 벙글々々극 **데부군(君) 화(化)의 피(皮)** 이권
비사(社) 영화 알후레쏘 헨리리에이스 작
■ 대활극 **명탄(名彈)** 전오권(원명 명사[名射] 베−간)
명우 월니암 쌍간 씨 출연
△ 속출래(續出來)‥‥‥공전(空前)의 대작품은‥‥‥천대전인상덕천대오(千代田刃傷德川大奥) 비사(秘史)
일후(日后) 신규 촬영 송지조(松之助) 선태랑(扇太郎) 합동 분투극
■ 구극 『송평외기(松平外記)』 전육권

매일 19.06.23 (3) 금강산의 활동사진 / 텬하절경을 박혀셔 셰샹에 소기홀 계획
만텰회샤에셔는 텬하의 절경인 금강산을 온 셰상에 널니 소기ᄒ랴고 지나간 칠일로부터 만텰회샤 공무과의 정상『井上』동 샤진기사와 경성관리국 와뎐『窪田』운수과원을 특파ᄒ야 금강산 선경의 활동사진을 박히여 가지고 지나간 이십일에 도라왓ᄂᆞᆫ디, 와뎐과원의 활동샤진을 박히던 이약이ᄂᆞᆫ 아러와 갓흐며 샤진의 『휘름』은 기리가 삼천이빅쳑인 바 샤진이 완성ᄒᄂᆞ디로 한권을 일빅오십쳑 식에 난호와셔 됴션 호텔에셔 공기ᄒ리라더라.
▲ 우리의 일힝은 지나간 칠일에 경성을 쩌나셔 갈마『葛麻』에셔 쟈동챠와 긔챠가

---

47) 후지산.

셔로 련락ᄒᄂᆫ 모양의 활동샤진을 박히고 금강으로부터 온졍리로 향하얏ᄂᆫ디 그 사이에 여흥만[48]『永興灣』의 일부와 댱젼항『長箭港』 부근의 풍경을 박히여 가면서 산중으로 드러가서 양의 챵쟈와 갓흔 고불고불흔 길로 쳡々흔 산을 넘을 쌔에는 홀갑은흔 몸으로 가기에도 어려울 터인디 활동사진 긔계를 가지고 단이느라고

▲ 여간 고셩을 안이하얏스며 그 우에 구일과 십일과 십일일 사흘 동안을 비에 막히여셔 산즁 긱관에서 젹막히도 지니여 보앗스나 그 디신에 비가 기인 뒤에 구룡연『九龍淵』의 참경치를 박힌 것은 진실로 비가 오신 덕턱이라. 시ᄂᆞ라 ᄒᄂᆞᆫ 시ᄂᆞ에ᄂᆞᆫ 맑고 맑은 물이 쳘々 넘치고 나리질느ᄂᆞᆫ 폭포소리ᄂᆞᆫ 우뢰 갓흐며 평상시에 볼 수 업ᄂᆞᆫ 그윽흔 경치를 마음디로 구경하얏스며, 신계사『神溪寺』, 옥류동『玉流洞』, 련주담『連珠潭』, 무봉폭『舞鳳瀑』, 비봉폭『飛鳳瀑』의 졀승은

▲ 지금도 눈에 션하며 초록빗이 쑥々 덧ᄂᆞᆫ 량편 언덕의 신록이며 단풍나무 어린 입시가 온 산에 덥히여셔 푸른빗의 바다를 이루어서 일ᄒᆡᆼ이 입은 흰옷에ᄭᅡ지 푸른빗히 빗최이더라. 십ᄉᆞ일에ᄂᆞᆫ 온졍리로부터 고셩『高城』의 히금강, 삼일포『三日浦』, 송도『松島』, 불암『佛巖』 부근의 경치를 박히엿ᄂᆞᆫ디 그날은 안기가 자욱하게 ᄭᅵ여서 원근 산쳔이 이희 동놈하야 쑴 가운디에서 노는 것과 갓하얏고, 다시 긔잔령『開殘嶺』의 졀험을 넘어서 유뎜샤『楡帖寺』의 경치를 박히고, 닌금강과 외금강과 외분수령인 닌무지산『內霧在山』으로 댱안사『長安寺』 부근

▲ 일디의 풍광을 박히고 망군디『望軍坮』에 올으고, 댱안샤 호텔로셔 안양암『安養庵』에 나와 삼불암『三佛庵』과 빅화암『白華庵』의 경치를 박히고, 이십일에 ᄌᆞ동차로 평강역『平康驛』에 도라와셔 텰도로 귀경하얏ᄂᆞᆫ디 이번 샤진과 가치 텬하 명산 금강산의 진경을 박힌 사진은 아마 업슬 것이다.

매일 19.06.23 (3) 〈광고〉
우미관 6월 14일자, 단성사 6월 20일자, 희락관 6월 22일자와 동일

매일 19.06.24 (4) 〈광고〉
단성사 6월 20일자, 희락관 6월 22일자와 동일

---

48) '연흥만'이 오식.

육월 이십삼일 전부 차환

미국정부 위탁 영화

실사 **하 – 수도파데 –** 전일권

미국 유사(社) 엘고 – 영화

희극 **여천하(女天下)** 전이권

미국 유사 밧다 – 후라이 영화

대활극 **유령 기수(騎手)** 전오권

미국 유사 특작 연속 사진

대모험 대활극 제삼회 **적의 흑성(的의 黑星)**

전삼십육권의 내 제오 · 육편 사권

제오편······사활(死活)의 푸링크

제육편······기(起)홀가 전(轉)홀가

경성부 관철동 전화 이삼이육번 **우미관**

매일 19.06.25 (1) 〈광고〉

단성사 6월 20일자, 우미관 6월 24일자와 동일

매일 19.06.25 (3) 〈광고〉

희락관 6월 22일자와 동일

매일 19.06.26 (1), 19.06.27 (1) 〈광고〉

단성사 6월 20일자, 희락관 6월 22일자, 우미관 6월 24일자와 동일

매일 19.06.28 (1) 〈광고〉

경성부 수은동 전화 구오구번

천활(天活) 특약 **단성사**

육월 이십칠일브터 대사진 제공

미국 쌔데 회사 특작 연속 삼회

▲ 대모험 대활극 **복면의 주(呪)** 제오, 육편 상장

오편, 간(間)의 제금(齊禁) 육편, 절벽의 상(上)

미국 가렘 회사 걸작

◈ 탐정모험활극 **마의 가(魔의 家)** 최장척

미국 메도루사 대걸작

◈ 태서활극 **수입자(輸入者)** 전사권

▲ 만화 **해면군복(海綿軍服)** 일권

▲ 희극 **온쟝이** 일권

(금회 사진은 천활회사의 비장품)

◎ 차회에 래(來)할 사진은 연속대모험

◈ **백림의 랑(伯林의 狼)** (대대탐정 변환[變換])

희락관 6월 22일자, 우미관 6월 24일자와 동일

매일 19.06.28 (3) [활동사진]

▲ **단성사** 금 이십칠일부터 샤진 전부를 교환ᄒ엿눈디 퇴셔대활극의 『밀수입자』 소권과 탐정활극 『악마의 집』 댱쳑과 뎨삼회 련속 『복의[49]의 주』, 기타 희극 실소 등인디 복면주눈 졈々 즈미가 잇셔 볼만ᄒ다더라.

매일 19.06.29 (1) 〈광고〉

우미관 6월 24일자, 단성사 6월 28일자와 동일

본정 일정목 전(電) 오구칠번 유락관 개(改)

희락관

당(當) 육월 이십칠일브터 특별 제공

삼고(參考) 사진 **가주(加州)**[50] 요셰미데 공원

◈ 인형(人形)희극 **자 – 리 –** 전일권

미국 도스휠스 회사 특작품

유진 올더 씨 원작

---

49) '복면'의 오식인 듯.

50) 캘리포니아.

◈ 대활극 승마용의(乘馬用意) 전오권

명우 알헨구레이 씨 출연

일활회사 대표적 걸작품

보지(報知)신문, 조일(朝日)신문 게재 사실담

◈ 신파비극 **해인(海人)** 전칠권

공전(筵前) 비파 모명수(琵琶某名手) 탄주(彈奏)

▲ 일일, 십오일, 토요일, 제일(祭日) 주야 이회 개관

매일 19.06.30 (2) 〈광고〉

단성사 6월 28일자와 동일

매일 19.06.30 (4) [독자긔별]

▲ 요소이 무딘 연극쟝에셔논 젼후 못된 불량 소년비가 피를 지여 드러가셔 구경군을 건드러셔 시비를 일으키고 막우 찌리다가 문 밧그로 슬고나가면 디령ᄒ고 잇던 낫분 놈들이 달녀드러 찌리는 악습이 잇기 찌문에 평판이 야단이올시다. 『확문생(確聞生)』

매일 19.07.01 (2) 〈광고〉

우미관 6월 24일자와 동일

매일 19.07.01 (3) 소요(騷擾) 긔생 공판

거 ᄉ월 일일 희쥬에셔 기셩이 대소동을 이리키고 검거됨은 임의 보도ᄒ얏거니와 본월 이십륙일 다음과 굿치 공판되얏ᄂᆞᆫ딕 모다 불복ᄒ고 공소를 졔긔ᄒ얏다더라.

▲ 징역 육개월 김월희(金月姬) 문월선(文月仙) ▲ 징역 사개월 이벽조(李碧桃) 문향희(文香姬) 해중월(海中月)

매일 19.07.01 (4) 〈광고〉

단성사 6월 28일자, 희락관 6월 29일자와 동일

매일 19.07.02 (1) 〈광고〉

우미관 6월 24일자, 단성사 6월 28일자, 희락관 6월 29일자와 동일

매일 19.07.03 (3) 활동사진 무료관람

◇ 금 삼일 오전 십일시부터 오후 오시까지

평화극복 신보(申報)독자 위안회

본 삼면에 잇는 관람권을 비여가지고 오면 한 쟝에 두 사람은 무료로 구경홈. 만일 만원이 되는 쌔는 입쟝을 거절홈

◇회장(會場) 동부 독자는 단성사, 서부 독자는 우미관◇

매일 19.07.03 (3) 〈독자위안회〉

〈평화극복 기념〉

신보(申報) 독자 위안회(일매 이인까지 통용)

칠월 삼일, 주간(晝間)만 유효

기일(期日) 칠월 삼일 정오브터 오후 오시흘(迄)

본권 지참ㅎ시는 제위(諸位)에 한ㅎ야 무료

회장(會場) ‖ 유락관 단성사

매일신보사

매일 19.07.03 (3) 〈광고〉

우미관 6월 24일자, 단성사 6월 28일자, 희락관 6월 29일자와 동일

매일 19.07.04 (3) 미증유의 대성황 / 독자위안회 / 삼천의 독자가 더위를 잇고 반일 동안 자미잇게 구경회

작 삼일 아참에는 가는 비가 솔々 뿌리며 일기가 어느덧 싸는 듯ㅎ야 본사의 쥬최로 평화극복을 긔념ㅎ는 본보 이독쟈 위안회 날에 큰 비나 안이올까 념려ㅎ얏더니 다향히 날은 득시 기엿더라. 그 젼날 본보 이독자 위안회를 기최혼다는 쇼식이 발포되미 온 경성의 환영ㅎ는 소리는 물 쓸듯ㅎ며 어서 그날 밤이 지니야 가기를 기다렷더라. 본샤에셔는 독쟈의 열렬훈 환영을 밧으면셔 삼일 정오로부터 경성 셔부에 사는 독자는 우미관에, 경성 동부에 사는 독자는 단성샤에 위안회를 열엇다.

▲단셩사에는▼

미쳐 열한시도 되기 젼부터 동관 단
셩사에는 독쟈들이 각기 우더권을
손에 들고 구름 모히듯 드러와셔 뎡
각에는 이층 아리층에 만원이 되야
부쳐의 나비씌는 것이 맛치 물결과
갓치 보이더라. 졍오에 무더 뒤에셔
이러나는 류량한 음악소리에 단셩사
쥬임변소 셔샹호『徐相昊』군 무더에
나와셔 그늘 본샤에셔 위안회를 쥬
최한 뜻을 말ᄒᆞ고, 우슴거리 활동사
진 히면군복『海綿軍服』을 소기하니,
만쟝 관긱의 박슈갈치ᄒᆞ는 쇼리는 단
셩샤가 쩌나갈 뜻 ᄒᆞ더라. 활동사진
을 시작ᄒᆞᆫ지 삼소십분도 되지 못ᄒᆞ야
이층 아리층에는 송곳 한기 씌울 틈

▲ 매일신보 독자위안회 단성사와 우미관

도 업시 만원이 되얏스며 문간에는 밋쳐 드러오지를 못한 사람들이
겹々히 둘너셔 립쟝을 식혀 달나고 쩌드는 소리가 자못 헌요ᄒᆞ얏더라. 그 다음 소진
은「온쟝이」라 하는 우슴거리인디, 엇더케도 우수운지 관긱들은 허리를 잡지 못ᄒᆞ얏
스며 그 다음에는 틱셔활극의 밀슈입쟈『密輸入者』와 악마의 가『惡魔의 家』인디, 사
진의 뇌용이 풍부ᄒᆞ고 변화가 무쌍ᄒᆞ야 관긱으로 하야곰 젼률케도 ᄒᆞ고 박슈 환호케
도 ᄒᆞ얏스며 그 다음에 마지막으로 복면의 쥬『覆面의 呪』라 하는 디활극이 비최이며
샤진은 졈々 가경으로 드러가니 만쟝의 관긱은 푹々 씨는 더위도 이져바리고 샤진에
눈이 팔이여셔
박슈갈치를 ᄒᆞ더라 이에 여러 가지 즈미잇는 샤진은 관긱의 마음을 츙분히 위로ᄒᆞ고
오후 다셧시에 산히를 ᄒᆞ니 실로 경셩에셔 쳐음 보는 디셩황이엿도다. 동관 네거리
로 헛텨져가는 사람들은 셔로 도라다보며 그날의 자미잇슴을 못닉 칭도ᄒᆞ며 쓸々히
헷터져가니 마침 하날을 가리엿던 음울한 구름의 한구퉁이가 평화한 날 빗이 비최이
더라.

▲우미관에는▼

우미관을 보건딕 오젼 열한시가 되자마자 손님이 오기 시작ᄒ야 열두뎜에는 벌셔 만원이 되얏다. 본사에셔는 특히 부인을 우디ᄒ야 민 위칭 일등셕을 부인셕으로 ᄒ고, 이삼등셕은 남자의 관람셕으로 ᄒ얏다. 훈々ᄒ 더위를 무릅쓰고 독자 졔씨는 만히 오시어셔 우리는 미우 감사ᄒ얏다. 일등셕 부인셕에는 낫임으로 부인이 훨셕 만히 오시엇고 더욱이 흰 모시 젹삼 검졍 모시 치마 입은 열 칠팔셰의 녀학싱도 만히 와셔 장닉를 한칭 더 화려ᄒ게 ᄒ얏다. 손님 여러분은

평화의 막이 열니기를 고딕하시듯이 사진의 막이 열니기를 열심으로 고딕ᄒ는 중 시로 한뎜이 쩡 치자마쟈 신호종이 지르릉 울며 관닉는 별안간 암흑 셰계가 되고 말앗다. 그러나 이것은 눈 쌀작홀 동안이엇고 영사면은 벌々 쩌는 듯ᄒ며 산 그림을 토히니엇다. 만쟝의 박수는 평화를 츅하ᄒ는 소리로 들니엇다. 위아러 층에 두 긔의 션풍긔는 멀리『파리』의 평화로운 바람을 부러다가 일반 관긱의 더위를 덜고자 열심으로 돌앗다. 일노부터 사진은『쟈원』,『녀지비인』,『마계산 사십호』,『뎍의 흑셩』등이 연ᄒ야 여러 손님의 눈을 위로ᄒ얏다. 일반은 미우 흥미잇게 구경ᄒ며 얼골마다 깃분 빗이 넘치더라.

매일 19.07.04 (3) ⟨광고⟩
단성사 6월 28일자와 동일

매일 19.07.04 (4) ⟨광고⟩
우미관 6월 24일자와 동일

매일 19.07.05 (1) ⟨광고⟩
경성부 수은동 전화 구오구번

천활특약 **단성사**

칠월 사일브터 사진 전부 교환

미국 파듸 회사 특작 사회(四回)

▲ 인정대활극 **복면의 주(呪)** 제칠편 공중의 편지, 제팔편 무참ᄒ 생명

주임변사 서상호 득의(得意) 설명

미국 유니버－살 회사작

◈ 탐정대활극 **엑기스** 전삼권

미국 가렴 회사작

◈ 활극 **파손전선(破損電線)** 최대장척

▲ 희극 **잠간대용(暫間貸用)**

칠월 사일브터 오일간(오후 칠시 개연)

평화특별대흥행

경성 신극단

김도산(金陶山) 일행의 대차륜(大車輪)의 출연

예제(藝題)

신파인정극 의리적 구토(義理的 仇討) 전구장

매 삼일마다 예제 차환홈

◈ 미국 유니버살 회사작

연속 마상(馬上) 대모험 대활극 **적의 흑성(的의 黑星)** 전사권

제칠편······광원(廣原)을 마상에셔 제팔편······운명의 염(焰)

경성부 관철동 전화 이삼이육번 **우미관**

매일 19.07.05 (4) [독쟈긔별]

▲ 요스이 단성사와 우미관 샤진이 퍽 쟈미들 잇다고 히도 불비혼 뎜이 업지 아니히요. 제일에 음악이 불비혼 것 갓습듸다. 그리고 연속 샤진이니 딕활극이니 탐졍극이니 호야도 그짜진 샤진 좀 두엇다 호얏스면 죠켓서요. 그 딕신 소회극, 인졍극, 지연극, 졍쇠극이나 혹 표졍극도 좃습니다. 우미관에셔 영소호는『쑐유쌔드극』이나『쌧터풀라이극』혹 단성사에셔『바라투터극』갓흔 것을 영소호야 주시오. 그리호야 예술 소상을 고춰호며 일변 됴션인 졍신 수량에 공호얏스면 죠겟서요.『애활가(愛活家)』

매일 19.07.06 (1), 19.07.07 (1), 19.07.08 (1) 〈광고〉

단성사 7월 5일자, 우미관 7월 5일자와 동일

매일 19.07.09 (1) 〈광고〉

경성신극좌

김도산 일행 개연 이래 매야(每夜) 대입(大入) 만원의 경황(景況)을 정(呈)호야 어례

(御禮)로 구일, 십일, 이일간 연기ᄒ고 매일 연제(演題) 차환(差換)ᄒ야 귀람(貴覽)에
공(供)하깃스니 육속(陸續) 내관(來舘)ᄒ심을 봉원(奉願) 경백(敬白)
오후 칠시 개연
경성부 관철동 전화 이삼이육번 **우미관**

단성사 7월 5일자 광고와 동일

매일 19.07.10 (3) 〈광고〉
단성사 7월 5일자, 우미관 7월 9일자와 동일

매일 19.07.11 (1) 〈광고〉
우미관 7월 9일자와 동일

매일 19.07.11 (3) 〈광고〉
경성부 수은동 전화 구오구번
천활특약 **단성사**
당(當)ᄒ 칠월 십일일브터(금요일)
하계 특별대흥행!!! 사진 전부 교환(천하일품)
이태리 바스갈 회사 대걸작
◈ 대탐정대활극 **금시(金矢)** 최대웅편 전장(全長) 칠천척
◈ 미국 쌔듸 회사 대걸작
◈ 세계적 연속대사진 제오편
▲ 인정비극 **복면의 주(呪)** 전십오편 삼십권 지내
제구편 설상가상 제십편 복면의 계략
▲ 희극 **월광(月光)**
▲ 실사 **비루마의 풍경**

매일 19.07.12 (3) 경관국(京管局)의 시사 / 금강의 절승을
됴션호텔에셔 영소 공기
일즉이 만텰회샤에셔 활동사진 긔소를 보니여셔 금강산의 절승『金剛山 絕勝』을 박

히게 ᄒ엿ᄂ되, 이것은 대련『大連』에셔 요ᄉ이 완셩되야 십이일 대련에셔 부치어 룡산관리국으로 보닉기로 되얏다 ᄒ며, 경셩관리국에셔ᄂ『필음』이 오ᄂ 니로 곳 한 번 시험 영ᄉ를 ᄒ여본 후 됴션호텔에셔 당분간 공기ᄒ게 될 모양인딕, 긔ᄉᄂ 여러 가지로 모험ᄒ야 샤진을 박힌 것이니 금강산의 경승을 모다 삼쳔 오빅쳑의 긴『필음』에 박히어 그윽ᄒ 풀밧헤ᄂ 거름마다 솟이오 쎅쎅ᄒ 수풀 스이에 소릭 소릭 시소릭라. 셕의『石衣』ᄂ 푸르럿고 웅장ᄒ 폭포ᄂ 길길이 소리쳐가며 쒸엄질ᄒᄂ 장쾌ᄒ 풍경은 보ᄂ 사ᄅ으로 ᄒ야곰 소름이 일도록 시원ᄒ게 ᄒ 만ᄒ 근릭에 귀ᄒ『필음』이라 ᄒ더라.

매일 19.07.12 (3) 장미원의 여흥 / 활동사진을 영사ᄒ

됴션호텔에셔ᄂ 지ᄂ 구일밤터 위시ᄒ야 미주 수요일과 토요일은 그 호텔 안에 잇ᄂ『로ー스짜텐』에셔 활동사진을 영ᄉ하야 슉박ᄒᄂ 손님과 기타 일반 입쟝자에게 관람식힐터이라ᄂ딕, 동양의 졀경인 금강산의 풍경도 몃칠 안이면 올터임으로 릭주일부터ᄂ 영사를 시작ᄒ 터이라더라.

매일 19.07.12 (3) 〈광고〉

우미관 7월 9일자, 단성사 7월 11일자와 동일

매일 19.07.13 (2) 〈광고〉

단성사 7월 11일자와 동일

매일 19.07.14 (4) 〈광고〉

단성사 7월 11일자와 동일

칠월 십이일 전부 차환홈

실사 **파례ー주보 이십칠호** 전일권

희극 **세의 중(世의 中)** 전일권

미국 유사(社) 하ー리ー게ー리ー출연

인정극 **여심(女心)** 전오권

미국 유사 연속사진

마상(馬上) 모험대활극 제오회 **적의 흑성(的의 黑星)** 삼십육권의 내 제구 · 십편 사권

제구편····짜이나마이트 제십편····사막일야견(砂漠一野犬)

편(篇)을 추(追)ᄒ야 익익(益々) 가계(佳堺)에 입(入)ᄒ야 로도-의 고쎼이의 운명 여하(如何)

경성부 관철동 전화 이삼이육번 **우미관**

매일 19.07.15 (3) 금강산 활동사진 / 십사일 텰도구락부에셔

만텰회사 경성관리국에서 고심ᄒ야 영사혼 금강산 활동샤진은 근일에 본샤로부터 도착ᄒ얏슴으로 지는 십ᄉ일 오후 팔시부터 신문긔쟈들이 립회한 후 텰도구락부에셔 시험으로 영사히 보앗다더라.

매일 19.07.16 (2) 〈광고〉

단성사 7월 11일자, 우미관 7월 14일자와 동일

매일 19.07.16 (3) 금강산 활동사진 불일(不日) 공개 / 오는 십칠일 팔일에 / 관민의게 소기혼 후

만텰 경성관리국에셔 벌셔부터 다더혼 경비를 드려 촬영혼 금강산 활동사진은 지작일 오후 팔시부터 룡산 텰도구락부에서 시험으로 영사히보앗는디, 그 사진의 뇌용을 보건디 기리가 삼쳔오뵉쳑이오 젼편 어권의 큰 사진인디, 갈마역『葛麻驛』을 벽두로ᄒ고 금강, 히금강, 닉금강 지나셔 평강역『平康驛』에 이른것인디, 이 사진은 만텰회사의 계획과 긔술ᄌ의 로력으로 완젼히 되야 아직ᄭ지 셰샹에서 알지 못ᄒ던 졀경을 이 사진으로 소기ᄒ게 되엿슴으로 경셩 관리국에셔는 오는 십칠, 팔일 경부터 청명혼 날을 퇵ᄒ야 됴션호텔 안의『로-스까텐』에서 경룡 관민의 즁요혼 사람들과 만텰회샤 관계쟈들을 쵸디ᄒ야 이 ᄉ진을 소기혼 후 그 뒤에는 일반에게 뵈인다더라.

매일 19.07.17 (3) 임셩구 일행 흥행 / 본지에 게지혼 『계셤의 한』을 각식ᄒ야 마지막 흥힝

됴션 신파연극계에 원됴로 일홈이 경향에 훨젼ᄒ던 혁신단의 림셩구『林聖九』씨는 쟉년ᄭ지 싀골 각쳐로 슌업흥힝을 ᄒ야오다 올봄부터 그 일힝을 모다 헛트려바리고 지금것 노라오더니, 이번에 림셩구 씨는 신파연극계를 고만두고 다른 영업을 시작홀

작령으로 마지막 고별흥힝ᄒ야 그 섭々홈을 표ᄒ기로 ᄒ고 일단 단성사에서 사구라쎄루[51] 회사 후원하에 몃칠동안 기연ᄒ다ᄂᆞᆫ딕, 지난번 본보에 게지ᄒᆞ얏던 『계셤의 한』이라ᄂᆞᆫ ᄉᆞ실을 ᄌᆞ미잇시 각본을 만드러 상쟝ᄒ다 ᄒ며 첫날은 본보 련지 소셜의 댱한몽을 ᄒ다ᄂᆞᆫ딕, 이 신파를 ᄒᆞᆯ 동안에ᄂᆞᆫ 련속ᄉᆞ진 네권만 영ᄉᆞᄒ기로 작령인바 지금 사구라쎄루 회사가 대々뎍으로 셜비를 ᄒᄂᆞᆫ 중이라더라.

매일 19.07.17 (4), 19.07.18 (2) 〈광고〉
단성사 7월 11일자, 우미관 7월 14일자와 동일

매일 19.07.19 (1) 〈광고〉
자(自) 칠월 이십일일 매일 오전 십시로 지(至)
동(同) 이십오일 오후 오시 반々지
대기술(大奇術), 조선 가곡 색색(色々)
희유(稀有)의 조선 구식대지거(舊式大芝居)
요금 특등 오십전 일등 삼십전 이등 이십전 소아 십전
어(於) 황금유원

칠월 십구일 전부 차환홈
미국정부 위탁 영화
실사 **파데 – 주보 삼십일호** 전일권
미국 유사(社) 죠가 – 영화
희극 **하고도망(何故逃亡)** 전일권
미국 유사 불바드 영화 정극 **모(母)의 비밀** 전오권
미국 유사 연속사진
마상(馬上)모험대활극 제육회 **적의 흑성(的의 黑星)**
삼십육권의 내 제 십일, 십이편 사권
제십일편····해압(解壓)(＊) 제십이편····작연사막(灼燃沙漠)

---

51) 맥주.

경성부 관철동 전화 이삼이육번 **우미관**

〈특별광고〉
임성구(林聖九)의 섭々호 최후의 차(此) 신파극을 고별흥행
참신기발호『유니바스』전기 응용으로
가쭈ᄉ 육막(六幕)
녀비우 신창가(新唱歌)와 합ᄒ야 대대적 상장홈니다.
목하 각색 중인 계섬한桂蟾恨 전 오막
매일신보 연재의
장한몽 첫날의 루(淚)의 해(海)될 단성사
연극종목
■ 눈물 ■ 재봉춘(再逢春) ■ 천의(天意) ■ 육혈포강도 ■ 공명정대 ■ 계섬(桂蟾)
의 한 기타
▲ 대사진 제공
대호평 대갈채 중의
⊙ **복면의 주(覆面의 呪)** 십일·십이편 사권
▲ 희극 **짜푸링의 도구방(道具方)** 이권
▲ 실사 **계펼닝 비행기**
관람료 일등 칠십전 이등 오십전 삼등 삼십전, 군인 학생 소아 반액
칠월 십팔일부터
대입만원(大入滿員)

매일 19.07.20 (1) 〈광고〉
경성부 수은동 전화 구오구번
천활특약 **단성사**
당(當) 칠월 십팔일브터(금요일)
임성구(林聖九) 일행의 고별흥행
매일신보 연재소설
제삼일 미신무녀후업(迷信巫女後業) 전오막
여우(女優)의 신창가(新唱歌) 합주

▲ 인활(人活) **복면의 주(覆面의 呪)** 제십일, 십이편 사권 상장

▲ 대골계 **자쌀링 도구방(道具方)** 전이권

우미관 7월 19일자와 동일

매일 19.07.20 (3) 혁신단의 제일일(第一日) / 박수갈치 즁에셔 하로밤 / 오늘은 지봉춘이 상장됨

임의 본보에 게지훈 바와 갓치 오리동안 소식이 업던 혁신단 림셩구 일힝의 신파연극을 구경ᄒ엿다. 이번 림셩구는 신파계를 쎠나고져 마지막으로 단셩사에서 십팔일부터 고별흥힝을 ᄒ게 되엿다. 첫날 예데는 됴일지 군의 걸작인 챵한몽으로 흥힝을 ᄒ는디 오후 여섯시부터 단셩샤 문압히 복잡ᄒ여지며 드리밀리기 시작ᄒ야 여덜 시가 넘어 비가 옴을 불고ᄒ고

만원의 셩황을 이루엇다. 천여 명 관긱 중 기싱이 대부분 만어서 더욱 번화ᄒ엿다. 비우들의 란숙훈 기예는 더 말훌 것 업고 리슌환의 로파 노릇이 더욱 쟝관이엿고, 리수일의 림셩구는 무디 위에 동작과 표졍은 그 진경을 그려너어 데 이막에 심틱이가 수일을 비쳑ᄒ고 돈 만흔 김즁비에게 츌가ᄒ는데 디ᄒ야 관긱 일동은 분ᄒ야 부르지진 상황이엿다가 대동강가에서 리슈일과 심슌이가 셔로 리별ᄒ는 마당을 당ᄒ야 긔묘한 『유니바스』로 달 씌고 비 오고

뢰셩번기를 하는 통에 수일의 두 사람은 곡진긔정한 그 이쳐러온 리별을 함에는 기싱들은 노샹 울면서 ᄌ미붓쳐 구경ᄒ엿다. 십구일은 리하몽 군의 걸작인 지봉춘을 가지고 샹장훈다는디 이번 흥힝에 림셩구에 디훈 인긔가 미우 잇는 모양. 『일긔쟈』

매일 19.07.21 (1) 〈광고〉

우미관 7월 19일자, 단성사 7월 20일자와 동일

매일 19.07.22 (1) 〈광고〉

경성부 수은동 전화 구오구번

천활특약 **단성사**

당(當) 칠월 십팔일브터(금요일)

임성구 일행의 고별흥행

매일신보 삼면연재

● 계섬의 한(桂蟾의 恨) 전오막

이십일일부터 이십이일ᄭᅡ지 상장

▲ 인정활극 복면의 주(覆面의 呪) 제십일, 십이편 사권 상장

▲ 대골계 자ᄲᅳ링 도구방(道具方) 전이권

우미관 7월 19일자와 동일

매일 19.07.22 (3) 〈광고〉

금상폐하 사천람(賜天覽) 각 황족전하 왕세자 전하 사태람(賜台覽)

명화대회(名畫大會)

칠월 이십오일브터

단성사

매일 19.07.23 (1) 〈광고〉

우미관 7월 19일자, 단성사 7월 22일자와 동일

매일 19.07.23 (3) 〈광고〉

단성사 7월 22일자와 동일

매일 19.07.23 (3) [붓방아]

본보에 련속 게지ᄒᆞ엿던『계셤의 한』은 이번 림셩구 일ᄒᆡᆼ이 단셩샤에서 시작ᄒᆞᆫ다 ᄒᆞ미 그 소실은 현ᄃᆡᆨ극이 되야 비상히 경황이 됴와지며 갓가온 지방의 화류계편에셔도 일부러 구경을 올나온 사롬이 만엇다. 츌연ᄒᆞᆫ다는 이십일ᄯᅢ々 밤에 좀 가셔 샹황을 시찰ᄒᆞ엿다. 얼마만에 누가 나와셔 셜명을 ᄒᆞᄂᆞᆫᄃᆡ 감안이 듯고 본즉 계셤의 한은 경찰셔에셔 못ᄒᆞ게 ᄒᆞ고로 유감이지만은 다른 예뎨로 흥ᄒᆡᆼᄒᆞ게 되얏다고 ᄒᆞᆫ다. 그 사졍은 깁히 키여 말ᄒᆞᆯ수는 업스나 임의 독쟈들도 짐쟉ᄒᆞᆯ 일이다. 그러나 그 연극이 긔위 될것은 만무ᄒᆞᆫᄃᆡ 별안간 고쟝이 싱긴 일은 참으로 의심스러웁다. 림셩구가 그 각본을 몰니 팔어먹엇나, 그럿치 안으면 언의 편의 간쳥을 드러 일시 관긕을 속이엿나, 여러 가지로 의심이 남을 마지안엇다. 그런ᄃᆡ 엇더튼지 다른 것과 달니 현ᄃᆡᆨ의 화류

계 수실극임으로 한번 보고져 입장한 다수남녀 관긱 중에 기성들도 대부분 만헛든 모양이다. 데일 장관은 각 권반의 수무원들이 쎄를 지어 입장ㅎ여가지고 취톄 경관의 가진 『스지가쎄』를 청ㅎ야 보기도ㅎ고 부인석의 기성의 얼골도 됴소하여 보고 쏘 몰너 몰너 구경하는 져의 권반 기성들을 모죠리 불너닉인 일도 잇섯다. 한참동안 그 수군거리는 복잡은 말홀 수 업섯다. 엇던 권반의 기성 누구는 구경ㅎ다가 볼녀나오며 오날 모슨 연극을 ㅎ기에 이렇케 야단이오, 나는 몰으고 왓더니 별안간 구경말고 권반으로 오라ㅎ며 벌금 십원이야 ㅎ니 구경온 것이 후회라고 한 기성ㅆ지 잇섯다. 이것이 화류계에는 적지 안은 큰 문뎨이엿던가보다.

매일 19.07.24 (1) 〈광고〉
우미관 7월 19일자와 동일

경성부 수은동 전화 구오구번
천활특약 **단성사**
당(當) 칠월 이십오일브터 제삼회 납량 특별대흥행
세계적 명화(名畵)대회
미국 쌔라곤 회사 불후의 대걸작
(사천람[賜天覽]) 모험활극 **명마의 편(名馬의 鞭)** 전팔권
미국 파듸 회사 대걸작
세계적 연속사진
최종편 **복면의 주(覆面의 呪)** 전십오편 삼십권
이태리 이다라 회사작
태서희극 **자동차 유천(流川)** 전사권
미국 후옥구스 회사 대작
태서대희활극 **함부와 사자(獅子)** 전이권

매일 19.07.24 (3) 장미원의 화금강(畵金剛) / 이십일일 밤부터 믹일 밤에 영샤회
됴선호텔 안에 잇난 『으로-스까든』에셔 긔최 중인 금강산 활동사진 영사는 이십일ㅆ 밤부터 시작훈 바, 믹일밤 만원의 셩황이라 ㅎ며 긔한은 사일간인즉 이달 금음날ㅆ지에 이르겟스며 청년＊＊에 흔ㅎ야 영샤홀터이오. 입장료는 삼십전이나 그 료금

에 상당훈 다과를 닉인다더라.

매일 19.07.24 (4) [독자긔별]

▲ 이십일일 져녁에 단성샤에셔 귀보 제삼면에 련지되얏던 인정극『계셥의 한』을 상장훈다기에 갓셧더니 나의 바라던 것은 헛것이 되고 말앗셔요. 우정식 군에 셜명에 의ᄒ건디 어느 권반인지ᄂᆞᆫ 알 수 업스나 하씨라는 이가 말ᄒ기를 우리 화류계에ᄂᆞᆫ 그러훈 ᄉ실이 업다ᄒ며 그 뿐만 안이라 협박뎍으로 만약 이것을 귀단에셔 흥힝홀진디 우리네 권번조합에 기싱은 단성샤에를 안이 보닌다 ᄒᆞ얏다니 어리셕기도 ᄒ고 우수운 일이예요.『애극가(愛劇家)』

매일 19.07.25 (1) 〈광고〉

칠월 이십육일부터 납량특별대흥행

◆ 명일부터 명화(名畵)대회!

금상폐하 사천람 각 황족전하 왕세자 전하 사태람(賜台覽)

명마의 편(名馬의 鞭) 전팔권

⊙ 상장 이래 대호평 대갈채의

최종편 **복면의 주(覆面의 呪)** 전육권

기타 희활극 수종

입장료 일등 칠십전 이등 오십전 삼등 삼십전, 군인 학생 소아 반액

천연색 활동사진 주식회사 특약 **단성사**

매일 19.07.25 (4) 〈광고〉

우미관 7월 19일자, 단성사 7월 24일자와 동일

매일 19.07.26 (3) 〈광고〉

칠월 이십육일 전부 차환

一, 실사 マがジン[52] 오십호 전일권

---

52) 마가진.

미국 유사(社)

만화 철방(凸坊)여행의 권(卷) 전일권

미국 유사 エルコ－[53] 영화

희극 子供攫ひ[54] 전이권

미국 유사 バイソン[55] 영화

활극 삼(森)の 반역 전이권

미국 유사 ブルーバー＊[56] 영화 (소녀) ゾーレー[57] 양 출연

인정극 危さ中に[58] 전오권

경성부 관철동 전화 이삼이육번 우미관

단성사 7월 24일자와 동일

매일 19.07.27 (1), 19.07.28 (2), 19.07.29 (3) 〈광고〉
단성사 7월 24일자, 우미관 7월 26일자와 동일

매일 19.07.30 (3) 천람(天覽)ᄒ신 명사진 / 본보 란외에 박인 할인권으로 입장 관람
지금 단성샤에서 공기ᄒᄂ 명화대회ᄂ 영ᄉᄒᄂ 스진이 모다 금샹폐하씌셔 텬람ᄒ시고 각 황족뎐하 왕셰ᄌ 뎐하씌셔 타람ᄒ신 명ᄉ진임으로 첫날부터 만원의 셩황인디, 일반에 널니 보히기 위ᄒ야 특별할인을 ᄒ고 본보 란외에 박인 할인권을 씌여 가지고 가면 각등 이십젼식 감ᄒ야 관람케ᄒ다 ᄒ며, 금 삼십일은 명치년황 졔일임으로 주야 공기ᄒᄃ더라.

---

53) 엘루코.

54) '아이 납치'라는 뜻.

55) 바이손.

56) 부루바도.

57) 조－레－.

58) '위급한 가운데'란 의미.

매일 19.07.30 (3) 〈광고〉

칠월 삼십일(명치천황제 [祭]) 전부 차환

미국정부 위탁 영화

실사 **철광의 운반저장** 전일권

미국 유니버살 회사

실사 **유니버살 주보 제백호** 전일권

미국 유(社) 엘고ー영화

희극 **화가도 모셸** 전이권

미국 유사 쏠드씰 영화

비극 **영의 결(靈의 結)** 전삼권

미국 유사 연속사진

마상(馬上)대모험 대활극 연속 제칠회 **적의 흑성(的의 黑星)** 제십삼, 제십사편 사권

제십삼편 경매, 제십사편 숙원(宿怨)의 동지

경성부 관철동 전화 이삼이육번 **우미관**

매일 19.07.30 (4) 〈광고〉

단성사 7월 24일자와 동일

매일 19.08.01 (1) 〈광고〉

우미관 7월 30일자와 동일

경성부 수은동 전화 구오구번

천활특약 **단성사**

당(當) 칠월 이십오일브터 제삼회 납량특별대흥행

세계적 명화대회

미국 쌔라곤 회사 불후의 대걸작

(사천람 [賜天覽]) 모험활극 **명마의 편(名馬의 鞭)** 전팔권

미국 파듸 회사 대걸작

세계적 연속사진 최종편 **복면의 주(覆面의 呪)** 전십오편 삼십권

이태리 이다라 회사작

태서희극 자동차 유천(流川) 전사권

매일 19.08.02 (4) 〈광고〉
우미관 7월 30일자, 단성사 8월 1일자와 동일

매일 19.08.02 (4) [독쟈긔별]
▲ 부랑자 기셩 터인 즈동차가 밤에 문 밧만 나아가면 삽담제ᄒ고 돌질을 ᄒ며 쌀갑 빗싼 셰퇴에 무슨 경칠 짓이냐고 써드려더여셔 감히 나아가지를 못ᄒ다던가. 실로 그럴 일이야. 『대찬생(大贊生)』

매일 19.08.03 (3) 인천셔의 쥬최로 위ᄉ생환등회 / 쌍에 뎍당ᄒ 환등회
◀일반은 잘보라▶

여름철 위ᄉ싱은 엇던 사람을 물론ᄒ고 범연히 볼일이 아닌 바, 전념병이 류힝하는 요스히 위험긔를 당ᄒ야 일반에 위ᄉ싱 사상을 고취홀 필요가 잇슴으로 인천 경찰셔는 불원에 위ᄉ싱 환등회를 열고 됴션인 각 촌락을 초례디로 소집ᄒ고 밤에 밧게셔 영ᄉ우ᄒ야 보인다ᄂᆞᆫ딕, 여름에 더위를 피ᄒ야 밤에ᄂᆞᆫ 모다 길가에서 누어ᄌᄂᆞᆫ 습관이 잇는 요즈음 아죠 뎍당ᄒ 구경거리가 되겟고 ᄉ진 종류ᄂᆞᆫ 여름 가을의 필요ᄒ 통속 위ᄉ싱 샹황으로부터 방균의 셜명 등 수십 종을 ᄌ셰히 설명홀 터인딕 닉디인에게ᄂᆞᆫ 표관이라는 활동ᄉ진관 혹은 가무기좌에셔 기최홀 예뎡이라더라. 『인천』

매일 19.08.03 (3) 〈광고〉
우미관 7월 30일자, 단성사 8월 1일자와 동일

매일 19.08.03 (4) [독쟈긔별]
▲ 다동 치련이ᄂᆞᆫ 즈동챠 부히ᄂᆞᆫ *셔방이 사람을 치여 쥭이고 감옥에 잇슬 적에 보름 동안을 노름에 단이지 안코 근신을 ᄒ엿디요. 그 정셩도 젹지 안튼 걸 무슨 관계가 잇나보아. 『의

▲ 한량이 기생을 태운 자동차 만화

아생(疑訝生)』

매일 19.08.04 (4) 〈광고〉
당(當)혼 팔월일일부터(금요일)
● 사진전부 교환
희극 **방탕혼 자(者)** 일권
골계 **황료치(荒療治)** 일권
미국 가렘 회사 대작 대활극 **애(愛)의 부활** 삼권
희극 **천외낙하(天外落下)** 일권
미국 바라곤 회사 대걸작 미국 인정대활극 **일출지전(日出之前)** 전팔권
경성부 수은동 전화 구오구번 천활특약 **단성사**

우미관 7월 30일자와 동일

매일 19.08.05 (3) 도처 봉욕(逢辱)의 부랑자와 기생 / 즈동차 탄 쓸이 보기 시려셔 / 별々짓들을 다ㅎ는 요사이
요소히 날은 감으러 밧과 논들은 모다 터지고 갈너져셔 몬지가 날 디경이 되엿고 쌀 갑은 날로 올라가셔 한 되에 칠십이젼 이상에 달ㅎ야 일반에 근심 빗이 가득ㅎ며 살 슈 업다는 싱활난의 부르지지는 소리는 도쳐에 야단인디, 이 갓치 살기에 어려온 셰상에 엇던 쟈들은 밤이면 즈동챠에 기싱들을 실고 문안 문밧으로 힝힝 질쥬ㅎ는 일이 더욱 심ㅎ야 엇던 씨에는 길거리에 즈동챠가 몃 딕식 줄을 디여 단이는데는 실로 심상치 안은 한심혼 일이다. 이런 ㅼ닭으로 인ㅎ야 지나간 이일 밤에 부랑즈 몃명이 즈동챠에 기싱을 실고 동대문 밧을 지나갈 졔
항상 뮈웁게 보던 사람 몃명이 공모ㅎ야 쏭을 준비ㅎ엿다가 즈동챠가 맛침 지나가는 것을 견양딕고 씌언져 그 안에 잇던 기싱 소나희들은 별 수 업시 쏭물을 맞어 목욕을 ㅎ다십히 ㅎ엿고, 쏘 그날밤에 엇던 자는 큰 돌덩이를 홍수원 료리덤 드러가는 길에 가로노앗는딕 맛참 기싱을 터운 인력거가 지나가다가 그 돌에 업더져 인력거는 산々히 씨여지는 동시에 기싱과 인력거군은 즁상을 당ㅎ엿다는 말이 잇고, 쏘 그날 밤에 홍수원에셔 놀고 오는 기싱 한아름 달녀드려셔 구타ㅼ지 혼 일이 잇셔々, 쳐々에 활극이 일어낫셧는딕 종로경찰셔에셔는 폭힝한 쟈 몃명을 인치ㅎ야 목하 취됴 즁이라더라.

매일 19.08.05 (4), 19.08.06 (4), 19.08.07 (2) 〈광고〉

우미관 7월 30일자, 단성사 8월 4일자와 동일

매일 19.08.06 (3) 부랑자 취체(取締) / 이삼일 전부터 은근히 / 경찰셔와 헌병뒤에셔

소요 소건이 일어난 이후로 취톄 관헌이 그 방면을 도라볼 여유가 업눈 것을 긔화로 역여 경성시닉 각 료리뎜 쏘눈 욱뎡 일이명목 부근에 잇눈 료리뎜 갓흔 데눈 련일로 오젼 이삼시나 되는 깁흔 밤ᄭᆞ지 쎠들며 란삽히 노러를 불으는 일이 잇셔셔 그 근쳐의 안면을 방ᄒᆞᆷ고 풍긔를 문란케ᄒᆞᆷ이 불소함으로 경긔도 경무부에셔는 부닉 각 헌병뎍 경찰셔에 엄달을 ᄒᆞ고 이러ᄒᆞᆫ 닉션인의 료리뎜에 더ᄒᆞ야 풍긔를 슉청ᄒᆞ기에 진력ᄒᆞᆯ 일을 결뎡ᄒᆞ고, 임의 교묘ᄒᆞ고 쥬도ᄒᆞᆫ 슈단으로 이삼일 전부터 챡슈ᄒᆞ얏다ᄂᆞᆫ디 이제부터는 부량자 취톄가 싱기엇다더라.

매일 19.08.08 (3) 〈광고〉

팔월 팔일부터 특별공개

고급 이대 영화 제공!

■ 정말(丁抹[59]) 단스게 회사 대작

군사대활극 **밀서** 전육권 팔천척

명여우 산도베루구 부인 출연

이독(伊獨) 국제관계 단절＝선전포고＝벤 중위 중대ᄒᆞᆫ 임무를 대(帶)홈＝＊탐(＊探)의 스쎄네리 백작＝여중(女中) 군자의 중위 부인＝황＊ᄒᆞᆫ 수＊＊소＊(水＊＊小＊)로 암야(暗夜)에 행ᄒᆞᆫ는 악한＝군사행동의 중대ᄒᆞᆫ 밀서＝행(行)ᄒᆞᆫ 바 하＊(何＊)＝염의(廉疑)ᄒᆞᆫ 중위에게＝비통ᄒᆞᆫ 총살선고＝독탐(獨探)의 양심의 가책?＝몽비허사(夢非虛事)요＝신실고지(神失告之)의 대활극 !!

◆ 미국 메도로 회사 대걸작

신비극 **미인향(美人鄉)** 전육권 팔천척(원명 『로－레라이』)

우화면(右畫面)에눈 이백오십의 미인이 다종다양인 수면(水面)에 혹은 수영ᄒᆞ고 혹

---

59) 덴마크.

은 무(舞)를 연(演)후눈 것도 잇고 가지(加之) 합창단의 출연도 잇서 재불견(再不見)의
*호(*好)훈 납량사진이옵.

■ 사진 장척에 촌정(付正) 오후 칠시부터 영사

천연색 활동사진 주식회사 특약 **단성사** 전화 구오구번

매일 19.08.08 (4) [독쟈긔별]

▲일전 귀보를 본즉 부랑자 취톄가 되야 료리뎜을 림검훈다지오. 얼마 안이 잇스면
극셩스럽던 부랑탕즈들은 업어질 모양이야요. 엄중히 취톄후기를 바랍니다. 『신고
생(申告生)』

매일 190808(4) 〈광고〉

팔월 팔일부터 신사진 교환

고급 이대 영화 공개

△ 미국 구리스씌 회사작

◆ 희극 **부의 명안(父의 名案)** 일권

△ 정말(丁抹) 단스게 회사 대작

◆ 군사대활극 **밀서** 전육권

명여우 산드베루구 부인 출연

이독(伊獨) 국제관계 단절, 일대 전쟁의 화(畵)

△ 미국 메도로 회사 대걸작

신비극 **미인향(美人鄕)** 전육권(원명 『로ー레라이』)

이백오십의 미인의 쾌묘(快妙)훈 출연

(특히 보통 요금)

정(正) 오후 칠시 개연

경성부 수은동 전화 구오구번 천활특약 **단성사**

팔월 팔일 사진 전부 차환

ー 실사 **주보 이십오호** 전일권

미국정부 위탁 영화

ー 실사 **석탄의 운반** 전일권

미국 유사(社) 지요가— 영화

— 활희극 **데몬의 신대(身代)** 전이권

미국 유사 바이손 영화

— 활극 **불멸의 낙인** 전이권

미국 유사 렛도휘사— 영화 출연배우 전부 지나인(支那人)

— 활극 **당쟁** 전이권

여흥

대기술(大奇術) 수종, 대골계 수종

경성부 관철동 전화 이삼이육번 **우미관**

매일 19.08.09 (1), 19.08.12 (1) 〈광고〉

단성사 8월 8일자와 동일

매일 19.08.09 (3), 19.08.12 (2) 〈광고〉

우미관 8월 8일자와 동일

매일 19.08.09 (4) [독쟈긔별]

▲다동 권반에셔는 근러 기싱들이 건방지게 검정치마에 구쓰 신고 히스시가미[60] 흔 기싱이 잇다ㅎ야 금지를 ㅎ엿다여. 그져 기싱이란 것은 기싱의 본식을 드러뇌여 제 압흘 졔가 챠리고 잇셔야지. 『공론자(公論子)』

매일 19.08.10 (2), 19.08.11 (2), 19.08.13 (3), 19.08.14 (1) 〈광고〉

우미관 8월 8일자, 단성사 8월 8일자와 동일

매일 19.08.15 (1) 〈광고〉

팔월 십오일브터 전부 차환

미국정부 위탁 영화

---

60) ひさしがみ: 비녀를 꽂지 않고 머리 뒤를 둥글게 마무리하는 헤어스타일.

실사 **주보 팔십이호** 전일권

미국 유사(社) 엘고-휘름

활희극 **전차** 전이권

미국 유사 쏠도실 휘름

대활극 **한부(悍婦)** 전삼권

미국 유사 부루파도 휘름

인정극 **영의 도(靈의 導)** 전오권

여흥 대기술(大奇術) 대골계

경성부 관철동 전화 이삼이육번 **우미관**

팔월 십오일부터 신사진 제공

희유(稀有)의 절호(絕好) 영화

▲ 이태리 시네스 회사 영화

애사(哀史) **태공사인(太公死因)** 전육권 일만척

원명 공(恐)후 『이반』

▣ 세계적 명우 총출연

● 변사 김덕경(金德景) 득의(得意) 설명

▲ 이국(伊國) 안쑤로지오 사(社) 특작

정활극(正活劇) **기수의 반면(騎手의 半面)** 전이권

▲이국 지-네스 사(社) 대작

군사활극 **이호 잠수정** 전삼권

희극 **우수운 사람** 최장 육천척

경성부 수은동 전화 구오구번 천활특약 **단성사**

매일 19.08.15 (3) 〈광고〉

팔월 십오일부터 공개

당관(當舘) 초수입(初輸入)의 호(好)영화?

기절(奇絕)=장절=쾌절=전＊(戰＊)

▲ 이태리 시네스사(社) 대작

애사(哀史) **태공의 사인(死因)**

▶ 문제의 괴사진 출현
변사 김덕경(金德景) 득의(得意) 설명
세계적 명우의 총출연
이국(伊國) 지－네스사 영화
군사활극 제이 잠수정
이국 안쑤로지오사 특작
정활극 악의 복(惡의 僕)
희극 기타
단성사

매일 19.08.15 (4) [독쟈긔별]
▶ 나는 항샹 활동亽진을 됴와ㅎ여셔 한 달이면 여딜 번은 단셩샤, 우미관으로 단이며 초례로 구경ㅎ눈 터인딕 근쟈에 셔양亽진이라고 아조 즈미업눈 사진만 영사ㅎ기 씨문에 구경홀 즈미가 잇셔야지요. 『활동광(活動狂)』

매일 19.08.16 (3) [활동사진]
▲ **희락관** 십오일 밤부터 경셩본뎡 희락관『喜樂舘』에셔눈 세계 유명호 대비극『ㅎ나님의 쌀』이란 사진을 영사홀 터인딕, 이 사진은 져번에 동경 뎨국극쟝에셔 긔연홀 씨에 련일 만원의 셩황을 일우던 것이라. 금번에 희락관에셔 특별흥힝을 ㅎ게 되미본지 독쟈 제씨를 위ㅎ야 우딕권을 발힝ㅎ고 입쟝료를 각々 반갑으로 할인히 드릴터인 즉 이 기회를 일치 말고 만히 구경 가시기를 희망ㅎ눈 바이며 만원이 되기 젼에 일즉이 가심이 됴켓더라.
▲ **단셩샤** 작 십오일부터 텬활히샤가 시로 슈입혼 영화로써 공기ㅎ다눈딕, 주댱되눈 샤진은『무셔운 이반』여셧권, 일만척이나 되눈 젼륜 참극이 뎨일이고, 군亽활극『뎨이호 슈뢰뎡』세권, 기타『긔슈의 반면』, 희극 등인딕 됴션에셔 쳐음 슈입되눈 죠흔 사진이라더라.
▲ **우미관** 십오일 교환ㅎ얏눈딕 인졍극『령의 도』오권과 희활극『뎐챠』세권, 기타 『한의 부』등으로 영亽혼다더라.

매일 19.08.16 (3) 〈광고〉
단성사 8월 15일자와 동일

매일 19.08.16 (4) 〈광고〉
우미관 8월 15일자와 동일

매일 19.08.17 (1), 19.08.18 (1), 19.08.19 (4), 19.08.20 (2), 19.08.21 (1) 〈광고〉
단성사 8월 15일자, 우미관 8월 15일자와 동일

매일 19.08.17 (3) [연예계]
▲ **단성샤** 동경 기네마 구락부에셔 샴쥬일간 만원의 셩황이엿던 텬활회샤의 최근 수입흔 명소진『두려운 이반』일만쳑 샤진은 의미가 미우 깁흔 문예뎍 샤진이 되야 십오일 첫날에 대만원이 된 바, 유식계급에셔 만히 구경ᄒ엿고 뜻잇는 사룸은 샤진의 이상ᄒ고 깁흔 뜻을 알고 박슈갈치와 ᄯᅩ는 분도 너여 포악무도흔 이반의 힝사를 타미ᄒ엿더라.
▲ **희락관** 지작 십오일부터 틱셔 명소진『하ᄂ님의 쌀』을 영사ᄒ는 희락관은 첫날되는 십오일 밤에 어둡기도 젼부터 구경군이 드리밀녀셔 경셩에셔 처음 보는 셩황을 이루엇는디, 샤진도 유명ᄒ지만은 특별히 본지 독쟈에게는 우디권을 진졍ᄒ야 입쟝료를 활인ᄒ는 터인즉 만히 구경하시기를 희망ᄒ는 바이더라.

매일 19.08.17 (4) 〈광고〉
초일(初日) 대만원 호평
▲ 의미가 깁흔-
애모사국 **태공의 사인(太公의 死因)**, 틱공의 죽은 ᄶᅡ닭(원 일홈은 두려온『이반』)
▲ 첫날의 만원-
단성사

매일 19.08.20 (3) 노국(露國) 대곡마단의 대흥행 / 오는 이십소일부터 화평당의 후원으로
◇단성샤에셔◇

목하 대련 각디에서 갈치 환영을 밧눈 로셔아 세계적 디곡마단『大曲馬團』일힝이 오 눈 이십소일부터 단셩샤 활동사진관에서 기연ᄒ게 되얏눈디, 일힝 남녀배우가 칠십 여 명이요 각죵 기예가 볼 만ᄒ다눈디 이 일힝은 십여 년 젼에 고 리티왕 젼하ᄭᅴ셔 어 람ᄒ실 ᄭᅴ에 특히 말의 여러 가지 지죠를 보시고 비상히 갈치하사 그 ᄭᅴ 특별히 상금 ᄭᅡ지 ᄒ사ᄒ신 광영을 입은 이 일힝이라눈디 이에 디ᄒ야 사구라셰루 회샤가 막디혼 경비로써 후원을 ᄒ게 되얏고 또 죵로 화평당 약방『和平堂 藥房』에셔 후원케 되야 대ᄭ덕으로 수빅원을 니여 일신히 장식을 ᄒ다눈디 됴션인 샹뎜의 후원은 이로써 쳐 음이더라.

매일 19.08.21 (3) 〈광고〉
화평당(和平堂) 약방 후원
로셔아(露西亞)[61] 세계적 대곡마단 일행
남녀배우 칠십여 명 대일단(大一團)
의류 도구 약 일천오백 톤(噸)
팔월 이십삼일 인천 착＝이십사일 개연
◈ 십여 년 전 고(故) 이태왕 전하ᄭᅴ셔 곡마의 예를 어람ᄒ시고 비상히 갈채ᄒ사 상 금을 특히 하사ᄒ신 차(此) 일단의 정수(精粹)혼 예술 ＝
천활특약 활동사진 **단성사**

매일 19.08.21 (4) [독쟈긔별]
▶ 십여 년 젼에 고 리티왕 뎐하ᄭᅴ셔 어람ᄒ시고 상금ᄭᅡ지 나리셧다눈 로셔아 곡마 단 일힝이 단셩샤에셔 기연케 되엿디요. 뎨일 말에 지죠부리눈 것이 볼 만ᄒ디여. 『一 구경군』

매일 19.08.22 (1) 〈광고〉
팔월 이십이일 사진 전부 차환
미국정부 위탁 휘름

---

61) 러시아.

실사 **히스트라데 –** 이십오호 전일권

미국 유늬버살 회사

실사 **마짜진 사십일호** 전일권

미국 유사(社) 엘고 휘름

희극 **공중의 괴적** 전이권

미국 유늬버살 회사

활극 **과의 수권(禍의 首卷)** 전이권

미국 유늬버살 회사

인정극 **심홍의 혈석(深紅의 血汐)** 전오권

히 – 리 – 게 – 리 자작 출연

경성부 관철동 전화 이삼이육번 **우미관**

팔월 이십이일부터 신사진 제공

대명화공개

◨ 미국 쌔데사 금계화(金鷄畵) 연속

대모험 대활극 **마해(魔海)** 전육편 이십사권 내 제 일·이·삼편 육권 상장

■ 미국 츄라이안굴 회사 걸작

동경 천초(淺草) 기네마 구락부 봉절

기담(奇談) **오쌔루의 휘(輝)** 전육권 일만척

■ 실사 **에구테아 화(畵) 주보** 전일권

■ 희극 **건방진 모친** 전일권

▲ 래(來) 이십오일브터 곡마단 일행 개연

경성부 수은동 전화 구오구번 천활특약 **단성사**

매일 19.08.22 (3) [금강추(金剛椎)(오)] 활동변사에게 / 예술덕 참가치를 충분히 발휘ㅎ랴 / 팔극생

활동샤진, 다만 형용으로만 의미를 낫하ᄂ이는 일종의 무언극『無言劇』이다. 그러흠으로 변사의 셜명이 잇슨 후에 비로쇼 보는 사람이 자세히 알게 되ᄂ 것이다. 동시에 변사의 셜명으로써 그 사진의 딗흔 예슐덕 가치『藝術的 價値』를 드러ᄂ이게 되는 것이다. 그럼으로 변샤ᄂ 불가불 그 극에 딗한 사실과 성질 여하를 자세히 안 뒤에 츌

연흐는 비우의 표뎡을 짜라 틀임업시 설명을 흐여야 비로서

예슐뎍 가치를 완전히 드러늬이게 되는 것이다. 그럼으로 활동사진 변사는 연극 비우들보다 지식과 밋 사상이 우월흔 쟈로 인지의 발전을 속히 관찰ᄒ야셔ᄡᅥ 그에 짜라 손님에게 만죡을 쥬어야홀 것이다. 그러나 지금 됴션인칙 활동사진 상셜관 변사는 십여 년 전에 활동사진이 처음 광무뒤에서 영사케 되엿쓸 ᄯᅢ에 무엇인지도 모르고 단지 일종의 신긔한 것으로만 넉이여

우슴거리로만 알고 구경단일 ᄯᅢ나, 십여 년을 지나셔 깁흔 닌샹도 엇고자ᄒ며 혹은 그에 뒤한 미뎜『美點』도 춰코자 ᄒ는 지금이나 죠곰도 다를 것이 업다. 그에 뒤한 졀예를 들진뒤 엇더한 상셜관의 엇더한 변사가 엇더한 사진의 설명을 ᄒ는뒤 엇더한 아름다온 쳐녀가 방 밧글 닉여다보다가 자긔를 사랑ᄒ는 쳥년이 뎡문으로부터 드러오는 것을 보고 화장실로 급히 쮜여드러가서 쳬경을 뒤ᄒ야 옷도 곳쳐 입으며 머리도 가다듬는 것을

설명ᄒ되『뒤문간에 ▲▲가 드러오는 것을 보고 *이 털을 좀 닉이랴고 화장실노 쮜여 드러가지요. 그져 져것이 병이야요』ᄯᅩ는 한문 ᄯᅡ자들을 쓰는뒤 너무 범남히 쓴다는 것은 말홀 것도 업지만은 그 갓치 쓰는 중에도 혹은 잘못 외우는 일이 만히 잇다. 『화호화피난화골 지임지면부지심(畵虎畵皮難畵骨，知人知面不知心)을 화우화필란회골』이라고 외우는 쟈도 잇다.

관긱들은 이것을 무식ᄒ다고 홀 터이나 이 사람은 경성시뇌에 유슈흔 변사이다.

아ー이갓치 무식ᄒ고야 엇지 변사라 홀가, 더구나 유슈흔 변사하고홀가?

경성시뇌 각 상셜관 변사 졔군이여! 연극이라ᄒ는 것ᆖ안이 활동사진이라ᄒ는 것은 젹어도 국풍을 기량ᄒ고 인지를 발뎐식히는뒤 한낫 위뒤한 긔관임을 뎌히흔 뒤에 그에 뒤한 예슐뎍 가치를 츙분히 드러늬이고즈 힘쓸지어다.

매일 19.08.22 (3) [활동사진]

단셩샤 활동샤진관에셔는 금 이십이일브터 시로 샤진을 갈엿는뒤 시로 나온 련속샤진 마히『魔海』의 모험활극과『오쌔라의 광휘』극 여셧권을 영샤ᄒ게 되얏는뒤, 련속샤진은 여셧권을 ᄒ다ᄒ며, 젼긔 오쌔라의 광휘라난 샤진은 동경 기네마 구락부에서 봉졀되야 샴쥬간 만원이 되엿던 명화이라는뒤 여긔도 화평당에셔 대ᄯᅥ뎍으로 후원한다더라.

매일 19.08.22 (3) [광고]

◀화평당(和平堂) 대약방 후원▶

팔월 이십이일브터(금요일)

특별대명화 공개

미국 쌔데회사 연속대명화

세계적 연속대영화

▲대모험 대활극 **마해(魔海)** 전육편 이십사권

미국 도라이안구루사 대작

기담(奇談) **오쌔루의 휘(輝)** 전육권 일만척

에니쓰토 벤넷도 양 우이리암-가웃-도 씨 출연

(一) 매제 훤화(妹弟 喧嘩) (二) 신문매자(買子) (三)기름투성이 (四)엉쑹흔 세례 (五) 형설의 공 (六)삼개의 휘(輝)

동경 천초(淺草) 기네마 구락부에서 봉절흐고

삼주간 대만원의 절호(絶好) 사진이라

‒ ‒

◀예고▶

로서아 세계적 대곡마단 일행은 확실히 래(來) 이십삼일 인천 착, 이십오일 개연 결정

◀화평당(和平堂) 대약방 후원▶

매회 대만원 성황

단성사

매일 19.08.23 (3) 단성사에 출연흘 명마(名馬) 「야광」 / 고 리튀왕 뎐하씌옵셔 / 특히 이람흐시던 명마

로셔아 세계뎍 대곡마단 일힝이 오는 이십오일브터 단성샤에셔 기연한다 함은 임의 보도흐얏거니와 당쵸는 단성샤 쥬인되는 박승필『朴承弼』 씨가 삼쳔여 원의 거익을 드려 특히 대련에 씨지 온 곡마단 일힝을 불너다가 일쥬일 동안 흥힝케흐야 일반 관람에 뎨공코져 흔 일인딕, 이 곡마단의 곡마『曲馬』는 일홈이 야광『夜光』이라는 명마로 고 리튀왕 뎐하씌셔 극히 이람흐시던 말이라는딕 사람의 말을 잘 알아듯고 온갖 지죠가 비상흐다 흐며 일힝은 이십亽일에 경성에 와셔 직시 이십오일 밤부터 대々뎍으로 기연흐기로 되엿다는딕, 이에 디흐야 경성 종로 화평당 약방 쥬인 리응션『李應

善』씨가 후원ᄒ기로 ᄒ고 임의 삼빅여원을 너여 단셩샤 안밧을 일신히 쟝식ᄒ기에 준비 중이요, 또 뎐긔회샤에 교셥ᄒ야 오쳔령롱ᄒ 뎐긔간판을 무더 위에 달기로 목하 셜비 중이라ᄂᆞᆫᄃ, 벌셔부터 인긔가 됴와셔 단톄로 구경코져 말ᄒᄂᆞᆫ 곳 삼빅잇다ᄒ며 또 후원으로 사구라『쎄ー루』회샤도 뎐긔장식ᄒ 큰 문을 셰우고 그 일힝이 드러오ᄂᆞᆫ 첫날에 셩대히 마져드릴 터이라더라.

매일 19.08.23 (4), 19.08.24 (1), 19.08.25 (1), 19.08.26 (1) 〈광고〉

우미관 8월 22일자, 단성사 8월 22일자와 동일

매일 19.08.24 (3) 곡마단 입성(入城)

단셩샤에셔 흥힝할 로셔아 곡마단『曲馬團』일힝 륙십칠 명은 이십삼일 오젼 열두 시 인쳔에서 경셩에 올나와 직시 단셩샤로 드러왓ᄂᆞᆫᄃ, 일힝 중 십여 명의 로국 소녀 들도 잇고 또ᄂᆞᆫ 준비를 다ᄒ 후 명이십오일부터 대々덕으로 기연ᄒ다ᄂᆞᆫᄃ 남대문에 도착되던 씨 사구라 쎄루가 셩대히 츌영ᄒ엿다더라.

매일 19.08.25 (3) 〈광고〉

로서아(露西亞) 세계적 곡마대회

팔월 이십오일브터

단성사

매일 19.08.27 (1) 〈광고〉

팔월 이십오일 특별대흥행

로서아 세계적

■ 연예 곡마단 일행

화형(花形)의 수십 여우의 각종 예술적 출연ー

▲ 연예 곡마ᄂᆞᆫ 매일 교환ᄒ고 대대적 개연홈

■ 매일 오후 칠시, 명화『휘쌔두의 휘(輝)』오권 상장ᄒ 후 곳 개연홈

입장료 특등 이원 일등(계상 [階上]) 일원 이등(계하) 오십전(구 [俱] 군인 학생 반액)

경성부 수은동 전화 구오구번 천활특약 **단성사**

우미관 8월 22일자와 동일

매일 19.08.27 (3) 곡마단의 초일(初日) / 긔々묘々한 지조에 / 만쟝의 관긱이 놀닉

화평당 약방의 후원으로 단셩샤에셔 흥힝ᄒᄂᆞᆫ 로셔아 딕곡마단 일힝은 예뎡혼 바와 ᄀᆞᆺ치 이십오일 밤부터 기연ᄒᄋᆞᆺᄂᆞᆫ딕, 이날은 곡마단 흥힝의 첫날임으로 동셔남북에 셔 모혀드ᄂᆞᆫ 관긱은 됴수 밀니듯ᄒᆞ야 뎡각 젼에 만원의 셩황을 일우엇더라. 일곱시 삼십분에 막을 열고 활동샤진을 빗친 후 곳 곡마단 일힝의 연예가 시작되엇더라. 벽 두로 무언극『無言劇』 일막을 흔 후 남녀비우의 줄타기와 지주넘기와 그네쮜기와 그 외의 여러 가지 긔묘훈 지조를 보이고 ᄯᅩ 양 쯍々이 력ᄉ가 나와셔 팔독 갓흔 쇠막디 룰 임의로 쑵으럿다 펏다홈에ᄂᆞᆫ 관긱 일동의 눈이 동그랏케 경탄ᄒᆞᄋᆞᆺ다. 그 외에 쇠 못 일곱 기를 한손에 쥐이고 두레 한치나 되ᄂᆞᆫ 벌판에다가 민손으로 한숨에 일곱 기 를 다 박음은 참으로 놀나올만ᄒᆞ며 굴근 쇠사실을 가슴에 미이고 힘을 써셔 동강동 강 ᄭᅳᆫ허놈도 ᄯᅩ혼 일딕 쟝관이엇더라.

매일 19.08.27 (4) ⟨광고⟩

대호평!
대갈치! (첫날)
대만원
＝어례(御禮)
료셔아 곡마단 일힝
단셩샤 쥬 박승필의
관원일동의 ᄉᆞ례

매일 19.08.28 (2) ⟨광고⟩

우미관 8월 22일자, 단성사 8월 27일자와 동일

매일 19.08.29 (3) 갈채리(喝采裡)의 곡마단 / 오ᄂᆞᆫ 삼십일일ᄭᆞ지 연긔

련일을 두고 단셩샤에셔 만원의 셩황을 이루ᄂᆞᆫ 로셔아 셰계젹 곡마단『曲馬團』 일힝 의 여러 가지 예술은 더욱 쟈미잇셔감으로 오ᄂᆞᆫ 삼십일일ᄭᆞ지 연긔되엇다ᄂᆞᆫ딕 이십 칠일 밤은 날이 흐리고 비가 왓지만은 남녀 관긱이 됴수 갓치 밀니어 아릭 위층이 모다 쌕쌕ᄒ게 찻셧더라. 그날은 특히 기다리던 말 셰필이 츌쟝ᄒ야 인긔ᄂᆞ 더욱 긴댱ᄒ며 고 리티왕 뎐하쯰서 친람ᄒ셧다ᄂᆞᆫ 명마『야광』이 나와셔 사람의 말을 잘 드르며 온갓 기예를 다 ᄒᆞᆫ 후에 쇠 ᄭᅳᆫᄂᆞᆫ 장ᄉᆞ가 나와셔 열다셧 사람이 움직이지 못ᄒᄂᆞᆫ 큰 돌덩어리를 자긔 비 위에 언고도 부죡ᄒ야 칠팔 명의 사람을 돌위＊ 올려셰윗것만은 여젼히 평긔＊로 웃ᄂᆞᆫ데ᄂᆞᆫ 만댱이 아연실ᄉᆡᆨᄒ며 박수갈치 즁에 댱샤! 댱샤라고 열광 뎍으로 불넛다더라.

매일 19.08.29 (4) 〈광고〉
단성사 8월 27일자 1면과 동일

팔월 이십구일 전부 차환
미국정부 위탁 영화
실사 **곤구리도 ─ 도로축조** 전일권
미국 유니버살 회사작
실사 **마짜진 사십칠호** 전일권
미국 유사(社) 엘고 영화
활희극 **승합풍려(乘合風呂)** 전이권
미국 유사 불바트 영화
인정비극 **질옥의 랑(質屋의 娘)** 전오권
명우 에라, 호루─ 출연
미국 유사 연속대사진
모험 대활극 **적의 흑성(的의 黑星)** 전이권
제 십오편 오(汚)ᄒᆞᆫ 안(顔)
경성부 관철동 전화 이삼이육번 **우미관**

매일 19.08.30 (1) 〈광고〉
우미관 8월 29일자와 동일

매일 19.08.30 (3) 〈광고〉
단성사 8월 27일자와 동일

매일 19.08.30 (4) [독쟈긔별]

▲ 우리 젼쥬에는 신파근덕극 김소랑 일힝이 전쥬좌에서 흥힝ᄒᄂ디 원릭 연극은 잘들 ᄒ지만은 시간의 여유를 엇어 희극을 좀 ᄒ엿스면 조겟셔요. 김소랑 일힝은 전쥬에 단골임으로 셔로 간 긴쳥을 직히닛가 이졔부터는 희극을 ᄒ겟지. 『전주연극광』

매일 19.08.31 (3) 〈광고〉

금 삼십일일ᄭ지(주야)(연긔는 업소)

■ 로셔아 곡마단 일힝

구월 일일브터 신사진

명화로 교환 영사홈

단성사

매일 19.08.31 (3) 〈광고〉

구월 일일브터 연속대흥행

세계적 대명화

▲ 미국 쌔데 회사 금계화(金鷄畵)

대모험 대활극 **마해(魔海)** 전십이편 이십사권 내 제 오육칠편, 육권 상장

▲ 불국 쌔데 회사 대걸작

유(幼)의 군신(軍神), 구(舊)의 군신

유사 이래의 수훈 미담

장절쾌절 **호국의 소녀** 전오권 구천척

십일 세의 소녀 활약을 견(見)!

기타 희극 실사 등(요금 보통)

차회의 대흥행을 기다리시오

경성부 수은동 전화 구오구번 천활특약 **단성사**

우미관 8월 29일자와 동일

매일 19.09.02 (4), 19.09.03 (1) 〈광고〉

우미관 8월 29일자, 단성사 8월 31일자와 동일

매일 19.09.03 (3) 청주에 신파극 / 본샤 충북지국의 후원으로

평양 됴션신구합동 연극 신쳥일 일힝『申淸一 一行』은 본월 이십팔일부터 오일간 청쥬 잉좌에서 흥힝ᄒᆞᄂᆞᆫ디, 본샤 츙북 지국에셔ᄂᆞᆫ 특히 독쟈 졔씨를 위ᄒᆞ야 각등 삼활인의 우딕권을 발힝ᄒᆞ고 십분 원조을 더ᄒᆞ얏ᄂᆞᆫ디 미일 만원의 셩황으로 갈치 즁에서 열심히 흥힝ᄒᆞᄂᆞᆫ디 죠일은 오리 흔발에 고심우려ᄒᆞ던 ᄎᆞ에 일쳔금의 희우가 왓슴으로 일층 흥미를 더ᄒᆞ야 오후 칠시부터 관람긱 남녀로소가 물밀니듯ᄒᆞ야 아리 위층에 좌셕이 엄슬만치 딕셩황을 일우엇더라.

매일 19.09.03 (3) [조선연예계]

혁신단 림셩구 일힝은 그동안 군산좌에서 이쥬일간 흥힝에 대갈치 호평을 밧고 지나간 삼십일일부터 대구로 와서 동대구좌에서 특별흥힝을 ᄒᆞ다ᄂᆞᆫ디 시로 만든 각본이 만허셔 환영을 밧ᄂᆞᆫ다더라.

취셩좌 김랑[62] 일힝은 젼션을 슌업ᄒᆞ야 다딕흔 찬셩을 밧고 요ᄉᆞ히ᄂᆞᆫ 전라도로 가서 전주에서 흥힝ᄒᆞ고 구월일일은 갈(*)쥬좌에서 흥힝한다더라.

매일 19.09.04 (2) 〈광고〉

우미관 8월 29일자와 동일

매일 19.09.04 (3) 〈광고〉

단성사 8월 31일자와 동일

매일 19.09.05 (1) 〈광고〉

우미관 8월 29일자, 단성사 8월 31일자와 동일

매일 19.09.05 (3) 애사(哀史)극 출연 / 단셩사에셔

임의 본보 ᄉᆞ면에 련지되야 만텬하 인ᄉᆞ의 대환영 대갈치 즁에 맛치인 우보 민틱원『牛步 閔泰瑗』씨의 연지 쇼셜 이사『哀史』의 ᄌᆞ미잇ᄂᆞᆫ 너용은 일반히 엇터컷 짐쟉ᄒᆞ

---

62) 김소랑의 오식인 듯하다.

고 긔역ㅎ려니와 이에 더ᄒ야 이번 단셩사 활동사진관에셔 변ᄉ 일동 외 관원 일동
이 시로히 도구를 만들고 실디 련습혼 후 련슉혼 긔예로써, 금 오일 밤부터 시사진
교환ᄒᄂ 동시에 대〃뎍 여흥으로 무디에 올녀 일반 관람에 이바지혼다ᄂ딕 미우 자
미가 진〃ᄒ야 볼만ᄒ다ᄂ딕 임의 본보에 ᄂ 것을 보시ᄂᄂ[63] 더욱 취미를 붓쳐 니용
을 알아가며 잘 보겟더라. 그런딕 주임변ᄉ 셔상호『徐相昊』군의 지도ᄒ에셔 시작
이 되ᄂ 터이라더라. 그런딕 본보 독쟈를 위ᄒ야 특히 할인권을 너허 각등 활인료금
으로 관람케ᄒ게 되엿슨즉 이 갓흔 됴흔 긔회를 일치말고 본보에 박인 할인권을 쎼
여 가지고 가시면 누구던지 활인ᄒ야 구경홀 수가 잇더라.

매일 19.09.05 (3) 〈독자우대할인권〉

본보 연재『애사(哀史)』극
● 구월 오일브터 칠일ᄭ지 본보 연재소설『애사』극을 대대적 여흥 출연＝차(此) 할
인권은 삼인ᄭ지 통용홈
할인요금 일등 삼십전 이등 이십전 삼등 십전
보통요금 일등 사십전 이등 삼십전 삼등 십전
단성사

매일 19.09.05 (4) [독쟈긔별]

츙쳥도 산다ᄂ 사람 한아ᄂ 무슨 연극쟝을 ᄒ여본다고 디방으로 단이ᄂ 광딕들을 불
너올녀다 두고 신맛지[64] 가ᄂ 중간에 잇ᄂ 문락좌에셔 오늘한다 릭일한다 ᄒ며 ᄒ지
ᄂ 안코 여러 식구의 광딕들을 삼시만 먹여두니 엇젼 ᄭ닭이야. 돈이 잇거든 국으로
먹어나 바리지.『연극광』

매일 19.09.06 (3) 〈독자우대할인권〉

9월 5일자와 동일

---

63) '보신 이ᄂ'을 의미.
64) 신작로.

매일 19.09.06 (4) 〈광고〉

구월 오일브터 임시 특별흥행

매일신보 후원

국수(國粹) 삼대영화와 대여흥

◆ 미국 버이디굴나사 영화

대활극 **백마대장** 전오권 일만척

의미 깁흔 비루(悲淚)의 희유(稀有) 사진

◆ 미국 쌔데사 대작 금계화(金鷄畵)

제 십삼회 연재활극 **마해(魔海)** 전십이편 이십사권 내 칠 · 팔 · 구편 육권 상장

◆ 미국 이구두사 영화

대골계 **다무와 대비관(大悲觀)**

● 대여흥 연재『애사』소설극 흥행

▲ 매신(每申)독자 우대권에는 특히 할인

경성부 수은동 전화 구오구번 천활특약 **단성사**

우미관 8월 29일자와 동일

매일 19.09.07 (3) 애사극의 초일 / 대만원 대성황 / 만장의 대갈치 / 독자를 위 ᄒ야

오일은 임의 게지훈 바와 갓치 본보에 련지되엿던 소설『이스』극을 특히 취미잇게 흥 흥한다 ᄒ며 또훈 시로히 사진이 갈니엿다 ᄒ미, 오일 져녁 여섯시 반 경부터 구경군 이 됴슈 밀니듯 노상 뒤를 이여 입장ᄒ는딕, 본보 독쟈우딕 활인권을 제일이 비혀 가 지고 창틈으로 드려 보니며 표 달나는 사람이 엇지 답지ᄒ엿던지 한 사람의 손으로 표를 능히 팔지 못ᄒ게 되 대복잡이 되며 일곱시 반에 벌셔 아릭 바닥에는 구빅여 명 이 쌕々이 드러안젓고 위칭 일이등에는 남녀 관람자가 비상히 만원이 되야 아홉시경 에는『만원찰지』라는 픽를 닉여 셰윗더라. 됴흔 시사진으로 영사를 다ᄒ고 드듸여 이 사극 중 일부를 싸셔 여흥으로 한 막을 ᄒ는딕 도구와 셜비의 화려흠은 말훌 것이 업 고 댱팔찬 노릇ᄒ던 셔상호 군의 차림차림이와 촉딕 훔치는 것과 나종에 찬미 소릭 이는 곳에 졍히 엄숙한 속에 막을 찬々히 나려 만쟝의 갈치를 밧엇더라.

매일 19.09.07 (4), 19.09.08 (3), 19.09.09 (4) 〈광고〉
단성사 9월 6일자, 우미관 8월 29일자와 동일

매일 19.09.09 (4) [독쟈긔별]
▲ 총독부임 당일 경성 남문 정거쟝 일등 디합실 안에 분바른 얼골이 벌것케 된 데에 디앙꾕이를 그리고 북포옷을 입은 나히 시믈 넘어 보이는 계집 ᄒ나이 그 인산인히 쇽에서 붓그런 줄도 모르고 좍々 게우며 몸동이가 기＊시가 되여 건쳐를 가면 슐 ᄂ니가 촉비를 한다. ᄒ도 히괴스럽기에 알아본즉 슈원 기성조합 취톄 기성되는 신졍희 『申貞姬』라고 ᄒ는 계집이라. 이 기성은 원리 슐쥬정ᄒ기로 유명ᄒ 터이라ᄂ디 시골 것이 왜 셔울은 갓스며 북포옷은 윈일이며 거기다 슐은 외 먹엇나. 면 날과 또 다른 날에 히가를 무쌍이 ᄒ니 그러나 너는 말할 것도 업지만 소위 슈원 기성조합이라ᄂ 것은 무엇ᄒ쟈는 것이며, 죠합쟝이다, 그 외 임원이라ᄒ는 것은 다 무엇에 쓰는 것이냐. 기성에게 죠합비나 월사금이나 기성의 노름치의 할이나 쎄여 먹는 것이냐. 기성의 풍긔를 기션ᄒ며 힝동을 감독ᄒ고 기타 일체 기성을 지휘교도 ᄒ라는 것이 안니냐. 이런 품힝 좃치 못ᄒ 기성을낭 잘 신칙ᄒ고 안 되걸낭 됴합에 탈퇴라도 식키여 여러 짠 기성에게 물이 들지 말게 ᄒ여라. 『일셩생(日聲生)』

매일 19.09.10 (1) 〈광고〉
구월 십일브터 특별대흥행
신파신극좌
■ 김도산(金陶山) 대일좌(大一座) 개연
신파계의 명성(明星)
최신식 『유니바스』 응용극
▲ 초일(初日) 예제
활극 의기남아 칠막
매일 오후 칠시브터 팔시ᄭ지ᄂ 사진 육권을 영사ᄒ옴
경성부 수은동 전화 구오구번 천활특약 **단성사**

우미관 8월 29일자와 동일

매일 19.09.10 (3) [조선연예계]

▲ 신파 신극좌 김도산 일힝은 그동안 안동현에서 슌업 흥힝을 ᄒ다가 팔일ᄭ지 맛치고 금십일일부터 단셩샤에셔 기연ᄒ다더라.

매일 19.09.10 (4) [특별고시]

▲ 이것 보시오! 신파 신극좌

김도산 일힝

금십일부터 기연

단셩사에셔

매일 19.09.11 (4) 〈광고〉

단성사 9월 10일자 1면과 동일

구월 십일 사진 전부 차환

미국정부 위탁 영화

실사 **주보 이십삼호** 전일권

미국 유니버－살 회사

만화 **철방흘경의 권(凸坊吃驚의 卷)** 일권

미국 유사(社) 에루고－ 영화

희극 **스가－도** 전일권

미국 유사 불바트스가－ 영화

인정극 **춘소록(春宵綠)** 전오권

미국 유니버살 회사

연속 마상(馬上)대활극

제팔회 **적의 흑성(的의 黑星)** 삼권

제십육편 이권 제십칠편 일권

경성부 관철동 전화 이삼이육번 **우미관**

매일 19.09.11 (4) [독쟈긔별]

▲ 기셩이라는 것은 무엇으로 싱각ᄒᄂ지요. 우리 진남포 호포리 거주ᄒᄂ 기셩 졍춘

홍은 어늬 료리관에 불니던지 명셕이 기성으로 불녀스면 상당호 가무 음곡과 이인 교터로 손님 졉디는 홀 줄 모로고 돈푼이나 든 듯호고 믹근호 쳥년이 잇스면 짠방으로 드러가셔 슈군ᄒ호고 시간만 치우기를 고디호며 남의 연셕에는 숨도 안이 쉰다 호고 화치를 회계홀 찌에는 눈에 열불이 나셔 만타젹다호니 대톄 이 모양을 엇더케 보와요. 이후로는 그러호 더러운 버릇 좀 버렷스면.『진남포 기탄생(生)』

▼ 진남포 기성들은 참말 우숩고 보기 쯜 사나와. 근일에는 기성의 테모를 일코 모양 보기 실케 히사시가미도 안니요 둘네머리도 안니고 쪽쏘 짓지 안코 머리를 야단으로 호고 구쓰를 신엇는디 그것을 무엇으로 알는 참말 풍속을 기량호엿스면.『진남포인』

매일 19.09.12 (3) 신극좌를 보고 / 팔극생(八克生)

신극좌 일힝이여! 그디들이 슌셔지 비두에 써노흔 바와 갓치 권션증악호며 풍속을 기량호는 극계가 부진함을 유감으로 싱각호야 일흠을 경셩신극좌라 호고써 힝연호다홈에 디호야는 우리 샤회=곳 그디들의 샤회를 위호야 대표호야 감사호며 쏘는 지극히 깃부어호기를 마지아니한다.

그러나 샤회를 위호야=그디들을 위호야 몃가지 바라는 바이 잇스며 츙고호지 아니치 못홀 것이 몃가지 잇다.

나는 그디들의 일힝이

단셩샤에셔 뎨일 쳣날 흥힝호던 바『의긔남아』를 보왓다. 그에 디한 나의 소감을 말홀진디 위션『의긔남아』는 각본은 각본부터 현금 우리 사회에는 뎍합호지 못호다. 그 각본은 니디 구국과 밋 신극을 졀충호야 지은 것인 듯호디 우리 됴션에는 잇슴즉호 것이 아니다. 그 쑨 아니라 그디들의 말홈과 갓치 풍속을 기량홀 수는 젼혀 업는 것이다. 지금 그에 디호야 나의 본디로 곳치고 십흔 뎜을 총괄뎍으로 말홀진디 뎨일 몬져 표졍호는 모양을 곳칠 것이오, 그 다음에는 사람을 골나셔 역(役)을 맛길 것이다. 이것을 다시 분셕호야 말호쟈면 뎨일 쳣지 표졍에 디호 것은 말을 비호며 연구호야 그릇되는 무식호 말이 업게 호며 이상히 붓치는『악셴트』를 업시홀 것, 니디인의 구극 비우를 입니너여 몸의 동쟉을 이샹히 호는 것을 곳칠 것, 관긱을 웃기고쟈 공연히 너무

란폭한 거동을 호지 말 것이오. 둘지 도구를 곳칠 것은- 니디인을 본바다 슈건을 쏘와셔 머리를 동이는 것, 격금호는 것, 즉 긴 칼과 작디기 등을 업시홀 것.『한뎬』이라는 니디인의 로동쟈의 옷과 밋 양복 등을 람용호지 말 것, 곳 현금 우리 사회와 어

그러지々 안케 홀 것이오. *지 사람을 골나셔 역을 맛길 것은, 각々 자긔의 당쳐를 따라셔 뎍합혼 역을 맛길 것이오 그 중에 화형으로써 즁역 즉 쥬인공의 역을 맛길 것이니, 가량 단쟝이라도 쟈긔가 능치 못혼 것은 사양ᄒᆞ야써 뎍합혼 자에게 맛길 것이다. 이에 말혼 바 몟가지를 곳치여셔 더욱 아름다웁게 흥힝ᄒᆞ엿스면 죠흘 줄로 싱각ᄒᆞ노라.

매일 19.09.12 (4), 19.09.14 (3), 19.09.15 (1), 19.09.17 (1) 〈광고〉
단성사 9월 10일자, 우미관 9월 11일자와 동일

매일 19.09.13 (2), 19.09.16 (1) 〈광고〉
우미관 9월 11일자와 동일

매일 19.09.13 (3), 19.09.16 (3) 〈광고〉
단성사 9월 10일자와 동일

매일 19.09.13 (4) [독쟈긔별]
▶ 요사이 부랑쟈들이 풍년이 드려셔 기성들은 됴흔 셰월을 만낫다 ᄒᆞ겟지오. 그런디 다동의 리셥 ○이라는 기성은 물이던지 불이던지 불고렴치ᄒᆞ고 돈만 먹으면 뎨일로 아라요. 그거야 저의 본식이지만은 그 어미 언청이가 더 심ᄒᆞ지오. 『고양사람』
▶ 하 심々ᄒᆞ기에 단성샤 구경을 갓더니 엇던 졂은 하이카라 한 분이 히군 복식 갓흔 셔양 녀주의 의복을 와이샤쓰 삼어셔 쳑 졔쳐 입고 렉타이에 쓴모즈 쓴을 안가슴에 쥬렁々々 느리고 모즈도 괴상혼 모즈를 쓰고 렴○향이라는 기성 앗씨 한 분을 셔양 머리를 쏙지여 가지고 쳑 디여 셧겟지오. 게다가 명치디학 모즈표를 쌘々스러웁게 쳑 붓치엿지오. 디학에 단이는 학싱은 그리도 샹관업는지 ─ 명치디학 망신이 안이될가. 『일성생(一聲生)』

매일 19.09.14 (3) 변사 맹휴(盟休) 해결 / 십일일부터 여젼히 기연
긔보혼 바 경셩 관텰동 우미관『貫鐵洞 優美舘』변사의 동밍휴업에 디하야는 소문을 들은 즉, 변사 일동이 쥬인 시던『柴田』씨가 닛디에 간 틈을 타셔 삭을 올니어 달나고 혼 것이엇는디 관주의 달닉고 만집홈으로 십일일 밤부터 젼과 갓치 기연ᄒᆞ게 되엿다더라.

매일 19.09.16 (4) [독쟈긔별]

▶ 금년 년사는 두말홀 것 업시 흉년이오, 금젼의 늉통도 그리 원활ᄒ지 못ᄒ야 각지에 무역상 즁에는 딩문을 닷치게 된 사람이 만타는디 그 가운디셔 돈타작을 ᄒ는디는 아々 료리뎜 밧게는 업슬 것이야. 시쇽 인심이 들쩌셔 홧김에 그러홈인지 혹은 부랑쟈들이 만허셔 그러홈인지 그 원인은 자셰히 말홀 수 업스나, 져녁마다 각 료리뎜에 발 드려노을 틈이 업도록 유흥긱이 몰니여 드는 것은 사실이다. 어졔밤에도 손님 딩졉홀 일이 잇셔 댱츈관과 명월관에 오후 여덜시 경에 지휘를 ᄒ랴ᄒ얏더니, 히가 뚝 쩔어지자 발셔 만원이 되얏다 ᄒ니 여간 일즉이 셔두르지 안이ᄒ야셔는 료리뎜 구경도 못홀 터이야. 명월관에 방이 셔른 몟방이요 댱츈관에 스물 몟방이라는디 그리 근 륙십방이 일시에 만원이 됨야, 이는 진실로 젼고에 업는 셩항이라 ᄒ겟스나 쓸더업시 너무 그러지 말고 압뒤를 싱각ᄒ여셔 졍신을 밧작들 차리는 것이 엇더. 『경고생』

매일 19.09.17 (3) 경성부의 위생 활동사진 / 금일 오후 한시부터

경셩부에셔는 호렬자가 류힝ᄒ는 이 찌에 일반 부민에게 구톄뎍으로 호렬자의 무셔움과 또는 위싱방법을 알니여쎠 미연에 이를 방지ᄒ고져 ᄒ야 좌긔 시일과 또는 쟝소에셔 위싱 활동사진을 영사ᄒ게 되얏는디, 이 됴흔 긔회를 일치 말고 하로밧비 압흘 닷호아 나가셔 관람ᄒ얏스면 죳겟고 또는 립쟝료도 밧지 안이혼다더라.
팔월 십칠일 오후 일시부터는 희락관에셔, 오후 칠시부터는 남대문 공립 심상(尋常)소학교에셔, 동 십팔일 오후 일시부터는 대정관에셔, 오후 칠시부터는 매동(梅洞) 보통공립학교에셔, 동 십구일 오후 일시부터는 황금관과 연기관에셔, 동 이십일 오후 일시부터는 우미관에셔, 오후 칠시부터는 마포(麻浦) 공립보통학교에셔, 동 이십일일 오후 일시부터는 용광관(龍光舘)에셔, 동 이십이일 오후 일시부터는 개성부에셔 이십삼일 오후 일시부터는 단성사에셔.

매일 19.09.18 (1) 〈광고〉

구월 십팔일 전부 차환
미국 유사(社) 포―스 영화
실사 셰이론도(島) 견믈(見物) 전일권

미국 유사 엘고 영화

희극 **혐피호 백작(嫌避호 伯爵)** 전이권

미국 유사 바이손 영화

군사활극 **명예의 전사(戰死)** 전이권

미국 유사 바이손 영화

활극 **명의 친(命의 親)** 전이권

미국 유사 연속대사진

마상(馬上)활극 최종편 **적의 흑성(的의 黑星)**

경성부 관철동 전화 이삼이육번 **우미관**

단성사 9월 10일자 1면과 동일

매일 19.09.18 (4) [독쟈긔별]

▶ 요사이 각 연극장 부인석에 츌몰ㅎ는 하이카라 녀편네들은 엇지그리 치사ㅎ고 츅ㅎ는지 그럴쯧흔 사나히가 눈짓만 슬젹ㅎ야도 곳 줄々 짜라온다나. 셔방을 삼덩나 굴멋눈지 그만ㅎ고 좀 뎡죠를 직히는 것이 엇더. 『근고생(勸告生)』

매일 19.09.19 (4) 〈광고〉

구월 십일브터 특별대흥행

신파신극좌

■ 김도산 대일좌(大一座) 개연

신파계의 명성(明星)

최신식 『유니바스』 응용극

▲ 십구일 예제

비활극 견이불견(見而不見) 칠막

매일 오후 칠시브터 팔시ᄭ지는 사진 육권을 영사흠

경성부 수은동 전화 구오구번 천활특약 **단성사**

우미관 9월 18일자와 동일

매일 19.09.20 (1), 19.09.21 (4), 19.09.22 (1) 〈광고〉

우미관 9월 18일자, 단성사 9월 19일자와 동일

매일 19.09.20 (4) [독쟈긔별]

▶ 호렬자를 예방ᄒ기 위ᄒ야 각쳐 병원에서 무료 예방주사를 ᄒ야쥬며 ᄯ 각쳐에 활동사진을 ᄒ야 예방에 디ᄒᆫ 쥬의를 일으키게 ᄒ니, 시민 여러분은 첫지로 자긔의 일신을 도라보고 둘지는 공중을 위ᄒ야 위싱을 잘ᄒ고 될 슈 잇ᄂᆫ디로 예방을 ᄒ시오. 『우세객(憂世客)』

매일 19.09.23 (2) 〈광고〉

우미관 9월 18일자 광고와 동일

구월 이십삼일브터 추계 특별대흥행
◘ 조선신파계 명성(明星)?
▲ 신극좌 김도산일행 대일좌(大一座)
● 구미 최신식 전기응용 キネオラマ[65]극 천연적 환영, 변환자재
▲ 이십삼 신예술극 가쭈사 칠막
기외(其外) 희극 이장(二場) 잇소
◘ 오후 칠시브터 팔시ᄭ지 태서활극 원(猿)의 비밀 오권 기타 희극을 대영사
경성부 수은동 전화 구오구번 천활특약 **단성사**

매일 19.09.23 (3) 『갓쥬ᄉ』극 흥행 / 오날부터 단셩사에셔

단셩샤 활동사진관에셔 흥힝ᄒᄂᆫ 신파신극좌 김도산 『金陶山』 일힝은 각쳐의 다대한 챤셩을 밧어 우금 이쥬일 동안 흥힝ᄒ야 오ᄂᆫ 터인디, 몃칠 안 잇스면 ᄯ 각 디방으로 슌업을 ᄒ올 예뎡임으로 그 동안 쥬미잇ᄂᆫ 소셜 각본만 골나셔 흥힝홀 작뎡이라ᄂᆫ디, 금 이삼일은 특히 유니바스 긔계에 싁스런 뎐긔력을 더 내여가지고 가쭈ᄉ극을 힝연ᄒ다ᄂᆫ디 이왕 갓쥬ᄉ극과ᄂᆫ 좀 달으게 쑴이엿다더라.

---

65) 기네오라마.

매일 19.09.24 (3) 〈광고〉

우미관 9월 18일자, 단성사 9월 23일자와 동일

매일 19.09.26 (1) 〈광고〉

구월 이십오일 전부 차환

미국정부 위탁 영화

실사 **채석폭약 사용** 전일권

미국 유社[66] 버살 회사

실사 **주보 십일호** 전일권

미국 유사 빅터 영화

희극 **태소에 피축(台所에 被蹴)** 전일권

미국 유사 에골 영화

희극 **천벌** 전일권

미국 유사 바이손 영화

활극 **대현애(大懸崖)** 전이권

미국 유사 부르팟도 영화

인정극 **선장의 유서** 전오권

경성부 관철동 전화 이삼이육번 **우미관**

단성사 9월 23일자와 동일

매일 19.09.26 (3) 대셩황의 위생활동사진 / 작 이십오일에는 고양근텅 안에셔

경성부의 위싱 강화 활동사진 대회는 련일 만원의 성황을 일우엇는디 아죠 이십삼일 오후 단셩샤의 강화회 ＊ 맛치엇는디 단셩샤는 특히 ᄋ히들의 입쟝을 막은 바, 비가 오는 중이지만은 몰녀오는 관긱은 오빅명 이샹이 되엿더라. 탐졍사진 기타 활극을 ᄒ는 사이에 의사 리후경『李厚卿』 씨와 월쳔부 위싱주임『越川府 衛生主任』의 강화가 잇셔ᄉ 비샹히 셩황이엿는디 쏘 부텅에셔는 의쥬통 방면의 부민을 위ᄒ야 특히 이십

---

66) '니'의 오식.

오일 오후 일곱시부터 고양군텽 안 널분 마당에셔 그 강화 활동스진 대회를 기최ㅎ엿다더라.

매일 19.09.26 (3) 유전양행회(有田洋行會)의 대마술단 내경(來京) / 인원은 일빅이 십 여명/ 되규모로 씀인 연긔쟝

명치뎡의 뷘 마당에논 일뎐부터 되규모로 연긔쟝을 건츅ㅎ얏논되 이것은 동양 각디에셔 호평을 널니 엇은 유뎐양힝회『有田洋行會』의 연긔쟝이다. 이 단톄로 말ㅎ면 두번이나 황실＊ 태람＊ 밧은 영광 잇논 단톄로 금번에 셔양으로부터 시로히 도라왓논되 인원은 일빅이십 명이라 ㅎ며 금 이십륙일부터 약 일기월 동안 쥬야로 흥힝홀 터이라논되, 그들은 셰계뎍 되마술, 톄육, 긔예 이외에 셔양 희가극도 흔다고 ㅎ더라.

매일 19.09.26 (3) 광무대 십일주년 긔념 / 극계의 수훈자 박승필(朴承弼) 씨 / 진실로 쳐음보논 희한흔 일

지금 경셩 황금유원 안에셔 됴션 구파 연극으로 열한히 동안을 한갈갓치 경영ㅎ여오논 사람은 경향에 쇼문이 자々흔 박승필 씨 그 사람 한아이라. 오날々 연극계에 혁신뎍 다대흔 공로를 끼친 사람을 박 씨를 니여노코논 다시 구홀 슈 업논 터이다. 열한히의 댱구한 셰월을 지리타 아니ㅎ고 시종이 여일토록 분투에 분투를 ㅎ야 오날의 넉々흔 지산을 압혜두고 대셩공으로 젼진ㅎ야 가논 것도 희한흔 일이 안이면 또흔 긔막힐 일이다. 열한히 동안 오날을 당ㅎ야 챵립 긔념의 츅하식을 보게 되니 실로 박씨를 위ㅎ야(＊) 감소치 안을 슈 업다. 더구나 구극도 구극이려니와 현시의 활동샤진에 디한 지식이 향상홈을 주도흔 관찰력으로 간파ㅎ고, 한편으로 단셩샤에 활동샤진 상셜관을 베플고 셰계뎍 영화만 슈집ㅎ야 잇논 활동계 최고 권위를 가진 텬연식 활동사진주식회사와 ＊쳔원의 특약을 ㅎ고 우금 아홉달을 안＊ 경영ㅎ야오믜, 좌우의 버논 돈은 미야에 슈빅원식 되야 쌍싸지 작만ㅎ엿다논 말이 잇셧다. ㅎ여간에 듬은 일이다. 인졔부터논 원훈쟈로 공셩신퇴『攻成身退』를 ㅎ여도 죡하다. 안이 그 뒤를 이을 자가 업논 것이 오즉 유감이다. 지금도 텬연식 활동사진회샤와 교셥ㅎ야 일수더 리뎜을 니이려고 운동 중인 즉, 만약 그럴 것 갓흐면 됴흔 스진은 단셩샤 안에 항상 싸이고 말 것이다. 박승필 씨논 이 연극으로 말미암아 경향에 일홈이 즈々홀 뿐외라, 또흔 연극계에도 공명이 젹지 안으며 또논 이것으로 치부『致富』된 것도 실로 우연한 일이라. ＊＊이논 젼혀 슈단의 능함과 만스에 감능이 부ㅎ야 치부된 까닭이라. 이럼

으로 그 구츠흔 그 영업을 흐야 오드라도 각쳐에 뮈움을 안이 밧어가며 쳑々 칭찬흐
눈 것도 오날々 박승필 씨에 디흔 무쌍히 영광이라고도 흐겟다. 아지못게라 광무디
십일년 긔념을 당흐야 흔마디 찬소를 쓰는 동시에 박군의 젼도에 디흐야 다힝다복홈
을 빌 짜름이로다. 아ー박군이여.

매일 19.09.26 (4) [독쟈긔별]

▶ 신극좌 김도산 일힝은 요시 엇젼 짜닭인지 비우간에 분립이 된다고 셔로 슈군슈
군흐며 별셔 누구는 그 좌에서 탈퇴싸지 흐엿디요. 갓금가다가 그 짓이 안된 짓이야.
『이문생(耳聞生)』

매일 19.09.27 (2) 〈광고〉

단성사 9월 23일자와 동일

매일 19.09.27 (3) 긔념일의 대셩황

임의 보도흔 바와 갓치 경성 황금유원 안에서 구연극 흥힝흐눈 광무디눈 지나간 이십
오일이 즉 열한히 되는 창립긔념일임으로 흥업주 박승필 씨눈 각쳐에 초디장을 만히
보닉여 오게흐얏고 특히 긔념으로 그 ＊표를 산 샤람에게 잇흔날싸지 흐로 더 무료
로 보게 한 특단이 잇섯다는딕 긔념 당야의 셩황은 단 ＊얏고 연극이 파한 뒤 료리로
써 입식의 향응이 잇섯다더라.

매일 19.09.27 (4) 〈광고〉

우미관 9월 26일자와 동일

매일 19.09.28 (2) 〈광고〉

구월 이십칠일브터 추계 특별대흥행
특별 명화 제공
▲ 천활회사 특작품
명화 **이의혼(耳義魂)**[67] 전칠권 만오천척

---

67) 이후의 광고를 통해 보건대, 白耳義魂에서 白이 빠진 것으로 보임.

▲ 신극좌 김도산 일행 대일좌(大一座)

신간부 연(連)의 출연

◎ 최신식 구미 전기응용 キ ネ オ ラ マ극

이십팔일 신예제

신소설 비파성(琵琶聲)

기외(其外) 희극 이장(二場) 잇소

경성부 수은동 전화 구오구번 천활특약 **단성사**

우미관 9월 26일자와 동일

매일 19.09.28 (3) 사권번(四券番)이 명월관에는 기싱을 안보뇌

지나간 이십륙일브터 경성 시너 네 예기 권반에서 결속을 하고 명월관 지뎜에는 예기를 안이 보너기로 하야 미일 저녁마다 그 료리뎜 삼십여 방에서 듯기 실토록 이러나던 댱구 소리와 노러 소러는 일시에 쪽 끈치고 적々호 모양이 무어 폐업＊이나 진바이 업다. 이 일에 파탈된 동긔로 말하면 지나간 이십오일 낮에 네 권반 임원들이 그 료리뎜에 모여서 쇼창을 홀 째에 쏘이의 불친졀호 힝동으로 인하야 결속을 하게 된 모양인디 깁흔 원인으로 말하면 그 료리뎜 사무원 호 사람의 불공평호 힝동에 감졍이 잇셔 나려오던 것이라더라.

매일 19.09.28 (3) 대마술단의 초일(初日)

유뎐양힝회의 좌원 일동은 이십륙일 졍오 경부터 수십치의 인력거를 타고 챤란호 분쟝으로 악더를 션두에 셰우고 시중을 슌힝호 후 오후 륙시부터 명치뎡에서 기연하엿 는디, 입쟝자도 만헛지만은 그들의 긔묘한 지죠에는 일동이 경탄하엿스며 더욱이 화려하게 화장한 꼿 갓흔 미인들이 무더 우에서 츔을 츄는 모양은 실노 일더 쟝관이엇더라.

매일 19.09.29 (2) 〈광고〉

우미관 9월 26일자와 동일

구월 이십칠일브터 추계 특별대흥행

특별 명화 제공

▲ 천활회사 특작품

명화 **백이의혼(白耳義魂)** 전칠권 만오천척

▲ 신극좌 김도산일행 대일좌(大一座)

신간부 연(連)의 출연

◎최신식 구미 전기응용 キネオラマ극

이십구일 신예제

덕국(德國)[68] 토산 천리마 칠막

기외(其外) 희극 이장 잇소

경성부 수은동 전화 구오구번 천활특약 단성사

매일 19.09.29 (3) 신극좌 특별흥행 / 특히 됴흔 각본으로

신파신극좌 김도산 일힝『金陶山 一行』은 장근 이십일이 되도록 단성샤 활동샤진관에셔 여러 가지 각본으로 흥힝을 ᄒ야 대갈치를 밧어오는 터인디, 그만ᄒ면 단성샤에셔도 죠흔 사진으로 관긱에 데공케ᄒᄂᆫ 것이 근본 목뎍이 되야 임에 김도산 일힝의 신파극은 오는 삼십일ᄭ지 ᄒ기로 작뎡ᄒᆫ 결과, 그동안 남겨진 잇흘 동안에 자미스런 각본으로 고별 흥힝을 ᄒ고 경성을 ᄯᅥ날 예뎡이라더라.

매일 19.09.29 (3) 〈광고〉

구월 이십팔일 공개

◎ 신영화와 신파극

시도네올곳트 영화

▲ 전란정화극(戰亂情話劇) 대명화 **백이의혼(白耳義魂)** 전칠권 만오천척

천활회사 특별품. 유사 이래 공전 절후의 인류 걸작사(傑作史). 본년 동경 기네마 구락부에 봉절, 만도(滿都) 애활가(愛活家)를 열광케 ᄒᆫ 영화

신파신극좌

김도산 대일좌(大一座)

---

68) 독일.

구미 최신식 기네오라마 전기응용극 (변환자재(自在))

⊙ 이십구일 신예제

덕국 토산 천리마 칠막

활동사진상설 **단성사**

매일 19.09.30 (4), 19.10.01 (4) 〈광고〉

우미관 9월 26일자, 단성사 9월 29일와 동일

매일 191002(2) 〈광고〉

⊙ 본일브터 오일간 특별상연

희유(稀有) 영화 공개

◎ 실사 **겐쯔와오스덴쯔** 전일권

◎ 희극 **삼미인의 소(三美人의 笑)** 전일권

▲시도네루옷쏘 영화

전란정화극 명화 **백이의혼(白耳義魂)** 전칠권

▲미국 메도루 회사작

활극 **연호애호(戀乎愛乎)** 전사권

(요금 보통)

경성 수은동 전(電) 구오구번 천활특약 **단성사**

매일 19.10.02 (3) 단성사의 新計畵[69] / 됴션 본위의 활동사진을 미구에 영사홀 계획일다[70]

죵리의 활동사진 즁 대부분이 전혀 셔양 활동이오 기타는 일본 활동관에셔 쓰는 일본극 신구에 사진 뿐인디, 오날々까지 됴션에 디흔 활동亽진은 전혀 업셔々 한갓 유감히 역엿던 바, 이번 단성사 활동사진관에셔 신파신극좌 김도산 일힝의 기연ᄒ는 긔회를 리용ᄒ야 흥힝주 박승필 씨가 계약을 ᄒ고 오빅원을 늬여 됴션에 처음 잇는 신파연쇄극 활동사진을 빅힐 작뎡으로 특히 동경 련활회사로부터 활동사진 박히는

---

69) 新計劃(신계획)의 오식인 듯하다.
70) '이다'의 오식인 듯하다.

기수를 불노다가 오는 삼일부터 시닉외로 단이면 연극을 ᄒᆞ야 활동으로 박인 후, 직시 단성사에서 처음으로 무딕에 올녀 흥힝홀 터이라ᄂᆞᆫ딕 첫놀은 형소에 고심이란 것을 박힌다더라.

매일 19.10.02 (3) 〈광고〉
우미관 9월 26일자와 동일

매일 19.10.03 (3) 〈광고〉
십월 삼일브터 대공개
불국(佛國) 쌔데 사 불후의 대작
연속대사진 전십편 이십일권
기기괴괴 대탐정극 『쥬뎃쭈스』 (일편, 이편 오권 상장) 일명 복수의 귀(鬼)
동사(同社) 대걸작
복수활극 『모루쌉』 전육권 일만척
애활가의 기대ᄒᆞ시던 문제의 괴사진이 낫하낫슴니다
단성사

매일 19.10.03 (4) 〈광고〉
십월 이일 전부차환
● 미국 유니버살 회사
실사 **마가진 43** 전일권
● 미국 유사(社) ＊골 영화
희극 **해변의 미인** 전이권
● 미국 유사(社) 쏠도실 영화
활극 **람의 야(嵐의 夜)** 전삼권
● 미국 유사 부루파도 영화
대탐정대활극 **철의 염(鐵의 炎)** 전오권
경성부 관철동 전화 이삼이육번 **우미관**

단성사 10월 2일자와 동일

매일 19.10.04 (1) 〈광고〉

◎십월 삼일브터 특별대흥행

문제 괴사진 래(來)

▲ 불국(佛國) 고몬 회사 대표적 대사진

토불네씨 세계적 대걸작

▲ 연속대사진 탐정괴활극 **주덱스** 전십편 이십일권『원명 복수의 귀(鬼)』

제일편 삼권, 이상혼 영무자(影武者), 제이편 이권, 전기 응용의 반사경(反射鏡)

전오권 상장

▲ 불국(佛國) 고몬 회사 특제 영화

■ 복수미담 탐정활극 **몰칸** 전칠권 만오천척

기타 희극 실사 등

경성 수은동 전(電) 구오구번 친활특약 **단성사**

매일 19.10.04 (3) [조선연예계]

단셩샤 삼일부터 사진을 갈엇는듸 괴괴한 탐정활극의 연속사진『쥬넷구스』와 복수미담『몰칸』일곱권, 기타 실사 구쥬전란 등의 영화롤 한다더라.

우미관 이일부터 사진을 교환한 바 탐정활극『털의 염』다섯권과 희극 히변의 미인, 기타 실사 활극이더라.

매일 19.10.04 (4), 19.10.06 (4) 〈광고〉

우미관 10월 3일자와 동일

매일 19.10.05 (1), 19.10.07 (4) 〈광고〉

우미관 10월 3일자, 단성사 10월 4일자와 동일

매일 19.10.05 (3) [붓방아]

▲ 우리 됴션인측 활동샤진 변사 중에도 극계가 발뎐되며 관긱의 지식이 변천되야 취미셩이 향샹 진보됨을 찌닷고 요사이 제법 예슐뎍 가치잇는 셜명을 ᄒ고즈 노력ᄒ는 자가 잇다. ▲단셩샤 변ᄉ들 중에 셔샹호「徐相昊」, 김덕경「金德經」군 등은 본듸부터 일흠난 변ᄉ들이엿스나 근일에 일으러셔는 더욱 미뎍『美的』, 시뎍『詩的』으로

설명ᄒ고져 케ᄾ묵은 곰팡 닉음시 나ᄂ=되지 안은 문쟈와 말은 다 닉여바리고 시로히 시말을 연구ᄒ야와셔 관긱에게 큰 환영을 밧ᄂ 모양이다. ▲ 그런데 관긱들 중에 아즉ᄭ지도 ᄭ닷지 못ᄒ고 그 갓흔 설명을 오히려 듯기 실타고 ᄒᄂ 자들이 잇ᄂ 모양이다. 그러나 그* 무식ᄒ 자들노셔 별안간 젼에 듯던 설명과 다르니ᄭ 혹시 낫부게 ᄒᄂ 것이나 안인가?ᄒᄂ 자들인 듯ᄒ다. ▲ 그 쟈들도 챠ᄾ 귀에 익어질 것 갓흐면 ᄯᅩᄒ 자미잇게 역일것이니 변사들은 더욱더욱 연구에 연구를 더ᄒ야 쟈긔의 ᄾ무를 다ᄒ야 샤회를 위ᄒ야 노력ᄒ 것이다. ▲ 그리고 ᄯᅩ 한 가지 변사들이 곳칠 것이 있다. 다른 것이 안이라 한 극쟝 안에 잇ᄂ 변사들 중에 주임 이하 잘ᄒ다ᄂ 변사ᄂ 지위가 잇다ᄒ야 잘못ᄒᄂ 변ᄉᄂ 잘ᄒ 변사보다 설명을 만히 ᄒ고 잘ᄒᄂ 변사ᄂ 죠곰 ᄒᄂ 것이다. ▲ 가령 셔투른 변사가 한 권에 ᄃᄒ야 설명을 ᄒ면 잘ᄒᄂ 변사ᄂ 두권에 ᄃᄒ 설명을 ᄒ야셔ᄶ 관긱에게 만족홈을 줌이 맛당ᄒ 것이다.

매일 19.10.06 (3), 19.10.08 (1) 〈광고〉
단성사 10월 4일자와 동일

매일 19.10.08 (3) 활동연쇄극 영사 / 오ᄂ 칠일부터
단성샤쥬 박승필 씨ᄂ 이변에 오를 쳔원의 만흔 돈을 드려셔 우리 됴션에 처음되ᄂ 활동사진 련쇄극* 촬영 ** 홈은 임의 **ᄒ 바어니와, ᄃ판 텬활회샤의 사진 촬영 긔사가 사일 립경ᄒ야 신녕 부근에서 오륙 양일 동안은 닉디인의 련쇄극을 촬영ᄒ고 작 칠일붓터 김도산 일ᄒᆼ의 련쇄극을 촬영ᄒ다ᄂᄃ 처음 박을 것은 의리뎍 구투『義理的 仇討』라ᄂ 각본을 박일 것이라 ᄒ며 촬영ᄒᄂ 쟝소ᄂ 명월관 지뎜, 청량리 홍릉 부근, 쟝츙단, 한강텰교 등이라더라.

매일 19.10.08 (3) 〈광고〉
십월 팔일브터 추계 특별대흥행
미국 유니버살 회사
실사 **주보 사십구호**
미국 유사(社) 에골 영화
희극 **소(消)ᄒ야 무(無)케 된다**
미국 유사 불루파도 영화

인정활극 순간의 운명

미국 유니버살 회사

연속모험활극 **사자의 조(爪)** 전사권

전십팔편 삼십육권 내 일, 이편 상장

여흥

대골계 일본 자푸린의 실연

입장료 일등 칠십전 이등 오십전 삼등 삼십전

군인 학생 소아 일등 사십전 이등 삼십전 삼등 이십전

경성부 관철동 전화 이삼이육번 **우미관**

매일 19.10.09 (2) 〈광고〉

단성사 10월 4일자, 우미관 10월 8일자와 동일

매일 19.10.10 (2) 〈광고〉

우미관 10월 8일자와 동일

십월 십일 추계 특별대흥행

대대적 혁신

희극 **주취(酒醉)의 미인** 전일권

▲ 이태리 언쑤로지오 회사

실사 **이국(伊國)의 해안** 전일권

■ 불국(佛國) 고몬 회사 특작품

▲ 연속 제이회 복수 인활극 **주텍스** 제사권 삼사편

유유(愈々) 가경(佳境)에 입(入)ᄒᄂᆫ 악랄ᄒᆫ 귀(鬼)의 수완. 악한의 운명은 일각에 유(有)함.

▲ 미국 메도로오 회사작

탐정활극 **화염의 사자**

▲ 동사 대걸작 신품(神品)

군사대활극 **최후의 일첩(一疊)** 전삼권 최장척

경성 수은동 전(電) 구오구번 천활특약 **단성사**

매일 19.10.10 (3) 단셩샤

금 십일부터 샤진 젼부를 교환ᄒ엿ᄂᆞᆫ디 뎨이회로 련속샤진 『쥬덱스』 삼소편과 군소활극의 『최후의 일쳡』, 기타 인졍활극 『화염의 사자』, 기타 실사 희극 등이라ᄂᆞᆫ디 련속사진이 이번부터 더욱 ᄌᆞ미잇고, 군사활극은 구쥬젼란을 비경삼아 대걸쟉ᄒᆞᆫ 명화이라더라.

매일 19.10.10 (3) 〈광고〉

십월 십일 특수 삼대 명화를 보시오

…… 기(其) 진(眞) 가(價)를……

연속대사진 (제이회) 복수활극 **주데크스** 사권 삼사편

가공ᄒᆞᆫ 복수와 악랄ᄒᆞᆫ 귀(鬼)의 수완

▲ 가애(可愛) 소년의 복수지도

군사탐정대활극 **최후의 일**(一) 전이권 팔천척

인정대활극 **화염의 사자** 전이권

천활회사특약 활동사진상설 **단성사** 전화 구오구번

매일 19.10.11 (3) [긔망란(期望欄)] 무문별ᄒᆞᆫ 기ᄉᆡᆼ / 경셩 일ᄉᆡᆼ원(一生員)

이왕에ᄂᆞᆫ 기ᄉᆡᆼ이 나라에 봉ᄉᆞᄒᆞᄂᆞᆫ 관기에 몸이 되야 투철한 오입에 죵ᄉᆞᄒᆞ엿지만은 오날々 기ᄉᆡᆼ은 그럿치 안이ᄒᆞ야 아모런 짓을 ᄒᆞ드라도 돈만 작구 버는 것을 오직 한 낫 장기로 알어셔 비루ᄒᆞᆫ 힝위가 ᄌᆞ못 만흔 모양이다. 그런즉 먹고 살기 어려워 기ᄉᆡᆼ 질 ᄒᆞᄂᆞᆫ 기ᄉᆡᆼ이 젼판이다. 기ᄉᆡᆼ이란 것은 이 셰샹 풍류 남ᄋᆞ의 완롱물노 인뎡되ᄂᆞᆫ 터이나, 기ᄉᆡᆼ ᄌᆞ신으로ᄂᆞᆫ 아조 고샹한 기ᄉᆡᆼ영업으로 알고 손님 디졉ᄒᆞ기를 효기갓치 하며 죠곰도 박디를 밧지 안으려 ᄒᆞ다. 아— 그러면 이 셰샹은 쇼위 기ᄉᆡᆼ의 셰샹인가. 근러

기ᄉᆡᆼ의 모양을 볼진디 검정치마에 구쓰나 신고 히사시가미에 연경을 눈의 걸고 도량방ᄌᆞ히 길로 단이ᄂᆞᆫ 것이 기ᄉᆡᆼ의 원테 버릇인가 아지못게라. 건방진 기ᄉᆡᆼ 주져넘은 기ᄉᆡᆼ들아 너희의 일ᄉᆡᆼ의 영업쥬지를 들치여보면 썻々ᄒᆞ다고ᄂᆞᆫ 참아 입으로 옴기지 못ᄒᆞ리라. 다만 료리뎜에 단이여 영업을 ᄒᆞᆷ에ᄂᆞᆫ 관계치 안으나 그 외에 허다ᄒᆞᆫ 너희의 비밀을 알고져 ᄒᆞ면 진실로 송구ᄒᆞᆷ을 ᄭᅢ닷지 못ᄒᆞ리라. 부량ᄌᆞ가 날로 싱기ᄂᆞᆫ 것도 너희가 미기물이 되야 직졉 원인의 즁요한 것이라.

기성된 즈긔 몸도 젹々한 부인방 안에 홀로 누어 싱각을 ᄒ게 되면 결코 그름을 번연히 ᄭᅢ다를 것은 명한 일이 안인가. 건방진 티도와 주져넘은 모양으로 릉라금의를 몸에 둘치고 한ᄶᅥ 편안히 지니는 것도 너희의 수단이라 ᄒ겟는가 감안히 싱각ᄒ여 보라. 이 셰샹에 기성이라 ᄒ는 것은 업지도 못ᄒ올 것이고 잇셔ᄶᅥ도 못ᄒ올 것이다. 뎌 니디 기성들을 보면 료리뎜에서 놀드러도 손님에 뎌흔 노는 품이 맛치 입의 혀갓치 ᄒ야 저의 지죠것 업는 지죠도 일부러 니여 극히 손의 마암을 엇더케 질겁게 ᄒ던지 도라가셔도 항상 그

기성을 칭찬ᄒ는 것이 ᄶᅥ날 시 업다. 기성의 노는 본의가 이러ᄒ여야 즈긔 영업에도 히가 업고 ᄯᅩ는 여러 사람의 ᄉ랑을 밧어갈 것이 안일가. 로류장화와 미인 열지로 목뎍을 삼는 모든 기성들이여. 기성의 티도를 가지고 손의 환영을 ᄉ는 것이 너희의 근본 목뎍이 안인가. 례외의 건방진 짓은 니여바리고 주져넘은 것도 곳치고 한ᄶᅥ 기성질 홀 바에야 호불호가 어듸 잇스며 마음에 맛고 안 맛는 것이 엇더 잇슬가. 기성이 되지 안엇스면 고만이어니와 기성이 된 바에는 나의 할 일은 극히 ᄒ여야 될 것이다.

매일 19.10.11 (3), 19.10.12 (3), 19.10.14 (4) 〈광고〉
우미관 10월 8일자, 단성사 10월 10일자와 동일

매일 19.10.15 (1) 〈광고〉
단성사 10월 10일자와 동일

십월 십오일브터 전부 차환
미국정부 위탁 영화
실사 **미군 의료연습** 전일권
미국 유사(社) 파이손 영화
활극 **평화의 파이푸** 전이권
미국 유사 엘고 영화
활극 **안부로스의 용사** 전이권
미국 유니버살 회사
인정활극 **만추의 애별(晩秋의 哀別)** 전오권
하리게리－자작(自作) 출연

경성부 관철동 전화 이삼이육번 **우미관**

매일 19.10.15 (4) [독자기별]
▶ 됴션 구파연극ᄒᆞᄂᆞᆫ 문락좌 안의 담비 쟝사 아히놈은 됴일 한 갑에 십젼식 ᄒᆞᄂᆞᆫ 것을 뎡가 외에 십이젼식 손님에게 짤기 짜듯 밧으니 그것은 불법이라 ᄒᆞ지 안을가. 당국에서 취체 좀 ᄒᆞ엿스면. 『고발생』

매일 19.10.16 (1) 〈광고〉
십월 십칠일브터 신사진 교환
특별대영화 래(來)
이국(伊國) 안쑤로지오사 작
실사 **전기의 공장** 전일권
▲ 미국 이다라 회사 대작
희극 **난문제(難問題)** 전일권
▲ 이태리 이다라 회사 대작
사회비극 **여시인(女詩人)** 전삼권
이태리 바스ᄭ라 회사 대작
태서정극 **존호 허언(尊호 虛言)** 전이권
■ 불국 고몬 회사 불후 대작
천활회사 동양일수 권리부
연속 제삼회 복수대활극 **주덱스** 오 · 육편 사권
오편, 결사의 수차장(水車場), 육편, 전망대에서 비하(飛下), 놀라올 대활극
경성 수은동 전(電) 구오구번 천활특약 **단성사**

우미관 10월 15일자와 동일

매일 19.10.17 (1) 〈광고〉
우미관 10월 15일자, 단성사 10월 16일자와 동일

매일 19.10.17 (3) [조선연예계]

단성샤 오는 십칠일 금요일부터 시사진을 교환혼다눈디 샤회비극 『녀시인』 삼권과
퇴셔 정극 『거즛말』 두권, 기타 희극 실사 등인디 련속사진 『쥬덱쓰』 오편 륙편의 니
용이 더욱 활극이 되야 쳔척되는 뎐망디에서 그 아리 강속으로 써러지는 것이 실로
소름이 씨친다ㅎ며 이번은 모다 대활극이라더라.

매일 19.10.17 (4) 〈광고〉

오는 십칠인은 · · · · · · · ·
· · · · · · · ·단셩샤로
오날부터 전부교환혼 스진 즁에
뎨삼회 련속 대스진
을 보시오 주미가 엇더혼가?
▲ 오날은 주야 이회 흥힝
활동스진은 · · · · · · · ·
· · · · · · · ·단셩사로

매일 19.10.19 (1) 〈광고〉

단성사 10월 16일자와 동일

십월 십구일브터 전부 차환
미국 유사(社) 자스다 — 영화
희극 **산의 지도(産의 支度)** 전일권
미국 유사 특작
인정활극 **파앙** 전오권
메리 — 마구라렌 양 출연
대모험 대활극 제이 **사자의 조(爪)** 전사권 전십팔편 이십육권 내
제삼편(여의 규(叫)) 제사편(공 [恐] 홀 강 [剛])
경성부 관철동 전화 이삼이육번 **우미관**

매일 19.10.20 (1), 19.10.21 (3), 19.10.22 (2), 19.10.23 (1) 〈광고〉

단성사 10월 16일자, 우미관 10월 19일자와 동일

매일 19.10.20 (3) 〈광고〉

신파 대연쇄극＝활동사진

됴선 신파 활동ᄉ진

래(來) 이십오일부터

단성사

매일 19.10.22 (3) 〈광고〉

단성사 신파대연쇄극 10월 20일자와 동일

매일 19.10.24 (2) 〈광고〉

우미관 10월 19일자와 동일

● 십월 이십사일브터 신사진 교환

불국(佛國) 렌안쏘 회사작

실사 **해상의 어업** 전일권

미국 안트렛트 회사

희극 **파의 혜(波의 惠)** 전일권

미국 쥬리아로 회사 특작

모험활극 ＊**중의 규**(＊中의 叫) 전삼권

제사회 연속사진 복수활극 **쥬덱구쓰** 제칠 · 팔편 사권 상장

아조 종편(終編)이 되어가ᄂ 가경(佳境)의 화(畵)?

경성 수은동 전(電) 구오구번 천활특약 **단성사**

매일 19.10.25 (1) 〈광고〉

우미관 10월 19일자, 단성사 10월 24일자와 동일

매일 19.10.26 (2) 〈광고〉

십월 이십칠일브터 보시오＝

특별대대흥행

신파신극좌 김도산 일행의

대연쇄극＝봉절 상장

一 대활극 **의리적 구토(義理的 仇**
討)[71] 전팔막 이십팔장

一 실사 **경성 전시의 경**

입장료 특등 일원 오십전 일등 일원

이등 육십전 삼등 사십전, 군인 학생 소아 반액

경성 수은동 전(電) 구오구번 천활특약 **단성사**

▲ 연쇄극 의리적 구토 첫 광고

십월 이십육일브터 전부 차환

미국 유사(社) 엘고－영화

희극 **광기동지(狂氣同志)** 전이권

미국 유사 불밧도 영화

비극 **계간의 백합(溪間의 百合)** 전오권

명우 에라홀 양 출연

대모험 대활극 **사자의 조(爪)** 삼십육권 내 사권 상장

제오편 비밀의 서류, 제육편 가공의 옥사(獄舍)

경성부 관철동 전화 이삼이육번 **우미관**

매일 19.10.26 (3) 조선활극 촬영 / 단셩샤에셔 영샤훈다

근리 활동샤진이 됴션에 만히 나와 이극가의 환영을 비상히 밧어오나, 첫지 오날々 까지 됴션인 비우의 활동사진은 아죠 업셔々 유감 중에 그를 경영코져 ㅎ나 돈이 만히 드는 까닭에 엄두를 니지 못ㅎ던 바, 이번 단셩샤쥬 박승필 씨가 오천여원의 거익을 니여 신파신극좌 김도산 일힝을 다리고 경성 니외의 경치 됴흔 장소를 따라가며

---

71) 10월 8일 기사에서 이 제목의 한자 발성이 '의리뎍 구투'로 표기된 바 있음.

다리와 돌이며 긔챠, 뎐챠, 자동챠까지 리용ᄒᆞ야 연극을 혼 것을 져ᄉᆞ히 빅인 것이 네 가지나 되는 예예인 바, 모다 됴흔 활극으로만 빅엿스며 그 외 경성 젼시가의 경치를 빅여 실사를 혼다 ᄒᆞ며 그 사진은 일젼에 나왓슴으로 오는 이십칠일부터 단성샤에셔 봉졀ᄒᆞ야 가지고 상장혼다ᄂᆞᆫ딕, 먼져 그 사진의 시험을 ᄒᆞ여본 즉 사진이 션명ᄒᆞ고 미려홀 ᄲᅮᆫ더러 비경은 말홀 것 업시 셔양 사진에 뒤지ᄌᆞ 안을 만ᄒᆞ게 되엿고 비우의 활동도 샹쾌ᄒᆞ고 신이 날 만ᄒᆞ게 되엿더라.

매일 19.10.26 (3) 〈광고〉
신파신극좌 김도산 일행이 경셩에셔 촬영된 대연쇄극
■ 임의 아시는 바와 갓치 됴션의 활동련쇄극이 업셔ᄉᆞ 항상 유감히 역이던 바, 한번 신파 활동사진을 경성의 뎨일 명승디에셔 박여 흥힝홀 작뎡으로 본인이 오쳔원의 거익을 닉여 본월 상슌부터 경셩닉외 됴흔 곳에셔 촬영ᄒᆞ야 오는 이십칠일부터 본 단성샤에셔 봉졀 기연을 ᄒᆞ고 대ᄉᆞ덕으로 상장ᄒᆞ오니 우리 이활가 졔씨는 한번 보실만 혼 것이올시다.
됴션신파의 활동ᄉᆞ진은 금고에 처음
단성샤주 박승필 근고
◇ 래(來) 십월 이십칠일부터
제일회
신파대활비극 **의리적 구토(義理的 仇討)** 전팔막 이십팔장
이번에 한ᄒᆞ야 미일 오후 졍륙시부터 쏙 기연ᄒᆞ오니 지체치 마시고 일즉 왕림ᄒᆞ시기 바라나이다
촬영장소 (박힌 곳)
한강철교, 장충단, 청량리, 영미교(潁美橋), 남대문 정차장, 독도(纛島)[72], 전관교(箭串橋), 전차, 기차, 자동차, 노량진, 공원, 기타
입장료 특등 일원 오십전 일등 일원 이등 육십전 삼등 사십전. 단 군인, 학생 반액
활동사진상설 천활회사특약 **단성사** 전화 구오구번

---

72) 독도, 뚝섬을 말함.

매일 19.10.27 (2), 19.10.28 (1), 19.10.29 (3), 19.10.30 (1) 〈광고〉

우미관 10월 26일자, 단성사 10월 26일자 2면과 동일

매일 19.10.27 (3) 〈광고〉

단성사 10월 26일자 3면과 동일

매일 19.10.29 (3) 단성사의 초일(初日) / 관긱이 물 미듯이 드러와

신파신극좌 김도산 일힝의 경성에서 촬영된 신파 활동사진이 됴션에셔 처음으로 지나간 이십칠일부터 단성샤 무디에 샹쟝된다 하미, 쵸져녁부터 됴수갓치 밀니는 관긱 남녀는 삽시간에 아러 위칭을 물론하고 쌕々히 차셔 만원의 펴를 달고 표씨지 팔지 못한 디셩황이 잇더라. 그런디 데일 번화한 것은 각 권반의 기싱 온 것이 무려 이빅여 명이나 되야 더욱 이치를 니엿더라. 영사된 것이 시작ᄒ는디 위션 실사로 남대문에서 경성 전시의 모양을 빗치이미 관긱은 노상 갈치에 박수가 야단이엿고, 그 뒤는 정말 신파사진과 비우의 실연 등이 잇셔々 쳐음보는 됴션 활동사진임으로 모다 취한 듯이 흥미잇게 보아 젼에 엄는 셩황을 일우엇더라.

매일 19.10.29 (3) 한남 기생의 출연 / 유뎐양힝에셔

명치뎡 공디에서 흥힝ᄒ는 유뎐양힝에는 지난 이십륙일 밤부터 한남권번 기싱들이 미일 이삼십 명이 번외로 이삼 가지의 됴션 가무를 힝연ᄒ게 되야ᄭ는 바, 쳐음날은 일곱시 삼십분 가량에 젼부 만원이 되엿스며, 이날 동 권번에셔 힝연혼 것은 수년쟝 『壽延長』, 립창『立唱』, 금무『金舞』 등 이엿셧는디 만장한 니션인 관긱들은 박수갈치가 쓴일 사이가 업셧다더라.

매일 19.10.29 (3) 〈광고〉

◆ 이십칠일＝초일(初日)
＝신파활동ᄉ진＝
대만원어례(御禮)
김도산 일행의 대연쇄극
단성사

매일 19.10.29 (4) [독자기별]

▶ 대져 예기라는 것은 무엇인고. 창기보다 더 한칭 비루한 힝위가 잇더군. 우리 고을 죠합 예기 김옥경이는 져＊동 관비라 아모기하고 너무 됴와라고 별々 일이 다 만 타요. 이러한 것은 예기 영업에 관계가 업는지 몰으겟셔.『전주(全州)＊＊싱』

매일 19.10.30 (3) 조선문예단 출현 / 리긔셰 군의 발긔로

됴션 신파연극계의 비조가 되엿던 리긔셰『李基世』군은 근일에 이르러 다시 예슐뎍 신파연극단을 죠직ᄒ얏는디, 일홈은 됴션문예단이라 칭ᄒ는디 방금 딕구좌에서 가장 취미잇는 연극을 ᄒ는 중이라더라.

매일 19.10.31 (4) 〈광고〉

단성사 10월 26일자 2면과 동일

십월 이십칠일브터 육일간 개관 팔주년기념 특별흥행

미국 유사 엘고－영화

희극 광기동지(狂氣同志) 전이권

미국 유사 불밧도 영화

비극 계간의 백합(溪間의 百合) 전오권

명우 에라홀 양 출연

대모험 대활극 사자의 조(爪) 삼십육권 내 사권 상장

제오편 비밀의 서류, 제육편 가공의 옥사(獄舍)

대여흥

대정 권번 기생의 사자(獅子)의 무검(舞劍)의 무

입장료 일등 삼십전 이등 이십전 삼등 십전, 학생 군인 소아 각등 반액

경성부 관철동 전화 이삼이육번 우미관

매일 19.11.02 (1) 〈광고〉

우미관 10월 31일자와 동일

십일월 삼일브터 신교환된 것

신파대영화 제공

一, 신파신극좌 김도산 일행

▲ 대연쇄대활극 **시우정(是友情)** 전팔막 삼십장

一, 불국 고몬 회사 불후지(之) 대작

▲ 최종편 **쥬덱쓰** 제구 · 십편 사권 상장

一, 신파대촬영

▲ 실사 **경성교외 전경(全景)**

◈ 대대활극의 화면을 보시오

경성 수은동 전(電) 구오구번 천활특약 **단성사**

매일 19.11.02 (3) 〈광고〉

십일월삼일부터

◆대공개◆

신파신극좌 김도산 일행의

독도(纛島), 홍릉, 청량리, 원산가도(元山街道)에서 대대적 촬영된

대연쇄대활극 **시우정(是友情)** 전팔막 삼십장

불국 고몬 회사 불후의 대작

동양 일수(一手) 흥행 권리부(權利附)

최종편 **쥬덱쓰** 제구 · 십편 사권 상장

김도산 일행의

▲ 실사 **경성교외의 전경(全景)**

금회를 ＊치 물(勿)ᄒ시고 쏙 관람ᄒ시오

활동사진상설 **단성사**

매일 19.11.02 (4) [독자기별]

▶ 신뎡가ᄂᆞᆫ 문락좌 연희장에 출연ᄒᄂᆞᆫ 엇던 광더놈은 무더에서 소리를 ᄒ게 되면 쇼위 염불에ᄂᆞᆫ 마음이 업고 지밥에만 마음이 잇단 셰음으로 소리에ᄂᆞᆫ 정성을 쓰지 안고 몰닉 흘끔흘끔 부인셕만 쳐다보며 별々가＊ ᄒ고 풍속 문란ᄒᆞᆫ 말을 다ᄒ니 고런 얄뮈운 넘이 어더 잇셔요. 그리도 버르장이를 곳치지 안은 게이. 단々이 정신을 챨이지 안으면 안 될나. 『통갈생(痛喝生)』

매일 19.11.03 (2), 19.11.04 (2) 〈광고〉

단성사 11월 2일자, 우미관 10월 31일자와 동일

매일 19.11.04 (4) [독자기별]

▶ 이왕 유일단을 죠직호고 단이던 리긔셰군이 요시 문예단이라는 신파를 쑴여 가지고 지금 대구에서 흥힝호눈더 아죠 쟈미를 본다눈 걸. 엇더튼지 문예라눈 것을 잘 리히호야 신파계에 문예뎍 연극을 발휘호기를 비오. 『일유지(一有志)』

매일 19.11.05 (2) 〈광고〉

단성사 11월 2일자 1면과 동일

십일월 사일 전부 차환

미국 유니버살 회사

희극 **마가진 사십구호** 전일권

미국 유사(社) 네스다－영화

희극 **리와 표(裏와 表)** 전일권

미국 유사 불바트 영화

인정극 **정몽(正夢)** 전오권

소레－양 활약

미국 유늬버살 연속사진

대모험 대활극 **사자의 조(爪)** 전사권

제칠편 권사(捲砂), 제팔편 규방의 중(中)에

경성부 관철동 전화 이삼이육번 **우미관**

매일 19.11.06 (4) 〈광고〉

단성사 11월 2일자, 우미관 11월 5일자와 동일

매일 19.11.07 (3) 신파 활동의 성황 / 형사의 고심이 마지막

단성사 신파 활동사진은 그동안 두 번을 갈어 십여 일 동안 만원의 성황으로 비상히 갈치를 받엇느더, 지금 흥힝호눈 『시우정』이란 것은 륙일々지 하고 금칠일부터 형사

의 써심이라는 신파 활동을 샹쟝흔다는디 이것만 ㅎ면 신파 활동은 아조 마지막이 되
며 또는 오일간 밧게 흥힝을 ㅎ지 안켓슴으로 그동안 만히 보기 위ㅎ야 기싱의 신청
과 기타의 단테 예약 신청이 만허셔 표 팔기 전에 만원이 되는 형편이라더라.

매일 19.11.08 (3) 〈광고〉
우미관 11월 5일자와 동일

십일월 칠일브터 교환된 것
신파 대영화 제공
一, 신파신극좌 김도산 일행
▲ 대연쇄대활극 **형사고심(刑事苦心)** 전팔막 삼십장
一, 불국 고몬 회사 불후지(之) 대작
▲ 최종편 **쥬덱쓰** 제구 · 십편 사권 상장
一, 신파대촬영
▲ 실사 **경성 교외전경(郊外全景)**
◈ 대대활극의 화면을 보시오
경성 수은동 전(電) 구오구번 천활특약 **단성사**

매일 19.11.09 (4) 〈광고〉
우미관 11월 5일자, 단성사 11월 8일자와 동일

매일 19.11.10 (1) 〈광고〉
우미관 11월 5일자와 동일

십일월 구일브터 특별대흥행
신파영화와 서양물
一, 신파신극좌 김도산 일행
▲ 대연쇄 대활극 **형사고심** 전팔막 이십팔장
一, 미국 옷구스 특작품
▲ 대활극 **열혈(熱血)** 전오권

一 희극 대전장의 차푸링

▲ 실사 구전 제구보(歐戰 第九報)

◈ 대대활극의 화면을 보시오

경성 수은동 전(電) 구오구번 천활특약 **단성사**

매일 19.11.11 (1) 〈광고〉

우미관 11월 5일자, 단성사 11월 10일자와 동일

매일 19.11.11 (3) 문락좌(文樂座)의 반액권 / 본보 란외에 박인 반익권의 대특뎐

경성 본뎡 오뎡목 뎐차 종뎜 근쳐에 잇는 문락좌『文樂座』는 비응현 김병달『裵應鉉 金炳達』량 씨의 경영으로 됴션 구파연극을 흥힝ᄒ야온지 한달 가량이나 되엿는디, 그동안 관람자도 샹당이 잇셧슬 뿐외라 ᄯᅩᄂᆞᆫ 시쟉ᄒ지 얼마 못된 ᄭᆞ닭에 문락좌 시작ᄒᆫ 처음 피로겸 즈츅의 의미로 십일부터 나흘 동안 본지 란외에 박인 특별 반익권을 올여 가지고 가ᄂᆞᆫ 이에게 특히 반익으로 관람케 ᄒᆞ다더라.

매일 19.11.12 (1) 〈광고〉

단성사 11월 10일자와 동일

매일 19.11.12 (3) 〈광고〉

십일월 십일일브터 삼일간 추계대흥행

◎ 대정 권번 국화 대회(권번 기생 전부 출연)

금반 당관(當館)에셔 대정 권번 개최의 국화대회 개최에 대ᄒ야 신구 기술 육십여 종의 예제(藝題)로 기생 일동 대차륜(大車輪)으로 귀람(貴覽)에 공(供)ᄒ니 곳 일＊(一 ＊) 친람(親覽)ᄒ시기를 희망홈

관주 경백(敬白)

계상(階上) 전부 초대권 계하 금오십전

경성부 관철동 전화 이삼이육번 **우미관**

매일 19.11.13 (3) [사면팔방]

▲ 우미관의 대정권반 기성의 소위 국화회라는 연쥬를 잠간 가셔 보앗다. 첫지부터 눈쏠이 틀닌 일이 미우 만엇다. 국화회라 호기에 국화도 만히 진렬호 위에 기성의 연쥬가 잇는 줄 알앗더니 쥬세 보닛가 이왕 연쥬회 쎄 긔부금으로 쓴 저희 죠각 모양으로 국화 한 분에 오원식 쳐서 몃분몃분식 누가 긔부ᄒ엿다는 것은 갈기발ᄀᆞᆺ치 미달니고 졍말 국화 몃분 외에는 모다 엉터리업는 국화회이다. ▲ 그런 즉 그 국화갑은 언의 편에 소득인가. 위션 국화회에 일홈과는 아죠 반디이다. 또 그리고 츌연ᄒᆞ는 기성들은 일 위칭 남ᄌᆞ셕에 함부로 셕겨 잇셔셔 혼란이 젹지 안은 중에 입을 맛츄ᄌ 쌤을 디이는 등에 연이약지ᄒᆞ는 등 이런 상풍피속의 일이 무쌍ᄒᆞ야 그 음란ᄒᆞ고 괴악ᄒᆞᆫ 것은 참아 눈쏠이 틀녀 볼 수 업셧다. ▲ 무디에 기성이 츌연홀 쎄에 죠방인지 건달 비스름한 자들이 느려안고 스고 ᄒᆞ여셔 기성을 다리고 희롱거리는 거동은 관긱으로 ᄒᆞ여금 츰을 비앗게 홈이 심ᄒᆞ엿고 춘향가로 말ᄒᆞ드리도 최셜향이란 기성이 방ᄌᆞ 노릇을 ᄒᆞ는디 표졍이 그럴듯ᄒᆞ지만은 기성의 티도와는 벌셔 변ᄒᆞ야 사당피 굿즁피 계집과 근ᄉᆞᄒᆞ야 야죠 기성이라고ᄒᆞ기 붓그럽게 되엿다. ▲ 번々히 기성연쥬회를 ᄒᆞ게 되면 츳 소위 부량탕ᄌ를 양셩ᄒᆞ는 거와 다름이 업고 또ᄒᆞᆫ 이를 ᄯᆞ라 부량자가 여디 업시 발호도량ᄒᆞ는 긔회가 졍히 왓다고ᄒᆞ야도 과언이 안이겟다. ▲ 죠곰도 변화호 것은 업시 한갈갓치 사당피 짓을 홈에는 찰하리 탄식홀만ᄒᆞ며 쟝녀가 슈라쟝이 되다 십히ᄒᆞ야 풍속 괴란호 것이 이외에 더 업슬 줄로 싱각한다. 너희가 항샹 그와ᄀᆞᆺ치 무분별ᄒᆞ게 되면 언의 쎄ᄭᆞ지라도 발뎐이라는 것은 업스리라. 명실부동호 너희의 드러닛인 표방과 너희의 ᄒᆞ는 연쥬의 일거일동은 모다 틀려셔 일시뎍 관긱을 속인 것이 안인가 가통ᄒᆞ다. 너희의 츄악호 힝동이여 쥬의ᄒᆞ라.

매일 19.11.13 (4) 〈광고〉

우미관 11월 12일자와 동일

십일월 십이일브터 파천황(破天荒)의 삼일간 대흥행
一, 신파신극좌 김도산 일행의 고별대흥행
=십이일은 **의리적 구토(義理的 仇討)**
=동(同)삼일은 효자열녀극
=동사일은 십삼인 살해극

삼일에 한ᄒᆞ야 신극좌 일행은 경성에서 고별 흥행을 ᄒᆞ고 곳 인천으로 가셔 연쇄극을 봉절(封切)ᄒᆞ겟슴
(차회 김도산 사진이 출현)
◈ 대대활극의 화면을 보시오
경성 수은동 전(電) 구오구번 천활특약 **단성사**

매일 19.11.14 (2) 〈광고〉

우미관 11월 12일자, 단성사 11월 13일자와 동일

매일 19.11.14 (3) 우미관의 소동 / 기싱아비 금시계를 일어 / 형사가 관긱의 몸을 뒤져

둘지번 연쥬회를 열던 십이일 밤 우미관에는 일쟝 대풍파가 일어는 일이 잇셧는디, 그 ᄉᆞ실을 들은 즉 당일밤 아홉시쯤되야 무디에 셧던 이왕 다동 기싱의 은희 아비가 품속에 잇는 금시계를 일허바린 소동이 싱기여 형사들은 필경 사람 만히 모힌 즁에셔 못된 스리란 도적이 그리홈인 쥴 짐작ᄒᆞ고 대활동을 기시ᄒᆞ야 파ᄒᆞ기 전에 틈々히 나아가는 사람들을 일제히 신톄 슈쇅을 혼 바 맛참ᄂᆡ 시간이 다 되야 수빅의 관긱은 물결치듯 솟쳐 나아가ᄌᆞ, 준비ᄒᆞ고 잇던 모든 형사들은 나아가는 사람마다 저々히 신톄 검ᄉᆞ를 홀 졔, 모든 관긱들은 표 ᄉᆞ가지고 구경왓다가 신톄 검ᄉᆞ를 당ᄒᆞ는 것은 참으로 당치 못홀 일이라 ᄒᆞ고 호셩을 질으고 풍파를 일이키여 그디로 솟쳐 나아갓슴으로 한참동안 그러혼 혼란은 업셧고 신톄검사도 맛치지 못ᄒᆞ여셔 미우 살풍경을 일우엇다더라.

매일 19.11.14 (3) 여형(女形) 배우 장면(長眠) / 가석(可惜) 고수길(高秀喆) 군 / 신극계의 대손(大損)

됴션에 처음으로 신파 혁식단 림셩구 일ᄒᆡᆼ이 낫타나ᄌᆞ 그 력자『役者』 즁 가장 온나가다『女形』로 목소리던지 그 일거일동에 디ᄒᆞ야 죠곰도 칙홀 것이 업시 오날날ᄭᆞ지 신파계에 헌신을 ᄒᆞ야 다대혼 셩명을 엇든 고수철『高秀喆』 군은 이번에 김도산 일ᄒᆡᆼ에 잇셔 역쥬에 종ᄉᆞᄒᆞ다가 부득이혼 ᄉᆞ정으로 다시 일어는 리긔셰『李基世』 일ᄒᆡᆼ에 드러가셔 목하 부산 디방에셔 흥ᄒᆡᆼ을 ᄒᆞ던 바, 우연히 병을 엇어 병원에셔 치료 즁이더니 불ᄒᆡᆼ히 지나간 십일에 ᄌᆞ긔가 종신토록 헌신ᄒᆞ겟다던 신파계를 이연히 하직ᄒᆞ

고 이 셰샹을 바렷슴으로 신파 동지비우들의 동정의 눈물은 말홀 것 업고 기타 일반 사람들도 무한히 이석히 역인다더라.

매일 19.11.14 (3) 소위 국화회(菊花會)에 / 분개생(憤慨生)의 투고

디졍 권번에서 국화회를 한다ᄒ기에 구경을 갓더니 국화ᄂᆞᆫ 명식으로 십여 분만 놋코 국화 딕금은 슈빅원을 거러노왓스니 무슨 국화회가 이러ᄒᆞᆫ가. 더욱 가증ᄒᆞ고 괘심한 것은 기셩의 포쥬와 기셩의 가족은 모다 일등, 이등에 안게ᄒᆞ고 일반 관람쟈ᄂᆞᆫ 삼등셕에 다 모라느엿다. 져의끼리 국화회를 기최ᄒᆞ얏스면 문을 닷고 표를 안 파ᄂᆞᆫ 것이 당연ᄒᆞ지 표를 팔고 관람자를 드린 이상은 샤회를 무시ᄒᆞ고 그런 괘심ᄒᆞᆫ 버릇이 어디슬가. 첫날 져녁에 그 모양을 보왓스면 다시 보지 안ᄂᆞᆫ 것이 당연ᄒᆞᆫ디 잇흔날에도 여전히 만원이 되얏스니 그쟈들보다 관람쟈가 더욱 가증ᄒᆞ다. 디졍 권번의 쇼문을 탑지ᄒᆞ니 학감이라ᄂᆞᆫ

하규일이가 셜계ᄒᆞᆫ다 ᄒᆞ니 자긔도 전일에 샤회에 츌몰하던 작자가 목구멍이 포도청으로 홀수 업셔 포쥬 노릇을 ᄒᆞ기로 자긔들 지위를 싱각지 안이ᄒᆞ고 샤회를 그럭케 무시홀가. 글닉에 기셩의 버릇이 졈々 업셔 괴심ᄒᆞᆫ 일이 만키에 무슨 일인가 하엿더니 이졔야 보니 모다 하규일의 허물인 줄을 이번 일을 보와 알엇다. 관람셕의 디부분은 부랑자가 드러 모여셔 기셩의 손목을 붓들고 별々 고약ᄒᆞᆫ 힝동이 샤회 풍속 문란케ᄒᆞ니 부랑자를 위ᄒᆞ야 기최한 국화회가 안인가. 말만 국화회이지 국화ᄂᆞᆫ 십여분 뿐이요 국화 대금은 슈빅원을 거럿스니 샤회를 속히고 금젼을 취홈이 안인가. 국화 딕금의 닉용을 짜지고 보면

모다 부랑자가 자긔 친한 기셩의게＊셔 경졍으로 딕여준다 ᄒᆞ니 젼일 연쥬회에셔 달을 것 무엇인가. 아모리 무식ᄒᆞᆫ 하등계급이지만은 이번 일에 용셔치 못홀 뎜이 한두 가지가 안이다. 아못죠록 긔예를 연구ᄒᆞ야 졈차 발뎐을 도모ᄒᆞ고 샤회의 사랑 구함이 당연ᄒᆞ거던 교만 방자ᄒᆞᆫ 힝동으로 우리 샤회를 쇽이ᄂᆞᆫ 죄를 엇지 용셔하랴. 디졍 권반에 일반 임원은 물론이요, 직졉으로 칙임을 부담ᄒᆞ야 잇ᄂᆞᆫ 히구일[73]은 이후 쥬의ᄒᆞ야 이런 버릇이 다시 업게 ᄒᆞ라.

---

73) '하규일'의 오식인 듯하다.

매일 19.11.14 (4) [독자긔별]

▲ 번々히 보아도 다동 죠합 연주회눈 웨 그러케 더럽고 츄악훈지 모르겟셔요. 기싱 년들은 모다 사당픠들이나 다름업고 옷 입은 것이던지 연예갓흔 것이 모다 구역이 나셔 볼 수 업고 부랑쟈눈 한씃 쇼리를 펴고 드리몰녓습듸다. 한번 텰퇴를 나렷스면 됴켓던걸. 국화회눈 무삼 국화회야. 멀졍ㅎ고도 엉터리 업눈 사긔 슈단이던걸. 엇지 경찰국에셔눈 이런 것을 엄즁히 취례치 안코 사회 공안을 무시케ㅎ눈지 몰으겟셔요. 『일관객(一觀客)』

매일 12.11.15 (2) 〈광고〉

십일월 십사일 전부 차환

미국 유사(社) 엘고− 영화

희극 **진주와 랑(娘)** 전이권

미국 유사 푸룽슌 영화

하리−게리− 출연

一, 활극 **포와의 일야(布哇[74]의 一夜)** 전오권

하리− 의협심으로 대현상(大懸賞)을 득(得)ㅎ야 우인(友人)을 조(助)홈

미국 유니버살 회사 연속 사진

一, 대모험 대활극 제오 **사자의 조(爪)** 전사권

제구편『인간의 진자(振子)』, 제십편『화염에 잠(潛)ㅎ야 도주』

경성부 관철동 전화 이삼이육번 우미관

십일월 십오일브터

특별대흥행

◉ 매일신보 독자 우대 대(大) 반액권(십칠일ᄭ지 고별흥행)

▲ 삼일동안 대흥행을 ㅎ고 경성을 쩌날 터임으로 대대적으로 반액 관람케 ㅎ옵니다
(신파신극좌 김도산 일행)

래(來) 십팔일브터 인천에셔

경성 수은동 전(電) 구오구번 천활특약 **단성사**

---

74) 하와이.

매일 19.11.15 (3) 신파연쇄극 고별 대흥행 / 단셩샤에셔/ 십오일부터

됴션에서 처음으로 시작된 활동연쇄극은 단셩샤주 박승필 씨의 고심과 거금을 너여 신파신극좌 김도산 일힝으로 ᄒ야금 경셩에 유명한 승디를 * 쳐가셔 활동사진을 박여 이리 한 달 동안을 단셩사 무디에 봉졀상쟝ᄒ야 만텬하 인ᄉ의 갈치의 비상ᄒ 찬셩을 밧엇던 바, 그 김도산 일힝은 쟝ᄎ 경셩을 써나 그 련쇄극을 가지고 각디에 슌업흥힝을 ᄒ야 또한 디방 인ᄉ에게 널니 뎨공홀 차로 금십오일부터 단셩샤에셔 사흘 동안

고별흥힝을 하게 되엿슴으로, 이에 디ᄒ야 본샤에셔 본지 독자 제의를 위ᄒ야 특별히 사흘 동안 독자 우디 반익권을 박여넛코 관람ᄒ시느니에게 각등 반익으로 관람케 되엿고, 이를 짜라 김도산 일힝도 이번이 마지막 겸 본지 독자를 위ᄒ야 흥힝ᄒ기로 작졍인디 아모죠록 일즉이 버혀가지고 가셔야 처음에 됴흔 사진과 신파활동극, 기타 포복졀도홀 희극 한막 식이 잇슬터이니 쳥컨디 이 긔회를 일치마시고 고별흥힝을 보아 주시기를 바라는 바이라더라.

매일 19.11.15 (3) 〈독자 우대 반액권〉

삼일간 고별흥행 신파연쇄극
◎ 신파신극좌 김도산 일행이 십오일브터 십칠일ᄭ지 삼일간 단셩사에셔 고별흥행을 ᄒ옵니다
(이인[二人]ᄭ지 통용홈)
각등 반액으로 어람(御覽)에 공(供)ᄒ오니 차(此) 연쇄활동극을 보시오.
매일신보사

매일 19.11.17 (2), 19.11.18 (2) 〈광고〉

단셩사 11월 15일자, 우미관 11월 15일자와 동일

매일 19.11.18 (3) 한남 기생 연주 / 십팔일부터 단셩샤에셔

한남예기권번에셔는 오리간만에 금십팔일부터 단셩샤에셔 연주대회를 열고 닷새동안 기셩 전부가 출연흔다는디, 이 권번은 다른 권번과 달나 기셩이 전부 령남 츌싱임으로 각종 츔갓흔 것은 몃가지만 간약히 츄고 그 외는 모다 각기 쟝기디로 노리를 불너 흥치를 도옵기로 작뎡이라는디, 그 권번 기셩의 특식 잇는 기예는 구운몽극의 츌

연이 미우 볼 만ㅎ다더라.

매일 19.11.18 (3) 〈근고(謹告)〉

금반(今般) 한남권번 기생 일동이 신구 기술 팔십여 종의 예제(藝題)로서 본 단성사 내에서 금 십팔일브터 대대적 흥행ㅎ오니 귀(貴) 제위(諸位)는 고애(顧愛)ㅎ샤 일차 왕가(枉駕) 찬성 지지(之地) 복망(伏望).
단성사

매일 19.11.19 (2) 〈광고〉

우미관 11월 15일자와 동일

◎ 십일월 십팔일부터 대대적
▲ 한남예기권번 연주대회 개최(오일간 한ㅎ야 개최)
◎ 신구 기예 팔십여 종을 특별 출연홈(기생 전부 출연)
□ 초일(初日) 구운몽극(九雲夢劇)
▲ 요금 치상(値上)ㅎ얏슴
경성 수은동 전(電) 구오구번 천활특약 **단성사**

매일 19.11.19 (3) 〈광고〉

단성사 11월 18일자와 동일

매일 19.11.20 (2) 〈광고〉

우미관 11월 15일자, 단성사 11월 18일자와 동일

매일 19.11.20 (3) 김도산 일행 하인(下仁) / 지난 십구일에 나려가 / 가무긔좌에셔 출연ㅎ

신파 신극좌 김도산 일힝은 그동안 혼 달 동안을 신파련쇄극 활동으로 단성샤에서 흥힝ㅎ야 만도의 인긔와 갈치를 밧던 바, 마지막 소흘간은 특히 본보 독쟈를 위ㅎ야 반익으로 관람케혼 후 십구일부터 나려가서 가무긔좌에서 그 련쇄활동소진으로 열흘 동안 츌연혼다눈디, 이 뒤눈 각디를 슌업홀 예뎡인 바 긔필코 각 디방의 환영을 비상

히 밧을 모양이라는디, 명년 정월부터는 부산셔 됴션 신파활동을 셔양스진과 갓치 슌
젼히 박여가지고 신파계의 한낫 권위를 가질 계획이 잇셔々 목하 준비 즁이라더라.

매일 19.11.20 (3) [사면팔방]

▲ 십팔일부터 단셩샤에서 한남권번 기성의 츄긔 연쥬회가 열넛는디, 그날은 금년
즁 첫 치위가 음습ㅎ야 살을 갈거내는 미운 바람이 불엇지만은 쵸져녁부터 관람긱이
물밀듯ㅎ야 아러위칭이 모다 쌕々ㅎ게 찻더라. ▲ 쳐음에 활동샤진 검의쥴이라는 삼
권 샤진을 영스혼 뒤 기성 열두 명이 그 권번에서 쳐음으로 신구 창작혼 풍국롱화무
『楓菊弄花舞』을 츌연ㅎ는디, 화려혼 무디 비경에 렴녀혼 아릿다온 기성의 시로온 츔
이 잇셧다. 그리고 령남 선소리가 시작되야 령남 기성의 특식을 무한히 발휘ㅎ는 것
을 보매, 그 슌박혼 아취는 진실로 탈속홈이 다른 싀골 기성의 소리보다 나을 듯ㅎ다.
▲ 무디 기타 쟝닉가 혼잡지 안케 졍돈되엿슴은 극히 주의를 ㅎ엿다 ㅎ겟고, 칠년 젼
에 셔울 광무디에 와셔 츌연ㅎ야 찬셩을 밧든 희션이란 기성이 오러간만에 무디에 낫
하나셔 황금린의 쟝단치는 고뎌를 짜라 판소리를 ㅎ엿고 ▲ 뎬 나죵에 춘향연의를
시쟉ㅎ는디 나수라는 기성의 방주 노릇은 진졍이 근스ㅎ엿스나 죠곰 셧투른 곳이 잇
셧고 쩌々로 황금린과 김산옥의 창ㅎ는 소리에는 실로 감흥이 젹지 안케 잘ㅎ엿다.
리도령을 분쟝혼 기성은 그 표졍과 긔거 동쟉이 죠금 어울니지 안엇스나 과히 눈셧
투르지는 안엇다. ▲ 그 즁에 볼 만한 것은 방주와 춘향이 노릇ㅎ는 기성의 표졍이라
ㅎ겟고 더욱 창디는 기성의 팀도와 동작이 슈빅 관긱의 갈치를 밧엇다. ▲ 그러나 대
톄 그날 연쥬의 과목을 츠례로 보건디 츌연ㅎ는 기성 주긔는 힘을 써셔 ㅎ엿겟지만은
여러 관긱의 눈에는 아죠 힘을 드리지 안코 되는디로 어름어름ㅎ는 것 갓ㅎ야 몰취미
혼 감상이 잇셧다. 이것이 한갓 유감이다.

매일 19.11.21 (3) [사면팔방]

▲ 단셩샤에서 흥힝ㅎ는 한남권번 기성연쥬회의 뎨이일은 일반 관람주가 견날보다
더욱 격증ㅎ야 구름갓치 모혀 잇다. 이 쌕々혼 틈을 억졔로 비벼 뚤코 한번 눈을 들
어 보앗다. ▲ 그런디 그 츌연ㅎ는 기성의 청신혼 노리와 순연혼 팀도의 츔은 별로 흠
졀이 업는 듯ㅎ며 나죵 춘향극을 ㅎ는디도 극히 단아혼 팀도로써 그 언어 동작과 힝식
이 죠졸혼 편이 잇셔々 음탕ㅎ고 란삽혼 팀도는 별로 업셧다 ▲ 그러셔 이것이 좀 칭
찬홀 것이다. 그러나 잇짜금 가다가 혹 셧투른 뎜이 더러 잇는 것을 발견ㅎ얏는디 이

것이 좀 유감이다. 미리 한슉흐게 연습흐고 츙분흔 준비를 흐야 일호도 실수 업시 흐는 것이 금상첨화가 되지 아니흘가. ▲ 경성좌 챵에 뎨일 잘흔다는 리취련의 지화즈 소리는 미우 갈치를 밧는디 너무 조금만 흐기 쩌문에 아죠 만족지 못흔 모양이다.

매일 19.11.22 (3) [사면팔방]

▲ 뎨 삼일되는 한남권번의 연주회를 보앗다. 당일은 다른 날 보담 특별히 힘들을 써서 연주를 흐는디, 홍련의 젼후 교퇴는 아죠 허리가 부러지다십히 우슘을 참지 못흐엿고 지쟈군의 히션이와 어스의 남수문답은 참으로 희극이 셕기엿고 ▲ 히션의 이교는 더 말할 것 업셧고 취련의 관수노름에 독특의 무당소리는 만쟝의 갈치를 밧엇스며 몽즁가에 디흐야는 연방 빗취는 오린 지식에 활릉묘 타는 현판 위로 달이 둥그런히 셧고 춘향이가 쑴을 쑤는 몽환극이 잇섯는디 ▲ 이에 디흐야는 연구를 쇄 흐엿다흐겟다. 농무가에 모든 기성이 머리를 동이고 제일히 흥치잇게 츔을 츄며 쒸노는 거동은 진실로 구경흐는 사람들 스스로 억기츔을 날 뜻흐엿다. 그러나 너무 란삽지 안토록 흐는 것이 됴흘 뜻흐다.

매일 19.11.22 (3) 〈광고〉

십일월 이십일일 전부 차환

미국 유니바사 회사

실사 **주보 육(六)의 십칠호** 전일권

미국 유사 부익다 영화

희극 **화가의 추구(花嫁의 追驅)** 전일권

미국 유사 청조극(靑鳥劇)

탐정극 **좌수(左手)** 전오권

미국 유니바살 회사 특작 연속

대모험 대활극 제육의 **사자의 조(爪)** 전사권

제십일편 승목(繩目), 제십이편 문첩의 암동(問蝶의 岩洞)

경성부 관철동 전화 이삼이육번 우미관

단성사 11월 19일자 2면과 동일

매일 19.11.25 (3) 〈광고〉
우미관 11월 22일자와 동일

◎ 십일월 이십사일브터 특별대흥행
호(好)영화 대제공
▲ 미국 메도로 회사작
활극 **미인 대실패** 전일권
▲ 미국 켄쪼 회사작
실사 **호구레아 주보** 전일권
▲ 이태리 안쑤로지오 회사작
명우(名優) 안나운쩨로쪼 출연
태서비활극 **거화(炬火)** 전사권
▲ 사정을 인흐야 금강산 활동은 래(來) 금요일브터 영사흐기로 연기흠
경성 수은동 전(電) 구오구번 천활특약 **단성사**

매일 19.11.26 (3) 〈광고〉
우미관 11월 22일자, 단성사 11월 25일자와 동일

매일 19.11.27 (3) 방역 활동기(活動機) / 미구에 도착흠
경성 부텽에셔는 방역상 활동샤진긔의 필요됨을 알고 지난번 대텩샹회『헤-아반』
식식일호의 긔계를 주문 즁이엇는딕, 요스히 그 물건이 부텽에 도착흔 바 샹설관에셔
쓰드려도 붓그럽지 안을 만한 훌늉흔 것으로 와소 뎐등을 모다 소용한다는딕, 이 휘
이름은 호역지푸스젹리의 각종 방역을 목뎍호고 ᄌᆡ미잇게 만든 신파극인딕, 그것이
삼쳔칠빅쳑의 쟝쳑물인 반물원에 도착흐는딕로 부텽에셔 봉졀 영소를 흔다더라.

매일 19.11.28 (3) 금강산 …… 활동사진 영사 / 이십팔일에 단셩샤에셔
남만주 텰도 주식회샤에셔는 텬하의 졀승되는 금강산『金剛山』을 널리 소기키 위흐
야 본년 륙월 칠일부터 만텰 본샤 공무과 졍상 활동소진기소『井上技師』와 밋 경성관
리국 와뎐 운수과원『窪田 運輸課員』등을 파견흐야 활동소진을 촬영케 흐엿는딕, 일
힝은 그달 이십일에 모다 박어 가지고 도라와셔 한 달 동안을 됴션호텔에셔 영소를

ᄒᆞ야 대갈치를 밧엇ᄂᆞᆫ딕, 그 촬영한 고심담을 듯건딕 후이룸은 삼쳔이빅척의 장쳑으로 다섯 권을 만든 것인 바, 그 풍경은 신계ᄉᆞ, 군션협, 뎐화딕, 옥류농련수담, 무봉폭, 비봉폭 등의 졀승은 당장 안하에 보ᄂᆞᆫ 것갓치 유명한 ᄉᆞ진인딕 이번 단셩샤 활동ᄉᆞ진관에서 특히 만텰 본샤 쏘ᄂᆞᆫ 경셩관리국에 교셥하야 그 금강산 활동ᄉᆞ진을 가져다가 금 이십팔일부터 영ᄉᆞ한다ᄂᆞᆫ딕, 참으로 볼 만ᄒᆞ다 ᄒᆞ며 셔양에 유명한 특별ᄉᆞ진 여섯권ᄶᆞ리가 잇다더라.

매일 19.11.28 (3) 〈광고〉

▼금 이십팔일브터 대공개▲

특별대사진 영사

◎ 도라이안물, 게-비-영화 루이스, 쿠룸 양 출연

▲ 전쟁비화극 **포연의 영(砲煙의 影)** 전육권 일만척

◎ 만철(滿鐵) 특사대(特寫隊) 고심 촬영

▲ 천하기승 **금강산 대활동** 전오권 칠천척

제군의 안전(眼前)에 여하히 전개되ᄂᆞᆫ가?

[포연의 영]은 천활회사 독특의 명사진으로 장렬한 전장을 배경으로 ᄒᆞ야 비참한 련(戀)을 묘출한 무류(無類)의 천하일품

기외(其外) 포복절도의 희극 실사 수종

(입장료 치상[値上] 홈)

천활특약 활동사진 **단성사** 전화 구오구번

매일 19.11.30 (1) 〈광고〉

◎ 십일월 이십팔일브터 대공개

유명사진 영사

명우(名優) 루이스, 쿠룸 양 출연

― 전쟁애화(愛話) **포연의 영(砲煙의 影)** 전육권 일만척

(천하일품 비활극)

청년 사관(士官)이 순국적 최후를=전쟁을 배경으로 혼 비참한 연애=

▲ 만철(滿鐵) 특사(特寫) 고심극

― 천하기승(天下奇勝) **금강산 활동** 전오권 칠천척

금강산의 실사를 일견(一見)ㅎ시오

기외(其外) 희극 실사 등

경성 수은동 전(電) 구오구번 천활특약 **단성사**

십일월 이십팔일 전부 차환

미국 유니버살 회사

실사 **주보 육(六)의 십오호** 전일권

미국 유사(社) 네스다－영화

희극 **신안 분수(新案 噴水)** 전일권

미국 유사 청조극(靑鳥劇)

인정극 호－조(呼－鳥) 전오권

미국 유니버살사 연속

군사모험활극 **사자의 조(爪)** 전사권

제십삼편 변장, 제십사편 도(逃)ㅎ 잔당

경성부 관철동 전화 이삼이육번 **우미관**

매일 19.12.01 (3) 임성구 일행의 자선연극 개장 / 윤신원(尹信媛)을 구원ㅎ고져

지금 진남포 항좌(鎭南浦港座)에셔 련일 흥힝을 ㅎ야 대환영을 밧는 혁신단 림성구 (革新團 林聖九) 일힝은 그곳 예기조합과 의론ㅎ고 본보에 련지되엿던 경성 신명 대 화가에서 눈물로 세월을 보니는 윤신원의 소정을 가엽시 보고, 팔일 특별히 윤신원 에 딗흔 동정극으로 흥힝ㅎ얏는딗, 출연ㅎ기는 동딗 예기조합 기싱 일동이 출연ㅎ야 화려흔 무딗에서 각종 연쥬를 ㅎ얏고 혁신단은 신파 군인긔질이라는 예제로 흥힝ㅎ 여 당일 입장자가 만원이엿고 쏘 유지 제씨의 긔부와 그날에 총 수입된 돈 전부를 동정금으로 뎨공홀 작뎡이라더라.『진남포』

매일 19.12.01 (3) 연예잡지 『녹성(綠星)』 발행 / 뎨일호는 임의 발힝 / 뒤가는 수 십젼

우리의 우미흔 싱활에 딗ㅎ야 위안이라고는 쥬는 것이 업는 우리 됴션에 시로히 문예 뎍으로도 취미가 잇고 연예뎍으로도 취미가 잇는 예슐잡지 록성『綠星』이 우리의 문 단 우리의 극단에 싱겻다. 동지의 발힝소는 동경시 신뎐구 원악뎡 이뎡목 삼분디『東

京市 神田區 猿樂町 二丁目 三番地』요, 발힝겸 편즙인은 우리 문단 극계에 뒤흐야 위
뒤훈 포부를 가진 리일히(李一海) 군과 이외에 리범일(李範一) 군, 류죵셕(柳鍾石) 군
등이 이에 가담흐야 건필을 휘두르는디 현금 이 니용도 자못 츙실흐거니와 잡지의
톄지도 미상불 아름다운 연예잡지라. 동샤의 지샤는 경셩부 쥭쳠뎡 일뎡목 삼십구번
디『京城府 竹添町 一丁目 二十九番地』인디, 일부의 뒤가가 슈집견이라더라.

매일 19.12.02 (3) 〈광고〉
단셩샤 11월 30일자, 우미관 11월 30일자와 동일

**매일 19.12.02 (3) 기생과 기예(技藝)問題(상) / 시ヘ각ヘ으로 느러가는 기싱 / 기싱
다운 긔예라곤 아죠 업셔**
오날ヘ 기싱된 자가 한갓 료리뎜에 불너가던지 쏘한 즈긔집에서 츠져온 손을 뒤흐야
친졀히 뒤졉흐며 그 사람의 환심만 스기에 열즁흐는 것이 원러 기싱의 향용흐는 목뎍
인가. 안이다. 기싱의 틱도가 기싱다운 틱도를 가져야 이 셰상에 힝셰홀 만한 소위 기
싱이라 홀가. 이제로부터 기싱의 문뎨를 쓰러늬여 몃마듸 소회를 말흐는 동시에 쏘한
감샹도 젹지 안은 모양이다. 그러나 불가불 오날ヘ 기싱된 자의 결뎜을 낫ヘ치 들어
시셰에 요구되는 기량의 오뎜을 말흐고져 한다. 이왕에 기싱이란 것은 엇더한 쳐디
에 잇셔 엇더한 신분으로써 소위 구슬을 흐엿는가를 쳣지 한번 알어볼 필요가 잇다.
그 쩌에는 기싱이 관기(官妓)라는
놉흔 일홈을 쯰여가지고 포주 즉 후견인은 그 쩌에 유명한 나라에 봉ᄉ흐는 무예 별
감이나 쏘는 각 궁쳥직이라는 오입장이들이 다리고 잇셔ヘ 언의 쩌던지 나라에 무슨
잔치가 잇는 쩌에는 긔의 기예로써 어젼에서 봉ᄉ를 흐야 네부터 나려오는 례의를 힝
흐며 그 즁에 가히 표챵홀 만한 기싱은 융숭한 금관ᄌ의 가ᄌ가 나리여 망극한 텬은
이 기싱 한 몸에 모혀 잇셧고 이외에는 집안에서 츠져오는 손을 마져가며 뒤졉흐는
터가 되야 속셜에 기싱 뒤졉이 일품뒤졉이라는 말ᄭ지 화류계에 혼*흐엿스며, 그 쩌
기싱들의 가무와 틱도의 여하를 의론홀진디 진실로 졍즁 온아한 틱도 즁에 죠곰도 틀
니지 안는 관현소리를 짜라 졀조잇는
거름거리와 쎄여놋는 발의 거동이며 문예뎍 숭고흔 그 례악을 볼진디, 나라에 봉ᄉ흐
는 기싱의 쳐디로는 과히 붓그럽지 안타 흐겟다. 그리고 아모리 기싱의 일홈을 가젓
드러도 졔가 의례히 모다 홀 것을 갓초 익혀 아지 못흐게 되면 기싱이 될 수 업고, 쏘

는 오입계에셔 용셔치 안코 머물너두지 안는 풍습이엿다. 나는 이런 씨와 지금의 상
터를 비교하여 볼진딩 너무나 한심하고 통탄할 일이 만허셔 능히 입을 열어 옴길슈
업스며 감히 붓을 잡고 긔록지 못하겟다. 근러에 와셔 화류계가 여디업시 망하야 다
만 그 관기의 남져지가 광교조합을 조직하고 이젼의 풍습을 모다 밟아간다고는 홀
수 업스나 원테에 이왕 관기의 호신인 씨문에 기싱 후견인 되는 사람의 기싱 단속이
던지 가무 련습등 일절 수항에 더하야 몰규칙홈이 업시 규모가 정졔하고 가히 쟝릭를
미루어 희망이라는 표졍을 낫하나이겟더니, 슯흐다
근쟈에 와셔는 셰티를 짜라 그러홈인지 인졍 풍속의 변쳔됨을 인하야 화류계 사됴도
변하야 가는지는 모르겟스나, 소위 다동조합이라는 것이 싱기여 젼부 평양에셔 규률
이 업시 가무낫치나 비왓다는 기싱들을 불너올녀다가 인원을 치여 죠합을 형셩하고
본 즉, 이 씨로부터 기싱의 본질되는 것은 아조 업셔지기 시쟉하는 씨이라. 졈초로 이
뒤를 좃차 한남권번이 싱기고 경화권번이 싱기여 변々치 못한 기싱 수효는 작구 느
러가셔 표면으로는 화류계가 번셩하야졋다 하겟스나, 기실 닉용을 자셰히 삷혀볼진
딩 이로부터 소의 화류계라는 일홈은 아조 업셔져셔 여디 업시 망한 것을 한갓 통탄
홀 일이다. 지금 기싱죠합이 경셩에 넷이나 잇셔 그러하되 가무가 한아라도 취홀 만
한 것이 잇나? 주셕에 당하야 기싱이란 물건이 알션을 홀 기싱 가음이 잇나? 감안히
싱각하여 보라. 『또 잇소』

매일 19.12.03 (1) 〈광고〉
단성사 11월 30일자, 우미관 11월 30일자와 동일

매일 19.12.04 (1) 〈광고〉
십이월 오일 전부 취체(取替)
미국 유니버살 회사
실사 마가진 오십이호 전일권
미국 유사(社) 네스다— 영화
희극 이도(二度)로 위(爲)치안치 전일권
미국 유사 청조극(靑鳥劇)
정극 **신생애(新生涯)** 전오권
미국 유니버살 회사 연속 영사

군사모험활극 제팔의 사자의 조(爪) 전사권

제십오편 맹수의 교(橋), 제십육편 삼(森)의 소(沼)

경성부 관철동 전화 이삼이육번 우미관

매일 19.12.04 (3) 기성과 기예(技藝)문제(하) / 시々각々으로 느러가는 기성 / 기성다운 긔예라곤 아조 업셔 / = 잡가나 좀 호면 기성일가

첫지로 경셩니에 잇는 기성조합이 한셩권번, 경화권번, 대정권번 등 네 죠합인디 요소이 됴사호 것을 드러 게지호건디, 한셩권번은 기성 젼부가 이빅팔십 명 중에 일빅칠십 인이 겨우 영업장을 가졋고, 경화권번은 젼부 오십 명 중에서 삼십 명이 영업쟝을 가졋고, 한남권번은 젼부 일빅구십명 중에서 아조 왕청쮜게 오십 명밧게 영엽쟝을 가진 자가 업고, 대정권번은 삼빅칠십여 명 중에서 일빅오십구 명이 겨우 영업쟝을 가졋다는 비례라. 누구던지 이것을 보더라도 가히 짐쟉홀 일이 안인가. 조합의 기성 수효만 치우라고 함부로 되나 못되나 모와드리고 실샹 남의 눈을 가리여 소위 츔츄고 소리낫치나 호다는

기성을 히부호여 볼지면 몃십명에 지나지 안코, 그 남아지는 료리뎜에도 단이지 못호는 우에 욕심잇는 자는 관헌의 이목을 가리우고 영업장이 업는 쳐로 대담히 불녀 단이며 손에 디한 디졉을 호고져 호는 일이 자못 만흐며, 또 이뿐 안이라 각 죠합 영업쟈 중 제법 츔을 안다던지 노러라도 위연만호게 호는 기성은 구흐랴 호야도 엇을 슈 업는 이 부픠호 화류계 사졍이라. 년리로 가무를 련습혼다고 죠합 경비로 소위 션성이란 쟈를 두고 허구호 날 기예를 양셩혼다 호지만은 그와갓치 볼규칙혼 련습을 호게되면 몃십년을 갈지라도 기량이라는 것은 도모지 업고 도리여 암흑한 화류계에 부픠 부정혼 기예만 남어 잇셔 됴션 기성의 기예라고는 자랑홀 수 업시 되리로다.

귀가 잇거든 들여볼지요, 눈이 잇거든 바로 보아 찌다르라. 오날々은 귀도 업고 눈도 업셔々 여디 업시 망호야 노앗지만은 차々로 눈도 쓰고 귀도 열어셔 아힝호야 나아가는데는 이러한 츔셩된 말과 량약은 다시 업슬 것이다. 오날々 기성된 자가 한 가지 투철하는 것이 잇스니 대기 무엇이냐호면 첫지

건방진 티도와 불친절한 것만 비호아 남이 욕을 호거나 말거나 그 힝동을 긔차반으로 힝호기 쩌문에 지금 기성은 기성이 안이요, 기실 일홈은 굿즁픠에 쌀닌 사당픠 한 가지라. 셰티가 조와져셔 기성들이 쩌를 맛낫다 혼들 엇지 이다지 심홀 수가 잇스랴. 일언이 폐지호고 종리의 폐막을 곳치고 기예를 잘 기량호야써 사회에 환영밧을 계칙

을 쓰라. 최후에 한마디 말할 것은 되지 못한 기성 수효만 작구 늘어가는 것으로 말하면 맛당히 감독 관텽에셔도 상당히 제한을 하야 허가쟝을 교부하는 것이 올코 함부로 되나 못되나 기성질을 하겟다고 청원하는 것은 졀되로 막어써 규률이 엄졍케하기를 바라는 바이라. 이 덤에 더하야 간졀히 긔디하는 동시에 각 권번에셔도 일층 예의로 실디 기량하엿다는 깃분 소식이 오기를 오즉 바랄 뿐.『씃』

매일 19.12.04 (3) 〈광고〉
◎ 십이월 오일브터 특별대흥행
◀경화권번 기생 연주대회 개최▶
(향[向] 일주일간 출연)
一, 기예(技藝) 전부 총출연＝신구 가무 흥행＝골계적 희극 대장(臺場)＝신기(新妓)
연심(蓮心)의 희가극＝
최초 활동사진 영사
상하계(上下階)에 난로의 설비가 유(有)홈
전화 구오구번 천활특약 **단성사**

매일 19.12.05 (3) [연예계]
단성사 금 오일부터 뎨공될 사진은 실사『히녀의 미관』, 희극『짜푸링의 료리』한권과 텬활회샤의 특품되는 희활극『졔리의 각셩』여섯권, 긔타 탐졍활극『비힝긔』네권인더 젼긔『졔리의 각셩』사진은 쳐음 보는 미국 고메듸 회샤의 진긔한 걸작이라더라.
우미관 오일 뎨공될 사진은 실사『마가진 오십이호』, 희극『두 번도 하지 안치』, 졍극『신싱이』다섯 권, 긔타 련속샤진 뎨팔회『사자의 손톱』네권이라더라.

매일 19.12.05 (3) 윤신원(尹信媛)에 동정금 / 뵉구십륙원 오십젼
임의 게지혼 바 경성 신뎡 대화가에 잇는 윤신원의 일에 디하야 진남포 항좌(港座)에셔 흥힝하던 신파 혁신단 림셩구(革新團 林聖九) 일힝에셔 의론을 하고, 림셩구 군의 주＊으로 진남포 기성죠합과 협의혼 후, 하로 버는 돈으로 윤신원의 몸을 쎄여닉기로 작뎡혼 결과 기성의 연주와 신파 흥힝 합동으로 당일 슈입혼 돈 즁에 기성의 긔부금 일뵉팔십오원 오십젼하고 쏘 십일원을 더하야 합계 금 일뵉구십륙원 오십젼을 만드러 본사 진남포 지국을 것쳐 본사로 보닉여 왓는디, 기싱의 닉인 금익과 셩명은 여좌ᄒᆞ더라. (이하 기사 생략)

매일 19.12.05 (4) 〈광고〉

◎ 십이월 오일브터 특별대사진

■ 처음보는 ᄉᆞ진

대실사 **해저의 미관(美觀)** 전일권

만화 **짜푸링의 요리**

▲ 미국 고메데– 대회사작

공전의 희활극 **졔리의 각성** 전육권 오천척

천활회사 비장의 일품 근래의 영화

▲ 이국(伊國) 안쌰로지오사 작

탐정활극 **비행기** 전사권 칠천척

전화 구오구번 천활특약 **단성사**

우미관 12월 4일자와 동일

매일 19.12.06 (4), 19.12.07 (4), 19.12.09 (4), 19.12.10 (2) 〈광고〉

우미관 12월 4일자, 단성사 12월 5일자와 동일

매일 19.12.07 (3) [사면팔방]

▲ 경셩에 기싱조합은 넷이나 잇셔도 기예라고는 죠곰도 기량홀 것도 업고 기싱의 품힝이란 것도 족히 볼 것이 업시 비루ᄒᆞ기로 본지에도 루챠 경고도 ᄒᆞ고 기션도 ᄒᆞ게ᄒᆞ엿던 바, 요시 경셩 슈동 륙십번디에 대동권번이란 예기조합이 또 한아 싱기엿다. ▲ 그런디 그 권번 취톄는 강소홍이고 기싱은 별셔 삼십명 가량이 모히엿다는디 각 권번과 협동을 ᄒᆞ야 기예기량이던지 죵릭의 폐습되는 졔반 일을 모다 기량ᄒᆞ야 참신ᄒᆞᆫ 면목으로 샤회에 상디코ᄌᆞ ᄒᆞᆫ다던가. 당쵸에 셜립홀졔 목뎍과 지금의 기량홀 범위가 미우 넓다는 말을 들엇스니 말이지만은 유명무실은 안된 일이야. 엇더튼지 남류달니 ᄒᆞ여야 도리혀 모범될 것도 잇슬는지 몰을 일이야.

매일 19.12.07 (4) [독자구락부]

▲ 강경 중명에 잇는 무슨 조합에 잇는 손○○ 왜 그 디경이야. 연극장에셔 궁둥춤을 츄며 죠타 소리를 지르는 모양은 아죠 정신병자이든걸. 엇져면 즈긔 톄면도 도라보아야지 일홈은 나즁에 보하리라.『강경 구경군』

매일 19.12.10 (3) 신파연쇄극 호황 / 각디에셔 환영흔다

신파신극좌 김도산 일힝은 그동안 대구 디방에셔 십여일간 련쇄극을 흥힝ᄒ야 다디흔 환영을 밧엇는디, 그 연극은 구일ᄭ지 맛치고 십일부터 마산 디방으로 가셔 몃칠 동안 흥힝흔다는디 이번 련쇄극 ᄯ문에 각 디방의 환영이 비상ᄒ엿다 ᄒ며, 마산셔 맛치고는 다시 부산으로 가셔 활동ᄉ진을 박이고 ᄯᅩ 대구로 가셔 박인 후, 양력 정쵸부터 단셩샤 무디 우에 올녀 빗칠 작뎡으로 이번에도 단셩샤 쥬 박승필 군의 진력으로 륙쳔원의 대금을 늬여 준비 즁이라더라.

매일 19.12.11 (3) 경셩 교풍회(矯風會) 기생 풍기 개션 / 기싱의 미풍을 기르고져 / 위션 예기에 손을 듸엿다

이번 경셩에 잇는 각 예기 권번에셔 경셩 교풍회로부터 풍속 교정상의 지도에 의ᄒ야 예기의 미풍을 양셩ᄒ고 ᄯᅩ 죵러의 악습을 교졍ᄒ야 쟝러의 발뎐을 도모코져 조항을 만드러 약뎡셔를 꿈이엿는디, 그 늬용인 즉 쳣재는 기싱은 예기되는 본분을 확실히 직히고 톄면을 유지ᄒ야 쳔루흔 힝동은 졀디로 금ᄒ고, 노는 손으로부터 불으는 쳐소 이외에 즈긔집에셔는 결단코 손을 마져 유흥치 못홀 일이요, ᄯᅩ 기싱은 손이 불으는데 응락흔 후에는 신병 이외의 ᄉ고를 인ᄒ야 히락은 못홀 일과

손이 불너셔 연셕에 잇는 ᄯᅢ는 손의 승낙을 엇지 안코 ᄌ유로 퇴셕지 못홀 일이요, 권번의 취톄는 항상 일반 기싱의 힝동을 간단업시 탐ᄉᄒ야 만약 풍속을 더히ᄒ고 신분에 상당치 안은 손을 상디로 ᄒ던지 만약 숨기는 것 갓흔 ᄉ실이 잇슴을 발견ᄒ는 ᄯᅢ는 직시 경셩 교풍회 ᄯᅩ는 소관 관현에게 그 뜻으로 보고홀 일과 ᄯᅩ 권번은 경셩 교풍회로부터 지도 ᄯᅩ는 교속 상에 관ᄒ야 명령흔 ᄉ항에 디ᄒ야는 반드시 이에 복죵홀 일 ᄯᅩ는 기싱의 영업 즁의 의복은 반드시 됴션 지러의 졔도를 존즁히 ᄒ야 일명의 복졔를 명ᄒ야셔 기싱된 것을 밝히 표시ᄒ고 의복은 국산물 즉 됴션 산물을 위쥬ᄒ야 입고 될 수 잇는디로

외국산물을 쓰지 말 일이요, 다만 빗의 여하는 각々 죠와홈을 ᄯᅡ라 입고 ᄯᅩ 그 방한

구와 및 수식품 등은 상관업겟고, 또 권번은 됴션 졍악 젼습소에셔 뎡훈 기악 교ᄉ로 ᄒᆞ야 됴션 구러의 졍악을 교슈케 홀 일과 시로 기싱 영업을 긔시코져 ᄒᆞ야 관현에 허가를 청원ᄒᆞᄂᆞᆫ 씨ᄂᆞᆫ 반드시 권번의 기예 증명셔를 쳠부ᄒᆞ게 홀 일이요, 기싱 중 한번 드러가거나 또ᄂᆞᆫ 폐업ᄒᆞ야 남의 쳐 또ᄂᆞᆫ 쳡이 되ᄂᆞᆫ 쟈ᄂᆞᆫ 특별 ᄉᆞ유가 잇지 안으면 다시 기싱의 영업을 ᄒᆞ지 못홀 일이라ᄂᆞᆫ딕 지금 이에 딕ᄒᆞ야 각 기싱의 평론이 ᄌᆞᄉᆞᄒᆞ다더라.

매일 19.12.12 (2) 〈광고〉
우미관 12월 4일자와 동일

매일 19.12.12 (3) 임셩구군 연극쟝 건설? / 참 고마운 소식
그동안 진남포에셔 흥힝을 ᄒᆞ고 련야 만원의 셩황을 일우던 신파혁신단 림셩구(革新團 林聖九) 일힝은 십일ᄯᆞ부터 금년 마지막으로 인쳔 츅항샤에셔 이번에 시로 만든 각본으로 일혜동안 흥힝ᄒᆞ고ᄂᆞᆫ 거긔셔 히산을 식힌 후, 림셩구 군은 셔울에 와셔 연극쟝 건축에 딕ᄒᆞ야 열심히 분주ᄒᆞ리라더라.

매일 19.12.12 (4) 〈광고〉
단성사 12월 5일자와 동일

매일 19.12.13 (2) 〈광고〉
우미관 12월 4일자와 동일

◎ 십이월 십이일브터 전부 교환
▲ 세계 모험 여우(女優) 마린, 셰−스 양 출연
(천활회사 일수(一手) 권리부(權利附))
一 모험대활극 **아메리꺄 랑(娘)** 전삼권 육천척
一 대소극 **백의 수(白의 手)** 전삼권
一 신파가정비극 **서(誓)** 전오권
一 희극 **얼ᄂᆞᆫ 싱키ᄂᆞᆫ 것** 전일권
전화 구오구번 천활특약 **단성사**

매일 19.12.13 (3) 방역 활동기(活動機) 미구(未久) 영사 공개 / 일출 학교에셔

경성 부텽에셔는 거번에 사온 방역용 활동사진 긔계 전부가 정돈되얏슴으로 팔일밤에 부텽에셔 시험으로 영사ᄒᆞ야 보앗더니 미우 션명홈으로 미구에 일츌 소학교 강당에셔 시험 영사를 ᄒᆞ야 일반에게 공기ᄒᆞ리라더라.

매일 19.12.13 (3) [연예계]

단셩샤 십이일부터 신사진 교환 희극『얼는 싱키는 것』, 활극『아미리까 쌀』 전삼권, 아조 우슘거리『하얀 손』 전삼권, 신파 비극『밍셔』 젼오권인디 이 즁에 우슘거리 흰 손은 리퇴리 안쑤로지오 회샤의 걸작이요, 아메리까 쌀은 모험 더활극의 쟈미잇는 사진이며 신파 비극은 근러에 대규 촬영된 가뎡 비극임으로 젼혀 눈물의 사진이라더라.

매일 19.12.15 (2) 〈광고〉

단셩사 12월 13일자, 우미관 12월 4일자와 동일

매일 19.12.16 (3) 〈광고〉

단셩사 12월 13일자와 동일

십이월 십이일 전부 차환
실사 **마가진 오십오호**
미국 유사(社) 바이슨 영화
희극 **최후의 십분** 전이권
미국 유사 쥬엘 영화
인정비극 **환락의 치(値)** 전칠권
미국 유니버살 회사 연속사진
최종편 **사자의 조(爪)** 전사권
경성부 관철동 전화 이삼이육번 **우미관**

매일 19.12.16 (4) [독자구락부]

▲ 혁신단 림셩구 군이 년러의 연극장집이 업셔々 유감이 젹지 안음을 보고 종＊ 목

덕* ㅎ야오나 일이 여의치 못ㅎ고 야죠 죠바슴을 ㅎ고 지니더니, 이번에는 긔어코 연극쟝 ㅎ아를 지으랴고 활동이 야단이라지오. 『이문생(耳聞生)』

매일 19.12.17 (1) 〈광고〉
단성사 12월 13일자, 우미관 12월 16일자와 동일

매일 19.12.18 (3) 임성구 군의 발기로 설립될 경성극장 / 자본금 십만원을 가지고 쥬식으로써 이를 건설ㅎ | / 우리 극계의 깃븐 소식

신파 혁신단장으로 이러 십년 동안을 됴션 전도에 일홈을 늬여 신파계에 공헌이 다 딕ㅎ던 림셩구(林聖九) 군은 년러로 신파가 쇠미 부진홈을 기탄히 역여 강구ㅎ는 한편에 덕당혼 비우도 업셔々 실로 전도의 발뎐홀 희망이 업슬 뿐외라. 한 연극장다온 것도 아죠 업는 까닭에 요즈음 챠々로 오락긔관과 신파가 졈々 왕셩되야 가는 이 씨에 유감이 젹지 안음으로 됴션에 오직 한아되는 대규모의 연극쟝을 지어 볼 계획이 잇셧스나, 원톄 지력이 부족ㅎ야 뜻을 일우지 못ㅎ더니 이번에 림셩구 군은 단연히 결심을 ㅎ고 일어나셔 십년 동안 경영ㅎ야 오던 혁신단의 일홈을 동단이 처음에 창립되던 씨부터 참예ㅎ야 오던 한챵렬(韓昌烈) 군에게 넘겨주어

단쟝을 사양ㅎ고 림군은 젼심으로 연극 건설에 활동ㅎ게 되엿는디, 벌셔 경셩에 유슈혼 실업가들이 이 뜻을 찬셩ㅎ고 쥬식으로 ㅎ야 십만원을 만드러가지고 외국의 연극쟝을 모방ㅎ야 될 수 잇는디로 슈쳔명 수용홀 만혼 대극쟝을 지을 터인디, 일홈을 경셩극쟝(京城劇場)이라 ㅎ다 ㅎ며 연극쟝의 셜계도 대규모로 아름답게 셜계ㅎ야 화양[75] 졀츙제로 지은다는디, 무디는 빅명의 비우라도 출연홀 만혼 큰 무디를 만든다 ㅎ며 쟝소는 이왕 쟝안샤터나 그러치 안으면 슈동 근쳐의 수쳔평되는 넓은 터를 뎡혼다 ㅎ며, 이 련극쟝 다온 연극쟝이 비로서 싱기는 날에는 진실로 한낫 이치를 늬일 모양인즉 젼혀 림군의 활동과 각 유지의 열심을 환영ㅎ고 감수ㅎ겟더라.

매일 19.12.19 (1) 〈광고〉
우미관 12월 16일자와 동일

---

75) 和洋 즉 일본과 서양.

◎ 십이월 십구일브터 특별대흥행

본관 일주년 기념 축(祝)

▲ 미국 유니버살 회사작

一 태서희극 **완구물어(玩具物語)** 전일권

一 태서희극 **멸다타서(滅茶打壻)** 전일권

◎ 이태리 이다라 회사 특작 영화

천하일품 대대활극 제삼 **마쎄스듸** 전오권 팔천척

▲ 이태리 지네스 회사 걸작 대활극 **등대수(燈臺守)** 전삼권

기외(其外) 희활극 십육권

▲ 자(自) 십구 지(至) 이십오일 각등 반액▼

미국 유니버살 회사 천활회사 특약 **단성사** (전화 구오구번)

매일 19.12.20 (3) [연예계]

단성샤 십구일부터 시사진 교환. 세계의 긔운찬 『마쎄스듸』 뎨삼 오권이 잇고, 쏘 활극의 『등듸수』라는 삼권이 잇스며 기타 희극 실수 등 십륙권인듸 이번 미국 유니버살 회샤와도 쏘 특약을 훈 고로 됴흔 샤진이 만히 온다더라.

매일 19.12.20 (4) 〈광고〉

우미관 12월 16일자, 단성사 12월 19일자와 동일

매일 19.12.21 (4) 〈광고〉

우미관 12월 16일자와 동일

매일 19.12.22 (3) 〈광고〉

단성사 12월 19일자와 동일

매일 19.12.23 (4) 〈광고〉

단성사 12월 19일자와 동일

십이월 이십일브터 특별대흥행

무대 개축 낙성 피로(披露)

조선 신파 정극가(正劇家)

취성좌(聚星座) 김소랑(金小浪) 일행 내연(來演)

매일 예제(藝題) 차환, 귀람(貴覽)에 공(供)홈.

입장료 일등 칠십전 이등 오십전 삼등 삼십전

군인 학생 소아 일등 사십전 이등 삼십전 삼등 이십전

경성부 관철동 전화 이삼이육번 **우미관**

매일 19.12.24 (3), 19.12.25 (4), 19.12.26 (2) 〈광고〉

단성사 12월 19일자, 우미관 12월 23일자와 동일

매일 19.12.24 (4) [독자구락부]

▲ 근러에 들은 즉 리긔하군의 발긔로 우리 됴션 신파와 가극단 코리앤좌라는 명목 하에 우리 청년계의 일신코져 흔다흐며 설립의 성적이 대단히 량호흐다나. 얼는 죠직되엿스면 니 * 간섭으로 우리 청년의 정신상을 씨틀릴가 흐다오. 『희망생(希望生)』

매일 19.12.25 (3) [관극소감] 김소랑의 『야성(夜聲)』을 보고 / 팔극생(八克生)

연극이라 흐는 것은 단슌히 권션징악흐는디 효과가 잇슬뿐만 안이라 간단히 말흐자 면 어느 나라이던지 그 나라의 연극을 보고셔 그 나라의

문명 뎡도 여하를 판단홀 수가 잇는 것이다. 요스이 우미관에셔 흥힝흐는 취셩좌 김소 랑(聚星座 金小浪) 일힝의 야셩(夜聲)이라 흐는 연극을 보앗다. 그 극을 볼 쩌에 우리 됴션 사회도 얼마나 만히 열인 것을 비로소 판단하게 되엿다. 그 야셩이라는 각본은 관긱에게 권션징악의 인상만 줄 쑌이엿섯스나 우리 됴션에셔는 가쟝 처음되는＝취미 잇는 것이엿셧스며 상쟝흔 역자 즉 비우들이 미우 슉달흔 것 갓힛스며 전자의 달은 단 에게 듯던 바 구졀이 닷지 안는 말＝즉 말되지 안이흐는 말＝다시 말흐자면

무식흔 말은 들어 볼 슈가 업셧다. 그리고 그 후에 쟈산가의 소실의 역을 맛허셔 간 악흔 첩의 분쟝으로 출연흔 녀우 마호뎡(馬豪政)은 그 단의 뎨일 화형 비우인 듯흔디 참으로 우리 됴션 녀우로는 처음보는 명우이라고 흐겟다. 그 표뎡흐는 틱도는 뷔인 곳도 더욱 연구홀 것 갓흐면 얼마되지 안이흐야 됴션극계를 딕표홀만흔 비우가 되기 어렵지 안이흔 줄로 싱각흔다. 또 그 극에 로션쟝으로 분장한 좌쟝 김소랑 군의 * 인

의 표정도 참으로 슉달ᄒ얏스며 극의 말 즉 극의 사설도 미우 주미잇셧스나
군의 표명은 너무 지닉 **단한 뎜이 잇셧고, 극의 사셜*는 죠곰 더 강한=힘셰인
말을 **셧스면 조켓더라. 그리고 **자 역자들 즁에는 여자의 **셔 쟈산가의
령양으로 분ᄒ ** 최여환(崔汝煥)과 악ᄒ ** 분ᄒ엿던 두사롬과 츙복 ***한 리
힝산(李幸山)과 ***뎡식으로 분쟝ᄒ엿던 역 ***로히 쉬여는 비우라고 하겟스
나, 더기

**들은 만히 ᄒ 쟈인 쥴 **겟고 그 극즁에 데이 ****집과 밋 데오막 히안이
****잇셧스나 데 사막에 자산* ***과 료션쟝의 령식의 두 사람** 털뎌ᄒ
지 못ᄒ 것이 한* 이엿셧고, 데 오막 로션쟝이 ** 친구을 싱각ᄒᄂ 뎜에는 미우 자
미잇셧다. 그러나 우리 됴션 사회를 위ᄒ야 ᄯ노는 그 극단을 위ᄒ야 두어 마더 권ᄒ고
쟈 하는 것은, 첫지로는 슈건으로 머리를 농이는 것과 쟝금이나 혹은 단도와 혹은 작
딕으로 결투ᄒ는 것은 비쟈연덕이오 ᄶᅵ에 맛지 안흔 것이니 그것을 업시ᄒ고 그 딕신
쥬먹과 팔과 ᄯ노는 다리로 싸호는 것을
연구ᄒ야 곤칠 것이오, 둘지는 단쟝 외에 상당한 사롬에게 각본에 고션과 뎜삭을 부
탁ᄒ야 각본의 션틱을 만히 ᄒᆯ 것이오, 셋지는 비경을 기량ᄒᆯ 것이더라.

매일 19.12.28 (3) [연예계]

단셩샤 이십륙일부터 시사진을 교환흔 바 탐정활극『암야의 거울』삼권과 탐정활극
에『엇던 놈』삼권과 대활극『쾌흔 로―로의 복활』삼권, 기타 헤렌 양의『녀비우 렬
차』삼권, 기타 희극 만화 등으로 영사흔다더라.

매일 19.12.28 (3) 〈광고〉

◎ 십이월 이십육일브터 신사진 교환

— 미국 유니버살 회사 특작

탐정활극 암야의 종(闇夜의 鏡) 전삼권

— 미국 유니버살 회사작

탐정활극 하자(何者)? 전삼권

— 미국 가렘 회사작

활극 여우열차(女優列車) 대웅편(大雄篇)

— 미국 유니버살 회사작

▲대활극 로－로의 부활

▲희극 **복수의 입원(入院)** 전일권

▲만화 **우승(宙乘)** 전일권

▲구년(九年)[76] 원일(元日)브터는 신국제활영(新國際活映)주식회사의 대영화 제공
미국 유니버살 회사 천활회사 특약 **단성사** (전화 구오구번)

매일 19.12.29 (3), 19.12.30 (4) 〈광고〉
우미관 12월 23일자, 단성사 12월 28일자와 동일

매일 19.12.30 (3) 신 연쇄극 상장 / 열홀 안에 / 단성샤에셔 상장된다
신파신극좌 김도산 일힝은 그동안 각디를 슌업 흥힝ᄒ야 환영을 밧다가 임의 보도ᄒ
바와 갓치 십여 일 젼부터 그 일힝이 부산과 대구 디방의 명승을 쏫쳐가셔 신파연쇄
활동사진을 대규모로 박고 텬활회샤에셔 특파된 촬영기사가 모다 박여가지고 일젼
에 동경 본샤로 가지고 가셔 목하 만드는 즁인디, 불일간 완졔가 되는 찌는 다시 그
일힝이 단셩샤에 와셔 대대뎍 츌연홀 터이라는디 이번 박인 것은 쳐음 번과 달너 촬
영 비용도 더욱 만히 드럿고 특히 실연이 젹고 사진이 만흠으로 졈졈 신파연쇄도 진
화되야 가는 모양인디 이 위 열나흘 동안이면 단셩샤 무디에 상장되리라더라.

---

76) 대정 9년, 즉 1920년을 말함.

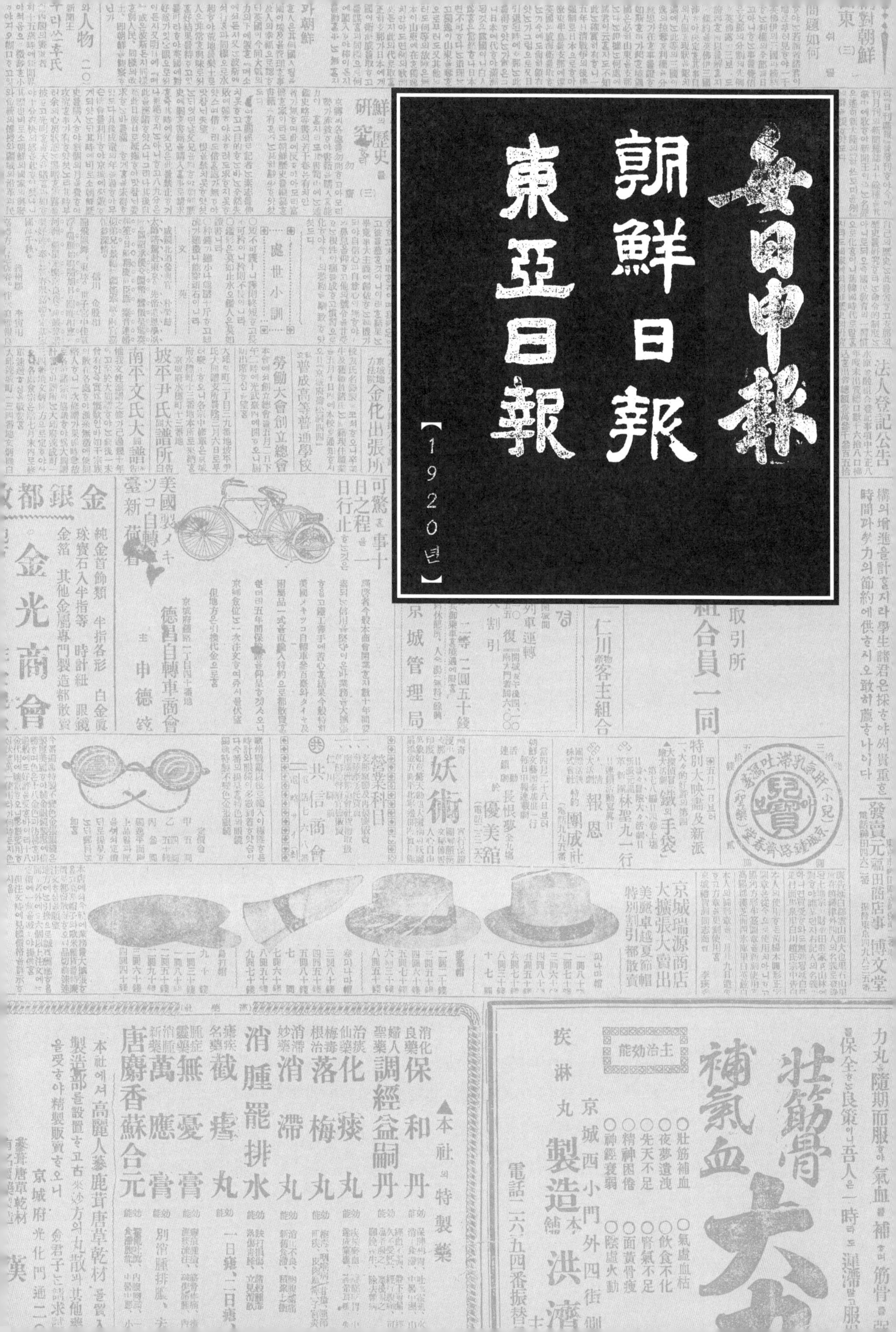

每日申報
朝鮮日報
東亞日報

【1920년】

1920 년 국제연맹('국제연합'의 전신)이 창설되면서, 국제질서
는 민족국가(nation-state)를 중심으로 확고하게 재편되는
양상을 보인다. 이 흐름 속에서 1920년의 조선은 독립적 민족국가의 지위를
확보하기 위한 활동을 전개해 나가는데, 1919년 3·1운동으로 촉발된 독립운
동이 활발히 이어진다. 일제 관보인 『매일신보』는 체포된 독립운동가들에 대
한 공판 기사를 자주 다루고 상해 임시정부의 활동을 폭로하는 등 독립운동 조
직과 운동가에 대해 상세히 소개면서, 독립운동에 대한 경계를 늦추지 않는다.
매일신보가 독립운동에 대한 소식을 상세히 전달한 것은 그에 대한 경계심을
높이려는 목적이었지만, 도리어 조선인민들에게 활발한 운동 상황을 알리는
계기가 되었을 것이다. 일본군은 1920년 간도의 조선 민간인들을 학살하였고,
이후 조선인들의 저항과 무장투쟁은 더욱 활발해진다. 이처럼 조선은 독립된
민족국가 형성을 위한 활동을 지속해 나간다.

조선의 독립운동이 활발해지면서 조선총독부의 활동사진 검열과 취체에도 변
화가 일어난다. 1920년 2월 3일자에는 경기도 제3부에서 행하던 '활동영화'의
검열을 경무국 보안과가 맡기로 했다는 기사가 매일신보에 게재된다. 종래에
엄격하게 진행하던 검열방법을 미풍양속 선화의 방향으로 바꾼다는 것이다.
이는 3·1운동 이후 소위 '문화정치'로 선회하는 정책적 변화를 보여주지만,
검열 주체가 보안과로 바뀌었다는 사실은 활동사진이나 공연 등 오락물의 검
열을 본격적으로 시행하겠다는 의미도 갖는다. 하지만 이후에도 지속적으로
극장, 강연장 등에서는 '만세 소요' 사건이 일어나곤 하였다.

연극계에서 눈에 띄는 현상은 새로운 연극 비평의 형식이 등장한다는 점이다.
1920년 6월 30일부터 총 4회에 걸쳐 현철(玄哲: 조선 근대극 운동의 선구자)의
연극 비평이 『매일신보』 1면에 게재된다. "연극과 오인(吾人)의 관계 / 하고(何
故)로 연극이 필요한가"라는 제목의 글에서, 현철은 외국의 연극전통을 제시하
면서 조선에 연극이 없었기 때문에 국민적 지력이 약해졌으며, 하루 빨리 연극

을 만들어야 한다는 주장을 편다. 그는 서구의 연극을 모범으로 삼아 조선에서
도 신파가 아닌 새로운 극을 만들어야 한다고 역설한다. 일본의 예술좌부속연
극학교에서 서양연극을 공부하고 일본에서 배우로 활동하기도 한 현철은 일본
을 통해 들어온 서양연극을 근대연극의 지향으로 삼았던 것이다.

[연예계]란은 주로 활동사진계 소식을 전달한다. 조선의 활동사진계는 1919년
부터 연쇄극을 활발히 제작하고 상영한다. 1920년 4월 28일 "서양식을 가미한
혁신단 활동극/처음으로 진화된 서양식 활동사진"이라는 기사에서 알 수 있듯
이, 활동사진의 기준 역시 서양식 활동사진이었다. 즉, 조선 활동사진의 지향점
은 서양의 활동사진과 비슷하게 만드는 것이었다. 1920년 5월, 종로청년회관
에서는 빅토르 위고의 소설 『레미제라블』을 영화화한 〈희무정(噫無情)〉이 상
영된다. 『레미제라블』은 〈애사(哀史)〉라는 제목으로 번역되어 1918년 매일신
보에 연재되기도 했었다. 이미 알려진 서양소설이 활동사진으로 상영되었다는
것은 많은 관객들을 모을 수 있는 힘이 되었으며, 이는 서양문화가 조선에 번역
되는 흥미로운 과정이다. 이 영화를 본 필명 '설원생(雪園生)'은 총 5회에 걸쳐
'무자비한 세상, 무자비한 법률'이라는 장문(長文)의 영화 감상 및 비평문을 싣
는다. 이 글에서 설원생은 법률의 비인간적인 면을 신랄하게 비판하면서 빅토
르 위고의 걸작을 기리고 있다.

근대 산업으로서의 서양 활동사진에 대한 인식을 심어주는 기사도 눈에 띤다.
1920년 1월 10일자 기사는 미국의 필름 산업이라는 주제를 다루고 있다. 이
기사는 네거티브 필름, 마스터 네거티브, 원판 현상 등의 전문적인 영화 언어를
사용하여, 영화제작과정을 상세하게 설명한다. 또한 캘리포니아 주에 영화제
작사들이 많은 이유는 건조한 날씨로 영화 제작과 현상 작업을 하기에 적절하
기 때문이라는 설명도 덧붙이고 있다. 12월에는 영화배우 찰리 채플린이 이혼
을 한다는 가십성의 기사도 3회에 걸쳐 등장한다. 이 기사는 채플린의 부인의
말을 인용하며 채플린의 부당한 행위들을 고발하는데, 당시 극장들이 대부분

미국영화를 상영했기 때문에 관객들이 미국영화와 배우들에 대해 상당히 익숙
했을 것으로 보인다. 이러한 기사들은 오락적 흥미를 제공함과 동시에, 영화라
는 근대 매체의 경이로움을 자아낼 수 있었을 것이다. 할리우드 영화는 1920
년대에 이미 제작, 배급 시스템을 갖추었으며, 전 세계에 수출되어 세계 시장의
헤게모니를 장악하고 있었다. 매일신보에 거의 매일 등장하는 우미관과 단성
사의 활동사진 광고를 통해서도, 대부분 활동사진들이 미국 영화사인 유니버
설, 골든, 골드윈 등에서 수입된 것을 알 수 있다. 이탈리아의 지네스사, 이다라
사, 안프로지오사 및 프랑스의 파데 회사 등의 영화를 찾아볼 수 있지만 그 숫
자는 상대적으로 적은 편이다. 활동사진 장르로는 활극, 희극, 사극, 탐정극, 인
정극, 사회극 그리고 실사 등이 있다.

조선의 각 지역에서는 1919년에 이어 지속적으로 계몽적 성격의 환등회가 활
발하게 진행된다. 전염병으로 인한 사망자가 다수 발생하자, 당국은 이를 예방
하기 위한 목적의 위생환등회를 강원도, 개성, 평양, 경성, 전남 등에서 개최했
고, 우미관 등 활동사진관에서부터 지역의 극장, 공립학교에 이르기까지 상영
공간도 다양했다. 한편, 동경에서는 조선의 왕세자를 위시하여 일본 내 고위인
사들에게 '식민지의 풍경'인 조선을 소개하는 활동사진이 상영된다. 이는 제국
주의의 식민지 지배 메커니즘이 시각적 근대 문물을 통해 형성되는 일면을 보
여주는 것이기도 하다.

이처럼 『매일신보』의 1920년 기사 사료들은, 조선의 문화계가 민족국가로 재
편되어가는 서양의 근대를 바라보면서 근대적 연극에 대한 지향, 서양식 활동
사진을 모델로 한 연쇄극 제작, 산업적 차원에서의 서양 활동사진에 대한 동경,
계몽적 문화 선전 방식의 채택 등을 수행하고 있음을 보여준다. 일본 제국주의
가 1930년대 이후 대동아공영권을 주창하면서 서양에 대한 적극적 비판을 하
기 이전에, 조선에게 서양은 (일본에게도 마찬가지였지만) 근대의 거대한 모델
이었기 때문이다. 조선의 영화계, 극장계, 연극계의 모습을 비롯한, 1920년의

미시적 서사들이 조선 근대화의 일부를 구성하고 있음을 보여주는 이 사료들은 일본 제국주의 하의 조선이 근대를 형성해 가는 과정을 연구하는 데 중요한 단서가 될 것이다.

— 김수현

1920년대 해제: 『동아일보』, 『조선일보』

『동아일보』는 1920년 4월 4일 창간을 알렸으나 실제 4월 6일에 첫 신문이 나온다. 그러나 일 년도 못 가서 1920년 9월 26일 첫 무기 정간을 당하게 되는데, 사설 "제사문제를 재론하노라"에서 일본 3종신기를 비판했다는 이유였다. 1921년 1월 11일이 되어서야 발행을 재개할 수 있었다. 『조선일보』는 1920년 3월 5일 창간되어 4월 24일 첫 신문이 나온다. 그러나 그 해 8월 27일 일본 경찰의 잔인한 탄압을 비난하는 논설 "자연의화"로 인해 첫 번째 정간을 맞이한다. 9월 3일 정간이 풀렸으나 3일 만인 9월 5일 "우렬(愚劣)한 총독부 당국자는 하고로 우리 일보를 정간시켰나뇨"라는 논설이 문제가 되어 다시 무기 정간, 1923년 6월 6일에야 재발행할 수 있게 된다.

『조선일보』와 『동아일보』는 최초의 조선인 창간 신문으로 주목을 받았으나 1920년에는 아직 대중들의 인지도가 낮아서인지 영화 광고의 경우, 단성사의 일부 광고를 제외하고는 거의 실리지 않았다. 또 두 신문 모두 1920년 내내 각지에서 발생한 다양한 항일투쟁 사건과 이와 관련된 검거, 소송 사건을 가장 중요한 사회문화면(3면) 기사로 보도했으며, 영화를 비롯한 대중문화활동에 관한 기사는 매우 드물었다.

— 최은숙

매일 20.01.01 (3) [연예계]

▲ **단성샤** 정월 하로날부터 시 사진을 특별히 교환호고 일반에 뎨공한다는디 이퇴리 지네스 회샤 대걸작 대명화의 라마건국 만고사극의 『시사』 일곱권과 미국 유니버ー 살 회샤의 활극 『주안힝위』 이권과 활극 『유곤의 사림』 두권과 희극 『변화되는 모즈』 한권과 실사 『셕유광의 화지』 한권, 합 열세권이요, 일월 일々부터 오일ᄭ지 쥬야 두 번 흥힝한다는디 젼긔 사진 라마건국 사극이 뎨일 의미가 깁고 자미잇다더라.

▲ **광무딕** 됴션 구파 연극인딕 여러 가지 연극 중에 끗막에는 시로 나온 신파단의 여흥 츌연이 잇셔々 볼 만ᄒ다더라.

▲ **우미관** 신파 졍극가 김소랑 일힝이 츌연ᄒ는디 자미잇는 시 각본으로 흥힝ᄒ며 멋칠 동안 쥬야 두 번을 한다더라.

▲ **문락좌** 됴션 구파연극인딕 여러 가지 연극 중에 홍도의 소리며 됴션 아히의 지됴가 잇셔 특별이 흥힝한다더라.

매일 20.01.01 (3) 〈광고〉

하정(賀正)
경성 창덕궁 입구
모범적 활동사진 영사
단성사
박승필
전화 구오구번

하정
경성 황금정 황금유원
구파연극 원조
광무대
박승필

근하신년
본정 오정목
조선구극 개량단

문락좌

전화 이삼이팔번

주임 배응현(裵應鉉)

매일 20.01.03 (2) 〈광고〉

단성사 1919년 12월 28일자 광고와 동일

매일 20.01.03 (3) 〈광고〉

우미관 1919년 12월 23일자 광고와 동일

매일 20.01.05 (1) 〈광고〉

일월 사일 사진 전부 차환

미국 유느버살 회사작

가지스 출판회사의 광경 실사 **잡지의 제제(製製) 급(及) 배포** 전이권

미국 유사 십칠분 사ノ−[1] 레도후에사 영화

인정활극 **랑(娘)의 행위** 전오권

미국 유사 십칠분 사ノ− 적우(赤雨)영화

교훈극 **살인의 범적(犯跡)** 전오권

경성부 관철동 전화 이이삼번 **우미관**

매일 20.01.05 (3) 〈광고〉

◎ 일월 일일부터 대명화 제공

▲ 이태리 지네스 회사 특작

■ 라마[2] 건국 천고영웅 사극 **시샤** 전칠권 일만척

▲ 미국 유니버살 회사 작

■ 활극 유곤의 인(幽坤의 人) 전이권

---

1) ノ−는 일본어 の−의 가타카나로 '～의'라는 의미.
2) 로마.

▲ 희극 **변화의 모자(帽子)** 전일권

■ 실사 **석유광(石油鑛)의 화재**

▲ 미국 유니버살 회사 작

■ 대활극 **주안 행위** 전이권

▲ 금후는 신 국제활영주식회사 대영화 제공홈니다.

▲ 국제활영주식회사 특약 **단성사** (전화 구오구번)

매일 20.01.07 (2) 〈광고〉
우미관 1월 5일자와 동일

◎ 일월 일일부터 대명화 제공

▲ 이태리 지네스 회사 특작

■ 라마건국 천고영웅 사극 **시샤** 전칠권 일만척

▲ 抹[3] 로루라이쓰구 회사 작

■ 대비극 **이십년 후** 전삼권

▲ 대활극 **유곤의 인(幽神의 人)** 전일권

■ 태서활극 **아메리자 랑(娘)** 전삼권

■ 소극 **만셔인 제자** 전일권

■ 소극 **가지의 복수** 전일권

▲ 금후는 신 국제활영주식회사 대영화 제공홈니다.

▲ 국제활영주식회사 특약 **단성사** (전화 구오구번)

매일 20.01.08 (4) [독자구락부]
▲ 우미관에서 져번 김소랑 일힝이 잘 혼다기에 갓더니 맛참『진즁의 설』이란 연극을 ㅎ는딕 ㅎ기는 잘 힉요. ㅎ지만은 연극 즁 김승지의 쌀이라고 ㅎ는 비우는 아모리 보아도 맛지를 안이힉요. 목소리며 그 녀즈의 틱도가 아죠 그렁々々ㅎ여셔 볼 마음이 업던 걸. 비우의 약구를 잘 맛하야 홀 터인딕 되는 딕로 막 식히는 모양이거나 또

---

3) 덴마크. 본문에 抹의 앞에 丁이 빠져 있음.

눈 비우가 업셔셔 그런 모양인지 참 목소리는 더욱 듯기 실혀요. 온나가다[4]가 그러케 업던가.『남산생(南山生)』

매일 20.01.09 (2) 〈광고〉

일월 팔일브터 전부 취체(取替)

미국 유사(社) 엘고 영화

희극 **이본봉(二本棒)** 전이권

미국 유사 우등 영화 쌰부린 부인 *연(*演)

사회극 **차의(借衣)** 전육권

미국 유사 불팟도 영화

인정극 **인의 력(人의 力)** 전오권

◎ 타관에 영사불능호 유느버살 영화

경성부 관철동 전화 이이삼번 **우미관**

매일 20.01.09 (4) 〈광고〉

단성사 1월 7일자와 동일

매일 20.01.10 (3) 세게 유일의 활동사진국 / 미국의 감광피(感光皮)사업 / 미국 산업 즁에 데 오위에 달ᄒᄂᆫ 대규모의 대ᄉ업

미국은 세계에 ᄒᆞ아가는 활동사진국이 되야 그 나라에서 미삭에 국닉 국외의 활동ᄉ진관에 공급ᄒᄂᆫ『휘이름』즉 활동사진의 수효는 놀나올 일이다. 그 나라의 ᄒᆞ 전문가가 죠ᄉᆞᄒᆞᆫ 것을 본 즉, 미국의 각『휘이름』업쟈가 미삭 극장에 보닉는『휘이름』의 기리로 말ᄒᆞ면 그것을 데일 큰 둘네에 감어가지고 ᄒᆞᆫ번 풀게 되면 디구를 반은 돈다는 말이라. 그 나라에서 휘이름 산업가에 즈금을 닉인 돈은 그 익수가 그 나라의 각종 산업 즁 예오위에 달ᄒᆞᆫ다. 우리가 쟈ㅡ리ㅡ쟈푸링의 발거름에 웃고『메리ㅡ빗쿠후오ㅡ트』의 머리를 치켜올닌 것을 ᄉ랑ᄒᆞ고 죠와ᄒᆞᄂᆫ 바 모다 이런 산업죠직ᄒᆞ에 생겨난 것이라. 그러면 이런 휘이름은 엇더케 ᄒᆞ야 만드러 닉이며

---

4) 여자 배우.

엇더호 순셔를 것쳐 가지고 공급ᄒᄂᆫ지? 활동 사진은 다른 스진과 갓치 촬영하야 직시 현상딈로 곳 인쇄하야 관긱에게 보히게 되ᄂᆫ 것이다. 그런딈 큰 산업으로 치ᄂᆫ 미국 휘이름 회샤에서 졔죠ᄒᄂᆫ 것은 처음에 박여가지고 관긱의 눈에 보히게 ᄒᆞ랴면 젹어도 호 달 이샹 몃달을 걸닌다. 최쵸에 촬영호 원판 즉 『네게─지푸』[5]를 현샹ᄒᆞ랴면 먼져 수일 닉지 슈십일을 지닉이고 그 다음 그것을 인쇄ᄒᆞ기에ᄂᆫ 몃주일을 걸니며 쏘 그것에 빗을 닉이고 혹은 휘이룸을 『아렌지』를 ᄒᆞ고 혹은 스진쥴에 구녕을 쑬ᄂᆫ 데도 몃주일을 걸닌 뒤에야 최후로 관긱의 눈에 낫하닉이ᄂᆫ 것이라. 오쳔쳑 젼후의 휘이름을 만들냐면 보통 십오만 닉지 이십만쳑의 원 그림을 박이고

최쵸에 비우가 그 뎡한 바의 연기를 ᄒᆞ야 그것을 셋 이상 다셧 가량의 촬영긔계로 촬영호다. 그 ᄒᆞ아ᄂᆫ 스진 즁의 쥬인공 가량 치면 악한과 영웅과의 힝동쑨을 비교뎍 졉근ᄒᆞ야 촬영ᄒᆞ고, 기타의 이삼 긔계ᄂᆫ 여러 가지 방면에셔 다쇼간 다른 법으로 젼경을 박히이고, 그러셔 스진쥴이 되랴면 그것을 현상케 ᄒᆞᄂᆫ 『네게쥼』을 지도자의 지휘 ᄒᆞ에 다슈히 슉련호 쳐녀 식씨들이 됴샤ᄒᆞ야 그 못된 것은 닉여바리고 죠흔 것은 두고, 다시 혹 다른 쥴기 속에서 죠흔 부분과 결합호다ᄂᆫ 슈공이다. 그러셔 호 쥴기의 원화 즉 그림이 되ᄂᆫ 법인딈 그것을 인쇄부에 쏘 보닉ᄂᆫ 슌셔요. 촬영부ᄂᆫ 비가 덜 오ᄂᆫ 가쥬『加州』[6] 등에 잇스며 인쇄부ᄂᆫ 시아고『市俄古』[7]에 만히 잇셔々 인쇄부에 보닐 쎄,

무딈 감독자ᄂᆫ 그 원화에 더ᄒᆞ야 설명문을 보닉면 인쇄부에서ᄂᆫ 그것을 그림 그리ᄂᆫ 화가에 의탁ᄒᆞ야 그림 즁간마다 한 막식 설명을 씨우고, 혹은 『다이도루』[8]를 쓰ᄂᆫ 일도 잇셔셔 비로쇼 된 원화ᄂᆫ 그것을 『마스다─네게쥼』이라고 불녀셔 빗싼 보험료를 닉여 보험에 붓치ᄂᆫ 것이 샹례이라. 보통 원화 한아에 드ᄂᆫ 돈은 이십삼만 도루[9] 닉지 이십오만 도루의 보험을 붓치ᄂᆫ 터이다. 엇젼 ᄭᅡ닭으로 이 빗싼 보험을 붓치느냐 ᄒᆞ면 그런 종류의 그림은 죠고마호 일에도 샹ᄒᆞ기 쉬웁고 외긔의 변화에도 그 모양과 식치가 변ᄒᆞ며 한번 샹ᄒᆞ게 되면 다익의 비용을 닉여 박인 것이 아모 것도 안 되ᄂᆫ

---

5) 네거티브 필름.

6) 캘리포니아 주.

7) 시카고.

8) 타이틀(title).

9) 달러.

것이다. 싸라서 인쇄실은 깁히 쥬의를 호야 집 짓는 것도 그 안은 여름 겨울이 한 가지 화씨

칠십팔도의 온도를 잇게 호고 인례로부터 발호는 방수열『放射熱』에도 주의호야 그림을 취급호는 것이요, 모다 그 방에 드러가고 공긔는 물로써 밧쳐닉이는 모양으로 장치호야 두고 슉련훈 녀공이 이 그림을 인쇄긔 즉 지々는 긔계에 걸어 놋는 인쇄긔는 일변『네게쥼』을 감은 둘네가 잇고 다른 쏙에 그 싸위를 둘々 마른 둘네가 잇셔々 그것이 두 쏙에서 나와서 가온더 지々는 실로 드러가셔는 강훈 뎐광의 쟉용으로 지 져지게 되는 터이요. 지져진 네게쥼은 현상실로 드러가서 네게쥼을 다시 이젼의 둘 네로 슌초 감어나오는 바 이 씨 인쇄실에는 젼혀 졍뎐긔『靜電氣』를 업시 둘 필요가 잇다. 만약 뎐긔가 잇스면 휘이름의 압거쥭면이 불규칙훈 광션이 옴겨서 젼톄가 그 로 말미암아 버리는 터이라 현상익『現像液』에 옴기는 것은 그것을

둘네에 마러서 맑은 물에 씨셔々 여러 가지 공부를 드리는 바,『하이오』쏘는『시루 쑤아ー소ー도』를 완전히 씨슨 뒤는 이번은 그것을 큰 둘네에 말어서 건조실로 보닉여 말니며, 다 말난 뒤는 구녕 쑬는디 그 전에 빗을 닉이는 소진이면 착석실로 보닐 필요가 잇다. 아조 소진이 다 되고 보면 최후의 검수인이 검수를 호고 졈챠로 공급호 는 방법인 즉 얼마나 활동소진에 수공이 드는가를 알 일이더라.

매일 20.01.10 (4) [독자구락부]

▲ 요시 소문을 들으닛가 셔울 각 기싱권반에서 기싱의 시간차 갑을 닉디 기싱 시간 챠 모양으로 첫 시간 둘지 시간 홀 것업시 보통 미 시간에 일원 륙십젼식 만드러서 청 원호엿답듸다 그려. 보통 다섯 시간을 놀드리도 팔원은 되고 보니 시간챠 빗사셔 어 디 다리고 놀 수가 잇다구. 쏘 싱각호면 그런 것은 암만 올나도 관계치 안턴걸. 불랑 자의 용젼 여수호는 것이닛가 다른 사람에게는 상관이 업지만은.『소견생(所見生)』

매일 20.01.11 (2) 〈광고〉

◎ 일월 구일 신사진 교환

▲ 이태리 지네스 회사 특작

태서활극 **삼마(三碼)** 전삼권

▲ 이태리 이다라사 작

태서활극 **위조수형(僞造手形)** 최대웅편

■ 정말(丁抹)[10] 알스크 회사 대걸작

■ 태서활극 **공중수뢰(空中水雷)** 전삼권

▲ 미국 가렘 회사 특작

■ 태서사극 **정의(正義)** 오백척

■ 종교극 **최(最) 안트니오** 최장척

■ 대활극 **복면의 승** 전일권

기타 희극 실사 등

▲ 국제활영주식회사 특약 **단성사** (전화 구오구번)

매일 20.01.11 (4) [독자구락부]

▲ 본명 오명목의 문락좌에 구경을 좀 갓더니 일등석이라는 데에 전후 못된 부랑자가 석겨 안져서 부인석을 손가락질ᄒ며 흉보기와 연극을 잘ᄒ던 못ᄒ던 공연히 쌔가니 칙소니 ᄒ야가며 쎠드러 딕이는 통에 아죠 괘ᄉ심ᄒ여서 구경도 다 ᄒ지 안코 도라갓슴니다. 엇지 이런 것을 취톄 경관이 감안 두는지 몰으겟셔. 『일관객(一觀客)』

▲ 우리 광주예기조합에는 예기가 이십일 명이라나 ᄒ는딕 명식이 예기로 학습이 말홀 것 업던 걸이요. 이러ᄒ나 관청 연회며 각 쳐에 주연이 허다 ᄒ여 쉬일 시 업난 모양이라던가요. 그 중 농주라 ᄒ는 예기가 나히는 어리나 학습이 이러ᄒ다가는 수치를 면치 못ᄒ리라 ᄒ는 싱각이 나서 요시 화슌 능주서 복실이라 ᄒ는 고인을 고빙＊여 가무 기타 여러 가지 기예를 열심히 공부시긴다던 걸이요. 농주는 학습이 그 중 제일이며 성힝이 얌젼흔 모양이여요. 『광주 목도생(目睹生)』

매일 20.01.12 (3), 20.01.13 (4), 20.01.14 (4), 20.01.15 (2), 20.01.16 (3) 〈광고〉

단성사 1월 11일자와 동일

매일 20.01.15 (4) 독자구락부

▲ 소문을 듯사온 즉, 문예단의 리긔셰군이 극단을 죠직ᄒ다 ᄒ오니 졍말인지요 하루밧비 조직ᄒ야 가지고 무딕에서 실현ᄒ는 것을 보앗스면 얼마나 깃불는지요. 『O生』

---

10) 덴마크.

매일 20.01.16 (1) 〈광고〉

우미관 1월 9일자와 동일

매일 20.01.17 (2) 〈광고〉

우미관 1월 9일자와 동일

일월 십육일브터 사진 전부 교환

▼ 미국 유니버살 회사 특작

희가극 **야화희(野花姬)** 전삼권

▲ 아메리가 뮤웃지알 영화

■ 쾌한 위이루 아무 **완의 향(腕의 響)** 전오권 (로−로 이상의 괴완력)

■ 군사대활극 **강용(强勇)** 전이권

▲ 미국 가렘 회사 작

희극 **위신부(僞新婦)** 전일권

기타 희극 실사 수종

▲ 국제활영주식회사 특약 **단성사** (전화 구오구번)

매일 20.01.17 (3) [연예계]

단성샤 십륙일부터 시 사진 젼부를 교환ᄒ엿ᄂ디 쾌한 로−로 이상의 완력을 가진 위이룸의 활극 다섯권과 군ᄉ 대활극의『굿센 용밍』두권과 유니버살 회샤 특쟉의 희가극『들꼿의 겨집』이라ᄂ 삼권, 기타 희극『거즛말 신부』와 실사 등인디 젼긔 −로[11] 이상의 위이룸의 완력이 뎨일 볼 만ᄒ다더라.

매일 20.01.18 (3), 20.01.19 (1), 20.01.22 (2), 20.01.27 (2) 〈광고〉

우미관 1월 9일자와 동일

---

11) 로−로의 오식인 듯하다.

매일 20.01.18 (4), 20.01.19 (2), 20.01.22 (3) 〈광고〉

단성사 1월 17일자와 동일

매일 20.01.20 (2) 〈광고〉

단성사 1월 17일자, 우미관 1월 9일자와 동일

매일 20.01.23 (1) 〈광고〉

우미관 1월 9일자와 동일

일월 이십삼일브터 사진 전부 교환

▼ 미국 메키스 회사 특작

■ 태서정극 **우후의 월(雨後의 月)** 전삼권

켈, 위일손 씨 출연

▼ 미국 칼넴 회사 걸작

■ 탐정활극 **항매(抗埋)** 전이권

▼ 미국 크렌크 회사 작

■ 시대극 **희성(熙星)** 전일권

▼ 이태리 미루나나 회사 대걸작

■ 태서정활극 **애(愛)의 전령** 전삼권

▼ 이태리 이다라사 특작

■ 대비극 **이민** 전삼권

▲ 국제활영주식회사 특약 단성사 (전화 구오구번)

매일 20.01.23 (3) 악감 여방주사 / 목하 『와쉬싱』을 제죠 / 오전이면 넉々ᄒ다

경무국 위싱과에셔는 이번 됴션 젼도에 디ᄒ야 악성 감모예방 쥬소를 려힝ᄒ게 되는
디 이에 디ᄒ야 복부 위싱과장 『卜部 衛生 課長』의 말을 들은 즉, 죵리 감모 예방주소
는 각 사람의 임의디로 시힝ᄒ야 왓는디 이왕부터 연구 즁이던 본 병에 『인홀엔사』[12]
균이 잡지혼 일을 판명고 이에 디혼 디증료법으로 『와구싱』 쥬소로써 가장 효험이 잇

---

12) 인플루엔자

눈 일을 의학상 립증을 ᄒ야 니무셩 갓흔데도 아죠 예방쥬ᄉ를 려힝ᄒ기로 되엿슴으로 됴션에서도 전도에 디ᄒ야 이를 시힝ᄒ랴고

목하 『와구싱』을 제죠 즁이라. 오직 유감되는 것은 경비의 ᄉ졍으로 무료로써 시힝키 어려우나 한 병에 일원 이십전인 바 ᄒ 사람에 두 번 주ᄉ를 ᄒ야 효험이 잇스면 겨우 오젼이 되는 터인즉, 오젼을 앗가히 역여 목슘을 일허 바린다 ᄒ게 되면 안 될 일인 즉, 각 사람이 ᄌ진ᄒ야 주사를 청구ᄒ 일이라 ᄒ며, ᄯᅩ 전긔와 갓치 경비의 ᄉ졍으로 무료 주ᄉ를 ᄒ 슈업는 극빈쟈에게는 변의흔 방법을 취ᄒ리라더라.

대구부에 매입 쇄신을 ᄒ고져 ᄒ는 문뎨는 쟉년 녀름 이리로 문뎨가 되야셔 당국에셔도 적지 안케 고구 즁이엿는디, 그 후 복뎐 대구 찰셔쟝은[13] 시니 각 유력자와 의론ᄒ고 그 쇄신에 관한 협의를 연구 즁이더니 점초로 쇄신 니용의 구톄 안건을 대략 니뎡ᄒ엿다더라. 즉 불원에 쇄신ᄒ고져 ᄒ는 쥬요 되는 것은 먼저 뎨 일보로 현지 대구 시니 각 처에 산지한 됴션인의

료리뎜과 및 기싱 치옥은 비교뎍 됴션인 가옥의 집즁한 것을 시니 한 가온디에 모히게 ᄒ야 ᄌ연히 료리뎜 동리를 만들게 ᄒ고 될 슈 잇는 디로 니디인 료리뎜 영업을 익히게 ᄒ야 풍교상 기션을 도모ᄒ 방침으로 목하 그에 관흔 연구 즁인디, ᄯᅩ 디구는 현지 됴션인 소용의 오락쟝 설비가 업슴으로 이번에 쇄신 계획 즁 한아로 더ᄒ야 시니 가온디에 됴션인

활동샹셜관을 건츅ᄒ야 됴션인의 오락 방도를 강구ᄒ 터이라. 이것과 기타 시니 각 유지자와 의론ᄒ고 가옥의 부족을 보충키 위ᄒ고 특히 그 희망잇는 송전 샹뎜쥬 갓흔 데는 현지 지판소 잇는 근쳐 일뎌에 셰집동니 『借家町』를 신설ᄒ야 가옥의 부족을 원활히 ᄒ게 하고 혹은 신안 욕쟝 『新案浴場』 집화쟝의 건축과 한 가지 적지 안은 ᄌ미스런 것을 베풀 계획이라더라.

매일 20.01.23 (3) 단셩샤

금 이십삼일부터 사진 젼부를 교환ᄒ엿는디 정극 『비뒤의 달』 삼권과 정활극 『사랑의 젼령』 삼권과 틱셔대비극 『이민』 삼권, 기타 탐졍 디활극의 『항미』 두권이요, 시뎌극의 『희셩』 한권 도합 열두권인디 이번 사진이 가쟝 취미잇고 문예뎍 수진이 되야

---

13) 경찰서장의 오식.

쓴깁히 볼 만훈 것이 진々ᄒ다더라.

매일 20.01.24 (2), 20.01.26 (4), 20.01.28 (2), 20.01.30 (3) 〈광고〉
우미관 1월 9일자, 단성사 1월 23일자와 동일

매일 20.01.24 (4) [독자구락부]
▲ 여러분이 짐작ᄒ시려니와 나는 김소랑 일ᄒᆼ에 일기 비우이올시다. 그럿치만 전날 우미관에서 ᄒᆼ연＊든 진중설극에 김승지의 ᄯ알되는 역을 밧ᄒ셔 출연ᄒ엿더니, 관긱 편으로부터 두려운 비평이 계＊다 홈으로 나의 기예는 졈々 진보될 것이올시다. 원 러 나는 녀역이 안이지만은 그 날은 특별이 좌쟝에게 청ᄒ여서 ᄒᆡ보려고 등쟝ᄒ엿든 것이올시다. 이것으로써 관긱 졔씨ᄭᅴ 변명홉닛다. 『김광셰』

매일 20.01.26 (4) [독자구락부]
▲ 이번 단성샤에서 영사ᄒᄂ 사진 여섯권 자리는 슌젼 유니버살 영화로 슌수 아ᄎᆔ훈 문예덕 취미잇는 사진이던걸. 이런 것을 보더러도 활동사진도 졈々 변화되야 가는 모양이던걸. 『일관객(一觀客)』

▲ 요새 우리 원산 쟝리 동락좌에서 흥ᄒᆼᄒᄂ 김소랑 일ᄒᆼ에 연극을 구경훈 즉, 참 쟈미잇게 ᄒ여요. 소셩이 갓던 날은 신소셜 방화 슈류졍이라는 쇼셜을 각식ᄒ여 ᄒᆼ연 ᄒᄂᆫ디 ＊비극으로 만긱의 눈물을 흘니게 ᄒ엿답니다. 소셜역에 옥션이 『최여환』 유 보＊ (리ᄒᆼ산) 그 양인의 긔예는 참 볼 만ᄒ여요. 『원산 구경군』

매일 20.01.27 (4) 〈광고〉
단성사 1월 23일자와 동일

매일 20.01.30 (3) 내지 극쟝에는 끽연 금지 / 위싱과 화진여방에 조와
닉무셩 경보국에셔는 지나간 십륙일 하촌국쟝의 일홈으로 경시텽을 위시ᄒ야 전국 각 부현의 통첩을 보닉여 전국 각디의 각 극쟝 활동사진 기타 모든 흥ᄒᆼ쟝에셔 위싱, 화진, 기타 위험소고의 발싱을 예방키 위ᄒ야 담비 피이는 것을 금ᄒ고 만약 부득이 담비를 피이랴면 색연실 즉 담비 피이는 곳을 만들고 훈령을 드듸여 보안 위싱의 가 부쟝이 의론훈 후 이십삼일 경 총감의 일홈으로 시군 각 셔쟝에 디ᄒ야 통첩을 발

호고, 종리의 극쟝 기타

흥힝쟝에셔 식연실의 셜비가 업는 곳은 직시가 식연실을 셜치홀 일과 쟝리 건츅홀 각 흥힝쟝에셔는 반드시 식연실의 셜치를 홀 일이라. 만약 이샹의 규뎡에 뎍합지 안은 곳은 흥힝을 뎡지호고 쏘는 허가를 주지 안키로 호고 위반자에 디호야는 구류 쏘는 과료에 쳐호기로 되얏다더라. (동경)

매일 20.01.31 (1) 〈광고〉 〈사진〉

래 일월 삼십일일부터 삼일간 한(限)

사회극

국제활영주식회사 제일회 작품

일본 최초의 순영화극 (이태리 이다라 회사 송(送))

● 외국영화의 형식으로 촬영훈 것이오

생의 휘(生의 輝) 전사권 칠십오 장면

종래 영화와 이(異)호야 화면과 자막으로 충분히 료해호시도록 촬영호얏고 특히 변사 서상호(徐相昊)가 설명의 임(任)에 당호옵나이다.

입장료 칠십전 오십전 삼십전, 소아 반액

황금관

매일 20.01.31 (3) 황금관에셔 『생(生)의 휘(輝)』 상장 / 셔샹호 군의 설명과 본지의 할인권으로

시닉 활동사진 샹셜관인 황금관은 본릭 일본인의 관긱을 주쟝 삼든 것은 모다 아는 바이지만은 이번에 특별히 삼십일일로부터 리월 쵸 이일까지 삼일간을 됴션 사람들도 보게 호기 위호야 됴션인 변사로 유명훈 셔샹호『徐相昊』를 청호야다 놋코 셜명을 홀 터이라 호며, 사진은 셔양 사진에 『쳐녀의 즈랑』과 일본사진 『생의 휘』라는 것을 훈다는디 이 싱의 휘라는 사진에는 일본 유명훈 화형녀우 화류 하루미 『花柳春み』[14] 라는 비우가 츌연훈 것이며 본보 란외에 박힌 할인권을 가지고 가시요.

---

14) 히라가나의 '미' 발음.

매일 20.02.01 (3) 〈광고〉 할인권

금 삼십일일부터 삼일간 황금관에서

파천황의 촬영 **생의 휘(生의 輝)**

매신(每申) 독자우대 할인권 일매 이인(二人) 공통

우(右) 본지 절발(切拔) 지참 인사에는 좌기(左記)와 여(如)히 할인홈

보통입장료 일등 칠십전 이등 오십전 삼등 삼십전

할인 일등 사십전 이등 삼십전 삼등 이십전

매일 20.02.01 (4) 〈광고〉

일월 삼십일일 전부 차환

신춘(新春) 제일회 특별대사진

미국 유사(社) 에루쏘 영화

활희극 **이장옥(裏長屋)** 전이권

미국 유사 불바도 영화

탐정극 **현상 오천불** 전오권

미국 유늬버살 회사 특작 신연속사진

대활극 **진유(眞鍮)의 탄환** 전사권

전십팔편 삼십육권 내(內) (제일편 벽두[劈頭]의 비약) (제이편 복면의 남)

입장료 일등 오십전, 이등 사십전, 삼등 삼십전, 소아 각등 반액

경성부 관철동 전화 이이삼번 **우미관**

◎ 일월 삼십일브터 대명화 제공

▼ 미국 칼넴 회사 걸작

태서정희극 **처녀의 교(誇)** 전삼권

▼ 미국 렛쑤스 회사 작

태서활극 **질의 혼(質의 魂)** 전이권

▼ 이태리 루나 회사 걸작

태서활극 **괴적** 전삼권

▼ 이태리 지네스 회사 작

대활극 **독사의 주(呪)** 전이권

▼ 미국 메도루 회사 작

만화 **철방(凸坊)의 광산** 전일권

▲ 국제활영주식회사 특약 **단성사** (전화 구오구번)

매일 20.02.01 (4) [독자구락부]

▲ 요소이 문락좌에셔 신파를 ᄒᆞᄂᆞᆫ듸, 전일에ᄂᆞᆫ 신파인지 무엇인지 볼 것이 업더니 요ᄉᆞ히ᄂᆞᆫ 참 잘히요. 제일 우리 청년계의 활발한 기샹이며 가성샹 잘못된 풍쇽이라던지 그 모든 ᄒᆞᄂᆞᆫ 것이 관긱의 취미잇게 ᄒᆞᄂᆞᆫ듸, 그 중에 더 잘 ᄒᆞᄂᆞᆫ 비우ᄂᆞᆫ 박명철이라나요. 참 처음ᄒᆞᄂᆞᆫ 터로ᄂᆞᆫ 잘 홀 ᄲᅮᆫ더러 데일 칼싸홈을 썩 잘히요. 이런 것은 참 우리 청년들은 이 박군 일힝을 ᄒᆞᆫ 번 찬성 안이치 못 홀 것이야요. 『남산생(南山生)』

▲ 우리 함흥은 작년 십이월 십오일 텰노 기통ᄒᆞᆫ 후 각반 사법이 번성치 아니ᄒᆞᆷ이 업ᄂᆞᆫ듸 유독 화류게가 발전되지 못ᄒᆞᆷ은 여러 가지 리유가 잇겟지만은 말ᄒᆞ쟈면 권번 당노자의 활동력이 부죡ᄒᆞ다 ᄒᆞ겟습듸다. 디방 발전샹 적지 아니한 공헌될 일도 잇슬 터이니 화류게의 번영칙을 쇽히 강구ᄒᆞ압시다. 함흥갓흔 도회쳐에 예기 녯만 잇다ᄂᆞᆫ 것은 너모 빈약ᄒᆞ압듸다. 『함흥 호리자(好裏者)』

매일 20.02.02 (3) 유민회(維民會)의 강연회 / 일월 삼십일일에 단성샤에셔

지나간 일월 삼십일일 토요 오후 이시에 경성 종로 삼뎡목 단성사『團成社』에셔 유민회『維民會』의 강연회가 기최되얏셧ᄂᆞᆫ듸, 당일의 연뎨『演題』와 연사『演士』ᄂᆞᆫ 다음과 갓더라. 데일의 연뎨와 연사로 말ᄒᆞ건듸 연뎨ᄂᆞᆫ 금력의 권위와 로력의 신＊이오, 그 연사ᄂᆞᆫ 우리 사업계에 디ᄒᆞ야 적지 안이ᄒᆞᆫ 공로가 잇던 뎡응셜『鄭應卨』 씨인바, 그도ᄯᅩ 유리ᄒᆞᆫ 언론에[15] 디ᄒᆞ야 만쟝이 갈치를 ᄒᆞ얏스며 이 다음의 연뎨와 연사로 보건듸 그 연뎨ᄂᆞᆫ
성활의 기션이오 연사ᄂᆞᆫ 일본 닉디에셔 무슈훈 풍샹을 격근 박병텰『朴炳哲』 씨이엿ᄂᆞᆫ듸, 그 몸가짐이 자못 엄정훈 중에도 변론이 음직이 됴리잇셧슴으로 방청자의 갈치가 쟈못 위더ᄒᆞ얏셧스며, 이 다음의 연뎨와 연사로 보건듸 연뎨ᄂᆞᆫ 세계의 젼란과 세계의 기죠오 연사ᄂᆞᆫ 청년 웅변가라고 일홈이 놉던 치긔두『蔡基斗』 씨이엿ᄂᆞᆫ듸, 그

---

15) "그토록 유려한 언론에"의 의미가 아닌가 싶다.

혈긔에 치인 비분강기훈 변론에 향ᄒ야 만쟝이 츔츌 듯이 박쟝ᄒ면서『희여』『희여』소리를 불너섯다. 이 다음의 연데와 연사로 보건디 연데ᄂ

우리 유민회의 쥬의오 연사ᄂ 고원훈 텰학의 포부가 잇고 ᄯ오ᄂ 긔왕 십슈년 이러 말 잘 ᄒ기로 유명ᄒ던 웅변가 고희준『高義駿』씨이엿ᄂ디, 씨의 몸가짐이야 어느덧 너무 졈자ᄂ 혐이 잇서 보이엿스며 하여간 자못 쟝즁훈 즁에도 말에 은근훈 맛이 잇섯슴으로 일반 쳥즁은 무훈히 박슈갈치를 ᄒ얏섯다. 이 날의 쳥즁은 무려 오륙빅 명에 달히 셩황이엿ᄂ 바, 고희준의 변론이 ᄭᆺ나자 곳 일반 쳥즁에게 향ᄒ야 립회를 권ᄒ미 슈얼치 안인 신립회원이 잇게 되엿ᄂ디 모든 연셜이 ᄭᆺ나미 ᄯᅢᄂ 맛치 오후 네 시 남짓ᄒ게 되엿더라.

매일 20.02.02 (3) 염량세태긔(炎凉世態記)(이) / 외화(外華) 죠흔 기생 실상으로 싱활곤난

오날은 엇던 아죠 화류계에서 션성님이라고 부르는 부랑자=안이 오입장이= 안이 그러케 말ᄒ야 실례가 될ᄂ지 모르겟스니 풍류긱이라고 히바리ᄂ 것이 죳켓다. 그러셔 그 량반 즉 풍류긱이 나를 차져왓ᄂ디 본디 그 사롬은 나와 갓흔 학교에 단이던 학싱이야섯다. 그 전에ᄂ 미우 얌젼ᄒ얏슬 ᄲᅮ더러 아죠 슉믹ᄌᆺ던 사람이엿섯ᄂ디 오리간만에 나를 차져온 오날은 녯날과ᄂ 아죠 ᄯᅡᆫ판이 되야셔 인ᄉᆞ를 맛친 후에 위션 쳣지 뭇ᄂ 것이 구경 만히 ᄒ얏나냐고 뭇기에 나ᄂ 몟군디 가보지ᄂ 안이ᄒ얏스나 창덕궁 비원에도 드러가 보앗고 경북궁에도 드러가 보앗스며 남산 *원에도 가보앗고 창의문 밧 셰금뎡에도 가보앗다고 ᄒ얏더니, 그ᄂ 썰々 웃스면셔 이 사람아 이것을 왜 이러케 지봉침을 ᄯᅮᆨ ᄶᅦ이니냐 ᄒ면셔 료리집이나 기싱집에

좀 가셔 구경ᄒ얏나냐고 ᄒᆫ다. 대톄 그 사람의 말은 너가 아라듯지 못훈 말이 미우만타. 위션 지봉침 ᄶᅦ인다ᄂ 것이 무슨 말인지 몰낫다. 그 갓흔 말이 샹동말인지 ᄯᅩᄂ 졈잔은 사람의 말인지 ᄯᅩᄂ 어리셕은 자들의 소위 어깃디ᄂ 말인지 모를 ᄲᅮ더러 의미 * 불통ᄒ얏섯다. 그리고 그 사람이 그갓치 기싱집이나 료리뎜에 구경가지 안이ᄒ얏나냐고 뭇ᄂ 것을 듯고ᄂ 나ᄂ 우리 조션 사회의 졀문 쳥년들은 그갓흔 곳에 단이ᄂ 것을 무슨 자랑ᄭᅥ리로 싱각들을 ᄒᄂ 줄로 싱각ᄒ지 안이치 못ᄒ얏다. 그러셔 나ᄂ 실타고 ᄒ얏스나 잡아 ᄭᅳᆯ며 기싱집에 가자고 벗치ᄂ 고로 ᄒᄂ 슈 업시 ᄭᅳᆯ니여셔 엇더훈 기싱의 집에 갓다. 그 집 대문간에 ᄶᅡᆨ 다々르니 죠고마훈 다 ᄡᅥ러져가ᄂ 초가집인디, 그 집을 문 밧게셔 처음 볼 ᄯᅢ에 나ᄂ 기싱들이

이러케 몹시 빈한훈가 ㅎ고 싱각ㅎ얏셧더니 급기야에 기성 거쳐ㅎ는 방 안에 드러가 보니 나는 한번 쌀작 놀나지 안이치 못ㅎ얏다. *반씀되는 조고마한 방에 자기와 류리로 쑴인 의장이 쑥 둘너 노히여서 사람은 삼수인을 용납홀 슈 업스며, 이편져편에 셔는 시계 소리가 직각거리여 귀가 압*셔 못 견듸겟스며, 이편져편에서 번쌧*〈ㅎ 는 톄경이 눈을 부시게 ㅎ는지라. 나는 그것을 볼 씨에 오– 알겟다 이것도 쏘훈 우리 죠션사람의 장처이로구나. 이것이 쏙 두루마기 거쥭은 보병으로 ㅎ고 안에는 면쥬를 늣는 깃과 죠금도 다를 것이 업스니 그도 쏘훈 늠의야*이란 문자에 샹당훈 것이로 다. 그리고 이것은 그 뿐만 안이라 아마도 다 풍류긱들의 선물인 듯 십헛다. 나와 갓 치 간 사람은 무슨 인사ㅎ는 틔라던지 셔로 교졔ㅎ는 것이

다른 샤회에 드러온 것 갓힛스나 나는 아모 것도 모르는 고로 아모 말 업시 안졋다가 그 기성의 입은 옷과 그의 왼몸을 쟝식훈 물건을 한 번 싱각ㅎ야 보앗다. 군씨가 죠 금 무든 듯 ㅎ나 모번단 두루마기에 모번단 치마를 이벗다. 머리에는 금빈 여외에 금 속으로 만든 무슨 빗치기니 무슨 귀이기이니 ㅎ는 것을 쏘졋스며, 손가락에는 금반지 보석반지 곳흔 것을 수오기식 씨엿다. 나는 본듸 이곳흔 것을 보면 반다시 갑을 쳐보 는 성질인 고로 이에 쏘훈 갑을 한 번 쳐보니 져고리는 보이지 안는 고로 알슈 업스 나, 두루마기, 치마 져고리, 단속곳 등 그의 입은 의복 한 벌은 갑이 젹어도 일빅 한 오륙십원 엇치는 되며, 머리와 손가락을 장속훈 것을 보면 금갑으로만 히도 일빅 오 십원 엇치는 되며, 그에다가 보석이니 루비이니 ㅎ는 것을 물닌 것이 잇스니 그것만 도 수빅원 엇치가 되며 그의 팔둑에는 눈알만 훈

팔둑시계가 씨여 잇다. 그 팔둑시계의 가격도 빅여원은 될 모양이니 그의 한 몸을 장 식훈 것의 총익을 쳐보면 젹어도 륙칠빅원은 될 모양이다. 이 엇지 놀나지 안이홀 슈 가 잇는가? 하도 놀납기에 나는 기성에게 몃마듸 궁금훈 뎜을 무러보앗다. 그의 몸담 아 잇는 그 집은 그나마 삭월셰집이라 ㅎ는듸 그 집갑으로 말ㅎ면 아모리 집갑이 빗 사다고 ㅎ지만은 일쳔 이삼빅원에 지나지 못홀 것이니, 그 기성의 거쳐ㅎ는 방에 노 힌 셰간과 그의 몸을 쟝속훈 것이 오히려 그 집갑에 지나면 지낫지 못ㅎ지는 안이홀 것이니, 엇지 우습고도 놀나온 일이 안이라고 홀 슈는 업셧다. 그리고 그의 말을 듯 건듸 료리집에 갈 씨에는 반다시 신건으로 만든 의복이라야만 되지 쌔라 곳치여 지 은 의복은 입을 슈 업다고 ㅎ며 미삭에 아모리 젹어도 두 벌은 가져야 입는다고 ㅎ 니, 그의 옷갑으로만 미삭 삼빅원은 가져야 될 것이다. 이삼빅원이 입으로 부르기는 아죠 쉬우나 이것을 다시 한 번 싱각히 보면

식구 륙칠인 되는 집의 셕달 싱활비는 될 것이다. 그리고 쏘는 그 기성의 한달 싱활비를 무러보니 미삭 일빅이십원은 가저야 혼다고 호니, 그 모든 비용이 어디셔 그갓치 싱기는지? 료리뎜에만 단이는 것으로는 도뎌히 될 슈가 업다. 기성이 료리집에 가셔 평균 팔구 시간식만 시간비를 버러온다고 호야도 미삭 이빅원에서 지＊치 못홀 것인디, 기성의 싱활비와 밋 기성에게 디호야 소모되는 돈은 스빅여원 근 오빅원은 될 모양이니 시간비로 버러 오는 돈을 졔혼 외에 미삭 이빅여원은 삼빅원식이니 보족될 모양이다. 이갓흔 만은 돈이 모다 어디셔 싱기는지 달々이 빗을 저간다고 호면 단 한 달을 살 수가 업슬 것이다. 이갓치 싱각＊＊ 다른 도리가 잇기는 잇는 모양인디 그 도리는 닉가 짐쟉도 호얏드 누구에게 듯기도 호얏다. 그러나 의려 녀여 말호지 안이 호고 여러분 판단에 맛기여 바리고자 혼다.

매일 20.02.02 (3) 〈광고〉
우미관 2월 1일자, 단성사 2월 1일자, 황금관 2월 1일자 할인권과 동일

매일 20.02.03 (3) 활동영화의 검열은 경무국 보안과에셔 검열혼다
종리 경긔도 뎨삼부에셔 검열호던 활동샤진『휘이룸』은 이 뒤부터 경무국 보안과 소관이 되기로 변경호야써 이갓치 됴션 젼도의 것을 통일홀 방침이라 호며, 쏘 종리 너무 엄밀히 호던 검열 방법을 곳쳐셔 가쟝 리히잇는 처치를 호야써 미풍량쇽을 잘 션화케 호기로 쟉뎡이라더라.

매일 20.02.03 (4), 20.02.04 (4), 20.02.05 (3) 〈광고〉
우미관 2월 1일자, 단성사 2월 1일자와 동일

매일 20.02.04 (3) 경셩 각 권번의 기생 등의 저금 / 한남대동만 안이 히 / 한셩권번은 졈々 느러
당국의 쟝려가 지극히 돈독홈으로 인호야 경셩의 시민들도 날로 져금에 디혼 사랑이 향상도 되며 쏘는 발뎐도 되는 모양인 바, 근리에 이르러 기성들도 이에 디혼 사상이 자못 발뎐된 모양이라. 다졍 팔년 십이월 말일 현지에 디혼 각 권번기성들의 뎌금상항을 보건디 경셩 권번의 기성으로 뎌금혼 금익은 이빅삼십일원 륙십륙젼 오리이고 그

져금훈 기성의 수효는 구십이 명이며, 이에 다음호야 디졍권번 기성으로 져금훈 금익은 빅 스십팔원 오십이젼이고, 그 져금훈 기성의 수효는 팔십오 명이며 또훈 경화권번 기성으로 져금훈 금익은 륙십팔원인디 그 져금훈 기성의 수효는 이십오 명인 바, 한셩권번은 젼일에 더호야 졈초로 감소되는 모양이나 대졍권번은 달々이 느러가는 즁이라더라.

매일 20.02.05 (3) 김소랑 일행 개연 / 광무디 연극장에셔

신파 취셩좌 김소랑『新派 聚星座 金小浪』일힝은 그동안 원산 디방에셔 흥힝을 호야 다대훈 찬셩을 밧더니 이번에 경셩에 올나와셔 금 오일부터 황금유원인 광무디 연극장에셔 시로 만든 참신훈 각본으로 흥힝훈다는디, 그 일힝은 특별히 이왕 훈 것은 고만두고 그 일힝 연예부에셔 만든 각본을 가지고 일해 동안 호기로 작뎡호엿다더라.

매일 20.02.06 (3) 『백림(伯林)[16]의 랑(狼)』 단셩사에셔 상장 / 금륙일부터

단셩샤에셔는 이번에 텬활회샤가 국제활영주식회샤『國際活映會社』로 변홈을 싸라 장차 어느 회샤의 사진이던지 영사케 되엿는 바, 이번에 쳐음 슈입품으로 연쇽 디사진 빅림의 일리『백림(伯林)의 랑(狼)』이 나왓는 고로 금륙일부터 상장케 되엿다더라.

매일 20.02.06 (4) 〈광고〉

우미관 2월 1일자와 동일

◎ 一月[17] 육일브터 특별대흥행
一 미국 쌔데 회사 대걸작 특품
● 연속대사진 ●
■ 탐정대활극 **백림의 랑(伯林의 狼)** 전십오편 삼십일권 내(內) 오권 상장
일편 공사민(共四民)…… 이편 이상훈 인연
一 미국 가렘 회사 특작
대비극 **여서(女誓)** 전삼권

---

16) 베를린.
17) 二月의 오식.

一 미국 루나 회사 작

탐정활극 **쑤릿쑤**[18] 전이권

一 이태리 이다라 회사 작

대활극 **삼의 랑(森의 娘)** 전이권

기타 희극 실사 등

▲ 국제활영주식회사 특약 **단성사** (전화 구오구번)

매일 20.02.07 (1), 20.02.08 (4), 20.02.10 (3) 〈광고〉

단성사 2월 6일자와 동일

매일 20.02.07 (3) 개연 초일 성황 / 김쇼랑 일힝의

얼마동안 원산과 인천 등 디방으로 슌업 중이던 취셩좌 김소랑 일힝 『聚星座 金小浪 一行』은 몃칠 젼에 샹경ᄒᆞ야, 지는 오일부터 황금뎡 광무딕에서 흥힝혼다 홈은 임의 보도한 바 이거니와 쳐음 날은 진즁셜 『陣中雪』이라는 예뎨를 가지고 흥힝ᄒᆞ엿는 바, 기쟝홈을 ᄯᆞ라 일등의 관긱들은 물밀듯이 슌식간 만원의 성황을 이루엇셧고 역쟈들은 젼일보다 더욱 슉달한 것의을 보겟더라.

매일 20.02.07 (4) 〈광고〉

우미관 2월 1일자와 동일

매일 20.02.08 (1) 〈광고〉

이월 칠일브터 특별대사진 제공

미국 유사(社) 엘고- 영화

희극 **냉의 애(冷의 愛)** 전이권

미국 유사 불파트 영화

인정극 **경의 호(境의 戶)** 전오권

미국 유늬버샬 회사 특작 신연속 사진

---

18) 트릭.

■ 절해고도의 대비밀 진유(眞鍮)의 탄환
전십팔편 삼십육권 내(제삼편 탑중[塔中]의 감금, 제사편 연정[烟政])
일등 오십전, 이등 사십전, 삼등 삼십전, 소아 각등 반액
경성부 관철동 전화 이이삼번 우미관

매일 20.02.09 (4), 20.02.11 (4) 〈광고〉
단성사 2월 6일자, 우미관 2월 8일자와 동일

매일 20.02.10 (4) [독자구락부]
▲ 지금 광무딕에서 흥힝ᄒᄂᆫ 신파정극 김소랑 일힝은 요사이 대단히 자미잇게 흥힝
ᄒ옵되다. 그러나 김소랑 일힝에게 한 마듸 부탁ᄒᄂᆫ 것은 아못죠록 연극계에 픠왕
이 되기를 바라는 비며 ᄯᅩᄂᆫ 신소셜 방화슈류뎡과 야셩『夜聲』이라는 연극을 한번 더
잘 흥힝ᄒ기를 바라며, ᄯᅩᄂᆫ 광무딕가 디단 협착ᄒ니 관람긱이 드러오ᄂᆫ 딕로 차례ᄊ
ᄊ 안게 ᄒ야 셔ᄊ 보지 안토록 ᄒᆯ 것이오, ᄯᅩᄂᆫ 화도를 충분히 사용ᄒ기를 희망ᄒ오.
『애극가(愛劇家)』

매일 20.02.10 (4), 20.02.13 (3) 〈광고〉
우미관 2월 8일자와 동일

매일 20.02.11 (4) [독자구락부]
▲ 광무딕 구경을 갓더니 삼등셕 민 압헤 엇전 어린 아히들이 그다지 담어 부엇ᄂᆫ지[19]
그 좁쌀 여호들 쩌드ᄂᆫ 통에 설명소리를 당초에 들을 수가 업스니 이것들을 엇더케
죠쳐ᄒᆯ 도리가 업슬ᄂᆫ지. 『남산생(南山生)』

매일 20.02.13 (3) 현철(玄哲) 씨가 연예강습 조직 / 청년회에서 긔강
됴션에 연극이 진흥되지 못ᄒᆯ 뿐만 안이라 이에 디ᄒ 형적이 아죠 업ᄂᆫ 이 씨에 이를
츙심으로 긔탄ᄒ고 신구극의 학리와 실제를 연구ᄒᆷ과 동시에 디ᄒ 지식을 널니 보급

---

19) '담이 부엇ᄂᆫ지'의 오식

ᄒ고져 ᄒ야 우리 극계에 디ᄒ 풍부ᄒ 지식이 잇ᄂ 현텰『玄哲』씨와 구자옥『具滋玉』씨가 이를 발긔ᄒ고 연예강습쇼『演藝講習所』를 셜립ᄒ얏다. 현씨로 말ᄒ면 동경 예슐좌 부쇽 연극학교『東京藝術座附屬演藝學校』를 넉＊ᄒ 셩젹으로 졸업ᄒ 지사라. 강습쇼를 종로 중앙청년회관 안에 셜치ᄒ고 미쥬 화목토 삼일식을 오후 칠시부터 동구시ᄭ지 여러 과목을 학리와 실디로 교슈ᄒ다ᄂ디, 슈업긔는 보통과는 삼기월이라. 오직 보증금으로 오원을 밧을 ᄲᆞᆫ이라더라.

매일 20.02.13 (3) 단셩샤
금 십삼일부터 샤진을 교환ᄒ다ᄂ디 대호평의 련속샤진『빅림의 랑』이편 합 네권과 활극『대디진』삼권, 정극『빅구』이권, 기타 실샤 희극도 합 열두권이라ᄂ디 이번 련속샤진 네권은 더욱 모험 대활극의 쳐참ᄒ 명샤진이더라.

매일 200213(4) 〈광고〉
◎ 이월 십삼일브터 특별 명화 제공
- 실사 **전시의 이태리** 전일권
- 소극 **하무의 보은** 전일권
- 희극 **기(基)의 탐정** 전일권

一, 미국 루빈 회사 작 대활극 **대지진** 전삼권

一, 이태리 안쑤로지오 회사 작 정극 **백구(白駒)** 전이권

◎ 미국 쌔데 회사 특작 연속대사진

▲ 제이회 탐정극 **백림의 랑(伯林의 狼)** 전십이편 삼십일권 내 사권 상장

삼편…기이ᄒ 운명 사편 …사(死)의 결주(決走)

▲ 국제활영주식회사 특약 **단성사** (전화 구오구번)

매일 20.02.14 (2) 〈광고〉
이월 십사일브터 전부 차환

특별대사진 제공

미국 유니버살 회사

실사 **주보 구십팔호** 전일권

미국 유사㈜ 네스다-영화

희극 오이ᄉ[20] **선(船)** 전일권

미국 유에라홀 양 특작 영화

인정극의 절미(絶美) **심창의 가인(深窓의 佳人)** 전오권

미국 유늬버살 회사 특작 신연속 대활극

절해고도 제이의 대활극 **진유의 탄환**

전십팔편 삼십육권 내, 제오편 위(僞)의 처(妻), 제육편 위험한 신혼여행

경성부 관철동 전화 이이삼번 **우미관**

매일 20.02.14 (3), 20.02.15 (2) 〈광고〉

단성사 2월 13일자와 동일

매일 20.02.14 (4) [독자구락부]

▲ 우미관 쥬인에게 권고ᄒ오. 일이등에 안닉ᄒᄂ 어린 일본 녀ᄌ들은 방석을 강졔로 써믹기다십히 부덕々々 씩어쥬랴고 싸러다니어셔 어느 ᄯᄂ 참 괴로운 ᄯ가 엇지 만흔지. 그것들 좀 단쇽ᄒ야 쥬시요. 『권고생(勸告生)』

매일 20.02.16 (4), 20.02.17 (4) 20.02.18 (2) 20.02.19 (4) 〈광고〉

단성사 2월 13일자, 우미관 2월 14일자와 동일

매일 20.02.17 (1) 〈광고〉

각종 사진 급(及) 제(諸) 재료품

미국 이−스도만 회사제 베스도 가메라

F8, BB, F77 부(付) 무수(無水) (아류산[亞流酸] 조달 [曹達] 회산[炭酸] 조달)

유인채색부(油引彩色付) 팔척x일장육척 (각종 서할(書割))

사진부 전용 전화 삼삼구번

각 일요일 휴업홈

주식회사 대택(大澤)상회 경성지점

---

20) 두 글자 이상이 중첩될 경우 사용하는 문자 표시.

진체(振替) 경성 이삼일번

매일 20.02.17 (3) 망년(忘年) 흥행의 양 신파 합동극 / 십륙일 밤부터 광무딕에셔 기연

음력으로 이 히가 몃칠 남지 안엇슴으로 요사히 신파 신극좌 김도산『金陶山』 일힝과 신파 취성좌 김소랑『金小浪』 일힝이 셔로 의론ᄒ고 망년 겸 이 히의 마지막으로 두 신파단이 합동ᄒ야 뎨일 일홈이 잇ᄂ 비우를 두편에셔 뽑아가지고 망년 합동의 흥힝을 홀 작뎡으로 십륙일 밤부터 금 십칠일 두 날 ᄉ이에 황금류원 광무딕에서 참신 긔발ᄒ 시 각본으로 일반 관람에 이바지한다ᄂᄃ 합동 흥힝은 이번이 처음이요 또ᄒ 볼 만한 일이더라.

매일 20.02.18 (4) [독자구락부]

▲ 이 ᄉ람은 활동사진을 딕단히 죠와ᄒᄂ 고로 죠흔 사진이라면 긔어코 구경을 가고 말지요. 그런ᄃ 요사이 단성사에셔 시로 영사ᄒᄂ 활동사진은 참말이지 우리 청년들에게 크게 본바들만 ᄒ 죠흔 사진입듸다.『인의동생(仁義洞生)』

▲ 광무딕에서 흥힝ᄒᄂ 신파연극 김소랑 일힝은 련일 두고 비상흔 환영을 밧ᄂ 모양인ᄃ 정말인지ᄂ 알 수 업스나 정월에ᄂ 기성으로 간다ᄂ 말이 들이니 정말 갓흐면 아죠 유감인걸요. 아못조록 경성에서 장구ᄒ게 지넛스면 고맙겟소.『애극가(愛劇家)』

매일 20.02.20 (3) 정초의 각 연극장

▲ **단성사** 련속ᄉ진『빅림의 랑』ᄉ권과『전징? 평화?』열흔권과 탐정활극『운명의 진주』기타이며

▲ **우미관** 련속ᄉ진『진유의 탄환』네권과 기타 인졍극 실사 희극이며

▲ **광무딕** 됴션 구파연극 여려가지로 흥힝ᄒ며 특히 ᄉ흔날 낫부터ᄂ 씨름이 시작된다 ᄒ며

▲ **문락좌** 역시 구파연극으로 흥힝ᄒᄂᄃ 평창 남녀 비우가 만히 츌연ᄒᄂ 중에 무동이 잇다더라.

매일 20.02.20 (3) 〈광고〉

단성사 2월 13일자와 동일

이월 이십일(구 [舊] 二月²¹⁾ 일일) 사진 전부 차환

미국 유니버살 회사

실사 **마가진 제육십호** 전일권

미국 유늬버살 회사

희극 **운동의 어음(御蔭)** 전일권

미국 유늬버살 회사 특작

구레스 기나트 양(기지구례) 출연

대전여담(大戰餘談) **루흔(淚痕)** 전오권

미국 유늬버살 회사 특작 연속대활극

절해고도의 대비밀 **진유의 탄환(眞鍮의 彈丸)** 전십팔편 삼십육권 내=사권

제오편 폭탄투하, 제팔편²²⁾ 자석의 충(磁石의 忠)

구(舊) 일월 일일브터 오일ㅅ지 주야 이회 영사

경성부 관철동 전화 이이삼번 **우미관**

매일 20.02.21 (4) 〈광고〉

우미관 2월 20일자와 동일

◎ 이월 이십일브터 특별대사진 제공

▲ 근하신년 ▲

△ 전쟁대활극 **전쟁? 평화?**

『연속대사진』

대모험 대활극 **백림의 랑(伯林의 狼)** 사권 상장

오편…홍련의 염(紅蓮의 焰) 육편…국적추적(國賊追跡)

미국 넷쏘지오사 작

대탐정극 **운명의 진주** 전삼권

미국 가렘 회사 특작

대활극 **복면기수(騎手)** 전이권

---

21) 一月의 오식인 듯하다.
22) 육편의 오식인 듯하다.

이국 안쑤로지오사 작

희극 다무의 지원병 전일권

▲ 음(陰) 정월 일일브터 오일사지 주야 이회 대공개

▲ 국제활영주식회사 특약 **단성사** (전화 구오구번)

매일 20.02.22 (4), 20.02.23 (4), 20.02.25 (4) 〈광고〉

우미관 2월 20일자, 단성사 2월 21일자와 동일

매일 20.02.26 (3) 대구에 극장 신설 / 됴션인 소용의 됴션관

대구에 잇는 뎐당포 영업쟈의 십일회『十日會』와 밋 딕구좌 쥬인 중촌희일『中村喜一』씨, 됴션인 비모『裵某』의 계획 중의 됴션인 소용의 연극장을 건설ㅎ랴는 것은 아죠 구톄뎍의 설게를 맛치고 요수히 소관 々텽에 청원ㅎ엿다는디, 공비는 수만이쳔여 원이요 극쟝은 됴션관이라고 일홈을 지엇다더라.『대구』

매일 20.02.27 (2) 〈광고〉

◎ *月[23] 이십칠일브터 사진 교환

점입가경의 신랄! 젼율!

연속대모험 대탐졍활극 백림의 랑(伯林의 狼) 사권 상장

칠편…결사의 일약(一躍) 팔편…독탐(獨探)의 장중(掌中)

대탐정극『**구릿구**』전이권

대활극 육지와 공중 전이권

희극 혼선의 전화(電話) 전일권

기외(其外) 실사 등 수종

이번 련속사진 네 권은 공전절후흔 대대뎍 대활극

국제활영주식회사 특약 **단성사** (전화 구오구번)

매일 20.02.27 (4) 〈광고〉

● 이월 이십오일 전부 차환

---

23) 二月에서 一가 빠져 있음.

미국 유니버살 회사

■ 실사 **주보의 육십사호** 전일권

미국 유사(社) 엘고- 영화

■ 희극 **네리-의 수식(首飾)** 전일권

미국 유사 특작 영화

■ 인정극 **위의 도(危의 途)** 전오권

미국 유늬버살 회사 특작 연속대활극

절해고도의 대활극 **진유의 탄환(眞鍮의 彈丸)** 전십팔편 삼십육권 내 사권

제구편 염(焰)의 부옥(部屋), 제십편 신위험(新危險)

경성부 관철동 전화 이이삼번 **우미관**

매일 20.02.28 (2), 20.02.29 (4), 20.03.02 (3) 〈광고〉

우미관 2월 27일자, 단성사 2월 27일자와 동일

매일 20.02.28 (3) 만원의 성황인 광무대 각력장(角力場) / 여일히 청편이 지는 것이 유감이다

년년히 음력 정쵸이면 전례디로 기최하는 광무디『光武臺』시름은 지나간 음력 정월 쵸삼일 낫부터 시작되얏는디, 좌우 청홍편을 갈너가지고 셔로 디치되야 긔세가 자못 용장하고도 장쾌한 바 원례 청균이 젹어셔 문안 스롬들은 항상 유감히 역요오던 터이나 엇지홀 수 업는 사정이요, 홍군은 수효가 만허셔 청군이 감히 뎌당치 못하는 터이라. 그런닉 요시 믹일 낫이면 광무대에 드리＊＊＊ 람지와 씨름군들은 오후 한시 전에 쫙々 차는 대만원의 성황을 일우는 터이요, 승부로 말하면 홍군이 득세를 하야 청군을 여디업시 전멸을 식히며 허다 상품도 젼혀 홍군편에 도라감으로 청군되는 문안 스람들도 아죠 흥분이 되야 광무대가 쩌나갈 듯이 응원을 하야주나 섭々한 일이 만타는디, 구경군 중에도 청군을 위하야 대긔세로 응원군을 다른 곳에서 불너다가 홍군의 긔세를 한 번 쌧거 누를 작뎡으로 지금 활동 중이라는디, 요시 승부는 청군되는 쑥셩 씨름군들이 일픽도디[24]를 한다는 것은 참 분한 일이라 하겟더라.

---

24) 일패도지.

매일 20.03.01 (3) 조선인편에 활동사진 상설관이 불원에 경성에 낫하난다

니디의 유력 실업가 또는 됴션, 만쥬의 일류 인사를 망라ㅎ야 조본금 삼빅만원의 션 린국제활영회사『善隣國際活映社』가 계획되야 불원[25]에 실현ㅎ기로 되엿다. 회사 는 본뎜을 동경에 두고 경성에 지뎜을 베푸는디, 됴션, 만주, 특히 됴션 본위로 모든 경영을 ㅎ게 된 것이다. 그 계획을 실힝ㅎ는 사무를 맛흔 대구 됴션민보 사쟝 하정됴 웅『河井朝雄』씨의 말을 들은 즉, 회샤의 주지는 됴션인을 위쥬ㅎ는

제종의 활영을 ㅎ야 그것을 됴션인에게 보혀셔 혹은 일종의 교훈을 쥬며 그 흥미들 도 々고져ㅎ는 터이다. 회사가 성립ㅎ면 경성에 이십만원 이상을 너여 슌젼히 됴션 인 소용의 젼속 활동샤진상설관을 베풀고 짜로히 오만원 니외로 경성 부근에 광대흔 촬영장을 만들고 그곳에서 사진을 박어셔 곳 영사하게 ㅎ고, 그 다음으로는 부산에 도 촬영장을 베출게 되오 니디인 소용의

상설관에도 휘이룸을 공급ㅎ게 될 터이라. 요컨디 됴션인의 연극과 기타* 촬영ㅎ야 됴션인에게 보이는 것을 목뎍으로 ㅎ는 것이요, 또는 회샤는 삼월 샹슌에 불입을 ㅎ야 증거금을 밧고 ㅎ슌에 뎨일* 불입을 ㅎ며 사월에 드러셔 직시 회샤 창립을 ㅎ는 동시에 사업에 착수코져 흔다고 말ㅎ는디, 이제부터는 됴션에도 활동사진이 차々로 발달이 되야 우리의 구경거리가 만허지겟더라.

매일 20.03.01 (3) 문락좌

본뎡 오뎡목에 잇는 문락좌『文樂座』에셔는 요사이 구파와 신파를 미일 져녁이면 겸 힝ㅎ는 바, 지난 몟칠부터는 더욱 흥미가 진진흔 연극과 또는 청가묘무가 잇는디 심 정순의 가야금, 홍도의 비다러기로써 흥힝ㅎ야 자못 성황이라더라.

매일 20.03.01 (3) 〈광고〉

우미관 2월 27일자와 동일

매일 20.03.01 (4) 〈광고〉

단성사 2월 27일자와 동일

---

25) '불원'의 오식

매일 20.03.04 (1) 〈광고〉
단성사 2월 27일자와 동일

● 삼월 삼일 특별대사진 제공
미국 유니버살 회사
실사 **주보 사십오호** 전일권
미국 유사(社) 빅다— 영화
희극 **탄환과 지폐** 전일권
미국 유느버살 회사 특작
구주(歐洲)대전란 불독대전쟁 군사대활극 **육탄** 전오권
미국 유늬버살 회사 작 신연속대활극
■ 절해고도의 대활극 **진유의 탄환(眞鍮의 彈丸)** 전십팔편 삼십육권 내
제십일편 주(呪)의 수(水), 제십이편 무선전신으로 포박
경성부 관철동 전화 이이삼번 **우미관**

매일 20.03.04 (3) 동경 오쳐좌(吾妻座) 극장 전소 / 손히 이십만원 사상쟈가 다슈
지난 일々오전 팔시 삼십분 경에 동경 쳔쵸공원 안에 잇는 오쳐좌『東京淺草公園 內 吾妻座』이칭 틱촌눌자『澤村訥子』의 방으로부터 불이 나셔 슈십간의 딕건물을 전소 ᄒ얏스니, 십이칭 집은 요힝히 붓지 안이ᄒ고 십일시에 진화되엿눈디 공원 안에셔 그 즁 눈에 씌이는 곳인 고로 비샹히 혼잡을 일우엇스며, 손히눈 건물만으로도 이십 이만원이나 되는 고로 옷과 기타 도구 등 쇽을 계산ᄒ면 미우 큰 손히라 ᄒ며, 그 리고 여자 급사 일명이 타쥭엇스며 소방슈 두 명이 즁상을 당ᄒ얏슴으로, 구늬의 각 연극쟝은 모다 ᄒ로식 일졔히 휴업을 ᄒ얏다더라.『동경뎐』

매일 20.03.04 (4) [독자구락부]
▲ 단성사에셔 련속 영사ᄒ눈『빅림의 랑』이라눈 사진은 과연 쳥년들에 큰 리익을 줄 만흔 모범뎍 사진이며 거기다가 셜명ᄒ눈 셔샹호, 김덕경 량군의 셜명은 졍말이지 됴션의 일류라고 홀 만ᄒ옵듸다.『일관객(一觀客)』

매일 20.03.06 (4) 〈광고〉

단성사 2월 27일자, 우미관 3월 3일자와 동일

매일 20.03.08 (4) [독자구락부]

▲ 정월 초하로날부터 우리 평양 가무기좌에 와셔 흥힝ㅎ는 김도산 일힝의 련쇄극은 과연 우리 됴선 연극계에 한낫 새 광치이며 모범이 될 만ㅎ던 걸. 『평양 애극가 (愛劇家)』

매일 20.03.08 (4) 〈광고〉

우미관 3월 3일자와 동일

◎ 삼월 오일

특별대사진 교환 제공

미국 쌔데 회사 일대 걸작 앙화(昻畵)

제오회 연속대탐정극 **백림의 랑(伯林의 浪)**

전오십편 삼십일권 내 제구, 십편 사권 상장

제구편……사(死)의 절벽, 제십편……여자가 쟁(爭)ㅎ 시기

미국 가렘 회사 작 영화

탐정활극 **황금굴** 전삼권(원명 공모자)

이태리 바스가리 회사 작

태서활극 **맹화의 와권(猛火의 渦卷)** 전이권

미국 가렘 회사 특작

태서활극 **파괴혼 정차장** (철도왕 헤렌 양 출연)

희극 **제리의 삽면(澁面)** 전일권 삽

국제활영주식회사 특약 **단성사** (전화 구오구번)

매일 20.03.09 (1) 〈광고〉

우미관 3월 3일자, 단성사 3월 8일자와 동일

매일 20.03.10 (3) 〈광고〉

구일부터 특별대공개 사고(謝告)

그간 동경 활동 본샤로부터 수진 *송의 착오가 싱기여 이번에 교환이 지체되왓기 용셔ㅎ시옵쇼셔.

▲ 연속대사진 『**백림의 랑(伯林의 浪)**』 삼일한(限) 대공개

▲ 연속 팔권을 『**대상장**』

◎ 여러분쯰 슈레키 위ㅎ야 한쩌번에 여덜권의 련속수진을 영수흠니다.

대정 구년 삼월 구일 **단성사**

매일 20.03.11 (3) 〈광고〉

단성사 3월 8일자와 동일

● 삼월 십일부터 전부 차환

미국 유사(社) 엘고 영화

활희극 **려마(驢馬)** 전이권

미국 유사 불파ー트 영화

인정극 **구차의 희(苟且의 戲)** 전오권

미국 유늬버살 회사 작 신 연속 속사(續寫)

대활극 **진유의 탄환(眞鍮의 彈丸)** 사권 전십팔편 삼십육권 내

제십삼편 오백 불의 현상, 제십사편 사활의 재판

경성부 관철동 전화 이이삼번 **우미관**

매일 20.03.13 (2), 20.03.14 (3) 〈광고〉

단성사 3월 8일자, 우미관 3월 11일자와 동일

매일 20.03.15 (3) 진남포 분국 독자 위안극 / 김도산 일힝의 호의로 수홀간 흥힝ㅎ다

신파신극좌 김도산 『金陶山』 일힝이 지금 진남포에 와셔 신파 련쇄극으로 흥힝ㅎ야 일반에게 대대한 환영을 밧는 즁인딕, 이에 더ㅎ야 본샤 진남포 분국의 주최로 믹일 신보 익독쟈 졔씨를 위ㅎ야 극진히 위안홀 싱각으로 김도산 군과 상의흔 결과 군도

미우 찬성ᄒ고 오ᄂᆞᆫ 십륙일부터 련샴일간 항좌『港座』에셔 독자 위안극으로 흥힝ᄒ고 삼일간 입쟝자에ᄂᆞᆫ 반익으로 관람케 ᄒ기로 된 바, 입쟝권은 본지 란외에 박여 잇ᄉ니 누구던지 쎄여가지고 가면 반익으로 입쟝ᄒ게 되엿더라.『鎭南浦』

매일 20.03.15 (3) 임셩구 개연 / 오날 밤 단셩샤에셔

신파 혁신단 림셩구『新派革新團 林聖九』 일힝이 금 십오일부터 단셩샤에셔 기연ᄒ게 되엿ᄂᆞᆫ디 이번 비우 즁에 화형 비우 이삼인이 잇셔 쟝쟝 볼 만ᄒ다 ᄒ며, 그 연예부에셔 만든『거즛츙의』라ᄂᆞᆫ 대비할극을 *쟝한다ᄂᆞᆫ디 신파를 시쟉ᄒ기 젼에 련속사진 여덜권식을 먼져 상쟝ᄒ기로 되엿ᄂᆞᆫ디 이번 림셩구 일힝의 신파ᄂᆞᆫ 볼 만흔 예뎨가 만타더라.

매일 20.03.15 (3) 마산 예기 미거(美擧) / 십ᄉ명 예기가 무료로 츌연ᄒᄂᆞᆫ 그 셩의

강호예긔계에 능가묘무의 일홈을 쩔치ᄂᆞᆫ 마산 예긔조합 예긔 김계옥『金桂玉』, 한민향『韓梅香』, 김란향『金蘭香』, 강영월『姜暎月』, 리츈선『李春仙』, 표농월『表弄月』, 김옥희『金玉姬』, 방경난『方瓊蘭』, 진취향『陳翠香』, 리계월『李桂月』, 김산옥『金山玉』, 장소옥『張小玉』, 손부용『孫芙蓉』, 박슈향『朴水香』 등 십샤 명은 미일신보 목포분국 오쥬년 긔념 독자위안회에 무료 츌연흔다더라.『목포통신』

매일 20.03.17 (3) 개연 초일 대만원 / 첫날의 단셩샤 림셩구 군의 흥힝닐

지난 십오일부터 단셩샤에셔 흥힝ᄒᄂᆞᆫ 혁신단 림셩구『革新團 林聖九』 일힝은 처음날은 거짓츙의라ᄂᆞᆫ 것을 가지고 흥힝ᄒ엿ᄂᆞᆫ 바, 비우들이 무대에 올나셔 표졍ᄒᄂᆞᆫ 것도 미우 자미잇셧거니와, 그 갑으로 관긱들도 송곳 ᄒ나 박을 틈이 업시 대만원을 일우어셔 디셩광을 일우엇더라.

매일 20.03.17 (3) 활동사진과 환등으로 / 위ᄉᆼ사상의 션젼을 흔다

경긔도 뎨삼부와 밋 경셩부에셔ᄂᆞᆫ 셔로 합ᄒ야 시민들의 위ᄉᆼ을 려힝케 ᄒ기 위ᄒ야 작년 호렬자 예방에 관한 사진을 환등으로 만들고 ᄯᅩᄂᆞᆫ 동 부졍힝위자가 불소흔 바, 텰도원에셔 작년에 경셩부에셔 사두엇던 활동사진을 가지고 오ᄂᆞᆫ 이십륙일 낫에 시ᄂᆞᆫ 황금관에셔 일반에게 구경케 ᄒ게 되얏ᄂᆞᆫ대, 필경 그 다음날은 시ᄂᆞᆫ 단셩사에셔 흘 모양인 듯 ᄒ나 아직 교셥 즁인 고로 아직 자셰흠은 모르겟더라.

매일 20.03.17 (3) 〈광고〉
단성사 3월 8일자, 우미관 3월 11일자와 동일

매일 20.03.19 (2) 〈광고〉
단성사 3월 8일자와 동일

● 삼월 십칠일 전부 차환
미국정부 위탁 영화
━ 실사 **석회석 채집** 전일권
미국 유사(社) 엘고 ━ 영화
━ 희극 **비(鼻)의 위력** 전일권
미국 유사 불바 ━ 도 영화
━ 인정극 **이 ━ 굴** 전오권
미국 유늬버살 회사 작 신연속사진
━ 대활극 제팔 **진유의 탄환(眞鍮의 彈丸)** 전십팔편 삼십육권 내
제십오편 일음의 인(日蔭의 人), 제십육편 교수의 색(絞首의 索)
경성부 관철동 전화 이이삼번 **우미관**

매일 20.03.20 (4) [독자구락부]
▲ 금반 귀보 분국에서 쥬최ᄒᆞᄂᆞ 오쥬년 긔념독자 위안회ᄂᆞ 마산으로부터 일등되ᄂᆞ 예기들이 총츌ᄒᆞ야 전후 기예를 다 보이게 된다니 이번 위안회ᄂᆞ 아마 전무후무의 쟝기가 될 줄 아나이다.『목포 애독자』

매일 20.03.23 (4) [독자구락부]
▲ 우리 됴션연극계에 독일무이ᄒᆞᆫ 됴션문예단『朝鮮文藝團』은 단장 리긔셰 이하 일반 단원들은 원긔 왕셩ᄒᆞ야 일전부터 활동사진 련쇄극을 촬영ᄒᆞ기를 위시ᄒᆞ야 디구 달성공원으로 시가와 밋 뎡거장과 도슈원과 농원 등의 명소로 자동챠를 몰아 츄격을 하ᄂᆞ 쾌결ᄒᆞᆫ 촬영을 ᄒᆞᆫ 후에 다시 신라 고적되ᄂᆞ 경쥬 불국사, 일성 쳠셩디 등의 명승디를 촬영ᄒᆞ야 대구에서 오륙일간 흥힝ᄒᆞ다가 평양으로 가서 평양 절승 경기를 촬영ᄒᆞ야 가지고 곳 경셩으로 와서 흥힝을 ᄒᆞᆫ다 ᄒᆞ니, 아마 이번 리긔셰 일힝의 련쇄

극은 가든 즁에 뎨일 ᄌ미잇ᄂᆞᆫ 연극이 되겟다고. 『대구 애극가』

▲ 슈일 젼부터 우리 진남포에 도착ᄒᆞ야 신파 모범연극을 흥힝ᄒᆞᄂᆞᆫ 김도산 일힝의 연극이 항좌 무ᄃᆡ에 한 번 ᄀᆡ막이 되자 일반 관람ᄀᆡᆨ의 박슈 갈치 소ᄅᆡᄂᆞᆫ 항좌가 ᄯᅥ나가ᄂᆞᆫ 듯 열＊덕 셩황을 일우ᄂᆞᆫ 셩황 즁에셔 연일 환영을 밧ᄂᆞᆫ 바인ᄃᆡ, 우리 녀ᄌᆞ들에게ᄂᆞᆫ 부인셕을 특셜ᄒᆞ고 남녀 구별을 ᄒᆞ야 안져보도록 ᄒᆞ여쥬엇스면 죠켓기로 김도산 일힝에 고ᄒᆞ오. 『남포(南浦) 일부인(一婦人)』

매일 20.03.24 (3) 임성구 일행의 연쇄극 / 동경셔 긔ᄉᆞ가 나오ᄂᆞᆫ 뒤로 박혀볼 작뎡

우리 됴션의 연극을 가장 쳐음으로 ᄀᆡ쳑한 혁신단 림셩구 『革新團 林聖九』 일힝은 이 단이 우리 됴션에 나타난 지 임에 십여 년에 털쯧만치도 굴흠이 업시 만도의 환영 속에셔 영광잇고 힝복스러웁게 오날ᄭᆞ지 나려왓다. 말ᄒᆞ면 다른 극단보다 특별ᄒᆞᆫ 뎜은 각처에 헤여져 잇ᄂᆞᆫ 빈한ᄒᆞᆫ 동포를 위ᄒᆞ야 아못죠록 구원ᄒᆞ고쟈 ᄒᆞᄂᆞᆫ

가상ᄒᆞᆫ 뜻이다. 쟉년 즁에ᄂᆞᆫ 각디로 도라다이며 슌히 힝연을 ᄒᆞ던 바, 요사이 경셩에 올나와셔 단셩사에셔 흥힝ᄒᆞᄂᆞᆫᄃᆡ 민족의 사상이 변쳔됨을 ᄯᅡ라 졈々 ᄀᆡ량ᄒᆞ야 나가ᄂᆞᆫ 모양이며 이번에ᄂᆞᆫ 단셩샤쥬 박승필朴承弼 씨의 후원을 어더가지고 련쇄극을 촬영ᄒᆞ고쟈 동경국제활영쥬식회샤에 사람을 보ᄂᆡ여 긔사를 쳥ᄒᆞ엿ᄂᆞᆫᄃᆡ, 이번에 촬영ᄒᆞᄂᆞᆫ 것으로 말ᄒᆞ면 인쳔과 ᄀᆞᆺ흔 바다가에셔 긔션과 및 『ᄲᅩᄉᆞ』을 타고 슈상에셔

일ᄃᆡ 활약을 ᄒᆞᄂᆞᆫ 것과 및 평양에 내려가셔 모란봉과 부벽루 대동강을 ᄇᆡ경삼아 가지고 본보에 련ᄌᆡ되얏던 됴일ᄌᆡ 군의 장한몽 『長恨夢』을 아조 유감되ᄂᆞᆫ 것 업시 촬영ᄒᆞᆯ 터이라ᄂᆞᆫᄃᆡ, 동단에ᄂᆞᆫ 단쟝 림셩구 군은 물론이거니와 그 아ᄅᆡ로 ᄋᆡ교가 가득한 녀역에 안종화 『安鐘和』와 년죠잇ᄂᆞᆫ 릉란ᄒᆞᆫ 한챵렬 『韓昌烈』, 김슌한 『金順漢』, 박희텬 『朴喜天』 군 등 유명한 ᄇᆡ우들만 망라ᄒᆞ얏더라.

매일 20.03.24 (3) 화류계 소식 / ᄇᆡᆨ운션의 일

금슈강산 모란봉의 특이ᄒᆞᆫ 경긔를 담쑥 바더가지고 그 몸을 화류계에 더져가지고 됴션 뎨일가ᄂᆞᆫ 도회 경셩 텬디에 올나와셔 츄월 춘풍에 다졍다한ᄒᆞᆫ 셰월을 보ᄂᆡ며 됴션의 명기로 통쳔ᄒᆞᆫ 다동죠합 기싱 ᄇᆡᆨ운션 『白雲仙』이ᄂᆞᆫ 일젼에 산하갓치 지즁ᄒᆞᆫ 졍이 들은 정랑을 작별ᄒᆞ고 고양 사ᄂᆞᆫ 엇던 남ᄌᆞ를 ᄯᅡ러셔 귀치 안코 진져리 나ᄂᆞᆫ 화류계를 하직ᄒᆞ고 살님을

들어갓다는 말٨지 뎐ᄒᆞ엿스나 그것은 전혀 오뎐이며 여전히 노름에 불니워 다닌다 ᄒᆞᄂ는딕, 원릭부터 인정만코 싹々ᄒᆞ고 의리가 잇는 빅운선이는 경셩의 무의무가흔 고아를 구제ᄒᆞ랴는 고아원이 창립되여 간다는 말을 듯고 곳 감심되야 운선은 경셩 고아구제회를 방문ᄒᆞ고 일금 륙십원을 긔부ᄒᆞ엿다 ᄒᆞ니 기셩의 몸으로 이와 갓흔 쓰거운 동졍을 경셩 고아들에 쥬기는 기셩게에 빅운선이로 호시가 되겟더라.

매일 20.03.25 (4) 〈광고〉

◎ 삼월 십칠일 특별대흥행

▲ 혁신단 원조단장 임셩구

◈ 매일 예제(藝題)는 신(新)각색흔 예제로써 개연ᄒᆞ오며 남녀 배우의 골계극 수죵(數種)유(有)?

◈ 처음에는 연속대사진 백림의 랑(伯林의 浪) 팔 권을 상장ᄒᆞᄂ는 바, 거위 종편(終篇)이 되야 아죠 대모험 전율극

국제활영주식회사 특약 **단셩사** (전화 구오구번)

● 삼월 이십사일 사진 전부 차환

미국정부 위탁 영화

실사 **동용해(銅熔解)** 전일권

미국 유사(社) 엘고 - 영화

희극 **수뢰해적(水雷海賊)** 전이권

미국 유사 불바 - 도 영화

인정극 **정의 국가(情의 國歌)** 전오권

신연속 대사진 최종편

대활극 제구회 **진유의 탄환(眞鍮의 彈丸)** 전십팔편 삼십육권 내

경셩부 관철동 전화 이이삼번 **우미관**

매일 20.03.26 (3) 임셩구 군의 / 신파 심쳥가 / 이십팔일 단셩샤에셔 시작ᄒᆡ

됴션에 고뎍소설 즁 가뎡 비극에 『심쳥가』라는 소설은 지극히 자미잇고도 가뎡의 풍속 기량상에 됴하며 쏘는 모범될 만흔 것도 져윽이 만흔 소설이라. 그런딕 근쟈에 와셔는 한갓 그 죠흔 소설을 묵고 썩은 것으로 도라봄에 딕ᄒᆞ야 오직 유감히 싱각ᄒᆞ던

바 이번에

단성샤에셔 십여 일 동안 대만원의 성황을 일우는 혁신단 림셩구『革新團 林聖九』
일힝에셔 이를 싱각ᄒ고 단쟝 림셩구 군의 의쟝 각셕으로 심쳥가를 잘 신파로 쯈여
가지고 여셧 막에 난호아써 심쳥의 부녀 간 쳐졀비졀ᄒ 경경을 그려ᄂ다 십히 ᄒ야
무더에 올니는 날은 모든 관긱들은 눈물 씻기에 볼 일을 못 보리라는디 지금 그에 대
ᄒ야 무더 쟝치의 셜비를 더더뎍 쥰비ᄒ는 즁인 즉, 멀어도 이십팔일에는 시작ᄒ겟고
이 소셜이 흥힝되는 놀에는 단셩사 안은 젼부 눈물 텬디가 되리라더라.

매일 20.03.26 (3) 〈광고〉

단성사 3월 25일자, 우미관 3월 25일자와 동일

매일 20.03.28 (4) [독자구락부]

▲ 심졍슌『沈正順』 군의 가야금이라 ᄒ면 됴션에 유명ᄒ 가야금이라는 말만 들엇지
한 번도 실디로 구경을 못ᄒ다가 일젼 밤 문락좌『文樂座』 구경을 갓다가 뜻밧게 심
졍슌 군의 가야금을 들엇지만은 과연 그 신비ᄒ 됴죠는 우리 됴션 가야금게에 더왕
이라 ᄒ지 안을 슈 업스며 그 즁에도 일반 관람긱의 흥미를 더욱 도읍는 것은 심 군
의 어린 딸이 쟝삼 입고 곡갈쓰고 요々ᄒ 허리를 지여 츄는 승무는 실로 사롬의 혼을
살을쯧 합듸다.『승무에 취ᄒ 김(金)』

매일 20.03.29 (2) 위생환등회 개최

강원도 제삼부(第三部)에셔는 일반 인민의 위생사상을 고취홀 목적으로 ᄒ야 삼월
이십육일 춘천 공립 보통학교에셔『호열자』예방 환등회을 개최홀 터이라더라.

매일 20.03.29 (3) 불교 강연회 당일 단셩사에 소요(小擾) / 만셰ᄲ문에⋯소요가
야단이엿다

이십칠일 하오 두시부터 됴션 불교회 쥬최로 불교강연회『佛敎講演會』를 단셩샤 안
에 기최ᄒ고 쳐음 연사 김명식『金明植』 군의 강연이 잇고 그 다음 연사 쟝도빈『張
道斌』 군의 강연이 잇슨 바, 임의 작뎡ᄒ얏던
연사 박이규『朴珥圭』 군가 출셕ᄒ지 못ᄒ엿슴으로 그 디신 리광종『李光鐘』 군가 강
연을 시작ᄒ랴고 언단에 나아오ᄆ 만쟝은 박슈로써 리광종 군를 환영ᄒ는 즁에 엇던

자 한 아이 별안간에

대한민국만세『大韓民國萬歲』라고 소리를 질으믹 일반 청강자 중에서 한 가지로 만세를 불너 응호 자도 불소호야 고요호던 단성사눈 별안간에 쩨다라놀 듯이 되면서 만장이 슈라쟝으로 화호야 강연회눈 넘어도 가이 업게

희산이 된 바, 그 최쵸 만세를 불은 자눈 즉시 잡히엿눈딕 아직 경찰에서 취됴 중인고로 성명도 미상호더라.

매일 20.03.30 (4) 〈광고〉
단성사 3월 25일자, 우미관 3월 25일자와 동일

매일 20.03.31 (3) 김도산 일행의 연쇄활동극 / 단성샤에서
우리 됴선에서 련쇄극을 쳐음으로 박기 시작호야 작년에 경셩시를 중심으로 삼아 쳐음 촬영한 번쇄극[26]을 가지고 반도 이극가의 열광뎍 환영을 밧던 신극좌 김도산 일힝은 그 동안 각디로 슌업호야가 딕구와 밋 부산을 중심으로 삼고 ＊〃덕으로 촬영, 련쇄극 세 가지와 밋 우리 됴선 명승을 박은 실사 두 가지를 오눈 〃월 일〃부터 단셩샤에서 흥힝홀 터인딕, 이련[27]에 그 사진은 실연이 젹고 사진이 만흐며 각지에서 무한호 환영을 밧던 것이라더라.

매일 20.04.01 (4) 〈광고〉
우미관 3월 25일자와 동일

◆ 사월 일일 특별대흥행
▲ 신파 신극좌 김도산 일행!!
▨ 신파련쇄활동수진 ▨
一, 부산, 대구를 중심으로 호고 촬영
◎ 이번은 실연(實演)이 젹고 전혀 연쇄 활동사진만 영사홈?
▨ 대대적 고심(苦心) 촬영혼 것 ▨

---

26) '련쇄극'의 오식인 듯하다.
27) '이번'의 오식인 듯하다.

一, 실사 **부산, 대구 전경** 장척

一, 대활 연쇄사진 **의적(義賊)** 백오십장

국제활영주식회사 특약 **단성사** (전화 구오구번)

매일 20.04.01 (4) [독자구락부]

▲ 여보 각 권반의 취례보는 이들에게 홀 말 잇쇼. 엇던 기성이 료리뎜 쏜이를 잘 잡어당긴다고 벼락 불덩이 갓치 조합에다 공포를 호고 쏘쳐니일 줄은 알어도 밤마다 각 료리뎜에 불녀와셔 이방 뎌방으로 도라다니면셔 숀들과 금슈의 힝동호는 년들은 알고도 몰은톄 호니 그리 쏜이는 사람이 아니고 콩밥이고 슈흐아 도라다니는 부랑자들은 얼마를 부터먹어도 관게 업단 말이요?『○○舘 일쏜이』

▲ 나는 지금 륙십 갓가운 늙은 사롬이요마는 이즘 쇼위 불량자라는 그 자식들은 니톄 오쟝이 엇지된 놈들인지 몰으겟지만은 요시 밤이 깁허지면 기성을 쟈동챠에다가 무덕이로 담거가지고 독립문 밧 고기 밋짜지 덜미잡이를 쳐나오면셔 『죠ㅡ타』 소리를 막 질으는 것을 미일 밤 보다십히호니, 죠키는 무엇이 그리 죠흔지 고기 밋 붉은 상담집 나오는 준비가 죠타는 말인지? 참 희괴혼 셰상도 처음 보겟소.『모화관(慕華舘) 노생원(老生員)』

매일 20.04.02 (3) 〈광고〉

우미관 4월 1일자와 동일

매일 20.04.02 (4) 〈광고〉

단성사 4월 1일자와 동일

동아 20.04.03 (4) 〈광고〉 축 창간

신파 혁신단

단장 임성구

단성사

주임변사 서상호(徐相昊)

단성사
변사 김덕경(金德經)

경성 극계(劇界) 원조
광무대 단성사
주(主) 박승필
전화 구오구번

경성부 본정 오정목
조선구파극 문락좌
총무 배응현(裵應鉉)
전화 이삼이팔번

매일 20.04.03 (2) 〈광고〉
우미관 4월 1일자, 단성사 4월 1일자와 동일

매일 20.04.05 (4) 〈광고〉
단성사 4월 1일자와 동일

◆ 사월 사일브터
미국 유니바샤−루 회사 특작품
세계적 대탐정대활극 **명금대회(明金大會)** 전사십사권
연일 연야의 다대훈 찬성을 밧던 명금 사십사권을 사월 사일브터 팔일꺼지 오일간을
가쥬구 다! 영사ᄒ오니 일차 왕림ᄒ여 쥬시기를 복망(伏望)홈. 두 번도 ᄯ다시 못 봄
이다.
우미관

매일 20.04.06 (3) 정신적으로 각셩ᄒᄂᆫ 기생사회의 신경향 / 지식욕을 치우고
져 ᄒᄂᆫ 젊은 기ᄉ 아씨의 시 지원 / 평온ᄒᆫ 생활리(生活裡)의 요구
시디의 변천을 ᄯᅡ라 ＊심도 쏘치어 변ᄒᄂᆫ 것이라. 녯 말에 샹뎐도 벽히가 되며 벽히

도 상뎐이 되거던 엇지 우리의 인심이 변ᄒ지 안이홀가 보냐. 세상의 시바람 시물결은 틈업시 부러드러오며 모라오기 ᄯ문에, 아동 조졸의 싱각이며 의사도 ᄯᄒ흔 시딕와 흔가지 나아가고져 ᄒ며 흔가지 거러보고져 흔다. 그 중에도 *삼리사와 더부러 츄월츈풍 화됴월석을 거드렁 거리고 노는 우리 화류계에서 먹고 지고 놀고 ᄒ는 기성들의

의사와 리샹은 엇더흔가? 이것이야 한번 연구홀 것이오, 이것이야 한번 삷허보고 들를 것이라. 이 셰상의 부녀쟈 중 뎨일 사람 니움시를 만히 밧고 지닉기는 여자는 아마 기성일지로다. 맛나보는 산아히로 볼지라도 다 갓흔 자는 안이라. 모다 신분, 직업, 경우, 성격이 다른 자리, 나날이 맛나 보고 지닉며 다달이 사괴여 지닉는 터인즉, 기성들에게 쥬는 영향이야말로 막딕ᄒ다 ᄒ겟다. 혹은 돈만 가지고 위엄을 보이는 산아히도 맛나 놀며 혹은 ᄶᅡ근셔방님으로 제법 상리약이 기나 하는 산아히와도 맛나 놀며, 혹은 양복 기나 걸머 입고

덤벙덕이며 ᄯᄂᆞᆫ 외국어 기나 주져거리는 시청년들과도 맛나 놀지라. 이와 갓치 여러 종류의 산아히들과 억기를 견쥬고 츄월츈풍을 흥잇게 지닉가는 기성들의 심리는 여러 가지로 변쳔도 되며 여러 가지로 틀녀가겟다. 일반으로 기성이 무식ᄒ고 철업는 일기 인생의 ᄭᅩᆾ이지마는 세상의 풍파에 ᄶᅥ셔 지닉여 가는 ᄭᅡ닭에 그 보고 그 듯는 것이 지러종의 부녀쟈보다는 그 샹식이 얼마간 발달된 터이라. 일반으로 기성들의 지원이 돈 만은 남자를 호의호식하고 지닉려 ᄒ는 것이지만은 근릭에 이르러셔는 기성 중의 약간명은

정신덕으로 ᄶᅵ고져 ᄒ는 경향이 업지 안니ᄒ다. 어느 기성으로 말ᄒ면 숀님만 딕ᄒ게 되는 ᄯᄂᆞᆫ 반다시 세상 문뎨, 학슐 문뎨를 닉여노코 숀님과 더부러 이를 비평도 ᄒ고져 ᄒ며, 이에 못 *치고져 ᄒ는 기성도 잇는 현상이라. 이러ᄒ기 ᄯ문에 어느 기성은 숀님에게 향ᄒ야 동경이나 셔양ᄀᆞᆺ흔 데에 가서 공부를 ᄒ야보겟다고 하쇼연 ᄒ면셔 『그러치만 져의 마음을 산ᅌᅵ히들이 맛져주지를 안이흔 즉 엇지 홀 슈 잇나요— 돈 멧쳔원만 딕여 주는 어른이 잇기만 ᄒ면 저는 몸을 훨々 썰치고 나와 공부를 한 후 일성을 그와 살고져 ᄒ지마는요……』ᄒ고

이원을 ᄒ는 기성도 잇는 현금이라. 이는 일종의 증명에 불과ᄒ지마는 기성으로셔 은근히 기성의 싱활을 시려ᄒ는 시 기성들이 만히 나는 지금이라. 그 중에는 허명에 ᄶᅢ져 그리ᄒ는 기성도 잇지마는 딕기는 정신으로 잠을 ᄶᅵ고져 ᄒ는 구름이 은근히 여러 권번에 싸이여 잇는 모양이로다. 기성들의 리샹이 딕기는 시 시딕와 더부러 웃고져

ᄒ며 울고져 ᄒᄂ 듯 ᄒ지만ᄂ 사위의 경우라 금전이 허락ᄒ지 안이ᄂ 시닭에 실치마
ᄂ 기ᄉᆼ 노릇을 ᄒᄂ 모양이라.

매일 20.04.06 (4) 〈광고〉
우미관 4월 5일자, 단성사 4월 1일자와 동일

동아 20.04.07 (4) 〈광고〉축 창간
경성부 삼각정 사십이번지
경화권번 기생일동
전화 이구육팔번

경성부 헌송동(憲松洞) 육육번지
대동권번 기생일동
전화 일삼칠이번

경성부 무교정 구이번지
한성권번 기생일동
전화 이공공사번

경성부 공평동 육오번지
한남권번 기생일동
전화 일일이구번

매일 20.04.07 (4) 곡마단의 성황
내지(內地)로브터 도래ᄒ 도(都) 곡마단 일행은 거(去) 이십팔일 남원군 내에 내도(來
到)ᄒ야 이십구, 삼십 양일을 흥행ᄒ고 림우(霖雨)가 불청(不晴)ᄒ 소치로 삼일간 휴
연ᄒ고 거(去) 삼일부터 흥행케 된 바 관람객은 부인석이 매일 만원이 되는 거슨 사
오십리 거치의 촌부인들이 무려 오육백 명식 래(來)ᄒ야 입장홈으로 매일 칠팔백원
의 거액이 유(有)ᄒ며 시가도 차(此)로써 의외 번창홈에 대ᄒ야 상황(商況)도 호경기
이라 ᄒ며, 군내 각 호에 평균 일인 이상의 접빈케 되얏다더라. 『남원 통신』

매일 20.04.07 (4) 〈광고〉

우미관 4월 5일자와 동일

◆ 사월 육일 특별대흥행

▲ 신파신극좌 김도산 일행!!

▨ 신파 련쇄활동수진 ▨

一, 부산, 대구를 중심으로 ᄒᆞ고 촬영

이번은 실연이 적고 전혀 연쇄 활동사진만 영사홈?

▨ 대대적 고심(苦心) 촬영혼 것 ▨

一, 실사 **부산, 대구 전경**

대활연쇄사진 **의외 흉한(意外 兇漢)** 삼십장

국제활영주식회사 특약 **단성사** (전화 구오구번)

동아 20.04.08 (3) 청년회 활동사진

종로 중앙 긔독교 청년회 주최로 활동사진을 그 회관 내에서 구일 금요일 밤 칠시 반부터 개최할 터인대, 정극과 활극과 우슴꺼리가 충분히 구비한 모양이오. 입장료 는 오십젼과 삼십젼이라더라.

매일 20.04.08 (4) [지국통신란]

(상략) 유흥세의 변형된 것으로 금기(今期) 협의회의 일문제가 될 터인뒤 공(共) 내용 을 개기(槪記)ᄒᆞ면 예기세(藝妓稅) 월액 이원 오십전인 것을 오원으로 증액혼 결과 이천오백팔십원, 을종(乙種) 예기를 일, 이등에 구분ᄒᆞ야 월액 증가한 결과 이천칠백 팔십사원, 흥행세법 개정의 결과 육백이십원, 예기 치옥세(置屋稅)(신설)로 천칠백오 십이원, 대좌수(貸座數) 영업세(신설에셔 천팔백원을 증수(增收)), 결국 잡종세의 증 액 일만칠백십오원 중 흥행의 육백이십원을 삭제혼 일만구십구원 유흥세의 변태(變 態) 과세로 반드시 일문제(一問題)를 ＊기(＊記)ᄒᆞ리라고 기대혼다더라.『인천』

매일 20.04.08 (4) 〈광고〉

우미관 4월 5일자, 단성사 4월 7일자와 동일

매일 20.04.09 (2) 〈광고〉

단성사 4월 7일자와 동일

● 사월 구일부터 사진 전부 차환
모험왕 헤신양 출연
모험활극 **여적(女賊)이 되어서** 전이권
네스-다 영화
희활극 **묘의 고미(猫의 尻尾)** 최장척
실사 유사(社) 주보 七五號
관원 일동의 신파극
경성부 관철동 전화 이이삼번 **우미관**

동아 20.04.10 (3) 활동사진 증지

청년회에서 구일밤 개회하랴든 활동샤진회는 사정이 잇서 뎡지하얏더라.

매일 20.04.10 (4) 위생 환등과 활동사진 영사 / 경무국 주최로 개성좌에셔

사월 팔일 오후 팔시에 개성좌에서 경무국 주최로 위생에 관훈 환등 급(及) 활동사진을 영사ᄒ고 다수 관람자를 환영혼다더라. 『개성』

매일 20.04.10 (4) 처세소훈(處世小訓)[28]

▲ 그적게 젼녁에 단성샤에 구경을 갓던이 김도산이에 신파 련쇄극도 잘 합듸다만은 나는 더욱 쟈미잇는 것을 보앗셔요. 관긱은 전부 만원이 되야 송곳 하나 세울 틈이 업눈듸 웃칭 일등석에서 엇던 흰 *긔들인 졀문 여자가 그 뒤에 안졋던 여자와 셔로 어우러져셔 그저 렴치 불고ᄒ고 셔로 후닥ᄯ 거리면서 젼징을 ᄒ눈듸 참 구경스러웁듸다. 그져 죠곰만 참지 그것이 무엇이야 기싱은 안인 듯 십흔듸 엇지하얏던지 힝실 고흔 녀쟈들은 안인 듯 ᄒ던걸. 『목견 * (目覩 *)』

---

28) 독자영분란[讀者領分欄]과 란의 제목이 바뀌었음. 처세소훈은 보통 1면에 등장하고 있으며, 내용도 독자의 의견을 받는 것이 아님.

▲ 요사이 가만히 보면 기성들 중에 노란 져고리 입고 당홍치마도 입은 것들이 잇스니 그* 옷을 입고 십흐거던 기성 노릇을 말 것이지 그 짓들이 무엇이야. 눈꼴이 틀여서 못 보겟던걸. 그리고 쏘는 무슨 권번이라고 쇠인표을 머리에 쏘자셔 기성과 려염집 부인을 식별ᄒ게 ᄒ다던니 멧칠 되지 못ᄒ야 발셔부터 안이 쏫고 단이는 기성이 터반이던 걸이오. 『오입장(誤入匠)』

매일 20.04.10 (4) 〈광고〉

단성사 4월 7일자, 우미관 4월 9일자와 동일

매일 20.04.11 (2) 〈광고〉

사월 십일부터 사진 전부 차환
미국 유사(社) 특작품
신(新)공중 연속 모험활극 곡마단의 와(曲馬團의 化) 전십팔편 삼십육권 내 사권
청조(靑鳥) 영화
인정활극 몽의 녀(夢의 女) 오권
네스－다 영화
희극 묘의 고미 최장척
헤렌 양 출연
모험활극 여적(女賊)이 되어셔 전이권
실사 유사(社) 주보 칠오호
경성부 관철동 전화 이이삼번 우미관

매일 20.04.11 (3) 〈광고〉

단성사 4월 7일자와 동일

매일 20.04.11 (4) [각 지국 통신란] / 평양 위생 환등회

연기중인 위생 환등 강화회는 래(來) 십일일 오후 칠시브터 평안극장에서 개최ᄒ다ᄂᆞᆫ더, 강연자는 중야(中野) 제삼부장, 남야(楠野) 평양부군, 기타 이삼 유지라 ᄒ며 다수 청강홈이 가(可)ᄒ겟다더라. 『평양』

매일 20.04.12 (3) 조선노동공제회 / 십일일 시내 광무대에셔 셩딕한 발회식을 힝다 / 졈々 발뎐되논 로동샤회

엇더한 사회를 물론호고 발뎐을 도모홀진딕, 먼져 로동 사회가 완젼호여야만 홀 것이다. 그럼으로 우리 됴션에 로동사회를 기션호여야 호겟다 함은 사람마다 부르짓는 바이다. 금년부터 이 곳에셔 로동딕회라는 것이 이러나셔 그 사회를 기션코자 호는 모양이엿셧스나 별로히 완젼함을 보지 못호겟더니 쟉일에야 비로소 완젼혼 노동회을 보게 됨은 참으로 깃붐을 검치 못호겟도다. 쟉십일일 오후 혼시부터 *닉 황금 유원 안

광무딕에서 박즁화『朴重華』씨 외 이빅칠십인 중 여자가 여덜 명 *로 된 됴션 로동공제회『朝鮮勞動共濟會』의 발회식이 잇셧는 바 당일 현장에는 슈쳔의 군중이 모혀 들어셔 집이 터질 듯 호며 집 밧게도 사람으로 산을 일우웟는 중, 오후 혼시 졍각이 되미 박즁화 씨가 연단에 올나 강화를 호미 군중은 박슈갈치로써 마져 열 * 덕으로 불으지졋스며 다음에는 회원 졈명이 잇셧고 다음에는 경과 보고와 회칙 통과가 잇슨 후 임원 션거가 잇셧고, 다음에는 신 사항에 디호야 얼마동안 토의가 잇슨 후에 폐회호얏더라.

매일 20.04.12 (4) [각 지국 통신란] / 연극 준비 분주

의주 청년 구락부에셔 금월 이십일 특별 *친회(*親會)를 개(開)홈은 별항과 여(如)호거니와 차기(此期)를 이용호야 풍속 개량의 목적으로 신파연극을 개시키 위호야 근일 준비에 미우 분주혼 모양이더라. (의주)

매일 20.04.12 (4) 〈광고〉

단성사 4월 7일자, 우미관 4월 11일자와 동일

매일 20.04.13 (3) 〈광고〉

우미관 4월 11일자와 동일

◆ 사월 십이일 특별대공개
미국 쌔데 회사 대걸작 영화
■ 세계적 대연속 사진 ■

(현상금 삼천오백원의 특별요금 부(附))

대탐정모험 대활극『철의 수대(鐵의 手袋)』전십오편 삼십권 내

제일, 이편 사권 상장

▲ 신파신극좌 김도산 일행

신파연속 활동사진『명천(明天)』

국제활영주식회사 특약 **단성사** (전화 구오구번)

매일 20.04.14 (3) 〈광고〉

우미관 4월 11일자, 단성사 4월 13일자와 동일

동아 20.04.16 (4) 청년 환등회

본월 이십일 개성군 송도면 충교(忠橋) 예배당에서 남감리파 야소교 유년 주일학교 주최로 야소기독(耶蘇基督)의 행적을 환등하야 다수한 유년의게 신교상(信敎上) 무한한 신앙과 흥미를 여(與)하얏더라. (개성지국)

매일 20.04.16 (4) [독자설서란(讀者設書欄)]

▲ 엇던 권반에셔는 무슨 감정인지 일절 기성더러 엇던 연극쟝에는 가지 말고 신칙이 나렷디요. 연극쟝에를 가지 말고 신칙ᄒ지 말고 기성 풍힝을 단속ᄒ여야지 참 짝도 ᄒ더라.『견문생(見聞生)』

매일 20.04.17 (3) 〈광고〉

우미관 4월 11일자, 단성사 4월 13일자와 동일

매일 20.04.17 (4) [독자설서란(讀者設書欄)]

▲ 요사히 단성사에셔 흥힝ᄒ는 김도산 일힝은 됴션 연극계에 모범이 될 만ᄒ다. 그러나 갓금 일본인 목슈의 옷 혹은 로동자의 옷을 입는 것은 잘못인줄 아오. 우리 됴션 연극에는 일본 물건이 불합당이요. 아모죠록온『일관람객』

매일 20.04.18 (3) 위싱 환등반 귀조(歸朝) / 이십이일에 귀셩

경무국 위싱과로부터 각디에 파견혼 위싱 환등반은 각쳐에서 가는 곳마다 예긔하던

바 이상의 셩젹을 엇고 오는 이십이일에 귀셩홀 예뎡인더 경셩부 니에셔는 본월 즁에
다시 공긔ᄒ야가지고 방역 사상을 고취ᄒ기에 노력홀 터이라더라.

매일 20.04.18 (4) [독자설서란(讀者設書欄)]

▲ 일젼 밤 문락좌 구경을 갓더라. 구경온 누구가 녀비우 흔아를 쪼여가지고 장짜를
주랴다가 꽁문이 쎄가 부러질 번 ᄒ엿다나. 엇어마진 맛이 엇찌.『구경군』

매일 20.04.20 (3) 전근(電軍) 죵업원 위로회 / 이십일々 져녁부터 죵로 쳥년회관
에셔

경셩 죵로 즁앙쳥년회관에셔 뎐챠 죵사원을 쵸딕ᄒ야 위로회를 긔최홀 예뎡이던 바,
그동안 사졍으로 인ᄒ야 실힝치 못혼 바, 이십일々 져녁 일곱시 반에 이회로 분ᄒ야
하로 삼빅명식 쳥년회관 안에셔 쵸딕혼 후 활동샤진이며 음악 쏘는 다과의 향응이 잇
겟다는더 량일에 나누어 하로 더 쵸딕혼다더라.

매일 20.04.20 (3) 〈광고〉

단성사 4월 13일자와 동일

사월 십칠일부터 사진 전부 차환
세계적 무비(無比) 대연속 사진 제이회 공개
공중(空中) 로로 - 씨 주연
모험활극 곡마단의 와(曲馬團의 化) 전십팔편 삼십육권
제삼편 복수, 제사편 가후스의 보지(報知) 사권 상장
유사[29] 부유바 - 도 영화
복수미담 십팔년의 후 전오권
휴랑 - 기 - 낭양 출연 에루고 - 영화
희극 휴옥의 부업(休屋의 副業) 전이권
느스다 영화

---

29) 유社의 오식.

희극 유쾌혼 역상(逆上) 전일권
경성부 관철동 전화 이이삼번 우미관

동아 20.04.21 (3) 「챠푸린」 두골이 파쇄 / 리혼 문뎨로 인하야

우슴거리 배우로 유명한 (차푸린)이라 하면 어린 아해까지 모르는 사람이 업다. 요전에 (봐이올레스트, 하리쓰)라 하는 역시 미국 활동사진계의 유명한 녀배우와 새로 혼인을 하얏다 함은 임의 본보에 보도하얏거니와, 항상 뎐보를 본 즉 지난 칠일 밤 (차푸린)은 지배인 (메ㅡ야ㅡ)로터부터 (로스안제로쓰)에 잇는 (알레산도리아호테르)에서 크게 싸홈을 하야 머리가 터졋다는대, 싸홈한 원인은 지배인 (메ㅡ야ㅡ)가 차푸린의 본 안해에게 대하야 리혼하기를 권고한 까닭이라더라.

매일 20.04.21 (4) [각 지국 통신란] / 광주 신파 강연 취지

광주통신 ‖ 부 청년(夫 靑年)은 국가의 활동력인 근원이요 쏘는 국가의 부강을 성(成)하는 기초라 운(云)홀지어다. 시고(是故)로 일반 청년을 교육 우(又)는 심성을 격려 선도ㅎ고 마탁수양(磨琢修養)ㅎ야 장래 문명 발전케 홈이로다. 그럼으로 학교를 설립ㅎ야 문명을 진보케 혼 제(際), 자(玆)에 동창회가 설립되얏습니다. 그러나 청년은 대범(大凡) 체력을 증진케 ㅎ고 활기를 건전케 홀 것이라. 차(此)에 대혼 요령은 하야(何也)오 ㅎ면, 즉 대활무대상(大活舞臺上)에 운동이라. 운동을 ㅎ자면 기구가 유(有)ㅎ다. 차기(此器)로 논*(論*)컨된 일년지계를 경영ㅎ는 농가에도 기구가 유(有)홈이로다. 항차(況此) 국가 활력의 원천인 청년이요. 신세계를 희망ㅎ는 청년이 하(何)로 운동호(乎)잇가. 그럼으로 금반(今般) 동창회 청년의 발기로 일부분 취지를 조직ㅎ야 운동기구를 준비, 차(次)로 금월 십오일 오후 칠시부터 광주좌에서 임시 총회를 개최ㅎ고 최남립(崔南立), 김정연(金廷連), 벽계호(薜炳浩), 차순정(車順正), 사씨(四氏)의 강사가 시대 변천의 웅담(雄談)과 청년 장진지망(長進之望)이며 문명 진보될 만혼 취지로 강연을 혼 후, 여흥으로 동창회원의 연구혼 신파를 흥행ㅎ야 일반 관람객을 위안케 혼 결과에 관람석으로부터 유지 신사의 다대혼 찬성으로 일반 청년의 운동기구도 충분히 준비될 모양이라더라.

동아 20.04.22 (3) 모임

▲ 중앙청년회에서는 지난 이십일부터 이십일일까지 잇흘 동안 활동사진과 음악회

를 열고 뎐차의 종사원을 위로하얏다더라.

매일 20.04.22 (4) [각 지국 통신란] / 위생환등 강연회!

전남도청 제삼부 위생계에셔는 일반 인민에게 위생의 취지를 지도키 위ㅎ야 거(去) 십팔일 오후 칠시부터 광주좌에셔 위생환등 강연회를 개최ㅎ얏는딕, 일반 인민이며 군인 일동이며 소학생도, 보교(普校)생도가 약 칠백여 명이 집합ㅎ야 관람케 ㅎ얏다 더라.『광주통신』

매일 20.04.22 (4) [천청지셜(天聽地說, 독자셜셰]

▲ 일전밤 일본사람의 우미관을 갓더니 왜 쩍권연장사의 아릭 위로 외고단이는 소리 에 설명도 들을 수 업고 변쇼에는 위칭 변소가 괴악히요. 신을 신발이 업셔々 소변을 볼 슈 업스니 참 됴치 못ㅎ던 걸. 그것 좃차 됴션인 관긱이라고 ㅎ여셔 괄딕ㅎ눈지. 『분히싱』

매일 20.04.22 (4) 〈광고〉

단성사 4월 13일자, 우미관 4월 20일자와 동일

매일 20.04.23 (4) [각 지국 통신란] / 전주 위생환등

전북 제이부 전주경찰서 위생과에셔는 거(去) 십육일 야(夜) 전주좌에셔 위생에 관ㅎ 환등회를 최(催)ㅎ고 작년 하(夏) 각지에셔 비참을 극(極)ㅎ 호렬주 병의 현상을 실사 ㅎ야 일반에 위생사상을 주입ㅎ얏는디 입장자 약 일천 명으로 파(頗)히 성회를 극(極) ㅎ얏더라.『전주』

동아 20.04.24 (3) 위생환등영사 / 황금관과 단성사 / 일반 관람을 환영

경무국 위싱과(警務局 衛生課)에서는 금번에 일반 부민에게 위싱 사상을 보급시키기 위하야 환등반을 조직하야 크게 선젼할 터인바, 금 이십사일 오후 일시로부터 동 오시까지 오시간 동안을 부내 황금뎡관 내에서 영사한다는데 물론 일반에게 알리기 위하야 하는 일인 즉, 입장권 갓흔 제한은 업스며 아못조록 다수한 사람이 보러오는 것이 조흘쩌오. 쏘 이십륙일 오 한시로부터 동 다섯시까지는 동구내 단성사에서 역 시 다섯시간을 영사하야 일반인의게 보인다더라.

매일 20.04.24 (3) 조선의 실황을 촬영ᄒ야 일본에 쇼기 / 일본의 실황도 역시 됴선에 쇼기ᄒ다고

총독부에셔는 됴션의 실황을 일본에 쇼기ᄒ며 일본의 풍경과 상공업의 셩황 등을 됴션 사람에게 쇼기홀 목뎍으로 이번에 활동사진 긔게를 사드리고 사진긔사를 촉탁으로 고빙ᄒ야 목하 됴의 풍경을 촬영 즁이다. 이번에는 긔사가 동경으로부터『필름』을 겨우 한 쳔자 가량만 가지고 왓션 고로 위션 창경원의 사구라 옷과 동식물을 촬영ᄒ고 이십일은 잉곡『櫻谷』의 사구라 옷과 총독부 졍문 압의 광경과 밋 인쳔 등을 ᄒ엿스나,『필름』이 도착ᄒ는 것을 기다려셔 각디의 풍경과 밋

됴션 사람의 싱활샹터와 ᄯ는 기타 모든 것을 촬영ᄒ야 일본으로 가지고 가셔 각디로 돌아단이며 영사홀 계획인디, 시일이 허락홀 것 갓흐면 목하 긔회 즁인 복강공업방람회에서 영사ᄒ야 이 긔회를 타셔 크게 됴션의 션뎐을 홀 터이라는디, 박람회쟝에셔 영사홈은 아직 ᄒ게 될는지 못ᄒ게 될는지는 결뎡치 못혼 모양이다. 됴션을 촬영혼 뒤에는 일본에서 촬영혼 것을 됴션 각디에셔 영사ᄒ야 됴션 사람으로셔 일본에 디혼 지식을 증진ᄒ게 홀 모양이라 ᄒ는디 됴션으로부터 일본 관광단이라도 가는 ᄶ에는 동ᄒᆼ야 촬영ᄒ리라더라.

매일 20.04.24 (4) [천청지설(天聽地說, 독자설셰)]

▲ 원산 동락좌에서 흥ᄒᆼ는 김쇼랑 일ᄒᆼ의 츄월식을 보앗지만은 혼인례식을 슌젼혼 됴션례식으로 등장혼 것은 참 됴왓습니다. 아모죠록 됴션 례복을 슌젼 사용홈이 뎍당혼 됴션 연극이라 ᄒ겟소.『원산 관극생』

▲ 왜 됴션사룸으로셔 연극을 홀 ᄶ는 ＊＊혼 됴션식 풍쇽 습관으로 ᄒ지안코 쏙 보기 실흔 못된 것만 본을 ᄶ셔 됴션 연극인지 일본 연극인지 알 수가 업시 되니 졍신됴차 그러ᄒ냐. 김도산이 나리씌셰 일ᄒᆼ에게 츙고ᄒ오. 아모죠록 됴션의복에 됴션식으로 ᄒ란 말오.『츙고생』

매일 20.04.24 (4) 〈광고〉

사월 이십사일브터 초일(初日) 예제(藝題)

활동사진 연쇄극『지기(知己)』전오장

조선문예단 이기세 일행

어(於) **우미관** (전화 이삼이육)

◆ 사월 이십삼일브터 특별대영화 급(及) 신파

대대적 호평의 제삼(第三) 대탐정모험대활극 『철의 수대(鐵의 手袋)』

‖ 익익 모험 대대활극 ‖

▲ 신파신극좌 김도산 일행

조선 고대 가정 비극소설 (연예부 각색)

▲ 가정 대활비극 『정을선전(鄭乙仙傳)』 전팔막

◎ 눈물바다로 될 단성사 ◎

(사월간 한[限] 흥행)

국제활영주식회사 특약 **단성사** (전화 구오구번)

매일 20.04.25 (3) 『로로-』로 분장한 『에쯰- 포로』 씨 래일(來日) / 오월 중순 경에 온다

명금 『名金』 이리로 쾌한 『로로-』의 일홈이 한 번 쮜여나게 세계에 진동ᄒ더니 최근 에ᄂᆞᆫ 뎍의 흑성 『的의 黑星』 ᄯᅩᄂᆞ 곡마단의 화[30] 『曲馬團의 化』로 유명한 쾌완을 썰치 던 쾌남쟈 『에쯰-ᄯᅩ로』 씨ᄂᆞᆫ 요ᄉᆞ이 그 회샤의 오권극을 촬영ᄒ기 위ᄒ야 묵서가[31] 국경에 츌장 중인디, 속히 촬영을 맛친 뒤에 킬리포-늬야로 도라갈 터인디 계반 준 비를 정리한 후에ᄂᆞᆫ 년리로 희망ᄒ던 일본으로 리됴ᄒ리라고.

모소에셔ᄂᆞᆫ 말ᄒᄂᆞᆫ디 씨가 리유혼 목뎍은 일본의 풍쇽 습관을 리히ᄒ고 풍광명미ᄒᆫ 텬연의 아름다운 경식으로 씨ᄂᆞᆫ 독특히 련속 영화를 촬영홀 터이라고 말ᄒ며, 준비 의 형편상으로 사구라의 일본을 차질 날은 아마 오월 중순경이 되겟ᄂᆞᆫ디 씨의 웅장 한 용티가 횡빈[32] 부두에 낫하나ᄂᆞᆫ 찌ᄂᆞᆫ 반다시 『워-루간푸』 이상의 환영을 바들 터 이라. 씨ᄂᆞᆫ 유사[33]라ᄂᆞᆫ 회샤와 계약긔간이 끗ᄂᆞᆫ 고로 두 번지 동회샤와 다시 ᄉᆞ기년 간의 시 계약을 미젓다더라.

---

30) 한자 독음은 '와'임.

31) 멕시코의 한자 독음.

32) 요코하마의 한자 독음.

33) 유니버설.

매일 20.04.25 (3) 위생환등회 개최 / 이십륙일 단성샤에셔

당국에셔눈 작 이십ᄉ일 오후 일시ᄭᅡ지 오시ᄭᅡ지 황금관『黃金館』에셔 위싱 환등『衛生幻燈』과 활동사진을 영사ᄒᆞ엿눈 바, 셜명쟈눈 경무국과 경찰셔에셔 파츌되엿고 지료『材料』눈 젼혀 작년 호렬쟈 류힝의 실황을 영사ᄒᆞ야 방역 사상『防疫思想』의 보급을 ᄒᆞ고져 홈이엿스며 됴션인 측은 이십륙일 오후 일시부터 오시ᄭᅡ지 단셩샤『團成社』에셔 영사ᄒᆞ겟눈 바 일반 인민에게 무료로 입쟝케 ᄒᆞᆫ다더라.

매일 20.04.25 (3) 〈광고〉

우미관 4월 24일자와 동일

동아 20.04.26 (3) 김소랑 일행의 미거(美擧) / 함흥 금주회를 위하야

함흥 금주회(咸興禁酒會)눈 셩립된지 불과 이삼쟉에 셩적이 비상히 조흐나 경비가 부족하야 금주사상을 널리 셰상에 션뎐치 못하더니 이번에 원산(元山)에셔 갈채를 밧든 신파 취셩좌 김소랑 일행(金小浪 一行)이 와셔 이십일부터 당디에셔 흥힝하든 중에 이와 갓흔 금주회의 소식을 듯고 특별히 그 회를 위하야 오눈 이십칠팔 량일 동안을 흥힝할 터이오 모든 수입 중에셔 실비용을 제하고 전부를 그 회에 긔부한다눈대 그 회에셔눈 감사함을 표하기 위하야 쟝막 한 벌을 하여 쥰다더라. (함흥 통신)

동아 20.04.26 (3) 〈광고〉

자(自) 이십사일 지(至) 삼십일 매야 칠시 개연
◁이십육일 예제(藝題)▷
연쇄극 대활비극 황혼(黃昏)
문예단 이기세 일행 출연
우미관

매일 20.04.26 (3) 〈광고〉

우미관 4월 24일자, 단성사 4월 24일자와 동일

동아 20.04.27 (3) 〈광고〉

자(自) 이십사일 지(至) 삼십일 매야 칠시 개연

◁이십칠일 예제(藝題)▷
서양 근대극 쿨시카 형제
문예단 이기세 일행 출연
우미관

매일 20.04.27 (3) 〈광고〉
우미관 4월 24일자와 동일

◆ 사월 이십육일브터 특별대영화 급(及) 신파
一, 대대적 호평의 제삼 대탐정모험 대활극『철의 수대』
∥ 익익(益) 모험 대대활극 ∥
▨ 신파원조 혁신단 임성구 일행 ∥ 연쇄 활동사진 ∥
(초일(初日) 연예)
▨ 대모험 대활극 **학생절의(學生節義)** 전삼십이장 구막
이번은 연쇄극 중 본단의 스진은 서양식을 대부분 만히 너헛소오니 참작ㅎ야 보시기
바라나이다
국제활영주식회사 특약 **단성사** (전화 구오구번)

동아 20.04.28 (3) 〈광고〉
자(自) 이십사일 지(至) 삼십일 매야 칠시 개연
◁이십팔일 예제(藝題)▷
애정극 장한몽
문예단 이기세 일행 출연
우미관

매일 20.04.28 (2) 〈광고〉
단성사 4월 27일자와 동일

당(當) 사월 이십팔일브터 조선문예단 이기세 일행
매일신보 연재극

활동연쇄극 장한몽 전구장(全九場)
어(於) 우미관 (전화 이삼이육)

매일 20.04.28 (3) 위생활동사진 / 이십륙일 우미관에셔 셩황 즁에셔 산회되야

임의 보도한 바와 갓치 일반 시민들에게 위싱 사상을 고췌ㅎ고져 부와 밋 경찰셔가 협력ㅎ야 가지고 지난 이십륙일 오후 혼시부터 시니 우미관에셔 위싱활동사진회를 열고 일반 시민들에게 무료로 입쟝케 ㅎ얏는 바, 시간 젼부터 슈쳔의 군즁이 물밀듯이 모허들어셔 송곳 ㅎ나 셰울 틈도 업시 니 만원이 되얏셧는디 졍각이 되미 종로 경찰셔쟝이 연단에 올나셔 간단 기회사가 잇셧고 다음에는 총독부 속 디구보「總督府 屬 大久保」씨의 위싱 강화가 잇셧스며 그 다음부터 환등과 밋 활동사진 등과 또는 여흥 등에 옴기여셔

쳐음에 환등이 잇셧고 다음에 걸니여셔 참혹한 경상을 당ㅎ는 것과 또는 환자 잇던 집을 소독ㅎ는 것들의 쟈미잇는 활동사진 두 가지가 잇셧는디 군즁은 씨々로 자미잇는 곳을 만나면 집이 문허질 듯이 박슈 갈치ㅎ얏다. 다음에는 너머 위싱에 관한 것만 ㅎ면 실증을 니일가 ㅎ야 여흥으로 디졍권번 기성 여덜명이 아름다운 쟝속으로 무디에 올나셔 자미잇는 셔양 무도를 ㅎ얏스며 다음에는 호렵자에 관한 환등이 잇슨 후 동관악디의 바이올린 합쥬가 잇셧고 다음에는 호렬자 예방에 관한 활동사진과 밋 셔양 사진으로 요졀할 희극 한 권이 잇슨 후에 폐회ㅎ얏더라.

매일 20.04.28 (3) 서양식을 가미한 혁신단 활동극 / 처음으로 진화된 서양식 활동사진

신파 련쇄 활동사진을 김도산 일힝이 쳐음으로 박어 만도의 인* 널니 엇엇지만은 거긔셔 더 좀 진화되야 박엿스면 또는 실연이 젹고 사진이 만엇스면 ㅎ는 싱각이 일반 관긱의 바라던 바이라. 그러닉 이번 혁신단 림셩구『革新團 林聲[34]九』군이 단성샤 々쥬 박승필『朴承弼』씨의 대々뎍 후원을 엇어 련쇄극을 박인 것을 이십륙일 밤부터

단성샤 무디 위에 올녀 관람케 ㅎ엿는디, 사진을 보건디 이왕 련쇄 활동사진보다 일

---

34) 聖의 오식.

충 진화 발달되야 대부분 셔양 사진의 가미를 너허 대모험 활극으로 될 수 잇는 디로
는 잘 박은 것이 드러난 바, 실연이 젹고 사진이 셔양풍이 만허셔 만원이 된 일반관
긱은 더욱 열광ㅎ야 박수갈치가 끈일 시 업셔々 림셩구 군의 대셩공이라 ㅎ겟는디,
긔챠와 자동챠의 경주와

강물에 써러지는 쾌활과 기타 셔양인의 집 삼칭 위에셔 격투ㅎ다가 악훈을 그 위에
셔 아리로 써러트리는 장대한 대활극이 잇셔々 참으로 자미진々흔 셔양사진과 조곰
도 다를 것이 업더라.

1920년

동아 20.04.29 (3) 〈광고〉

자(自) 이십사일 지(至) 삼십일 매야 칠시 개연
◁이십구일 예제▷
애정극 장한몽
문예단 이기세 일행 출연
우미관

◎이십육일부터 신파 * 제(*題)
대활동연쇄극 **학생절의(學生節義)** 전삼십이장 전오막
혁신단 임성구 일행 출연
미국 버쎄 지사 일대 걸작
세계적 대연속
대모험 대탐정 대활극 제삼 **철의 수대** 오 · 육편 전사권 상장
단성사 전화 구오구번

매일 20.04.30 (3) 한남권번이 회사제로 곳치엇다 / 이십만원의 쥬식회샤

됴선의 화류게는 임의 은셩홈이 극도에 이르러 기셩의 수효가 날노 느러가는도다.
이것이 경계게가 평창ㅎ고 교제가 날노 느러감에 원인홈이라 ㅎ면 미우 경하홀 만ㅎ
다 ㅎ겟스나, 그 니용을 자셰히 볼진디 아즉 지됴가 흔슉치 못ㅎ고 쏘흔 아모 교제도
홀 줄 모르는 것이 기셩이다. ㅎ야 항상 손님 압헤 나와셔 흥미 잇는 일이 죠금도 업
슬 쑨 아니라 *로혀 불쾌흔 감정을 이리키는 일이 허다ㅎ도다. 이것은 우리 됴선에
특별이 잇는 기셩의 아름다운 풍치를 손상홀 쑨 아니라 쏘흔 그네의 집안으로 말ㅎ드

러도, 습관상이라 홀지라도 미우 완젼치 못ᄒ고 질셔가 업셔셔
여러 가지의 폐히가 싱기며 그 외에 그네들의 싱활ᄒᆞᄂ 것으로 볼지라도 날마다 사
드리ᄂ 물건이 비교뎍 샤치ᄒᆞᆫ 것이 만아셔 그 경제상으로 보더리도 여러가지 기량홀
뎜이 만어셔 유식ᄒᆞᆫ 스룸들은 항상 이것을 기션코져 ᄒᆞ든 바, 이제 여러 죠합 즁에 한
남권반『漢南券番』을 사셔 인게ᄒᆞ고 자본금 이십만원『二十萬圓』으로 쥬식회샤 한남
권반『株式會社 漢南券番』이라 이홈[35]ᄒᆞ고, 이것을 사쳔쥬『四千株』에 나누어 한 쥬
에 디ᄒᆞ야 오십원으로 ᄒᆞ고 몬뎌 십이원 오십젼을 거둘 터인디 회샤ᄂ 물논 경셩에
둘 터이라 ᄒᆞ니 지금 일본 기싱들은 벌셔 이러ᄒᆞᆫ 회샤를 만드러 사무를 착々히 진힝
ᄒᆞ야 가ᄂ 이 쎄에 우리 됴션 기싱들도 하로라도 밧비 이 회샤를 셩립ᄒᆞ고 기싱의 품
셩과 지됴를 만히 곳치ᄂ 것이 이 샤회에 ᄒᆞᆫ 큰일이라 ᄒᆞ겟더라.

매일 20.04.30 (3) 〈광고〉
단성사 4월 27일자, 우미관 4월 28일자와 동일

동아 20.05.01 (2) 〈광고〉
◎이십육일부터 신파 * 제(* 題)
대활동연쇄극 **친구(親舊) 의형(義兄) 살해** 전장 전막
혁신단 임성구 일행 출연
미국 버쎄 지사 일대걸작
세계적 대연속
대모험 대탐정 대활극 제삼 **철의 수대** 오 · 육편 전사권 상장
단성사 전화 구오구번

매일 20.05.01 (1) 〈광고〉
우미관 4월 28일자와 동일

◆ 오월 일일브터 특별대영화 급(及) 신파

---

35) '이름'의 오식.

一, 대대적 호평의 제사(第四) 대탐정모험 대활극 『철의 수대』 제칠 · 팔편 사권 상장

‖ 익익(益) 모험 대대활극 ‖

◇ 신파원조 혁신단 임성구 일행

연쇄 활동사진 대정(大情)대활극 **보은**

국제활영주식회사 특약 **단성사** (전화 구오구번)

동아 20.05.02 (2) 〈광고〉

오월 일일부터 특별대영화 급(及) 신파

미국 버쩨 지사 일대 걸작

대적(大的) 호평의 제사회 대탐정모험 대활극 **철의 수대** 칠팔편 사권

활동연쇄극 대활극 **보은** 전삼십팔장

혁신단 임성구 일행 출연

국제활영주식회사 특약 **단성사** 전화 구오구번

매일 20.05.02 (4) 〈광고〉

단성사 5월 1일자와 동일

매일 20.05.03 (3) 세계적 대문호 『빅토 - 유쇼』의 『희무정(噫無情)』극 영사 / 천지일우의 됴흔 긔회 / 자세훈 것은 츄후발표 / 됴션부식농월 쥬최 / 본샤는 이를 후원 *

명치 스십삼년 십월 경상북도 딕구 동촌 『大邱 東村』에 설립된 됴션부식농원 『朝鮮扶植農園』은 십여셩 * 기 일선인의 불샹의 아히를 구제후며 교육후기로 목뎍을 삼고 닉려온 바, 현금에 잇는 슈효가 오십 * 명에 달후는 바, 긔 본 지산으로는 논과 산림이 잇스나 오히려 이 * 으로는 족후지 못훈 서닭이, 관헌의 보죠 곳 총독부 쏘는 청의 찬죠로 인후야 지탕후야 오는 바인디, 이번에 다시 일선인 고아 빅명을 슈용후고져 후는 바, 먹고 입는 것에는 그리 고싱되지 안이후나이

빅명의 고아를 슈용홈에 죡훈 긔슉샤가 업슴으로 인연후야 이번에 동 농원에서는 이 자금을 구취후기 위후야 세계덕 딕문호 곳 불란서의 디문호인 빅토 유쇼가 저작훈 희무졍 『噫無情』곳 본지에 오릿동안 연지되여 반도의 무훈 환영을 밧던 이샤 『哀史』를 활동사진으로 영샤후야 일반에 쇼기후게 되엿다. 이에 디훈 쥬최자는 됴션 부식농

원이 되겟고 후원쟈는 본샤가 되겟는 바, * 이 긔회 천지일우의 호긔회며 쏘는 우리 됴션에서 처음으로 나오는 세계뎍 걸작의 활동사진이라 ᄒ겟다. 빅토ー유쪼 씨는 하날이 만드러 닉인 큰 문학쟈 큰 사상가라. 그를 보지 못ᄒ 우리는 그의 싱활의 자최인 그의 작품이나마 보아야 ᄒ겟다.

다향히 됴션 부식농원의 쟈션뎍 계획이 잇게 되자, 이 걸작의 이사가 우리 문예계 우리 사상계에 상장되게 되엿습이야말로 실로 깃분 쇼식이라 ᄒ겟다. 본샤는 특히 됴션 부식농원의 간부와 협의ᄒ고 * 빅토 유쪼의 일싱의 디작인 이사를 우리 됴션사람에게도 쇼기ᄒ게 되엿다. 이에 디ᄒ 바 자세ᄒ 일은 물론 츄후에 계지ᄒ겟거니와 이 활동사진의 영샤긔는 오월 십일일로부터 삼일간이 될 듯ᄒ니 그 자세ᄒ 것은 츄후에 발표ᄒ야 우리 문단의 요쟝으로 ᄒ야곰 쒸놀게 ᄒ겟노라.

동아 20.05.04 (4), 20.05.05 (3), 20.05.06 (2) 〈광고〉

단성사 5월 2일자와 동일

매일 20.05.04 (3), 20.05.06 (3) 〈광고〉

단성사 5월 1일자와 동일

매일 20.05.05 (4) [천청지설(天聽地說)]

▲ 신파연극 취셩좌 김소랑 일힝아, 연극을 여러 번 구경ᄒ엿나이다. 아 소랑 군이여, 그디의 챵작ᄒ엿다는 련민이라는 비극은 현시 우리 됴션 스롬이 당ᄒ고 잇는 상황을 그러닉는 듯 ᄒ더이다. 엇겨면 우리 됴션에 유전ᄒ여 오는 습쇽을 잘 리히흠닛가. 나는 감사ᄒ 눈물을 흘닐 짜름이야요. 『원산 여우(旅牛)』

매일 20.05.06 (3) 인도주의의 세계적 사진 / 『희무졍(噫無情)』의 신셩미(神聖味) / (쎡)토ー유ー쪼의 슝비쟈야 압셔거니 뒤셔거니 오나라 / 십일 십이 십삼 삼일간 / 종로 즁앙쳥년회에셔

임의 보도ᄒ 바와 갓치 디구에 잇는 됴션부식농원 죠션회『朝鮮扶植農園 慈善會』쥬최와 본샤의 후원으로 긔최ᄒ 활동사진회는 그 후에 쟝쇼는 종로 쳥년회관으로 뎡ᄒ고 그 샤진을 설명ᄒ 사롬으로 말ᄒ면 됴션 사롬의 활동사진 변사로 엄지손가락을 쏩는 서상호『徐相昊』, 김덕경『金德經』의 두 사롬이요 시일은 오는 십일일 십이일 십삼일 스흘 동안인디 미일 오후 일곱시부터 시작ᄒ기로 결뎡되얏다. 그런디 그 사진 희무졍『噫無情』으로 말ᄒ면 본보에 이샤『哀史』라고 ᄒ야 련지되얏던 불란셔에 아쥬 눈물 만코 한슘만은 셰계뎍 딕문호로셔

당시 졍치가에셔ᄉ 그의 밋는 바는 어디ᄭ지던지 자긔의 몸을 희싱ᄒ야 가면셔 어디ᄭ지던지 관털ᄒ지 안이ᄒ면 안 되겟는 열렬ᄒ 화염과 갓흔『빅터 유−쏘』션싱이 륙십셰 ᄯᆡ에, 예슐가로 말ᄒ면 가쟝 란슉한 ᄯᆡ에 지은 것이다. 이 칙이 발간되쟈 셰계에서 그 글에 탄복ᄒ지 안이ᄒ는 자가 업셧스며 유명ᄒ 로셔아 문호『톨스토이』도 십구셰긔에 가쟝 첫지되는 명작품이라 ᄒ얏고 셔양 모든 나라에셔는 시로운 셩셔라고 일컷고 셔로 뎐ᄒ야 가면셔 셔로 외우기를 마지 안이ᄒ던 것이다. 그 닉용에는 압ᄒ고 미운 사회뎍 교혼과

깁흔 인싱관으로셔 도덕뎍 감화와 부인문뎨 졍치문뎨 등과 밋 기타 여러 가지 방면에 디흔 히결을 ᄒ야 잇는 중 션싱의 인도쥬의『人道主義』뎍 졍신이 명빅ᄒ게 나타나셔 잇다. 그것을 불국 파데 회샤에셔는 그 소셜을 영구히 긔념ᄒ기 위ᄒ고 ᄯᅩ는 본셔를 읽을 틈이 업는 사룸들을 위ᄒ야 막디흔 촬영권리금을 니여놋코 파리 국립극쟝의 젼속 비우 수빅명으로 ᄒ야금 원쟉과 갓치 죠곰도 틀님업시 실연ᄒ야 졍부의 후원을 밧아가지고 헌식뎍 노력을 ᄒ야셔 수빅만원의 금젼을 드리여 가지고 촬영흔 것이다. 이 사진을 흔 번 보면 이 셰상은 모든 것이

샤람의 디옥을 만드는 것을 ᄭᆡ닷고 아모리 마음이 못되고 악ᄒ다 ᄒ드라도 한 줄기의 눈물을 흘니지 안이홀 자가 업슬 것이다. 쥬인공 장팔챤의 긔박흔 운명과 가련흔 녀직공 항이련의 고싱ᄒ는 것과 그의 달고셜도와 혁명 사샹이 가삼 속에서 불길 일어나듯 ᄒ는 쳥년 사이의 련이와, 가혹흔 법률을 디표흔 경관의 고심 등과 밋 당시의 불국 혁명의 참샹을 볼 것 갓흐면, ᄲᅤ가 져린 것을 ᄭᆡ닷지 안이치 못홀 것이라. 그런디 이 사진의 쳑수로 말ᄒ면 열두권에 난호아 잇는 바 아못죠록 이와 갓흔 긔회를 일치 말고 흔 번 보아 두지 안이치 못홀 것이더라.

매일 20.05.06 (4) [천쳥지셜(天聽地說)]

▲ 경화권반 기싱 연쥬회가 단셩샤에 열닌다고 셔들기에 구경이나 좀 홀가 ᄒ엿더니 아모 쇼식이 업시 아쥬 달핑이 눈찟이 된 모양이야.『답답생(畓生)』

매일 20.05.07 (2) 〈광고〉
단성사 5월 1일자와 동일

오월 오일부터 제사회 차환
공중곡마 모험활극
미국 유니−바사루 회사 일대특작
구부판단(口付判斷) 제오편, 공중의 춘사(椿事) 제육편, 인제(人梯)의 권(券) 제칠편,
상(象)의 돌진 제팔편
전십팔편 삼십육권 내 팔권
미국 유사(社) 지요−가−영화
희극 **생(生)혼 조각** 최장척
경성 관철동 **우미관** 전화 이삼이육

동아 20.05.08 (3) 〈광고〉
오월 팔일부터
특별대영화 급(及) 신파
미국 버쎄 지사 일대 걸작
대적(大的) 호평의 제사회
대탐정모험대활극 **철의 수대** 구 · 십편 사권
팔일브터 일주일간
경화(京和)권번연주회
국제활영주식회사 특약 **단성사** 전화 구오구번

매일 20.05.08 (2) 〈광고〉
우미관 5월 7일자, 단성사 5월 1일자와 동일

**동아 20.05.09 (3), 20.05.10 (3), 20.05.12 (4), 20.05.13 (4), 20.05.14 (4),
20.05.15 (3) 〈광고〉**
단성사 5월 8일자와 동일

매일 20.05.09 (3) 〈광고〉

조선부식(扶植)농원 자선회 주최

『희무정(噫無情)』극 활동사진 대회

기일(期日) 십일, 십이, 십삼, 삼일간(매일 오후 칠시 개연)

장소 종로 중앙기독교 청년회관

입장료 일등 이원, 이등 일원, 삼등 오십전

변사 서상호(徐相昊) 동(同) 김덕경(金德經)

입발(入發) 매일신보사 편집국 사회부 개회당일 회장 입구

장매(場賣) 종로 이정목 광익(廣益)서관, 종로 사정목 금정(金貞)상점

권소(券所) 서대문정 일정목 광흥혜점(光興鞋店), 견지동(堅志洞) 광한(廣韓)서림

단성사 5월 1일자와 동일

당(當)혼 오월 팔일부터 사진 전부 차환

희극 **탄환과 백골의 두(頭)** 전이권

인정비극 **モデル**[36] 고백 전오권

로로- 씨 모리 마론 양 출연

연속활극 **곡마단(曲馬團)의**[37] 제구편, 제십편 전사권

제구편 해중(海中)의 투입, 제십편 탐정의 구조(救助)

경성 관철동 **우미관** 전화 이삼이육

동아 20.05.10 (4) 문예단 일행 흥행

문예단 이기세 일행은 금월 이일부터 인천 가무기좌에서 활동사진 연쇄극을 흥행하
는대 호평이 분분하야 매야 만원의 성황으로 개연한다더라. (인천)

---

36) 모델.

37) 본문에서 ?가 빠짐.

매일 20.05.10 (3) 경화(京和)권번연주 / 구일밤부터 / 단셩샤에셔

지나간 팔일부터 시너 동구안 단셩샤에서 경화권번 기성 일동이 여러 가지 춤과 밋 자미잇는 노러를 가지고 연쥬회를 열고자 ᄒ얏셧스나 팔일은 비가 와슴으로 부득이 하로를 연긔ᄒ얏다가 지난 구일부터 기연ᄒ다더라.

매일 20.05.10 (3) 〈광고〉

희무정 활동사진대회 5월 9일자, 우미관 5월 9일자와 동일

매일 20.05.10 (4) 〈광고〉

단성사 5월 1일자와 동일

매일 20.05.11 (2) 〈광고〉

우미관 5월 9일자와 동일

◆ 오월 구일브터
一, 대대적 호평의 제오(第五) 대탐정모험 대활극 『철의 수대』 제구 · 십편 사권 상장
‖ 익익(益) 모험 대대활극 ‖
특별대여흥!!! 경화권번 연주대회
국제활영주식회사 특약 **단성사** (전화 구오구번)

매일 20.05.11 (3) 〈광고〉

희무정 활동사진대회 5월 9일자와 동일

매일 20.05.12 (1) 〈광고〉

우미관 5월 9일자, 단성사 5월 11일자와 동일

매일 20.05.12 (3) 문락좌의 원유회 / 오일 청량사에셔

지는 오일 됴션의 구파를 연쥬ᄒ는 문락좌에셔는 동일 오젼 십일시부터 좌원의 원유 회를 동딕문 외 청량사에셔 거힝ᄒ얏는 바, 여흥으로 박팔기 홍도 허금파 등의 청가 묘무가 잇션는디 오후 * 시경에 산희되엿다더라.

매일 20.05.13 (2) 〈광고〉

우미관 5월 9일자, 단성사 5월 11일자와 동일

매일 20.05.13 (3) 혈루(血淚)의 동정(同情) 백열(白熱)의 환호리(裡)에 희무정(噫無情)극 영사 / 십일일 밤 청년회관에셔 / 본일은 오십젼 균일

임의 보도한 바와 갓치 지난 십일ㅅ부터 시니 청년회관에셔 디구 부식롱원 자션회 『大邱扶植農園 慈善會』의 쥬최 본샤의 후원으로 교육활동사진 『빅터 유고』 션싱의 걸작 희무졍극『噫無情』 딕회가 열니엿눈딕 당일은 오후 여섯시 경부터 사방에셔 모혀드눈 관긱들이 물밀 듯ㅎ야 슌식간에 만원이 되얏다. 일곱시부터 ㅎ고자 ㅎ얏던 바 광션이 아직 잇눈 고로 부득이 일곱시 삼십분에야 비로쇼 긔회사가 잇슨 후 동 사십분 경부터 영사ㅎ기를 시작ㅎ얏다. 사진이 미우 션명훈 즁 변사들의 셜명이

사람의 감졍을 잘 잇쓸어니엿눈 고로 사진이 처음 빗치기 시작ㅎ미 박슈갈치 ㅎ눈 쇼리가 련락부졀ㅎ얏스며 그 사진의 쥬인공 장팔찬이가 미리엘 승졍의 집에 들어가셔 은사시를 집어가지고 다라나다가 관헌에게 붓잡히여 들어가셔 승졍의 두터운 뜻에 이전에 악훈 마음은 모다 사라져 바리고 승졍의 집 문밧게 나와셔 힘업시 쌍에 쥬져안지며 슯흔 눈물을 흘니눈 곳과 밋 쟝팔찬이가 마디련 시쟝이 되야가지고 『판틔』을 구원ㅎ눈 곳과 밋 기타 여러 곳에셔눈 소릭를 지르며 박슈갈치ㅎ야 녈광덕으로 환영ㅎ얏다. 그리고 마음

연한 녀자들은 쟝팔찬이가 꼬셋트를 엽헤 끼고 슌사 부장 차보열과 밋 관헌들의 쌰라 오눈 것을 피하야 도망ㅎ눈 곳 갓흔 딕에셔눈 다 각ㅅ 동졍을 표ㅎ야 에구 엇더케 하나 ㅎ눈 소리가 여츌일구로 나오눈 등 피가 쓸코 심쟝이 쮜눈 것을 다 각ㅅ 진졍ㅎ지 못ㅎ눈 틱도가 완연히 나타낫셧다. 그러나 당일에눈 셜비 가 죠곰 불완전ㅎ얏셧눈 고로 시간 과 밋 그 외의 몃 가지의 불완젼훈 곳이 잇셔ㅅ 미우 유감되엿셧스나 작 십이일에눈 모든 셜비를 완전히 ㅎ야가지고 죠곰도 유감 업시 ㅎ얏 다. 그리고 금 십삼일에눈 특별히 일

▲ 희무졍극 영사대회

반에게 공기ㅎ야 가지고 입장료를 오십젼 균일로 ㅎ겟는 바 당일은 미우 복잡홀이니 아못죠록 일직이 가셔 쟈리잡는 것이 미우 죠켓더라.

매일 20.05.13 (3) 〈광고〉
희무졍(噫無情)극=본일은 오십젼 균일

매일 20.05.14 (1) 〈광고〉
우미관 5월 9일자, 단성사 5월 11일자와 동일

매일 20.05.14 (3) 무자비훈 세상(일) / 희무정극을 본 감상 / 설원생(雪園生)
법률이란 누가 만드러 너엇나? 또 그리 ㅎ고 이 법률의 졔지를 밧는 사람은 그 누구인가? ㅎ로도 업지 못홀 법률 - ㅎ로도 업지 못홀 법률! 우리 인싱샤회의 싱활이 씨 업고 힘 업는 싱활 갓흘진딘 무슴 법률이 필요가 잇스랴. 셔로 쎄앗고져 ㅎ는 더러운 마음 - 약혼 쟈를 강혼 쟈가 억압ㅎ고져 ㅎ는 바에서 비로소 법률이란 까다러운 물건이 싱겨 낫다. 드러라 이 법률을 만든 쟈는 약혼 쟈가 만든 것이 안이다. 곳 폐포파립의 의지가지가 업는 불＊혼 사롬이 만든 것이 안이며, 옛쳔년 이러 가뎡이란 감옥 안셔 살고 죽고 ㅎ던 약혼 여자가 만든 것도 안이다. 이 법률은 텬하의 호강을 독차지 ㅎ고
텬하의 영화를 독차지혼 강혼 쟈이 만든 것이라. 그럼으로 인연ㅎ야 그 법률에는 무한혼 결뎜과 무궁혼 비치가 업지 안이도다. 강자가 만든 법률인즉 강자의 쳐셰에 뎌 ㅎ야는 자못 혼 편리ㅎ고 자못 리로운 즉 법률이 ＊되겟슨 즉, 힘업는 쟈 권리 업는 자에게야 무슴 효험이 잇스랴 뭇노니 여자에게 뎌혼 법률을 누가 만드럿는고? 이것도 산ㅇ히가 만드럿다. 여자의 심리, 여자의 쟝쳐, 여자의 인격을 무시ㅎ고 산이히에게만 쏙 맛게 만들지 안이ㅎ얏는가. 그럼으로 우리는 법률을 인싱 샤회에 뎌혼 신셩혼 권위라 일커르고져 ㅎ지 안이ㅎ는 바이라. 그는 그러ㅎ나 우리의 싱활이 법률만 잇스면 살 슈가 잇나? 안이 법률에만 의탁을 ㅎ면 우리의 싱활 곳 졍신뎍 싱활 육톄뎍 싱활에 아모 쟝이가 업슬가? 안이라 이 법률은 강쟈가
자긔의 권리와 자긔의 힘을 영원히 보존히 가고져 만든 바의 무자비 무인졍혼 쥬의 우러에서 만든 것이라 홀 슈 밧게는 업슨 즉, 이 법률은 약혼 쟈로 ㅎ야곰 강혼 자의 노례가 되게 ㅎ는 것이라. 그 즁에도 셰상이 엇더혼 지 법뉼이 엇더혼 것인지 모르고

다만 자긔의 량심에 의지ᄒ야 슯허도 이 량심에 의탁ᄒ고져 ᄒ며 안허도 이 량심에 호소ᄒ고져 ᄒᄂ 슌량ᄒ 사람 — 자연의 제지와 량심의 제지가 자긔 싱활에 딕ᄒ 지판소 지판쟝이 된 슌박ᄒ고 질소ᄒ 사롭에게ᄂ 법뉼처럼 무셔웁고 가혹ᄒ 것은 다시 업다. 빅도—유쏘 션싱이 만든 레미쎄레이쓸은 만고의 명작일다. 십구셰긔 쵸엽의 불란셔 인민의 싱활을 그려닉인 시로운 셩경이라. 가혹ᄒ 법뉼이 당시의 빅셩을 얼마나 울게 ᄒ얏셧ᄂ지ᄂ

션싱의 걸작인『레미쎄레이쓸』에 빗치여 알 수가 잇다. 이 걸작은 빅토 션싱이 인싱의 파란겁욕을 모죠리 맛 본 후 그의 나히 륙십셰가 되엿슬 ᄶ에 볼란셔의 젼제덕 힝졍과 ᄯ는 가혹ᄒ 법률로 인연ᄒ야 고통에 우ᄂ 사롭이 만흔 것을 지극히 압ᄒ게 싱각ᄒ고 만든 딕작이라. 쟌발쟌이ᄂ 슌량ᄒ 녯날 사롭, 여러 식구를 혼쟈 몸으로 길너 갓스나 필경은 여유가 업셧다. 이 ᄶ에 쟌발쟌이에게ᄂ 사랑ᄒ고 공경ᄒᄂ 누이가 잇셧다. 이 누이ᄂ 사흘 동안이나 쌩 부스러기 한아를 입에다 너은 일이 업셔 굴머쥭게 되엿슨 즉, 이를 구홀 쟈ᄂ 아모리 ᄒ야도 쟌발쟌이일지라 못먹어 불상ᄒ게 쥭게 된 자긔의 누이를 구원ᄒ고셔 슌량ᄒ 마음에 올치 못ᄒ 싱각이 낫셧다.『ᄯ 잇쇼』

매일 20.05.15 (2) 〈광고〉
우미관 5월 9일자, 단성사 5월 11일자와 동일

매일 20.05.15 (3) 무자비ᄒ 세상(이) / 희무정극을 본 감상 / 설원생
쟌발쟌은 실샹 자긔 집에 딕ᄒ야ᄂ 자긔가 홀 바의 칙임이며 의무를 이마에 쌈을 흘녀가면셔 졍셩스럽게 다 ᄒ얏스나 공평ᄒ지 못ᄒ 셰상은 그로 ᄒ야곰 먹음에 여유가 업게 ᄒ얏고 입음에 ᄯ한 여유가 업게 * 엿다. 쟌발쟌은 션싱에 무슴 업원으로 무자비ᄒ 세상에 틔여나셔 눈물과 더부러 하날을 우러러 탄식ᄒ게 ᄒ얏ᄂ가? 이것이 우리 일싱 사회의 그 평치 못홈을 증명ᄒᄂ 큰 사실이 안일가? 굴머 쥭게된 그 누이를 구ᄒ고져 ᄒᄂ 마음에ᄂ 간단이 업ᄂ 눈물의 싱과 피의 시닉 * 은연히 싱기엿슨 즉 쟌발쟌의 압길에 무엇이 무셔웁고 거리씰 것이 잇스랴. 이 ᄶ문에 그ᄂ 싱각ᄒ되『쌍』ᄒ 죠각만 잇스면

굴머 쥭게된 나의 누이를 구원홀 슈 잇다 — 아! 무졍ᄒ 셰상이다 — 아! 무졍ᄒ 셰상이다. 고딕광실 놉흔 집에 엄연히 안져 셰상의 영화를 독차지ᄒ 사롭의 집에 가셔 쌍 한 죠각만 달나ᄒ야도 주지 안이ᄒᄂ 이 박졍ᄒ 셰상인 즉, 닉가 지금 나아가 한 죠각 쌍

을 달나흔들 응당 즐겨주지 안이흐겟슨 즉, 아모리 흐야도 량심이 허락흐지 안이흐는 힝동이지마는 한시 밧비 나아가 쌍 한 조각만 도적질 흐야다가 죽게된 뎌 누이를 구원흐겟다 흐고 훌々 썰치고 나섯다. 과연 쟌발쟌은 쌍 한 죠각을 훔치여가지고 다라나올 찌에 주인에 눈에 씌워셔 쥭기로 쟉뎡흐는 집으로 도라와 그 쌍을 공경흐는 그 누이에게 주게 되쟈 그 쌍 한 조각을 일흔 쥬인은 경관과 더부러 뒤를 쫏치어 쟌발쟌의 집으로 와 쟌발쟌을 잡으러 드러왓다. 아! 무정흐다! 아! 무즈비흐다! 만약 쌍 일흔 사름으로셔 눈물과 피가 잇섯더면 엇지 그 뒤를 쫏치어 왓스리오? 안이 쟌발쟌의 집에ᄭ지 와셔 그 집안의 형편을 두루 삷혀 보앗슬 진딘 토목군쟝이라도 쓰거운 동정의 눈물을 흘니고 한 죠각의 쌍을 더 주엇스리라. 쌍 한 조각이 그 무엇인가? 눈물 한 덤 피 한덤 업는 쌍 일흔 쥬인의 힝동이야말로 미웁기 측량업다. 일로 인연흐야 쌍 한 조각을 들고 먹고져 흐던 그의 누이는 쌍 일흔 쥬인 쏘는 경관의 란포[38]에 혼비빅산 그만 그 쌍 조각을 들고 영々 도라오지 못흐고 황쳔킥이 되고 마럿다. 만일 그 쥬인되는 자 경관되는 자로셔 피와 눈물이 잇섯슬것 갓흐면 쓰거운 눈물과 더부러 쟌발쟌을 넉々히 용셔흐고 도라갓스리라. 그러흐나 무자비흔 뎌 쥬인, 무즈비흔 뎌 경관은 긔어히 쟌발쟌을 결박흐야 가지고 가고 마럿다. 이 눈물업는 경관과 이 피업는 경관아! 너도 량심이 잇스려니 엇지 그다지 무즈비흐냐? 안이다, 이것이 너의 허물도 되겟스나 너의 직칙이 그와 굿치 만든 것일다ㅡ 그것도 그러치 안이흐다ㅡ 너의 직칙이 쟌발쟌을 포박흔 것도 안이다. 그 당시의 가혹흔 법률이 너로 흐야곰 그와 굿흔 힝동을 흐게 홈일다. 당시 *뎌흔 불란셔의 법률처럼 가혹흐기 싹이 업는 것은 업스리라. 쌍 한 죠각의 도적질로 인연흐야 그만 옥즁의 사룸이 되고 마럿다. 아! 무즈비흔 당시의 불란셔야말로 듯기에 소름이 돗는다. *이 당시의 불란셔는 무자비흔 공긔 즁에 싸이여 지닛다. 『쏘 잇쇼』

동아 20.05.16 (3) 〈광고〉

오월 십육일부터 특별대영화 급(及) 신파
미국 버쎄 지사 일대 걸작

---

38) 난폭의 일본어 발음.

대적(大的) 호평의 제육회 대탐정모험대활극 **철의 수대** 십일, 십이편 사권

일요일 *간(*間) 흥행은 전부 활동사진

본월 십육일부터 일주일간

취성좌 김소랑 일행 흥행

국제활영주식회사 특약 **단성사** 전화 구오구번

매일 20.05.16 (2) 〈광고〉

단성사 5월 11일자와 동일

오월 십오일부터 전부 차환

미국 유사(社)

실사 마가징 삼십일호 전일권

미국 유사 네스다 – 영화

대활극 사인 동반(四人 同伴) 전일권

미국 유사 쑤트쌕트 영화

인정비극 심의 사어(心의 私語) 전오권

미국 유사 연속 사진

로로 – 씨 모리 마론 양 출연

곡마활극 곡마단의 와(曲馬團의 化) 전십팔편 삼십권의 내 사권

제십일편 두도(頭刀) 제십이편 불사의(不思議)의 도주

경성 관철동 **우미관** 전화 이삼이육

매일 20.05.16 (3) 무자비훈 세상(삼) / 희무졍극을 본 감상 / 셜원생

쟌발쟌은 쌍 훈 죠각을 도젹질훈 까닭에 필경은 쳥텬빅일에도 힛빗을 보지 못ᄒᆞᄂᆞᆫ 어둠 침々훈 옥중의 사름이 되엿다. 그 텬진이 란만훈 슌량훈 마음은 이로 인연ᄒᆞ야 날로 더부러 비々 쐬여가기를 시쟉ᄒᆞ얏고 날로 더부러 법률에 향ᄒᆞ야 반항ᄒᆞᄂᆞᆫ 마음이 극도에 달ᄒᆞ야 지어갓다. 뿐만 안이라 이 셰샹의 박졍홈과 쏘ᄂᆞᆫ 무자비홈을 춤심으로 분히 녀기게 되엿다. 이로부터ᄂᆞᆫ 쟌발쟌의 마음이 시々각々으로 것치러지기를 시작ᄒᆞ얏스며, 시々각々으로 풀녀지기를 시작ᄒᆞ야 죵리ᄂᆞᆫ 그의 마음에 자포자긔의 무셔운 됴롱과 무셔운 방자가 침노ᄒᆞ야 위션 가혹훈 법망에셔 버셔나오고져

은근히 결심ᄒ얏다. 이 결심은 과연 쟌발쟌으로 ᄒ야금 무서운 쇠착고를 버서바리게 ᄒ얏고 외양간 ᄀ흔 감방을 써나게 ᄒ얏다. 나의 물건 안인 남의 말건[39]을 흔 터럭일지라도 도적질 ᄒᄂ 것은 물론 올치 못ᄒ지마는 이로 인연ᄒ야 십구 춘츄를 옥중에서 지닛스되 오히려 죄가 남엇던지 오히려 긔흔이 못 되엿던지 당시의 그 감옥에서는 그를 니어놋코져 ᄒ지를 안이ᄒ얏다. 슌량ᄒ기 싹이 업ᄂ 마음에서 소사나오ᄂ 불ᄀ흔 반항심은 일시에 폭발이 되어 쌍발쟌으로 ᄒ야곰 그만 탈옥슈를 만드러주고 마럿다. 법률이란 원러 무형흔 물건이라 말홀 것도 업거니와 이 셰상 여러 무형흔 물건 가온듸에 가장 쌋뜻ᄒ지 못ᄒ고 가쟝 쓰리기만 흔 것은 법률이란 것일다. 긔중에도 가쟝 쓰리고 앏은 것은

무셔운 전졔 졍치 ᄋ러에서 쓰는 가혹흔 법뉼이라 말홀 슈밧게 업겟다. 원러 법뉼은 피 흔뎜 눈물 한 뎜 살 흔 뎜 업ᄂ 것― 곳 싹ᄀᄒ기가 참 나무장젹 이샹 가ᄂ 물건인 즁에도 이를 못된 형리비가 람용ᄒᄂ 일도 업지 안이ᄒ며 쏘ᄂ 못된 강쟈로서 자긔의 디위와 권리를 옹호ᄒ고져 람용ᄒᄂ 일도 업지 안이ᄒ다. 이로 말미암아 흔 푼의 죄가 흔 자의 죄가 되어 옥즁에서 신음흔 쟈 이 얼마이며? 흔 푼의 죄가 업ᄂ 쟈로 옥즁에서 억울흔 불샹흔 혼이 된 사롬이 쏘흔 얼마이요? 무셔운 법뉼― 그러ᄒ지마는 강흔 쟈는 능히 법뉼에서 버셔날 슈 잇는 약흔 법뉼― 오직 힘 업는 자― 권셰 업는 자들에게만 강흔 법뉼이 되는 자라의 법뉼이라. 이 법뉼을 밋고 사는 약흔 자의 운명이야말로 아 참 이슬과 다름이 업다 쌴발쟌으로 말ᄒ면

그 당시 샤회에 디ᄒ야셔도 이럿타 홈에 족흔 디위가 업셧스며, 부력에 디ᄒ야셔도 이것타 홈에 족흔 힘이 업셧다. 말ᄒ건듸 그는 그 당시에 디흔 인싱의 락오쟈, 안이 이 셰상의 렬픽자 이엇다. 폐포 파립에 죽물흔 슐을 졔법 쓰려 먹을 슈 업는 사롬이 엇셧다. 이 불샹흔 쌴발쟌은 강흔 쟈가 만든 바의 무자비흔 법률 ᄋ러에서 열 아홉히 동안이나 견듸지 못홀 고역을 달게 밧다가 필경은 텰챵에서 도망ᄒ야 나온 것이 올치 못홀가? 쌍 흔 죠각을 도적질 ᄒ야 갓다 ᄒ고 뒤를 쏫치어 와 인졍소졍 업시 옥러의 손 속에 드러가게 흔 것이 올치 못홀가? 아모리 ᄒ야도 무자비흔 쌍 쥬인과 무쟈비흔 법률을 칙망홀 슈밧게는 다시 방도가 업다.

---

39) 물건의 오식.

매일 20.05.16 (3) 김소랑 일행 흥행 / 십륙일부터 단셩샤

음력으로 작년 십이월 금음날ᄭᆞ지 광무ᄃᆡ에서 흥힝을 맛치고 디방 각디로 슌업ᄒᆞ던 신파 췌셩좌 김소랑 일힝『聚星座 金小浪 一行』은 지난 십ᄉᆞ일에 경성에 올나와서 금 십륙일 밤부터 시너 단셩사『團成社』에셔 흥힝ᄒᆞ게 되얏ᄂᆞᆫ듸, 첫 날에 예뎨는 텬민『天民』이라ᄒᆞᄂᆞᆫ 것이라더라.

동아 20.05.17 (3), 20.05.18 (3), 20.05.19 (2), 20.05.20 (4), 20.05.21 (4), 20.05.22 (4), 20.05.23 (2) 20.05.24 (3) 〈광고〉

단성사 5월 16일자와 동일

매일 20.05.17 (1) 〈광고〉

단성사 5월 11일자, 우미관 5월 16일자와 동일

매일 20.05.17 (3) 무자비흔 세상(사) / 희무정극을 본 감샹 / 셜원생

『법률이란 률』자가 우리 활쟈에 그 슈효가 만치 못흠으로 인연ᄒᆞ야 률자 ᄃᆡ신에『늘』를 느엇소오니 독쟈 졔위여 이를 량히ᄒᆞ라.

인싱 샤회 안이 우리 세상에 ᄃᆡᄒᆞ야 시로 싱긴 셩경은 빅토 션싱의 뎌작인『레미세레이쓸』이라 말흘 슈 잇다. 이 쟉품의 쥬관뎜, 안이 이 작품에 파뭇친 바이 되어 잇ᄂᆞᆫ 쥬지ᄂᆞᆫ 곳 우리 인싱과 샤회, 안이 우리 세상의 무자비흠을 그 윤치 잇ᄂᆞᆫ 붓 그로 련흔 붓으로써 물을 부어도 시지 안이흘 만ᄂᆞᆫ 틈 업ᄂᆞᆫ 깁흔 사식 ᄋᆞ러에서 이것이 뎌작된 마스터 피―스라 구ᄭ졀ᄭ이 모도 다 우리 셰샹의 무자비흠을 농졀히 안이 마음과 졍신에 사마치도록 부르지진 바의 근듸뎍 시 셩경이라 말ᄒᆞ겟다. 볼지어다― 범률이 그다지 가혹흠도 실샹은 무쟈비흠에서 싱긴 것. 쌍 흔 죠각으로 인연ᄒᆞ야 감옥에서

긔와케 흠도 쌍 일흔 쥬인의 무자비흠에서 싱긴 것. ᄶᅡᆫ이 다시 잡힐가 념려ᄒᆞ야 산도 셜고 물도 셜은 남의 나라로 도망ᄒᆞ얏슬 ᄶᅥ, ᄶᅡᆫ은 먹고져 쟝명을 사름에게 향ᄒᆞ야 빌엇스며 자고져 문간을 사름에게 향ᄒᆞ야 빌엇스나, 이 구걸이 간청을 달게 드러 쥬ᄂᆞᆫ 사름이란 하나도 업섯다. 드러쥬지 안이흘 ᄲᅮᆫ만 안이라 닉모라 좃치ᄂᆞᆫ 사름이 십즁팔구 이엿다. 혹은 감옥에서 도망ᄒᆞ야 나온 놈이라 ᄒᆞ며, 혹은 더러운 놈이라 ᄒᆞ고써

모다 짠을 미워ᄒ엿스며 더러워 홀 뿐으로 짠의 불상ᄒ 경우에서 우는 심사를 알어
쥬는 사룸이라고는 하나도 업셧다. 원리 가혹ᄒ 법률을 밧은 이후 무자비ᄒ 쌩 쥬인
의 고웁지 못ᄒ 힝동을 본 이후로 짠의 마음은 세상의 무졍ᄒ을

굿이 ᄭᅵ닷고 ᄯᅩ는 반항ᄒ고져 ᄒ는 마음이 ᄒ층 더ᄒ여 지엇는 즁― 탈옥 도망ᄒ 후도
류리 표박ᄒ야본 즉 역시 무졍ᄒ 세상임으로 짠은 아죠 못된 사룸이 되고 말녀 ᄒ엿
다. 이는 진실로 사룸의 상졍 곳 박졍ᄒ에 ᄃᆡᄒ 반항에서 싱기는 것이라. 도망ᄒ야 나
왓다 ᄒ고 밥 ᄒ 슐 안 쥬는 것이며 문간 하나 빌녀쥬지 안이ᄒ는 것이 ᄯᅩᄒ 무자비ᄒ
에서 싱긴 것. 짠의 마음은 더욱 악화되여 자모와 ᄀᆞᆺ치 사랑ᄒ야 쥬며 엄부와 ᄀᆞᆺ치
너그러웁게 어루만지어 쥬는 미리엘 승졍의 소유인 은샤시를 도젹질 ᄒ엿다아! ᄆᆞᆺ노
라― 아― ᄆᆞᆺ노라― 짠으로 ᄒ야곰 무엇이 이 세상을 원망케 ᄒ엿노! 무엇이 비은망
덕의 이 힝동을 ᄒ게 ᄒ엿노! 무자비ᄒ 쌩 쥬인이 짠을 그다지 만드러 쥬엇스며 ᄯᅩ는
무자미ᄒ 법률이 짠을 그다지 만드러 쥬엇다. 『ᄯᅩ 잇소』

매일 20.05.18 (3) 무자비ᄒ 세상(오) / 희무졍극을 본 감상 / 설원생

쟌으로셔 미리엘 승졍의 비장품인 은샤시에 향ᄒ야 욕심을 니여 필경은 그것을 도젹
질ᄒ 쟌의 심리를 나는 십분 싱각ᄒ지 안이홀 슈 업셧다. 이것이 보는 나로 ᄒ야곰 머
리를 압ᄒ게 ᄒ엿스며 ᄯᅩ는 나로 ᄒ야곰 동졍의 눈물을 흘니게 ᄒ엿다. 원리 텬셩이
슌량ᄒ기 ᄶᅡᆨ이 업던 쟌으로셔 이와 ᄀᆞᆺᄒ 못된 도젹의 마음이 싱기게 ᄒᆞᆷ은 진실로 셰
상의 인심이 그와 ᄀᆞᆺ치 만드러 쥬엇다. 셰상 사룸의 마음을

츙심으로써 미워ᄒ며 방자ᄒ는 쟌은 미리엘 승졍도 의탁ᄒᆞᆷ직ᄒ 사룸으로는 보지 안
이ᄒ엿스며 싱각ᄒ지 안이ᄒ 결과 미리엘 승졍도 일반 세상 사룸과 ᄀᆞᆺ치 은근히 인뎡
ᄒ고 필경은 도젹질을 ᄒ 것일다. 아! 세상 사룸의 무쟈비ᄒ과 법률의 무쟈비ᄒ으로
인연ᄒ야 짠은 무셔운 자포ᄌᆞ긔의 함졍에 든 것이오, 이 ᄭᅵ문에 은인 미리엘 승졍의
은샤시를 도젹ᄒ이로다. 법률! 법률! 법률은 짠의 마음을 것칠게 만드러 쥼으로써 법
률의 힘으로는 짠을 회긔식힐 수가 업셧다. 안이 짠이 법률이란 말만 들어도 곳 스갈
과 ᄀᆞᆺ치 싱각ᄒ고 ᄯᅩ는 비쳑ᄒ게 되엿다. 그러ᄒ면

무엇으로써 짠의 마음 회긔식히여 쳥텬빅일 아ᄅᆡ의 신사룸 안이 량민이 되게 홀가?
안이 무엇이 짠을 회긔식히여 훌륭ᄒ 사룸을 만드러나? 미리엘 승졍의 ᄃᆡ자ᄃᆡ비ᄒ
마음과 신셩ᄒ 령의 힘으로써 짠의 것친 마음을 고르게 만드럿다. 법률이란 변통이
업는 ᄭᆞᆨᄭᆞᆨᄒ 물건이라. 이 법률에 의지ᄒ야 자긔의 마음과 졍신을 기죠ᄒ 사룸이 잇

눈가 이는 오직 그 힝흔 바의 악사에 디흐야 시근뎌 제지와 육톄뎍 고통을 줄 뿐이라. 이러흠으로 도적질을 흐야 잡혀 고성을 흐던 쟈가 방면만 되면 쏘다시 도적질흐는 것으로써 볼진딘 법률쳐럼

무력흔 것은 다시 업겟다. 미리엘 승정의 놉흔 인격 쏘는 그 너그러운 마음 그 디자디비흔 졍신의 표현은 쨘으로 흐야곰 압흐게 회기흐게 흐얏스며 쓰리게 반셩흐게 흐얏다. 아모리 못된 사롬일지라도 디자디비흔 인격자에게 향흐야는 반항흐지 못흐며 불응흐지 못흐는 것이라. 문득 그 사람에게는 츄종흐게 되며 그 사롬에게는 머리를 굽히고 젼비를 자박흐게 된다. 이것으로써 볼진딘 법률보다 도덕의 힘 쏘는 종교의 위력이 얼마나 위딘흔 지를 알겟다. 쨘에게 은사시 뿐만 안이라

은촉디ㅅ지 주는 미리엘 승정의 너그러운 마음이야말로 이것도 종교의 힘으로 인연흐야 싱긴 것이라 흐겟다. 그럼으로 디자디비흔 사람 안이 쨘으로 흐야곰 회기케 흐고 쏘는 시 사람이 되게 흔 사람은 당시 불란셔에 미리엘 승정이 하나 잇셧슬 뿐이라. 무셔운 법률은 도모지 쨘을 회기식힐 슈 업셧다. 이 법률이 뒤를 여젼히 쏫치어 단이엇드면 쨘은 무셔운 도적의 슈령이 되어 사갈과 굿치 흉부로 침노흐얏슬지오 동시에 그 셩격은 비흘 디 업슬만치 것쳐러지엇스리라.

매일 20.05.18 (4) 〈광고〉
우미관 5월 16일자와 동일

오월 십칠일브터
一, 대대적 호평의 제오회 대탐정모험 대활극 『철의 수대』 제구 · 십편 사권 상장
‖ 익익(益) 모험 대대활극 ‖
특별대여흥!!! 신파 취성좌 김소랑 일행
▲ 인정활극 야성(野聲)
국제활영주식회사 특약 **단성사** (전화 구오구번)

매일 20.05.19 (3) 무자비흔 세상(육) / 희무정극을 본 감상 / 설원생
미리엘 승정의 디자디비흔 마음과 쏘는 신셩흔 인격으로써 쨘을 넉넉히 회기식히고 쨘으로 흐야곰 쳥텬빅일 우리의 샤회의 큰 인물을 만드러주엇다. 만약 법률이 쨘의 뒤를 여젼히 쏫치어 단이엇더면 쨘은 흔층 더 이를 반항흐는 사롬이 되엿슬지며 동시

에 짠의 마음은 쥬린 호랑이 샹 것치러지엇슬지며 또는 어지러워지엇스리라. 이것이 신성훈 도덕의 힘이며 이것이 위대훈 인격의 표현으로 말미암음일다.

하여간 나는 이를 꼿침에 림ᄒ야 훈 마디를 더 쓰지 안이치 못ᄒ겟다. 쏘셋트를 맛혀 가지고 잇던 사람으로 ᄒ야곰 디자디비훈 마음과 너그러운 인격이 잇섯더면 엇지 쏘 셋트를 남은 쟈식이라 일커러 박디홀 리치가 잇섯스랴. 또 쏘셋트의 어머니 되는 쟈 의 관계자인 디혹싱으로써 눈물도 잇고 피도 잇는 유정훈 사람이엇더면 엇지 쏘셋트 의 어머니를 바리고 도라보지 안이 ᄒ얏스랴. 이것이 무정홈에서 싱긴 것일가? 안이 다. 이는 그디 학싱으로서 디자디비훈 마음이 업섯슴으로 인연홈이라. 이 쑨만 아니 라 쏘셋트의 어머니

되는 쟈로서 쏘셋트의 양육비를 어더 주고져 여자의 싱명과 갓흔 금발의 길고 긴 머 리를 버혀 파렷다. 싹근 머리로써 동리로 나아가자 동리 사람들은 그 머리 싹근 모양 을 보고 모도 다 됴롱ᄒ며 못살게 구럿다. 안이 훈 공장에서 훈가지 일ᄒ고 훈가지 들고 훈가지 먹고 한 가지 깃버ᄒ고 한가지 슬허ᄒ던 동모들ᄭ지도 쏘셋트의 어머니 를 더러운 게집이라 ᄒ고 됴롱ᄒ되 마지 안이ᄒ얏다. 아— 쏘셋트의 어머니가 더러 운 여자일가? 바리고 도라다 보지 안이ᄒ는디 학싱이 더러운 남자일가? 아지못게라. 이것도 디자디비훈 마음이

뎌 샤람들로 ᄒ야금 업섯슴으로 인연홈이라. 쑨만 안이라 마류스의 죠부되는 쟈로셔 쏘셋트와 혼인ᄒ고져 ᄒ는 것을 막은 것은 귀족 평민을 가리여 그리훈 것이지마는 져 마류스의 죠부로서 사룸과 사룸 사이에 디ᄒ야 디자디비훈 마음이 잇섯더면 엇지 혼 인ᄒ는 것을 막엇스랴. 도모지『희무정』은 이 세상의 무자비홈을 그려닉인 빅토 션싱 의 만고 명작이라 ᄒ겟다. 구々졀々이 모다 인싱 사회의 무정홈을 부르지진 셩경— 이러ᄒ고 아 불란셔에 반다시 혁명이 업지 못ᄒ게만 되엿다— 그 계급사상— 그 무 쟈비훈 인졍— 그 가혹훈 법률 ᄯ문에—『그만』

매일 20.05.19 (4) 〈광고〉

우미관 5월 16일자, 단성사 5월 18일자와 동일

매일 20.05.20 (4) [천청지설(天聽地說)]

십팔일 취셩좌 일힝이 왓다가 구경을 갓더니 그 연극이야말노 참 주미잇셔요 그러나 우칭 일등 부인셕에는 소위 기성이라고 하는 물건이 안졋는디 한남권반이라고 ＊＊

가요 도모지지 그 무례훈 힝동 아죠 낫부던걸.『목도생(目睹生)』

조선 20.05.20 (4) 〈광고〉
오월 십육일부터
특별대영화 급(及) 신파
미국 버쪠 지사 일대 걸작
대대적 호평의 제육회 대탐정모험대활극 **철의 수대** 십일, 십이편 제사권
본월 십육일부터 이주일간 취성좌 김소랑 일행 흥행
국제활영주식회사 특약 **단성사** 전화 구오구번

매일 20.05.21 (3) 〈광고〉
단성사 5월 18일자, 우미관 5월 16일자와 동일

조선 20.05.22 (3) [독자구락부]
이 세상에 밥만 먹고 잠만 자면 사롬인가 사람의 도리를 힝＊야지 사람이지. 우리 동포 중 ＊든 고쵸를 바드며 웃든 싱활을 ＊ㄴ지도 모른체ᄒ고 미일 연극장이나 말만 타면 사람의 도린가. 사회 자＊(子＊) 추풍감별곡을 닐거보니 셰상사가 허사로다. 남에게 욕을 먹어가며 왜 그리들 인색한가. 공수리공슈거라 ᄒᄂ 말이 잇지ᄋ니한가. 탄＊생(嘆＊生)

동아 20.05.23 (4) 부식농원(扶植農園) 활동사진
재(在) 대구 부식농원에서는 고아 구호 교육비 모집의 목적으로 기간(其間) 경성에서 자선활동사진「＊연정(＊燕情)」을 영사 중이던바, 금차 지방에 순유 촬영키 위하야 오월 이십일일부터 평양 가무기좌에서 삼일간 공개하고 동(同) 이십사오일부터는 진남포 항좌에서 개최할터이라더라.(진남포)

매일 20.05.23 (3) 〈광고〉
당(當) 오월 이십일일브터 특별대공개
실사 **활동사진 화보(畵報)**
골계 **사불여의(事不如意)** 장척

일활회사 경도파(京都派) 신촬영 봉절

미사송지조(尾士松之助)가 특히 기(其) 호장(豪壯)을 과(誇)ㅎ는 결사의 명편(名篇)

연속활극 **진전삼대기(眞田三代記)** 전편(前篇) 칠권 상장

육문＊(六文＊)의 ＊차물잡파전기(＊差物雜波戰記)의 대희(大喜)

물명군사(物名軍師) 진전행촌(眞田幸村)의 부(父) 창행(昌幸)브터 손대조(孫大助)에 지(至)ㅎ기ㅼ지 ＊ㅎ는 시대를 배경으로 ㅎ고 무사도의 진골항(眞骨項)을 묘(描)ㅎ 연속 사진. 행＊(幸＊)의 권(卷) 잇소.

세계 유일의 모험 연속대활극 공개

유명ㅎ 모험 배우 윌니암 단가 씨 활약. 미국 대(大) 빅다구다부 회사 걸작

대활극 **전투의 적(跡)** 십오편 삼십일 권 삼편 오권

제일편 귀중(貴重)의 재료, 제이편 이바라의 소성(素性)

＊망(＊茫) 이십리!!! 남부 아메리가의 유야(由野)를 무대로 ㅎ야 연(演)ㅎ 통렬담용(痛烈膽勇)을 ＊ㅎ 대활극이오. 간인(干仞)의 곡(谷), 만촌(萬寸)의 험봉(＊＊)에서 성풍홍면(腥風紅面)의 대쟁투＊ 관＊(觀＊)로 ㅎ야는 경담(警膽)전율케 ㅎ는 것이오.

○ 설명계의 권위 · 도화(桃花) · 양화(凉花) · ＊화(＊花) · 욱화(旭花)

○ 매일 주야 이간(二間) 개관

○ 특별 흥행임으로 보통요금

경성 본정 일정목

만활(萬活)직영 **희락관** 전화 오구칠번

매일 20.05.23 (4) 〈광고〉

단성사 5월 18일자와 동일

○ 오월 이십이일 사진 전부 취체(取替)

미국 유이바살 회사

一. 실사 **마가징 사십이호** 전일권

미 유니바살 회사

一. 풍경 **구란도가논**[40]**의 대계곡** 전일권

---

40) 그랜드 캐넌.

미국 유사 존가가 영화

一. 희극 우폭(雨曝) 전일권

미국 유사 쌕다 – 후라이 영화

一. 인정활극 **광의 국(光의 國)** 전오권

미국 유니바살사 걸작

一. 곡마활극 **곡마단의 와(曲馬團의 化)** 전십팔편 삼십권의 내 사권

제십삼편 치명의 타락, 제십사편 화염의 중(中)

경성 관철동 **우미관** 전화 이삼이육

매일 20.05.24 (2) 〈광고〉

단성사 5월 18일자, 우미관 5월 23일자와 동일

매일 20.05.25 (2) 〈광고〉

우미관 5월 23일자와 동일

매일 20.05.25 (3) 단성사에 신극좌 / 시로 박은 샤진으로 이십륙일부터 힝연

단성샤에서는 그동안 취성좌 김소랑 일힝이 신파정극을 가지고 흥힝ᄒ야 다딕흔 환영을 밧던 바, 명 이십륙일 밤부터는 신극좌 김도산『新劇座 金陶山』일힝이 이번에 시로히 박은 련쇄극을 가지고 힝연ᄒ게 되얏다는딕 이번 박은 련쇄극은 일칭 더 지미 잇는 것이라더라.

매일 20.05.25 (3) 〈광고〉

오월 십칠일브터

一, 대대적 호평의 제오회 대탐정모험대활극『**철의 수대**』제구 · 십편 사권 상장

‖ 익익(益) 모험 대대활극 ‖

특별대여흥!!! 신파 취성좌 김소랑 일행

◇ 예제(藝題) 매일 차환

국제활영주식회사 특약 단성사 (전화 구오구번)

동아 20.05.26 (3) 〈광고〉

오월 이십이일부터

특별대영화 급(及) 신파

미국 버쎄 지사 일대 걸작

대대적 호평의 속편 대탐정모험대활극 **철의 수대**

본월 이십육일부터 일주일간 한남권번연주회

국제활영주식회사 특약 **단성사** 전화 구오구번

매일 20.05.26 (3) 한남기생 연주 / 금 이십륙일부터 / 단성사에셔

단셩샤에셔는 금 이십륙일부터 신파 신극좌 김도산 일힝이 흥힝ᄒ기로 작뎡되얏던 바 김도산 군은 작금 디구에셔 힝연ᄒᄂᆫ 바, 그곳에셔 미우 큰 환영을 밧는 고로 그곳에셔 몃칠 간 더 흥힝ᄒ게 되야 그 사이에 오날 밤부터 한남권번『漢南券番』기셩 죠흡에셔 여러 가지 자미잇는 가무로 힝연홀 터이라더라.

매일 20.05.26 (4) [독자구락부]

▲ 화류계에 즁진이요 유아링의 진보이던 빅운션은 일자 이후로 소식이 묘연ᄒ니 우리 동지 등의 큰 유감인쥴 싱각ᄒ야 이에 쯧잇는 이에게 널니 고ᄒ니 혹 알미잇는 사녀는 본난으로 자상히 긔별ᄒ야 뭇사롬의 갈망ᄒᄂᆫ 본의를 돌보아 쥬시오. 『유아동지 디표』

조선 20.05.26 (3) 한남권번 연주회 / 금일부터 단성사에셔

한남권번 기셩 젼톄는 이 쥬일 젼부터 가무를 연습ᄒ야 본일부터 시니 단셩사에셔 연쥬회를 긔최혼다는디 그 즁 항장무는 신구식을 합ᄒ야 디단 자미스럽웁겟더라.

동아 20.05.27 (3) 〈광고〉

단성사 5월 26일자와 동일

매일 20.05.27 (3) 〈광고〉

우미관 5월 23일자와 동일

오월 이십육일브터 대연주회

미국 쌔데 회사 일대걸작

一, 최종연속『철의 수대』‖ 대모험 대활극 ‖

▲ 한남예기권번 제이 연주대회!!!『일주간 연주』

신안(新案) 기생의 골희극

창작 항장무(項莊舞) 연예

국제활영주식회사 특약 **단성사** (전화 구오구번)

매일 20.05.28 (3) 〈광고〉

단성사 5월 27일자와 동일

매일 20.05.28 (4) 〈광고〉

우미관 5월 23일자와 동일

동아 200529(4) 〈광고〉

단성사 5월 26일자와 동일

매일 20.05.29 (3) 〈광고〉

단성사 5월 27일자와 동일

○ 오월 이십구일 사진 전부 차환

미국 유니바살 회사

一, 실사 **주보** 전일권

미 유사(社) 회사

一, 희극 **스도랄기완** 전일권

미국 유니바살 영화

一, 활비극 **운명의 파(波)** 전일권

미국 유니바살 회사 걸작

로로 출연

제십오편 탄생증(誕生證)의 행방 제십육편 일성의 하(一擊의 下)

곡마활극 **곡마단의 와(化)** 전십팔편 삼십권의 내 사권
경성 관철동 **우미관** 전화 이삼이육

동아 20.05.30 (3) 〈광고〉

오월 이십구일부터
특별대영화 급(及) 연주
태서활극 **환귀(幻鬼)** 전사권
태서인형극 **돈과 랑(豚과 狼)**
동(同) 희극 명작
활극 **사(死)의 곡예사** 전육권
본월 이십육일부터 일주일간 한남권번 연쥬회
국제활영주식회사 특약 **단성사** 전화 구오구번

동아 20.05.31 (3) 〈광고〉

단성사 5월 30일자와 동일

동아 20.05.31 (4) 신극좌 일행 래진(來晋)

경성 신극좌 일행은 본월 이십삼일에 래진하야 신파 활동사진 연쇄극을 거(去) 이십
육일부터 성대히 흥행하는데, 좌원은 김도산 외 십육 명이라더라. (晋州)

매일 20.05.31 (4) 〈광고〉

단성사 5월 27일자, 우미관 5월 29일자와 동일

매일 20.05.31 (4) 김일산(金一山) 일행 흥행

김일산 일행은 본월 이십오일로부터 강경(江景) 대정좌(大正座)의셔 오호천명(嗚呼
天命)이라 하는 예극을 흥행흔 바, 비우의 활발함과 비참흠은 당지(當地)의 쳐음 보는
바 되야 관람즈 수천명은 박악성율 연속ㅎ야 진々흔 흥미로 다대흔 셩황을 그리엿다
더라. 『강경지국』

동아 20.06.01 (3) 〈광고〉

단성사 5월 30일자와 동일

매일 20.06.01 (3) 조선사정 / 선전 활동사진 / 일본에셔 크게 환영

총독부에서 니디로 파견한 됴션 사정 션뎐 활동사진반은 각디에서 미우 환영ᄒᆞ야 크게 셩공ᄒᆞ얏ᄂᆞ디 지나근 이십팔일은 명고옥『名古屋』[41] 국긔관『國技館』에서 이지현청『愛知縣廳』 쥬최로 기연ᄒᆞ얏ᄂᆞ디, 관롬쟈가 일만오쳔 인이요 동관 기셜한 후로 쳐음 되ᄂᆞᆫ 셩황이얏다더라.『명고옥뎐보』

매일 20.06.01 (3), 20.06.02 (4), 20.06.03 (4) 〈광고〉

단성사 5월 27일자, 우미관 5월 29일자와 동일

동아 20.06.02 (3), 20.06.03 (3), 20.06.04 (4), 20.06.09 (2) 〈광고〉

단성사 5월 30일자와 동일

동아 20.06.03 (4) 자선활동사진회

대구 동촌(東村) 조선 부식(扶殖)농원에서는 금반 주사(主事) 등본송태랑(藤本松太郎) 씨가 출장하야 당지 각 관민의 찬성으로 공회당에서 거월(去月) 이십팔, 구 양일 야(夜)에 자선 활동사진을 흥행하얏는대 관람자 다수하얏고 삼십일에 경(更)히 안동현 등지로 향하엿더라. (신의주 [新義州])[42]

매일 20.06.03 (3) 〈광고〉

특별신사진 전부 영사. 육월 사일부터 단성사

매일 20.06.03 (4) [독자구락부]

▲ 근일 단성샤에셔 흥힝ᄒᆞᄂᆞᆫ 연쥬회 외에『사의 곡예』라ᄂᆞᆫ 샤진은 젼무후무한 대사진이던걸. 일편으론 문예요 일편은 모험활극이야. 마지스데, 로로 갓흔 용사보담 더

---

41) 나고야.
42) 원문에 신의주라 표기되어 있으나, 기사 내용상 대구임.

용감ᄒ고 완력 만코 활발ᄒ 용사는 처음 보난 바이야. 그 샤진은 참 혼자 보기가 악 갑던걸. 『사(死)의 곡예 견사자(見寫者)』

동아 20.06.04 (3) 〈광고〉

유월 사일부터 특별대영화
호평(好評) * * 한 사회극 구세군의 밀양(孃) 전오권
육약혈용(肉躍血湧)하는
활극 혈(血)의 가치 전사권
활극 전광석화 최대장척
희극 구와 구(龜와 鳩)
국제활영주식회사 특약 단성사 전화 구오구번

매일 20.06.04 (3) 〈광고〉

단성사 6월 3일자 광고와 동일

조선 20.06.04 (3) 논개 비각 수리 / 진주 기성의 거

경상남도 진쥬군 남강의 랑암 엽에 잇는 고딕 명기 론기의 비각과 졔당은 동퇴셔락
ᄒ야 거위 너머질 지경에 일으러 보는 사름으로 ᄒ야곰 마음을 감상케ᄒ얏스나 착수
ᄒ야 슈리ᄒ랴ᄒ는 조흔 인물이 업셧더니 요소이 진주 기성
진쥬면 평안동 박검도(朴錦桃), 문수향(文水香), 이봉동, 리명월(李明月) 등은 솔션ᄒ
야 * 을 수리ᄒ기로 ᄒ고 볼쇼혼 * 젼을 판비ᄒ야 육월 일일붓터 * * 에 착수ᄒ얏더
라. (진쥬 * *)

동아 20.06.05 (3), 20.06.06 (4), 20.06.07 (1), 20.06.08 (3), 20.06.11 (2), 20.06.12 (3) 〈광고〉

단성사 6월 4일자와 동일

매일 20.06.05 (3) 〈광고〉

○ 육월 오일 신사진 제공
미국 유니바살 회사

一. 실사 **주보** 전일권

미 유사 회사 죠가— 영화

一. 활비극 **천청수촌장(天晴水村長)** 전일권

미국 유사 렛도휴사 영화

一. 군활(軍活) **운명지문(運命之門)** 전오권

미국 유니바살 회사 걸작

一. 곡마활극 **곡마단의 와(化)** 최종편의 내 사권

제십칠편 위기일발, 제십팔편 최후의 간책

경성 관철동 **우미관** 전화 이삼이육

○ 육월 사일부터

특별 신사진 영사

一. 아미리가[43] 우와례쏘 회사(孃畵)[44]

바도리스, 메헤나양 출연

▲ 사회극 **구세군의 몔양(孃)** 전오권 칠천척

一. 국제활영회사 비밀영화

▲ 대활극 **혈(血)의 가치** 전사권 육천척

一. 아미리가 칼넴 영화

▲ 대활(大活) 전쟁극 **전광석화** 전장척 (속명 [俗名] 구란도 탐정 출연)

▲ 희극 **피장파장** 전＊권

▣ 차회에 래(來)홀 연속 사진은 하(何)?

국제활영주식회사 특약 **단성사** (전화 구오구번)

매일 20.06.05 (4) 청주 청년 연예대회

청주 청년단에셔 신파연극을 조직ㅎ야 오월 삼십일일로 육월 이일ᄭ지 삼일간 대대
적 흥행ㅎ얏ᄂᆞ듸 기월간(幾月間) ＊계(＊界)의 연구와 연습으로 전일(前日) 준비가 불
소(不少)ㅎ더니 금반(今般) 개연에 쾌활흔 동작과 골계적 태도로 만장 박수의 환영을

---

43) 아메리카.

44) 映畵의 오식.

득(得)ㅎ야 매일 만좌(滿座)의 성황을 정(呈)ㅎ야 기(其) 수입금을 종래 청주 청년 음악대를 조직ㅎ다더라. 『청주지국』

매일 20.06.06 (2) 〈광고〉
우미관 6월 5일자, 단성사 6월 5일자와 동일

매일 20.06.06 (4) 신파 김도산 일행
조선 신파연극 김도산 일행은 거(去) 삼일부터 당지(當地) 대구좌에서 흥행ㅎ눈디 파(頗)히 감각(感覺)될 만ㅎ 가관(可觀)이 유(有)ㅎ으로 매야(每夜)에 다수의 관람자가 유(有)ㅎ야 대성황을 정(呈)ㅎ다더라. 『대구지국』

매일 20.06.07 (3) 조선 사정을 활동사진으로 선전 / 각디 영수홀 젹마다 젹지 안은 효과이다
됴선군슈 시찰단 일힝은 한 가지 입경ㅎ 총독부 활동ᄉ진디는 그 가진 『휘ㅡ룸』을 지나간 수일 오후 다섯시 쳑식국 쥬최로 각 셩 고등관 사빅명에게 관람케 한 바, 오일 오후 두시부터 동궁어소 『東宮御所』에서 시험으로 영ᄉ하야 륙일 오젼 동궁 뎐하의 당일은 동궁뎐하로부터
왕셰자 뎐하를 위시ㅎ야 각 황죡 뎐하의 쵸디가 잇섯고 그 ᄌ리에셔 어람하시고 하ᄎ촌 무＊이 셜명ㅎ야 드렷고, 쏘 그 ᄉ진은 칠일 돈하 『敦賀』시에 기최홀 건편 무역박람회에 가서 공기ㅎ고 귀경ㅎ 후, 데국 대학, ＊죡회관에서 영사ㅎ라 ㅎ며 일반으ㅎ 됴션 ᄉ정을 젼션ㅎ 후에 극히 유효한 획칙이라 ㅎ겟더라. 『동경』

매일 20.06.07 (3) 통영 예기 연주 / 오일 밤부터 시작
이번에 통영 기싱 십여 명이 처음으로 셔울 구경 왓다가 슈일간 나려갈 예뎡인디 원리 경셩셔는 통영 기싱의 가무라던지 기타 연예를 구경치 못ㅎ야 온 것은 일반 ＊다 아는 바이라. 그런디 그 통영 기싱들은 셔울에 온 김에 한번 그 지죠를 널니 구경을 식힐 겸 경셩 화류계에 한낫 식치를 더 닉이기 위ㅎ야 닷ᄉ 동안 한ㅎ고 경셩에서 연주회를 열 터이라는디, 젼혀 후원은 한남권반에서 대々뎍으로 ＊ 완＊기로 작뎡ㅎ엿고 지금 준비즁이라는디 오날 밤부터 광무디 연극장에서 연주회를 열 모양이라는디 한번 볼 만한 일이더라.

매일 20.06.07 (3), 20.06.08 (3), 20.06.09 (3) 〈광고〉

우미관 6월 5일자, 단성사 6월 5일자와 동일

동아 20.06.09 (3) 기생 시간비(費) ＊ ＊ / 한 시간 평균 일원 삼십전

종리에는 기생의 시간대(時間代)가 처음 한시에는 일원 오십전, 둘재 시간에는 일원, 셋재 시간부터는 칠십전이엇는대, 이번에 경성부에서 기생의 세금을 올니엇슴으로 싸러서 각 권번에서도 시간대를 올니여 달라고 경긔도 제삼부에 청원하얏든 바, 지나간 칠일에 허가의 지령이 나왓슴으로 금 구일부터 곳 실힝한다는대, 이번에는 처음 둘재 시간의 규뎡을 폐지하고 총 한 시간에 일원 삼십전으로 올니여 몃시간을 류흥하든지 한 시간에 대＊야 일원 삼십전의 비례로 계산하게 되얏다더라.

동아 20.06.10 (3) 기생에게 엄명 / 뎨삼부에서 네 가지 조건

기생들의 시간대를 올니겟다는 신청을 허가하여 주엇다함은 임의 본지에 긔재한 바이어니와 그 허가의 반면에는 기생의 풍긔를 개선하고 직업을 신성케하고자 하는 교환 조건 비슷한 엄중한 네 가지 훈령을 각 권번에 나리웟더라.

一 기생 허가를 엇은 자는 무지안슨 명의로던지 긱석에 가서 기생과 동일한 업무를 하지 못할 일

二 기생의 가무 련습은 권번 혹은 조합의 규약에 틀님업시 실힝하야써 원만한 효과를 엇도록 힘쓸 일

三 기생으로써 풍속을 문란케 하고 공안을 해치는 소위가 잇는 째에는 감독과 지도를 겨으르지 안을 일

四 본 조건에 위반하며 권번된 직칙을 다하지 않는 째에는 역원의 개선을 명하며 쏘는 시간채를 올니라는 허가를 취소하겟고 쏘는 권번 허가까지라도 취소할 일

매일 20.06.10 (3) 개정 권번 영업규정

一 보통화(普通花) 일본(壹本) 금 일원 삼십전

연석에 입(入)호 시브터 기산호야 연석을 거(去)호 시까지을 계산홈

一 예약화(豫約花) 일회 금 사원 오십오전

예(豫)히 초빙의 유입(由込)을 수(受)호 시의 화대이니 삼시간 반을 일회로 홈

一 원출화(遠出花) 일회 금 육원 오십전

경성 이외지(地)에 반행(伴行)혼 경우 화대이니 일회 오시간으로 홈

단 주야를 * 혼 경우는 일 주야(晝夜)을 이십본으로 흐야 금 이십육원으로 홈. 약 삼 주야 이상 연속의 경우는 일주야을 십오본으로 흐야 금 십구원 오십전으로 홈

一 관극화(觀劇花) 금 일원 삼십전

관화는 보통화 일본을 가(加)홀

一 송입화(送込花) 반본(半本)

一 체방(替房) 반본(半本)

송입 급(及) 체방화는 객석에 출(出)흐는 최초 시간에 한흐야 반본을 가(加)홈

단 예약화로 일회 이상에 급(及)혼 시는 보통화로써 계산홈

육월 칠일 허가 동 구일브터 시행

경성 선인(鮮人)오권번 백(白)

매일 20.06.10 (4) 〈광고〉

우미관 6월 5일자와 동일

○ 육월 사일부터 특별 신사진 영사

아미리가 우와례쪼 회사 孃畫

바도리스, 메헤나 양 출연

사회극 **구세군의 멜 양** 전오권 칠천척

국제활영회사 비밀영화 대활극 **혈(血)의 가치** 전사권 육천척

아미리가 칼넴 영화 대활(大活) 전쟁극 **전광석화** 전장척

국제활영주식회사 특약 **단성사** (전화 구오구번)

조선 20.06.10 (3) 기싱의 직힐 바 / 기생의 본분 / 조합의 셰 가지 조건

경성 다섯 권번 기싱의 화치를 올느여―어졔부터 실힝흐게 된 것은 작일 보도혼 바 으로 이것은 임의 이왕브터 각 권번의 신청이 잇섯고 또 당국에서도 여러 가지로 심의한 결과 드딕여 허가홈에 일은 것인딕, 그것을 허가흐는 동시에 허가얻는 자로 흐야금 무엇이라는 명의를 붓쳐 ― 긱의 자리에 기다리게흐며 기싱과 * 가지의 업무를 힝흐지 안이홀 일 ▲ 기싱의 공부는 권번 규약딕로 반다시 실힝흐야 그 효과를 닉히 도록 힘쓸 일 ▲ 기싱으로 흐야곰 풍속을 문란케흐거나 쏘는 공안을 히홀만흔 힝위가

업도록 충분히 이것을 감독ᄒ며 지도홀 일 등 조건을 붓쳐 만일 위비ᄒᄂ 일이 잇스면 그 권번은 임원을 곳치던지 혹은 허가를 취소ᄒ기로 된 터이라더라.

매일 20.06.11 (4) 〈광고〉
우미관 6월 5일자, 단성사 6월 10일자와 동일

동아 20.06.12 (4) 악역(惡疫)에 대한 방어책
금(今)에 점차 악역 ＊행(＊行) 계절에 입(入)함에 제(際)하야 함남도 제삼부에서는 차(此)를 미연에 방어하기 위하야 래 십오일 선(先)히 함흥에서 제 일회 방역반 활동 사진을 공개하고 십팔구일 경에는 원산 시내에서 공개할 터이며, 인속(引續)하야 도내 각지를 순회 영사하야 위생 사상의 보급에 노력할 터이라더라. (원산)

매일 20.06.12 (2) 〈광고〉
우미관 6월 5일자와 동일

▲ 육월 사일브터 신사진 교환
선화(線畫) 철방(凸坊) 공중여행 일권
미국 쑤리스지 영화 희극 인동지(隣同志) 전일권
이태리 케－살 영화
후란쥬스가, 쎌지니 양 출연
인정활극 다한의 녀(多恨의 女) 전칠권
미국 쏘쑤라스사 영화
대활극 개의 성(關의 聲) 전오권
미국 가렴사 영화
대활극 아미리가 랑(娘) 전이권
국제활영주식회사 특약 단성사 (전화 구오구번)

동아 20.06.13 (3) 〈광고〉
▲ 육월 십일일브터 신사진 교환
미국 쑤리스지 영화

희극 **인동지(隣同志)** 전일권

이국 케-알 영화

인정활극 **다한의 녀(多恨의 女)** 전칠권

미국 가렘사 영화

대활극 **아미리가 랑(娘) 제구의 수교(第九의 水橋)**

국제활영주식회사 특약 **단성사** 전화 구오구번

매일 20.06.13 (1) 〈광고〉
단성사 6월 12일자와 동일

○ 육월 십삼일 사진 전부 취체(取替)

미국 유니바살 회사

一, 실사 **주보 오십오호** 전일권

미 유사 메스다라- 영화

一, 희극 **전의 화성(戰의 花聲)** 전일권

一, 미국 유니바살 회사

一, 골계 **도색의 매권(桃色의 寐卷)** 전일권

미국 풀바도 영화

一, 사회극 **화(花)이바라**

미국 유사 풀바-도 영화

一, 인정극 **가의 물어(街의 物語)** 전육권

경성 관철동 **우미관** 전화 이삼이육

조선 20.06.13 (3) 조선호썰 장미원
임의 긔저흔 바와 갓치 본월 일일브터 기최흔 조선호텔 뒷뜰에 만발흔 쏫은 자못 조흔 평판을 바다셔 져녁마다 입장자가 만원을 고흐야 작닐부터 미토요일 져녁이면 경성 음악디의 주악이 잇슬 터이요, 오는 목요 토요 양일마다 활동사진을 영사흐야 일반 관람에 공흔다더라.

조선 20.06.13 (3) 히쥬 위싱 환등회

히쥬 경찰셔에셔는 지나간 십일 오후 팔시 남본뎡 셰옥좌에셔 시민 일동을 쇼집ᄒ고 위싱 환등회를 기최ᄒ얏는디 경찰셔장 츙본경쳥 씨의 위싱에 관ᄒ 강연이 잇슨 후 십시경에 산회ᄒ얏다더라. (히쥬)

동아 20.06.14 (3), 20.06.15 (2), 20.06.16 (4), 20.06.17 (4) 〈광고〉

단셩사 6월 13일자와 동일

매일 20.06.14 (1), 20.06.15 (2) 〈광고〉

단셩사 6월 12일자, 우미관 6월 13일자와 동일

매일 20.06.14 (3)『노동문제와 조선』/ 금 십ᄉ일 단셩사에셔 강연 / 만국 국제노동대표자에 일본 노동대표자로 출셕ᄒ엿던 승본묘평(桝本卯平) 씨 강연

작년 가을 북미 흡즁국에셔 기최호 만국 국제로동디회에 일본 로동자를 디표ᄒ야 참셕ᄒ얏든 승본묘평『桝本卯平』씨는 지는 달부터 우리 됴션에 건너와셔 여러 곳에셔 로동쟈의 각셩을 지쵹ᄒ는 동＊에 쟈본가의 로동쟈와 협력지 아니치 못홀 쥬의를 션젼ᄒ얏슴은 임의 보도호 바이어니와 동씨는 그동안 금강산을 탐승ᄒ든 즁 ＊는 십이일 져녁 챠로 원산으로부터 셔울에 드러와 아즉 묵고 잇는

긔회를 타셔 유민회『維民會』와 로동디회『勞動大會』에셔는 좌긔 일시와 연뎨로 강연을 쳥홀 터인디 당일은 두 회가 다 입장을 무료로 ᄒ야 일반 쳥강자를 들일 터이나 혹 혼잡홀 폐가 잇슬가 ᄒ야 유민회에셔는 입장권을 발힝홀 터인디 희망자는 미리 황금뎡 일뎡목 빅칠십칠번디『黃金町 一丁目 一七七番地』즉 삼정물산회샤 건너편 골목 안에 잇는 그 회샤무쇼에 가셔 쳥구ᄒ임이 됴켓다더라.

一, 유민회 쥬최『維民會 主催』

▲ 일시 십ᄉ일 오후 이시

▲ 장쇼, 동관 단셩샤

▲ 연뎨, 현하의 로동문뎨『現下』의『勞動問題』

二, 로디회 쥬최『勞動大會 主催』

▲ 일시, 십오일 오후 이시

▲ 장소, 승동례비당

▲ 연뎨, 로동문뎨와 됴션『勞動問題와 朝鮮』

매일 20.06.14 (3) 조선호텔의 셩황인 장미원 / 음악듸의 쥬악과 활동스진 잇다고
임의 보도호 바와 갓치 본월 일々부터 기원된 됴션호텔의 쯀『로-쓰 카-텬』은 미우 평판이 죠흠으로 미일 밤의 립장자가 만히 잇섯는듸, 지는 십이일 이후 미 토요일 밤은 경셩 음악듸의 쥬악이 잇깃고 또 러주부터 미 목요 토요 량일에 활동사진을 ᄒᆞ야 일반으로 관롬케 홀 터이며 찍는 맛참 쟝미화가 만기되야 일층 셩황이엇깃다더라.

동아 20.06.16 (3) 시간비를 내리고자 / 기싱이 신쳥
경셩 안에 잇든 한남(漢南), 한성(漢城), 대졍(大正), 대동(大同), 경화(京和)의 다셧권번에셔는 료리집에 가셔 노는 시간대금을 올녀 달나는 신쳥을 데삼부에 뎨츌하야 인가의 지령을 엇엇슴으로 지나간 구일부터 올닌 시간대로 시힝하야 오더니, 그 후 일반이 재계 공황으로 젼황이 되어 그리지 안어도 유흥이 한산한 터인대 더구나 시간대까지 올녀셔 영업을 할 수 업다는 리유로 다시 시간대를 내려 달나고 다셧 조합 기싱 팔빅 여명이 련명하야 경긔도 뎨삼부에 쳥원하리라더라.

매일 20.06.16 (1) 〈광고〉
우미관, 〈가의 물어(街의 物語)〉가 빠진 외 6월 13일자 광고와 동일

매일 20.06.16 (2) 〈광고〉
단성사 6월 12일자와 동일

매일 20.06.16 (4) [지방통신판] / 위생환등회
해주경찰서에서 작(昨) 십일 오후 팔시부터 세옥좌(笹屋座)에셔 위생환등회를 개최ᄒᆞ얏는듸 정각에 서장의 자세훈 위생상 필요훈 사진을 다수히 영사ᄒᆞ얏는듸 관객이 쳔여 명에 달ᄒᆞ야 전무(前無)의 셩황을 치(致)ᄒᆞ얏더라.『황해(黃海)지국』

매일 20.06.17 (2), 20.06.18 (1) 〈광고〉
단성사 6월 12일자와 동일

매일 20.06.17 (3), 20.06.18 (2) 〈광고〉

우미관 6월 16일자와 동일

동아 20.06.18 (3) 〈광고〉

▲ 육월 십팔일브터 신사진 교환

아푸리카 영화

▲ 남아전사(南阿戰史) **레지후전(傳)** 전구권

미국 * 쓰회사 고작(苦作)

태서탐정극 **북위 오십삼도** 오권

출연배우 짜스톤 화나후

국제활영주식회사 특약 **단성사** 전화 구오구번

매일 20.06.18 (3) 점차 신수입되는 독일 영화 / 독일의 활동사진이 참 볼 만하다고

독일에서 신임 되사『大使』가 오는 동시에 독일서 제죠흔 물품과 셔칙이 졈々 세계 각 시장에 나오난 고로 젼징으로 인ㅎ야 젼수히아지 못ㅎ얏던 독일 형편이 졈々 세상에서 알게 되얏다. 근일 독일졔의 활동사진『휘룸』이 련속 나오게 된다는딕 이번 *음 나올 것은 십이권 일만삼쳔쳑이나 ** 기인 사진인딕 원 일홈으로『페푸빗도 핏도』즉

정의는 승리『正義는 勝利』라는 것인딕 독일의 제작품으로는 참 희흔혼 것으로 사회극으로 이와 갓친 *기된 것인딕『라마[45]』시딕로부터 현딕에 이르기ㅅ지 귀족 부인들의 정화와『카이데루』가『아메론컨』에 드러 안잣던 후『빅림』의 왕궁이며 뎨*박물관들을 비경으로 ㅎ야 촬영혼 것인딕, 위도『緯度』의 관계상 됴셕 시간이 길어셔 미국의 제작품 등에셔는 못 보는 광선기술『光線技術』이 발현되얏다. 이것은 일활회사『日活會社』로 온 것인딕 동사와 경징뎍 위치에 잇는 국제활영회샤에서도 독일『시－멘스』회샤의 숀을 경유ㅎ야 직수입을 ㅎ게 되얏는딕, 구미를 시찰ㅎ기 위ㅎ야 츌발혼 동사의 증본『增本』씨가 도라오는 길에 독일로 드러가셔『휘룸』의 수입『輸入』계약을 톄결ㅎ고 온다더라.

---

45) 로마의 한자 음차.

매일 20.06.18 (3) 김도산 일행 개연 / 십구일부터 단셩샤에셔

신파 신극좌 김도산 일힝『新派 新劇座 金陶山 一行』은 향자에 경셩 시뇌와 밋 시외를 비경 삼아가지고 시로히 세 가지 련쇄극을 박엇는 바, 그 쳑수는 셰 가지에 일만여 쳑이나 된다 ㅎ며 이번 사진은 더욱이 션명ㅎ고 미우 자미잇다 ㅎ는더 그 셰 가지 련쇄극을 가지고 명 십구일부터 시뇌 단셩샤에서 처음 상쟝한다더라.

동아 20.06.19 (3) 기생 연합연주회 / 고아를 위하야

한남(漢南), 한성(漢城), 대정(大正), 경화(京和) 네 기성 권번에서는 경셩고아원(京城孤兒院)

을 위하야 금 십구일부터 압흐로 나흘 동안을 시내 단셩사(團成社)에서 자선연주대회를 연다더라.

동아 20.06.19 (3) 〈광고〉

▲ 육월 십팔일브터 신사진 교환

아푸리카 영화

▲ 남아전사(南阿戰史) 레지후전(傳) 전구권

미국 ＊쓰회사 고작(苦作)

태서탐정극 **북위 오십삼도** 오권

출연배우 쨔스톤 화나후

십구일브터 주일간

사권번 연합 연주회, 경성고아원을 위하야

국제활영주식회사 특약 **단셩사** 전화 구오구번

매일 20.06.19 (3) 조선 사정 선전 / 활동사진대회 / 경성일보 대륙통신 양사 주최로 동경 청년회에셔 / 각궁전하의 대임(臺臨)과 / 가둥본(加藤本) 사장의 예사(禮辭)

임의 보도홈과 갓치 경셩일보, 대륙통신 양사는 됴션 총독부 활동사진반의 입경을 긔회 삼아 지나간 십륙일 오후 여섯시부터 신뎐 미토뎌뎡『神田 美土代町』청년회간에서 그 스진반이 활영한

◇ 됴션스졍

◇ 션젼활동

사진을 영수 공기ᄒᆞ엿더라. 그 사진은 지난번 동궁어소에셔 동궁뎐하를 위시ᄒᆞ야 각 궁 뎐하와 리왕셰ᄌ 동비뎐하의 퇴람의 광영을 엇은 터인 바, 동경 시즁에셔 공기ᄒᆞ기ᄂᆞ 처음임으로 맛참 비가 쏘다지ᄂᆞ 즁이엿지만은 관즁은 룩속히 모혀드러 입장자가 임의 삼쳔 명에 달하야 디만원의 셩황을 일우엇고

◇ 슈야총감

◇ 령식령양

기타 디의소의 가족동반의 명수가 불소ᄒᆞ엿섯ᄂᆞ딕, 명각이 되ᄌ 가등본샤 ᄿ쟝『加藤本社 ᄿ長』은 만쟝의 박슈 즁에 등단ᄒᆞ야 일쟝의 인수를 혼 후, 하촌 사무관『下村 事務官』의 강연이 잇고 그 다음 영수를 혼 바, ᄒᆞ촌수무관과 진촌쇽『津村屬』이 교딕ᄒᆞ야 ᄌ세히 설명ᄒᆞ엿 * 부산에서부터 신의쥬 * 일으ᄂᆞ 연션 각디의

◇ 풍속 경치

◇ 교육산업

의 샹틱가 렴々 * 활동ᄒᆞ야 흡수히 됴션을 려힝ᄒᆞᄂᆞ 것 갓흔 감상이 * ᄌ 관즁은 쉬일 시 업시 박슈를 ᄒᆞ야 대셩황 즁에 오후 아홉시 반에 허여젓다더라.『동경뎐』

매일 20.06.19 (3) 사권번 연합의 자션연쥬대회 / 한셩 한남 대졍 경화 수빅여 명이 총츌히

경셩의 고아를 위ᄒᆞ야 안이 셰상에 ᄌ비심을 위ᄒᆞ야 극진혼 공동심으로 만뎐하 * 인수의 열렬혼 동졍을 엇어 그동안 긔부금도 젹지 안케 드러오ᄂᆞ 가운디 더욱이 기셩들ᄭ지 쓰거운 동졍 * 을 니여 그 수입ᄒᆞᄂᆞ 돈에셔 조금도 앗기지 안코 셔로 다토아 경셩 고아원에 긔부혼 기셩도 젹지 안엇다. 아! 긔특ᄒᆞ고 쟝ᄒᆞ도다. 이러한 의협심과 동포 사랑ᄒᆞᄂᆞ 마음이 긴ᄒᆞ여짐은 감사혼 일이라 이번에

경셩에 잇ᄂᆞ 한남, 대졍, 한셩, 경화에 기셩권반 기셩들은 오ᄂᆞᄂᆞᆯ 고아원을 완젼히 창립케 ᄒᆞ야 다수 고아로 ᄒᆞ야금 그 목숨을 보젼케 ᄒᆞ랴ᄂᆞᆫ 마음에셔 일단 의협심이 싱기여 금 십구일부터 이십이일ᄭ지 나흘 동안을 시니 단셩사에셔 자션 연쥬회를 열고 네 권번 기셩 수빅여명이 련흡으로 총츌ᄒᆞ야 그 날 수입ᄒᆞᄂᆞ 돈은 모다 고아원으로 긔부ᄒᆞ기로 작뎡ᄒᆞ엿다ᄂᆞᆫ딕 누구던지 이 ᄌ션 연쥬회에 혼 줌의 동졍을 표ᄒᆞ야 쥬ᄂᆞᆫ 것이 엇더홀ᄂᆞ지.

매일 20.06.19 (4) 〈광고〉

단성사 6월 12일자, 우미관 6월 16일자와 동일

조선 20.06.19 (3) 요리옥(料理屋) 양보로 기생도 화응(和應) / 교풍회 알선에 분규도 긋침

거위 열흘이나 분요되야 나려오며 아즉 엇더한 귀결이 잇지 안이ᄒ던 시닉 기싱과 료리집 사이의 힐닉ᄒ는 일은 지작의 밤에도 각 기싱 권번이 회합ᄒ야 토의한 일이 잇섯스나 죵닉 구체뎍 결뎡에 일으지 못ᄒ얏난딕, 그 즁에 슈빅 기싱은 믹일 잠들만 ᄌ게되고 싸러셔 료리집에도 더욱 손님이 ᄯᅳᆫ치여― 비상히 한산ᄒ아지는 동시에 갓득 불경한 시황은 더욱 젹막홈을 ᄭᅵ닷게 홈으로 경셩 교풍회에셔는 이것을 그딕로 간과ᄒ기 어려운 일이라ᄒ야 두편 사이에 알션한 결과 기싱은 료리집에 딕ᄒ야 시간비의 이할을 닉히게 ᄒ고 료리집에셔는 그 이할을 밧고 불원＊ 시ᄒᆡᆼ될 됴흥세(助興稅)를 부담ᄒ기로ᄒ야 피차의 량ᄒᆡ가 잇심으로 분규되던 것도 그럭져럭 죵식되고 각 료리집에는 남지마의 츌입을 구경ᄒ게 되리라더라.

조선 20.06.19 (3) [독자구락부]

▲ 단성사에셔는 어졔밤브터 셔양에 유명한 남아(南阿)를 영사ᄒ는딕 사진도 션명ᄒ고 자미도 미우 잇슴듸다. (관극생 [觀劇生])

동아 20.06.20 (3), 20.06.21 (4), 20.06.22 (3) 〈광고〉

단성사 6월 19일자와 동일

매일 20.06.20 (2) 〈광고〉

단성사 6월 12일자와 동일

○ 육월 이십일 사진 전부 취체

미국 유니바살 회사

一, 실사 **파데 ― 주보** 전일권

미국 유사(社) **메스다라―** 영화

一, 회극 **성공의 실패** 전일권

미국 유사 골도ー실 영화

一, 대활극 **침대차의 비밀** 전일권

미국 유사 특작 메리ー막구라련 양 출연

一, 인정극 **허영의 와권(渦卷)** 전일권

경성 관철동 **우미관** 전화 이삼이육

조선 20.06.20 (3) 기생 권번의 연합연주회 / 금일브터 단성사

혼성, 딕정, 경화, 한남의 네 기성 권번은 련합ᄒ야 금일 밤부터 동구안 단성사에서 딕연쥬회를 기최홀 터인딕 그 연주과목은

△ 한성권번에서 쟝성보연지무『렵창』△ 딕정권번에셔『봉러의』『격쥭가』『양고무』『무도』△ 경화권번에셔『빅ᄋ무』『남도렵창』『춘향가』

이외에도 간항 특예를 발휘홀 터임으로 준비가 임의 충분ᄒ게 되얏는딕 각 권번의 련합 연쥬는 이번에 처음 잇는 일로 그ー반화혼 광경을 실로 관긱의 눈을 황홀케 되리라더라.

매일 20.06.21 (1) 〈광고〉

우미관 6월 20일자와 동일

매일 20.06.21 (2) 〈광고〉

단성사 6월 12일자와 동일

매일 20.06.22 (4), 20.06.23 (4) 〈광고〉

우미관 6월 20일자, 단성사 6월 12일자와 동일

조선 20.06.22 (1) [신문명]

천연색 활동사진

수년 전 불란서 과학자『스미쓰』의 고안에 의혼 천연색 활동사진이 일본에도 수입되는 사(事)는 세인(世人)이 공지(共知)ᄒ는 바이언이와, 차(此)에 사용혼 색채은 이색(二色)『스크린ー』을 응용홈에 불과혼 고로 충분혼 효과를 득(得)치 못하얏는딕 이후 불국『그ー몬』회사에셔는 일층 완전혼 사진을 제출키 위ᄒ야 연구를 계속 중이던 금

회, 삼색『스크린-』을 응용흔 결과 완전흔 효과를 득(得)ᄒ얏는딕, 차(此) 방법은 실경(實景)을 촬영홀 써에 삼개의 렌쓰를 사용ᄒ야 삼색의『스크린-』(즉 녹, 홍, 청)의 유리판을 통과ᄒ고 기(其) 내부를 상하로 동(動)ᄒᄂᆫ『휘ᄅ무』에 영사ᄒ게 되얏는딕 기 음화로 재차『휘ᄅ무』를 작성홀 뿐이오 별로히 염색홀 필요ᄂᆫ 무(無)ᄒ며 촬영기의 배치만 정확ᄒ면 영사홀 시(時)ᄂᆫ 색채와 동작이 실물과 무이(無異)ᄒ다 ᄒ얏더라.

조선 20.06.22 (3) 문예단 일힝 신파연극

이긔셰『李基世』일힝은 이번에 안동현으로브터 평쥬에 들어와 十九일 밤브터『중좌』에서 흥힝 중인딕 조흔 평판 중에셔 밤마다 성황을 일우는 터이더라. (평양)

동아 20.06.23 (2) 〈광고〉

▲ 육월 십팔일브터 신사진 교환

아푸리카 영화

▲ 남아(南阿) 전구권

미국 홱쓰회사 고작(苦作)

태서탐정극 **북위 오십삼도** 오권

출연배우 쌰스톤, 화나후

국제활영주식회사 특약 **단성사** 전화 구오구번

매일 20.06.23 (3) 〈광고〉

유유(愈)

이태리 사-가스[46] 단(團) 어(於) 훈련원 공지(空地)

이십삼일부터 개연

매일 이회

주(晝) 오후 이시 개장, 삼시 시연(始演)

야(夜) 오후 칠시 개장, 팔시 시연

입장료 오원, 삼원, 이원, 일원 십삼 세 이하 각등 반액

---

46) 서커스.

동아 20.06.24 (4) 〈광고〉

단성사 6월 23일자와 동일

매일 20.06.24 (1) 〈광고〉

우미관 6월 20일자와 동일

◎ 육월 이십삼일브터 특별대흥행

신파 활동극과 서양사진

◆ 대활극 **북위 오십이도**[47]

❉ 신파신극좌 김도산 일행 ❉

◆ 연속활동사진 **천명** 삼십팔장 전구막

◆ 실사 **경성전시가(京城全市街)** 최장척

국제활영주식회사 특약 **단성사** (전화 구오구번)

매일 20.06.24 (3) 방역 위생극 영화 / 긔계만 오게 되면 / 칠월 중슌경에나 경성 부에셔

점々 몹시 더워지는 고로 여러 가지 뎐념병이 미우 창궐ㅎ게 되야 발셔부터 가쟝 두려운 호렬자 갓흔 것은 만쥬 디방과 밋 일본에 발성ㅎ얏다 홈은 임의 루々히 보도ㅎ야 모다 아시는 바이지만은 됴션에도 어느 찌에 건너올는지 칙량홀 수 업는 고로 전번에 수야 정무총감의 유사도 잇셧고 쏘는 각 도와 각 부 등에셔도 방역계획을 엄즁히 ㅎ고

힘을 다히가며 드러오지 못ㅎ게 막는 모양이엿셧는디, 경성의 목하 위싱상티는 위션 그만ㅎ면 량호ㅎ 고로 일반 뎐념병의 발성규도 비교뎍 젹엇셧다고 ㅎ니 다시 한칭 더 털더ㅎ게 방역ㅎ는 것을 긋게 ㅎ고자 ㅎ야 그 즁에 결뎡흔 것은 위싱 활동사진으로 션뎐홀 것인디, 그 위싱활동사진은 불원에 공회당을 빌게 되기만 ㅎ면 곳 공기홀 터이며 그 외에도 각디에셔

호평을 밧던 위싱극을 흥힝홀 계획도 쏘흔 진셥되는 즁인고로 느져도 칠월 즁슌 경에

---

47) 이전까지 광고는 오십삼도였지만, 6월 24일자 광고에서는 오십이도임. 오십삼도의 오식으로 보임.

눈 경성에서 위성극을 흥힝ᄒ야 가쟝 뎌렴ᄒ 료금으로 일반부민에게 관람케 ᄒ리라
더라.

매일 20.06.24 (3) 흥행계의 경이 / 이태리 곡마단 / 쳐음 보눈 지됴들 / 됴션에눈 처음됨

구미 각국 흥힝계에셔 그의 일홈이 미우 놉흔 이터리 뎨국 곡마단은 발셔부터 가쟝
친한 나라인 일본에 리유홀 희망을 가지고 잇셧스나 원톄 큰 단톄인 고로 일본 닉디
에 호텔과 밋 려힝상 여러 가지의 불편이 잇눈 고로 그들의 희망을 달홀 수가 업셧스
나, 년전에 동경 곡촌 씨가 인도 *찰을 ᄒ눈 도중에『칼가타』시에셔『사카쓰』단쟝
과 친하게 되야셔 쟉년에

구쥬뎌젼이 평화 극복의 긔념으로 일본에 오눈 것을 결힝혼 터인딕, 동경에셔눈 하양
궁뎐하『賀陽宮 殿下』를 위시ᄒ야 일곱궁 뎐하의 영광스러운 타람을 바닷스며 지식
계급에 의지ᄒ야 공젼의 디호평을 밧고 구쥬 공업박람회에셔 청함을 바다셔 그 환영
을 밧던 터인딕, 이번에 됴션에 건너와셔 부산에셔 오일간을 흥힝ᄒ야 쏘한 다시 업
눈 디호평을 어덧눈디 그 단에셔 가쟝 유명혼 것은『믹시코』씨의 줄 우에셔

츔추눈 것과 쏘눈 세계의 션슈라고 일직이 일활회사에 슈입ᄒ얏던 활동사진에 잇던
일종의 괴상혼 예술인『암푸쓰』씨 일힝의 공즁에셔 지죠 넘눈 모험 지죠눈『론돈 타
임쓰』신문이 날기가진 사람이라고 ᄒ야 세계에 오직 하나 쑨이라고 ᄒ던 것과『파
텔』씨의 모험ᄒ눈 방법을 보이눈 것은 참으로 싱사를 돌아보기 안이ᄒ고 ᄒ눈 모험
인딕, 년젼에 미국(米國)에셔 팔십여척의 놉흔 곳으로부터

각구로 박이여 나리눈 것을 ᄒ야셔 십만『쌀라』의 상금을 바닷눈딕, 이 사람도 쏘혼
세계에 하나라고 ᄒ며, 그 외에『미쓰 로렌쓰』양의 줄 우에셔 지죠 부리눈 것과『쓰
리쓰』의 우슘거리와『피타』씨의 츔 등 실로 동양사람의 눈에눈 처음 뵈이눈 긔예일
것이며 동물 들이 지죠ᄒ눈 것을 보면 참 사람으로도 놈이 쏫치지 못할 것이며, 기와
원숭이의 지판뎡에셔 지판ᄒ눈 모양과 이터리 망아지『小馬』의 지죠 코기리의 지죠
사람의 말을 아라 듯눈 말 등은 관람ᄒ눈 사람들이 그 가랏친 사롬의

졍력이 과연 얼마나 들엇슬 것을 짐작홀 것이다. 그 단이 긔연ᄒ기눈 이십삼일부터
이쥬일 동안이요 쟝소눈 훈련원 *인터이더라.

매일 20.06.24 (3) 〈광고〉

서커스 6월 23일자와 동일

동아 20.06.25 (2) 〈광고〉

● 이십삼부터 십오일간 단성사에 김도산 일행 흥행

△ 신파연쇄활극 **천명(天命)** 전삼십삼장

▲육월 십팔일브터 신사진교환

태서탐정극 **북위 오십삼도** 오권

출연배우 짜스톤, 화나후

국제활영주식회사 특약 **단성사** 전화 구오구번

매일 20.06.25 (3) 〈광고〉

우미관 6월 20일자, 단성사 6월 24일자, 서커스 6월 23일자와 동일

동아 20.06.26 (4) 〈광고〉

단성사 6월 25일자와 동일

매일 20.06.26 (2) 〈광고〉

단성사 6월 24일자와 동일

○ 육월 이십육일 사진 전부 차환

미국정부 위탁 영화

一, 실사 **분기혼 합취국(奮起혼 合聚國)** 전일권

미국 유사(社) 엘고 영화

一, 희극 **낙한 승수(樂한 乘手)** 전이권

미국 유사 쑬드실 영화

一, 활극 수뢰(水雷)의 비밀 전이권

미국 유사 불바드 영화

一, 대활극 **하계의 정(下界의 精)** 전오권

명우(名優) 에라, 호-루 양 출연

경성 관철동 **우미관** 전화 이삼이육

매일 20.06.25 (3), 20.06.26 (2), 20.06.27 (2) 〈광고〉
단성사 6월 24일자와 동일

매일 20.06.26 (3), 20.06.27 (3), 20.06.27 (3) 〈광고〉
서커스 6월 23일자와 동일

조선 20.06.26 (3) 위싱사진과 연극 / 지료를 수집ㅎㄴ 증
요사이 일긔는 점々 더위가고 각종 전염병은 종々 발싱될 시긔인 중, 맛춤 만쥬 일본
각디에ㄴ 호렬자 *이 발싱되야 환자가 날마다 느러가ㄴ 터인즉, 조선에도 언의 ᄯᅥ
그 병균이 침임ᄒᆞᆯㄴ지 알슈 업슴으로써 지나간 이십일 총독부로브터 호녈자 예방에
디ᄒᆞ야 유시도 잇섯고 ᄯᅩ 각도에 디ᄒᆞ야 방역에 디ᄒᆞᆫ 통첩을 발송ᄒᆞᆫ 바, 지금 경성부
위싱 상터를 보면 젼의보다 극히 양호ᄒᆞ야 일반 전염병 발싱 수효도 비교젹 년々히
감쇼되야 가ㄴ 조흔 현상이나, 그러나 요사이 갓흔 시긔에 (첨져젹)[48]으로 위싱 사상
을 향상치 안이ᄒᆞ면 불가흠으로 총독부에서ㄴ 위싱에 디ᄒᆞᆫ 활동사진, 활동 련극 등을
셜힝ᄒᆞ기로 결정ᄒᆞ고, 오ㄴ 칠월 중순브터 (공회당)을 차득ᄒᆞ야 셜힝할 터인디 지금
각디에셔 긔셜ᄒᆞ야 오던 위싱 연극 각본을 슈집ᄒᆞ야 일반 관람에 허할터이라더라.

매일 20.06.27 (1) 〈광고〉
우미관 6월 26일자와 동일

동아 20.06.27 (3) 고아에게 동졍 / 긔싱의 큰 마음
경성고아원을 위하야 한남(漢南), 한성(漢城), 대정(大正), 경화(京和) 네 권반에서 련
합연주회를 단성사에 열은 것을 임의 보도하얏거니와 이번에 네 권반과 단성사의
일홈으로 지난 이십사일에 경성 고아 구제회에 돈 일천이백원을 긔부하얏다 하며,
황금뎡 삼뎡목 김봉화(黃金町 三丁目 金奉華) 씨가 특별히 빅원 돈을 긔부하얏고 대
동권반(大同券番)에서도 일빅십사원을 긔부하얏다더라.

---

48) '점차적'이라는 의미.

동아 20.06.28 (2) 〈광고〉

● 이십삼일부터 십오일간 단성사에 김도산 일행 흥행

△ 탐정대활극 **형사의 변화**

▲ 육월 십팔일브터 신사진 교환

태서탐정극 **북위 오십삼도** 오권

국제활영주식회사 특약 **단성사** 전화 구오구번

동아 20.06.28 (4) **자선 활동사진대**

부식(扶植)농원 자선 활동사진대는 거(去) 이십이일 내원(來元)하야 이십삼, 사 양일간은 원산 공립고등＊상(＊常) 소학교 내에서 영사하고 이십오일 오후 칠시부터는 원산 청년회의 주최로 상리(上里) 일동 동락좌(同樂座)에서 거행하엿더라. (원산)

매일 20.06.28 (1), 20.06.29 (1), 20.06.30 (1), 20.07.01 (1), 20.07.02 (1) 〈광고〉

단성사 6월 24일자, 우미관 6월 26일자와 동일

매일 20.06.28 (3) 〈광고〉

공전(空前)의 광영 잇는 이태리 사─가스 단(團)

▲ 훈련원 공지에서 개연중 ▲

▲ 재래(再來)는 기(期)키 난(難)혼 세계의 진(珍) ▲

▲ 필일도(必一度)는 견(見)하야 치(置)홀 만혼 것 ▲

동아 20.06.29 (2) 〈광고〉

●이십삼일부터 십오일간 단성사에 김도산 일행 흥행

△ 친애(親愛) (＊五間) ▽

▲ 육월 십팔일브터 신사진 교환

▲ **북위 오십삼도** 오권

국제활영주식회사 특약 **단성사** 전화 구오구번

매일 20.06.29 (3) 〈광고〉

서커스 6월 28일자와 동일

동아 20.06.30 (3), 20.07.01 (4) 〈광고〉

단성사 6월 29일자와 동일

**매일 20.06.30 (1) 연극과 오인(吾人)의 관계 (일) / 하고(何故)로 연극이 필요혼가?
극문학을 연구ᄒᄂᆞᆫ 리 * ! / 효종 현철(曉鐘 玄哲)**[49]

이제 두어 마듸 기록코자 ᄒᄂᆞᆫ 극담(劇談)은 연극이 무슨 ᄭ닭으로 오인의게 필요홀지 엇더혼 주지(主旨)로 극문학을 연구ᄒᄂᆞ지, 첫지ᄂᆞ 필자가 독자의게 알니고져 ᄒᄂᆞ 것이요, 둘지ᄂᆞ 필자에게 질문ᄒᄂᆞ 응답에 불과혼 것이다. 그러나 둘지로 응답ᄒᆞ고자 ᄒᄂᆞ 것은 지금 쳐음으로 질문이 안이고 필자가 동경 예술좌 부속 연극학교에 입학홀 당시에 갓가이ᄂᆞ 가족지우로브터 멀니ᄂᆞ 필자를 사랑ᄒᄂᆞ 동포 자매ᄭ지라도 모다 이구동음으로 동양 유일의 학문부(府)인 동경에셔 칠팔 성상을 형설의 고(苦)를 적(積)ᄒᆞ면서 연극! 배우! 광ᄃᆡ! 모다 머리를 니져며 근고(謹告), 비평, 비방 여러 가지로 드른 말이 만앗다. 그러나 죠곰도 괘념혼 바이 업셧고 ᄯᅩ혼 틀니게 생각혼 적도 업셧다. 다만 엇더혼 의미에셔 감사혼 마음은 잇셧다. 물론 동양구도(舊道)! 더구나 우리 조선 구습관하에서 이러한 비평은 무리가 안이다. 쟝님은 붉근 것을 푸르다 ᄒ여도 죄가 안이고 산곡에 잇셔 관솔 불켜든 사람은 전등을 귀화(鬼火)라고 ᄒ여도 깁피 책(責)홀 가치가 업겟지. 권고, 비평, 비방을 드를 ᄲᅢ마다 필자ᄂᆞ 항상 이러케 생각ᄒ앗다. 적어도 남이 날를 생각ᄒᄂᆞ 것보다 닉가 나를 생각ᄒᄂᆞᆫ 것이 만켓지. 나의 구구혼 변명보다도 씨가 스사로 변명하리라고. 그러나 씨가 변명ᄒᄂᆞ 것은 넘어 쟝구한 시일이 걸닌다. 시일을 기다일가? 구구한 변명을 홀가? 이제 첫지로 말ᄒᆞ고자 ᄒᄂᆞᆫ 연극이 오인의게 엇더혼 작용을 ᄒᄂᆞ지 엇더ᄒ게 필요혼지 이것만 만분일이라도 알게 되면 필자의 이것을 죠와ᄒᆞ고 이것을 연구ᄒᄂᆞ 주지(主旨)를 대강 알 듯ᄒ다. 우리 조선에ᄂᆞ 엇지 연극이 업셧나? 이것이 첫지로 생각해 볼 문제다. 널니 세계의 연극사를 들쳐보면 구미에셔ᄂᆞ 희랍라마 시대로브터 연극이 잇셧고, 지나에ᄂᆞ 당송 이전에 창희(가극의 일종)가 잇셧스며, 일본에ᄂᆞ 삼백 년 전브터 가무기(歌舞技)의 연극이 잇셧다.

---

49) 현철(1891~1965). 연극평론가, 극작가, 우리나라 근대 연극운동의 선구자. 본명은 희운, 필명은 형당, 효종, 효종생, 세류옹, 해암 등이다.

우리 조선은 중고, 근고 이래로 민족의 정신을 위안홀 모든 재료의 결핍이 만앗고 유전(遺傳)이 적은 중, 더구나 예술에 이러々셔는 일층 더 유감스러운 일이 만타. 문학, 회화, 건축, 조각, 음악, 무도(舞蹈) 등 모든 것이 구(筍)난듸로 잘 크지 못하엿고 발전되지 못혼 씨닭으로 우리 후생으로 ᄒ여금 자못 유감되는 일이 만타. ᄒ물며 오대 미술를 종합혼 고급 예술인 연극이 발아된 지 미기(未幾)에 생각지 못혼 것은 간단이 말ᄒ자면 두 가지 원인이 잇다. 혼 가지는 유교의 절제 밋터셔 후인은 절대로 전인(前人)을 추급치 못ᄒ고, 전설(前說)은 영원이 후설(後說) * 개 * (改 *)치 못ᄒ야, 이를 범ᄒ는 자는 사문난적으로 논ᄒ는 까닭이요, 둘지는 국민적 지력(志力)이 부족혼 연고이라. 서철(西哲)의 소언을 비러 말ᄒ면 국민적 지력(志力)이 강혼 나라는 연극 창달되고 국민적 지력이 약혼 나라에는 연극이 발달되지 못ᄒ얏다고 ᄒ니, 우리는 아마 국민적 지력이 약혼 줄을 자각홀 슈가 잇다. 똥거름을 쎡쥬무르듯 ᄒ는 농부는 그 악취에 취ᄒ여 취감이 마비된 까닭으로 악취를 악취인줄 씨닷지 못ᄒ는 것과 갓치 왕석(往昔)에 교통이 번잡지 못ᄒ고 구타(求他)의 욕망이 적은 봉건시대에는 닛것보다 남의 죠흔 것을 볼 기회가 적엇고, 장시(長時)의 안일평온혼 소치로 정신적 위안을 요구홀 필요가 업섯다. 다시 말ᄒ면 국민적 지력이 희미ᄒ여 감정을 융화홀 위안의 요구가 업섯다. 금일도 왕석(往昔)과 같은 시대인가? 우리는 우리만 알고 남은 몰나도 죠흔가? 우리 것만 알고 남의 것은 몰나도 죠흔가? 문명의 정도가 진취ᄒ여 갈수록 생활의 상태가 복잡ᄒ여지는 것이니, 사회에 발조최 나가는 듸로 희로애락의 충돌과 갈등이 깁퍼감은 피치 못홀 사실이다. 이러혼 충돌과 갈등을 위유(慰瘉)ᄒ야 안온혼 상태를 유지코쟈 혹은 음악으로 청감을 위로ᄒ고 일보를 * 진(* 進)ᄒ야 공간 예술과 시간 예술를 종합혼 연극으로 시청을 동시에 위유코자 ᄒ는 욕망이 곳 연극을 발달케 ᄒ는 원인이다. 박구워 말ᄒ면 문명의 정도가 유치(幼稚)생활의 상태가 단순ᄒ고, 생활의 상태가 단순ᄒ면 사회에 진로가 간단ᄒ고, 사회에 진로가 간단ᄒ면 충돌과 갈등이 적고, 충돌과 갈등이 적으면 싸라셔 감정이 단일ᄒ고 감정이 단일ᄒ면 이를 위유코자 ᄒ는 요구가 적으니 단독 예술도 존중홀 의력(意力)이 업거든 하물며 종합예술를 추구홀 자각이 엇지 잇섯스리오.(속[續])

매일 20.06.30 (3) 본사 주최 독자위안회 / 우리 독쟈를 위하야 한번 구경식히고 져 / 일쟈와 상세혼 것은 추후 발표

요사이 단성사에서 미일 밤마다 흥힝ᄒ야 만도의 듸환영으로 항상 만원의 성황을 일우는 김도산 일힝의 련쇄극으로 말ㅎ면 우리 됴션에셔는 시죠이다. 그럼으로 동좌원들은 다른 극단보다 련쇄극을 박는딕에는 경험도 잇고 또는

각본의 션틱도 잘 ㅎ야 사진을 박아 노흐면 다른 단에셔 박은 것보두 쒸여나게 된다. 그런딕 이번에 흥힝ㅎ는 것으로 말ㅎ면 더욱이 사진을 만히 만히 ㅎ고 실연은 젹으며 또는 셔양식을 졀츙ㅎ야 박은 것인 고로 닉용이 미우 츙실ㅎ게 되얏다. 그런딕 이번에 본사에셔는

독자 여러분을 위ㅎ야 위안회를 열고 무료로 관람케 ㅎ기 위ㅎ야 단셩사쥬 박승필 『朴承弼』 씨와 밋 신극자 좌쟝 김도산 『金陶山』 군과 협의한 결과, 그들의 호의로 곳 열기로 결뎡되얏다. 그런니 이번에 우리 독자 여러분끠 뎨공홀 련쇄극으로 말ㅎ면 요스이 박은 것 즁에도 가쟝 취미 잇고 가쟝

션명흔 스진 춘화 『春花』라는 탐뎡극인 바, 이것은 한강 텰교, 룡산, 우이동, 쟝츈단 등 경셩 부근 명승디를 비경삼아 가지고 박은 것이라 ㅎ는딕, 총 쟝슈는 삼십륙쟝이요 막슈는 십이막이요 걸작품이라는딕 쟈셰흔 것은 츄후 발표할 터이더라.

매일 20.06.30 (3) 〈광고〉
서커스 6월 28일자와 동일

매일 20.06.30 (4) 위생환등회
평북(平北) 졔삼부에셔는 위생사상을 보급케 ㅎ기 위ㅎ야 거(去) 이십오일 의주, 신의주, 비현(枇峴), 션촌(宣村), 철산(鐵山), 졍주(定州), 박쳔(博川), 운산(雲山), 태산(泰山), 영변(寧邊) 각 군에셔 위생환등회를 개최ㅎ고 위생과원 수명이 출쟝홀 터인딕 이십오일 의주 공회당에셔 개최흔 시(時)는 입장자 일천여 명에 달ㅎ야 셩황을 졍(呈)ㅎ얏더라. 『의주』

매일 20.07.01 (1) 연극과 오인(吾人)의 관계 (이) / 효종 현철
이러홈으로 나라이 문명홀스록 연극이 짜라 발전ㅎ나니, 서철(西哲)이 말흔 바 연극이 문명의 계량기라 홈은 이를 두고 이른 바이다. 이상에 흔 말은 우리 조선에 연극이 업난 이유를 약셜(略說)홈에 불과ㅎ나 이제는 연극 자체가 엇더흔 이익을 우리의게 주는지 간단이 두어 말노 기록ㅎ고자 흔다.
본래 연극은 사회경영의 일기관(一機關)이니 혹은 물질적으로, 혹은 정신적으로 여

러 가지 방면으로 유력ᄒᆞᆫ 동작을 ᄒᆞ는 것이다. 사회경영의 기관으로는 ᄯᅡ로 종교가 잇고, 교육이 잇스며 널니 예술이라고 ᄒᆞ는 ＊칭(＊稱)도 일종의 사회경영의 기관이다. 그러나 그 중에 연극은 예술 중에도 왕이니, 적어도 이종(二種) 작용이 잇다. 이종(二種) 작용이라고 ᄒᆞ는 것은 쳣지는 오락 기관의 작용이니 사회의 민심을 혹은 위로ᄒᆞ고, 혹은 화락케 하는 기구이요, 둘제는 풍교(風敎)기관의 작용이니 동양셔도 예로부터 이풍이속(移風易俗)은 락(樂)에셔 더 나은 것이 업다고 ᄒᆞ얏다. 물론 락은 음악을 가라쳐 ᄒᆞᆫ 말이고, 음악이 예술인 동시에, 예술왕(藝術王) 되는 연극이 이풍이속에 큰 기관 될 슈 잇는 것은 ＊언(＊言)을 기다를 필요가 업는 것이 안인가? 문외(門外)에 안자셔는 혹이 말ᄒᆞ기를 연극이 이풍이속과 권선징악됨은 이의가 업거니와 오락 기관으로는 달니 구ᄒᆞᆯ 방면이 업지 안이ᄒᆞᆫ가 ᄒᆞ나니가 잇겟지만은 연극에 더 조흔 것은 업다고 생각ᄒᆞᆫ다. 인류 일반의 오락을 대별ᄒᆞ여 말ᄒᆞ면 셰 가지가 잇스니, 주(酒)와 색(色)과 예술이다. ᄒᆞᆫ 잔 슐에 만 가지 근심을 시쳐바리고, 안전미인(眼前美人)이 족(足)히 마음을 위로ᄒᆞ지 안는 바는 안이나, ᄒᆞᆫ 가지 이(利)홈에 백 가지 폐가 생기는 것은 우리가 종종 목도ᄒᆞ는 바다. 어ᄃᆡ로 보든지 예술과 갓치 고상 우미(優美)ᄒᆞᆯ 수가 도저히 업다. 그러면 오락은 무위의 물(物)인가? 오락은 우리 인류 사회에 업셔도 죠흔 것인가? 결코 그럴 슈가 업는 것이다. 조흐나 언쨔느냐 오락은 업지 못ᄒᆞᆯ 물건이다. 인류는 생존ᄒᆞ고ᄌᆞ ᄒᆞ는 것이 본능이다! 생의 집착이 업지 안이치 못ᄒᆞ다! ᄉᆞ람은 살냐고 부시ᄃᆡ는 것이 전반(全般)이다. 살 마음이 업시면 공부도 ᄒᆞᆯ 것 업고, 활동도 ᄒᆞᆯ 것 업고, 인내도 ᄒᆞᆯ 것 업는 생존 경쟁장에 맹진(猛進)도 ᄒᆞᆯ 것 업지만, 살기를 목적ᄒᆞ기 ᄭᆞ닭에 이와 갓치 여러 가지 복잡ᄒᆞᆫ 일이 만타. 우리가 생을 구ᄒᆞ는 ᄃᆡ는 모든 일이 순리로 되기는 어렵다. 슬픔도 잇고 고로(苦勞)움도 잇고, 귀(貴)치 안은 것도 잇다. 이러ᄒᆞᆫ 슐품과 괴로움과 귀치 아님을 시쳐바림이 업고 ᄊᆞ아만 두면 우리는 일시도 이 세상을 살 수가 업다. 그러면 ᄉᆞ라야 ᄒᆞ겟나 죽어야 ᄒᆞ겟나. 죽지 안으면 ᄉᆞ라야 ᄒᆞ겟고, 살자면 ᄯᅡ라셔 여러 가지 고통과 비애가 만타. 고통과 비애가 만으면 이것을 씨셔 바릴 것이 잇셔야 ᄒᆞ깃고, 씨셔 바리랴면 주(酒)와 색과 예술를 요구ᄒᆞᆯ 것시다. 슐이 죠흘가? 색이 죠흘가? 예술이 죠흘가? 필자는 예술이 최선의 세척제로 권장ᄒᆞᆯ 슈 박게 업고 예술 중에도 오대 미술 합ᄒᆞᆫ 연극을 주장치 안을 슈가 업다. 이것이 세인(世人)의 오락이라 ᄒᆞ는 보통 오락 중에도 일층 더 고상ᄒᆞᆫ 의미하에셔 오락이라고 이른다.

이제 풍교(風敎) 기관으로는 엇더ᄒᆞᆫ 효과가 잇는가? 잠시 편리ᄒᆞᆫ 방편 상으로 소위 덕육(德育), 지육(智育), 정육(情育)의 삼방면으로 기록히 보자! 연극은 잇는 그디로 세상을 축사(縮寫)흔 것이다. 그러나 내용 여하에 상중하의 차별이 생홀 것은 물론이다. 작자의 태도에 짜라 미인의 얼골이 도다도 보이며 흉ᄒ게도 보이고, 둥근 얼골이 기러도 보이며, 긴 얼골이 쌀너도 보이는 것 갓치, 소아가 보와 알 만흔 극도 지을 슈 잇고 소위 신파극 정도로 지을 수도 잇고, 혹은 셕스피아 정도, 이프센 정도, 스―다―만 정도로도 지을 슈 잇는 것이니 작자의 태도 여하를 짜라 사생(寫生) 방법이 다른 것은 사진사의 렌즈 여하를 짜라 박인 사진이 다른 것 갓다. 실제의 인생은 극히 복잡ᄒ고 *미(*微)ᄒ여 아모리 세태에 정통흔 사롬이라도 인생의 진리는 알기 어렵다. 그 복잡흔 것을 단순이 ᄒ여 그 관계와 그 장소와 그 시간과 그 인수(人數)를 축소ᄒ게 보이는 것이 연극이다. 어린 아히가 속곧질 ᄒ는 것은 의미 업는 작란(作亂) 가운디도 부지불각(不知不覺) 중 후일 장성흔 씨에 살림의 취미를 회득(會得)케 홈과 갓치 연극의 지육(智育) 효과도 이에서 더흔 것이다. (속[續])

동아 20.07.02 (2) 〈광고〉

● 이십삼일부터 십오일간 단성사에 김도산 일행 흥행

▲ 육월 십팔일브터 신사진 교환

▲ **북위 오십삼도 오권**

출연배우 짜스톤, 화나후

국제활영주식회사 특약 **단성사** 전화 구오구번

매일 20.07.02 (1) 연극과 오인의 관계 (삼) / 효종 현철

다갓치 인생을 축사(縮寫)ᄒ는디도 여러 가지 경우가 여러 가지 종류가 만타. 가령 갑을병정 사단(四段)으로 논ᄒ와 보면, 갑은 현실 폭로, 을은 문제 제공, 병은 신사상 선전, 정은 고풍유전(古風遺傳) 등이니, 이 여러 가지가 왕왕이 셔로 관련ᄒ여 일괴(一塊)로 성립되는 수도 잇고, 혹은 각々 분리ᄒ는 수도 잇스나, 요컨디 지금ᄭ지 사회의 풍속, 제도, 문물에 염증이 나셔 개혁의 필요를 부러지ᄉ는 것이니, 짜라셔 묵은 습관과 무근 사상을 파괴ᄒ랴는 경향을 포함흔 것이다. 우리는 흔이 습관에 견인이 되어 추상(醜狀)이 눈에 씨이지 안이ᄒ는 것이 만으니, 농부가 비료를 만지면셔 악취를 몰으는 것 갓치 추한 것을 추흔 쥴노 모른다. 이것을 곳치지 안이치 못홀 거시오, 씨닷게 ᄒ지 안이치 못홀 거시다. 현대는 허식이 너무 만타. 백분(白粉)으로 추혼 얼골을 감츄랴고 ᄒᄂᆞᆫ 큰 병폐에 ᄲᅢ진 일이 ᄒᆞ도 만타. 그 현실을 폭로ᄒᆞᄂᆞᆫ 것이 연극이다. 이프센의 『인형의 집』과 가치 안히ᄂᆞᆫ 절대로 가장의 복종치 안으면 불가혼 것인가 안인가. 여자ᄂᆞᆫ 품행을 구속ᄒᆞ고도 남자ᄂᆞᆫ 품행을 임의로 ᄒᆞ여 조흔냐 좃치 안으냐, ᄒᆞᄂᆞᆫ 문제를 제공ᄒᆞᄂᆞᆫ 것도 연극이다. 오날ᄭᆞᆫ지 ᄂᆞ려오ᄂᆞᆫ 묵은 습관을 파괴홀 ᄲᅮᆫ만 안이라 여자ᄂᆞᆫ 여차(如此)이 ᄒᆞ여홀 거시오, 남자ᄂᆞᆫ 여차이 ᄒᆞ여야 ᄒᆞ겟다고 모범적 실례를 보이고, 혹은 그 인물로 큰 의론(議論)을 토케 ᄒᆞᄂᆞᆫ 것도 연극이니 이러혼 것은 극이 지육(智育)을 조장케 ᄒᆞᄂᆞᆫ 효용이다.

다음에ᄂᆞᆫ 연극이 경험치 못혼 일을 경험케 ᄒᆞᄂᆞᆫ 력(力)이 잇다. 므릇 사물의 맛과 취향을 알니게 *ᄂᆞᆫ딕ᄂᆞᆫ 실지로 경험케 ᄒᆞᆷ만 갓지 못ᄒᆞ니, 일례를 드러 말ᄒᆞ면 아직 임금(林檎)을 먹어보지 못한 사ᄅᆞᆷ은 남이 천언*사(千言*辭)로 임금의 맛을 말ᄒᆞ더라도 그 맛이 엇더혼 것을 알기 어려우나, 먹어만 보면 곳 알거시고 만일 먹을 수 업ᄂᆞᆫ 경우에ᄂᆞᆫ 비유의 힘을 빌이ᄂᆞᆫ 것이 가쟝 적당ᄒᆞ다. 엇더혼 맛이라고 ᄒᆞᄂᆞᆫ 리(理)ᄂᆞᆫ 론 급작(論急作)이 말홀 수 업더라도 대*(大*) 비와 첨과(甛瓜)[50]를 혼ᄃᆡ 십난 것이라고 ᄒᆞ면 적이 알 듯 ᄒᆞ니, 이와 갓치 인생의 맛도 비유로 아ᄂᆞᆫ 일이 잇다. 넘어 집안에만 잇셔 세상이 미운지 고운지 모르고 큰 사람은 두려운 일과 슬픈 일에 부드치면 엇절 줄 몰나 실패ᄒᆞᄂᆞᆫ 일이 만으니, 조흔 일이고 엔짜은 일이고 경험히 둘 필요가 잇다. 신산(辛酸)혼 것, 비참혼 것, 사랑스러운 것, 미운 것, 고운 것, 질거운 것, 슬픈 것, 단 것, 쓴 것, ᄂᆡ음시 나ᄂᆞᆫ 것, 드러운 것과 독혼 것이라도 큰 해(害) 보기 전에ᄂᆞᆫ 모다 맛 보고 아라두면 세상 사라가ᄂᆞᆫ 길에 크게 도움이 잇슬 것이다. 속담에 촌(村)말글(斗書)이 도방(道坊)의되 인(人)글(升書)만 못ᄒᆞ다ᄂᆞᆫ 것은, 촌에서 경험 업시 글만ᄊᆞ이 비와도 도방에 잇셔 경험 잇시 적게 비혼 글만 못ᄒᆞ다ᄂᆞᆫ 것이다. 경험은 제이의 학문이다. 연극 ᄯᅩ혼 인과의 진리를 ᄭᆡ닷게 ᄒᆞᄂᆞᆫ 것이다. 실제에 인생은 십 년이나 이십 년 동안에ᄂᆞᆫ 인과관계를 알기 어려우니, 도덕에 위반ᄒᆞ고 常*에 버*나ᄂᆞᆫ 사람이라도 혼 ᄯᆡᄂᆞᆫ 부귀영화 누리ᄂᆞᆫ 일이 잇지만은 장구혼 시일을 지니면 무엇이든지 보갑픔이 잇ᄂᆞᆫ 것이요, 차부(蹉趺)이 생기ᄂᆞᆫ 것이다. 아모리 악혼 일을 짓고 그런 일을 행*(行*)드리도 그 당시에ᄂᆞᆫ 것칠 것 업시 성운(盛運)으로 진취(進取)ᄒᆞᄂᆞᆫ 수도 잇지만은 이십 년이나 삼십 년 후에ᄂᆞᆫ 여러 가지 파란이 생길 것이고, 그러치 안이ᄒᆞ

---

50) 참외.

면 느저도 자손대에는 인과가 낫타나는 것이다. 희랍의 연극은 운명을 가러첫고, 입 프센의 유령에는 부모의 방탕의 인과가 자식이 나면서 우인천치(愚人天痴)로 생겻 다. 이러흔 것이 시간의 연극 중에 낫타나서 우리를 찌닷게 한다. 이 현재에 잇는 그 딕로 묘사ᄒᆞᄂᆞᆫ 연극은 사실 그거이나, 현재 사회에 업서도 장차 우리 사회에는 이런 것이 잇셔야 ᄒᆞ겟다고 생각ᄒᆞᄂᆞᆫ 방면을 묘사ᄒᆞᄂᆞᆫ 연극도 잇다. 이러흔 것을 이상극, 몽환극이라고 ᄒᆞᄂᆞᆫ 것이니, 이러흔 것이 덕육(德育)의 작용이 만타. 하고(何故)냐 ᄒᆞ 면 평범흔 현세계를 써나 아름답고 조흔 별세계에 드러나서 고대(高大)흔 인격과 접 촉ᄒᆞ면 자기 역시 마음이 널버지고 몸이 고상히지며 기＊이 신장히지는 까닭이다. (속[續])

<h2>매일 20.07.02 (3) 근(僅)히 일일이 여재(餘在)한 본사 주최 독자위안회 / 래 삼일 정오 십이시 / 단성사로 오시오 / 아모조록 일즉이 가셔야 구경하실수가 잇습니다</h2>

독자 여러분도 임의 다 아시는 바이지요만은 본샤에서는 각금 각금 독자 여러분의 미일 슈그러우신 머리를 씨셔들이고자 한 씨 질기실 것을 쥬최ᄒᆞ고자 항상 싱각홈니 다. 그런 중에도 아못조록 돈이 만히 들지 안이ᄒᆞᄂᆞᆫ 것을 골나서 쥬최ᄒᆞᄂᆞᆫ 터이올시 다. 그리셔 이번에도 일젼에도 딕강 말삼흔 바와 갓치 돈 들지 안이ᄒᆞ고 지＊잇는
◇ 연극을 구경ᄒᆞ시여셔 일시의 위안을 들이고자 ᄒᆞ야 단성사 쥬임 박승필『朴承弼』 씨와 밋 신극좌 김도산 일행『新劇座 金陶山 一行』의 두터운 뜻으로써 신극좌에셔 고 심ᄒᆞ야 시로히 촬영흔 련쇄극을 거져 여러에게 뎨공ᄒᆞ기로 아죠 결뎡되얏습니다. 일 젼에도 잠간 말삼ᄒᆞ얏습니다만은, 그 일힝이 시로히 박은 련쇄극은 모다 세 가지인 딕 그 중에서도 뎨일 자미잇고 사진이 선명ᄒᆞ기도 흔 것으로 골나서 츈화『春花』라는 것을 뎡ᄒᆞ얏습니다.
◇ 이 츈화라는 것으로 말ᄒᆞ면 역자들의 입은 옷은 됴션 옷이지만은 모든 것이 셔양 활동사진과 갓치 되얏슴니다. 그리고 그것은 형사가 작구 변장을 ᄒᆞ야가지고 악한 을 톄포＊는 것인딕 자동챠, 긔챠의 츄격 등도 잇고, 물 속에 들어가서 싸호는 것도 잇고, 뎐긔응용으로 열니고 닷치여 지는 디하실도 잇습니다. 그 뿐 안이라 실연홀 씨 에는 비경도 모다 경셩 안에서 비경을 뎨일 잘 그린다는 사람에게 부탁ᄒᆞ야 금젼의 다소는 거리씨지 안이ᄒᆞ고 만든 것이며, 련쇄극을 박는 딕에
◇ 돈 드는 것은 죠곰도 앗기지 안이흔 것이며, 또는 실연보다 사진이 만슴니다. 쳑 슈로 말하면 삼천여쳑이나 되는 것이 올시다. 엇지 ᄒᆞ얏던지 구경ᄒᆞᄂᆞᆫ 사람마다 우

리 됴션에도 이와 갓치 훌륭한 련쇄극이 될 슈가 잇셧던가 하야 경탄하기를 마지 안이할 것이 올시다. 말로 엇덧타고 하야셔는 아실 슈가 업슬 뿐만 안이라, 그의 참 갑을 아실 슈가 업슬 것이니 열 일을 졋치시고라도 와셔 구경하십시오. 그러나

◇ 날자로 말하면 오난 삼일 토요일 음력으로는 열 여드레날이올시다. 시간은 열두 시 정각부터 문을 열고 들어가시도록 하야 시로 한 시부터 기연할 터이올시다. 오실 쩨에는 별항에 잇는 관람권을 베여가지고 오십시오. 그러나 시로 한 뎜 안에라도 만원만 되면 표를 가지고 오시더라도 스졀할 것이이 아뭇죠록 한 거름이라도 닷호아 가며 정각 안에 오십시오. 돈은 한 푼도 들지 안이하고 죠흔 구경을 할 슈가 잇는 죠흔 쎄를 일치 마시기를 바라는 바이올시다. 그리고 쯧막에 이번에

◇ 특히 김도산 군의 만든 포복졀도할 만한 대희극 한 막도 잇슬 터이올시다.

매일 20.07.02 (3) 〈광고〉

무료입장권

매신(每申)독자 위안회

본권 절발(切拔) 지참하시는 이에게는 특히 무료입장케 되엿습

일시, 칠월 삼일 정오 십이시부터

장소, 수은동 단성사

연극, 신파신극좌 김도산 일행

주최 매일신보사

조선 20.07.02 (3) 경성의 조흥세(助興稅) / 작일브터 실시

일즉이 보도한 바와간치 경성부에서 시로 마련한 됴흥세는 기성에게 징수할는지 휴흥즈에게 징수할는지 — 연구하야 오는 중이던 바, 요사이 부협의회의 자문을 것치고 총독부의 허가를 밧어 여좌* 결정하야 작 칠월 일일브터 시힝하는딕, 그 닉용은 료리집에 징수하게 되얏고 부청에서는 작일 그 조례를 발포하는 동시에 일반 료리업자에게 그 실힝에 관한 일을 일러쥬엇더라.

죠흥세 조례

제일조, 료리업자와 딕좌부업즈에 딕하야 기성의 놀음치 본수에 표준하야 죠흥세를 부과홈.

기성의 놀음치를 시간으로 계산하는 것은 한 시간을 할본으로 홈.

제이조, 조흥세는 좌긔의 부과흔 범위 안에셔 미년도 예산의 정한 바에 의ㅎ야 부과홈.

기셩의 노름치 한본에 디ㅎ야 금 팔젼.

제삼조, 료리졉 업자나 또는 디좌부법자는 기셩의 노름치 본수를 미월 일일로브터 십일ㅼ지의 분을 그 달 십삼일ㅼ지, 십일일브터 이십일ㅼ지의 분을 그 달 이십삼일ㅼ지, 이십일브터 금음ㅼ지의 분을 다음달 삼일ㅼ지 게츌홀 사,

제사조, 조흥세의 랍부ㅎ는 긔한은 여좌홈.

일일로브터 십일ㅼ지의 분은 그 달 이십일 ᄂᆡ로 십일일브터 이십일ㅼ지의 분은 그 달 금음 이ᄂᆡ로 이십일일브터 금음ㅼ지는 다음날 십일ᄂᆡ로

제오조, 제삼조에 의지ㅎ야 게츌을 게을니ㅎ거나 또는 그진으로 게츌ㅎ는 자는 십원 이하의 과료에 처홈.

부측

본 조례는 칠월 일일브터 시힝홈

동아 20.07.03 (2) 〈광고〉

단성사 7월 2일자와 동일

매일 20.07.03 (1) 연극과 오인(吾人)의 관계 (사) / 효종 현철

다음에는 정육(情育)의 방면을 질문히 보자. 연극은 취미 교육을 이바지ㅎ는 것이다. 무슨 일이든지 져 자긔(自己)게 잇는 것이다. 정승도 져 실으면 안이흔다는 격으로 아모리 일너들니고 가러쳐 쥬드러도 졔가 실으면 ㅎ는 수 업다. 취미성을 길으는 것은 도덕의 근본이오 양풍의 기초이다. 서양에는 서양 취미가 잇고 동양에는 동양 취미가 잇스며 일본에는 일본 취미가 잇고 조선에는 조선 취미가 잇고, 남도에는 남도 취미가 잇고, 북도에는 북도 취미가 잇다. 이러흔 취미를 급작이 곳치랴 ㅎ면 될 수 업는 일이다. 오리 동안 수양을 격지 안으면 될 수 업다. 국민도덕을 고아(高雅) 선량케 홀야면 일즉이 양호흔 취미를 기를 필요가 잇다. 조흔 음식을 먹이지 안으면 오리 기ᄃᆡ리다가 비가 곱하셔 흉한 음식을 먹고도 만족히 생각ㅎ는 일이 잇다. 일즉이 죠흔 취미를 공급ㅎ야 죠흔 비판력을 길으는 것이 긴요하다. 무슨 사물이든지 최초의 인상이 제일 크다. 어린 아ᄒᆡ에게는 처음에 비 속 교육으로브터 유모, 가정교사, 소학교사가 죳치 못ㅎ면 죳치 못흔 감화를 바다 후일에 양재(良材)가 되기 어렵다. 불

량호 소년에 배출호는 원인은 가정의 문란한 딕셔 생기는 것이다. 그론 싸닭으로 근본되는 취미성을 양성호고 선택력을 가러키지 안을 슈 업다. 연극은 권선징악을 목적호는 것보다 일층 더 나아가 고상호고 청아호고 강건호고 온우(溫優)호 취미 양성을 목적홀 것이다.

이상에 약설(略說)호 지육, 덕육, 정육 삼방면의 효용을 비치호 연극은 사회경영상 일대 기관될 것은 가(可)히 알 것이다. 필자가 사회 경영상에 무엇보다도 연극을 선택호 것은 이러호 이유가 잇다. 우리의 공통생활에는 법률이 잇다. 법률도 얻지 못홀 것이지만은 절대호 제어력이 잇다. 호기 실어도 호지 안으면 될 슈 업다. 위대호 제어력을 구비호얏고 종교가 잇스나 이는 모다 도덕의 표준이 잇다. 원래 도덕은 표준이 잇슬 것이 안이다. 우리 인류 사회에 공통 생활을 경영하는 딕는 엇더호 방편이던지 엇더호 수단이던지 상조상부호고 동교동제(同敎同濟)의 수단과 방법을 선택홀 필요가 업는 것인딕, 종교는 각ㅈ 범위와 표준을 두어 자유성의 부실호 혐의가 잇다. 학교 교육ㅡ 이것도 우리 사회에 불가결홀 것이다. 그러나 학교 교육을 밧자면 장구호 시일이 걸닌다. 호로에 할 수 업고 잇틀에 할 수 업스며 의식(衣食)의 장구호 시일을 유지홀 준비가 업스면 못 될 것이고, 적당호 연령이 안이면 되지 못홀 것이다. 우리 연극은 강제도 업고, 표준도 업고, 연령도 업다. 과거도 볼 슈 잇고 현재도 볼 슈 잇고 미래도 볼 수 잇다. 고전극, 현실극, 미래극이 잇다. *십 년이 안이면 경험홀 수 업는 인생의 이면(裡面)을 두 시간이나 세 시간에 볼 수 잇다. 선악이 개(皆) 아사(我師)로 선(善)을 보는 동시에 악을 볼 수 잇다. 시른 것을 억제(抑制)로 가르키는 것이 안이고 호의로 가르키는 것이 연극이다. 부지불각(不知不覺) 중에 알니게 호는 것이 연극이다. 사회 경영상에 법률, 종교, 학교 교육이 불필요호다는 것은 안이다. 불가불 업지 못홀 거시다. 그러나 연극도 잇셔야 호겟다. 불가불 필요호 것이다. 하고(何故)로 조선에는 연극이 업노? 쥭은 아히 만지듯시 업노ᄉ호고만 있슬 것이 안이다. 만드러야 호겟다. 이러케 호여야 호겟다. 감화기관으로도 오락기관으로도 조선인의 생활, 사회에 이면(裡面)이 얼마나 고조(枯凋)호가? 호로동안 피곤호 심신을 어딕셔 시술고. 남의 사랑(舍廊)에 가서 한담을 호자니, 밥분 세월에 남싸지 방해가 되고 요리집에 가 기생 다리고 놀자호니 우리갓치 빈한호 생활은 될 수 업다. 일원이나 오십전의 약소호 돈으로, 호로 젼역의 틈을 타셔 몟칠 동안을 싸은 고루(苦累)를 편안이 안자 씨슬 곳이 업다. 호로가 급피 극장 갓튼 극장에서 연극 갓튼 연극을 보고 십다. 웃는 가운딕로 비올 것이 잇고 우는 가운딕도 씨다를 것이 잇는 연극이 보고십다. 늙은이나 젊은이나 어른이나 아히나 유식자나 무식자나 흔 곳에셔 희랍 고대극은 국민성을 고상케 ᄒ고 순결히 ᄒ며, ᄯᅩ흔 웅대케 ᄒᆞᆻ다지? 우리도 오락기관 겸 풍교(風敎)기관인 연극과 극장을 일으키고 십다. 『종(終)』

매일 20.07.03 (3) 니항(尼港) 순사자(殉死者) / 유족을 위ᄒᆞ야 / 자선 연예회 / 오는 칠팔 양일에 / 희락관에셔

지난 번 니항『尼港』슌사 ᄉᆞ건[51]에 딕딕ᄒᆞ야 시닉에 사는 뎡호쟝『淀虎藏』, 소야우사랑『小野又四郎』, 식송관지죠『植松貫之助』, 본길청일『本吉淸一』, 사씨의 발긔로 슌샤자『殉死者』유족을 위ᄒᆞ야 오는 칠월 칠일, 팔일 량일에 본뎡 이뎡목 희락관『本町 二丁目 喜樂館』에셔 자선 연예회『慈善 演藝會』를 본샤와 경성일보사 후원 하에셔 거힝하겟는 바, 그 연기 종목은 일본 기성의 품 의퇴부『義太夫』삼곡『三曲』비파『琵琶』예기소사『藝妓素嘶』가 잇고 ᄯᅩ 됴션 네 권번에셔도 이 일에 특별히 동청ᄒᆞ야 출연홀 쑨 안이라 자선권『慈善卷』ᄭᅡ지 파라쥬기로 ᄒᆞᆻ스며 ᄯᅩ 됴션 정악련습소에셔도 됴션에 고상흔 정악을 출연ᄒᆞ기로 지금 교섭 중인＊ 자셔흔 사향은 츄후 보도 ᄒᆞ겟더라.

매일 20.07.03 (3) 〈광고〉

본사 주최 독자위안회 금(今) 삼일 정오시부터 단성사에셔

매일 20.07.03 (3) 〈광고〉

매일신보사 7월 2일자, 단성사 6월 24일자와 동일

○ 칠월 삼일 사진 전부 차환

미국 유사(社)

---

51) 尼港(러시아의 니콜라예브스크). 니항 사건이란, 1920년 2월 러시아의 니콜라예브스크를 장악한 러시아 빨치산이 조선인 빨치산과 함께, 1918년 이후 니콜라예브스크를 장악하였던 일본군과 일본인 주둔민 700여명을 학살한 사건. 소비에트 공산당은 빨치산 점령군에 대해 이와 같은 민간인 학살의 책임을 엄격히 묻고, 일본에 사과하였다. 그러나 이후 지속적으로 일본의 여론이 악화되었고 마침내 일군은 1920년 4월 4~5일 소비에트 기관들과 한인들의 거류지를 공격해 약 5천 명의 한인·러시아인을 잔혹하게 살해했다.

一, 실사 **마가진 십호** 전일권

미국 유사 엘고 – 영화

一, 희극 **전사육양**(田舍育養) 전이권

미국 유사 쏘 – 루 쏘실 영화

一, 활극 **과단**(果斷)**의 승리** 전삼권

미국 유사 부팟드 영화

一, 인정극 **사계의 화형**(社界의 花形) 전오권

미국 유사 네스다 영화

一, 정극 **애마**(愛馬) 전이권

경성 관철동 **우미관** 전화 이삼이육

동아 20.07.04 (4), 20.07.05 (1), 20.07.06 (1), 20.07.07 (4), 20.07.08 (4)
〈광고〉
단성사 7월 2일자와 동일

매일 20.07.04 (3) 본사 주최 독자위안회 / 일일(一日)의 환락 / 정각 전(前) 대만원 성황 / 박슈셩은 단셩샤가 쌔나갈 쏫 / 남녀 관긱의 열광덕 환희 / 본보를 위ᄒ야 축하ᄒ다고들

지는 삼일은 본샤에셔 독쟈 여러분린을 위ᄒ야 얼마간 위안을 들이고자 ᄒ야 단성사 쥬인 박승필『朴承弼』 씨와 밋 신극좌 김도산『新劇座 金陶山』 일힝 * 두터운 뜻으로써 위안회를 열 날이엿셧다. 그 전날은 져녁 쌔부터 만도에서 기다리던 호우가 오시여셔 멧칠 동안 기다리시던 날에 그만

◇ 비가 오실가 ᄒ야 죠곰 념려를 ᄒ얏셧더니 아참 열시 경에 일으러셔ᄂ 눌이 죠금 흘이여셔 쓰거웁게 나려 쏘이던 틱양은 보이지 안이ᄒ고 산들ᄉ한 바룸이 구경가실 여러을 위ᄒ야 괴로움을 덜게 ᄒ얏다. 독자 여러분들은 제각기 본지에 잇ᄂ 입쟝권을 오리여 가지고 오젼 아홉시 경부터 단셩샤 문젼에 구름갓치 모혀들기를 시작ᄒ야 열한시 경에 일으미 단성사 문젼과 밋 동구 안 어구ᄂ

◇ 인산인ᄒ를 일우게 되얏다. 그러나 본보에 발표ᄒ기ᄂ 열두시 정각에 문을 열겟다고 ᄒ얏셧슴으로 부득이 문을 열지 못ᄒ고 잇다가 열두뎡 뎡각을 보ᄒᄂ 소리를 듯고 문을 열고 관원 소오인이 문에 셔셔 표를 밧고 들이엿스나, 밋쳐 표를 밧을 사

〈 405 〉

이도 업시 제각기 먼져 들어오고자 ㅎ야 일시는 더 혼잡을 우잇셧다. 부인들은 모다 우칭으로 올나가게 ㅎ고 남자들은

◇ 모다 아러칭으로 들어가게 ㅎ야 열두시 이십분 경이 되미 관닉에는 발 하나 들여노흘 수 업시 일천 오륙빅명이 들어셔더 만셕이 되얏다. 그 후에도 밧게셔 들이여 달나고 소리를 질으고 물밀 듯 듸여 들엇스나 임의 젼날 지상에 발포함과 갓치 ㅎ난 수 업시 거졀을 ㅎ얏다. 열두시 삼십경이 되미 관긱들은 어셔 시작ㅎ리고 박슈소리가 끈은이지 안이ㅎ는 고로 ㅎ는 수 업시

◇ 독자 여러분의 희망＊ 좃치여셔 열두시 사십분 경에 본샤 사원이 무대에 올나셔셔 간단ㅎ 례사가 잇슨 후, 신극좌의 단원이 흥힝홀 춘화『春花』에 디ㅎ 셜망이 잇슨 후 즉시 긔막하고 위션 실사 흔권을 영사흔 후『춘화』의 막이 열니엿다. 관긱들의 박슈소리는 잠시도 쏫치지 안니ㅎ미 역자들도 흥이 나셔 더욱 더욱 열셩을 집어느어 가지고 몸을 돌아보지 안이ㅎ고 출연ㅎ게 되얏다. 실연ㅎ던 막이 닷치여 지면셔 흰 쟝막이 나려오자

◇ 활동소진이 빗치미 함셩을 질으며 박슈 갈치ㅎ야 아모 졍신 업시 열광뎍으로 환영을 ㅎ얏다. 오후 네시경에 일으러셔 연극을 맛치고 무수히 산회ㅎ얏더라.

매일 20.07.04 (4) 〈광고〉

단성사 6월 24일자, 우미관 7월 3일자와 동일

조선 20.07.04 (3) 위생 활동사진 / 일반 위싱을 위ㅎ야 경성부에셔 힝ㅎ랴

호렬자는 졈々 진남포신지 드러왓슴으로 거리가 얼마되지 안는 경성에도 심히 위험흔 고로 경성부쳥에셔는 호렬자 예방에 이를 써셔 시닉 보기 쉬운 곳마다 예방 쥬의셔를 써 붓치고 경성부 위싱과에셔는 위싱 활동사진을 공기ㅎ야 부민 일반에게 관람을 식일 터이라더라.

매일 20.07.05 (1) 〈광고〉

우미관 7월 3일자와 동일

매일 20.07.05 (3) 기생의 칭호와 되우 방법 등 / 의론들을 ㅎ엿다

인일 오후 다셧시에 시닉 명월관 지뎜에셔 시닉 됴션인, 지나인 쏘는 각 권번 딕표자

를 쇼집ᄒ고 기성에 딕혼 칭호『稱呼』와 딕우방법에 딕ᄒ아 근리 료리집 포쥬 등이 모멸덕 틱도로 졉ᄒᄂ 일이 왕々 잇슴으로 기성 스사로 인격 슈양과 품위 향상을 힘써 이러한 폐단이 업도록 훌지요, 쏘 기성 외츌에 딕ᄒ야도 일々히 소쇽 권번에 통지ᄒ야 즉 일려 힝케 ᄒ도록 결뎡ᄒ고 산회ᄒ얏더라.

매일 20.07.05 (3) 〈광고〉

단성사 6월 24일자와 동일

동아 20.07.06 (3) 석가여래가 활동사진의 주인공 / 영국사람 「타」 씨가 불교를 선젼코자

근리 서양 각디(西洋 各地)에서는 연극과 활동사진이 졈차로 발달되야 지금은 연극과 활동사진의 긔관을 가지고 일반 사회의 교화를 직졉으로 힘쓰는 현상이 매우 류힝하는 중, 요사이 영국(英國)「타마스립톤」 경은 거익의 자본을 졔공하야『석가불(釋迦佛)』의 일대긔(一代記)를 각본하야

활동사진을 박히여 일체 즁싱의 구세주(一切 衆生의 救世) 붓처님의 모든 힝젹이 쏘 지금 불교의 성힝하는 현상을 세계에 소개하자는 목뎍으로 지금 준비 중이라는대, 이 각본의 져작은 극계에 유명한『에스쎼일』박사가 붓을 잡고 배우들은 모다 일등 명우를 사용하야『석가모니』의 츌싱한 인도 디방에 가서 실디로『석가모니』와 관계가 잇든 디방에 마다 츌장하야 디방의 텬연뎍 특식과 거긔의 유젹을 완전히 박히어서『석가』싱시의 사젹을 지금 다시 눈 압에서 보는 것 갓치 매우 실사로 박힐 터이며, 활동사진을 영사할 즁심디는 몬저 인도 남단(印度 南端)에 잇는 석란도(錫蘭島)로부터 시작하야 차차 각본에 좃차서 진힝할터인대, 젼기 각본은

대개 삼부로 난우어 제 일편은 인도 왕실에서『석가』가 츌싱하든 처음으로부터 왕실에서 싱장하든 리력을 대강 영사하고, 제이편은『석가』가 종교에 대한 번민으로부터 궁뎐옥좌를 바리고 이리저리 다니면서 수업하든 난힝고업(難行苦業)의 일절을 영사하고, 제삼편은 현금 인도를 시작하야 세계 각디에 잇는 불교의 현상을 영사한다는대, 이 활동사진에 츌장할 배우는『반드만 오페라』게의 유명한『엘리스』 씨가 주임이 되야 영국의 다수한 남녀배우와

인도사람도 다수히 사용할 터이오, 그 중에 더욱이 식채를 찔칠 것은 석란왕(錫蘭王)의 매씨로 분장할『쎄글내스』 녀우이겟스며 이 활동사진과는 인연이 깁흔 련嗟과

『쏫나무』를 다수히 사용한다더라.

매일 20.07.06 (3), 20.07.07 (1) 〈광고〉
단성사 6월 24일자, 우미관 7월 3일자와 동일

동아 20.07.08 (3) 자유를 절규하고 / 우미관 변사 정한설은 마츰내 종로서에 구인
시내 장사동 사십팔번디(市內 長沙洞 四八) 사는 정한설(鄭漢卨 二二)은 이제로부터 삼 년 전에 우미관(優美舘) 변사로 무대에 오른 이후 지난 오일 오후 구시 반경에 활동사진이 중간에 쯧고 십분간 휴식을 하게 된 틈을 타서 무대에 나타나
일반 관객을 향하야 긴장한 표정과 흥분된 어조로 주먹에 힘을 주면서「오날은 자유를 부르짓는 오날이요 활동을 기다리는 오날이라. 우리의 맑고 쓰거운 붉은 피를 온 세상에 쑤리여 세계의 이목을 한번 놀내여써 세계 만국으로 하야금 우리의 존재(存在)와 우리의 경성을 깨닷게 하자」는 등 활동사진과는 아무 관계가 업는 온당치 못한 말을 하얏슴으로 즉시 임장하얏든 경관에게 취톄되야 목하 종로경찰서에 구인 조사 중인대, 활동사진 변사로서 언론에 대한 관계로 취톄 구인되기는 이번이 처음이더라.

매일 20.07.08 (2) 〈광고〉
우미관 7월 3일자와 동일

매일 20.07.08 (3) 자선연예회 / 됴선 亽권번 기싱과 / 뎡악뎐 * 쇼도 출연 / 칠팔 량일간을
로셔아『니코리쓰크』에서 과격파『쌜틔짠』의 무리에게 히를 입어 참혹흔 죽엄을 한 일본 亽람들의 유족들을 위문코자 ᄒ야 경성 부관민 유지의 주최로 본사와 밋 경성 일보사와 또는 싸쌜로 믹쥬회사의 후원ᄒ에서 본뎡 이뎡목 희락관『本町 貳丁目 喜樂舘』을 빌어 가지고 자션 련쥬회를 연다 흠은 님의 보도흔 바와 갓거니와, 작 칠일부터 금 팔일ᄭ지 이일간을 계속 흥힝홀 터인대 츌연ᄒᄂ 것으로 말ᄒ면 됴션 사람의 네 권번 기싱들의 가무와 밋 됴션 뎡악전습 됴션 구악파 또는 일본 기싱들의 가무가 잇난대 그의 취미난 참으로 진지흔 것이라더라.

매일 20.07.08 (3) 〈광고〉
단성사 6월 24일자와 동일

조선 20.07.08 (3) 사진 설명 중에 활변(活辯) 구인 / 불온호 언사로 사상고취 혐의
경성부 장사동 사십팔 번디 거주 우미관(優美舘) 변사 뎡한셜(鄭漢셜)(二二)은 지나간 오일 오후 구시 삼십분경 우미관에셔 사진 셜명을 ᄒ던 즁에 돌연히 종로 경찰셔에 구인되야 지금 취조 즁인디, 사건의 니용은 사진 셜명 즁 불온한 말로 ○○ 사상을 고취혼 혐의라더라.

동아 20.07.09 (3) 〈광고〉
◎ 칠월 구일부터 사진영사
미국 루빙 회사작
태서활극 **대군기(大軍旗)** 전사권
희극 **아리스의 연(戀)으로** 전일권
희극 **전쟁으로 부대(富大)한 몸**
희극 **몬저 실례** 전일권
금반(今般)은 빙글∞ 대회[52]
국제활영주식회사 특약 **단성사** 전화 구오구번

매일 20.07.09 (1) 〈광고〉
우미관 7월 3일자와 동일

매일 20.07.09 (3) 〈광고〉
◎ 칠월 팔일브터 특별대흥행
신파 활동극과 서양사진
◆ 대활극 **운명의 악희(惡戲)** 오권
❋ 신파신극좌 김도산 일행 연속활동사진 **명천(明天)**

---

52) 희극 중심의 유쾌한 영화들로 꾸며졌다는 뜻인 듯하다.

◆ 실사 **경성전시가(京城全市街)** 최장척
국제활영주식회사 특약 **단성사** (전화 구오구번)

조선 20.07.09 (3) 위싱 활동사지되[53]

요사히 각디에 호렬자가 발싱ᄒ야 졈々 만연홀 조짐임으로 당국에서는 극력ᄒ야 방역 즁인디, 전라남도 졔삼부에서는 이 째에 일반 인민에게 위싱 사상을 널니 알게ᄒ기 위ᄒ야 위싱 활동사진디를 각 경찰셔 잇는 곳에 보니여 칠월 륙일 본월 육일브터 오는 십오일ᄭ지 기최ᄒ다더라.

동아 20.07.10 (2), 20.07.11 (2), 20.07.12 (4), 20.07.13 (1), 20.07.14 (2), 20.07.15 (2) 〈광고〉

단성사 7월 9일자와 동일

매일 20.07.10 (2) 〈광고〉

우미관 7월 3일자, 단성사 7월 9일자와 동일

동아 20.07.11 (4) 위생활동사진

본월 육일 오후 팔시에 당지 이리좌(裡里座)에서 전북 제삼부 주최로 위생 활동사진를 개최하얏는대 각지에 전염병 발생함에 대한 예방에 필요와 하간(夏間) 음식물 급(及) 기타 *양법(*養法)의 주의를 환기하는 사진을 관람케하고 차(此)에 대하야 동향(東鄕) 서장의 훈론(訓論)가 유하얏더라. (이리)

매일 20.07.11 (1) 〈광고〉

우미관 7월 3일자와 동일

◎ 칠월 십일부터
이태리『게자루』회사 대작

---

53) 활동사진의 오식.

◆ 사회극 증오 오권

불국 문호『이바쎈스』걸작

미국『루빈』사 작

◆ 전쟁대활극 **대군기(大軍旗)** 사권

◆ 대골계 **건장호 몸이 부대(富大)히겨** 전육권

활영 특약 **단성사**

조선 20.07.11 (3) 문예단 일힝

죠션 연극계에 피왕이라 칭ᄒ는 신파연극 문예단 일힝은 본월 육일브터 히쥬 종노 남본정 옥좌에셔 흥힝ᄒ는디 미일 셩황을 졍호다더라. (히쥬)

매일 20.07.12 (2), 20.07.13 (4), 20.07.14 (2), 20.07.15 (4), 20.07.16 (3) 〈광고〉

우미관 7월 3일자, 단성사 7월 11일자와 동일

매일 20.07.12 (3) 본사의 대대적 후원 / 단성사의 자선행위 / 관주 박승필 씨의 미 거(美擧) / 십삼일 밤에 슈입ᄒ는 돈으로 / 열일을 졋치고라도 가셔々 돈을 늬시요

이번에 오십 년 러 처음되는 홍수로 쑥셤, 한강, 마포 등디에 한강 연안 일딕는 전부 허々 바다가 되야 그 근처의 가옥은 전부 어룡굴이 되고 물 속에서 싱명을 구원코자 늙은 부모와 어린 자식의 손목을 쓸고혀여 나오난 그 모양이야. 참 보난 사롬으로도 수죡이 황망ᄒ고 두 눈에셔 쓰거운 눈물만 놀 뿐이오. 엇지 홀 줄을 모로깃거든 ᄒ물며 이 일을 당ᄒ 자의 심졍이야

과연 엇더홀가. 그리홈으로 본사와 밋 각 신문샤에셔도 이 수히에 걸닌 동포를 구제ᄒ기 위ᄒ야 의연금을 모집ᄒ는 중임의 발표훈 바와 갓치 사방에도 뎐화와 또는 인편으로 다소를 불구ᄒ고 의연금이 답지ᄒ는 바이닉, 동관 근쳐 단성사 박승필『朴承弼』씨는 그갓흔 우리 동포의 졍경을 칙은히 싱각ᄒ고 관원 일동과 의론ᄒ고 명 십삼일 밤에 본샤의 후원하에 특별히 자미잇는 활동사진으로

주임변사 서상호『徐相昊』, 최죵틱『崔鍾太』, 김덕경『金德經』, 최병룡『崔炳龍』군 기타 관원 일동의 셩력으로써 흥힝ᄒ야, 그 수입 젼부를 모하셔 본샤에 위탁ᄒ야 우

＊ 잇는 우리 동포에게 보죠ᄒ야 만분의 일이라도 이것을 구죠코자 홀 터인 바, 일반 여러분들은 아못조록 만히 구경을 가시여 다쇼를 앗기지 마시고 닷호아 가며 긔부

ᄒ시ᄂᆞᆫ 것이 동포된 우리의 썻썻ᄒᆞᆫ 일이요, 쏘 다른 디

긔부ᄒᆞᄂᆞᆫ 것보다 몃비나 나흔 일인즉 쥬져ᄒᆞ지 마시고 분발ᄒᆞ야 나오시기를 밋ᄂᆞᆫ 바이오. 쏘 이러ᄒᆞᆫ 박승필 씨 일ᄒᆡᆼ의 자발뎍 동정심은 진실로 이러ᄒᆞᆫ 대와 이러ᄒᆞᆫ 경우를 ᄯᅡ라서 평상 잠기고 싸엿든 박이와 자선이 낫하난 것이니, 이로 말미암ᄋᆞ 보건디 어느 ᄯᅢ이던지 어느 곳이던지 어느 사람이든지 경의가 업ᄂᆞᆫ 것이 안이며 인도가 업ᄂᆞᆫ 것은 안닌줄을 확실히 밋고 의심치 안이ᄒᆞᄂᆞᆫ 바이라 ᄒᆞ노라.

매일 20.07.12 (4) [독자구락부]

▲ 지난번에 우미관에 엇던 변사ᄂᆞᆫ 휴게 시간에 인성의 자유를 말ᄒᆞ다가 즉시 경찰셔로 쵸치되얏다니 자유가 부자유가 되얏스니 혹을 쌜ᄂᆞ다 혹을 붓쳣군『＊광생(＊光生)』

동아 20.07.13 (3) 단셩사주의 자선 / 수해민을 위하야 자선회를 개최해

단셩사주 박승필(朴承弼) 씨ᄂᆞᆫ 이번 뚝셤 수해에 대하야 상하리에 각 십원식 긔부하엿스며 쏘 금명 량일의 단셩사의 수입은 전부 이재민에게 긔부하기로 자선회를 개최하다더라.

매일 20.07.13 (3) 본사 후원의 단셩사 / 자선대흥행 / 동정을 만히 ㅅ / 십삼, 십사 양일간

단셩샤에셔ᄂᆞᆫ 이번에 홍슈로 인하야 참혹한 지앙을 밧은 동포를을 구원하기 위ᄒᆞ야 십삼일 밤에ᄂᆞᆫ 본샤의 후원 아리에서 자선활동사진회를 연다함은 임의 보도하얏거니와 그 후에 관쥬 박승필『朴承弼』 씨와 밋 관원 일동이 의론한 결과 십삼일 하오 흥ᄒᆡᆼ으로ᄂᆞᆫ 그

슈입이 얼마 되지 못ᄒᆞ야 긔부할 돈이 얼마 되지 못ᄒᆞ리라고 ᄒᆞ야 다시 ᄒᆞ로를 느리여셔 십삼, 십ᄉᆞ 잇틀 밤을 흥ᄒᆡᆼ하게 되얏ᄂᆞᆫ 바, 당일에ᄂᆞᆫ 활동사진도 미우 자미 잇ᄂᆞᆫ 것으로 골나 할 터이요, 쏘ᄂᆞᆫ 변사들이 슈그러움을 거리끼지 안이ᄒᆞ고 연극 한 막을 할 터인디, 그 연극으로 말ᄒᆞ면 전자에 본지에 련지되얏던 이사『哀史』라ᄂᆞᆫ 것, 향쟈에

본사 후원으로 청년 회관에서 영사ᄒᆞ야 디환영을 밧던 불국 문호『빅터 유ー고』 선성의 디걸쟉 희무졍『噫無情』 중『짠팔찬』이가 승졍에 집에셔 은촉디와 은사시를 집다

가 승정에게 감화 밧는 막이라는딕, 이것은 쟉년도에 그네들이 흥힝ᄒ야 만도인에게 쏘다시 업슬만흔 환영을 밧던 것이라. 누구던지 될 수 잇는 딕로 만히 가셔셔 우리 이지동포를 ＊죠＊돈＊만이 만듭시다.

동아 20.07.14 (4) 원산 위생활동사진

본도(本道) 제삼부 주최의 위생활동사진은 거(去) 십일부터 향(向) 사일간 ＊관(＊舘)과 동락좌(同樂座)에서 영사하얏는대, 그 영화는 전부 작년 창궐을 극하든 호역 방역의 상황을 원산, 함흥, 서호진(西湖津)의 제지(諸地)에 거하야 촬영한 것이더라. (원산)

매일 20.07.14 (3) 박승필 씨의 동정 / 뚝셤 상하리에셔 / 각 십원식 주엇다

단성사에셔는 본사의 후원하에서 자선 활동사진회를 작 십삼일과 밋 금 십ᄉ일 이틀 동안을 연다 홈은 본지에 루〻히 보도한 바와 갓거니와 동단쥬 박승필『朴承弼』 씨로 말ᄒ면 원릭 자선심이 미우 두터운 터인딕 일전에도 뚝셤에 나가셔 지앙에 걸니여셔 하날을 불으짓는 동포들의 경경을 보자 동정의 눈물을 금치 못＊야 몸에 가지엿던 돈 이십원을 상리하＊ 두 곳으로 난호아 쥬엇더라.

매일 20.07.15 (3) 단성사의 자선회 연장 / 초일되 셩황과 동포의 다슈 동정금 / 십오일ᄭ지 연장

일전 뚝셤, 룡산, 마포 등 강가에 사는 가난흔 우리 동포들에게 지앙을 흔칭 더 나리여셔 홍슈로 인ᄒ야 몸담아 잇던 집과 밋 밥담어 먹던 셰군 집물ᄭ지 다 쎠나가게 ᄒ고 거리에 나안져서 근〻히 부터잇는 목슘을 쓴치지 못ᄒ야 피눈물을 흘니여 가면셔 ᄒ날을 불으지져 우는 소리가 구텬에 사못치게 되얏스니, 쟝차 그네들을 엇더흔 사람이 구원ᄒ여야 홀가. 이난 반다시

우리 형뎨이니 우리가 구원ᄒ여야 홀 것이다. 그럼으로 본사에셔도 구죠금을 모집ᄒ는 터인딕 여러분이 임의 아시는 바와 갓치 단성샤에서 지난 십삼, 십ᄉ 량일ᄀ을 자션 활동샤진회를 일어가지고 그 슈입 전부를 이지 동포에게 긔부ᄒ기로 ᄒ얏는딕, 첫날에는 만련하에 동정심 만코 의리잇는 우리 됴션 동포들이 발자최를 닷호아 가며 특별히 구경이라고는

단이지 안턴 사람들도 만히 와셔 다각〻 몸에 가지엿던 돈을 모다 닉여 긔부ᄒ얏스

며, 그 관니에 잇는 관원과 심바람쑨들, 한 달에 단 십원의 월급을 밧지 못ᄒᄂᆫ 사람들도 제각々 얼마식을 니여 노며 동포의 경경을 싱각ᄒ고 은연즁에 흘으ᄂᆫ 눈물 흔적이 그디로 남아 잇는 디로 돌아갓ᄂᆫ디, 그 관쥬와 밋 관원들은 그들의 쓰거운 동정을 싱각ᄒ고 ᄒ로를 더 연장ᄒ야

십오일ᄭ지로 뎡ᄒ얏ᄂᆫ 바, 첫날은 한칭 더 만원 되지 못한 것이 미우 유감이엿섯ᄂᆫ디 다힝히 ᄒ로 동안을 더 느리엿스니 남 류달니 서로 샷듯한 사랑을 가지고 동정심 만은 우리 동포들은 더욱 더욱 동정심을 분발ᄒ야 단성사로 모혀들어서 대만원을 일우게 ᄒ야 한 푼이라도 더 만히 모아 보니게 홀 것이더라.

동아 20.07.17 (1) 〈광고〉
◎ 칠월 십육일부터 사진 영화
이태리 지네스 회사작
활극 제오 **마지스테** 전구권
정극 **황해의 일야(黃海의 一夜)** 전삼권
기타 희극 실사
국제활영주식회사 특약 **단성사** 전화 구오구번

매일 200717(3) 일본 소개의 활동사진으로 선전 / 경긔도에서 / 칠월 ᄒ순경에나
경긔도텽에서는 활동사진으로써 일본의 상황을 션뎐케 홀 계획으로 경성부니에 뎍당호 쳐소 다섯 곳을 션뎡ᄒ라고 경성부에 통첩ᄒ얏난디, 그 실시될 긔흔은 칠월 ᄒ순이라더라.

매일 20.07.17 (3) 〈광고〉
▣ 칠월 십칠일 전부 차환
미국 유사(社)
一, 실사 **파데 주보 이십팔호** 전일권
미국정부 광산국
一, 실사 **광산사업의 종사법(從事法)** 전오권
미국 유사 네스다 영화
一, 희극 **서정(婿定)** 전일권

미국 유사 네스다 영화

一, 희극 **간차인의 원지혜(間借人[54]의 猿智慧)** 전일권

미국 유사 불바-드 영화

一, 인정극 **삼의 랑(森의 娘)** 전오권

경성 관철동 **우미관** 전화 이삼이육

◎ 칠월 십육일부터 납량대흥행

= 이대 사진 공개 =

◇ 제오활극 『**마쎄쓰데**』 전장 팔권

국활(國活)의 광영 잇는 대명화

전미문(前未聞)의 분투적 대활극

◇ 탐정대활극 **암야의 경(暗夜의 鏡)** 전오권

기타 골계 수종 활영 특약 **단성사**

동아 20.07.18 (1), 20.07.19 (4), 20.07.20 (1), 20.07.21, 20.07.22 (1) 〈광고〉

단성사 7월 17일자와 동일

매일 20.07.18 (1), 20.07.19 (2), 20.07.22 (3) 〈광고〉

단성사 7월 17일자, 우미관 7월 17일자와 동일

매일 20.07.20 (3), 20.07.21 (3) 〈광고〉

단성사 7월 17일자와 동일

매일 20.07.20 (4), 20.07.21 (1) 〈광고〉

우미관 7월 17일자와 동일

---

54) 셋방 든 사람.

동아 20.07.22 (4) [지방통신] 기생의 임시 간호부

마산에 호열자 발생됨은 기보하얏거니와 상금 병식(屏息)치 아니함으로 당 경찰서에서는 부내 주민 남녀를 물론하고 *병(*痘) 예방 주사를 시행하는 바 부녀들은 구일(舊日) 체면의 관습으로 조인광좌(稠人廣座) 중에 나체 수술함을 기피하는 고로 부득기 당지 예기 조합 기생 등으로 임시 간호부의 책임을 행케 하야 본월 십오일로부터 해(該) 예방주사를 담무(擔務) 실시한다더라. (마산)

매일 20.07.22 (4) 위생 대(大) 활동사진

함남(咸南) 제삼부에서는 일반의 위생사상을 함양케 ᄒ기 위ᄒ야 작년 호역(虎疫)의 실황 묘사코져 금춘(今春)부터 기(其) 각본을 제작 중이더니 거(去) 십육일부터 이십일일ᄭ지 함흥 대화관에서 영사ᄒ야 무료로 일반 시민의케 관람을 허ᄒ얏더라. 『함흥』

조선 20.07.22 (3) 풍화(風化)를 괴란케ᄒ는 경성의 제극장 / 영향의 밋치는 비 심ᄒ니 속히 개량할 필요가 잇다

무릇 하급의 민지를 기발흠은 학교보다 쇼셜이 속ᄒ고 쇼셜보다 연셜이 속ᄒ며, 연셜보다 연극이 속ᄒ다 ᄒ는 셔양학자의 격언이 잇느니 이는 엇진 연고이뇨. 학교는 장긔의 학년을 일뎡 불변* 아 계급을 발바 공부케 흠이라. 통학문으로부터 고등 학식ᄭ지 양셩ᄒ는 쳐쇼인즉, 실학흔 하급 인민에 디ᄒ야는 쇼용이 업슬 ᄲᆞ더러 진ᄉ한 자미로 ᄭᅢ다름이 잇게 ᄒ기가 쇼셜만치 속ᄒ지 못ᄒ다 홀지며, 쇼셜도 역시 셔젹물이라 총명이 능히 그 젼편 뜻을 일ᄉ히 평회흔 연후에야 비로쇼 도코 그른 것을 분근홀지니. 엇지 당쟝 그 마당에서 긔로 들어 마음을 감동케 ᄒ는 연셜만치 효험이 잇스리오. 연셜도 역시 디강 무식은 면한 자이라야 남의 도ᄉ흔 말의 요령을 가히 알ᄋ들어 스스로 감각흠이 잇슬지니, 엇지 실디 광경을 눈으로 력ᄉ히 보는 연극만치 속한 효과가 잇다 홀쇼냐.

그럼으로 연극을 쳐엄 셜치흔 사름이 각 방면으로 여러 가지를 연구ᄒ야 (희로이락)의 가튼 풍속을 기량홀만흔 지료로 (각본)을 만드러 흥힝ᄒᄂ니, 그 각본은 일뎡 불변ᄒ는 바이 안이라 ᄯᅢ를 ᄯᅡ라 ᄋ모조록 풍속을 괴란흠이 업도록 시긔에 덕당한 문뎨로 연ᄒ야 각본을 시로 창작홀 ᄲᆞ더러 극쟝의 셜비를 완젼히 ᄒ며 집힝자의 쳐신을 단졍히 ᄒ야 문견이 희괴치 안이ᄒ고 질셔가 문란치 안이케 흠이 가ᄒ거날, 근일 경셩 각

극장의 샹황 됴사흔 바를 듯건디 풍속을 기량은 고사흐고 도로혀 문란케 홀 것이 흔 두가지가 안이로다. 그 딕강을 들어 말홀진디 쇼위 활동사진이라 흐는 것은 그 각본이 일톄로 그르다는 것은 안이나, 거반 도적당의 교묘흔 슈단이나 계집 등의 음분흐는 형용을 실사흐야 몸⁵⁵⁾지각흔 ᄋ히비와 녀ᄌ들이 한번 보고 두 번 봄이 ᄌ연히 그 악흥 악습이 물졋젹 비오는 일이 하ᄂ 둘쑨이 안이라. 지금 일본서도 활동사진으로 학습흐야 강졀도를 힝흐며 살인을 흔다. 별々 위험흔 현상을 이랏키는 것이 이로 말흐야 헤ᄋ리지 못홀만 흐야 경무 당국자가 이에 딕흐야 기량홀 방침에 고심참담흐는 즁이니 이는 곳 악흔 남녀 양셩쇼라 흐야도 과흔 말이 안이오. 막을 싸라 셜명흐는 * 칭 변ᄉ라흐는 자로 말흐면 힝동을 단뎡히 가지고 어음을 공근히 발흐야 일반 남녀 관람인에게 셜만흔 틔도가 엄셔냐 가흐거날 비루흔 거동과 무례흔 언ᄉ가 비일비지 흐야 심지어 음란흔 힝동ᄶ지 왕々 잇다 흐며

쇼위 구연극이라흐는 것은 더욱 츽망홀 가치도 업셔々 각본의 차셔가 더욱 혼잡흐야 두셔가 착란흔 즁 밤마다 흥힝흐는 *이오. 춘향가다 무엇이다 흐는 음담퓌셜과 비루히 속흔 형용쑨이라. 맛츰ᄂᆝ 부인 관람셕은 음란흔 계집의 산ᄋ히 구*타오는 곳이오, 문파수 보는 자는 디가다 쇼위 쑤장이 영업흐는 잡류일쑨더러 방탕흔 남녀의 디합쇼라 흐야도 합당흐리로다.

이졔 두어 말을 가져 극장 주임 졔인의게 권고코져 흐오니 그디들은 나의 말에 디흐야 일시뎍 오히로 영업에 방히된다 악감을 두지말고, 말흐는 ᄂ의 뜻을 집히 연구흐야 잘못된 셜비를 *々히 기션흐며 ᄋ름답지 못흔 각본을 *々 히셸 * 변ᄉ라던지 소무원을 십분 단속흐야 전일 습관을 바리여 됴심케 홀지어다.

청컨디 져 문명한 나라의 각종 극장들은 무한흔 취미와 무한흔 오락을 갓초 잇슬 쑨이오, 결코 음란비루흔 힝동이 업는 고로 고등 신사들이 각기 가죡을 디동흐고 산보 겸 관람을 와서 죵일 근퇴흐던 뢰을 시원흐게 짓지 안이흐는 * 우리 죠션의 잇는 극장으로 말흐면 무* 엇더흔 곳이고 날로 모혀드는 무리가 *등을 각흔 자들 쑨이오, 쥬류* 상부터는 ᄋ모도 극장 문젼을 지나가기도 슈치 넉*ᄂ니. 이는 죠션 즁등 이상 사롬이 연극관람의 취미와 오락을 알지 못흠이 안이라 오즉 극장의 아름답지 못한 평판이 휘자흠으로 ᄌ긔들의 명예에 혹시 드러옴이 밋쳐 * 가져허흠이 확실흐다

---

55) '몰'의 오식.

ᄒ노니, 지금으로브터 각쳐 극장을 닷토아 진선진미히 일동 ＊정을 기량ᄒ 결과 관람킥의 수치＊ 알던 마음이 업셔지고 일반 풍속으로 문명ᄒ 영향에 맛게 할지면 비로쇼 ＊등의 명예를 엇고 무상ᄒ 이익을 엇을지니 그 결과를 기디려 다시 찬양ᄒ는 붓을 들고져 ᄒ노라.

동아 20.07.23 (2) 〈광고〉

●이십삼일부터 사진 전부 교환

이태리 안쑤라지오 회사작

대활극 **대기밀(大機密)** 전사권

미국연맹 활영회사작

희극 **야천남(野天男)** 전오권

기타 실사, 희극 종종

국제활영주식회사 특약 **단성사** 전화 구오구번

동아 20.07.23 (4) 수양회(收養會)의 환등회

강계(江界) 청년 수양회에서는 거(去) 십삼일 야(夜) 당지 천도교구실 내에서 지육부 (智育部) 주최로 환등회를 개최하고 교육 급(及) 위생상에 관한 등, 수십종을 영사하얏는대, 당일은 양천(兩天)임을 불구하고 사오백 명의 관람객이 유(有)하야 파(頗)히 성황을 정(呈)하얏더라. (강계)

매일 20.07.23 (2) 〈광고〉

우미관 7월 18일자와 동일

◇ 칠월 이십이일부터 납량 대흥행

= 이대 사진 교환 =

▲ 이태리 아쑤지오 회사 대작

◇ 대활극 **대기밀(大機密)** 전사권

▲ 미국연맹 활영 회사 대걸작

◇ 대활극 **야천의 남(野天의 男)** 전오권

기타 골계 수종 활영 특약 **단성사**

조선 20.07.23 (3) 충청, 경상, 전라의 삼남 육도 각 추요(樞要) 도시에 순회 영사 홀 본사 경북지국 주최의 독자 위안 활동사진 / 은 삼 년 전에 조선 각 활동사진관에셔 명성이 혁々ᄒ던 미국 유사 제(製)의 명금극 / 제 일착은 래 이십오일(십일)에 청주

활동사진의 (명금[名金])이라ᄒ면 오모던지 그 사진을 본 사롬은 지금껏 눈에 환ᄒ고 귀에 져진 지금셔 삼 년 전에 조선을 나와 경성 각 활동사진관에셔 영사한 바 미국 유니뷔살 회사 제죠의 전부 이십삼편, 사십사권의 디사진으로, 이번에 다시 됴션의 나왓ᄂ디 본사 경북지국(本社 慶北支局)에셔 특별이 본보 이독쟈를 위안코즈 오눈 이십오일 충청북도 청쥬(淸州)로부터 시작ᄒ야 충청남도 공쥬(公州), 태뎐(太田), 경상북도 디구(大邱), 경상남도 쵸량(草梁), 부산(釜山), 통영(統營), 마산(馬山), 진쥬(晋州)와 전라남도 려슈(麗水), 목포(木浦), 광주(光州), 전라북도 군산(群山), 전쥬(全州) 등디를 슌회ᄒ야 영사홀 터인 바, 사진은 이 명금 이외도 텬하의 명산인 니외금강산 실사(內外 金剛山 實寫)의 활동사진이 잇고 더욱이 그 변사는 일본을 건너가 류학혼 후 조선에 조선인 변사가 업심을 이달게 역기여 투신혼 조선 안에셔 활동사진 변사의 서상호라면 모롤 사람이 업슬 만한 유명혼 변사 사진을 셜명홀 터이오. 독자에게 눈 각 등 반익을 밧는 활인권이 잇슬터이더라.

동아 20.07.24 (4), 20.07.26 (3), 20.07.27 (2), 20.07.28 (2), 20.07.29 (1), 20.07.30 (4), 20.07.31 (1), 20.08.01 (2), 20.08.02 (3), 20.08.04 (4), 20.08.05 (4), 20.08.06 (1), 20.08.07 (1), 20.08.08 (4) 〈광고〉
단성사 7월 23일자와 동일

매일 20.07.24 (1), 20.07.28 (1), 20.08.02 (2), 20.08.03 (1), 20.08.05 (4) 〈광고〉
단성사 7월 23일자와 동일

매일 20.07.24 (3) 〈광고〉
▣ 칠월 이십이일 특별대흥행
미국 유사(社) 바이손 영화
▣ 활극 **여장부** 전이권
조선 취성좌 간부련(幹部連) 김소랑 일행

초일(初日) 예제(藝題)

불여귀(不如歸) 전팔막

△ 입장료 보통 ▽

경성 관철동 **우미관** 전화 이삼이육

조선 20.07.24 (3) **독자할인권 / 활동사진 할인관람권**

본 지국에셔 본보 애독 제씨(諸氏)롤 위안코져 좌기(左記)와 여(如)히 지방 순회 대활
동사진을 영사ᄒᆞ옵고 특히 말미에 재(在)ᄒᆞᆫ 할인권을 발행ᄒᆞ옵니다. (상강[詳綱] 논
작일[昨日] 기사 참조)

미국 뉴니버살 회사 제(製)

{**명금(名金)**} 전삼십이편 사십사권

내외 금강(金剛) 실사 활동사진

흥행지 청주(이십오일 십일)

 공주, 태전, 대구, 부산, 통영, 진주, 여수, 목포, 광주, 군산, 전주

 (단 형편에 의ᄒᆞ야 기타 각군)

변사 서상호(徐相昊)

주최 조선일보 경북지국

활동사진 할인 관람권

일등, 이등, 삼등, 각 반액 (단 일매에 한ᄒᆞ야 일인)

청주 흥행 중

조선 20.07.25 (3) **위생 선전 연극 / 인천 가무기좌에셔**

동경에셔 유명훈 (다루마) 연극이 인천에 드러옴을 긔회로 야긔＊ 데 부 인천 경찰
셔, 인천 부청 등의 후원으로 오ᄂᆞᆫ 이십칠일부터 가무기좌에셔 삼일간 위싱 연극을
열터인디 다수이 러관ᄒᆞ길 희망훈다더라. (인천)

매일 20.07.25 (4), 20.07.26 (1), 20.07.27 (2), 20.07.29 (1), 20.07.30 (4), 20.08.01 (4), 20.08.03 (2), 20.08.04 (4) 〈광고〉

단성사 7월 23일자, 우미관 7월 24일자와 동일

조선 20.07.26 (3), 20.07.27 (3), 20.07.28 (3), 20.07.30 (3) 〈독자할인권〉
활동사진 할인관람권 7월 24일자와 동일

매일 20.07.28 (4), 20.08.02 (3), 20.08.05 (3) 〈광고〉
우미관 7월 24일자와 동일

동아 20.07.29 (3) 우미관의 위생극 / 김소랑 일힝이 명일부터 흥힝
경성부 위싱계(京城府 衛生係)의 원조로 일반 시민에게 위싱에 대한 주의를 이리키기 위하야 신파연극단 취셩좌 김소랑 일힝(聚星座 金小浪 一行)이 명삼십일 오후 팔시부터 종로 우미관(優美舘)에서 위싱 연극을 한다는대, 그 각본은 「인싱의 구(人生의 仇)」라는 위싱에 관연한 사실을 각석하야 흥미가 진진한 속에서 한편으로는 전염병에 대한 예방과 이에 대한 주의를 스사로 깨닷게할 터이며, 그 외에 다른 각본도 상연하야 일반 관람에게 공한다 하며 입장 료금은 경성부 위싱계에서 우대권을 발힝하야, 아모조록 적은 료금으로 일반의 관람하기에 편리케 한다더라.

조선 20.07.29 (3) 독자 위안의 활동사진 성황 / 제일일 청주에셔
본사 경북지국 주최의 독자 위안 슌회 딕활동사진(讀者 慰安 巡廻 大活動寫眞)은 임의 보도흔 바와 갓치 데 일착으로 지나곤 이십사일에 충청북도 청쥬 읍니 (사구라좌)에서 명금(名金)과 우리 반도에 유명흔 너외 금강산 실사 활동사진을 영사흐고 변사 셔상호(徐相昈) 군의 취미 진々흔 설명이 잇셔 관람 제씨의 박슈흐는 가운딕 큰 셩황을 이루엇눈딕, 졈차 예뎡대로 각군에 향흐야 영사흘 터이더라.

매일 20.07.30 (3) 김소랑 일행의 위생극 / 본사 기타 후원 / 사흘간 우미관에서 본보 독자의 활인권
신파정극으로 그 일홈이 자못 놉흔 취셩좌 김쇼랑『金小浪』 일힝은 요사이 우미관『優美舘』에서 딕々뎍으로 흥힝흐야 날마다 만장의 셩황으로 딕환영을 밧눈 중 특별히 시긔를 짜러서 오늘 즉 삼십일부터 특별히 위싱극『衛生劇』을 흥힝흐야 일반 사회에 위싱사상을 보급식힘에 힘쓸 터인딕, 날마다 자미잇눈 연례로 연극을 흥힝흐면서 중막『中幕』마다 사막『四幕』에 나누어
위싱극을 할 터인 바, 그 위싱극의 기요를 말흐면 엇던 고리딕금업조『高利貸金業者』

가 돈 모기에만 눈이 어두어서 위싱＊＊ 무엇이니는 죠금도 몰으고 심지어 귀즁흔 아들이 폐병『肺病』에 걸닌 것도 곳쳐쥬지 안코 지닉다가 필경은 고리딕금업즈가 호 렬자『虎列刺』에 걸니여 비참히 쥭는 마당에 젼일에 돈만 알고 자식도 몰나 보던 죄 악을 크게 회기ᄒ고 세상을 쎠나는

자미 진진흔 연극이며, 그 외에 교육뎍 사회극 션쳐와 량녀『善妻와 良女』라는 죠흔 각본로써 강호에 큰 환영을 바들 연극을 ᄒ겟스며 또는 종막『終幕』에는 형뎨『兄弟』 라는 희극으로써 만쟝의 흥미를 도울 터인딕, 이번에는 특별히 경셩부텽『京城府廳』 종로 경찰셔『鐘路警察署』 본샤『本社』 기타 동아일보, 됴션일보 삼 신문사의 후원하 에서 릭 팔월 일일ᄭ지 흥힝홀 터이요, 또는

특별히 본샤 이독자 특위ᄒ야 활인권을 발힝ᄒ야 일반관람에 편의를 뎨공하게 되엿 더라.

조선 20.07.30 (3) 양사(兩社) 후원의 위생극 신파 / 취셩좌 김소랑 일행

그동안 각디방을 슌힝ᄒ며 흥힝ᄒ던 신파 취셩좌 김쇼랑(聚星座 金小浪) 닐힝은 금번 에 부텽 각 경찰셔 미일신보사(每日申報)와 본사의 후원으로 본일 오후 팔시브터 우 미관에서 신파 위싱극 삼일간 련ᄒ야 흥힝한다는딕, 위싱극 이외에도 미우 죠흔 사회 극과 자미슬어운 희극도 잇더라.

조선 20.07.30 (3) [투셔란]

△ 릭일 단셩사 안에셔 기최ᄒ는 고학싱 갈돕회의 랍량 딕강련회는 춤으로 굉장홀거 라오. 나는 오후 두시브터 가랴ᄒ 옵닉다. (일학생 [一學生])

매일 20.08.01 (4) [독자구락부]

▲ 우미관에서 흥힝ᄒ는 김소랑 일힝의 흥힝ᄒ는 연극이 모다 자미잇고 또흔 우리 사 회를 위ᄒ야 실익이 만흔 연극이지만은 그 즁에도 불여귀『不如歸』라는 연극이 참 자 미잇습닉다. 그 연극을 또 흔번 흥힝ᄒ야 쥬엇스면 죠켓습닉다. 『연극광』

조선 20.08.01 (3) 우미관에 위생극

경셩부 위싱계와 밋 시닉 각 경찰셔 미일신보 밋 본샤 후원의 위싱극 뎨 일일은 지작 일 오후 팔시부터 우미관에서 기최ᄒ얏는딕, 졍각 젼에 발셔 인산인ᄒ를 이루어 비

상한 성한 성황을 이루엇디 중간에 이르러 경성부 위싱계원 월천(越川) 씨브터 위싱에 디ᄒᆞ야 일장의 연설이 잇섯ᄂᆞ디, 본사에셔ᄂᆞ 독자 졔씨를 위ᄒᆞ야 특별히 활인권을 발ᅙᆡᆼᄒᆞᆺ더라.

조선 20.08.03 (3) 불법 무리ᄒᆞᆫ 인천 기성 조합
기싱이라ᄒᆞᄂᆞ 것은 어나 디방이던지 그 디방의 번창ᄒᆞᆷ을 ᄯᅡ라 흥왕ᄒᆞᄂᆞ 것이오, 다쇼 그 디방 번영상에 관계가 잇ᄂᆞ 터이라. 인천(仁川) 부닉에도 근릭 나날이 번창ᄒᆞ야감을 ᄯᅡ라 경성과 슈원 기타 각쳐에셔 가무에 능란ᄒᆞᆫ 기싱덜이 영업코자 들어오나, 소위 룡동 기싱조합에셔 이왕 인천에 잇든 여러 기싱이 타격을 밧을가 념려ᄒᆞᄂᆞ 야심으로 무리ᄒᆞ게 죠합에 들지를 못ᄒᆞ게 ᄒᆞ며, 겸ᄒᆞ야 불법ᄒᆞ게 경찰서에 영업 허가를 맛지 못ᄒᆞ게 ᄒᆞ야 슈십일 혹은 몃달식을 공연히 쥬막에셔 지닉이게 홈으로 일반이 그 죠합의 불법 무리ᄒᆞᆷ을 가증히 역인다더라. (인천)

조선 20.08.03 (3) 독자활인권 / 활동사진 할인 관람권
〈명금〉 지방상영 관련, '청주 흥행 중'이 '공주 흥행 중'으로 바뀐 외 7월 24일자 기사와 동일.

조선 20.08.04 (3) 독자활인권 / 활동사진 할인 관람권
〈명금〉 지방상영 관련, '청주 흥행 중'이 '김천 흥행 중'으로 바뀐 외 7월 24일자 기사와 동일.

조선 20.08.05 (3) 〈사진〉
우미관이나 단성사에셔 늘 보ᄂᆞ 미국 활동사진계에 일홈 놉흔 『ᄶᅡ푸링』과 『마ー베루』 양은 오ᄂᆞ 십월의 미국셔 ᄯᅥ나 일본으로 건너와 동경, 딕판, 경도를 구경ᄒᆞ고 경성을 지나셔 딕련, 상ᄒᆡ, 마니라를 것쳐 돌ᄋᆞ갈 예뎡이라더라.

조선 20.08.05 (3) 〈독자활인권〉
〈명금〉 지방 상영 관련, 8월 4일자 기사와 동일

매일 20.08.06 (4) [독자구락부]

▲ 여러 날 동안 우미관에셔 흥힝ᄒ든 김쇼랑 일힝은 워낙 란슉흔 기슐로 참신긔발 흔 연극을 흥힝ᄒ얏지만은 여러 날 흥힝ᄒ든 연극 즁에 방화슈류뎡 연극이야말로 참 명말이지 도덕과 츙효가 쇠피흔 이 사회를 위ᄒ야 업지 못홀 조흔 연극이며 쏘흔 ᄒ 기도 썩 잘 ᄒ옵듸다. 아못죠록 멀니 가지 말고 셔울셔 쏘다시 방화슈류뎡극을 흔 번 여러 쥬엇스면 죠켓셔요.『광화문통 일 온나[56]』

매일 20.08.06 (4) 〈광고〉

우미관 7월 24일자와 동일

◇ 팔월 육일(금요일)부터 신사진 교환

一, 미국 골돈 회사 작

△ 태서사회 희극 **쓰노자양(子孃)** 전오권

一, 불국 쌔데 – 회사 작

△ 희극 **속성결혼** 전이권

一, 이태리 아손 회사 작

△ 정극 **죄의 염(罪의 焰)** 전이권

一, 미국 골돈사 작

△ 정극 **부정흔 은행가** 최장척

△ 기타 실사 희극 수종▽

활영 특약 **단성사** 전화 구오구번

조선 20.08.06 (3) 〈독자할인권〉

〈명금〉 지방 상영 관련, 8월 4일자 기사와 동일

매일 20.08.07 (3) 활동사진과 집회 금지 / 부산의 호역창궐 흡계 이뵉삼십명

부산의 호렬자는 지나간 삼일 오전 십일시ᄭ지 초량『草梁』과 밋 목도『牧島』 방면에

---

56) 일본어로 어성

됴션인 환자 이십칠 명이 발성ᄒ얏ᄂᆞᆫ디, 쳐음 발싱ᄒᆞᆫ 후로 일본인 이십륙 명, 됴션인이 이빅십삼 명 ᄒᆞᆸ계 이빅 이십구 명에 달ᄒᆞ야 졈々 만연되ᄂᆞᆫ 모양임으로 부산 경찰셔에셔ᄂᆞᆫ 지나간 삼일부터 당분근 시너에 활동사진관 등의 흥힝을 검지ᄒᆞ고, 쏘 그와 동시에 각종의 집회 등도 검지ᄒᆞᆫ다더라. 『부산』

매일 20.08.07 (3) [사면팔방(四面八方)]

▲ 오일 밤 광무디 연극쟝에셔ᄂᆞᆫ 한 가지 긔괴망측ᄒᆞᆫ 활극이 싱기엿다. 박츈지가 쳥년회관 음악회를 단여셔 늣게야 광무디를 와셔 쟝구를 메이고 무디로 나와 쟝디쟝 타령을 ᄒᆞ엿ᄂᆞᆫ디, ▲ 이층 부인셕으로부터 엇던 이십 세쯤 된 졂은 녀ᄌᆞ 하나이 박츈지 쟝디쟝 타령에 입이 귀밋ᄭᅡ지 찌여져 가지고 그만 박츈지 노ᄂᆞᆫ디 홀녀서 엇지홀 쥴을 몰으든 쏫헤 나죵에ᄂᆞᆫ 견듸다 못ᄒᆞ야 ▲ 그 엽헤 갓치 온 여자의 허리를 덥셕 찌여 안고 그만 죽으려 ᄒᆞ엿다. 그 ᄯᆡ에 찌여 안킨 여자ᄂᆞᆫ 웨? 이 기집이가 나를 찌여 안고 죽으려 드ᄂᆞᆫ가? ᄒᆞ면셔 희학이 일어낫다. 자연히 이 지경이 되고 본 죽 만쟝의 구경군들의 시션『視線』은 모다 그녀자에게로만 몰녀들어 ▲ 이층을 치어다 보고 썻고 ᄭᅵ불든 즁 츈지가 타령을 맛치고 나아가ᄂᆞᆫ 것을 보고 그 녀ᄌᆞ 두 사람은 얼는 일어나셔 광무디 문간으로 나오랴 홀 ᄯᆡ에 구경ᄒᆞ든 사람들은 몰녀나와셔 그 녀ᄌᆞ의 가ᄂᆞᆫ 길을 서로々 막으며 ▲ 젼후 입에 못 담을 소리로 히야가시[57]가 굉쟝ᄒᆞ엿다. 그리ᄂᆞᆫ 가운디 찌여 안키든 계집은 쌜니 한편으로 쌔져 다러나고 질알 발광을 ᄒᆞ든 계집만 그 쪄드러 ᄂᆞᆫ 사람에게 파무치여 근신히 던챠길ᄭᅡ지 나왓스나 여러 사람들은 죵시 그 녀ᄌᆞ를 못 가게 홈으로 ▲ 필경은 파츌소 슌사가 그 녀ᄌᆞ를 부ᄅᆞ셔셔 파츌소로 들어오게 ᄒᆞᆫ 후에 여러 사람을 일일이 돌녀보니고 그 녀ᄌᆞᄂᆞᆫ 장리를 경계ᄒᆞ야 돌녀 보닌 큰 활극이 잇셧다. ▲ 그런디 그 녀ᄌᆞᄂᆞᆫ 쥬교뎡 남쳔변 사ᄂᆞᆫ 리셩녀 라ᄂᆞᆫ 녀ᄌᆞ라 ᄒᆞ며 쏘ᄒᆞᆫ 범갓흔 남편ᄭᅡ지 잇ᄂᆞᆫ 녀ᄌᆞ로, 그와 갓흔 힝동을 ᄒᆞᄂᆞᆫ 것은 실로 용셔홀 슈 업ᄂᆞᆫ 일이라고 아조 욕셜이 랑쟈ᄒᆞ엿셧다.

매일 20.08.07 (3), 20.08.08 (1), 20.08.09 (4), 20.08.10 (2) 〈광고〉

우미관 7월 24일자, 단성사 8월 6일자와 동일

---

57) 희롱, 야유의 일본어.

동아 20.08.09 (3) 두려운 『문제』의 이문자(二文字) / 글자 둘을 몰나서 활동변사가 졸도

활동사진의 변사가 무대 위에서는 멧천명의 텽중을 울니고 웃기고하야 별별가지 수단을 다 부리지마는 그 중에는 실상 낫놋코 「기억자」도 모르는 사람이 적지 아는 모양이다. 일본 동경 시내에서는 활동사진 변사를 취톄할 필요가 잇서서

지난 륙일에 경시텽에서 활동사진 변사 시험을 힝하얏는데, 공안(公安), 풍긔(風紀), 황화(黃禍), 권선징악(勸善懲惡) 등의 문자의 의미를 아는 사람이 시험 보는 변사 팔십여 명 중에 한 명도 업고, 더욱 일류 변사로 다대한 환영을 밧는 변사 토옥송도(土屋松桃) 가튼 사람은 문뎨『問題』라는 의미를 알지 못해 아죽 애를 쓰고 속 태이다가 별안간 뢰빈혈증(腦貧血症)이 싱기어 얼골이 힛슥하게 질니며 시험장(試驗場)에 것구러저 죽을 지경이 된 것을 함씌 드러갓든 사람이 겨우 간호하야 나오는 등, 일장 허리가 부러지게 우슬 만한 대소동이 이러낫섯든대 당시 일본 수부에서 쟁쟁한 일류 변사도 『문뎨』라는 두 글자로 죽어 너머지는 것을 보면 그들에게 얼마나 글자가 무서운 것인 줄을 가히 알겟더라. (동경뎐보)

동아 20.08.09 (4) 〈광고〉

● 팔월 육일브터 사진전부 교환

● 미국 골돈 회사작

태서사회희극 **쓰노자양(孃)** 전오권

● 불국 쌔데ー회사작

희극 **속성결혼** 전이권

● 이태리 아손 회사작

정극 **죄의 염(罪의 焰)** 전이권

● 미국 골돈 회사작

정극 **부정한 은행가** 최장척

◁기타 실사 희극 수종▷

국제활영주식회사 특약 **단성사** 전화 구오구번

매일 20.08.09 (3) 개셩 신파 불허가 / 미셩년자가 만타고

기성군 시닉에 사눈 여러 청년들이 금년 봄에 신파연극단을 죠직ᄒᆞ야 여러 달 당디

에셔 실디로 연습훈 결과, 성적이 미우 죠와셔 여러 인사의게 한 번 구경을 식히기로 결뎡ᄒ고 일젼 당디에 흥힝ᄒ기로 청원ᄒ엿더니 당국에셔는 미셩년자가 만타ᄒ야 불허가가 되엿슴으로 회신되얏다더라. 『개셩지국』

동아 20.08.10 (4), 20.08.11 (1), 20.08.13 (4) 〈광고〉
단성사 8월 9일자와 동일

매일 20.08.10 (3) 상설활동관 출원(出願) / 허가는 아직 몰나
부니 도뎡 ᄉ뎡목 삼십륙번디 즁촌언 中村彦 외 두 명이 영＊뎡 ＊뎡목 상품진열관 건너편 쏙에 상설활동ᄉ진관 즁앙관을 신설ᄒ겟다는 청원셔를 이일 본뎡 경찰서에 뎨츌하얏는디 허가여부는 알 수 업다더라.

매일 20.08.11 (3) 인형활극(人形活劇) 십사일부터 황금관에셔
디판[58] 문락좌 부속 인형졍류리 길뎐문오랑 풍쥭디부 등 일좌『大阪 文樂座 附屬 人形淨琉璃 吉田文五郎 豊竹太夫 等 一座』는 본샤와 밋 경셩일보의 후원으로 오는 십사일부터 사흘 동안을 미일 오후 다섯시부터 황금관『黃金館』에 기연홀 터인디, 그 연극의 니용은 사람의 모형을 가지고 여러 가지 쟤미잇는 연극을 ᄒ는 것인디
예전에 동경 디판서도 미우 흥힝되얏스며 지금도 디판에는 디단 류힝ᄒ는디, 그 사람의 모형이 츔도 츄고 노릭도 ᄒ는 모양은 누구던지 보기만 ᄒ면 허리가 부러지도록 우습고 기가믹힌 쟈미잇는 연극이오니 아못조록 이 기회를 일치 마시고 만히 구경오시기를 바라ᄂ이다.

매일 20.08.11 (4) 〈광고〉
단성사 8월 6일자와 동일

팔월 십일일
특별대사진 제공

---

58) 오사카.

미국 유니바살 회사 대걸작

연속신비 대활극 제이회 **적수대(赤手袋)** 전십팔편 삼십육권 내 육권

마리-우올기얀푸양 출연

제삼편 발쟈의 복수, 제사편 차나(且那) 교후의 최후, 제오편 괴물써문에

미국 유사 불바-도 영화

사회극 **야(夜) 모스가라** 전오권

경성 관철동 **우미관** 전화 이삼이육

조선 20.08.11 (3) 문원사(文園社) 일행 / 경성에셔 쏘 긔연

일본의 학셩으로 조직된 문원사(文園社) 일힝은 각디의 강연을 죵요ᄒ고 슈일 젼 입성ᄒ얏ᄂᆞᆫ디, 경성에서 다시 강연을 긔최ᄒ기로 당국의 허가를 엇어 오는 십육일(일요일) 오후 *시브터 동구안 단성사에 긔최ᄒ다ᄂᆞᆫ디, 연사 리범일(리範一) 군은『노력(努力)이라』ᄒᆞᆫ 문뎨로, 강셩쥬(姜晟周) 군『오인의 세계관과 조선의 디위(吾人의 世界觀과 朝鮮의 地位)』라ᄂᆞᆫ 연뎨로, 김진목(金鎭穆) 군은『사회에 디ᄒᆞᆫ 오인의 척임(社會에 對ᄒᆞᆫ 吾人의 責任)』이란 연뎨로 강연홀 터이며 당분은 방령자의 번잡을 제한ᄒᆞ기 위ᄒᆞ야 입장권을 사용ᄒᆞ야 입장료를 이젼식 증*ᄒᆞ다ᄂᆞᆫ디 방청자의 흥미를 도읍기 위ᄒᆞ야 음악회도 잇다더라.

조선 20.08.11 (3) 독자할인권 / 활동사진 할인 관람권

박승필 군의 경영ᄒᆞᄂᆞᆫ 단성사의 활동사진 지방 순업대 (이하 〈명금〉 지방 상영 관련, 8월 4일자 기사와 동일)

매일 20.08.12 (3), 20.08.13 (4) 〈광고〉

단성사 8월 6일자, 우미관 8월 11일자와 동일

조선 20.08.12 (3) 〈독자할인권〉

〈명금〉 지방 상영 관련, 8월 11일자 기사와 동일

조선 20.08.13 (3) 독자할인권 / 활동사진 할인 관람권

박승필 군의 경영ᄒᆞᄂᆞᆫ 단성사의 활동사진 지방 순업대

차(此)를 이용ᄒ야 본 지국에셔 본보 애독 제씨(諸氏)롤 위안코져 좌기(左記)와 여(如)히 지방 순회 대활동사진을 영사ᄒ옵고 특히 말미에 재(在)혼 할인권을 발행ᄒ옵닌다.

미국 뉴니버살 회사 제(製)

{명금(名金)} 전삼십이편 사십사권

내외 금강(金剛) 실사 활동사진

흥행지 청주(이십오일 십일)

공주, 태전, 대구, 부산, 통영, 진주, 여수, 목포, 광주, 군산, 전주

(단 형편에 의ᄒ야 기타 각군)

변사 서상호(徐相昊)

주최 조선일보 경북지국

동아 20.08.14 (4) 〈광고〉

● 팔월 십삼일브터 사진 전부 교환

◎ 미국 지예스트 회사작

태서희극 **비나스의 악희(惡戱)** 전이권(원명 아[我]의 생애가 과실?)

◎ 이태리 암부로죠 회사작

신시대비극 **봉생(逢生)** 전이권(원명 모의 사[母의 死])

◎ 미국 명(名)회사 걸작

태서문예비극 **미(謎)의 중독** 전오권

태서희극 **낙제점**

◁기타 실사 희극 수종▷

국제활영주식회사 특약 **단성사** 전화 구오구번

매일 20.08.14 (2) 〈광고〉

우미관 8월 11일자와 동일

▨ 팔월 십삼일부터 신사진 교환

一, 미국 지예스트 회사 작

▲ 태서희극 **비나의 악희(惡戱)** 전이권(원명 아[我]의 생애가 과실?)

一, 이태리 안쑤로죠 회사 작

▲ 신시대비극 **봉생(逢生)** 전이권(원명 모의 사[母의 死])

一, 미국 각 회사 걸작

▲ 태서문예비극 **미(謎)의 중독** 전오권

▲ 태서희극 **낙제점** 전이권

특약 활영 **단성사** 전화 구오구번

동아 20.08.15 (1), 20.08.16 (4), 20.08.17 (1), 20.08.18 (1), 20.08.19 (1) 〈광고〉

단성사 8월 14일자와 동일

매일 20.08.15 (3), 20.08.16 (4), 20.08.17 (4) 〈광고〉

우미관 8월 11일자, 단성사 8월 14일자와 동일

매일 20.08.16 (4) 위생극 흥행

전남 광주에서는 근일 유행된 호역(虎役) 급(及) 괴질 예방에 노력 중 행히 경성 신파 ＊대극(＊代劇) 염천조웅(染川蔦雄) 일행이 당지(當地)에 도착홈을 호기로 전남도청과 광주 경찰서와 조선 신문사 광주지국의 후원으로 거(去) 십일일부터 십삼일ᄭ지 광주좌에서 위생극을 흥행ᄒ얏는디 도지사와 각 부장 급(及) 과장이며 경찰서장도 내관(來觀)ᄒ고 군인 일동과 시민 일반이 집합ᄒ야 대성황을 이루엇더라. 『광주』

조선 20.08.16 (3) 〈독자할인권〉

〈명금〉 지방 상영 관련, 8월 13일자와 동일

조선 20.08.17 (1) [신문명] 활동사진을 이용ᄒ야 가축 판매

활동사진의 용도는 재차로 확장ᄒ야 금(今)에 미국에서는 차(此)를 가축 판매 광고에 이용ᄒ게 되얏다. 동＊(同＊)의 「쓴섹-티-」라는 일(一) 목축가는 목축을 경영ᄒ는 제반 상태를 활동사진으로 촬영ᄒ야 최근 도처의 활동사진관에 무료로 기부ᄒ고 영사홈을 갑입(甲込)ᄒ야 판매 광고에 노력ᄒ게 되얏는디, 차(此)에 요ᄒ는 비용은 보통 신문광고료 일 개월 분의 약 반액이면 일천척의 사진을 촬영홀 수 잇고, 기(其) 광고의 효과는 신문지상에 의홈보다 더욱 유리ᄒ게 되얏다. 연(然)ᄒ야 사진의 내용은 순

전호 목축 경영에만 한홈이 안이요, 차(此)에 일종의 골계적 *본*(*本*) 작(作)ᄒ 야 첨부ᄒᄂ는 고로 기(其) 사진의 취미ᄂ는 더욱 신기ᄒ야 농촌의 관객으로 ᄒ야금 자연 목축 장려가 되며, 일방 목축ᄒᄂ는 일전(日前) 삼사배에 상당ᄒ 주문서을 접(接)ᄒ야 불과 삼사 개월 간에 육천 불의 이익을 취ᄒ얏다더라.

조선 20.08.17 (3) 이기세 일행
평안남북도 각군과 및 만쥬 방면으로 슌히 기연ᄒ든 문예단 리긔세(文藝團 李基世) 일힝은 각디에셔 디환영을 밧고 수일젼 경성으로 귀환ᄒ엿ᄂ딕, 오ᄂ는 십구일브터 경 성 우미관에셔 기연ᄒ야 일반의 관람에 공ᄒ기로 지금 쥰비 즁이라더라.

조선 20.08.17 (3) 〈독자활인권〉
〈명금〉 지방상영 관련, 8월 13일자와 동일하나 대구에서 흥행 중이라는 것만 다름.

매일 20.08.18 (1) 〈광고〉
팔월 십팔일부터 납량대흥행
미국 유니버살 회사 대걸작
연속 신비대활극 제삼회 **적수대(赤手袋)** 전십팔편 삼십육권 내 전이권
제육편 화(火)의 염(焰)
조선활동사진 연쇄극
문예단 이기세 일행
단원 일동 대차륜의 개연(大車輪의 開演)
경성 관철동 **우미관** 전화 이삼이육

매일 20.08.18 (2) 〈광고〉
단성사 8월 14일자와 동일

매일 20.08.18 (3) 고양군(高揚郡) 왕십리에 위생강연회 / 수천명이 모혀셔 믹우 성황이엿다
지난 십수일과 십오 량일에 시외 왕십리『往十里』에셔는 이번 호렬자를 예방키 위ᄒ 야 왕신친목회와 경찰당국과 고양군텽과 협의ᄒ 결과, 위싱강연 겸 활동사진회를 기

최ᄒ엿ᄂ디 당일 오후 일곱시부터 일반 방텽쟈ᄂ 모혀들기 시작ᄒ야 만원의 성황을 일우어 널고 넓은 왕십리 공립보통학교 슈빅평 운동쟝에ᄂ 삽시간에

송곳 ᄒ 기 쏘질 틈도 업시 되아 무려 *천 명이엿ᄂ *긔*에 불충분한 ᄉ닭으로 뎡각에 긔회치 못하고 한시가 지체되얏슴으로 일시ᄂ 혼잡을 일우엇다가 학교종에 군호로 긔회 *게 되얏ᄂ디, 친목회ᄉᄉ쟝 리규집『李圭集』 씨의 간단한 긔회사가 잇슨 후 그 뒤로ᄂ 그 곳 쥬지소 근무 공등『工藤』슌사 무상의 간단ᄒ 위셍강연이 잇슨 후 곳 활동사진을 시작ᄒ얏ᄂ디 그 곳 보통학교 교사 강성호『姜聲虎』 씨와 비흥인『裵興仁』 씨의

사진 셜명은 참으로 자미잇셧ᄂ디, 모다 러일이라도 예방쥬ᄉ를 ᄒ여야 ᄒ겟다고 * 구여츌로 디셩황 즁 동 십일시 반에 산회ᄒ엿더라.

조선 20.08.18 (3), 20.08.19 (2) 〈독자할인권〉
활동사진 할인관람권 8월 17일자와 동일

매일 20.08.19 (2) 활동사진 시사
십팔일 오후 팔시 반부터 총독관저 전(前) 광장에셔 활동사진을 시사ᄒ얏ᄂ디 차(此)ᄂ 과반종수(過般種守) 시찰과 동반ᄒ야 일본에셔 풍물을 촬영ᄒ 것이오 즁요 관민 급(及) 총독부 출입 신문기자 등에게 초대권을 송(送)ᄒ야 관람케 ᄒ얏더라.

매일 20.08.19 (2), 20.08.20 (4) 〈광고〉
단성사 8월 14일자, 우미관 8월 18일자와 동일

조선 20.08.19 (2) 총독저 활동사진
십팔일 오후 팔시 반으로부터 총독관저 전(前) 광장에셔 과반(過般) 군수의 일본 시찰단 일행이 일본관광을 촬영ᄒ 활동사진의 시사을 ᄒ얏더라.

동아 20.08.20 (1) 〈광고〉
● 팔월 이십일부터 신사진
◎ 이태리 안부로조 회사작
태서사회극 **여류작자(作者)** 전오권

◎ 영국 ＊넴 회사작

신비영화 **청년의 각오한 희생** 전육권

나는 청년이다. 전도(前途)에 만한 희망이 잇다. 엇지하야 희망을 다할가. 정의와 인도의 용사가 되야 일신을 희생에 공(供)하는 철저한 각오을 포지(抱持)하고 ＊금(＊禁)의 최후를 결함이 인사(人事)를 다함이 안인가?!

낭만묘의 화점(浪漫猫의 花店) 전일권

국제활영주식회사 특약 **단성사** 전화 구오구번

동아 20.08.20 (2) 시찰단 활동사진 / 지방에 순회영사

금춘(今春)에 군수 일행의 일본 시찰을 기회로 하야 촬영한 군수 시찰단의 활동사진은 기간(其間) 총독부에서 수차의 시사를 하얏는대, 동 사진은 근일 중 경성에서 영사하야 일반에게 관람케 한 후 수차 각 지방을 순회하야 역시 일반 인민에게 관람케 한다더라.

매일 20.08.20 (3) 활동사진 시사 / 십팔일 총독부에셔 영사

일본의 문물과 기타를 소기키 위ᄒ야 그 활동ᄉ진을 쳐음으로 총독부에서 시험ᄒ기 위ᄒ야 지나간 십팔일 하오 팔시 반에 왜셩디총독관뎌 압 넓은 마당에셔 사진을 빗츄엇는디 총독이하 각 문무디관이 열셕혼 후 청목 셔무부쟝『靑木 庶務部長』의 기회사가 잇슨 후 사진의 유츌유긔로 졈々 아름다운 지경으로 드러가미, 그 산쳔의 명미홈과 산업의 발뎐은 참으로 한 번 볼 가치가 잇스며 약 두 시간만 허비ᄒ면 하관『下關』[59]으로부터 동경ᄭ지의 각 명승고젹으로 일일이 수고럽지 안이ᄒ고 볼 수 잇는디, 그 ᄉ진의 젼편은 오쳔 ᄉ빅쳑의 쟝편인디 이것을 다셧권에 난호앗더라.

동아 20.08.21 (3) 〈광고〉

단성사 8월 20일자와 동일

---

59) 시모노세키.

매일 20.08.21 (4) 〈광고〉[60]
우미관 8월 18일자와 동일

◆ 팔월 이십일부터 신사진 교환
▣ 이태리 안쑤로죠 회사 작
◆ 태서사회극 **여류 작가** 전오권
◆ 영국 벨님 회사 작
◆ 신비영화 **청년의 각오 희생** 전육권
▣ 만화 **묘의 화점(猫의 花店)** 전일권
▣ 실사 **불국(佛國) 경마대회** 전일권
특약 활영 **단성사** 전화 구오구번

동아 20.08.22 (3), 20.08.23 (3), 20.08.25 (4), 20.08.26 (4) 〈광고〉
단성사 8월 20일자와 동일

매일 20.08.22 (3), 20.08.23 (3), 20.08.24 (3), 20.08.25 (2), 20.08.26 (4), 20.08.28 (2), 20.08.29 (2) 〈광고〉
우미관 8월 18일자, 단성사 8월 21일자와 동일

조선 20.08.22 (3) 문예단 성황
각디에 슌업ᄒ던 리긔셰(李基世) 일힝의 문예단은 방금 시니 우미관에셔 활동사진 련쇄극을 흥힝ᄒᄂᆞ 바 그 기술의 묘홈은 각번의 자미슬어움이 실로 연예계의 한 혁신이 되얏다ᄒ겟스며 미일 만장의 승황을 일우더라

---

60) 동아일보의 8월 20일자 광고와 다소 제목이 다른데, 매일신보의 제목들이 정돈되어 있는 것으로 볼 때, 매일신보의 그것이 보다 정확할 듯하다.

동아 20.08.24 (1) 〈광고〉 Welcome to the American Congress Party 환영 미국의 원단

KWANG−MOO−DAI

(THE LEADING THEATRE)

DAN−SUNG−SHIA

(THE LEADING PICTURE HALL)

Pak Seung−Pil, Manager

光武臺, 團成社

朝鮮 京城

朴承弼

조선 20.08.24 (2) 〈축하광고〉

조선일보 백호

광무대 단성사 박승필

전화 구오구번

동아 20.08.27 (1) 〈광고〉

● 팔월 이십육일부터 신사진

영화계 공전(空前)의 대산물(大産物)

촬영비용 사십만원, 촬영일수 삼개년, 출장인마 십만 여,

인류평화의 곤축(坤軸)를 유린한 세계 경이의 대사진. 억조의 비휴＊부(豼貅＊夫)를 취(醉)한 세계혼란의 대참＊사(大慘＊史)

구주(歐洲)쟁전 실사응용 **세계의 심(心)** 전십삼권

영국 수상 로이트 쪼−지 씨 자신(自身) 출장(出場) 작자(作者)를 격동. 대감독 클이휘스 씨(氏) 명예 대작품. 영국 불국 양정부 협찬

상장기한 팔월 이십육일브터 사일간

금, 토, 일요일 삼일간 주야개연

절대적 재견(再見)을 부득(不得)함

국제활영주식회사 특약 **단성사** 전화 구오구번

매일 20.08.27 (3) 단성사에 세계적 명사진 『세계의 심(心)』을 영사혼다 / 이십륙일 밤부터 십구일ᄭ지[61] 나흘

향자에 동경 국긔관『東京 國技館』과 디판 락텬디『大阪[62] 樂天地』에셔 십원의 입쟝료를 밧고 공긔ᄒ야 련일 만원의 디셩황을 일우엇던 젼징영화 세계의 마음『世界의 心』이라는 것은 작년 이십륙일 밤부터 이십구일ᄭ지 시니 동구안 단성사『團成社』에셔 쥬야 이회식 상쟝ᄒ게 되얏는디, 그 사진은 불란셔와 밋

영국 두 졍부의 협찬을 어더가지고 사십만원의 비용과 슈만여의 인마를 사용ᄒ고 디포 일만여 문과 비힝긔 오십여디를 사용ᄒ야 디〻뎍 규모로 박은 젼징사진이다. 그리고 영국 수상『로이드 쏘지』씨를 명예감독과, 촬영감독으로 가쟝 유명혼『구리후이쓰』씨의 지위 ᄒ에셔 『도로시-문슈』양과 『리리안시슈』양과 『로바-드 ᄒ론』세계에

일홈는 명우들이 쥬역이 되야 박은 것이다. 그 사진은 말홀진디 구쥬닉 동란을 비경으로 ᄒ고 젼 세계의 디참학을 유루업시 자셰히 박은 디영화라고 히도 과언이 안일 것이다. 이졔 그갓흔 명화를 됴션에셔 구경ᄒ게 된 것은 진실 * 활동사진을 죠와ᄒ는 사람들의 큰 복음이 될 것이더라.

매일 20.08.27 (3) 〈광고〉

영화계 공전(空前)의 대산물(大産物)

촬영비용 사십만원, 촬영일수 삼개년간, 출장인마 십만 여, 촬영희생자 백오십일 명

인류 평화의 곤축(坤軸)을 유란(蹂躪)혼 세계경이 대사진

명예영화 **세계의 심(心)** (전십삼권)

영국 수상『로이드 쏘지』씨가 출장ᄒ야 작자를 격려, 대감독『구리후이쓰』씨 명예 대작품, 영국 정부 협찬ᄒ야 촬영, 동경 국기관과 대판[63] 락천지(樂天地)에서 열광적 환영으로 연일 대만원을 일우던 것

이십육일 야(夜), 이십칠일 주야, 이십팔일 주야, 이십구일 주야

단성사 사일간 특별대흥행

---

61) 이십구일이어야 하지만 본문에 '이'가 빠져 있음.
62) 오사카.
63) 오사카.

동아 20.08.28 (4), 20.08.29 (3) 〈광고〉
단성사 8월 27일자 광고와 동일

매일 20.08.29 (3) 일본 시찰한 활동사진 영사 / 삼십일々 인쳔에셔
인쳔『仁川』에셔 군수단『郡守團』일헝이 일본 시찰훈 션뎐 활동샤진을 영샤홀 일자
눈 오눈 삼십일일로 확뎡되야 당일은 사뎡『寺町』쇼학교에셔 쳥우를 불구ᄒ고 오후
팔시부터 두 시간 동안 영샤홀 터인닉 이 샤진은 임이 보도훈 바와 갓치 군수단 일헝
이 남대문을 출발홀 쌔부터 동경『東京』에 이르기ᄭ지의 각 도시의 상황을 촬영훈 것
으로, 그림의 젼쟝은 수쳔 오빅쳑으로 젼 다섯권에 난호엇눈디 입쟝은 물론 무료라
더라.『인쳔』

동아 20.08.30 (3) 〈광고〉
구월부터 신사진 공개
미국 뉴니바-사루 회사 특약
인정활극 **천연의 가(天然의 家)** 전오권
사회상의 인생으로는 정＊(正＊) 인도(人道)로 천심을 잡으며 ＊＊＊＊으로 ＊심(＊
心)으로 한 쾌절＊ 미국 ＊＊작품
태서비극 **무정한 파＊(波＊)** 전삼권
태서활극 **용감한 여자** 전이권
태서＊＊극 **암ᄲᅮ로쓰** 전이권
대구 경정(京町) 일정목
활동사진 상설관
미국 뉴니바-사루 회사 특약 **조선관** 전화 사칠삼번
주임변사 이병조(李丙祚) 변사 이병호(李丙浩), 변사 오＊＊(吳＊＊), 변사 정＊우(鄭
＊宇)

동아 20.08.30 (4) 〈광고〉
● 팔월 삼십일부터 신사진
이태리 안부로죠 회사작
태서활극 **쾌정(快艇)** 전사권

미국 콜도 회사작

태서활극 **악마의 족적** 전오권

미국 크리스지사 작

희극 **금구물어(金釦物語)** 전＊권

국제활영주식회사 특약 **단성사** 전화 구오구번

매일 20.08.30 (1) 〈광고〉

우미관 8월 18일자와 동일

◆ 팔월 삼십일부터 특별대사진

一, 이태리 안부로지요 회사 작

▲ 대활극 **쾌정(快艇)** 전사권

一, 미국 콜돈 회사작

▲ 대활극 **마(魔)의 족적** 전오권

一, 미국 크리스지 회사작

▲ 대희극 **금구물어(金釦物語)** 전일권

一, 미국 콜노사 작

▲ 실사 **미국의 풍경** 전일권

특약 활영 **단성사** 전화 구오구번

매일 20.08.30 (4) [지방통신] / 활동사진관 신설

경상북도 대구부 경정(京町)에 선인(鮮人) 오락기관으로 목조 삼층 양풍식(洋風式) 상설활동 사진관을 일선인(日鮮人) 합동 출자ㅎ야 건축 중이던 바, 근경(近頃)에 공사가 준공되야 래 삼십일일에 개관식을 거행ㅎ기로 결정ㅎ고 일선인 유지 오백 명에게 초대장을 발송ㅎ얏ᄂᆞᆫ디, 당일 여흥으로 활동사진 영화 급(及) 기생 수용(手踊) 등을 각종으로 흥행홀 터이고 각 건축과 설비가 심(甚)히 웅장호 바, 소비(所費)가 오만 원에 달ㅎ얏스며 사진은 미국 유니바루 회사와 특약호 바 일주간에 매매(每每) 경체(更替)ㅎ고 변사ᄂᆞᆫ 전 경성 우미관 주임 이병조(李丙祚) 씨 외 수명이오, 동조합장은 입조(立鳥) 씨오, 상무이사ᄂᆞᆫ 배계순(裵桂純) 씨더라. (대구)

동아 20.08.31 (1) 〈광고〉

조선문예단 이기세 일행

조선구극 비극 심청전

팔월 삼십일일부터 삼일간 출연

국제활영주식회사 특약 **단성사** 전화 구오구번

조선관 8월 30일자와 동일

매일 20.08.31 (2) 〈광고〉

단성사 8월 30일자와 동일

팔월 이십구일부터 사진 전부 취체(取替)

미국정부 광산국 위탁영화

一, 실사 **갱내의 유희** 전일권

미국 유사(社) 십칠분사(十七分社)의 내 네스다— 영화

一, 희극 **애아(愛兒)** 전일권

미국 유사 십칠분사의 내 쑤루—쌔—또 고급영화

一, 인정극 **을녀의 심(乙女의 心)** 전오권

미국 유사 십칠분사의 내 레—무르 영화

一, 정극 **범치 안는 죄** 전이권

미국 유니바—샤루 회사 대걸작

연속 신비 대활극 제사회 **적수대(赤手袋)** 사권 상장

전십팔편 삼십육권의 내 제칠편 위기일발, 제팔편 사(死)흐긔로 흐야

경성 관철동 **우미관** 전화 이삼이육

동아 20.08.31 (3) 문예단의 심청극 / 오날밤 단성사에서

조선 문예단(朝鮮 文藝團)에서는 오날밤부터 사흘 동안을 시내 단성사(團成社)에서
조선 고대소설 중에 가장 자미잇는 심청전(沈淸傳)을 상장한다더라.

1920년

**동아 20.09.01 (4), 20.09.02 (1), 20.09.03 (4), 20.09.04 (1), 20.09.05 (4)
〈광고〉**
단성사 8월 31일자와 동일

매일 20.09.01 (3) 가무기좌에 명금(名金) / 단셩샤 일힝을 쳥ᄒᆞ야다가 회
인쳔 가무기좌에셔는 삼십일일부터 닷시 동안 경셩 단셩샤『團成社』 일힝을 영졉ᄒᆞ
야 명금 딕회『名金大會』를 기최홀 터인딕, 그 사진은 미국『米國』 유사의 큰 걸작으
로 일즉이 복경궁『伏見宮邸』에셔 텬람『天覽』의 광영ᄭ지 입어셔 동경 텬디에 녈광
덕 환영을 밧던 유명ᄒᆞᆫ 사진으로 이번에는 젼편이 십이편 사십사권의 젼부를 뎨공ᄒᆞ
기로 되엿다더라.

매일 20.09.01 (4) [지방통신] 제삼부 위생사진대
함남(咸南) 제삼부 주최에 계(係)ᄒᆞᆫ 호역(虎役) 예방 선전 활동사진대는 제일회로 연
안 북방 지대의 순연(巡演)을 종(終)ᄒᆞ고 제이회는 함흥 이남 각 부군(府郡)에 순연홀
터인딕, 구월 삼사일 경 출발ᄒᆞᆫ다더라. 『함흥』

매일 20.09.01 (4), 20.09.03 (4) 〈광고〉
단성사 8월 30일자, 우미관 8월 31일자와 동일

동아 20.09.03 (2) 총독 지사 초대 / 활동사진 영사
제등(齊藤) 총독은 목하 입경(入京) 중인 각 도지사 일동을 초대하야 이일 오후 칠시
부터 총독 관저에 만찬회를 개한다 함은 기보이어니와, 당야(當夜)에는 상차(尙且)
선반(先般) 일본에서 촬영한 군수 일본 시찰단의 활동사진을 영사하야 일반에 관람
케 하얏더라.

매일 20.09.04 (3) 〈광고〉
단성사 8월 30일자와 동일

구월 사일 사진 전부 차환
미국 유사 네스다— 영화

一, 희극 몰간의 랑(娘) 전일권

미국 유사 엘고- 영화

一, 희활극 선안심(先安心) 전이권

미국 유사 청조(靑鳥) 영화

一, 사회교훈극 루의 가(淚의 街) 전오권

미국 유사 일대 걸작

신 연속 신비 대활극 제오회 적수대(赤手袋) 사권 상장

제구편 필사지도약(必死之跳躍), 제십편 구사일생

경성 관철동 우미관 전화 이삼이육

동아 20.09.05 (4) [지방통신] 동아보(東亞報) 애독자 위안

경성 신극좌 김도산 일행은 평양, 의주, 봉천 등지에서 도처 환영을 밧고 흥행하다
가 안동현에 내도(來到)한지 일주일이 되엿는대, 매야 만원의 성황을 정(呈)하얏스며
특히 최후 양일간은 동아일보 애독자를 위안하기 위하야 반액 할인권을 발행 흥행
하얏다더라. (안동현)

매일 20.09.05 (3), 20.09.06 (2), 20.09.08 (3) 〈광고〉

단성사 8월 30일자, 우미관 9월 4일자와 동일

동아 20.09.06 (3) 〈광고〉

팔월 삼십일일부터

이기세 일행

국제활영주식회사 특약 **단성사** 전화 구오구번

동아 20.09.07 (4) 〈광고〉

단성사 9월 6일자와 동일

매일 20.09.07 (1) 〈광고〉

단성사 8월 30일자와 동일

매일 20.09.07 (3) 〈광고〉
우미관 9월 4일자와 동일

동아 20.09.08 (4) 〈광고〉
◆ 구월 팔일부터
연속활극 **명금대회(名金大會)** 전사십사권 이십이편
국제활영주식회사 특약 **단성사** 전화 구오구번

매일 20.09.08 (1) 〈광고〉
세계적 연속 모험 대활극 **명금대회**
전 이십삼편 사십육권, 매주 육 권 이상 대공개
당(當) 구월 팔일부터 팔권 공개
☉ 명금대회 공개
과반(過般) 우미관에서 상장ㅎ엿던 명금이 안이요, 금회 대각색(大脚色)으로 신(新)
히 촬영혼 전편(全篇)의 영화
단성사

동아 20.09.09 (1) 〈광고〉
◎ 구월 팔일부터 사진 전부 교환
미국 유사(社) 쑤루바ー트 영화
인정극 **소녀의 심(心)** 전오권
대여흥 서양족예(足藝)
기타희극실사 수종
대구부 경정(京町) 일정목 활동사진 상설관
미국 뉴니바ー사루 회사 특약 **조선관** 전화 사삼칠번

동아 20.09.09 (4), 20.09.10 (4), 20.09.11 (1), 20.09.12 (4), 20.09.13 (4), 20.09.16 (4), 20.09.17 (4), 20.09.19 (1), 20.09.20 (4), 20.09.21 (1) 〈광고〉
단성사 9월 8일자와 동일

매일 20.09.09 (4) [지방통신] / 시찰 활동사진

일본 각지를 시찰ᄒ던 군수 일본시찰단은 그 풍속 상황을 활동사진으로 ᄒ야 래(來) 십오일브터 광주 보교(普校) 내에셔 일반 인민의게 관람식힌다더라. 『전남』

매일 20.09.09 (4) 〈광고〉

우미관 9월 4일자와 동일

◈ 구월 팔일부터 특별대공개

▲ 실사 **참신ᄒᆫ 곡예** 제삼

▲ 희유(稀有)ᄒᆫ 명금대회 ▼

▲ 미국 유니버살 회사 특별영화▼

세계적 연속 모험대활극

전이십이편 사십육권 내 제일, 제이, 제삼, 제사 팔권 공개

▲ **명금대회** 전사편 팔권

공연(共演) 원작자 에마-손후-후 씨

감독 후란시스로-트 씨

각색자 구레-스기유-나-트 양

특약 활영 **단성사** 전화 구오구번

매일 20.09.10 (1) 〈광고〉

우미관 9월 4일자, 단성사 9월 9일자와 동일

동아 20.09.11 (4) 위생 강화(講話)와 환등회

평북 강계 경찰서에서는 거(去) 오일 야(夜) 당지 천도교구실 내에 시민 천여 명을 회집하야 삼포(三浦) 서장의 개회사와 위생 강화가 유(有)한 후 공의(公醫) 이건＊(李建＊) 씨의 호열자 전염에 대한 주의사항 등을 절단(節單)히 설명한 후 평북도청 제삼부에서 도래한 호열자 예방에 관한 각종의 환등이 유(有)한 후 십일시에 폐회하엿다더라. (강계)

매일 20.09.11 (1) 〈광고〉

단성사 9월 9일자와 동일

구월 십일일 전부 차환
⊙ 특별대제공 ⊙
미국 유늬버살 회사 대걸작
신비 대활극
제육회 **적수대** 전십팔편 삼십육권 내
제십일편 해저
제십이편 사의 구거(死의 溝渠) 육권 상장
제십삼편 함정
미국 유늬버살 회사 특별대영화
인정극 **정화의 인(情火의 人)** 전육권
원작 시터데이 이부닝 포스트지 연재
경성 관철동 **우미관** 전화 이삼이육

매일 20.09.12 (4) [지방통신] / 활동사진 성황

금반(今般) 조선총독부에셔 군수 내지(內地) 시찰단 관광훈 풍속 사진을 구월 팔일 오후 팔시에 개성 제일공립보통학교 강당에셔 영사ᄒᆞ얏는디, 관람남녀가 무려 사오천 명에 * ᄒᆞ얏셧고, 호열자 예방에 관훈 설명도 유(有)ᄒᆞ얏다더라. 『개성』

매일 20.09.12 (4), 20.09.13 (2) 〈광고〉

단성사 9월 9일자, 우미관 9월 11일자와 동일

동아 20.09.14 (4) 〈광고〉

단성사 9월 8일자, 조선관 9월 9일자와 동일

매일 200914(2) 〈광고〉

우미관 9월 11일자와 동일

동아 20.09.15 (4) 〈광고〉

단성사 9월 8일자와 동일

● 구월 십오일부터 사진 전부 교환

세계적 연속대사진

마상(馬上)대활극 **적수대** 전십팔편 삼십육권

대구부 경정(京町) 일정목

활동사진 상설관

미국 뉴니바－사루 회사 특약 **조선관** 전화 사삼칠번

동아 20.09.16 (1) 〈광고〉

● 당(當) 구월 십오일부터 사진 전부 교환

미국 유니바－사루 회사 특작품

세계적 연속대사진

마상모험활극 **적수대(赤手袋)** 전십팔편 삼십육권

제일편 석유전의 대폭발, 제이편 유하(流下)하는 선혈(鮮血)

기타 활극, 비극, 희극 수종

대구부 경정(京町) 일정목 활동사진 상설관

미국 뉴니바－사루 회사 특약 **조선관** 전화 사삼칠번

매일 20.09.16 (1) 〈광고〉

구월 십오일부터 상장

미국 쏠도인 회사 걸작

사－가스의 곡마단 포리!

◎ 흥행 권리부 명화 ◎

一, 원작자 마－가렛또 에－요 부인

一, 히로인 메에마－사유양

一, 인마 일만여

유니버살 회사 특작

본년 팔월, 유사에서 당관 직수입 세계적 연속모험대활극

전이십삼편 사십육권 내 오·육편 사권 상장
제이(第二) 명금
입장료 보통 **단성사**

매일 20.09.16 (3) 미국 활동계의 화형(花形) / 도 - 마쓰 독살설 / 가엽슨 이 뷔우의 운명 / 스물의 두 살이 마지막

미국 활동사계의 명성이라고 일컷는 유명한 녀뷔우『오일푸 도마쓰』부인은 슈은제 『水銀劑』를 먹고 불란셔『니유이』병원에서 절명되얏다는 뎐보를 접ᄒ얏다. 그녀 뷔우는『짠크 쎅푸크오드』라 ᄒ는 쏘한 미국 활동계에 일홈이 훗날니는 뷔우의 안히로 쏘한 미국에서 유명한 뷔우『페야쌍쓰』씨의 의누의이다. 『도마쓰』부인은 무디극의 화형 녀뷔우로서『페마쓰 후례야쓰』회사에 읍기에셔『쳴치닉크』[64] 회샤 소쇽이 되얏다. 그녀 뷔우에 츌연한 사진은 일본에서는 그럿케 만이 볼 수가 업셧스나 미국에셔는 다디한 인긔와 호평 밧는 녀뷔우인디 금년에 년긔는 스물둘이라는 쏫다운 씨이다. 『짝크』와 결혼ᄒ기는 분명 저작년이엇셧다. 그런디 파리에셔는『도마쓰』의 죽은 원인에 디ᄒ야 연희셕샹에서 독약을 먹이엇나니, 『짠판』쥬에다가 독약을 타셔 먹이엇나니 ᄒ는 풍셜이 잇는 고로 그곳 경찰에셔난 그에 디한 조샤에 착수ᄒ얏다더라. 『뉴욕 뎐보』

매일 20.09.16 (4) 〈광고〉

우미관 9월 11일자와 동일

매일 20.09.17 (1) 〈광고〉

구월 십오일부터 특별상장
■ 미국 콜돈 회사 걸작
곡마단 포리!
흥행 권리부 명화
― 원작자 마―가렛트 메―요 부인
― 히로인 메비, 마―시유 양

---

64) 셀즈닉(Selznick).

一 인마 일만 여

■ 미국 유니바살 회사 특작

전이십삼 팔편 사십육권 내 오 · 육권[65]

제삼 **명금** 사권 상장

특약 활영 **단성사** 전화 구오구번

동아 20.09.18 (1) 〈광고〉

단성사 9월 8일자와 동일

매일 20.09.18 (3) 활동사진 / 변사는 양군수(兩郡守) / 이십일 대구에셔 영수 / 일본시찰의 활동수진

경상북도에셔는 오는 이십일부터 긔최ᄒ는 관닉 군수회의를 긔회삼어셔 지난번에 군수들이 일본을 시찰홀 씨에 경셩으로부터 일본 ᄒ관[66], 광도[67], 신호[68], 딕판[69], 경도[70], 나량『奈良』[71], 산뎐『山田』[72], 명고옥『名古屋』[73], 강긔『岡崎』[74], 정강『靜岡』[75], 동경 고려촌『高麗村』, 쇼퇵비행장『所澤飛行場』 등 각 도회디와 밋 긔타 명승디를 촬영ᄒ

활동사진을 이십일 오후 여달시부터 딕구『大邱』 본뎡 일졍목 뎨이 쇼학교에서 영샤ᄒ다는딕, 실디로 묵견ᄒ는 바와 다름이 업겟다 ᄒ며 연사는 그 씨에 시찰ᄒ고 도라온 칠곡『漆谷』 군슈 리범익『李範益』 씨와 안동『安東』 군슈 김지환『金在煥』 씨가 츄천되야 츙분ᄒ 셜명이 잇슬 터이오. 입장은 무효[76]로 ᄒ야 다수히 관람ᄒ기를 희

---

65) 全二十三編 四十六卷 內 五六編의 오식인 것으로 보인다.

66) 시모노세키 시.

67) 히로시마 시.

68) 고베 시.

69) 오사카 시.

70) 교토 시.

71) 나라 시.

72) 야마타.

73) 나고야 시.

74) 오카사키 시.

75) 시즈오카 현.

76) 무료의 오식.

망흔다 흐며 이에 더흐야 본사 경북지국에셔 대디뎍 후원을 흔다더라.

매일 20.09.18 (4), 20.09.20 (2), 20.09.21 (1) 〈광고〉
우미관 9월 11일자, 단성사 9월 17일자와 동일

동아 20.09.22 (4) 〈광고〉
◈ 구월 이십이일부터

미국 발루다 회사작

가정도덕극 **수술전(手術前)** 전사권

키스링노리스 부인 원작

펫시바리스게 양 출연

에라홀 양 출연

미국 유니버살 회사

태서대활극 대모험 제삼회 **명금** 제구, 십, 십일, 십이편 전팔권

국제활영주식회사 특약 **단성사** 전화 구오구번

매일 20.09.22 (1) 〈광고〉
우미관 9월 11일자와 동일

매일 20.09.22 (4) 〈광고〉
구월 이십이일부터 특별상장

■ 미국 * 도론 회사 걸작

▲ 가정도덕극 **수술전(手術前)** 전오권

■ 미국 유니바살 회사 걸작

제삼 **명금** 팔권 상장

특약 활영 **단성사** 전화 구오구번

동아 20.09.23 (1) 〈광고〉
단성사 9월 22일자와 동일

● 당(當) 구월 이십일일부터 사진 전부 교환

미국 유니바－사루 회사 특작품

마상모험활극 **적수대(赤手袋)** 전십팔편 삼십육권 내 사권

제삼편 『쏼아루자』의 복수, 제사편 단야(旦揶) 『씨후』의 최후

인정희극 **백만 불** 전오권

대구부 경정(京町) 일정목 활동사진 상설관

미국 뉴니바－사루 회사 특약 **조선관** 전화 사삼칠번

매일 20.09.23 (1) 〈광고〉

우미관 9월 11일자와 동일

구월 이십이일부터 특별상장

△ 미국 발루다 회사 작

△ 가정도덕극 **수술전(手術前)** 전오권

◎ 리스링 노리스 부인 원작

◎ 멧시바리스게 양 출연

◎ 에라흘 양 출연

△ 미국 유니바살 회사 걸작

제삼 **명금** 팔권 상장 제구, 십, 십일, 십이편 팔권

특약 활영 **단성사** 전화 구오구번

동아 20.09.24 (4) 위생 순회 활동사진

전라북도 제삼부에서는 좌기(左記) 일할(日割)로 위생 활동사진을 순회 영사케 한다
더라. 구월 이십일일 임실, 동(同) 이십이일 갈담(葛潭), 동 이십삼일 순창, 동 이십오
일 삼례(蔘禮). (전주)

동아 20.09.24 (4) 〈광고〉

단성사 9월 22일자와 동일

동아 20.09.25 (3) 대구에 단도 강도 / 형사와 격투한 후 마츰내 톄포되야

요사히 대구(大邱)에서는 시내로 칼을 휘젓고 횡＊하는 강도 사건이 발싱하얏다. 바로 지난 이십일 하오 십시경에 대구시 상뎡(大邱市上町)에 잇는 칠성관(七星舘)이라는 활동사진관 표 파는 곳에 난대업는 일본인 강도가 낫타나 표 판 돈을 몰수히 쎄아서 가지고 다라나는 것을 마참 그 부근에 잇던 고교(高橋) 형사가 쏘처가매, 그 강도는 즉시 품에 가젓든 단도를 쓰내여 고교 형사에게 무수히 대항을 한 결과, 고교 형사는 매우 위중한 부상을 당하고 범인은 곳 톄포하얏스나 일시는 매우 인심이 흉々하얏다더라. (대구)

동아 20.09.25 (4) 〈광고〉

단성사 9월 22일자, 조선관 9월 23일자와 동일

매일 20.09.25 (2) 〈광고〉

단성사 9월 23일자와 동일

구월 이십사일 사진 전부 차환

미국 유늬버살 회사

一, 실사 **마가진 칠십칠호** 전일권

미국 유사 쥬엘 영화

一, 활희극 **조 – 수병(手柄)** 전이권

미국 유사 불바 – 드 영화

一, 인정극 **적적심(赤赤心)** 전오권

미국 유늬버살 회사 대걸작

신비대활극 제팔회 **적수대(赤手袋)** 전십팔편 삼십육권 내 전사권

경성 관철동 **우미관** 전화 이삼이육번

매일 20.09.26 (4), 20.09.27 (2), 20.09.28 (4) 〈광고〉

단성사 9월 23일자, 우미관 9월 25일자와 동일

매일 20.09.29 (1) 〈광고〉

우미관 9월 25일자와 동일

구월 이십구일부터 특별상장

△ 이태리 안부로죠 영화

△ 대대적 대활극 **괴력(怪力)** 전사권(원명은 철혈아 [鐵血兒]) 크라오)

△ 미국 유니바살 회사 걸작

■ 제사회 **명금** 제십삼, 제십사, 제십오, 제십육, 팔권 상장

△ 희극 **혼인의 대위(大衛)** 전일권

△ 실사 **전시화보** 전일권

특약 활영 **단성사** 전화 구오구번

매일 20.09.29 (3) [연예계]

▲ **단성사** 금이십구일부터 사진 전부를 교환ᄒᆞᄂᆞᆷ *극『괴력』사권과 데사＊＊＊ 『명금』여덜권이요, 실소에 전시화보『戰時畫報』기타 희극 등인ᄃᆡ, ＊은 더욱 가경에 드러가고『괴력』이란 스진은 쳐음 보는 쟝소의 ＊ᄂᆞᆫ 것이라더라.

매일 20.09.30 (4) 〈광고〉

우미관 9월 25일자, 단성사 9월 29일자와 동일

매일 20.10.02 (1) 〈광고〉

단성사 9월 29일자와 동일

십월 일일 전부 차환

一, 실사 **스구린 전보(電報)** 전일권

미국 유니버살 회사

一, 실사 **아이제리아 견물(見物)** 전일권

미국 유사 파이손 영화

一, 활극 **금(金)으로** 전이권

미국 유늬버살 회사

하-리 게-리- 출연

인정극 사(沙)에 매(埋)ㅎ야 전육권

미국 유늬버살 회사

연속 신비대활극 최종편 **적수대(赤手袋)**

전십팔편 이십육권 내 제 십팔편 토중(土中)에

경성 관철동 **우미관** 전화 이삼이육

매일 20.10.02 (4) 지방 개량 활동사진

강원도에셔는 본년 삼월 지방 개량에 관혼 오대 강령을 전(全) 관내에 선명(宣明)ㅎ야 민풍(民風) 작흥, 민력(民力) 함양의 시＊(施＊)에 노력을 경주ㅎ야 각지에 흥풍회(興風會)의 시설을 견(見)ㅎ엿시나, 금회 차(此)을 선전상 일방법으로 금월(今月) 이십팔일, 춘천에셔 시사회를 개최ㅎ엿는디 회의 중의 각(各) 군수 병(並) 도청원(道廳員) 등 약 이백 명 회집ㅎ야 성황을 정(呈)ㅎ얏슴으로, 불원간 춘천에셔 공개ㅎ고 현차(顯次) 각＊(各＊)에 순회 영사홀 터인데, 지방개량사업의 일＊단(一＊段)으로 용(用)ㅎ다더라. (춘천)

매일 20.10.02 (4) 〈광고〉

국활(國活)회사 특약 황금정 **황금관** 전화 이이육육, 이육삼칠

◇ 당분간 사일간마다 사진 체(替)

당(當) 십월 이일부터 명화 상장

△ 태서활극 **부활(復活)**

이태리 암부로-죠 회사 특작

△ 태서사회극 **노동자 가로**

전후 사편 팔권 내 전편(前篇) ＊편(＊編) 사권 상장(원명 노동계급의 루[淚])

신가입(新加入) 추국미(秋菊彌) 일파

△ 신파 현대비극 **암언(岩堰)ㅎ야** 전칠권

전이십이편 사십사권의 내

△ 연속 모험대활극 **명금**

제십삼, 십사, 십오편 육권 상장

래(來)ㅎ라 애활가(愛活家) 제현(諸賢). 금주 『명금』을 유유(愈愈) 세계적 명화(名畵)

의 진가지(眞價地)가 현(現)호 장절쾌절 비류(比類)업눈 대모험 대활극. 일요, 제사일,
일일, 십오일 주야 개관

매일 20.10.03 (4) 〈광고〉
단성사 9월 29일자, 우미관 10월 2일자, 황금관 10월 2일자와 동일

매일 20.10.04 (1) 〈광고〉
황금관 10월 2일자와 동일

매일 20.10.04 (4) 〈광고〉
단성사 9월 29일자, 우미관 10월 2일자와 동일

매일 20.10.05 (2) 〈광고〉
단성사 9월 29일자와 동일

매일 20.10.05 (2) 〈광고〉
우미관 10월 2일자, 황금관 10월 2일자와 동일

매일 20.10.06 (2) 〈광고〉
황금관 10월 2일자와 동일

십월 초육일부터 특별상장
△ 이태리 안부로죠 영화
△ 대대적 대활극 **장력(壯力)**[77] 전사권(원명은 『크라오』)
△ 미국 유니바살 회사 걸작
■ 제오회 **명금**
제십팔, 제십구, 제이십, 제이십일, 제이십이 십권 상장

---

77) 9월 29일자 광고에는 괴력(怪力)으로 제목이 표기되었음.

△ 희극 실사 수종

특약 활영 **단성사** 전화 구오구번

십월 오일부터 특별대흥행(십일간 한)

＊도적(＊倒的) 대활극 **적의 흑성(的의 黑星)** 대회

전십팔편 삼십육권

전편 오, 육, 칠, 팔, 사일간 제일편부터 제육편ᄭᆞ지

중편 구, 십, 십일, 삼일간 제칠편…제십이편ᄭᆞ지

후편 십이, 삼, 사, 삼일간 제십삼편…제십팔편 흘(迄)

△ 입장료 특히 보통▽

애활가(愛活家)의 복음과 오관(吾舘)의 과장(誇張)

경성 관철동 **우미관** 전화 이삼이육번

매일 20.10.06 (3) 마산 기생연주회 / 광무디에셔

마산에서 유명ᄒᆞ게 일홈이 난 문챵예기권번『馬山文昌藝劵番』기싱 ＊여 명이 경성을 못쳐럼 구경ᄒᆞ기 위ᄒᆞ야 올나왓다가 그 기예의 여러 가지를 ＊랑홀 싱각으로 금류일 밤부터 황금뎡 유원안 광무디 연극장에셔 사흘군 연쥬회를 연다ᄂᆞᆫ디, 이 기싱의 연쥬회ᄂᆞᆫ 자못 볼만도 ᄒᆞ려니와 ᄯᅩᄒᆞᆫ 쳐음 보는 것이더라.

매일 20.10.08 (4), 20.10.09 (4), 20.10.11 (4), 20.10.12 (1), 20.10.13 (4) 〈광고〉

황금관 10월 2일자, 단성사 10월 6일자, 우미관 10월 6일자와 동일

매일 20.10.14 (4) 〈광고〉

황금관 10월 2일자, 우미관 10월 6일자와 동일

제육회 **명금(名金)** 종편

십월 십삼일부터(수요) 사진 전부 교환

● 미국 발리타 영화

벡시라리 스키일

문예연애극 **람의 여(嵐의 女)** 전육권

◎ 문예사진극의 여＊(女＊)과 기(其) 배우의 예술 중에 현상(現象)되는 연애

태서 대모험 대활극 **명금**

경성부 수은동 **단성사** 전화 구오구번

매일 20.10.15 (1) 〈광고〉

연주회 광고

본월 십오일부터 동 십칠일ᄭᅵ지 삼일간 본관에서 오권번 연합 추＊(秋＊) 대연주회
를 거행ᄒ오니 내외 신숙제언(紳淑諸?)은 양추신＊(凉秋新＊)를 반(伴)ᄒ시와 일차
왕림지지(之地)를 복망(伏望)

대정 구년 십월 십삼일

관철동 **우미관** 백(白)

매일 20.10.15 (4) 〈광고〉

황금관 10월 2일자, 우미관 10월 6일자, 단성사 10월 14일자와 동일

매일 20.10.16 (4) 〈광고〉

□ 십월 십오일부터 특별대흥행

경성 오권번 연합 추＊(秋＊) 대연주회

예제(藝題)

국화회, 봉래의(鳳來儀), 격양가(擊壤歌), 경풍도(慶?圖), 사고무(四鼓舞), 팔검무(八
劍舞), ＊득무(＊得舞), 사자무 이하 삼십칠종

우미관 전화 이삼이육번

황금관 10월 2일자, 단성사 10월 14일자와 동일

매일 20.10.17 (3) 오권번 연합연주회를 보고 / 비평뒤로 특히 대정권번에 ᄃᆡᄒ야 한 마ᄃᆡ 말 / 화언생(和言生)

지난 십오일부터 경성 시ᄂᆡ에 잇는 다섯 권번 기ᄉᆡᆼ들의 합동을 ᄒ야가지＊ 우미관을
비러서 쇼위 연쥬회라는 것을 기최ᄒ얏셧는 바, 이제 그에 ᄃᆡᄒ 관ᄀᆡᆨ＊ 안이 일반 사
회의 평판을 들어 말ᄒ고ᄌ ᄒ다. 원ᄅᆞ 기ᄉᆡᆼ 연쥬회라는 것은 부랑 청년 남녀들이 모

히는 딕회와 죠금도 다를 것이 업는 바, 더욱이 의지 박약혼 쳥년들의 약혼 마음을 잇
쓰러셔 마굴에 집어 늦는 종의 도화션이라고 호야도 가홀 것이다. 그러셔

◎ 일반 사회에셔는 항상 미워호기를 마지 안이호는 것인 바, 이계 그것의 녯날을 싱
각호면 우리 됴션의 훌륭혼 예슐이여셧던 것은 분명혼디 날이 가고 달이 갈소록 퇴
보를 호야 오다가 오날놀은 오직 그들의 손에만 남아 잇는 바, 그들을 가랏치며 지도
호는 자이던지 비호는 자들이 샹당혼 상식을 가진 자일 것 갓흐면 오날놀 그갓치 퇴
보는 안이호얏슬 것이나, 쇼위 기싱 권번으로 말호면 참으로 기량이 업 * 터이니 엇
지써 원통치 안이호랴. 그 중에도 다섯 권번 중

◎ 딕경권번으로 말호면 아못죠록 더욱 만히 퇴보를 식히여셔 그나마죠 업시 호쟈
호는 모양인지 그 권번 기싱들의 연쥬호는 것을 어느 써이던지 참으로 구역이 나고
눈쏠이 틀니는 참아볼 수 업는 터이다. 이번 연주회에도 츄악혼 틱도를 말호면 위션
국화회『菊花會』라는 뎨목을 니여부치고 약 십스 명가량의 기싱들이 츔을 츄는디 츔
의 여하는 그만 두고라도 위션 자긔 싱각에는 국화회의 뎨목을 붓쳣스니가 모든 것
을 국화 갓치 호고자 흠인 듯 하나, 그의 입은 국화곳을 그리엿다 하는 옷감으로 말하
면 일본 사람들이 방석감이 갓는

◎ 어린 아히들의 자리옷이나 그럿치 안이호면 여자들의『고시막기』즉 속곳과 갓치
입는 것이니 엇지써 평상시에 입는 의복과도 달나셔, 무딕에셔 입는 의복과도 달나
셔, 무대에셔 입는 의복 즉 츔복쇡을 그갓치 더러운 감으로 히입는가. 더욱이 무슨
가쟝 시로운 짓을 호겟다고 호야 이젼에 잇던 것까지 더럽히는 것이 괘심호기 싹이
업다. 다시 소위 셔양츔이라는 것을 츄는디 그 츔으로 말호면 셔양 사람들이 유치원
에셔 어린 아히들을 질겁게 호기 위호야 쟉란호는 유희이다. 그것을 가라친 사람으
로 말호면 무도를 쳐음

◎ 비호는 것이 그것이닛가 필시 그디로 가라친 모양이나, 이는 무딕 우에셔 츄는 츔
이 안이다. 다시 한 번 싱각호는 것이 올을 것이며 그 츔을 츌 쌔에 입은 여자의 옷은
셔양 녀자들이 잘 쌔에 입는 자리옷이며, 남자 복쇡을 한 옷으로 말호면 엇던 고물상
에셔 셰를 니여다가 입은 의복인지 질셔 업는 것은 족히 써 말홀 바도 업거니와, 그
옷은 무딕에셔 츔츌 쌔 입는 옷이 안인 것을 알고 입는지 모르고 입는지 참 싹혼 일이
다. 그리호야 관긱에게『들어가라』,『그만두어라』,『호지마라』,『또는 마에―웃』호는
소리를 듯게 되니 엇지 츌연호는 본의가 앗가운 줄을 몰으는가? 당일 츌연혼 호남권
번 됴남슉『趙南淑』(二一)의 승무와 갓흔 것을 무대에 니여 노아 관긱의 환호성을 잇

쓰는 것은 오작 죠흘가?

매일 20.10.17 (4) 〈광고〉
황금관 10월 2일자, 단성사 10월 14일자와 동일

□ 십월 십오일부터 삼일간
경성 오권번 연합 추＊(秋＊) 대연주회
■ 십월 십칠일 주간 영사
미국 유니버살 회사
一, 실사 **마가진 팔호** 전일권
미국 유사 파이손 영화
一 대활극 **기수의 정(騎手의 情)** 전이권
미국 유니버ー살 회사 걸작
一, 대탐정 **귀소(鬼蘇)** 전육권
일천구백십육년 미국에 기(起)흔 사실 화어(話語)
미국 유사 론스모ー란스다이 영화
一, 희극 **변장요법(變裝療法)** 전일권
미국 유사 네스다이 영화
一, 만화 **지아레 황요치(荒療治)** 전일권
우미관 전화 이삼이육번

매일 20.10.19 (2) 〈광고〉
황금관 10월 2일자, 단성사 10월 14일자, 우미관 10월 17일자와 동일

매일 20.10.20 (1) 〈광고〉
황금관 10월 2일자, 우미관 10월 17일자와 동일

□ 십월 십팔일부터 특별대흥행
◆ 신파 혁신단 임성구 일행
一, 실사 오권번 기(妓)의 무용 일권

= 장사단(奬思壇)의 실경 =

● 미국 발러타 영화

벡시라리 스키일

문예연애극 람의 여(嵐의 女) 전육권

미국 유니버살 회사 대걸작

태서 대모험 대활극 **명금** 최종편 사권

경성부 수은동 **단성사** 전화 구오구번

매일 20.10.21 (4) 〈광고〉

황금관 10월 2일자, 우미관 10월 17일자, 단성사 10월 20일자와 동일

매일 20.10.22 (2) 〈광고〉

우미관 10월 17일자와 동일

◆ 국활(國活)회사 특약 전화 이이육육 이육삼칠 **황금관**

당(當) 십월 이십삼일부터 특별 명화 공개

△ 구극 **암견중태랑(岩見重太郞)** 전오권

△ 최종편 **명금(名金)** 전사권

파데이스도라 회사 특별제작

◈ 미국명(美國明)

우일본극(優日本劇) **설(雪)** 전오권

△ 실사 **비행기상에서 견(見)**호 동경

△ 신파비극 **절해고도** 전오권

매일 20.10.22 (3) 〈광고〉

단성사 10월 20일자와 동일

매일 20.10.24 (1) 〈광고〉

단성사 10월 20일자와 동일

◆ 대흥행

조선신파 예성좌 일행

좌장 박경운(朴景雲)

어(於) **평안극장**

본 일행이 북선(北鮮) 각＊방(各＊方)으로 순업ᄒ온 바 도처에 ＊환영으로 만장의 광영을 성(盛)ᄒ옵다가 금＊(今＊) 연대(演臺)에 특색되ᄂ 신각본으로 대대적 흥행ᄒ오니, 애연자(愛演者) 제씨ᄂ 육속(陸續) 내왕(來臨)ᄒ시와 관람ᄒ심을 절망(切望).

매일 20.10.24 (3) 〈광고〉

황금관 10월 22일자와 동일

십월 이십이일부터 대제공

십주년 특별대흥행

미국 타데우에스타인 영화

연속 사진 탐정대활극 **문화의 랑(文化의 狼)**

전 십오편 삼십일 권 내 구권 상장

위일손 대통령에 명에 의ᄒ야 촬영

미국 유니버－살 회사 대걸작

에두모린군 씨 주연

모험대활극 **강력(强力) 에루모**

입장요금 일등 금오십전 이등 금삼십전 삼등 금이십전 소아 각등 반액

우미관 전화 이삼이육번

매일 20.10.26 (4), 20.10.27 (4), 20.10.28 (4) 〈광고〉

단성사 10월 20일자, 황금관 10월 22일자, 우미관 10월 24일자, 예성좌 10월 24일자와 동일

매일 20.10.29 (4), 20.10.30 (2), 20.11.03 (4), 20.11.04 (4) 〈광고〉

우미관 10월 24일, 황금관 10월 22일자, 단성사 10월 20일자와 동일

매일 20.11.05 (2) 〈광고〉

단성사 10월 20일자, 우미관 10월 24일자와 동일

◆ 국활(國活)회사 특약 전화 이이육육, 이육삼칠 **황금관**
당 십일월 이일브터 특별 명화 공개
△구극 **고산언구랑**(高山彦九郎) 전사권
△인정극 **애의 목성**(愛의 目醒) 전오권
△예술영화 **호반의 을녀**(乙女) 전오권

매일 20.11.05 (3) 내지 활동관에 불은 선전문 산포 / 양복한 청년이 한 퓌식 지여 비포회

이십일 밤 아홉시에 천초「淺草」 공원의 데국관(帝國舘), 『기네마』 구락부 천뎌련관(千代田舘), 뎐긔관(電氣舘), 일본관(日本舘) 등의 중요흔 활동샤진관에서 일졔히 션뎐문을 산포흔 쟈가 잇눈디, 그 션뎐문은 등사판으로 박은 것으로 의미를 쓴 것인 바 이삼명식 퓌식된 양복을 입은 자로 이 범인들은 아직 흔 사람도 톄포치 못하고 경시청 특별고등 계쟝은 수수과와 협력하야 범인을 엄탐 중이며, 쏘 상샤(象瀉) 경찰셔에셔눈 젼력을 다하야 활동을 기시하얏슴으로 범인을 테포홈은 불원에 잇슬터이며, 계획흔 바눈 다소간 근거가 깁흔 것이라 하더라. 『동경뎐보』

매일 20.11.06 (3) 활동사진회 개최 / 경셩졔亽회샤에셔/ 오날밤 회샤 안에셔

경셩 졔샤 쥬식회사에셔눈 직공 젼부와 직공의 부형들을 위안코자 총독부와 경셩부에 잇눈 활동사진긔를 비러다가 만반 사회의 상태와 온갖 오락뎍 진기흔 사진 지료를 다슈히 수집하야 그 회샤 안에서 활동사진회를 열고 밤낫 업시 로동에 희싱되든 직공 젼부와 직공의 부형들을 쳥하야 오날 엿새날 토요일 오후 *섯시부터 구경을 식혀 과연 실업* **** 얼마콤 필요코 **** ************* 중이라더라.

매일 20.11.06 (3) 서양식의 연쇄극 / 김도산 일힝이 단셩사에셔 흥

신파 신극좌 김도산(金陶山) 일힝은 젼션 각디를 슌업 흥힝을 하야 각쳐의 환영으로 다대흔 성공을 엇고 일젼에 올나와셔 톄지하던바, 이번에 경셩셔 대〃뎍으로 흔번 흥

고 다시 평양의 쵸린를 밧어 나려가셔 흥힝을 홀 작뎡으로 오일 밤부터 단셩샤에셔
일헤동안 흥힝흔다는디 지난번에 시로 수쳔원을 드려 셔양 수진과 갓치 박힌 것으로
셕쳐를 닉여 기량ᄒ야 박은 것인디 셔양 수진의 연극이 만히 잇다더라.

매일 20.11.06 (4) 〈광고〉
황금관 11월 5일자, 우미관 10월 24일자와 동일

■ 십일월 오일부터 연속특별흥행
▲ 신극좌 김도산 일행 래(來)
혁신 기발흔 전기응용의 연쇄극
▲ 연쇄대대활극 경은중보(輕恩重報) 전칠막 삼십칠장
예술영화
▲ 호반의 을녀(乙女) 전오권
이번에 시로 박인 활동사진
경성부 수은동 단성사 전화 구오구번

매일 20.11.07 (4) 〈광고〉
황금관 11월 5일자, 단성사 11월 6일자와 동일

십일월 육일 전부 차환
개관 십주년 기념 특별대흥행
미국 유니버살 회사 걸작
몰린간 씨 구레스가 나도 양 공연(共演)
연속대활극 강력(强力) 에루모
전십팔편 삼십육권 내 제칠 · 팔편 사권 상장
미국 파데-사 특작
연속탐정극 문화의 랑(狼)
전 십오편 삼십일 권의 내 최종편, 제십삼, 십사, 십오편 육권 상장
입장료 일등 금오십전 이등 금삼십전 삼등 금이십전 소아 각등 반액
우미관 전화 이삼이육번

매일 20.11.08 (2), 20.11.10 (1) 〈광고〉

단성사 11월 6일자와 동일

매일 20.11.08 (3) 〈광고〉

황금관 11월 5일자, 우미관 11월 7일자와 동일

매일 20.11.09 (4), 20.11.11 (4), 20.11.12 (4), 20.11.13 (4) 〈광고〉

황금관 11월 5일자, 단성사 11월 6일자, 우미관 11월 7일자와 동일

매일 20.11.10 (2) 〈광고〉

우미관 11월 7일자와 동일

매일 20.11.10 (3) 〈광고〉

황금관 11월 5일자와 동일

매일 20.11.11 (3) 단성사에 음악 대연주회 / 오난 십삼일 오후에 자미잇는 음악회 / 입장료도 싸다

오는 십삼일 토요 오후 두시부터 시닉 단성샤에서 음악연주회를 기최홀 터이라눈대, 당일은 경셩닉에셔 명셩이 자々훈 김영환(金永煥), 홍영후(洪永厚), 최동준(崔東俊), 김형쥰(金亨俊), 박퇴원(朴泰元) 등 졔씨 외에 경셩악뒤에셔도 단원 젼부가 츌연홀 터이라 ᄒ며, 연쥬 과목은 십수종 외에 시군의 여유가 잇스면 신사극(神士劇) 한 막을 츌연홀 터인딕, 김영환 군의 피아노와 홍영후 군의 바이오링은 셰상에셔 임의 짐작ᄒ눈 터이어니와, 특별히 이날 김형쥰 군의 『곰보타령』과 박퇴원 군의 『쫑짠』과 『데아볼노』라눈 가극(歌劇)이 뎨일 취미잇슬 터이라 ᄒ며, 이번에눈 입장료를 싸게 ᄒ야 일반 학셩과 부인네들의 다수 고림쳥ᄒ기를 희망훈다눈딕, 입쟝권은 죵로 광일셔관(廣＊書舘)과 당일 회쟝되눈 단셩사(團成社)에셔 발미훈다더라.

매일 20.11.12 (3) 김도산 극을 관람 / 사막갓흔 됴션 극계를 위ᄒ야 찬미/ 은파학인(隱坡學人)

젹막ᄒ든 됴션극계(朝鮮劇界)도 ＊로부터눈 미우 각셩이 되여 졈졈 ᄋ름다운 디경으

로 들어가는 터이다. 이것은 됴션극계를 위ᄒᆞ야셔 보다 먼저 우리 됴션 문화기를 위
ᄒᆞ야 크게 경ᄒᆞᆯ 일이다. 혁신단(革新團)의 림셩구(林聖九) 군의 고심으로 시로운 연
극이 됴션에 쳐음으로 싱겨난 이러로,

신파극계ᄂᆞᆫ 졈차로 궐긔ᄒᆞ야 혹은 취셩좌(聚星座) 혹은 문예단(文藝團) 혹은 김도산
일ᄒᆡᆼ(金陶山 一行) 등의 일홈으로써 젹막과 갓흔 됴션 극계를 위ᄒᆞ야 암흑 갓흔 부퍠
ᄒᆞᆫ 사회를 위하야 그 *을 희싱ᄒᆞ랴는 쟝ᄒᆞᆫ 립지를 가지고 히에외에[78] 나ᄒᆞ가 유명ᄒᆞᆫ
션ᄉᆡᆼ에게 상당ᄒᆞᆫ 슈양을 바더가지고 고국에 도라와셔 ᄋᆞ직ᄭᆞ지도 무ᄃᆡ(舞臺)우에 그
얼골을 나타ᄂᆡ지 안은

청년 지*도 만히 숨어 잇는 터이다. ᄋᆞ직ᄭᆞ지도 우리 됴션 극계에 ᄃᆡᄒᆞᆫ 지식이 유치
ᄒᆞ야 소위 이극가(愛劇家)라는 사ᄅᆞᆷ을 ᄒᆡ부ᄒᆞ야 보면 열ᄉᆞ람에 ᄋᆞ홉사람은 물론 오락
긔간으로 인뎡ᄒᆞ고 젼역밥[79]이나 소화 식히랴면 극쟝을 가즈ᄒᆞᄂᆞᆫ 것이다. 과연 연극
이란 것이 우리 사회를 위ᄒᆞ야 엇더ᄒᆞᆫ 즁ᄃᆡᄒᆞᆫ 관계가 잇슴을 알지 못ᄒᆞ다. 칙상머리
에셔

귀즁ᄒᆞᆫ 머리를 썩히여가며 붓ᄃᆡ를 놀리는 문사는 우리 사회를 위ᄒᆞ야 무형뎍으로 졍
신뎍으로 유익을 공헌홈이며, 연극은 물질뎍(物質的)으로 실물을 모형ᄒᆞ야 일반에게
보히여 사회의 시비를 교뎡하는 크고 무거운 칙임이 잇는 것이다. 지나간 십일밤 단
셩사(團成社)에셔 흥ᄒᆡᆼᄒᆞᄂᆞᆫ 김도산 일ᄒᆡᆼ의 연극을 보앗다 경은즁보(輕恩重報)라는 각
본으로

흥ᄒᆡᆼᄒᆞᄂᆞᆫ 것을 보ᄆᆡ, 그 각본이라는 그것은 별로히 칭찬홀만ᄒᆞᆫ 가치가 업지만은 다만
무ᄃᆡ에 나와셔 활동과는 역자(役者)의 활동홈에 대ᄒᆞ야는 과연 칭찬홀 만ᄒᆞᆫ 뎜이 만
히 보이엿다. 우쇼ᄒᆡ(禹笑海) 군의 『로동의 신셩』이라난 셜명은 텰두텰미ᄒᆞ게 잘ᄒᆞ다
고야 홀 슈는 업지만은 아직ᄭᆞ지도 무식의 현로를 면치 못ᄒᆞᄂᆞᆫ 됴션극에셔는 우쇼히
군만ᄒᆞᆫ 셜명을 홀 만ᄒᆞᆫ

지능을 가진 사람은 아직 보지 못ᄒᆞ엿다. 십일밤에 우쇼히 군의 삼촌셜(三寸舌)를 놀
리는 아례에 사회를 위ᄒᆞ야 젹지안은 유익ᄒᆞᆫ 인상을 쥬엇다. 그 ᄲᅮᆫ 아니라 변긔죵(卞
基鍾) 군의 뎡남작(鄭男爵)인 귀죡의 ᄒᆡᆼ동은 실로 칭챤홀만 ᄒᆞ엿다. 더욱 그 언어(言
語)가 ᄆᆡ우 됴리가 잇셧고 촌호만치도 무식에 갓갑지 안엇셧스며 한편으로는 화자

---

78) '해외에'의 오식인 듯.
79) '저녁밥'이라는 의미.

(花子)라는 어린 아히가 고

학성 윤용선(尹容宣)을 디ᄒᆞ야 『이 어룬은 뎡아모가 아니라 뎡남작 대감이 올시다』ᄒᆞ면셔 그 텬진란만흔 것을 들어늬이는 것도 미우 잘흔 것이다. 그 뿐아니라 김도산 군의 마텰슈(馬哲守)라는 악흔의 역을 맞허 가지고 무더에 나슨 것은 과연 악흔에 참 실어운 악흔인 곳을 분명히 발휘ᄒᆞ엿다. 악한이거든 ᄒᆡᆼ동도 그와갓치 갓지 않으면 곳 탈셕을 면치 못흘 것이다. 전일에는

무식이 폭로됨이 만헛지만은 그동안 젹지안케 곳치엿스며 연구도 만헛다. 디즁업시 쓰는 『한(限)ᄒᆞ야셔』라는 문자는 업셧다오. 이는 김도산 일ᄒᆡᆼ을 위ᄒᆞ야 기슈 영창을 버는 동시에 사회 문화 기발을 위ᄒᆞ야 쏘흔 사막 갓흔 됴션 극계를 위ᄒᆞ야 크게 경하흠을 앗기지 안는 바이다.

매일 20.11.13 (3) 한남권번 연주회 / 시닉 우미관에셔

지는 십일일부터 시닉 우미관에셔 호남권번 기성들의 연쥬회가 시작되야 닷셰동안 흥ᄒᆡᆼ흘 터이라는 바 긔성들의 가무들이 미우 지미가 잇는 고로 관긱들이 미우 만이 입장ᄒᆞ야 밤마다 셩황을 일우더라.

매일 20.11.14 (4) 〈광고〉

단성사 11월 6일자, 우미관 11월 7일자와 동일

◆ 국활(國活)회사 특약

전화 이이육육, 이육삼칠 **황금관**

당(當) 십일월 십이일브터 상장

◇ 구극 **연명원과 일심(延明院과 一心)** 다조(多助) 전사권

◇ 신파현대극 **화의 산(火의 山)** 전오권

골드와인 명화

◇ 정희극 **결혼난** 전육권

설명자 천춘엽(泉春葉)

토요일, 제축일(祭祝日), 일일, 십오일, 주야 공개

매일 20.11.15 (1) 〈광고〉
단성사 11월 6일자, 우미관 11월 7일자, 황금관 11월 14일자와 동일

매일 20.11.15 (4) [지방통신]
개성 예기 연주회
개성 예기조합에서는 당지(當地) 농산물 품평회를 축하ㅎ기 위ㅎ야 십일월 십일부터 삼일간을 개성좌에 연주회를 흥행ㅎ엿더라. 『개성』

매일 20.11.16 (3) 활동사진회 개최 / 한양교회에셔
시니 락원동 한양교회에서는 일요학교 주최로 본월 십칠일(火曜日) 오후 칠시에 시니 수송동 광남교회(廣南敎會) 안에서 활동사진을 특별 디흥ㅎ리라는대, 그 종목은 금강산 사진 긔타 서양의 자미잇는 각본으로 홀터이며, 또 나종에는 자미잇는 가극ㆆ지 흥힝ㅎ야 일반 관람자에게 흥미를 도으리라는대 료금은 이십전이라더라.

매일 20.11.16 (4) 〈광고〉
▲ 십일월 십사일부터 특별흥행
▲ 신극좌 김도산 일행
혁신 기발ㆆ 전기응용의 연쇄극
실사 태종황어릉(太宗皇御陵), 경성시가 전경, 장충단, 오(五)기생조합 무도, 부산 범어사
대연쇄 * 인(* 人)대활극 **천명(天命)** 전삼십삼장
◺김도산 일행의 장절쾌절ㅎ 대활약을 흔번 볼 이 연쇄극◹
경성부 수은동 **단성사** 전화 구오구번

우미관 11월 7일자, 황금관 11월 14일자와 동일

매일 20.11.17 (2) 〈광고〉
황금관 11월 14일자, 단성사 11월 16일자와 동일

매일 20.11.17 (4) 〈광고〉
우미관 11월 7일자와 동일

매일 20.11.18 (3) 희극배우 촤쑤링 부부 이혼 / 활동사진스지 집힝
활동사진계의 우숨거리 비우로 유명흔 『촤례 쌰푸링』의 안히 『밀드례드 하리쓰』는 일직이 법뎡에 안히 학딕의 리유로써 리혼 소송을 뎨츌ᄒᆞ야 심리를 게속 즁이라던 바, 이번에 쌰푸링과 리혼을 ＊＊ᄒᆞ엿더라. 『국제 미련 로안졔쓰발뎐』

리혼 소송에 익이고 쌰푸링의 집을 자긔가 스사로 나오기로 결뎡흔 안히 『밀드례드 하리쓰』는 두어 달이나 오리동안 그 판결을 기다리고 잇섯는딕, 그 안히가 리혼을 청구흔 리유는 남편 쌰푸링에게 밧는 정신뎍 학대에 견대기 어려웁다고 ᄒᆞ는 것이다. 『쌰푸링은 사회주의에 쌔저셔 가뎡을 도라보지 안케 되얏다. 그 사회쥬의는 안히되는 나에게ᄭᅩ지도 실힝을 강청ᄒᆞ야 자동챠도 사 주지안코 입을 옷도 두벌 쑨이요, 외투는 흔 벌 쑨인딕 그만ᄒᆞ면 쪽ᄒᆞ다고 홈니다』

이 말 일직이 차져가서 맛나본 기자에게 대ᄒᆞ야 말흔 것이다. 그 소송에는 리혼의 셩립 외에 또 부부의 공동지산 명셰표의 뎨츌을 요구ᄒᆞ야 쌰푸링의 활동사진 박은 필림을 가집힝에 붓치게 되얏스니가 승리ᄒᆞ는 동시에 쌰푸링은 젹지안이흔 지산 즁에 흔 부분을 가지고 가게 될 터이라더라.

매일 20.11.18 (4) 〈광고〉
황금관 11월 14일자, 단성사 11월 16일자와 동일

십일월 십칠일 전부 차환
미국 유니버살 회사
一, 실사 **주보 삼십팔호** 전일권
미국 유사 에루고一 영화
一, 희극 **남금제(男禁制)** 전이권
미국 유니버살 회사작
군사대활극 관객 제씨(諸氏)의 세희망(細希望) 의(依) 재상장
육탄 전오권
미국 유니버살 회사

연속 제오회 **강력(强力) 에루모** 삼십육권 내 사권 상장
제구편 광의 가(廣의 家), 제십편 해중(海中)에
이이이 삼삼육 화번(話番) **우미관**

매일 20.11.19 (3) 〈광고〉

가극대회
주최 승동 주일학교
후원 매일신보사

매일 20.11.19 (4) 〈광고〉

단성사 11월 16일자, 우미관 11월 18일자와 동일

◆ 국활(國活)회사 특약
전화 이이육육. 이육삼칠 **황금관**
당 십일월 십구일브터 寺撰[80] 영화 공개
◇실사 서서(瑞西) 이유루렌 실경
◇희극 **전쟁광**
◇신파대비극 **승취지주(蠅取蜘蛛)** 전오권
베시바리스결 양 주연
◇인정극 **처의 고백** 전오권
설명자 천춘엽(泉春葉)
◇구극 **소정노금장(小町奴金藏)** 전오권
토요일, 제축일, 일일, 십오일 주야 공개

매일 20.11.20 (1) 〈광고〉

대활극탐정모험 소설 명금(名金)
활동사진계의 패왕으로 만천하 애극가(愛劇家) 제씨(諸氏)의 다대훈 환영과 백열적

---

80) 특선(特選)의 오식인 듯하다.

(白熱的) 갈채를 박득(博得)호 연속영화 명금(名金)은 미국 유니버살 회사에셔 삼백만 원의 막대호 자금을 투(投)호고 세계 일류의 명배우 로로, 후레데릭구, 기지쭈레 이하 수백명을 망라호야 촬영된 명편인 바, 본 서림에셔는 차(此) 사진의 세세호 내용을 일반 독자에 소개키 위호야 기위(旣爲) 원본을 수입호 후 윤병조(尹秉祖) 군의 고심 연구 삼개 성상으로 완전히 역술(譯述)호야 금반(今般)의 출판이 신간 소설이니, 명금(名金) 사진 전(全)이 오십편의 대호 대기적이 차(此) 책 일부로 요연가효(瞭然可曉)케 되얏슴은 물론이오, 절절(絕絕) 구구(句句)의 묘문(妙文)마다 신출귀몰호고 기기괴괴호 사실의 취미는 가히 오인(吾人)으로 호야금 불가불 독(讀)호 실전(實典)이오니, 절간(絕刊)되기 전에 육속(陸續) 속히 구람(購覽)호시오.

정가 금칠십전 우세(郵稅) 사전(四錢)

지방 주문 삼책(三冊) 이내 선금

총발행소 신명(新明)서림

경성 종로 이정목 진체(振替) 사팔오구번

매일 20.11.21 (4) 〈광고〉

단성사 11월 16일자, 우미관 11월 18일자, 황금관 11월 19일자와 동일

매일 20.11.22 (4) 〈광고〉

황금관 11월 19일자, 단성사 11월 16일자와 동일

◇ 십일일 이십일일 전부 차환

천하명성굉(天下名聲轟)

기술마술대수예(奇術魔術大水藝)의 명인

길전국오랑(吉田菊五郎)씨 출연

대마술 대수예 아메리가카프 등

사진

미국 유니버살 회사 특작

연속모험대활극 제오회목(目) **강력(强力) 에루모**

입장료 일등 팔십전 이등 육십전 삼등 사십전, 소아 각등 반액

이이이 삼삼육 화번(話番) **우미관**

매일 20.11.23 (4) 〈광고〉
소설 명금 11월 20일자와 동일

매일 20.11.26 (1) 〈광고〉
▲ 십일월 이십삼일부터 특별흥행
▣ 신극좌 김도산 일행
혁신기발흔 전기응용의 연쇄극
여흥 촤푸링 부부 기술(奇術)과 마술
신파대활극 기막쇠냐 번기쇄냐 전팔막
경성부 수은동 **단성사** 전화 구오구번

매일 20.11.26 (3) 〈광고〉
소설 명금 11월 20일자와 동일

매일 20.11.27 (3) 대구 기생연주 / 이십팔일부터 일쥬간 대구좌에셔 기최
오릭동안 젹막ㅎ든 대구 죠션 예기싱 죠흡(大邱朝鮮藝妓生組合)에셔는 오는 이십팔일
부터 일쥬군 예뎡으로 당디 대구좌에서 연주회를 흔다고 목하 각종 가무를 연습 중
인대, 금번 연쥬는 종릭 그 죠흡 사무실이 협착ㅎ야 항상 유감이든바, 금번 사무실을
신츅ㅎ고 치무를 관상ㅎ기 위ㅎ야 기최홈이라더라.

매일 20.11.27 (3) 정동교회 연주회 / 금일 오후 일곱시에
이십륙일 오후 일곱시부터 뎡동 데일레비당에셔 뎡동 쥬일학교의 쥬최로 활동사진
과 음악회를 기최홀 터이라는딕, 당일에는 리화 학당 음악단도 출연홀 터이요, 여러
가지의 쟈미스러운 것이 만켓다더라.

매일 20.11.27 (3) 〈광고〉
황금관 11월 19일자, 우미관 11월 22일자, 단성사 11월 26일자와 동일

매일 20.11.27 (4) [지방통신] 활동사진회
전주군 급(及) 전주면의 주최로 거(去) 이십이일부터 이일간(제일일은 제일공립보교

에셔 조선인측, 제이일은 전북 공회당에셔 일본인측) 매야(每夜) 칠시브터 금하군수
(今夏郡守)의 일본 상황시찰 활동사진회를 개최ᄒ고 무료로 일반의 관람에 공(供)ᄒ
야 문화발달의 상황을 소개ᄒ얏ᄂᆫ디, 우야(兩夜)에 공(共)히 관람자가 다수에 달ᄒ야
공전의 성황을 극(極)ᄒ얏더라.『전주』

청년교풍연주회

안셩 청년회에셔는 거(去) 십오 급(及) 십칠 양일에 탕자(蕩子)의 海改[81]란 연제(演題)
로 교풍(矯風) 연주회를 행(行)ᄒ얏ᄂᆫ디, 매야(每夜) 관람ᄒᄂᆫ 인수(人數)가 무려 칠백
여 명식이 달ᄒ고, 취중(就中) 유지(有志) 제씨(諸氏) 등은 재계의 공황(恐荒)됨을 불
구ᄒ고 쟁선(爭先) 의연(義捐)ᄒ야 의연금 총액이 사백구십여원에 달ᄒ고 특히 유지
(有志)한 부인들의 기부도 유(有)ᄒ얏더라. (안셩)

매일 20.11.28 (2) 〈광고〉

▲ 십일월 이십삼일부터 특별흥행
▣ 신극좌 김도산 일행
혁신기발ᄒ 전기응용의 연쇄극
여흥(餘興) 좌푸링 부부 기술(奇術)과 마술
신파대비극 용기남아(勇氣男兒) 전팔막
경성부 수은동 **단성사** 전화 구오구번

우미관 11월 22일자와 동일

매일 20.11.28 (3) 김도산 일행의 / 방화수류정극(訪花隨柳亭劇) 흥행 / 눈물 만코 깃붐도 만흔 모범될만흔 인졍되비극

됴션의 문화 발뎐을 싸라 젹막ᄒ든 됴션극게(朝鮮劇界)도 졈차로 발뎐되여 이즘에는
아못죠록 우리 사회를 위ᄒ야 비익이 될 만흔 죠흔 각본으로써 연극을 흥힝ᄒ야 극
단에 딕흔 시로운 식치를 나타닉여 도흔 사회를 위ᄒ야 극단에서 나의 몸을 희싱ᄒ겟

---

81) '悔改(회개)'의 오식.

다는 굿고 아름다운 졍신을 가지고 무뎌에

그 몸을 더지는[82] 청년 지자도 차차로 잇셔가는 것은 과연 일반이 경하홀 것이며, 쏘는 더욱 우리 사회는 상당호 포부를 가진 청년 문사들이 극계를 위하야 하로 밧비 궐긔하기를 긔더하는 바, 이와 갓흔 시더 요구에 슌응하야 문사극(文士劇)이라는 것이 장챠 몃날 안가서 츌연되랴고 목하 쥰비 즁에 잇는 터이다. 그 쑨만 아니라 신파극계에 퍼왕이라 홀만혼 명예와 만

텬하의 환영을 혼자 뎜령하엿다 홀 만호 됴션 련쇄극의 원죠 김도산 일힝(金陶山 一行)은 날마다 만장의 성황으로 단성사에서 흥힝하는 터인더, 일반 관긱의 널광덕으로 요구함에 짜러서 방화슈류뎡(訪花隨柳亭) 극을 흥힝할 터인더, 특별히 방화슈류뎡의 뎌작자되는 본사 긔 * 은파 박용환(隱坡 朴容奐) 군과 쇼설계에 싯별이 되는 일졔 됴즁환(一齊 趙重桓) 군의 고심호

각본을 바더가지고 젼편(前編) 후편(後編)에 분하야 대대뎍으로 흥힝홀 터이라. 그리하야 김도산 일힝은 만사에 유감이 업도록 쥰비를 츙분히 하기 위하야 미일 련습을 하는 즁인더, 이번 흥힝홀 방화슈류뎡극은 그 쇼설을 일근 사람은 모다 알 것이지만은 한낫 가뎡의 큰아큰 비극을 들어서 이 사회의 온갓 상퇴를 묘사혼 쇼설로 쓸는 눈물도 잇스며 장쾌혼 우슴도 잇스며 쏘혼

쎠가 놋는 듯 하고 모골이 숑연혼 곡졀도 만혀서 츌판되기가 무섭게 졀판이 된 쇼설인더, 김도산 일힝은 특별히 본사 후원을 바다가지고 뎐긔를 응용하야 젼무후무호 예슐로써 강호의 이목을 놀닐 만혼 광치를 나타닐 터인대, 방화슈류뎡극의 츌현은 오는 삼십일 밤부터 단성사 무대 우에 나타날 터이며 쏘혼 이번 방화슈류뎡극 흥힝을 긔회로 삼아서 아청년 문사측으로부터 챤란혼 명예화환(名譽花環)까지 증뎡하랴고 모모 유지는 쥰비하고 긔대 즁이라더라.

매일 20.11.30 (1) 〈광고〉

소설 명금 11월 20일자와 동일

---

82) '던지는'의 오식.

매일 20.11.30 (3) 방화수류정극(訪花隨柳亭劇)은 금일부터 흥행 / 본샤 후원하에 성대 기연

오래동안 괴대하고 바라던 인정비극 방화수류뎡(訪花隨柳亭)극이 본샤 후원하에서 대대뎍으로 흥힝한다는 쇼식이 본지 상에 한번 보도되자 강호의 일반은 손꼽어가며 렬광뎍으로 환영하야 어서어서 삼십일이 닥쳐오기를 괴대하던 바, 비로쇼 오날 즉 삼십일 밤부터 방화수류정극이 단성사(團成社) 무대 우에 츌연될 터인디 이 연극은 본러 한 가뎡의 비극을 들어가지고 우리 사회의 인심을 묘사한 일디 걸쟉이라더라.

매일 20.11.30 (4) 〈광고〉

황금관 11월 19일자, 우미관 11월 22일자, 단성사 11월 28일자와 동일

매일 20.12.01 (1) 〈광고〉

우미관 11월 22일자, 황금관 11월 19일자와 동일

▲ 십일월 삼십일부터 특별대흥행
△ 신극좌 김도산 일행
매일신보사 후원
은파(隱坡) 박용환 씨(朴容奐氏) 걸작
일제(一齊) 조중환(趙重桓) 군 각색
◇ 근대(近代) 대대비극 ◆ 방화수류정(訪花隨柳亭)
전편!! 후편!! 십육막 『육일간에 긍(亘)하야 종료』
경성부 수은동 **단성사** 전화 구오구번

매일 20.12.02 (1) 〈광고〉

소설 명금 11월 20일자와 동일

매일 20.12.02 (3) 방화수류정극 개연 초일(初日)의 대성황 / 수쳔의 관긱은 쉬일 시 업시 수건으로 눈물을 씻기에 겨를이 업셔 / 본일부터 본지에 할인권 쇄입(刷入)

지나간 삼십일 밤부터 본샤 후원하에서 디々뎍으로 흥힝하는 인정비극 방화슈류뎡(訪花隨柳亭)극은 단성사쥬 박승필(朴承弼) 씨 후원과 련쇄극의 원조 김도산 일힝(金

陶山 一行)의 가쟝 란슉훈 예슐로써 셩덕히 기막되엿는디, 미리 본지에 보도뿐만 아니라 동일형의 광고디가 한번 션던되쟈 손곱아가며 긔다리든 일본 이극가는 명각 전부터 남녀관람긱이 죠수 밀녀들듯ㅎ야

단셩사 아레 위층이 쌕쌕ㅎ야 립츄의 여디가 업슬만치 되엿는디, 뎨일막이 열니면셔부터 관긱의 녈광덕 박슈갈치는 단셩사가 쩌나갈 듯이『잘훈다』소리 뿐이엿는디, 십삼셰의『유복』이와 십오셰의『옥션』이가 어린 나이를 불구ㅎ고 자긔 부친의 원슈를 갑고자 무월 삼경에 홀어미를 두고 쩌나는 비막과 쏘훈 유복의 남미는 모란봉 우에셔 쏘 다시 동셔에

작별이 될 씨의 그 말훌 슈 업는 피눈물의 비막에 유복의 쳔진란만훈 소리는『혼쟈 가는 누이야 넘어 셜워 말아라』하는 이원훈 노러가 쳥아훈 단소 소리와 겹쳐 일어날 씨에 남녀 관긱의 눈물은 비나리듯 ㅎ엿고, 싸러셔『잘훈다』소리와 박수의 음향을 실로 빅＊에 달ㅎ엿스며 유복이가 정평장 씨 집에 들어가 일구월심에 미치여 찻든 김춘보를 만나게 되어 쟝가들든 첫날밤에 쥭게 되는 마당에 셩명이 목젼에 잇는 것을 녈녀『무던신부』가 구원ㅎ야 니일 씨에 쏘 다시 악한이 니여달어 쥭이려다가 유복의 부々의 장녈훈 의리에 그만 크게 회기ㅎ야 그 목슘을 밧치여 유복이를 구원ㅎ는 그 씨의 가슴이 달낭달낭훈 광경은 실로 관긱으로 울엇다가 쏘다시 우셧다가 ㅎ야 젼에 업든 흥미가 입으로 형언

훌 수 업는 중에서 젼편(前編) 두막을 맛치엿는디, 이 뒤의 유복의 누이『옥션』의 운명과 유복의 활동은 쟝차 엇더훈 긔긔묘々훈 곡졀이 잇스며 쏘훈 한진스의 소식과 황씨부인의 운명은 쟝챠 엇지나 될는지. 후편(後編)을 보지 안으면 안 될 것인 바, 이번 방화수류졍극으로 말ㅎ면 과연 묘션의 극단이 싱겨온 이러에 쳐음 잇는 모범뎍 비극인즉 누구를 막론ㅎ고 훈번 안이 보지 못훌 일인디 오날

이일부터는 특별히 본보 이독자를 위ㅎ야 특별훌인권을 발형ㅎ야 관람에 덕지안은 편의를 도울터이라.

매일 20.12.02 (4) 〈광고〉

단성사 12월 1일자, 황금관 11월 19일자와 동일

◇ 십이월 일일부터 칠일간 한(限)

자동차인(自働車印)

경성등제과회사(京城藤製菓會社) 근제(謹製)

인삼 갸라메루 광고키 위흐야 각등 입장자에 * 흐야, 일인(一人)에 대흐야 이개식(二
個式) 무대(無代) 진정(進呈)

一, 실사 **주보 십구호** 전일권

一, 희극 **완시계(腕時計)** 전일권

一, 희극 **비나스의 악희(惡戲)** 전이권

一, 인정극 **부논 수(夫논 誰)?** 전오권

연속모험대활극

제칠회목(目) **강력(强力) 에루모**

제십삼편 천인(千仞)의 저(底), 제십사편 인제(人梯)

전화 이삼이육 **우미관**

조선 20.12.02 (3) 〈광고〉

소설 명금, 매일 11월 20일자와 동일

매일 201203(1) 〈광고〉

우미관 12월 2일자, 단성사 12월 1일자와 동일

◆ 국활(國活)회사 특약

전화 이이육육, 이육삼칠 **황금관**

당(當) 십일월 이십육일브터 특선영화 공개

실사 **영국 근 * 어(近 * 漁)**

희극 **제리 축(祝)**

◇신파비극 **여우결발(女優結髮)** 전사권

◇태서활극 **오명(汚名)** 전오권

시천연십랑(市川延十郞), 사랑오랑(四郞五郞) 최신촬영

◇구(舊) (흑전소 * 黑田騷 *) **율산대선(栗山大膳)** 전오권

토요일, 제축일, 일일, 십오일 주야 공개

매일 20.12.03 (3) 방화수류졍극 흥행 제이일 / 관객의 눈물 / 오날부터는 후편

련일 단셩사에서 흥힝ᄒᆞᄂᆞᆫ 인졍비극 방화슈류명극은 졔이일되ᄂᆞᆫ 날도 쵸일보다 더욱 관긱이 답지ᄒᆞ야 아리 위층이 터질 듯이 모히여셔 막이 열닐 ᄯᅢ마다 박슈갈ᄎᆡ의 쇼리ᄂᆞᆫ 실로 우박이 쏘다지ᄂᆞᆫ 듯ᄒᆞ엿스며, 여자보다 감졍이 둔ᄒᆞ다 ᄒᆞᄂᆞᆫ 남자 관긱 가운데에셔도 ᄯᅳ거운 눈물을 금치 못ᄒᆞᄂᆞᆫ 관긱이 만헛스며, 부인셕으로부터ᄂᆞᆫ

눈이 붓도록 우ᄂᆞᆫ 감졍이 만흔 부인도 여ᄀᆞ 만치 안엇스며 최후 구막에 『유복』이가 『박무던』이와 결혼ᄒᆞᄂᆞᆫ 마당에 단셩사 『싸푸린』이라 홀 만흔 리원규(李元圭) 군의 익살부리ᄂᆞᆫ 것에ᄂᆞᆫ 울든 관긱도 허비[83]를 펴지 못홀만치 만장이 우슴 텬디가 되엿셧다. 젼편은 이일ᄭᅡ지로 맛치고 오날밤브터ᄂᆞᆫ 텬텬지 한을 가지고 차져단이든 김춘보를 유복이가 만나가지고

부친의 원슈를 갑흔 후에 유복의 니외와 녀승(女僧)의 몸이 된 옥션이가 자긔 고향으로 모친을 찻다가 슈원 방화슈류명에서 엇더ᄒᆞᆫ 긔연을 만나셔 도라간줄 알엇든 부친ᄭᅡ지 만나가지고 모친을 챠자 원만흔 가뎡을 일우ᄂᆞᆫ 그 ᄌᆡ미잇ᄂᆞᆫ 곡졀은 불＊불 오날밤브터 흥힝ᄒᆞᄂᆞᆫ 후편을 관람ᄒᆞ지 않을 슈 업ᄂᆞᆫ 일이며, ᄯᅩ흔 이일 밤브터ᄂᆞᆫ 특별히 특별할인권을 사용ᄒᆞᄂᆞᆫ 고로 더욱 만장의 셩황을 일우겟더라.

매일 20.12.03 (3) 문예연극인회 / 예뎨ᄂᆞᆫ 『불평흔 이 셰상이란 것』

즁앙 유년 쥬일학교에셔ᄂᆞᆫ ᄋᆞ동에 사업을 위ᄒᆞ며 ᄯᅩᄂᆞᆫ 우리 됴션연극게에 다소간 도움이 되게ᄒᆞ기 위ᄒᆞ야 셰계뎍 사회학자인 에＊슨 션싱이 왼 셰상에 불평흔 이 셰상이라＊ᄒᆞ이셔 ＊ 금 십일 밤 일곱시브터 즁앙 긔독교 쳥년회에셔 쳥년남녀 열일곱 사람이 무대에 나타나셔 츌연ᄒᆞ리라 대＊ 방면으로 인＊를 미우 민ᄒᆞ얏ᄉᆞ＊ 모양이더라.

매일 20.12.03 (4) [독자구락부]

▲ 단셩샤 특등셕으로만 ＊죠야치ᄂᆞᆫ 솜안경을 쓴 여자ᄂᆞᆫ 거쥭으로ᄂᆞᆫ 슈수흔 학싱갓치 틀에머리를 ᄒᆞ고 료리집으로 도라다니며 장고를 메이고 쇼리를 ᄒᆞ니 그게 왼일이야. 들으닛가 한남 기싱으로 잇든 최금쥬로 지금에는 유심이라고 ᄒᆞ나? 『신안생(神眼生)』

---

83) '허리'의 오식.

조선 20.12.03 (3), 20.12.04 (1), 20.12.17 (1), 20.12.19 (1), 20.12.20 (4), 20.12.21 (1), 20.12.22 (1) 20.12.23 (1), 20.12.25 (4)〈광고〉

소설 명금 12월 2일자와 동일

매일 20.12.04 (4), 20.12.05 (4), 20.12.06 (3), 20.12.07 (4), 20.12.08 (1), 20.12.09 (1) 〈광고〉

단성사 12월 1일자, 우미관 12월 2일자, 황금관 12월 3일자와 동일

매일 20.12.05 (3) 인사동에 극장 건설 계획 / 이젼 연흥사 자리에 이만원 들여셔

부니 돈의동 일빅삼십칠번디 황지균(黃之均)은 인사동 일빅삼십칠번디 파고다 공원 뒤에 이빅구십 평이나 되는 쌍에 이만원을 들려셔 극장을 건설ᄒ고자 계획 중인디, 그곳 단셩샤 우미관＊라 활동사진과 밋 보통 연극장을 만들터이라는디, 그곳은 상당 위치이지만은 부근에는 레비당과 유치＊들이 잇는 곳이라 엇더홀가 하는 말이 잇더라.

매일 20.12.05 (3) 방화수류정극 후편 제일야 / 백열젹(白熱的) 갈채셩 / 조수갓치 밀니인 관긱 / 통쾌ᄒ 갈치 련쇽 부졀

본사 후원ᄒ에셔 련일 흥ᄒ는 인정비극 방화슈류뎡극은 지나간 이일ᄭ지 젼편을 만장 갈치 중에셔 맛치고 삼일부터 후편을 시작흔 바, 젼편에셔 박씨 신부가 유복이를 구ᄒ고 ᄯᆞ한 춘보의 부탁을 바든 자긱(刺客)의 회기로써 유복의 니외를 구ᄒ야 니여 보닌 후에 그 뒤 결과가 엇지나 될느지 손곱아

긔디ᄒ든 후편을 기막ᄒ든 첫날밤에는 특별 본샤 할인권을 가진 관롬긱이 답지ᄒ야 우리 우칭에 발을 들어노흘 틈이 업셧는대, 위션 유복이가 검산령(劒山岺)에셔 원슈 김칠보를 만나 통쾌흔 복슈를 ᄒ는 마당으로부터 일반 관긱은 『으! 통쾌ᄒ다』 소리와 잘흔다 소리는 쓴일 사이가 업셧스며, 더욱 륙년 젼에 동싱 유복이와 작별ᄒ든 모란봉에셔 ᄯᅩ 다시 유복 남미가 만날 ᄶᅢ에 리경환(李敬煥)도 원환군＊ 그 씨 표졍은 『과연 잘흔다』 소리가 나며 관긱의 동졍ᄒ는 눈물은 실로 금치 못ᄒ얏고, 최후에 방화슈류뎡에셔 하날이

지시ᄒ는 듯흔 긔연으로써 십칠 년 동안 훗허졋든 한씨 집 가죡은 이상스럽게도 ᄯᅩ흔 자미잇게 되어 죽은 줄 알엇든 한진사(國進士)ᄭ지 만나는 마당에 관긱의 박수갈치는

극도에 달ᄒᆞ야 단셩샤가 무너지는 듯 ᄒᆞ엿고, ᄯᅩᄒᆞᆫ 눈물과 깃븜에 견대지 못ᄒᆞ엿ᄂᆞᆫ대 그 마당에 한진사 역을 맛흔 김도산(金陶山) 군의 설음과 깃붐의 복밧쳐 오ᄂᆞᆫ 표졍은 실로 신비(神秘)를 다ᄒᆞ엿ᄂᆞᆫ대 오날밤부터ᄂᆞᆫ

즁요ᄒᆞ고 쟈미잇ᄂᆞᆫ 막만 쎄여가지고 젼후편을 홉ᄒᆞ야 상쟝홀 터인대, 이 뒤에ᄂᆞᆫ 더욱 쟈미잇ᄂᆞᆫ 곡졀을 연구ᄒᆞ야 상쟝홀 터이라더라.

매일 20.12.06 (3) 연극대회 취서(趣書) 압수 / 출판법 위반으로

7지난 삼일 밤에 죵로 즁앙쳥년회관에셔 즁앙 유년 쥬일학교의 쥬최 ＊문에 연극덕회를 기최하얏ᄂᆞᆫ바, 동 대회의 취지셔ᄂᆞᆫ 출판위반으로 인ᄒᆞ야 젼부 압수를 당ᄒᆞ얏더라.

매일 20.12.08 (3) [사면팔방(四面八方)]

▲ 우리 됴션 사ᄅᆞᆷ은 아직ᄭᅡ지도 연극이란 우리 사회를 위ᄒᆞ야 얼마 진즁ᄒᆞᆫ 관계가 잇ᄂᆞᆫ 것인지 ᄭᅢ닷지 못ᄒᆞᆫ다. 그ᄲᅮᆫ 안이라 감졍이 극히 둔ᄒᆞ야 슯흔 ᄯᅢ에 표졍이 극히 렁졍하다. ▲ 그리ᄒᆞ야 남의 우ᄂᆞᆫ 것을 바라보고 손가락질을 ᄒᆞ면셔 『뎌기셔도 울고 잇다 져 남자도 울고 잇네?』ᄒᆞ면셔 남의 슯흔 표졍에 한낫 구경거리를 삼으며 도리혀 씻씻 웃고 쪄드ᄂᆞᆫ 것을 보면 과연 무더에 나슨 사ᄅᆞᆷ으로 ᄒᆞ야금 가삼을 무척 타게 만드ᄂᆞᆫ 것이다. ▲ 연극을 볼 ᄯᅢ에 슯흔 곳에ᄂᆞᆫ 슯흐게 보며 상쾌하고 깃분 곳에ᄂᆞᆫ 깃붐에 견대지 못ᄒᆞᄂᆞᆫ 우리 됴션 사ᄅᆞᆷ의 감졍은 그러케도 둔흔지 참말 알 수 업ᄂᆞᆫ 일이다. 표졍홀 줄 몰으면셔 연극에 디흔 피평부터 ᄒᆞ야보랴고 우슈마발의 말을 ᄒᆞ야가며 되지 못ᄒᆞ게 구ᄂᆞᆫ 관긱도 여간 만치 안은 즉 우리 됴션에 견＊흔 극계를 셰우랴면 ▲ 위션 관긱들의 졍신부터 곳치지 안으면 안 될 것이다. 그러ᄒᆞ기에 슌젼흔 됴션사ᄅᆞᆷ의 극단으로 그 비경(背景)을 보면 모다 됴션식은 업고 일본식에 갓가운 것이다. 이런 결뎜은 결코 극단 일힝에 잇ᄂᆞᆫ 것이 아니라 그와 갓치 감졍 아둔흔 우리 관긱들의 허물이며 ᄯᅩᄒᆞᆫ 유식 계급으로부터 극단을 박디ᄒᆞ야 온 혀들이라. ▲ 우리ᄂᆞᆫ 졈차로 각셩이 되여가ᄂᆞᆫ 신파극단을 위ᄒᆞ야 ᄒᆞ로 밧비 녈졍을 기우려쥬지 안으면 안이 될이라 ᄒᆞᆫ다.

매일 20.12.08 (4) [독자그락부]

▲ 귀사 원＊에셔 대대젹으로 흥힝되던 인졍비극 방화수류뎡극은 과연 말이지? 됴

션에셔 연극 구경을 ㅎ여온 이러에 쳐음보는 비극이며 쏘ㅎ 그러케도 긔긔묘묘ㅎ게
자미잇는 연극은 과연 쳐음 보앗슴니다. 바라건디 련쇄극의 원조 김도산 일힝은 ㅇ
못죠록 련쇄극을 만들어셔 다시 흥＊을 ㅎ면 더욱 자미가 만겟스니 어 방화슈류뎡
의 련쇄극이 츌현되도록 ㅎ시오. 『모모애극가(某某愛劇家)』 ▲ 지나간 오일 단셩사
에셔 보닛가 엇던 십륙칠셰쯤 된 어린 아히로 옥양목 흰쥬의 도리웃지 모자를 쓰고
기싱 몃명식 다리고 구경을 온 모양입듸다. 아모리 희괴흔 셰더이지만은 한참 졍신
모르고 학업에 힘쓸 아히가 그게 무슴 일이야. 참 가이 업든 걸. 『일엽(一葉)서생』

매일 20.12.09 (3) 상동(尚洞) 주일학교 활동사진 대회 / 구십 양일간에 긔최ㅎ고 유지코져

상동 유년 쥬일학교(尚洞 幼年 主日學校)에셔는 오는 구일 십일 량일간 하오 일곱시
삼십분부터 활동사진대회를 긔최ㅎ야써 그 양일의 슈입으로 쥬일학교 유지비에 츙
용코져 흔다는디, 다만 활동ㅅ진만 취흘 것이 안이라 엇더튼지 그 학교 유지에 디ㅎ
야 얼마큼 동졍의 마음으로 그 양일 군에 다수이 가셔 참예ㅎ는 것이 죠켓다 쏘ㅎ 활
동ㅅ진도 미우 쥬미가 잇다더라.

조선 20.12.09 (3) 유년주일학교 활동사진 대회

상동 유년 쥬일학교(尚洞 幼年 主日學校)에셔는 명 구, 십 량일간 오 칠시 삼십분브터
활동사진회를 긔최ㅎ야 그 슈입금으로써 학교 경비에 보용흘 계획인디 관람자의 다
수 츌셕을 희망흔다더라.

매일 20.12.10 (3) 희극배우 촤푸링의 처 하리스 양 고백서(상) / 차역인처(此亦人妻)의 生活인가

◇의복을 검사ㅎ는 남편◇

수월 젼에 이 셰상 쳐녀 규수들에게 텬지를 가졋다는 사람과는 결단코 결혼치 말어
야 된다는 경고를 ㅎ고 리혼의 소송을 라부(羅府)[84] 디방 지판소에 뎨기흔 당디에 오

---

84) L.A.을 의미

직 흐아가는 세계 무비의 희극 활동비우『자례 촤푸링』군의 쳐로셔 누구던지 활동사진 희극비우로 낫흐나셔 인긔를 엇어오는 촤푸링이라면 모다 알 것이다. 그런디 리혼 소송을 뎨기흔 그 쳐는

역시 미인이라는 일홈이 미국 니에 놉핫고 겸흐야 수다흔 비우 근에 부러워흐고 흠션흐는데 관혁이 되어잇는 활동녀비우『미루도렛쏘, 흐리스』는 촤푸링과 결혼흔 뒤 벌셔 삼년을 경과흔 금년 봄부터 촤푸링과 서로 죠치 못흐야 ᄎᄎ 갈등이 싱기던 일은 세상에 젼흐야지며 그 비우 동관 사이에도 리혼흐고 말니라는 소문ᄭᆞ지 잇셧는디, 지금은 졍말 리혼 리유를

세상 사람에게 고빅지 안으면 안 되겟다고 그 쳐ᄭᆞ지 촤푸링을 달머셔 희극을 연츌흐는 것인지 이졔 흐리스 녀ᄌᆞ의 발표흔 고빅셔를 본 즉 촤푸링의 셩질을 흔번 알 수가 잇슴으로 그 대의를 드러 소기흐야 보겟다.

나는 자례–촤푸링과 결혼흔 것이 아죠 잘못흔 것을 고빅코져 흡니다. 촤푸링은 결코 결혼흘 사람은 안이야요.

촤푸링은 ᄌᆞ유로 녀편네가 업시 지닉는 것이 가쟝 힝복인줄로 싱각흡니다. 안이 쟈유로 잇지 안으면 안될 사람이다. 우리는 결혼흔 뒤로 벌셔 삼 년이 되엿는대 그 중에 잇히라흐는 그 동안은 오직 동거만 흘ᄲᅮᆫ이오, 겨우 집을 이웃흐야 사는데 불과흐엿셔요. 신문의 샹위되는 것은 인연이 안인 ᄭᆞ닭이라고 말흐겟는디 일쥬일 근에 일만 삼천 불식 수입흐는 촤푸링과

이주일간에 겨우 이빅오십 불 수입흐는 나와 갓치 싱활을 흐는 것이 대단 틀닌 것이 안이고 무엇임닛가? 의복 갓흔 것도 일일이 검소흡니다. 그것도 이삼 가지의 입은 옷과 한기의 모조에 불과흔 것을 검소흡니다. 이것이 남의 쳐되는 사람의 싱활이라고 흘 수 잇셔요? 항상 고기를 슉이고 얼골을 사나희에게 뵈이지 만나고 말을 합니다. 먹는 것도요.

고기는 먹어도『ᄋᆞ이스크림』과『사이다』는 필요치 안타, 쓸디업는 입을 ᄉᆞ치흐는 것이라고 말합니다. 이런 것이 모다 보통의 싱활 샹퇴라고 흘 수 잇슬ᄭᅡ요? 다른 사나희가 추파를 은근히 보닉는데 대흐야도 무단히 견칙을 흐는 쓸디업는 질투에 못 견대일 디경이야요. 나는 최초의 일 년간은 그런 줄 몰으고 지닉여 왓습니다. 본러 희극 비우는 여러분을

웃키는 것 ᄲᅮᆫ이라는 말과 갓치 촤푸링은 세계의 다슈한 사람을 웃키지만은 나에게는 ᄭᅳᆫ일 ᄉᆞ 업시 눈물을 흘니게 함으로 나는 리혼흐는 외에는 다른 도리가 업는 줄로 싱

각ㅎ엿슴니다. 최푸링과 나와는 『로스안졔루스』 시가 갓가운 『비-지』라는 곳에 잇는 빅모의 집에서 처음 만낫슴니다. 그로부터 두 사람은 갓금 산보ㅎ엿슴니다. 두 사람은 친밀흔 교졔를
넉 달 사이를 계속한 뒤에 결혼ㅎ엿슴니다. 나는 『마리-지린쑤』를 씌인 모양이나 나의 쓰거운 피는 일치 안엇셔요. 나는 결코 연엽(蓮葉)한 계집은 안인더 춤도 죠와하고 다른 사람들과 놀고 십혀도 최푸링은 그것을 허락ㅎ야 쥬지 안어셔 다른 자와 『단스』는 물론ㅎ고 노러ㅎ는 것 갓흔 것도 죠와하지 안슴니다. 『라부(羅府)에셔』

매일 20.12.10 (4) 〈광고〉
우미관 12월 2일자, 단성사 12월 1일자와 동일

◆국활(國活)회사 특약 전화 이이육육 이육삼칠 **황금관**
당(當) 십이월 십이일브터 삼대 사진 공개
골과(滑誇) 돈잔소(騷)
◇신파비극 **구갑조(龜甲組)** 전사권
미국 골든와인 회사 특작
◇태서인정대활극 **도남녀(導男女)** 전오권
실용연일랑(實用延一郎) 촬영
 ◇구극 **열녀의 천대소(烈女의 千代唉)** 전오권
세모어예복인경품(歲暮御禮福引景品)
일등 *시계, 이등 동(同), 삼등 동(同), 四等[85] 매주 최종일 신문기자 입상(入上), 開演 중 무대에 개상(開箱)ㅎ고 번호는 *신문 지상에 광고ㅎ오. 경품권은 발표ㅅ지 보존ㅎ시오. 영업부

조선 20.12.10 (4) [지방통신] 활동사진의 성황
금번 목포 상반좌에는 경성 단성사 활동사진 일힝이 순업 기연 중 특별히 우리 조선 사롬의게 무흔흔 인상과 관념을 두는 금강산 전경과 명금(名金)이라는 련쇄극으로

---

85) 사등의 유금이 지워짐.

써 변사계의 졔일류되는 최종덕, 리호경, 서상호 삼군의 열변으로 밤마다 인산인히를 지여 갈치 환영 속에셔 근리 희유호 딕성황을 졍호엿더라. (목포)

매일 20.12.11 (3) 희극배우 촤푸링의 처 하리스 양 고백셔(중) / 비극배우로 되라고
◇녀편 위로홀 줄 모르는 남편◇

남편 촤푸링은 집에 친구들을 다리고 와셔 져녁밥을 갓치 먹는 일이 잇는디 모다 오십 세 이상의 사람으로 지식 계급의 사람 뿐입니다. 여러분은 나의 일을 아지 못호는 일을 말호겟습니다. 나는 그째 겨우 십칠 세이엿는디 엇더케던지 철학과『루−소−』와『근쏘』의 이약이를 알어들엇습니다. 촤푸링은 비상히 인식합니다.

돈갑흘 지불일이 도러오게 되면 언의 째던지 적어오는 치부긔로 히여 말셩이 만습니다. 나의『쏘레스』갑에 디호야도『너는 나에게 츌가 터가 안인가? 그런디 갑이 빗싸고 남 보기 죠흔 화려한 옷을 입어보랴고 애를 써셔 구호 필요가 업다』고 말합니다. 그러셔 나는『당신의 사랑을 쓸기 위호야『쏘레스』를 사는 것이야요. 남의 녀편네된 쟈는 항상 쓴칠시 업시

자긔의 뜻에 잇는 쥬장되는 물건을 잡아두지 안으면 나의 일은 아죠 이져바리는 것이야요. 나는 젼혀 사람의 가슴 속에 두지 안이 호엿셔요. 촤푸링은 일 업시 쓸디업는 칙을 읽는디 보기 실흔 나에게씨지 읽어줍니다. 나는 모도지 칙이라고는 읽지 안는 줄로 아는 모양이야요. 정말 자미가 잇스면 읽습니다. 참 가관이야요. 촤푸링 져 샤람은 소위 희극 비우라고

혹록쏘투에 이상스럽고 얄미운 수염을 죠금 쌀으스름호게 붓치고 더러운 소품에다가 허리를 흔들흔들 텬싱 병신 모양으로 빗척빗척 거려 단이며 여러 샤람을 씻씻 웃키는 그 짜위 짓을 고만 닉여바리고 찰아리 비극 비우가 되엿스면 조켓다고 말호면,『너는 쌔가』라고 말하며 디변에 망을[86] 줍니다. 집안 살님사리에도 엇더케 인식호고 졀약을 부리는지

아참에 먹다 나머지면 져녁에도 그디로 남어 잇는 줄로 알고 여젼히 챠집니다. 자긔 입만 위호고 알엇지 다른 사롬은 먹던지 말던지 도모지 알은 톄도 안이홉니다. 이러호고야 닉외 간이라고 밋고 바라고 살 수 잇셔요. 남들의 닉외를 보면 허구흔날 동부

---

86) '망신을'의 오식.

인ㅎ고 화려한 의복에 주동챠 타고 희ㅅ락ㅅ히 단이는디 나는 싀집온 지 삼 년이나 한 번도 그리보지 안어서

참 부럽기가 한량 업습니다. 눔의 녀편네 된 사람이 이러ㅎ고야 빅년히로는 커녕 단 지 ㅎ로도 살 수 업셔요…….

매일 20.12.11 (3) 〈광고〉

단성사 12월 1일자, 우미관 12월 2일자와 동일

조선 20.12.11 (3) 활동 상설 출원

룡산에는 종린 흔 곳에 설지흔 활동사진관이 잇셧스나, 장쇼의 관계상으로 드듸여 유지ㅎ기 불능ㅎ야 목하 례관[87]되얏든 바, 이번 고시뎡 셕총겸길(石塚＊靑), 곡구룡 틱량(谷口龍太郎) 외 양씨는 자본금 이만 삼쳔원으로써 한강통 구연병쟝의 부듸하에 목조 삼층 근츅 일빅이뎡의 샹셜활동사진관의 근셜을 츌원ㅎ얏는디, 허가의 여부는 ㅇ즉 미뎡이라더라.

매일 20.12.12 (3) 희극배우 촤푸링의 처 하리스 양 고백서(하) / 인색흔 촤푸링의 생활

◇전혀 사상이 화합지 못한 일◇

남편 촤푸링의 싱활과 사상이 나와는 아조 짠판이요. 거리로 말ㅎ드리도 아죠 소원홉니다. 이것은 촤푸링이가 구쥬텬디에서 길녀가지고 션량흔 녀즈를 아지 못ㅎ는 ㅅ닭이올시다. 너가 담비도 먹지 안코 슐도 마시지 안는데 놀낫습니다. 그러셔 남편은 아죠 숙녀 모양을 차리느냐고 눔으리는 말을 홉니다. 촤푸링은 아죠 셰상에 비치 못홀 질투가이올시다. 누구와는 너가 결혼ㅎ기 전에 교졔흔 사람으로 결코 졍인이라고 ㅎ지 안을 수 업는디 이것을 공연히 의심을 두고 질투를 몹시 ㅎ며 이왕에 갓치 회사에 셔 일을 ㅎ고 잇셧던 사람도 모다 영업상의 교졔이엿스나 모다 졍의가 상통ㅎ엿다고 질투를 홉니다. 쏘 촤푸링은 양식집이던지 자동챠를 타고 잇던지 그럴 쎄마다 너는 항상 아리를 나려보고 잇셔셔 우리는 남자로 되여 네의 얼골을 보기가 실타고 홉니

---

87) 폐관의 오식인 듯하다.

다. 또 너는 사나희를 보게 되면 남주는 네에게 무슨 일이 잇슬는지 몰으겟다고 흠니다. 나는 될수 잇는딕로는 짜로히 나와서 가뎡 싱활을 ᄒ야 보겟다고 싱각ᄒ엿슴으로 두 사람은 도뎌히 동거ᄒ기가 어렵게 되엿셔요. 촤푸링에게 허여지자고 말을 ᄒ고 나에게 이만오쳔 도루를 달나고 말ᄒ엿습니다. 셰샹에셔 짐작ᄒ고 말ᄒ는 것만큼의 지산은 업는딕 빅만 도루[88]는 넉넉히 잇슴니다. 나는 벌셔 도뎌히 홈쯰 살수가 업셔요. 셰계 샤룸을 모다 웃키는 그 사룸도 남의 남편될 사룸은 못됨니다고, 이젼 촤푸링의 부인은 이와갓치 고빅ᄒ엿다. 이에 의지ᄒ면 두 사람 ᄉ이는 촤푸링의 살님사리 잘못ᄒ는 것이던지는 그 쳐를 박딕ᄒ는 것이 안이요, 젼혀 사상 츙돌로부터 불화합ᄒ 것이다. 그런딕 소송을 뎨긔혼 후 아직 보름 동안이 되지 안엇는딕 본 소송은 취하하기로 되엿단 소문도 잇셧다. 이것은 촤푸링은 영국인임으로 가쥬[89] 법률을 버셔나게 된다. 그것을 막으려면 리혼을 ᄒ고 영원히 그 쟈류를 쇽박ᄒ여야 된다는 계획이다.

매일 20.12.12 (4) 〈광고〉

◇십이월 십이일 전부 차환

미국 유니바살 회사

실사 **마가진 제육십일호** 전일권

미국 유사 에루고 – 영화

희극 **전사소(田舍騷)** 전이권

미국 유니바살 회사

사회극 **장식녀(粧飾女)** 전오권

미국 유니바살 회사 특작

연속모험대활극 최종편 **강력 에루모** 제십칠, 십팔편 사권

제십칠편, 수공(水攻) 제십팔편 괴인의 정체

전화 이삼이육 **우미관**

---

88) 달러.
89) 캘리포니아를 의미.

매일 20.12.13 (3) 고학생의 연극 / 금십삼일부터 청년회관에셔 흥힝

시닉 종로 중앙 긔독교 쳥년회관에셔는 십이월 십삼일 동십ᄉ일 이틀 동안을 ᄒ오 일곱시부터 고학셩 갈돕회의 쥬최로 시닉 각 학교에 통학ᄒᄂ 고학셩들을 위ᄒ야 연예회라는 명칭으로 연극을 흥힝홀 터인바 입쟝료는 일원과 오십젼 등 두 가지인디 이틀 동안에 싱기는 돈은 모다 고학싱들을 도아쥬는디 쓰리라고 ᄒ더라.

매일 20.12.13 (4), 20.12.14 (4) 〈광고〉

우미관 12월 12일자와 동일

매일 20.12.15 (3) 〈광고〉

◇◇십이월 십일일부터 연속◇◇

혁신단 김도산 일행

신파연쇄극 창립 일주년 기념

◇자축 겸 대흥행◇

●대활극 연＝劇[90]

경은중보(經恩重報) 전팔막 삼십육장

입장료 … 특별 이십전식(式) 할인

경성부 수은동 **단성사** 전화 구오구번

우미관 12월 12일자와 동일

매일 20.12.16 (1) 20.12.17 (4) 〈광고〉

우미관 12월 12일자, 단성사 12월 15일자와 동일

매일 20.12.19 (4) 〈광고〉

◇ 십이월 십구일 특별대사진 제공

---

90) 연쇄극(連鎖劇)의 오식인 듯하다.

미국 유니버살 회사

실사 **마가진 제칠십오호** 전일권

미국 유니바살 회사

— 희극 **청구 이천 불** 전이권

미국 유니버살 회사 하리게리 출연

— 인정극 **철창을 출(出)ㅎ야** 전육권

미국 유사 지에루 영화

신연속탐정대활극

제일회 **심야의 인(深夜의 人)** 전십팔편 이십육권 내 사권

제일편 방축(放逐), 제이편 집념의 적

전화 이삼이육 **우미관**

단성사 12월 15일자와 동일

매일 20.12.20 (2) 〈광고〉

우미관 12월 19일자와 동일

◎십이월 이십일일부터 개관 이주년 기념

— 독일 유니듸−회사 대표적 걸작

군사탐정 대모험 대활극 **마인(魔人)** 전십육편 삼십삼권

— 미국 메도로 회사 특작품

탐정대활극 **천리안** 전팔권

◀기타 희극 실사 등▶

래(來) 이십구일부터 우우(又又) 상장ㅎ눈 연속 사진은 하(何)? 제위(諸位)눈 고대ㅎ시오.

입장료 일등 사십전 이등 삼십전 삼등 이십전

경성부 수은동 **단성사** 전화 구오구번

매일 20.12.20 (3) 개관 이주년 기념 / 명 이십일ㅆ이다 / 유명훈 ㅅ진으로

명 이십일ㅆ이 즉 활동사진으로 단성샤 기관훈 만 이쥬년에 상당함으로 이를 긔념

자축ᄒᆞᄂᆞᆫ 의미로 당일부터 몟칠 동안은 이번에 시로 나온 독일 회샤에서 만든 신련속 사진『마인』삼십삼권 중 다섯권과 탐뎡극『쳔리안』팔권 기타 희극 실사 등으로 특별 흥힝ᄒᆞᆫ다ᄂᆞᆫ딕, 입쟝료ᄂᆞᆫ 각등 십젼식 활인을 ᄒᆞ게 되엿다ᄒᆞ며 그 외 변사들의 포복절도홀 만혼 우슘거리가 잇다더라.

매일 20.12.20 (3) 〈광고〉
◇개관 이주년 기념 자축◇
십이월 이십일일부터 독일에셔 수입ᄒᆞᆫ 최고급 특별영화 대공개
독일 유니듸―회사 대표적 걸작
신연속 대사진
◇군사탐정 대모험 대활극 **마인** 전십육편 삼십삼권
미국 메도로 회사 특작품
◇탐정대활극 **천리안** 전팔권
◀기타 희극 실사 등 수종이 ＊＊▶
개관 이래 미증유의 대＊＊(大＊＊)
파격의 입장료 일등 사십전 이등 삼십전 삼등 이십전
경성부 수은동 **단성사** 전화 구오구번

매일 20.12.21 (3), 20.12.22 (4), 20.12.23 (4), 20.12.25 (4) 〈광고〉
우미관 12월 19일자, 단성사 12월 20일자와 동일

매일 20.12.22 (3) 대구 조선관 소실 / 련소 이호 손히 오만 / 실화 원인은 취죠 중
이십일일 오후 령시(零時) 이십오분에 딕구부(大邱府) 경졍 칠졍목에 잇는 활동사진 상설관인 됴션관(朝鮮舘)이 실화되여 됴션관은 젼소되고 그 이웃집 두 치ᄭᅵ지 연소되엿ᄂᆞᆫ대, 불난 원인은 자셰치 못하나 목하 취죠 즁이며 진화ᄂᆞᆫ 일시 이십분에 되엿스나, 숀히ᄂᆞᆫ 필경 오만여원을 계산ᄒᆞ계 되엿다ᄂᆞᆫ 바, 만약 밤즁에 실화가 되엿든들 큰일을 면치 못홀 번ᄒᆞ엿다더라.『대구지국뎐』

매일 20.12.23 (3) 경성악대(京城樂隊) 연주회 / 어제밤부터 광무딕에셔 긔회호 바 뒤성황을 일울 모양

이전에 리왕직 양악대로 잇다가 히산을 당ᄒᆞ는 동시에 됴션에 자랑감으로는 뎨일 휼융ᄒᆞᆫ 것은 오직 그것 뿐이라 ᄒᆞ야, 히산ᄒᆞᄂᆞᆫ 것을 다시 쟈긔네들이 일홈을 경성악대라고 ᄒᆞ야 오날ᄭᆞ지 계속ᄒᆞ야 나려오는 바, 동악대ᄂᆞᆫ 실로 대원의 싱활비 문뎨로 뎍지 안이ᄒᆞᆫ 고통을 밧으며 그러도 오날ᄭᆞ지

계속ᄒᆞ야 나려오는 터인대, 경성에서 다소근 긔부도 잇고 쵸빙을 밧어가는 일도 잇기는 ᄒᆞ지만은 그것만 가지고는 도뎌히 대원들의 싱활비를 지급홀 슈가 업다. 그런 즁 더욱이 치운 ᄶᅵ를 맛낫스니 한창 더 곤난ᄒᆞᆫ ᄭᆞ닭에 이번에 동 악대에셔는 작 이십이일부터 금 이십삼일ᄭᆞ지 시니 황금뎡 황금유원 안에 잇는 광무대(光武臺)를 빌어 가지고 연쥬회를 긔최ᄒᆞ얏ᄂᆞᆫ대, 음악은 물론이요

기성 슈십명이 긔부로 여러가지 츔도 츄며 쏘는 대원들이 신극좌 김도산 일ᄒᆡᆼ 즁에서 우수ᄒᆞᆫ 비우 몃사람이 참가ᄒᆞ야 히외명월(海外明月)이라는 여덜 막의 연극도 잇다는대, 세상의 인긔를 미우 ᄭᅳᄂᆞᆫ 모양인 바 아못죠록 일직이 가서 표를 사야만 ᄒᆞ겟더라.

매일 20.12.24 (1) 〈광고〉

단성사 12월 20일자와 동일

매일 20.12.24 (3) 〈광고〉

우미관 12월 19일자와 동일

매일 20.12.26 (4) 〈광고〉

단성사 12월 20일자와 동일

●십이월 이십오일 전부 취체(取替)
미국 유니버살 회사
실사 **마가진 제칠십일호** 전일권
미국 유사(社) 엘고 – 작품
― 희극 **삼읍(三巴)** 전이권
미국 유사 청조(靑鳥) 작품

一 인정극 상휴(相携) 전구권
미국 유사 지지유엘 작품
신연속탐정대활극 제이회 **심야의 인(人)** 전십팔편 삼십육권 내
제삼편 일만불의 보수, 제사편 대의 서(袋의 鼠)
전화 이삼이육 **우미관**

매일 20.12.27 (4), 20.12.28 (4) 〈광고〉
단성사 12월 20일자, 우미관 12월 26일자와 동일

매일 20.12.28 (4) [독자구락부]
▲단셩샤와 우미관 갓흔 연극쟝에 감독ㅎ는 이게 쥬의식힐 말이 잇쇼. 다른 말이 아니라 혹시 구경ㅎ는 손님을 누가 찾는 씌는 그 손님의 셩명을 동리집 어린 ㅇ히 일홈 부르듯ㅎ게 ㅎ니 그런 불경이 어듸잇쇼. 외국 사람의 연극쟝을 보아라, 그런 불경의 일이 어듸 잇나? 이후부터는 반다시 『씨』자를 부쳐셔 아모씨 게심닛가?ㅎ고 찻도록 쥬의ㅎ기를 바라오. 『경고생(警告生)』

매일 20.12.29 (3) 〈광고〉
우미관 12월 26일자와 동일

십이월 이십구일부터 특별대공개
우우(又又) 신연속사진래
◇미국 씨듸알 회사 고급 대영화◇
－전율 가공홀 탐정대활극 **침묵의 비밀** 전십구편 삼십구권
제일편 애급(埃及[91])의 복수, 제이편 가공홀 와사(瓦斯)
명금(名金) 배우 {시기 구려 후레데릿쒸} 공연(共演) 활동
◇독일 유니듸 회사 대걸작◇
신비 탐정대대활극 **마인** 전십육편 삼십이권 (제삼, 제사편 사권 상장)

---

91) 이집트를 의미.

◀기타 희극 실사 등▶
경성부 수은동 **단성사** 전화 구오구번

조선 20.12.29 (3) 단성사의 신사진
부닉 단성사(團成社)에셔는 금일부터 시사진을 여러 관긱에게 공남키 위하야 금번 미국『시피룩』회사에셔 영사하되, 모홈되경탐 사진인『인도듯극』에 잇는 침목 비밀리라는 젼편 삼십오편 닉에 일편 이편. 금일부터 단성사 무덕 우에 낫타는다는디 실로 한번 볼 만히다더라. 젼번에 명금(名金) 사진 즁에셔 쥬인공이 되어셔 동을 흐던『후레데리구』빅작으 졍활 이번에 상장흘 침목 사진에 명탐 예약을 가지고 더々적으로 활동을 흐다더라.

매일 20.12.30 (1) 〈광고〉
우미관 12월 26일자, 단성사 12월 29일자와 동일

매일 20.12.30 (3) 한창렬(韓昌烈) 군 영면(永眠) / 이십구일 아참에 / 화원뎡 자퇴에셔
됴션 신파연극계에 원죠이라고흐는 혁신단 일힝에셔도 처음으로 림셩구 군과 홈긔 신파연극이라는 것을 흥힝ㅎ던 비우로 항상 악한의 역을 맛혀셔 관긱의 인긔를 미우 능난이 끌던 됴션 비우 즁에는 화형 비우라 일커를 만흐던 한창렬(韓昌烈) 군은 근년에는 신병으로 인ㅎ야 자긔 긔능을 마＊대로 발휘ㅎ지 못흠을 항상 유감으로 싱각ㅎ던 터이더니, 불힝히 작 이십구일 아참에 인하야 황텬 젹막흔 길을 밟는 사람이 되얏는 바, 향년이 삼십이 셰이며 본대 텬쥬교 신자이엿셧던 터이라 쟝례는 교회에셔 집힝홀 터이라더라.

색인

⊙ 기사
⊙ 인명
⊙ 극단명
⊙ 극장명

색인(기사)

부록

부록

색인(인명)

색인(극단)

색인(극장)

일제강점기 영화자료총서 — 02

신문기사로 본
조선영화

1918~1920

초판 인쇄 2009년 11월 16일
초판 발행 2009년 11월 25일

기획 및 발간   한국영상자료원
펴낸이   이병훈

펴낸곳   한국영상자료원
주소   서울시 마포구 상암 DMC단지 1602
출판등록   2007년 8월 3일 제313-2007-000160호
대표전화   02-3153-2001
팩스   02-3153-2080
이메일   kofa@koreafilm.or.kr

편집 및 디자인   현실문화연구(02-393-1125)
총판 및 유통   현실문화연구

2009 ⓒ 한국영상자료원 www.koreafilm.or.kr

값 30,000원

ISBN 978-89-93056-20-4
     978-89-93056-09-9(세트)